Kalifornien

Manfred Braunger

DUMONT

Reise-Handbuch

Inhalt

Wissenswertes über das Land

Wissenswertes für die Reise

Unterwegs in Kalifornien

Kapitel 1 Los Angeles und Umgebung

Kapitel 2 San Diego und Umgebung

Inhalt

Kapitel 4 Zwischen Los Angeles und San Francisco

Kapitel 5 Central Valley und Sierra Nevada

Inhalt

Kapitel 6 San Francisco und die Bay Area

Kapitel 7 Der Norden

Inhalt

Themen

Alle Karten auf einen Blick

► Dieses Symbol im Buch verweist
auf die Extra-Reisekarte Kalifornien

Strandidylle bei Santa Monica: Das Wasser hat allerdings selten Temperaturen von über 22 °C

Wissenswertes über Kalifornien

Forever young

Wäre Kalifornien ein Staat, belegte er unter den führenden Wirtschaftsmächten der Erde Platz acht. Auch im nationalen Vergleich nimmt der Golden State mit 38 Mio. Einwohnern eine Sonderstellung ein. Ganz zu schweigen von seiner globalen Rolle als Trendsetter, ob es sich um Mode, Freizeit, alternative Lebensformen, Hightech-Entwicklungen oder neuerdings um emissionsreduzierte Autos handelt.

Wie eine nie versiegende Quelle produziert das Land Ideen, Trends und Träume. Nirgends haben Freizeitaktivitäten und Körperkult solche Blüten getrieben wie an der kalifornischen Pazifikküste, wo das ohnehin mobile Amerika zum Weltmeister der Fortbewegung wurde – vom Surfen über Inlineskaten und Mountainbiken bis zum Snowboarden. Was Kalifornier unter solchen Aktivitäten nicht selbst erfanden, stilisieren sie zumindest zum ultimativen und für viele Besucher verlockenden Freizeittrend hoch.

Seit langem ist Kalifornien Schrittmacher der Nation, und seit langem zieht das Land Menschen aus allen Teilen der Welt in Bann. Das Arsenal seiner Verführungen erwies sich als äußerst vielfältig. Nach frühen Seefahrern stießen spanische Eroberer und Missionare an die geheimnisvolle Pazifikküste vor. Mitte des 19. Jh. löste der Goldrausch eine Völkerwanderung aus, welche die politische, wirtschaftliche und demografische Landkarte des Westens von Grund auf veränderte. Wo Nordamerika am Pazifik endete, wähnten die Menschen schon immer eine bessere, vielleicht sogar eine goldene Zukunft und machten sich auf den Weg ins Ungewisse, den lang gehegten Traum von Glück und Zufriedenheit vor Augen.

Unter all den Verlockungen spielte stets ein Reiz eine ganz besondere Rolle: die einzigartige Natur, in der die alltägliche Arbeit reines Vergnügen und Unternehmertum ein spirituelles Abenteuer zu sein schien. Einen eindrucksvollen Beweis für die unglaubliche landschaftliche Vielfalt im Golden State trat eine 1935 herausgegebene Landkarte an, die speziell für die Filmindustrie in Hollywood angefertigt worden war und potenzielle Drehorte auflistete. Sie verzeichnete Landschaften in Kalifornien, die mit typischen Naturkulissen in anderen Regionen der Erde vergleichbar waren – mit Frankreich, der italienischen Riviera, dem Schwarzwald, Indien, Holland, der Südsee, dem Toten Meer, Südamerika, China, Skandinavien, der Arabischen Wüste, Japan, Tirol und der malaiischen Küste. Kein Wunder, dass sich gerade in Hollywood zu Beginn des 20. Jh. eine mittlerweile weltumspannende Filmindustrie herausbildete, die sich auf die Produktion von Träumen und Illusionen spezialisierte.

Zum Exportschlager wurde nicht nur der kalifornische Film, sondern das Land selbst, das sich offenbar permanent neu erfindet und den Rest des Planeten unablässig mit seinen Segnungen überrascht. Blue Jeans, Flower-Power, Easy Rider, Beach Boys, Baywatch, Power Yoga, Google, iPods, Windsurfen und Chop Suey, um nur einige zu nennen, traten von Kalifornien aus den Siegeszug um die Welt an. Trotz Erdbeben, Waldbränden, Wirtschaftskrisen und Dotcom-Crash verlor das Land nie den Glauben an die eigene Wandlungsfähigkeit, an Dynamik und Wagemut, weshalb Zukunftsorientierung im Golden

Der Sunset Boulevard in Los Angeles, profaner Mythos im Dschungel des Verkehrs

State auch kein Modewort ist, sondern eine Mentalität beschreibt.

Zeitweise passte sogar die hohe Politik in das unkonventionelle Bild, das Kalifornien gerne von sich abgibt. Von 1967 bis 1975 stand der Schauspieler Ronald Reagan als Gouverneur an der Spitze des Landes. Dass eine Hollywoodkarriere eine politische Laufbahn befördern kann, bewies auch eine zweite Kinogröße. Von 2003 bis 2011 kam mit dem aus Österreich stammenden ehemaligen Bodybuilder Arnold Schwarzenegger ein weiterer Leinwandstar in diese Führungsposition, der aufgrund seiner ›Terminator‹-Rollen auch als Governator von Kalifornien bezeichnet wurde. Unter Schwarzenegger entwickelte sich der Golden State unter allen US-Bundesstaaten zum Vorreiter in Sachen Umweltschutz. Nach zwei Amtsperioden musste er sich 2011 aus der kalifornischen Politik zurückziehen und wurde durch Jerry Bown ersetzt.

Dem Image des Landes schadeten die Hollywoodpolitiker nicht. Millionen Urlauber aus allen Teilen der Welt zieht es Jahr für Jahr an den zerklüfteten Pazifiksaum zwischen Oregon im Norden und Mexiko im Süden, in die vor Dynamik fast berstenden Weltstädte San Francisco, Los Angeles und San Diego, in die hochalpine, granitgraue Sierra Nevada und in die exotischen Wüstenparadiese, weil dem Land auch im Zeitalter des Massentourismus seine magische Anziehungskraft nicht verloren gegangen ist. Ganz im Gegenteil. Auf dem legendären Highway No. 1 die wildromantische Küste zu ›erfahren‹, am Goldenen Tor in San Francisco über die traumhaft schöne Golden Gate Bridge zu flanieren oder auf dem Hollywood Boulevard den in die Gehsteige eingelegten Ehrensternen der Film- und Showbusiness-Prominenz zu folgen, hat mit üblichen Reiseerlebnissen längst nichts mehr zu tun, sondern gehört in die Kategorie Kult: »California – forever young«.

Steckbrief Kalifornien

Daten und Fakten

Name: Kalifornien (Beiname: Golden State)

Fläche: 411 012 km^2. Der Staat erstreckt sich in Nord-Süd-Richtung über eine Länge von ca. 1260 km, in Ost-West-Richtung über 560 km. Nach Alaska und Texas ist Kalifornien der drittgrößte Bundesstaat.

Hauptstadt: Sacramento, 454 000 Einw.
Größte Städte: Großraum Los Angeles ungefähr 14 Mio., San Diego 1,3 Mio., San José 930 000, San Francisco 744 000 Einw.
Amtssprache: Amerikanisches Englisch

Einwohner: 38 Mio.; 77,5 % Weiße, darunter 35,2 % hispanischer Herkunft, 6,7 % Afroamerikaner (Schwarze), 12,4 % Asiaten, 1,2 % Native Americans (Indianer), 0,4 % aus dem pazifischen Raum stammend
Bevölkerungswachstum: Zunahme der Gesamtbevölkerung zwischen 2000 und 2009 ca. 8 % (US-Durchschnitt 6,6 %)
Lebenserwartung: Männer: Weiße 75,7 Jahre, Schwarze 69,5 Jahre; Frauen: Weiße 80,8 Jahre, Schwarze 76,3 Jahre

Währung: US-Dollar ($). 1 $ entspricht 100 Cents. Banknoten sind als 1-, 2-, 5, 10-, 20-, 50- und 100-US-$-Scheine im Umlauf. Die früher ausschließlich grünen Banknoten hat man mittlerweile farbiger gestaltet.

Zeitzone: Kalifornien und Nevada liegen in der Pacific Time Zone (MEZ –9 Std.). Vom 2. So im März bis zum 1. So im Nov. gilt die Sommerzeit (Uhren werden um 1 Std. zurückgestellt).

Landesvorwahl: 001 (USA)
Internetkennung: us

Landesflagge: Die kalifornische Flagge ist der historischen Flagge nachempfunden, die am 14. Juni 1846 von US-Siedlern als Zeichen der Revolte gegen die mexikanische Herrschaft in Kalifornien gehisst wurde. Sie zeigt auf weißem Grund über einem roten Streifen einen roten Stern, einen Grizzlybären und den Schriftzug »California Republic«.

Geografie

Extreme Höhenunterschiede von Landesteilen unter Meeresniveau bis auf ca. 4500 m verdeutlichen die uneinheitliche Topografie. Die Pazifikküste steigt, von einigen Ausnahmen abgesehen, unmittelbar zum Gebirge an. Weiter östlich schließt sich das 640 km lange und etwa 80 km breite Central Valley mit riesigen, künstlich bewässerten Kulturen an, die zu den produktivsten Agrarregionen der USA zählen. Während nach Nordkalifornien das Kaskadengebirge hineinragt, bildet auf dem restlichen Staatsgebiet die in Nord-Süd-Richtung verlaufende Sierra Nevada das steinerne Rückgrat. Die Gebirgskette endet auf der Höhe von Bakersfield und macht weiter südlich der bis an die mexikanische Grenze und den Colorado River reichenden Mojave- bzw. Sonora-Wüste Platz.

Geschichte

Wann die ersten Menschen an der amerikanischen Westküste auftauchten, lässt sich nicht exakt datieren. Wahrscheinlich lebten prähistorische Chumash-Indianer schon vor mehr als 11 000 Jahren auf den vor der Küste liegenden Channel Islands. Die dokumentierte Geschichte beginnt erst mit den Erkundungen der Küstengewässer durch Seefahrer in spanischen Diensten. Im 19. Jh. noch von Mexiko verwaltetes Territorium, weckte Kalifornien im Zuge der großen Westwärtsbewegung und der Entdeckung von Gold 1848 das Interesse der Politik und wurde 1850 zum 31. US-Bundesstaat.

Während des Zweiten Weltkriegs ließen sich zahlreiche Rüstungskonzerne in Kalifornien nieder, und das Pentagon pumpte während des Kalten Krieges riesige Summen in diesen Wirtschaftssektor. Standen die 1960er-Jahre ganz im Zeichen des Jugend- und Studentenprotestes an den Universitäten und der Flower-Power-Bewegung in San Francisco, so setzte in den folgenden Jahrzehnten die Hightech-Revolution im Silicon Valley neue Maßstäbe in der elektronischen Datenverarbeitung.

Staat und Politik

Kein anderer Bundesstaat hat traditionell so eigenwillige Wähler wie Kalifornien – kein Wunder in Anbetracht der multikulturellen Bevölkerung, der legalen und illegalen Einwanderer und der äußerst bunten ethnischen und sprachlichen Mischung.

An der Spitze der kalifornischen Exekutive steht der Gouverneur, der auf vier Jahre direkt vom Volk gewählt wird und sich nur einmal in Folge zur Wiederwahl stellen kann. Seit Anfang 2011 hat nach Arnold Schwarzenegger Jerry Brown das Amt inne, der von 1975 bis 1983 schon einmal Gouverneur von Kalifornien gewesen ist. Mittlerweile ist es fast schon Tradition, dass sich das Parlament alljährlich nicht über den Haushalt einigen kann, was den Staat regelmäßig an den Rand des Bankrotts bringt.

Wirtschaft und Tourismus

Kalifornien ist ein wichtiger Rohstoffproduzent. Neben Erdöl und Erdgas verfügt das Land über Quecksilber, Wolfram, Kies, Kupfer- und Eisenerze. Von Bedeutung sind außerdem die Land- und Forstwirtschaft. Der Golden State deckt ca. 25 % des Obst- und Gemüsekonsums und etwa ein Zehntel des Nutzholzbedarfs in den gesamten USA ab. Im produzierenden Gewerbe sind außerdem die Luft- und Raumfahrtindustrie sowie die Computer- und Elektronikindustrie mit Schwerpunkt im Silicon Valley ausschlaggebend. Jährlich besuchen Kalifornien etwa 330 Mio. Menschen, die mit durchschnittlichen Ausgaben von 120 $ pro Person und Tag ebenfalls ihren Teil zur Volkswirtschaft beitragen.

Bevölkerung und Religion

Bemerkenswert in der Bevölkerungsstruktur ist die Tatsache, dass etwa ein Drittel der kalifornischen Einwohner zu Hause eine andere Sprache als Englisch spricht. Mit über 30 % ist die Zahl der Single-Haushalte überdurchschnittlich hoch. Mehr Menschen als in jedem anderen US-Bundesstaat gehören der römisch-katholischen Kirche an. Außerdem besitzt Kalifornien eine schnell wachsende muslimische Bevölkerung und eine große jüdische Gemeinde; ca. 40 % aller Buddhisten in den USA leben in Südkalifornien.

Natur und Umwelt

An seinen natürlichen Voraussetzungen gemessen ist Kalifornien ein echter Allrounder. 2000 km Pazifikküste, majestätische Hochgebirge, Wüsten mit trockenen Salzflächen, traumhafte Täler, geheimnisvolle Seen, Wasserfälle, Wälder mit gigantischen Mammutbäumen, blühende Kakteen und Wildblumenwiesen statten den Golden State mit allem aus, was ein unvergleichliches Naturparadies ausmacht.

Superlativ Kalifornien

Den USA wird nicht zu Unrecht ein ungebrochenes Verhältnis zu Übertreibungen nachgesagt. Wenn Kalifornien sich unter Hinweis auf seine Natur als ›Land der Superlative‹ brüstet, hat das mit Vorspiegelung falscher Tatsachen allerdings nichts zu tun, sondern entspricht der Realität. Innerhalb seiner Landesgrenzen liegt mit dem 4416 m hohen Mount Whitney der höchste Gipfel auf dem zusammenhängenden US-Staatsgebiet. Luftlinie ist er nur etwa 120 Meilen vom Death Valley entfernt, der mit –86 m tiefsten Stelle der westlichen Hemisphäre. Aber nicht nur topografisch, sondern auch klimatisch ist die Gegend eine Ausnahmeerscheinung. 1913 stellte das Todestal mit 56,7 °C einen Hitzeweltrekord auf, ehe in der libyschen Wüste einige Jahre später eine geringfügig höhere Temperatur gemessen wurde.

Damit erschöpft sich die rekordverdächtige Naturausstattung Kaliforniens keineswegs. An seiner Nordküste stehen in den Überresten alter Redwoodwälder die höchsten Bäume der Erde (s. Thema S. 403). Sie werden nachweislich bis zu 2000 Jahre alt, bleiben damit aber noch weit hinter den bis zu 4500 Jahre alten Grannenkiefern *(Pinus aristata)* zurück, die in den White Mountains an der Ostflanke des Owens Valley ein einsames Dasein als älteste Lebewesen überhaupt fristen.

Klima

So wenig einheitlich und abwechslungsreich wie die Landschaft ist auch das kalifornische Klima. Generell sind die Winter in der nördlichen Landeshälfte und im Bergland strenger als im Süden und an der Küste, wo die Nähe des Meeres eine ausgleichende Wirkung entfaltet und mediterrane Verhältnisse schafft. Das ist deutlich zu spüren, wenn man im Sommer von San Francisco über das Küstengebirge ins Central Valley fährt, wo die Temperaturen regelmäßig um einige Grad höher liegen. In der kalten Jahreszeit fällt in der Bay-Metropole so gut wie nie Schnee, während in der Cascade Range und in der Sierra Nevada die weiße Pracht trotz Klimawandel noch relativ üppig ausfällt und die Gegend um den Lake Tahoe und um Mammoth Lakes zu populären Skigebieten macht.

In San Francisco beginnt die Regensaison im November und dauert bis März. Niederschlagsarm sind die Monate April bis Oktober mit September und Oktober als der wärmsten Zeit des Jahres. Die durchschnittliche Jahrestemperatur beträgt ca. 17 °C, doch ist die Bay Area dafür bekannt, dass es viele unterschiedliche Klimanischen gibt.

Im Hinterland der südkalifornischen Küste dehnen sich große Wüstenlandschaften aus, in denen man im Winter, Frühjahr und Herbst viel angenehmere Temperaturen antrifft als im brütend heißen Hochsommer. Selbst an

Bei Badwater im Death Valley liegt der tiefste Punkt der westlichen Hemisphäre

Weihnachten kann man im Coachella Valley in Straßenlokalen im Freien sitzen, wo um ihre Gäste besorgte Wirte abends zwecks heimelig-kuscheliger Atmosphäre allerdings Heizstrahler in Betrieb nehmen.

Wald- und Buschbrände

In seinem Kultsong »It Never Rains In Southern California« räumte Albert Hammond mit dem Trugschluss auf, dass es im südlichen Kalifornien nie regnet: »Es gießt, Mann, es gießt« – das war 1972. Mittlerweile haben sich die Verhältnisse geändert. Offenbar steuert der gesamte Südwesten der USA in eine Phase der Trockenheit. Zur Verkappung von Wasser tragen aber auch Geschäftsinteressen bei. Längst ist die Wasserversorgung zum Politikum geworden. Immer mehr Wildtiere drängen in die Städte, um in Vorgärten zu äsen und aus Swimmingpools ihren Durst zu löschen. Im Frühjahr 2007 brannten Teile des Griffith Park in Los Angeles ab. Im Fernsehen war weltweit zu sehen, wie Rauchwolken das berühmte Hollywoodzeichen in den Bergen über der Stadt wie Nebel umhüllten. Trotzdem waren zur selben Zeit private Pools noch bis zum Rand gefüllt. Golfplätze präsentierten sich in frischem Grün. Vergessen schienen die guten Vorsätze aus früheren Trockenzeiten, als braune Rasenflächen in Vorgärten Zeichen patriotischer Gesinnung und ökologischer Überzeugung waren. Auch 2010 hatte Südkalifornien wieder mit verheerenden Wald- und Buschbränden zu kämpfen. Über 1700 Feuerwehrleute waren etwa nördlich von Los Angeles gegen mehrere Flächenbrände im Einsatz. Hunderte Familien mussten ihre Häuser räumen.

Naturparks

Amerikas landschaftliche Kronjuwelen liegen über den Kontinent verstreut wie achtlos hingeworfene Edelsteine. Neben ca. 50 Nationalparks verwaltet der dem Innenministerium unterstehende National Park Service (NPS) über 300 weitere Naturschutzgebiete. Während in manchen anderen US-Bundesstaaten Nationalparks dünn gesät sind, liegen außer in Alaska in keinem Staat mehr Flächenparks als in Kalifornien.

Wassernotstand im Sonnenland

Thema

Der Klimawandel bedroht nicht nur Küstenstädte durch steigende Meerespegel. Wissenschaftler glauben, dass er auch Ursache für die Austrocknung des amerikanischen Westens ist. In der zweiten Hälfte dieses Jahrhunderts, so die Prognosen, werden die Gebirge bis zu 70 % ihrer weißen Pracht einbüßen. Schon jetzt fällt in der Sierra Nevada deutlich weniger Schnee. Die Folge: Wassermangel in der gesamten Region.

Das Problem ist nicht neu. Schon zu Beginn des 20. Jh. wusste man in Los Angeles, dass der Ballungsraum in einem Trockengebiet liegt, dessen Niederschläge für die Wasserversorgung nur zu einem Bruchteil aufkommen können. Das Wasserwirtschaftsamt ließ am Rand der Sierra Nevada liegende Seen anzapfen und das dringend erforderliche Nass über lange Aquädukte an die Pazifikküste transportieren. Im Owens Valley kaufte die Behörde über Strohmänner Land auf, um sich in den Besitz der damit verbundenen Wasserrechte zu bringen, was einen blutigen Krieg auslöste. Der Owens Lake am Ostrand der Sierra Nevada wurde auf diese Weise schon in den 1930er-Jahren in einen Salzsumpf verwandelt. Dem Mono Lake wäre dasselbe Schicksal beschieden gewesen, hätten nicht Umweltschützer gegen die allzu kurzsichtigen Wasserpraktiken prozessiert.

Die heutige Wasserkrise hat sich im Unterschied zu damals um weitere Probleme verschärft. Wissenschaftler gehen davon aus, dass die Auswirkungen der globalen Erwärmung heute mit einer periodischen Trockenphase zusammentreffen. Solche Dürrezeiten wurden durch Baumringanalysen schon in vergangenen Jahrhunderten nachgewiesen. Schätzungen zufolge wird die kalifornische Bevölkerung von heute 38 Mio. bis zum Jahr 2050 auf etwa 60 Mio. zunehmen, wodurch sich das Wasserangebot für die Gesamtbevölkerung fast halbieren wird. Vom Grundwasser lebende Städte wissen heute schon, dass es bis Mitte des Jahrhunderts nichts mehr an die Erdoberfläche zu pumpen geben wird. Zu den weiteren Krisenszenarien gehören wachsende Versorgungsengpässe, Konflikte zwischen regionalen Bundesstaaten über Wasseranteile, Niedergang der Landwirtschaft und im schlimmsten Fall Massenabwanderungen aus den trockenen Gebieten in andere Landesteile.

In vergangenen Jahrzehnten zeigten einige der regenärmsten Staaten im Westen der USA, allen voran Kalifornien und Nevada, die höchsten demografischen und wirtschaftlichen Wachstumsraten. Daraus leitete gerade der Golden State ökonomisch und politisch einen Macht- und Einflussgewinn ab, weil es gelang, durch technische Maßnahmen wie Dammbauten und Aquädukte eine permanente, ausreichende Wasserversorgung zu garantieren. Ob sich diese Situation in Zukunft halten lässt, ist höchst ungewiss. Eine Ideallösung für das Wasserproblem ist jedenfalls nicht in Sicht. Ausgehend davon, dass sich die klimatische Situation in absehbarer Zeit nicht ändert, stehen unterschiedliche Maßnahmen zur Diskussion: Strategien gegen den globalen Klimawandel, Revision der aus den 1920er-Jahren stammenden Verteilungsverträge der Anliegerstaaten des Colorado River und vor allem Änderung des Konsumverhaltens im Umgang mit Trink- und Abwasser.

Unter den acht Naturschutzreservaten ist der Yosemite National Park das berühmteste und am stärksten frequentierte – eine berückende Berglandschaft im Herzen der Sierra Nevada. Touristisches Zentrum ist das vom Merced River durchflossene Yosemite Valley, das seinem Beinamen ›das unvergleichliche Tal‹ mit Wasserfällen, Klettergebieten und dem Wahrzeichen Half Dome alle Ehre macht. Seine Popularität hat allerdings eine Schattenseite. Die durch Menschenmassen verursachten Schäden wie zertrampelte Wiesen, geknickte Äste, weggeworfener Müll und überstrapazierte Wege sind unübersehbar. An Sommerwochenenden geht es auf den Parkplätzen manchmal zu wie in Disneyland.

Im nördlichen Kalifornien liegen zwei Nationalparks. Im Zentrum des Lassen Volcanic National Park in der Cascade Range im Landesinnern erhebt sich mit dem 3187 m hohen Lassen Peak ein Vulkan, an dessen Flanken hie und da Schlammlöcher brodeln und an die letzten Ausbrüche in den 1920er-Jahren erinnern. Der Redwood National Park an der Küste schützt einen Flickenteppich aus Waldgebieten, in denen die mächtigsten Bäume der Erde von Holzfällertrupps verschont geblieben sind.

Auch die Mammutbaumbestände in der Sierra Nevada fielen teilweise dem Holzhunger der wachsenden Städte zum Opfer. Im Sequoia und Kings Canyon National Park versammeln manche Gebiete einige der größten Exemplare wie den berühmten Sherman Tree mit einem Stammvolumen von 1486 m³ und einem Gewicht von 1256 t. Dass die Industrie an den Giganten großes Interesse hatte und immer noch hat, ist verständlich. Das Holz ist nicht nur stabil und elastisch, sondern besitzt auch einen hohen Anteil von Gerbsäure, der es gegen Insektenfraß und Pilzbefall quasi immun macht. Außerdem reichte häufig ein einziger Stamm, um ein ganzes Haus zu bauen.

Zwei Nationalparks hatten bis in die 1990er-Jahre den Status von National Monuments, wurden dann aber zu Nationalparks erklärt. Im Death Valley National Park liegt von fantastischen Mondlandschaften, Dünen und verkrusteten Salzflächen umgeben die tiefste Stelle der westlichen Hemisphäre mit 86 m unter dem Meeresspiegel. Der Joshua Tree National Park ist ebenfalls ein Wüstenpark. Er bekam seinen Namen von den hübschen Joshua Trees (s. S. 238), die im höher gelegenen Parkteil ganze Wälder bilden.

Der einzige ›exterritoriale‹ Nationalpark Kaliforniens auf den Channel Islands begnügt sich mit etwa sechs Dutzend Pflanzenarten, von denen einige nur auf bestimmten Eilanden vorkommen. Das 1980 geschaffene Reservat erstreckt sich über fünf der Channel Islands, die hauptsächlich Seelöwen, Seehunden sowie Seevögeln als Refugium dienen. Da die Inseln nur per Schiff erreichbar sind, hält sich der Besucherstrom in Grenzen.

Flora und Fauna

Auf kalifornischem Territorium sind ca. 5200 Pflanzenarten heimisch, von denen ungefähr ein Drittel nur im Golden State vorkommt. Damit ist Kalifornien auf dem zusammenhängenden Staatsgebiet der USA der Bundesstaat mit der größten Biodiversität. Unter den endemischen Pflanzen spielen die Redwoods und Sequoias mit ihren gewaltigen Höhen und Stammumfängen eine wahrhaft herausragende Rolle (s. Thema S. 403).

Die Torrey Pine *(Pinus torreyana)* kommt nur noch in winzigen Nischen in La Jolla nördlich von San Diego und auf der zu den Channel Islands gehörenden Insel Santa Rosa vor. Wunderschöne Exemplare der Kalifornischen Fächerpalme *(Washingtonia filifera)* stehen in den sogenannten Indianercanyons bei Palm Springs.

Leben in der Wüste

In manchen Teilen des amerikanischen Südwestens, vor allem im Joshua Tree National Park und in anderen Teilen der Mojave-Wüste, sorgt der Joshua Tree *(Yucca brevifolia)*, ein naher Verwandter der Lilienfamilie, für fotogene Landschaften. Die Art kommt nur in Wüstengebieten zwischen 750 und 1500 m Höhe vor. Joshua Trees sind frosttolerant und

Der Merced River mit Blick auf die majestätische Felsformation El Capitan

benötigen Kälteperioden für ein gesundes Wachstum. Für das Überleben in der heißen Wüste sind sie bestens ausgestattet. Die relativ kleinen, spitzen Blätter verhindern großen Wasserverlust, und selbst längere Trockenperioden überstehen die Bäume ohne nennenswerten Schaden.

Ein Überlebenskünstler in der Wüste ist auch der weit verbreitete Kreosote-Busch *(Larrea tridentata)*. Um seinen Wasserhaushalt zu kontrollieren sowie das Eindringen von Hitze und ultraviolettem Licht zu verhindern, sind seine Blätter von einer Wachsschicht überzogen. Die grünen Teile des Busches enthalten zudem so übel schmeckende Stoffe, dass sich kein Tier an sie heranwagt. Nach Regenfällen liegt meist ein eigenartiger Desinfektionsmittelgeruch über Wüstenstrichen, in denen der Kreosote-Busch heimisch ist. In Mexiko trägt er deshalb den Namen *hediondilla* (kleiner Stinker).

Zur dekorativen Wüstenszenerie tragen mehrere unterschiedliche Yucca-Arten bei. Manche Tiere machen sich zwar im Frühjahr über die Blüten der Pflanzen her, die Blätter aber werden tunlichst vermieden, weil sie

einerseits mit nadelfeinen Spitzen ausgestattet und zum anderen mit einer wachsähnlichen Substanz überzogen sind, die selbst einem tierischen Maul nicht mundet. Wildschweine leisten an Yuccas ganze Arbeit. Mit scharfen Hufen graben sie die Pflanzen aus, um ungefährdet an die unteren Blätterstängel heranzukommen. Eine besondere Yucca-Art ist unter dem Namen Seifenbaum-Yucca *(yucca elata)* bekannt. Sie verdankt ihren Namen dem Wurzelwerk, das schon von den indianischen Ureinwohnern als eine Art Shampoo für die Haarwäsche verwendet wurde. Aus den zerquetschten Blättern gewannen die Indianer Fasern zur Herstellung von Seilen.

Pflanzen-›Schutz‹

Die Blätter des Brittlebush *(Encelia farinosa)* schützen sich durch haarigen Bewuchs gegen die Austrocknung; andere Pflanzen wiederum rollen ihre Blätter ein, um der Hitze keine Angriffsfläche zu geben. Nicht weniger schlau haben sich die häufig nachtaktiven Tiere auf die Umgebung eingestellt. Was die Kängururatte an Wasser benötigt, ringt sie selbst dem trockensten Samenkern ab. Der Wüstenfuchs hingegen, ihr natürlicher Feind, deckt seinen Bedarf an Flüssigkeit hauptsächlich durch seine Beutetiere. Die selten gewordenen Dickhornschafe halten sich nur in den höher gelegenen Bergregionen auf, wo in der Regel genügend Wasser vorhanden ist.

Ein hübscher ›Bewohner‹ der südkalifornischen Wüsten ist der Teddybear Chollas *(Opuntia bigelo-wii)*. Aus der Ferne sieht er mit seinem dichten, gelblich-grünen Stachelfell aus wie ein Teddybär. Aus der Nähe betrachtet entpuppt sich das ›Fell‹ als äußerst wirksamer Stachelpanzer. Die einzelnen ›Gliedmaßen‹ scheinen nur sehr lose miteinander verbunden zu sein. Aus abgefallenen ›Ärmchen‹ wachsen neue Exemplare, welche die Elternpflanzen mit einer fast unüberwindbaren Barriere umgeben. Stacheln durchdringen Sohlen von Sportschuhen so leicht wie ein Messer einen weichen Käse.

Könige der Lüfte

In jüngster Vergangenheit feierte Amerika ein besonderes Ereignis. Der für den National Park Service zuständige Innenminister teilte in Washington D. C. mit, dass mit dem Weißkopfadler das Wappentier der USA von der Liste der bedrohten Tierarten genommen werden konnte. Mit Entsetzen hatten Naturschutzbehörden 1963 festgestellt, dass es im ganzen Land nur noch 400 nistende Paare dieser imposanten Greifvögel gab. Nach über 40-jährigen Schutzmaßnahmen fällt die Statistik positiver aus, nun ziehen wieder über 10 000 Adlerpaare ihre Jungen auf. In Kalifornien war die Zahl bis 1991 auf 90 Paare gefallen. Heute gibt es wieder über 200.

Noch stärker gefährdet war in den letzten Jahrzehnten der Kalifornische Kondor *(Gymnogyps californicus)*. Der urzeitliche Aasfresser mit orangerot gefärbtem, nacktem Kopf wird bis zu 13,5 kg schwer und imponiert durch eine gewaltige Flügelspannweite von über 3 m. Bereits in den 1950er-Jahren wurden Naturschützer darauf aufmerksam, dass die Kondorbestände in Kalifornien rückläufig waren. Bis in die 1980er-Jahre setzte sich dieser Prozess fort, bis private Gruppen spezielle Zuchtprogramme mit gefangenen Kondor-Pärchen in Angriff nahmen. Weltweit soll es heute sowohl in Zoos als auch in Freiheit ca. 300 der Riesenvögel geben, 70 davon in Kalifornien, hauptsächlich im Los Padres National Forest und im Pinnacles National Monument im Salinas Valley.

In der Vergangenheit wurde vielen dieser Vögel zum Verhängnis, dass sie sich von den Überresten durch Jäger erlegter Tiere ernährten, auf diese Weise Schrotkugeln fraßen und schließlich an Bleivergiftung eingingen. Im Herbst 2007 unterzeichnete Gouverneur Schwarzenegger gegen den Widerstand der Waffenlobby ein Gesetz, das den Gebrauch von bleihaltiger Jagdmunition im Kondorgebiet unter Strafe stellt.

Meeresbewohner

An vielen Stellen wie etwa im Año Nuevo State Reserve nördlich von Santa Cruz, an der Küste südlich von Big Sur oder in La Jolla kann man zwischen Dezember und März Robben und Seeelefanten beobachten, die sich zur Gründung neuer Familien an geschützten Sandstränden treffen. Seit Jahren suchen sich Seelöwen aber auch stadtnahe Refugien aus, weil sie sich offenbar durch die Nähe von Schaulustigen und Ausflugsverkehr nicht gestört fühlen. Kaliforniens berühmteste Seelöwenkolonie ist seit Ende der 1980er-Jahre am Pier 39 in San Francisco zu Hause, wo sich zu Jahresbeginn manchmal bis zu 600 Tiere um die besten Plätze auf den schwimmenden Bootsstegen balgen. Auf den Holzstützen der zahlreichen Piers entlang der Küste kann man die pelzigen Riesen häufig beobachten. In Monterey brachten sie einen felsigen Wellenbrecher in der Nähe von Fisherman's Wharf unter ihre Kontrolle.

Zwischen Crescent City im Norden und San Diego im Süden liegen an der Pazifikküste zahlreiche Aussichtspunkte, von denen man zwischen Dezember und März ein Naturschauspiel der besonderen Art verfolgen kann. Um diese Jahreszeit wandern bis zu 26 000 Grauwale von der kalten Bering-See in die warmen Gewässer der Baja California, bekommen dort ihre Jungen und kehren dann mit ihrem Nachwuchs in den hohen Norden zurück. Meist erscheinen die Meeressäuger einzeln oder in kleinen Gruppen und lassen sich nach zwei- bis fünfminütigen Tauchgängen in Tiefen bis zu 40 m wieder an der Wasseroberfläche sehen. Wer sie aus nächster Nähe studieren bzw. fotografieren und Wissenswertes über sie erfahren will, hat dazu bei kommentierten Walbeobachtungstouren die beste Gelegenheit.

Erdbebengefahr

Der kalifornische Küstenstreifen ist nicht nur ein landschaftliches Glanzlicht, sondern auch ein Katastrophengebiet. Entlang dem sogenannten San-Andreas-Graben verschieben sich Erdkrustenplatten von kontinentaler Größe. Die Pazifische Platte mit dem Stillen Ozean und einem Küstenabschnitt Kaliforniens inklusive Los Angeles driftet jedes Jahr etwa 2,5 cm nach Nordwesten. Die Amerikanische Platte mit dem restlichen Nordamerika samt San Francisco bewegt sich in etwas langsamerem Tempo nach Südosten. Dass es sich bei den Plattenkontakten eher um Begegnungen der unheimlichen Art handelt, bestätigt die Wissenschaft. Erdbebenschreiber zeichnen im Jahresdurchschnitt in Kalifornien ca. 10 000 Klein- und Kleinstbeben auf, wenn sich die Platten auf ihrer Reise in unterschiedliche Richtungen im Bereich der oberen 10 km des Erdmantels verkeilen und dadurch Spannungen und Druckverhältnisse aufbauen, die eine tektonische Zeitbombe zum Ticken bringen. 1906 entluden sich urgewaltige Energien in San Francisco bei einem Beben der Stärke 7,8 auf der Richterskala, dem mindestens 3000 Menschen zum Opfer fielen und in dessen Folge mehr als 200 000 Einwohner obdachlos wurden. Auch in jüngerer Vergangenheit gab es mehrere Erdbeben, das letzte große 1989 mit einer Stärke von 6,9 auf der Richterskala, bei dem 63 Menschen umkamen und Schäden in Höhe von ca. 6 Mrd. $ entstanden.

Umweltpolitik

Amerika sieht sich häufig der Kritik ausgesetzt, dem Umweltschutz keinen besonders hohen Stellenwert beizumessen. Diesbezüglich ist aber eine Unterscheidung zwischen Großindustrie und Verbraucher angebracht. Unter dem Namen Big Ten firmieren zehn einflussreiche Umweltschutzorganisationen, von denen manche mehrere Millionen Mitglieder haben und in Washington D. C. Lobbyarbeit leisten. Als eine der ersten gründete der aus Schottland stammenden Naturkundler John Muir (1838–1914) im Jahr 1892 den renommierten Sierra Club. Ihm folgten die National Audubon Society, das Nature Conservancy International Headquarter, der World Wildlife Fund und die Wilderness Society, Organisationen, die in den USA jedem Schulkind durch Magazine, Naturführer, Guide Books und Bildbände bekannt sind.

Umfragen zufolge ist einer Mehrheit der US-Bürger das Problem der Umweltverschmutzung durchaus bewusst. Allerdings ist im Bewusstsein der Menschen eine Diskrepanz in der Problemwahrnehmung festzustellen. Als Teil des Programms *Adopt a Highway* übernehmen im ganzen Land Firmen, Organisationen, Clubs und sogar Familien Partnerschaften über bestimmte Straßenabschnitte und halten sie regelmäßig sauber. Wer Zigarettenstummel oder Getränkebüchsen aus dem Auto wirft, outet sich nicht nur als Umweltsünder, sondern wird auch rigoros bestraft. Andererseits sind Wasserverschwendung auf Golfplätzen oder Plastiktütenorgien beim Einkauf in Supermärkten als integrale Bestandteile des American Way of Life offenbar resistent gegen jegliche Kritik.

Vorreiterrolle in Sachen Klimaschutz

Unter dem anfangs belächelten Gouverneur Schwarzenegger ist Kalifornien in die Rolle eines ökologischen Zugpferdes geschlüpft. Der Gouvernator, wie er scherzhaft wegen seiner früheren filmischen Tätigkeit als Terminator genannt wird, forcierte während seiner Amtszeit von 2003 bis 2011 eine innovative Klima- und Umweltschutzpolitik, die zumindest in den ersten Jahren die Zustimmung einer breiten Öffentlichkeit fand. Schwarzeneggers Vorhaben waren sogar so populär, dass sich die Regierung in Washington D.C. genötigt sah, auf die eine oder andere Weise darauf zu reagieren. Innovative Konzepte und neue Technologien sollten einerseits dem Klimaschutz dienen, andererseits durch Neuentwicklungen für steigende Investitionen und mehr Arbeitsplätze sorgen.

Schwarzeneggers Umweltpolitik wurde von Präsident Obama als nachahmenswert für die gesamten USA betrachtet. Der neue Hoffnungsträger im Weißen Haus wollte nach dem ›Modell Kalifornien‹ Autohersteller dazu bewegen, effizientere und sauberere Fahrzeuge zu bauen. So soll der durchschnittliche Spritverbrauch von bisher 9,4 l pro 100 km drastisch gesenkt werden. Ab 2016 sollen Fahrzeuge nur noch 6,6 l verbrauchen dürfen, womit sich nach wissenschaftlichen Berechnungen der Schadstoffausstoß so stark reduzieren ließe, als hätte man ca. 180 Mio. Autos aus dem Verkehr gezogen. Die bahnbrechenden Standards wurden nicht nur von Umweltverbänden, sondern auch von der Autoindustrie begrüßt, weil damit Planungssicherheit für künftige Neuentwicklungen geschaffen wird. Die einflussreiche Umweltschutzorganisation Sierra Club wertete Obamas Vorhaben als eine der bedeutendsten Maßnahmen zur Reduzierung der Emissionen an Treibhausgasen, die je von einem US-Präsidenten in Angriff genommen wurde.

Wirtschaft, Soziales und aktuelle Politik

Kaliforniens wirtschaftliche Führungsrolle in den USA drückt sich darin aus, dass es 14 % des nationalen Bruttoinlandsproduktes erwirtschaftet. Als souveräner Staat würde der Golden State auf Rang acht der größten Volkswirtschaften der Welt liegen. Aber mit den Folgen der seit 2007 virulenten Immobilien- und Finanzkrise büßte das Land viel von seinem wirtschaftlichen Glanz und seiner Lebensqualität ein.

Superstaat oder Pleitenkönig?

Viele Amerikaner sind davon überzeugt, dass sich die Geschicke ihrer Nation vor allem am Pazifikufer entscheiden, wo mit Kalifornien der bevölkerungsreichste und wirtschaftlich stärkste Bundesstaat seinen Einfluss geltend macht. Mit Gouverneur Arnold Schwarzenegger kam noch eine ökologische Führungsrolle hinzu, mit der sich der Golden State in Fragen des Klimaschutzes in eine nationale Vorreiterposition gebracht hat. So wie in den 1970er-Jahren der Mikroprozessorenboom aus dem Silicon Valley der kalifornischen Wirtschaft Wind in die Segel blies, sollte die Ökotechnologie zum Schrittmacher werden. Nicht zu vergessen die kalifornischen Trendsetterqualitäten in Sachen Lifestyle, Denkungsart, Mode und Sport. Der coole, scheinbar von allen Alltagsproblemen losgelöste südkalifornische Lebensstil eignet sich bestens als Exportschlager und stattete den Superstaat mit dem Nimbus eines unbezwingbaren, sozusagen auf einem Surfbrett am sonnigen Sandstrand sitzenden Wirtschaftsgiganten aus, dem Wohlstand, Glück und Zufriedenheit wie von selbst in den Schoß fallen.

Wenn der Sonnenstaat am Pazifik auch den Ruf des wirtschaftlichen Krösus genießt, zu den drei wichtigsten Erdöllieferanten der USA gehört, bedeutendster Forschungsstandort auf US-Boden ist und Eigenheim, Swimmingpool und Chevrolet gemeinhin zur familiären Grundausstattung seiner Einwohner zählen, weist das glänzende Image doch einige dunkle Stellen auf. Jahrzehntelang wurde die wirtschaftliche Vitalität und Dynamik des Landes dem kaum zu bremsenden Pioniergeist seiner Bevölkerung zugeschrieben. Spätestens nach Ende des Kalten Krieges, als das Pentagon Rüstungsprogramme kürzte, stellte sich jedoch heraus, dass der Boom in erster Linie durch gigantische Staatssubventionen während des Zweiten Weltkriegs, des Korea- und Vietnamkriegs und während des Wettrüstens im Raketenzeitalter am Leben erhalten worden war. Das Ende der Konfrontation mit der Sowjetunion reduzierte den Subventionsstrom aus dem Verteidigungsministerium zu einem spärlichen Rinnsal, wodurch Hunderttausende Arbeitsplätze verloren gingen.

Als der republikanische Gouverneur Arnold Schwarzenegger 2003 seinen demokratischen Vorgänger Gray Davis nach Jahren der Misswirtschaft aus dem Amt schasste, offenbarte der Kassensturz düstere Einsichten: Der reichste US-Bundesstaat litt mit einem Rekorddefizit von 38,2 Mrd. $ unter einem gewaltigen Haushaltsloch. Als mit Jerry Brown zu Beginn des Jahres 2011 der neue Gouverneur ins Amt kam, hatte sich die Haushaltspolitik strukturell nicht wesentlich verändert. Kalifornien guckte der Pleitegeier über die Schulter.

Kaliforniens Markenzeichen: Wirtschaftsboom und radikaler Umweltschutz

Die Immobilienkrise

Die 2007 ausgebrochene Immobilienkrise rückte hauptsächlich Südkalifornien ins Zentrum, wo die Hälfte der zehn größten Hypothekeninstitute angesiedelt ist und in jüngerer Vergangenheit die Nachfrage nach Häusern stets größer war als das Angebot, obwohl die Region zu den teuersten Wohngegenden des Landes zählt. Viele Käufer konnten sich neue Heime, deren Preis bei durchschnittlich 620 000 $ liegt, nur durch eine breite Palette von Hypothekarinstrumenten leisten. Auf den ersten Blick wirkten die Bedingungen sehr günstig, lockten Hausbesitzer in Wahrheit aber mit Hypotheken zu variablen Zinssätzen in eine tiefe Schuldenfalle, während die Kreditinstitute Milliardengewinne einstrichen. Als schließlich immer mehr Immobilieneigner unter der Last der Hypotheken zusammenbrachen und ihre Häuser zum Teil zwangsversteigert wurden, platzte die Immobilienblase und zwang die Finanzhäuser zu Abschreibungen in Milliardenhöhe. Paradoxerweise schufen die verheerenden Brände Ende 2007 wirtschaftliche Erleichterung, weil ca. 2000 zerstörte Häuser neu gebaut werden mussten, was der Bauwirtschaft unerhofften Auftrieb verschaffte.

Billige Arbeitskraft

Insbesondere der für die gigantische Agrarindustrie wetterbegünstigte Süden trägt zum kalifornischen Wohlstand bei – billige Arbeitskraft allerdings auch. Auf riesigen Feldern und Plantagen, aber auch in spezialisierten Kleinbetrieben mit Sonderkulturen sind Heerscharen mexikanischer Landarbeiter beschäftigt, ohne die der Agrarsektor gar nicht mehr funktionieren könnte. Viele von ihnen halten sich illegal im Land auf, werden schlecht bezahlt und haben keinerlei Anspruch auf Sozialleistungen.

Größtes Tor für illegale Einwanderer nach Kalifornien ist die mexikanische Grenze. Nach Zahlen der US-Einwanderungsbehörde gelangen pro Jahr etwa 1 Mio. Menschen ohne gültige Papiere in die USA. Ungefähr 70 % von ihnen stammen aus Mexiko, das durch eine von Patrouillen, Zäunen, Überwachungskameras, Nachtsichtgeräten, Bewegungsmeldern, Lasersystemen und Helikoptern scheinbar hermetisch gesicherte Grenze vom großen Nachbarn abgeschirmt ist. Trotzdem schaffen es viele, etwa mit befristeten Besuchervisen in die USA zu kommen und nach Ablauf ihrer Besuchsfristen illegal zu bleiben. Andere überwinden die Hightech-Grenzbarrieren durch versteckte Tunnelsysteme oder in nur schwer zugänglichen Grenzabschnitten. Wieder andere entfliehen Arbeitslosigkeit und sozialer Not in ihrer Heimat mit Hilfe von kriminellen Schlepperbanden, die sie gegen Geld ins ›gelobte Land‹ schleusen.

Preisgünstiges Personal finden Firmen aber auch im Golden State selbst, und zwar hinter Schloss und Riegel. Joint-Venture-Programme mit den Strafvollzugsbehörden bieten Unternehmen die Möglichkeit, hinter Gefängnismauern billige Arbeitskräfte anzuheuern und dabei von Steuervergünstigungen und geringen Lohnkosten zu profitieren. Bei solchen Beschäftigungsverhältnissen reiben sich manche Arbeitgeber die Hände, weil auch Krankengeld und Abgaben für Rente, Urlaub und Gesundheitsvorsorge entfallen.

Dynamische Entwicklung der Bevölkerung

Der seit Jahren festzustellende massive Zustrom legaler wie illegaler Einwanderer aus Lateinamerika hat die USA mit ca. 40 Mio. Hispanics nach Brasilien, Mexiko und Kolumbien zum viertgrößten ›lateinamerikanischen‹ Land der Erde gemacht. Latinos sind vor Afroamerikanern zur größten Minderheit in den USA geworden, und ihre Zahl steigt weiter. Im Südwesten der USA wurde die lange idealisierte Vorstellung vom amerikanischen Immigranten als WASP (White, Anglosaxon, Protestant – weiße Hautfarbe, angelsächsische Abstammung, protestantische Religion) längst von der Realität überholt. In Kalifornien beträgt der hispanische Anteil an der Gesamtbevölkerung mittlerweile 36 % – Tendenz wachsend, nicht nur wegen der hohen Migration, sondern auch wegen der weit über dem US-Durchschnitt liegenden Geburtenraten. Schätzungen zufolge werden im Jahr 2040 Latinos die Mehrheit der Bevölkerung stellen. Weiße werden dann nur noch 26 % gegenüber 52 % Latinos ausmachen.

In Los Angeles, das seit Sommer 2005 vom hispanischen Bürgermeister Antonio Villaraigosa regiert wird, stammen sogar 58 % der Einwohner aus Lateinamerika. Es gibt Stadtteile, in denen kaum ein englisches Wort zu hören ist. Am Kiosk liegen spanischsprachige Zeitungen aus, in Restaurants und Imbissen sind Tacos und Tortillas probate Mittel gegen den Hunger, und hier und da hat ein Wohnungsbesitzer die mexikanischen Nationalfarben auf seine Fensterläden gepinselt. Ein weiteres Kennzeichen dieser Gegenden sind durchschnittliche Pro-Kopf-Jahreseinkommen von weniger als 10 000 $, d. h. gerade einmal einem Drittel des nationalen Durchschnitts. Fast die Hälfte der Einwohner in diesen Vierteln lebt unter der Armutsgrenze. Das Elend grassiert aber nicht nur im gefährlichen Southeast oder South Central der Stadt mit einer Bevölkerung überwiegend aus Schwarzen oder Hispanics, wo die Gesetze der Gangs gelten. Selbst in der Innenstadt gibt es Straßenzüge mit Behelfsunterkünften aus Kartonage und Plastikplanen.

Demografische Prozesse spiegeln sich keinesfalls nur im Erscheinungsbild und Selbstverständnis der US-Gesellschaft wider, sondern führen auch zu politischen Veränderungen. Für viele in Lateinamerika lebende Familien sind Geldüberweisungen von in den USA arbeitenden Familienmitgliedern unverzichtbare ›Einkommen‹. In manchen Ländern sind solche Transfers noch vor Warenexporten zur wichtigsten Devisenquelle geworden. Aber auch auf nationaler und regionaler Ebene zeichnet sich ein Wandel ab. Latinos stellen im Südwesten der USA mittlerweile ein umworbenes Wählerpotenzial dar. Von Exilkubanern abgesehen waren sie früher eine sichere Klientel der Demokraten. Mittlerweile buhlt aber auch die republikanische Partei um ihre Wählerstimmen.

Afroamerikaner

Obwohl in Kalifornien mit 6,7 % nur etwa halb so viele Schwarze leben wie im US-Durchschnitt, gibt es in manchen Großstädten

Neighborhoods mit hohen Konzentrationen afroamerikanischer Einwohner, nicht selten von Armut und Hoffnungslosigkeit geprägte Stadtteile, im schlimmsten Fall gefährliche No-Go-Areas, aus denen sich Fremde aus gutem Grund besser fernhalten. Ursachen für diesen Zustand erkennt der Stadtsoziologe Mike Davis in seinem 1999 erschienenen Buch »Casino Zombies« in der sozialen Ausgrenzung u. a. durch gekürzte Wohnungsbauprogramme, Budgetstreichungen bei Schulen und Universitäten und fehlende oder misslungene Integrations- und Fördermaßnahmen, mit denen manche Gruppen bzw. ganze Stadtteile an den Rand der Gesellschaft abgedrängt werden.

Einen anderen Zugang zu diesem Problem haben der Komiker und Schauspieler Bill Cosby und der Psychiatrieprofessor Alvin Poussaint von der Harvard University. Beide zogen durch Vortragssäle, TV-Shows und Redaktionen und versuchten Lösungen vorzuschlagen, wie sich Schwarze aus ihrem Gefängnis aus Gewalt, Elend, Erniedrigung und Hoffnungslosigkeit befreien können. In ihrem neuesten Buch »Come On, People: On the Path From Victims to Victors« (Auf geht's, Leute: Auf dem Weg von Opfern zu Siegern) klagen sie selbstzerstörerische Tendenzen und Opfermentalität in Teilen der afroamerikanischen Gesellschaft an. Breiten Raum nimmt in dem Buch das Problem Rassismus ein. Die Autoren vertreten die Meinung, Weiße dafür verantwortlich zu machen, könne für manche Schwarze ein Weg sein, sich besser zu fühlen, aber die Stromrechnungen würden dadurch nicht bezahlt. Um sich aus dem Teufelskreis von Verelendung, Gewalt und Perspektivlosigkeit zu befreien, seien neben Bildung und Erziehung vor allem intakte Familien, harte Arbeit und soziales Engagement wichtig.

Schwarze Ghettosprache

Als Ende der 1990er-Jahre Lehrern in Oakland die schlechten Leistungen schwarzer Schüler im Fach Englisch auffielen, plädierten sie dafür, in den Schulen das von Afroamerikanern gesprochene Ebonics statt Standardenglisch als Unterrichtssprache zu akzeptieren. Der aus einer Verbindung der Wörter *ebony* (Ebenholz) und *phonics* (Klang) zusammengesetzte Begriff bezeichnet die aus Schwarzen-Ghettos stammende Sprache, die früher *street talk, ghettoese* oder *jive* genannt wurde und mehrere Charakteristika besitzt: eigene Wortschöpfungen sowie eine vom Standardenglischen teilweise stark abweichende Grammatik und Syntax. Selbst nicht-schwarzen Amerikanern gibt Ebonics in Unterhaltungen Rätsel auf.

Neue Nahrung erhielt die Ebonics-Diskussion 2005, als ein Schuldistrikt in San Bernardino ein Pilotprojekt startete und Ebonics den Schülern nicht als afroamerikanischen Dialekt, sondern als Fremdsprache anbot. Mit dieser Maßnahme sollten schwarze Studenten und Schüler zu mehr Begeisterung für schulische Bildungsangebote motiviert werden. Das Vorhaben rief Gegner auf den Plan, die stattdessen für eine Reform des bestehenden Schulwesens eintreten, weil ihrer Meinung nach viele junge Menschen ihre zwölfjährige schulische Laufbahn mit einem High-School-Abschluss beenden, ohne in Fächern wie Lesen, Schreiben und Englisch überhaupt die nötigen Grundkenntnisse erworben zu haben. Zu den Gegnern von Ebonics als Lehrsprache gehört auch Bill Cosby. Seiner Meinung nach sollte man nicht die Straße ins Klassenzimmer bringen, sondern das Klassenzimmer auf die Straße, weil Bildung und Erziehung die Zugangscodes zum Erfolg in der Gesellschaft sind.

Native Americans

Von allen Bevölkerungsteilen bilden die Indianer in den USA die kleinste Gruppe und machen nur ca. 1 % der Gesamtbevölkerung (300 Mio.) aus. In Kalifornien liegt ihr Anteil zwar mit 1,2 % knapp über dem nationalen Durchschnitt. In absoluten Zahlen besitzt der Golden State unter allen US-Bundesstaaten mit ca. 400 000 Indianern aber die größte Urbevölkerung. Als der Spanier Gaspar de Portola 1769 mit der Eroberung von Kalifornien begann, lebten neben den auf den Channel Islands beheimateten Chumash-Indianern viele andere Gruppierungen im Land. Historiker beziffern die damalige Gesamtzahl indianischer Ureinwohner auf 500 000 bis 700 000, andere gehen von lediglich 130 000 aus. Am wahrscheinlichsten ist eine Zahl von ca. 275 000. Mit Verblüffung stellten die Wissenschaftler fest, dass sich die in Anbetracht des riesigen Territoriums doch recht bescheidene Bevölkerung in ca. 135 Sprachgruppen und zwei Dutzend Sprachfamilien aufteilte (www.nahc.ca.gov/lanuage.html).

Im Zuge der spanischen und mexikanischen Herrschaft über Kalifornien und während der territorialen Expansion der USA bis an den Pazifik wären die Ureinwohner fast ausgerottet worden. Hunderttausende fielen von Weißen eingeschleppten Seuchen und der Zwangsarbeit auf den Missionsstationen zum Opfer (s. Thema S. 302). Die bis Ende des 19. Jh. Überlebenden werden auf etwa 30 000 geschätzt. Erst im Jahr 1917 erklärte sie der Oberste Gerichtshof zu Bürgern ihres eigenen Landes und stattete sie mit den amerikanischen Bürgerrechten aus. Das entsprechende Gesetz, der Indian Citizenship Act, wurde allerdings erst 1924 verabschiedet. Schon Jahrzehnte zuvor waren viele Indianer aus ihren Stammesgebieten in Reservationen und sogenannte Rancherias vertrieben und abgeschoben worden – auf der Rechtsgrundlage höchst zweifel- und fehlerhafter Verträge, die im 20. Jh. zu jahrzehntelangen Rechtsstreitigkeiten führten. Erst 1951 erklärte sich die Regierung zu einer Entschädigungszahlung für enteignetes Indianerland bereit. Etwas mehr als 5 Mio. $ wurden an 36 095 kalifornische Indianer verteilt, was einer Pro-Kopf-Kompensation von 139 $ entsprach.

Neue Indianerpolitik

Eine neue Ära dämmerte für die indianische Bevölkerung im Jahr 1969 in einer Zeit herauf, in der Black Power, die Anti-Vietnam-Bewegung und die Studentenrevolte das Selbstbewusstsein der indigenen Bevölkerung stärkten. Im November dieses Jahres besetzten etwa 100 Native Americans in einer spektakulären Aktion die in der San-Francisco-Bucht liegende Insel Alcatraz und okkupierten sie bis Juni 1971, um auf die Missstände in der Indianerpolitik aufmerksam zu machen (www.nps.gov/archive/alcatraz/indian4.html). Damals bildete sich eine junge, gebildete und energische Generation von indianischen Aktivisten heraus, die ihre Ziele der indianischen Selbstbestimmung und gleichzeitig ihre Wertschätzung für traditionelle indianische Werte deutlich artikulierten.

Das führte u. a. dazu, dass 1972 der Indian Education Act verabschiedet wurde, der die Förderung des Bildungsangebotes für Indianer vorschrieb. Noch wichtiger war der Indian Self Determination Act von 1975. Das Gesetz übertrug den indianischen Territorien die Selbstverwaltung, stockte die finanzielle Hilfe auf, brachte die Förderung indianischer Studenten auf den Weg und übertrug die Entscheidungshoheit des für indianische Angelegenheiten zuständigen Bureau of Indian Affairs (BIA) nach und nach auf Native Americans selbst. Ein Jahr später folgte der Indian Health Improvement Act, der eine bessere medizinische Versorgung der Reservationsbewohner einleitete und die Ausbildung von Indianern auf dem Gebiet des Gesundheitswesens möglich machte.

Entwicklungshilfe aus dem Kasino

Thomas J. Morgan, Indianerbeauftragter der US-Regierung unter Präsident Benjamin Harrison, fasste das Credo der Indianerpolitik im Jahr 1889 so zusammen: »Die Indianer müssen sich in die Lebensweise der Weißen einfügen – friedlich, wenn sie es wollen, gewaltsam, wenn es sein muss. Sie müssen ihre Lebensweise unserer Zivilisation anpassen.« Seit damals hat sich zwar vieles geändert, aber trotz positiver Ansätze sind die Zukunftsaussichten nicht allzu rosig.

Darüber mag auf den ersten Blick die Tatsache hinwegtäuschen, dass einzelne Stammesgruppen ihren Sonderstatus seit Jahren dazu nutzten, ins hochprofitable Kasinogeschäft einzusteigen und enorme Gewinne abzuschöpfen. Schätzungen zufolge werfen indianische Gamblingbetriebe in den USA pro Jahr über 20 Mio. $ ab, wovon durch Steuern auch die jeweiligen Staaten profitieren. Mit dem Indian Self Determination Act war den Stammesregierungen grundsätzlich nun das Recht eingeräumt worden, mit den jeweiligen Staatsregierungen Verträge über Bau und Betrieb von Spielkasinos abzuschließen. Der Indian Gaming Regulatory Act machte zwischen 1990 und 1997 die Eröffnung von Reservatskasinos in mehr als 20 Bundesstaaten möglich.

In Kalifornien liegen heute ca. 170 Spielkasinos (www.casinosca.com), allesamt auf indianisch verwaltetem Territorium, weil der Spielbetrieb nur dort erlaubt ist. Darunter befinden sich kleine Gamblingbetriebe wie etwa im abgelegenen Susanville (www.diamondmountaincasino.com), aber auch große Kasinos wie das Chumash Casinohotel in Santa Ynez mit Restaurant, Unterkünften und Spa (www.chumashcasino.com) oder das Morongo Casino Resort in Cabazon (www.morongocasinoresort.com).

Manche Stammesregierungen haben die große Chance der Gamblingindustrie darin erkannt, mit erwirtschafteten Gewinnen eine breitere wirtschaftliche Entwicklung in den Reservationen in Gang setzten zu können, um auf diese Weise der Armutsfalle zu entkommen. Zu diesen Beispielen gehört das Viejas Casino in Alpine östlich von San Diego (www.viejas.com). Direkt neben dem Spieltempel ließ die Verwaltung der nicht einmal 400-köpfigen Viejas Band of Kumeyaay Indians im Adobestil ein attraktives Outlet Center bauen, das Kundschaft selbst aus San Diego anzieht (www.shopviejas.com). Außerdem ist der Stamm zusammen mit anderen indianischen Gruppen an zwei großen Hotels in Washington D. C. und Sacramento beteiligt.

Aber nicht alle indianischen Kasinos arbeiten profitabel. Die Unterschiede zwischen den einzelnen Reservationen sind zum Teil frappierend, was in der Vergangenheit u. a. auch dazu geführt hat, dass manche mit entsprechender Lobbyarbeit den Bau neuer Kasinos verhindern wollen, um sich unliebsame Konkurrenz vom Hals zu halten. Es gibt auch Stammesregierungen, die mit Kleinbetrieben um ihre ökonomische Zukunft kämpfen und bislang nicht ins Kasinogeschäft eingestiegen sind, weil sie glauben, dass dadurch der Niedergang der indianischen Kultur beschleunigt wird.

Aktuelle Politik

Kalifornien war schon immer ein wichtiges Versuchslabor der amerikanischen Zukunft. Gouverneur Arnold Schwarzenegger demonstrierte dies seit Beginn seiner zweiten Amtsperiode nachdrücklich mit einer innovativen Energie- und Umweltpolitik, die in den internationalen Medien großen Widerhall findet. Wie sich die Öko-Diskussion im Golden State weiter entwickeln wird, nachdem mit Jerry Brown im Januar 2011 ein neuer Gouverneur in Sacramento einzog, muss sich erst noch zeigen. In öffentlichen Äußerungen bezeichnete er den Umweltschutz als Garant für wirtschaftliche Prosperität und sah ebenso wie sein Vorgänger keinen Widerspruch zwischen Öko und Ökonomie. Inwieweit sich seine verbalen Bekenntnisse in politische Entscheidungen umsetzen lassen, bleibt abzuwarten.

In den Jahren 2009 und 2010 wurden in Kalifornien Fragen des Umwelt- und (Brand-) Katastrophenschutzes vom akuten Finanznotstand und dem drohenden Staatsbankrott überlagert. Wieder einmal erwies es sich in dieser Krise die kalifornische Verfassung als Hemmschuh, weil sie vorschreibt, dass in diesem Bundesstaat Steuererhöhungen und Haushaltsbudgets nur mit Zwei-Drittel-Mehrheit beschlossen werden können. Um einen Ausweg aus der Finanzmisere zu schaffen, dachte Gouverneur Schwarzenegger sogar über unkonventionelle Maßnahmen nach, etwa die Legalisierung und Besteuerung von Marihuana – in einem Volksentscheid entschied sich die Bevölkerung aber am Ende gegen die Freigabe der Droge.

Geschichte

Kein US-Bundesstaat hat in so kurzer Zeit eine so dynamische Entwicklung erfahren wie der Golden State. Bis zum Goldrausch Ende der 1840er-Jahre ein unkultiviertes Territorium jenseits der Zivilisationsgrenze, übernahm das Land innerhalb weniger Jahrzehnte die nationale Führungsrolle. Daran hat sich bis heute nichts geändert.

Der Beginn der Geschichte Kaliforniens wird gerne auf das Jahr 1769 datiert. Damals stieß von Neuspanien (Mexiko) ein spanisches Expeditionskorps auf das Territorium des heutigen Kalifornien vor. Missionsgründungen und die Grundsteinlegung von San Francisco folgten. Diese Sichtweise blendet aber die Tatsache aus, dass in Kalifornien schon lange vor Ankunft der ersten Europäer Indianer lebten, die bereits einige Jahrtausende zuvor vermutlich aus dem hohen Norden eingewandert waren.

Das Schicksal der Ureinwohner

Cheyenne, Sioux, Apachen, Navajos ... Die Namen dieser großen Stämme sind sowohl in Amerika als auch jenseits der Grenzen geläufig. Bezeichnungen wie Cahuilla, Hupa, Maidu, Miwok, Pomo oder Yurok für kalifornische Indianer sind hingegen weniger bekannt, weil es sich bei ihnen um kleine bzw. kleinste, über fast das ganze Land verstreute Gruppen handelte, die in der Geschichte eine weniger bedeutende Rolle spielten.

Zu den größten kalifornischen Stämmen zählten die Chumash-Indianer, die schon in prähistorischer Zeit auf den Channel Islands lebten. Archäologen stießen auf Santa Rosa Island auf einen Fund, der diese Hypothese zu belegen schien: Skelettreste eines Zwergmammuts. Das Spektakuläre daran waren nicht die Knochenreste, sondern die Tatsache, dass dieses Tier offenbar regelrecht bestattet worden war – ein untrüglicher Hinweis auf die Existenz von Menschen. Nach Analysen mit der Radio-Karbon-Methode datierten die Forscher den Fund auf ein Alter zwischen 30 000 und 40 000 Jahren.

Die Chumash werden der Hokan-Sprachgruppe innerhalb der großen Sioux-Sprachfamilie zugeordnet. Als talentierte Seefahrer gingen sie in pechversiegelten Kanus auf Fisch-, Delfin- und sogar Walfang. An Land stellten sie ihr Geschick als Kleinwildjäger unter Beweis. Einen Hauptbestandteil ihrer Nahrung bildeten neben den Früchten des Meeres Eicheln, denen durch Abbrühen die bittere Gerbsäure entzogen werden musste, um sie überhaupt genießbar zu machen. Ab ca. 1500 vor der Zeitenwende sind die Chumash an der Küste von Santa Barbara nachweisbar, wo ihre Dörfer bis zu 1000 Einwohner groß und in ein überregionales Handelsnetz eingebunden waren. Der Stamm gilt seit 1910 als ausgestorben.

An der nördlichen San Francisco Bay führten die Pomo ein ähnliches Leben wie die Chumash, von der Bedeutung des Fischfangs einmal abgesehen. Wenngleich die Töpferei unter den kalifornischen Stämmen keine große Bedeutung erlangte, spielten die Pomo in dieser Beziehung eine Sonderrolle. Sie fertigten neben einfachen Alltagsgegenständen wie Matten und Fischreusen auch innen glatte Körbe in den unterschiedlichsten

Größen, die außen mit bunten Federn und Perlen dekoriert wurden.

Erfolgloser Widerstand

Viele Stämme Kaliforniens starben schon vor langer Zeit aus bzw. wurden durch Kreuz und Schwert und durch den wachsenden Zivilisationsdruck ausgelöscht. Schon früh setzten sich indianische Gruppen gegen Versklavung, Umerziehung, Umsiedlung und schikanöse Behandlung durch Weiße zur Wehr. Beim sogenannten Yuma-Massaker 1775 brachten die am Colorado River lebenden Indianer sämtliche Männer eines von Soldaten geschützten Pioniertrupps um und entführten Frauen und Kinder, nachdem die Fremden mitten durch die indianischen Felder marschiert waren. 1824/25 kam es zu einem Aufruhr der Missionsindianer in Santa Barbara. 1846 erhoben sich die Luiseno-Indianer im San Diego County. Vier Jahre später versuchte Antonio Garra, der katholisch getaufte Häuptling der Cupeno-Indianer, eine Stammesunion mit dem Ziel zustande zu bringen, alle Amerikaner aus dem südlichen Kalifornien zu vertreiben.

Die letzte größere bewaffnete Auseinandersetzung zwischen Indianern und Weißen auf kalifornischem Gebiet war der Modoc-Krieg 1872/73 im äußersten Nordosten des Landes. Der Modoc-Stamm war gezwungen worden, sich in Oregon eine Reservation mit den Erzfeinden, den Klamath, zu teilen. Etwa 100 Mitglieder verließen das Gebiet und zogen zurück nach Nordkalifornien, wo sie von über 1000 US-Soldaten beim Lava Beds National Monument in eine sechsmonatige bewaffnete Auseinandersetzung verwickelt wurden. Am Ende gaben die Indianer auf.

Letzter Überlebender des von Weißen ausgelöschten Yahi-Stammes war ein Indianer namens Ishi. Er fiel 1911 auf, als er sich in einem Schlachthaus bei Oroville im nördlichen Central Valley etwas zu essen besorgen wollte. Zwei Wissenschaftler nahmen sich des in der Steinzeitkultur lebenden Mannes an, der damals zwischen 40 und 50 Jahre alt zu sein schien, und verschafften ihm eine Bleibe im Anthropologie-Museum der University of California in San Francisco. Ishi passte sich an die neuen Lebensumstände gut an, lernte sich mit etwa 500 englischen Wörtern verständlich zu machen und vermittelte den Anthropologen der Universität detallierte Kenntnisse über die Kultur seines Volkes. Er starb 1916 an Tuberkulose.

Über Jahrzehnte hinweg hat sich die indianische Bevölkerung Kaliforniens seit ihrer Beinahe-Auslöschung zu Beginn des 20. Jh. sehr langsam wieder vergrößert. Heute gibt es ca. 400 000 Native Americans im Golden State. Viele leben zwar noch in Reservationen, haben sich aber trotz aller Traditionspflege an moderne Zeiten angepasst. Offenkundig wird das an ihrem Engagement in zeitgemäßen Erwerbszweigen, vor allem in der Kasinoindustrie (s. S. 28).

Spanische Kolonisierung

Nachdem der in spanischen Diensten stehende portugiesische Seefahrer Juan Rodriguez Cabrillo in der Bucht von San Diego vermutlich als erster Europäer kalifornischen Boden betreten und 60 Jahre später Sebastian Vizcaino die Bucht von Monterey entdeckt hatte, segelten spanische Handelsschiffe auf dem Weg von den Philippinen nach Mexiko zwar gelegentlich die kalifornische Küste entlang. Aber erst 1769 wagte eine spanische Expedition unter Gaspar de Portola im Auftrag von König Karl III. den Vorstoß zu Land in das unbekannte Gebiet im Norden der Grenze von Neu-Spanien. Ziel des Unternehmens war es, die Kolonisation nach neu-spanischem Muster mittels Gründung von Missionen und Militärstützpunkten, um einem drohenden Eindringen des zaristischen Russland von Norden her einen Riegel vorzuschieben. Mit einer 64 Mann starken Truppe marschierte Portola von San Diego, wo er den Missionsgründer Junípero Serra zurückgelassen hatte (s. S. 302), Richtung Norden und bekam als erster Europäer die Bucht von San Francisco zu sehen.

Sieben Jahre später führte Juan Bautista de Anza eine 240-köpfige Siedlergruppe in den heutigen Mission District von San Francisco, wo die Spanier ihre neue, nach der überall wachsenden Bergminze benannte Heimat Yerba Buena (Gutes Kraut) aufbauten. Im selben Jahr entstand vor Ort die Mission San Francisco de Asis (Mission Dolores) und in der Nähe des Goldenen Tores der Presidio, eine von einem Palisadenzaun umgebene, ursprünglich primitive Befestigung, die, mehrfach baulich verändert, bis zum Ende des 20. Jh. ihre militärische Rolle behalten sollte. 1781 ließen sich spanische Kolonisten unter der Führung von Felipe de Neve auch im südlichen Landesteil nieder und gründeten einen Pueblo, aus dem sich mit Los Angeles die zweitgrößte Stadt Amerikas entwickelte.

Mit San Francisco de Solano entstand die letzte Franziskanermission in Kalifornien 1823/24 in Sonoma nördlich von San Francisco zu einer Zeit, da sich Mexiko bereits von der spanischen Krone unabhängig erklärt und Alta California zumindest de jure seinem Herrschaftsbereich eingegliedert hatte. Damit stellten die Padres nicht zuletzt auch unter Beweis, dass sich ihr Missionssystem bis zu diesem Zeitpunkt von den weltlichen Gewalten losgesagt und so weit verselbständigt hatte, dass sich die Franziskaner sogar weigerten, die mexikanische Revolutionsregierung anzuerkennen.

Unter mexikanischer Verwaltung

Mit der mexikanischen Unabhängigkeit von Spanien im Jahr 1821 gelangte allerdings keinesfalls nur Neu-Spanien unter mexikanische Herrschaft, sondern auch die Alta California genannte, mit dem heutigen Kalifornien etwa identische Region. Bereits zur Zeit der Spanier war Monterey Verwaltungszentrum dieses Landesteiles gewesen und behielt diesen Status auch während der mexikanischen Administration, verlor seine Bedeutung aber unter amerikanischer Ägide rasch.

1833 initiierte Mexico City ein Säkularisierungsprogramm, mit dem die Missionsländereien in ganz Kalifornien parzelliert und teilweise in Privatbesitz überführt wurden. Nach dem Abzug der Franziskaner standen viele Gebäude und Kirchen Plünderern offen, die alles wegschleppten, was die Patres übrig gelassen hatten.

Entscheidend für die weitere Zukunft von Kalifornien waren die immer aggressiver werdenden Expansionsbestrebungen der USA. Das sogenannte Manifest Destiny definierte die westliche Ausdehnung der Vereinigten Staaten bis an den Pazifik als einen von Gott gegebenen Auftrag. In diesem Geist erklärte US-Präsident Polk 1846 nach einigen bewaffneten Geplänkeln an der texanisch-mexikanischen Grenze Mexico City den Krieg, wohl wissend, dass sich das Land gegen eine Abtrennung seiner nördlichen Provinzen nicht zur Wehr setzen konnte. Mit dem bis 1848 dauernden amerikanisch-mexikanischen Krieg schuf Washington D. C. auch im Westen neue Realitäten.

Nach der Kriegserklärung dauerte es Wochen, ehe die Nachricht den amerikanischen Konsul und die kleine mexikanische Garnison in Monterey erreichte. Bereits einen Monat später attackierte eine Gruppe bewaffneter Siedler in Sonoma einen mexikanischen Militärposten, überrumpelte die Soldaten und hisste eine Flagge mit einem Grizzlybären als Emblem der damit proklamierten unabhängigen Republik Kalifornien. Nach der sogenannten Bärenflaggen-Revolte dauerte es nur noch drei Wochen, ehe über dem Custom House in Monterey erstmals die amerikanische Flagge im Wind flatterte und anzeigte, dass in Kalifornien ein neuer Zeitabschnitt begonnen hatte. Im Vertrag von Guadalupe Hidalgo 1848 musste Mexiko nach Kriegsende neben Kalifornien auch den gesamten Südwesten sowie Colorado und Wyoming an die USA abtreten.

Der kalifornische Goldrausch

Wenige Tage vor der Unterzeichnung des Vertrags von Guadalupe Hidalgo stieß ein gewisser James Marshall am American River beim Bau einer Sägemühle auf funkelnde Körner: Kaliforniens erster Goldfund. Nach-

Ghost Town Bodie: Zu Goldgräberzeiten lebten hier 10 000 Menschen

dem die Sensation eine Zeit lang geheimgehalten werden konnte, verbreitete sich die Nachricht schließlich doch in Windeseile – und dies nicht nur in Kalifornien.

Der Regierung in Washington D. C. hätte die Entdeckung gelegener nicht kommen können. Nach dem Krieg gegen Mexiko mehrten sich kritische Stimmen, die Zweifel am Sinn des Waffenganges und an der Annexion Kaliforniens äußerten. Polk brachte die Gegner seiner Expansionspolitik schnell zum Verstummen, indem er die Goldfunde, von denen er zur Zeit der Vertragsunterzeichnung von Guadalupe Hidalgo noch nichts wissen konnte, zur Legitimation seiner Kalifornienpolitik heranzog.

Das scheinbar im Übermaß vorhandene Edelmetall wirkte auch auf den Prozess der Staatswerdung als beschleunigender Katalysator. Während manche anderen Territorien im Westen jahrzehntelang auf die Aufnahme in die Amerikanische Union warten mussten, durfte sich Kalifornien bereits im Jahr 1850 als 31. US-Bundesstaat bezeichnen.

Das Land erlebte während des Goldrausches tiefschürfende Veränderungen. Zehntausende stürmten in die Sierra Nevada, um ihr Glück zu machen. Die Bevölkerung nahm innerhalb von vier Jahren um über 100 000 zu. In San Francisco, 1848 noch ein unbedeutendes Küstenkaff, explodierte die Bevölkerung von 400 auf 25 000 im Jahr 1850. Am Pazifik und an der westlichen Sierra-Flanke schossen Camps und Ansiedlungen wie Pilze aus dem Boden. Die Zeit der individuellen Goldsuche endete schon drei Jahre später. Große Gesellschaften hatten bis dahin lohnende Claims in ihren Besitz gebracht und benutzten bei der Goldsuche modernstes technisches Gerät, von dem Einzelne nicht einmal zu träumen wagten.

Die Westwärtsbewegung

Der Goldrausch fiel zeitlich mit einer anderen historischen Entwicklung zusammen, die sich auf Kalifornien ebenfalls nachhaltig auswirken sollte. In den 1840er-Jahren setzte mit der durch das Manifest Destiny ideologisch untermauerten Westwärtsbewegung die Besiedlung und Urbarmachung jener Gebiete im

Der Kaiser von Kalifornien

Was war er wirklich? Gründungsvater des modernen Kalifornien oder nur ein gewissenloser Abenteurer, der ohne Rücksicht auf Verluste seinem Traum von Macht und Reichtum nachjagte? Eines war Johann August Sutter auf jeden Fall: ein schillernder Charakter, der in der Geschichte des Golden State eine tragische Rolle spielte.

Am Stadtrand der kalifornischen Hauptstadt Sacramento liegt mit Sutter's Fort eine Befestigungsanlage, die im 19. Jh. den Kern einer landwirtschaftlichen Kolonie namens Neu-Helvetien bildete. Gründer war der aus dem südbadischen Kandern stammende Johann August Sutter (1803–1880), der später in der Schweiz lebte und nach geschäftlichen Misserfolgen dem Schuldturm nur dadurch entfliehen konnte, dass er 1834 nach Amerika auswanderte.

Nach einigen Zwischenetappen ließ sich Sutter im damals unter mexikanischer Verwaltung stehenden Kalifornien nieder, wo ihm Gouverneur Alvarado ein 20 000 ha großes Siedlungsgebiet nach eigener Wahl anbot. Auf dem Sacramento River drang er mit einigen Gefolgsleuten ins Landesinnere vor, um in der Nähe des heutigen Sacramento die Kolonie Neu-Helvetien aufzubauen. Fünf Jahre und drei Monate nach seiner Flucht aus der Schweiz fand der 36-jährige Sutter dort seine zweite Heimat.

Sutter erkannte, dass sein Erfolg vom guten Einvernehmen mit den vor Ort lebenden Indianerstämmen abhing. Geschickt bediente er sich der Autorität der Häuptlinge, um gegen geringes Entgelt zeitweise bis zu 400 Indianer für sich arbeiten zu lassen. Zentrum seines sich ständig vergrößernden Imperiums war Fort Sutter. Wie ein König herrschte er über seine Untertanen, erweiterte seine Viehherden bis auf über 20 000 Stück, machte Boden urbar und legte Felder und Plantagen an. Sein Farmerwissen bezog er angeblich aus einem zerfledderten Lehrbuch. Nach eigenen Plänen bauten ihm Schmiede eine neue Generation von Pflügen, mit denen er den kalifornischen Ackerbau von der Steinzeit ins Zeitalter der Mechanisierung katapultierte.

Fort Sutter bildete im unerschlossenen Westen eine Zivilisationsinsel. An Sutters Tafel begegnete sich, was in diesem Teil der Welt Rang und Namen hatte – Entdecker und Künstler, Politiker und Geschäftsleute, Gelehrte und Edelleute. Eine Woche lang war Prinz Paul von Württemberg mit seinem Gefolge zu Gast. Bei solchen Gelegenheiten zeigte sich Sutter mit Champagner, Likören und Zigarren spendabel.

Neu-Helvetien blühte und gedieh, als James Marshall im Januar 1848 bei Bauarbeiten auf Sutters Territorium beim heutigen Coloma Gold fand. Obwohl Sutter seine Leute zu Stillschweigen verpflichtete, verbreitete sich die Kunde wie ein Lauffeuer. Innerhalb weniger Wochen überschwemmte eine Welle von Glücksrittern Neu-Helvetien. Sutters Besitz verkam in dieser vom Goldrausch geschüttelten Zeit immer mehr, weil seine Arbeiter in die Goldfelder stürmten und sich niemand mehr um Haus und Hof kümmerte. Auf den Feldern vermoderte tonnenweise abgeerntetes Getreide. Zäune wurden niedergetrampelt, die Herden entliefen. Was in Fort Sutter nicht niet- und nagelfest war, wurde von Goldgräbern und Desperados gestohlen, die sich in Speichern und Werkstät-

Thema

ten selbst einquartiert hatten. Mexiko kapitulierte damals vor der US-Präsenz und zog sich kampflos aus Kalifornien zurück. Der Kongress in Washington D. C. erließ ein Gesetz über private Landrechte, was Sutter zu jahrelangen, kostspieligen Prozessen zwang, an deren Ende das US-Bundesgericht sein Besitzrecht an Neu-Helvetien nur zu einem sehr geringen Teil anerkannte.

Im Herbst 1849 zwangen die Zustände Sutter zum Verkauf seines ruinierten Forts für 7000 $. Mit seiner Familie zog er auf die Hock-Farm am Feather River, die ihm ebenfalls gehörte. Der Verlust von Neu-Helvetien machte aus dem lebenshungrigen und unternehmenslustigen Großgrundbesitzer einen verbitterten, alkoholkranken Mann, den das ihm widerfahrene Unrecht nicht zur Ruhe kommen ließ. Als ein Brandstifter die Hock-Farm in Schutt und Asche legte, ging Sutters kalifornischer Lebenstraum in Flammen auf. Ende des Jahres 1865 kehrte er dem Westen für immer den Rücken, um sich in Pennsylvania für den Rest seines Lebens dem aussichtslosen Kampf um eine Entschädigung für seinen verlorenen Besitz zu widmen. Er starb 1880 in einem Hotel in Washington D. C., nachdem der Kongress zwei Tage zuvor wieder einmal eine Petition unter Aktenbergen vergraben hatte. Der berühmte Bergsteiger Luis Trenker schrieb einen Roman über Sutters Leben und Schicksal, den er selbst unter dem Titel »Der Kaiser von Kalifornien« 1935/36 verfilmte.

Johann August Sutter, schillernde Persönlichkeit mit tragischer Biografie

Westen ein, die in den Jahrzehnten zuvor von Trappern und Forschungsreisenden erkundet worden waren. Planwagentrecks zogen auf ausgesuchten Routen wie etwa dem Oregon Trail oder dem California Trail von Independence am Missouri quer durch Kansas nach Wyoming und Idaho. Dort verzweigten sich die Trails. Ein Weg führte am Snake River entlang nach Oregon, der andere folgte dem Tal des Humboldt River durch Nevada bis zum Lake Tahoe, von wo es auf unterschiedlichen Strecken über die Sierra Nevada ging. Für die ca. 3200 km lange Route brauchten die Pioniere im Durchschnitt fünf Monate, wobei sie darauf achten mussten, nach dem Aufbruch im Frühjahr nicht zu viel Zeit zu verlieren, um die kalifornischen Gebirge noch vor dem ersten Schnee überqueren zu können.

Nachdem in Kalifornien der Goldrausch ausgebrochen war, nahm der Planwagenverkehr auf den Überlandrouten an den Pazifik schnell zu. Über 21 000 Menschen in 6200 Wagen machten sich allein 1849 auf den Weg in die unsichere Zukunft. Hätte man alle damals nach Westen ziehenden Gespanne zu einer einzigen Kolonne vereint, wäre ein Riesentreck von schätzungsweise 100 km Länge dabei herausgekommen. Im Jahr 1850 verdoppelte sich das Einwandereraufkommen sogar, als Kalifornien zum eigenständigen Bundesstaat erklärt wurde.

Die Binnenwanderung der damaligen Zeit vom Atlantik zum Pazifik wurde längst zum Mythos. Der Expansion nach Westen, dem tiefen Erlebnis der Frontier, wird nicht zu Unrecht Rückwirkung auf die amerikanische Gesellschaft zugeschrieben, was etwa soziale Gleichrangigkeit, Selbstverwaltung und Individualismus anbelangt. Wer sich im Neuland jenseits der Zivilisationsgrenze niederließ, konnte alte Fesseln abstreifen, denn ausnahmslos jeder Ankömmling war zunächst einmal Fremder, musste sich in kein starres Klassensystem einordnen und hatte im Prinzip die gleichen Chancen wie alle anderen auch. Die Eroberung des Westens zog aber noch eine andere Konsequenz nach sich: die Unterdrückung und Beinahe-Ausrottung der indianischen Urbevölkerung.

Das Eisenbahnzeitalter

Viele Neukalifornier führten in den Anfangsjahren ein beschwerliches Leben und hatten unter Dürreperioden, Überschwemmungen, Versorgungsproblemen und Krankheiten zu leiden. Ein Aufwärtstrend im Land war erst nach 1870 zu spüren, als der ferne Westen über die transkontinentale Eisenbahn mit der ›Außenwelt‹ verbunden war. Bis dahin war Kaliforniens Einwohnerzahl innerhalb von 20 Jahren auf über 500 000 ›explodiert‹.

Vielleicht war es eine Fügung des Schicksals, dass die USA um die Mitte des 19. Jh. noch über keine brauchbaren transkontinentalen Verkehrsmittel verfügten. Wahrscheinlich wäre Kalifornien sonst unter dem Ansturm der Goldsucher untergegangen. Erst 1869 konnte im nördlichen Utah nach der Fertigstellung des Schienenwegs zwischen Atlantik und Pazifik das Eisenbahnzeitalter beginnen. Um die reichen Bergwerke im Westen in Anbetracht des Bürgerkriegs so schnell wie möglich mit der Ostküste verbinden zu können, wurde der Vertrag über den transkontinentalen Eisenbahnbau 1862 mit zwei Unternehmen gleichzeitig abgeschlossen.

Die Union Pacific verlegte die Gleise von Osten her, die Central Pacific Railway trieb die Linie von Westen vorwärts. Von der Finanzierung einmal abgesehen, sah der Vertrag eine Reihe von lukrativen Sonderbestimmungen wie etwa Landschenkungen vor, mit welchen die Gesellschaften zur höchsten Eile angetrieben wurden. Wie profitabel der Eisenbahnbau für manche war, zeigte das Beispiel der Big Four, der vier Central-Pacific-Direktoren Charles Crocker, Mark Hopkins, Collin P. Huntington und Leland Stanford, die der Bau zu Multimillionären machte.

Außer diesem Quartett kam der quer durch den Kontinent führende Schienenstrang auch der im Aufbau befindlichen kalifornischen Landwirtschaft zugute. Nach der Erfindung des Kühlwaggons 1880 konnten Farmer ihre Agrarprodukte in Chicago ebenso absetzen wie in New York und Philadelphia. So betrachtet dämmerte mit der Eisenbahn der Beginn der Goldenen 1880er-Jahre herauf – auch für Bahnpassagiere, die für die Reise von Chicago nach San Francisco anfangs noch 125 $, später nur noch 1 $ bezahlen mussten.

Das 20. Jahrhundert

Im ausgehenden 19. Jh. schien es, als müsse Kalifornien nach hektischen Jahrzehnten erst einmal tief Luft holen. Nach dem Gold- und Eisenbahnboom ließ der nächste Entwicklungsschub jedoch nicht lange auf sich warten: 1892 stießen Explorationsunternehmen auf ergiebige Erdölquellen. Schon bald war mancherorts vor lauter Bohrtürmen der Himmel kaum mehr zu sehen. Auch im südlichen Central Valley wurden Ölvorkommen angezapft, sodass die Wirtschaft quasi gezwungen war, Verwendungsmöglichkeiten für Ölderivate zu suchen. Eisenbahnen stellten ihre Loks von Kohle- auf Ölbefeuerung um. Den wahren Durchbruch für die Erdölindustrie brachte aber erst die Automobilindustrie, nachdem Henry Ford 1908 die Fließbandproduktion seines legendären Modells T aufgenommen hatte. Mitte der 1920er-Jahre galt Los Angeles bereits als die am stärksten motorisierte Stadt der Welt, in der jeder dritte Einwohner ein Auto besaß.

Boom in der Rüstungsindustrie

Obwohl Kalifornien von den Fronten weit entfernt lag, veränderte der Zweite Weltkrieg das Land. Als die USA nach dem japanischen Überfall auf die Pazifikflotte in Pearl Harbor 1941 in den Krieg eintraten, bedeutete dies für den Golden State wirtschaftlich goldene Zeiten. Hauptsächlich in den südlichen Landesteilen initiierte die Regierung mit Milliardeninvestitionen Rüstungsprogramme. Luftfahrt und Schiffbau stattete das Pentagon mit gewaltigen Summen aus. Oakland wurde zur größten Werft des Landes mit Hunderttausenden Arbeitern. 1943 lief alle zehn Stunden ein fertiges Schiff vom Stapel. Ganze Stadtgebiete von Los Angeles und San Diego verwandelten sich in Produktionsstätten für Flugzeuge. US-Präsident Roosevelt hatte noch vor dem Kriegseintritt eine jährliche Produktion von 50 000 Maschinen gefordert. Allein 1944 nieteten Tausende von Arbeitskolonnen aber mehr als 100 000 Militärflugzeuge zusammen.

Die im Zweiten Weltkrieg begonnene Aufrüstung setzte sich auch nach 1945 unter dem Eindruck des Korea-, später des Vietnamkrieges und des Kalten Krieges fort. Die Forschung nach neuen Techniken und Materialien war eine unabdingbare Voraussetzung für die Hochrüstung. Schon damals schickte sich Kalifornien an, weltweit die Führung im Hightech-Sektor zu übernehmen, eine Position, die von den Computertüftlern im Silicon Valley seit den 1960er-Jahren noch weiter ausgebaut wurde.

Gesinnungsschnüffelei

Innenpolitisch standen die 1950er-Jahre im Zeichen der antikommunistischen Feldzüge von Senator Joseph McCarthy aus Wisconsin. Als Mittel zum Zweck diente ihm ein Ausschuss zur Untersuchung angeblicher kommunistischer Subversion in den USA (HUAC – House Committee on Un-American Activities). Die Gesinnungsschnüffeleien hatten schon 1938 vor dem sogenannten Dies-Komitee begonnen, vor dem sich prominente Künstler und Intellektuelle wie John Steinbeck, Dashiell Hammett, Gary Cooper und Emigranten wie Bertolt Brecht gegen den Vorwurf »unamerikanischer Umtriebe« verteidigen mussten. Der seit 1939 im Exil in Los Angeles lebende Thomas Mann beispielsweise wurde jahrelang vom FBI bespitzelt. Das Fernsehen übertrug Hearings nicht selten mit der Folge, dass unschuldige Personen beruflich und gesellschaftlich geächtet, zum Teil sogar ruiniert waren.

Die Gegenbewegung

In diesem Klima begann sich in Kalifornien in der Ära Eisenhower (1953–1961) eine Bewegung gegen Wohlstandsmief und Intoleranz zu formieren. Deutlichen Ausdruck fand sie in Studentenprotesten an der Universität Berkeley zu Beginn der 1960er-Jahre, die sich zunächst gegen die Einschränkung des Rechts auf freie Meinungsäußerung (Free

Speech Movement) richteten. Später stand im Mittelpunkt des Konflikts zwischen Studenten und Polizei hauptsächlich der Vietnamkrieg. Auch Justizminister Robert Kennedy setzte sich gegen eine Fortsetzung des militärischen Engagements in Fernost ein und wurde zur Integrationsfigur des Jugendprotestes, ehe er 1968 in Los Angeles erschossen wurde.

Im selben Jahr fiel auch der Führer der schwarzen Bürgerrechtsbewegung, Martin Luther King, in Memphis (Tennessee) einem Attentat zum Opfer. Das verschaffte der 1966 in Oakland gegründeten Black-Panther-Bewegung Auftrieb, die ihr Recht zum bewaffneten Kampf gegen fortwährende weiße Unterdrückung propagierte. In San Francisco erlebte indessen die Flower-Power-Bewegung der Hippies zu den Rhythmen von The Grateful Dead und Jefferson Airplane ihren Höhepunkt. Die Blumenkinder hatten sich die Abkehr vom Besitzdenken der Etablierten und die Veränderung der Welt durch freie Liebe, Drogenkonsum und asiatische Philosophien zum Ziel gesetzt. Doch schon mit dem Summer of Love 1967 ging die Bewegung ihrem Ende entgegen, nicht ohne Einfluss auf alternative Musik und Lebensformen genommen zu haben.

Dass die Toleranz gegenüber Andersdenkenden und nicht-konformistischen Minderheiten in der damaligen Zeit an Boden gewann, bewies nicht nur der Boom von New-Age-Propheten, Sterndeutern, Meditations- zirkeln und kosmischen Kulten, sondern auch die Schwulenbewegung in San Francisco. Staatliche Gesetze stoppten zu Beginn der 1970er-Jahre die fortwährende Diskriminierung von Homosexuellen und brachten deren gesellschaftliche Gleichstellung voran. Der progressiven Aufbruchstimmung war das sich verändernde politisch-gesellschaftliche Klima während der Präsidentschaft von Ronald Reagan abträglich. Die restriktiven sozialen Auswirkungen der ›Reaganomics‹ ließen das Gefälle zwischen Arm und Reich immer deutlicher zutage treten. Nach dem Fall des Eisernen Vorhangs, als viele von Regierungsaufträgen abhängige Unternehmen in Kalifornien massenweise Arbeitskräfte entließen, verschärften sich diese Probleme zusätzlich, was letzten Endes auch als Ursache für gewalttätige Unruhen in überwiegend schwarzen Stadtteilen in Los Angeles und anderen Großstädten zu sehen ist.

Das neue Millennium

Nach 9/11, dem Terroranschlag auf das World Trade Center in New York, diente der Bush-Administration das Argument der Terrorismusbekämpfung als Mittel zur Stärkung und Subventionierung der Rüstungsindustrie und damit zur fortschreitenden Militarisierung der amerikanischen Gesellschaft, weil nach dem Ende des Kalten Krieges die Herausforderung durch Moskau als Grund für die Aufrüstung nicht mehr tauglich war. Zusätzlich förderte der Irakkrieg die Entwicklung neuer futuristischer Waffensysteme im Auftrag des Pentagon, was für die im südlichen Kalifornien ansässigen Rüstungskonzerne mit Milliardenaufträgen verbunden war. Aber auch das Silicon Valley war Nutznießer dieses Booms, weil viele der etwa auf Wetterradar, Lasertechnik und kohlefaserverstärkte Materialien spezialisierten Hightech-Unternehmen ihre heute zivil genutzten Produkte ursprünglich für die Rüstungsindustrie entwickelten.

Als Ex-Terminator Arnold Schwarzenegger als Gouverneur von Kalifornien Ende 2003 in den politischen Ring stieg, war das für viele Beobachter im Ausland nach Ronald Reagan nur ein weiterer Beweis dafür, dass der Golden State seine Spitzenpolitiker vorzugsweise aus dem Reich der Unterhaltung rekrutiert. Dass sich solche Einschätzungen mittlerweile relativierten, hat nicht nur mit dem Eingeständnis zu tun, dass der Showanteil an der Politik auch in anderen Ländern beträchtlich zugenommen hat. Nach einem Katastrophenjahr 2005 mit Tiefstwerten bei Umfrageergebnissen nahm Schwarzenegger einen Kurswechsel vor und entschloss sich als aufrechter Republikaner zu einer Liaison mit den Demokraten, um gemeinsam den

Demonstration gegen den Irak-Krieg am Strand in Santa Monica

Mindestlohn zu erhöhen, die Infrastruktur im Land zu verbessern und das in den USA härteste Gesetz zur Reduzierung von Treibhausgasen durchzusetzen.

Als sich der Republikaner Schwarzenegger Ende 2010 nach zwei Amtsperioden aus der Spitzenposition der kalifornischen Politik zurückziehen musste, hinterließ er seinem Nachfolger, dem 72-jährigen Demokraten Jerry Brown, ein schweres Erbe. Aber der ehemalige Hollywoodstar scheiterte in erster Linie nicht an der Durchsetzung seiner Programme, sondern an einer Besonderheit der Verfassung: der kalifornische Staatshaushalt lässt sich im Unterschied zu den meisten anderen US-Bundesstaaten im Parlament nur mit einer Zweidrittelmehrheit verabschieden. Außerdem fördert das Wahlsystem des Golden State Interessenwirtschaft; obendrein ist der Staat in hohem Maße von Einkommens- und Unternehmenssteuern abhängig. Deshalb betrachteten politische Analysten den ›Gouvernator‹ am Ende seiner Amtszeit weniger als politisch gescheiterte Existenz, sondern hauptsächlich als Opfer des politischen Systems in Kalifornien.

Zeittafel

ca. 10 000 v. Chr.	Archäologische Funde auf den Channel Islands lassen auf die Anwesenheit von Indianern des Chumash-Stammes schließen.
1542	Der in spanischen Diensten stehende portugiesische Seefahrer Juan Rodriguez Cabrillo landet in der Bucht von San Diego.
1602	Sebastian Vizcaino erkundet die kalifornische Küste und entdeckt dabei die Bucht von Monterey.
1769	Spanische Franziskanerpatres gründen in San Diego die erste von am Ende 21 Missionsstationen in Kalifornien.
1776	Mit der Gründung der Siedlung Yerba Buena, der Mission Dolores sowie dem Presidio legen Spanier den Grundstein für San Francisco.
1781	Der Spanier Felipe de Neve gründet zusammen mit einer Gruppe von Pionieren eine Siedlung, aus der Los Angeles entsteht.
1812	Russen bauen 50 Meilen nördlich von San Francisco Fort Ross als Versorgungs- und Handelsbasis für die in Alaska tätigen Pelztierjäger des Zaren.
1823	Nach der Unabhängigkeit Mexikos kommt Kalifornien unter mexikanische Verwaltung.
1846	Die sogenannte Bärenflaggen-Revolte richtete sich erfolgreich gegen die mexikanische Verwaltung Kaliforniens. Wenig später weht über Monterey die amerikanische Flagge.
1848	John Marshall entdeckt in Coloma am American River Gold und löst den kalifornischen Goldrausch aus.
1850	Am 9. September wird Kalifornien als Bundesstaat in die Amerikanische Union aufgenommen.
1876	Am 12. Januar erblickt in San Francisco der Schriftsteller Jack London das Licht der Welt.
1902	Am 27. Februar kommt in Salinas der Schriftsteller und spätere Literaturnobelpreisträger John Steinbeck zur Welt, der Monterey literarisch ein Denkmal setzte.

Ein schweres Erdbeben und nachfolgende Brände zerstören große Teile von San Francisco.	**1906**
In Los Angeles finden die Olympische Sommerspiele statt.	**1932**
In San Francisco wird die Golden Gate Bridge eröffnet.	**1937**
Mit Disneyland in Anaheim bei Los Angeles öffnet in den USA der erste große Vergnügungspark seine Pforten.	**1955**
In Squaw Valley westlich des Lake Tahoe finden die Olympischen Winterspiele statt.	**1960**
Der 33. Gouverneur Kaliforniens, Ronald Reagan, wird ins Amt des US-Präsidenten gewählt.	**1980**
Nach 52 Jahren heißt der Veranstaltungsort für die Olympischen Sommerspiele erneut Los Angeles, erstmals in ihrer Geschichte von einem kommerziellen privaten Unternehmen ausgerichtet.	**1984**
Das Loma-Prieta-Erdbeben der Stärke 7,1 auf der Richterskala erschüttert weite Teile Kaliforniens und forderten mehr als 63 Menschenleben.	**1989**
Polizeiwillkür gegen den Afroamerikaner Rodney King löst in Los Angeles Rassenunruhen aus, bei denen viele Menschen umkommen und Schäden in Milliardenhöhe entstehen.	**1992**
Ein schweres Erdbeben mit dem Epizentrum im San Fernando Valley verwüstet Teile des Großraumes von Los Angeles und fordert 61 Tote.	**1994**
Nach Neuwahlen in Kalifornien kommt für den abgewählten Gouverneur Gray Davis der Ex-Schauspieler Arnold Schwarzenegger ins Amt.	**2003**
Zu Beginn seiner zweiten Amtszeit kündigt Schwarzenegger verstärkten Einsatz für Umweltschutz, Stammzellenforschung und infrastrukturelle Reformen an.	**2007**
Mit dem 72 Jahre alten Demokraten Jerry Brown tritt der bislang älteste Gouverneur Kaliforniens in Sacramento sein Amt an, das er schon einmal zwischen 1975 und 1983 innehatte.	**2011**

Gesellschaft und Alltagskultur

Der häufig zitierte American Way of Life hat natürlich auch Kalifornien fest in seinem Griff. Trotzdem, oder vielleicht auch gerade deswegen, hat sich Amerikas bevölkerungsreichster Bundesstaat schon lange einen Namen als Hort von Freiheit und Individualismus gemacht und ist zu einem Versuchsfeld für unkonventionelle Lebensformen und soziale Experimente geworden.

California Dreaming

Gouverneur Schwarzenegger stellte seine bis Anfang 2011 dauernde Amtszeit unter das Motto »Protecting the California Dream« (»Den kalifornischen Traum bewahren«). Damit bezog er sich auf die dem häufig zitierten American Dream artverwandte Regionalversion, die schon Millionen von Einwanderern vor Augen schwebte, die sich aus anderen Teilen der USA oder aus dem Ausland kommend am Pazifiksaum niederließen. »California Dreaming« – so hieß in den 1960er-Jahren auch ein Song der US-amerikanischen Gruppe The Mamas & the Papas – ist längst ein geflügeltes Wort für all das, wovon Menschen in Kalifornien träumen können, eine Vision von der Karriere vom Immigranten zum Millionär, vom Tellerwäscher zum Krösus, eingebettet in einen Seelenzustand von Glück und Zufriedenheit. Wer sich in Kalifornien niederlässt, kann sich entfalten, weil das Leben am Pazifik weder mit Geschichtslasten befrachtet, ist noch völlige Anpassung einfordert. Neukalifornier haben Mut zum Risiko bewiesen, indem sie ihren Willen unter Beweis stellten, ihr Schicksal selbst in die Hand zu nehmen – ganz im Sinn amerikanischer Ideale.

Der Erfolgsmythos ist im Bewusstsein der US-Gesellschaft schon lange verankert und Teil des amerikanischen Selbstverständnisses geworden. Nirgends in den USA schlug die materialistisch geprägte Grundhaltung so tiefe Wurzeln wie in Kalifornien, wo der Goldrausch Mitte des 19. Jh. die erste Chance bot, den Traum vom Glück Wirklichkeit werden zu lassen. Auch als für die meisten Goldsucher damals alle Hoffnung verflogen war, verblassten die Verlockungen und Versprechungen des Golden State nicht. Im Gegenteil: Vom goldenen Eisenbahnzeitalter über den Erdöl- und Agrarboom bis ins Zeitalter von Hightech-Industrie und Massentourismus wurde Kalifornien nicht müde, mit tatsächlichen Reizen und Möglichkeiten, aber auch mit vagen Zukunftsaussichten und nicht haltbaren Versprechungen die Menschen in seinen Bann zu ziehen.

Freiheit und Mobilität

Für viele Kalifornienbesucher scheint die ultimative Erfahrung von Freiheit und Ungebundenheit darin zu bestehen, mit dem Motorrad auf dem legendären Highway No. 1 die Pazifikküste entlangzubrausen, den Wind zu spüren und die salzige Luft zu kosten. Offenbar besteht gerade in den USA und speziell im Golden State ein enger Zusammenhang zwischen Freiheit und Mobilität, was jedes Road Movie bestätigt. Schon der 1946 erfundene Comic-Cowboy Lucky Luke, der schneller zog als sein Schatten, ritt auf seinem mageren Klepper Jolly Jumper dem Sonnenuntergang entgegen und nahm den Mythos des Lonesome Rider vorweg, dem heute Jahr für

Jahr Zehntausende Auto- und Motorradtouristen auf Kaliforniens schönsten Highways erliegen.

Dass Mobilität mit Freiheit und Individualismus assoziiert wird, führte besonders in den Millionenmetropolen im Laufe der Zeit zu untragbaren Verkehrsverhältnissen, an denen vor allem der Ballungsraum Los Angeles zu ersticken drohte. Das machte neue Konzepte der Stadtplanung notwendig. In manchen Großstädten wurden Autobahnen in Boulevards umgewandelt und Radwege angelegt, um der fortschreitenden Automobilisierung Einhalt zu gebieten. Jahrelang konnten Gemeinden und Städte Bundeszuschüsse für Maßnahmen der Verkehrsinfrastruktur nur für Autobahnen verwenden. Erst eine 1991 verabschiedete Gesetzesänderung ließ die Umleitung von Bundesgeldern in Bus- und Bahnprojekte zu, was in vielen Städten dem öffentlichen Nahverkehr zugute kam. So leistete sich Los Angeles – jahrzehntelang Inbegriff des Individualverkehrs – schon vor Jahren eine gegenwärtig noch im Ausbau begriffene U-Bahn, die mittlerweile im Nahverkehr eine echte Alternative darstellt. Auch San Diego und San Francisco verfügen über U-Bahn- bzw. Straßenbahnsysteme.

Mobilität spielte in Kalifornien schon seit jeher nicht nur eine Rolle, wenn es sich um die Bewältigung von räumlichen Distanzen handelte. Im übertragenen Sinn lässt sich der Begriff auch auf das Vorankommen auf der sozialen Leiter von unten nach oben anwenden. Schon die alten Goldgräber träumten davon, sich durch einen einzigen lohnenden Fund von den Niederungen des Arbeitslebens verabschieden zu können. Ähnliche Visionen treiben heute Elektroniktüftler voran, die, dem Dotcom-Rausch verfallen, Karrieren wie die Hightech-Könige des Silicon Valley vor Augen haben.

Multiethnisches Kalifornien

Im Rahmen unterschiedlicher Regierungsprogramme zum Abbau von Ungleichbehandlungen von Ethnien wurden in den zurückliegenden Jahrzehnten Fortschritte erzielt. Trotzdem existiert nach wie vor eine evidente Kluft etwa zwischen Schwarz und Weiß. Ein Beweis dafür ist die nach wie vor bestehende Diskriminierung von Afroamerikanern, die etwa in Bildungseinrichtungen und wichtigen Positionen des öffentlichen Lebens seit jeher unterrepräsentiert sind. Während ihr unter der Armutsgrenze lebender Anteil in den vergangenen 25 Jahren ständig gewachsen ist, hat im selben Zeitraum ihr Gewicht – insbesondere in Sport und Musik – kontinuierlich zugenommen.

Dass sich die hispano-amerikanische Bevölkerung in jüngster Zeit zur zahlenmäßig stärksten Minorität entwickelte, hat mehrere Gründe. Während der amerikanischen Expansionspolitik des 19. Jh. wurden große Teile Mexikos samt der dort lebenden Bevölkerungsgruppen annektiert, die sich auch nach ihrer Einbürgerung kulturell eher als Latinos fühlten. Im 20. Jh. veranlasste der eklatante Unterschied in der wirtschaftlichen Entwicklung zwischen Mexiko und Kalifornien viele Latinos, im blühenden Nachbarland nach einer Beschäftigung zu suchen und auf diese Weise die Grenze zwischen Dritter und Erster Welt zu überwinden. Die Aussichten dafür sind in jüngerer Vergangenheit nicht besser geworden.

Die Hürden für eine legale Einwanderung sind fast so hoch wie die Hindernisse für eine illegale. Außerdem dürfte die Verwirklichung des Californian Dream für viele aus Lateinamerika stammenden Arbeitskräfte vermutlich in Zukunft noch schwieriger werden, weil der US-Arbeitsmarkt nach höher qualifizierten Personen sucht, aber nicht einmal die Hälfte der Hispanics über einen Highschool-Abschluss verfügt.

California Way of Life

Trendsetter Kalifornien

Nirgends in den USA sind Ruhelosigkeit und Aufbruchstimmung, Spontaneität und Einfallsreichtum so unmittelbar spürbar wie am Pazifiksaum. Wie eine nie versiegende Quelle produziert Kalifornien Ideen und Modeerscheinungen, Trends und Träume. Nirgendwo

Venice Beach: die perfekte Kulisse für Selbstdarsteller

haben Freizeitaktivitäten und Körperkult solche Blüten getrieben wie zwischen San Francisco und Los Angeles, wo die Menschen Begriffe wie Langeweile und Nichtstun schon vor langer Zeit aus dem Lexikon tilgten.

Die kalifornische Idealvorstellung von totaler Mobilität prägt längst auch das Freizeitverhalten der Einwohner, die sich zu Weltmeistern unterschiedlicher Bewegungsarten machten – vom Surfen über das Inlineskaten und Mountainbiken bis zum Snowboarden. Was Kalifornier unter solchen Aktivitäten nicht selbst erfanden, stilisierten sie zumindest zum ultimativen Freizeitvergnügen hoch und wurden damit ihren sprichwörtlichen Trendsetting-Qualitäten gerecht.

Luxus hinter Gittern

Vom Wunsch beseelt, einen sicheren und ruhigen Wohnsitz zu finden, ziehen sich viele Amerikaner in selbstgewählte Gated Communities zurück, wo sie, durch Mauern, Zäune und Kontrollmechanismen geschützt, abgeschirmt von ihrer Umgebung leben können. Vor allem seit den 1980er-Jahren sind solche gesicherten Wohnviertel aus dem Boden geschossen, in denen wohlhabende Menschen wohnen, die kein Problem damit haben, sich bestimmten Gemeinschaftsregeln zu unterwerfen. Üblicherweise legen die Betreiber solcher Siedlungen hohen Wert auf einheitliche Architekturstandards und das gepflegte Äußere von Häusern und Gärten. Wer sich mit den entsprechenden Vorgaben nicht anfreunden kann, muss mit Sanktionen bis zum Ausschluss aus einer Community rechnen. Kritiker werfen solchen Wohnkonzepten vor, sie förderten die zunehmende Fragmentierung der Gesellschaft. Es sei vernünftiger, entsprechende finanzielle Mittel in Maßnahmen zu investieren, um etwa Städte und Gemeinden sicherer zu machen und ihre Lebensqualität zu steigern.

Religionen und Kulte

In den USA leben ca. 100 Mio. Protestanten, 67 Mio. Katholiken, 6 Mio. Juden und etwa gleich viele Muslime. Vor allem in Kalifornien fanden von diesen etablierten Religionen abgesehen viele Sekten, Kulte und religiöse

Bewegungen einen günstigen Nährboden. Der Grund dafür mag in der Toleranz gegenüber Andersdenkenden und nicht konformistischen Minderheiten liegen. Jedenfalls erlebten Sterndeuter, Meditationszirkel, pantheistische Glaubensbekenntnisse und kosmische Kulte in keinem anderen US-Bundesstaat seit den 1960er-Jahren einen solchen Boom wie in Kalifornien. Seit den 1980er-Jahren verzehnfachte sich an der Westküste der Umsatz mit New-Age-Literatur. Pendel-Seancen, Zukunftsvorhersagen und Kräuterbehandlungen erlebten einen wahren Höhenflug, was u. a. prominenten Zugpferden einzelner Bewegungen zuzuschreiben war. Die Schauspielerin Shirley MacLaine brachte ihren Glauben an Karma und Wiedergeburt mit Büchern und auf Vortragstourneen unter die Leute. Die Hollywoodstars Tom Cruise und John Travolta sind überzeugte Mitglieder der Scientology-Sekte und machen daraus keinen Hehl.

Obwohl die amerikanische Verfassung eine strikte Trennung von Staat und Kirche vorsieht, wird die Politik von christlichen Werten stark beeinflusst. Im Staatsemblem taucht ebenso wie auf Münzen und Banknoten das Motto »In God We Trust« auf, und bei wichtigen Anlässen ist US-Präsidenten längst zur Gewohnheit geworden, ihre Reden mit den Worten »May God bless you« (Möge Gott Euch segnen) zu beenden. Präsident Obama bekennt sich zum Christentum, will sich aber, wie in seiner Rede im Juni 2009 in Kairo zum Ausdruck gebracht, für einen Ausgleich zwischen den Religionen einsetzen.

Mega- und Gigakirchen

Manche Kritiker vertreten die Meinung, die USA seien nur deshalb kein Kirchenstaat geworden, weil es zu viele Religionen und Sekten gibt, die ihren eigenen Religionsstaat gründen wollten. Sogenannte elektronische Kirchen entstanden seit der zweiten Hälfte der 1960er-Jahre, als religiöse Fundamentalisten die Zeit für den Kampf um Amerika gekommen sahen und sich moderner Medien wie etwa des Fernsehens bedienten. Die sich als moralische Mehrheit verstehenden Evangelikalen lokalisierten ihre Feindbilder vor allem in Bereichen wie Abtreibung, Emanzipation der Frau, Bürgerrechts-, Schwulen- und Lesbenbewegung, Umweltschutz und Abrüstung. Bis heute bilden diese Themen zwischen Liberalen und Konservativen gewissermaßen die Demarkationslinie, die mit dem Amtsantritt von George W. Bush sehr viel deutlicher hervorgetreten ist als zu Zeiten seiner Amtsvorgänger.

Ein neuerer Stern am US-Glaubenshimmel sind Mega- und Gigakirchen, die in ihren Gottesdiensten mehr als 2000 Besucher zählen bzw. ein in die Millionen gehendes Publikum haben. Davon gibt es auf US-Boden mehr als 1000. Diese stark auf wirtschaftlichen Erfolg hin orientierten Kirchen sind konfessionell ungebunden und brauchen sich an keinerlei Vorschriften zu halten. Die meisten lehnen in ihren erzkonservativen Grundsätzen die Evolutionslehre ab, erachten die Bibel als unfehlbar und Homosexualität als eine Sünde. Sie offerieren ihren Mitgliedern diverse Freizeitangebote, haben eigene Geschäfte und Kinos und werden zu einem immer größer werdenden Machtfaktor, was sich vor allem die republikanische Partei zunutze macht.

Der Hang zum Spirituellen

Wenn sich Gäste in den USA in einem Bed & Breakfast oder einem Hotel einquartieren, brauchen sie sich nicht zu wundern, wenn sie die Unterkunft mit einem Hausgeist teilen müssen. Vielerorts verweisen Wirte und Hotelmanager mit Stolz darauf, dass sich manchmal Möbel bewegen oder längst Verblichene ins Diesseits zurückkehren. Dieser Geisterglaube verträgt sich in Kalifornien wie anderswo offenbar bestens mit modernem Denken. Schon der französische Aristokrat Alexis de Tocqueville (1805–59), der in den Jahren 1831 und 1832 den USA einen Besuch abstattete, stellte in der Bevölkerung einen »überspannten und fast wilden Drang zum Übersinnlichen« fest, der sich auch heute noch in einer nicht geringen Zahl von Spiritisten, Wunderheilern, Handlesern, Kartenlegern und Erweckungspredigern dokumentiert. In weit über 3000 sektiererischen Gruppen, Kultgemeinden und Mini-Kirchen können sich Amerikaner spiritualistisch oder spiritistisch betätigen. Vertreter von Heilslehren füllen Zelte und Säle. Die Frage danach, woher der ausgeprägte Hang zum Spirituellen rührt, wird unterschiedlich beantwortet. Manche meinen, er sei eine Reaktion auf Defizite des vorherrschenden Bewusstseins. Tocqueville wurde konkreter. Seiner Meinung nach kommt auf der Jagd nach materiellen Gütern die Seele zu kurz.

Kriminalität und Sicherheit

Kaliforniens Grenze mit Mexiko gilt als die am besten bewachte der Welt. Tausende mit modernstem Hightech-Gerät ausgerüstete Sicherheitskräfte versuchen, die Welle illegaler Einwanderer so weit wie möglich abzuwehren. Der ständige Kampf gilt mittlerweile nicht mehr nur Latinos, die auf der Flucht vor der Wirtschaftsmisere in ihren Heimatländern Arbeit in den USA suchen. In jüngster Vergangenheit sollen auch vermehrt Menschen aus asiatischen und arabischen Ländern aufgegriffen worden sein, denen Amerika seit 9/11 mit großen Sicherheitsvorbehalten begegnet.

Ein anderer Grund für die US-Grenzpolitik ist die Tatsache, dass ein hoher Prozentsatz von Verbrechen in direktem Zusammenhang mit Drogenhandel und -konsum steht. Die Regierung richtete spezielle Behörden ein, die nicht nur die Grenze gegen Drogenimport sichern sollen, sondern mit anderen Regierungen zusammenarbeiten, um Drogenanbau und -schmuggel einzudämmen. Mit der Drug Enforcement Administration (DEA) ist dem US-Justizministerium eine sowohl in den USA wie international operierende Anti-Drogen-Behörde unterstellt, die in vielen Ländern der Welt vertreten ist. In Schulen und gemeinnützigen Organisationen laufen Projekte, um über die Gefahren von Drogenkonsum aufzuklären und Drogenabhängigen zu helfen. Untersuchungen über sozial schwache Viertel von Großstädten weisen aber auch darauf hin, dass Zusammenhänge zwischen Kriminalität und Armut klar auf der Hand liegen.

Trotz großen Personalaufwands und Hightech gelingt es jedes Jahr zwischen 500 000 und 1 Mio. Menschen, den Schutzwall zwischen Mexiko und den USA illegal zu überwinden. Sogar während der riesigen Buschbrände im Herbst 2007 versuchten manche, das im südlichen Kalifornien herrschende Chaos für eine illegale Einwanderung zu nutzen – ein lebensgefährliches Unterfangen.

Sport

Der Profisport ist in den USA ein Megageschäft. Viele Klubs sind im Besitz von Unternehmern, die nicht nur über die Verpflichtung neuer Spieler befinden, sondern auch über die Heimbasis der jeweiligen Mannschaft. Dass ganze Teams in eine andere Stadt umziehen, ist keine Seltenheit. Nährboden der Profiligen sind Universitäten und Colleges, an denen sportliche Ausnahmebegabungen mit Stipendien gefördert werden, bis sie den Sprung in den Profibereich schaffen.

Seit Beginn der Gesundheits- und Fitnesswelle hat auch der Breitensport immer größere Bedeutung erlangt. Eine Rolle spielt dabei, dass sportliche Fitness mit beruflicher Fähigkeit assoziiert wird. In Fitnessclubs quälen sich Amateursportler bei schweißtreibenden Workouts, während Heerscharen von Freizeitsportlern aller Altersklassen auf großstädtischen Jogging- und Bikingpfaden Körper und Geist stählen.

Dass unter den Zuschauersportarten American Football an der Spitze rangiert, hat mit seiner kampfbetonten Natur zu tun. Unter den 32 Mannschaften der National Football League (NFL) sind drei aus Kalifornien: die Oakland Raiders, die San Diego Chargers und die San Francisco 49ers, die mit bislang fünf Super-Bowl-Siegen zu den erfolgreichsten Mannschaften zählen. In der National Basketball Association (NBA) sind die 30 spielstärksten Basketballteams versammelt, darunter aus Kalifornien die Los Angeles Clippers, die Los Angeles Lakers, die Golden State Warriors aus Oakland und die Sacramento Kings (www.nba.com).

Der Nationalsport Basketball ist auch in Kalifornien Big Business – hier ein Spiel der Los Angeles Lakers gegen die Memphis Grizzlies

Soccer

Was man in Europa unter Fußball versteht, firmiert in Kalifornien unter der Bezeichnung Soccer. Diesen Sport betreiben im 300-Mio.-Volk nicht einmal 20 Mio. Aktive. Im Golden State hat das Interesse am Fußball im Jahr 2007 Auftrieb erfahren, nachdem die Medien den Vertrag von Los Angeles Galaxy mit David Beckham zum Ereignis des Jahres hochstilisierten. Dass Beckhams Kalifornienabenteuer mit dem Beginn einer neuen Fußballära in den USA gleichgesetzt wurde, hatte nicht nur einen sportlichen, sondern auch einen kommerziellen Hintergrund, weil die Manager einen Marketingboom erwarteten. Mittlerweile hat der Starkicker angekündigt, auch nach dem Ende seiner Karriere mit seiner Familie in den USA bleiben zu wollen.

Autorennen

Die Formel 1 leistet sich in der alljährlichen Rennsaison nur einen Ausflug in die Vereinigten Staaten, wo das einzige Grand-Prix-Rennen in Indianapolis stattfindet – ohne amerikanische Piloten. Das ist auch der Grund dafür, warum der Formel-1-Zirkus an Popularität gemessen in den USA hinter der NASCAR (National Association of Stock Car Racing) weit zurücksteht.

In den späten 1940er-Jahren ins Leben gerufen, bestand die Grundidee der NASCAR darin, Rennen mit normalen Seriensportwagen auszurichten. Im Laufe der Zeit kamen aber immer mehr speziell konstruierte Boliden zum Einsatz, sodass heutige Spitzenwettbewerbe überhaupt nicht mehr mit diesen Autos gefahren werden.

In Kalifornien finden Rennen auf zwei Kursen statt, und zwar in Fontana östlich von Los Angeles und in Sonoma im Sonoma Valley. Eine ungewöhnliche Rallye ist das jährliche DARPA Challenge in Victorville, 150 km nordöstlich von Los Angeles, bei dem verschiedene hochspezialisierte Teams ihre unbemannten, ferngesteuerten Roboter-Fahrzeuge auf die Piste schicken.

Architektur und Kunst

Ähnlich bunt und vielfältig wie die Menschen unterschiedlichster Herkunft und Ethnien, die den Golden State ihre Heimat nennen, ist das dynamische kulturelle Leben in Kalifornien. In den Sparten Architektur, Literatur, Malerei und Musik kommen aber auch die wechselvolle Geschichte des Landes und der in vielen Lebensbereichen spürbare kreative Geist zum Ausdruck.

Architektur zwischen Historie und Vision

Wer mit offenen Augen durch die Städte Kaliforniens reist, stellt fest, dass die Architektur nicht nur von monotoner Zweckbauweise gekennzeichnet ist, sondern aus einer spannungsreichen Mischung von Alt und Neu besteht. Vom spanischen Missionsstil des 18. Jh. schlägt sie einen Bogen über die unterschiedlichen Stile der viktorianischen Zeit und das Art-déco der 1930er-Jahre bis zu den futuristischen Hervorbringungen des Dekonstruktivismus, die offenbar nur zwei Kritikermeinungen erlauben – totale Ablehnung oder völlige Begeisterung.

Auffällig ist, dass in der ersten Hälfte des 20. Jh. vor allem die kalifornischen Küstenstädte ein rasantes Wachstum an den Tag legten, architektonisch aber keine besonderen Zeichen setzten. Der Hauptgrund dafür war das Erdbebenrisiko. Die Naturkatastrophe 1906 hatte San Francisco zu einem großen Teil zerstört und danach anhaltende Diskussionen über die Art und Weise des Wiederaufbaus und über zukünftige Bauvorschriften in Gang gesetzt. Eine sonst vielerorts zu beobachtende ›Manhattanisierung‹ der Stadtzentren fand deshalb bis in die 1950er-Jahre nicht statt. Erst als neue Sicherheitstechniken wie gepufferte Fundamente zum Auffangen von Bodenschwingungen erdbebensichere Gebäude möglich machten, wuchsen die Stadtkerne in atemberaubendem Tempo über die bis dahin eingehaltenen Höhengrenzen von 13 Stockwerken hinaus.

Bauplätze der Stararchitekten

Nach Meinung der Los Angeles Times begann das neue Jahrtausend in der Stadt der Engel vielversprechend mit einer neuen Architekturblüte. Die Kritiker stützten ihr Urteil auf mehrere Großprojekte, mit denen international anerkannte Stararchitekten dem Stadtbild ihren Stempel aufdrückten und überraschende bauliche Akzente setzten.

Nach siebenjähriger Bauzeit eröffnete 1997 das von Richard Meier entworfene Getty Center, das in Brentwood wie ein weißer Palast auf einem Hügel thront und manche Betrachter an ein gigantisches steinernes Raumschiff erinnert. Passender war der Begriff Kunstklinik, weil die Museumsanlage mit strengen geometrischen Formen und in einheitlichem Weiß einen kühlen Eindruck hinterlässt. Das Los Angeles County Museum of Art sollte im Rahmen einer architektonischen Schönheitsoperation eine Umgestaltung und Erweiterung erfahren. Die Pläne trugen die Handschrift von Renzo Piano, der 1977 mit dem Centre Pompidou in Paris für Aufsehen gesorgt und später einen Teil der Bebauung des Potsdamer Platzes in Berlin geplant hatte. In San Francisco zeichnete der italienische Baumeister für den im Golden

Gate Park entstandenen Neubau der California Academy of Sciences verantwortlich.

Als das Mailänder Modeunternehmen Prada mit neuen Niederlassungen in Los Angeles und San Francisco für Kunden ein neues Einkaufserlebnis schaffen wollte, wurden die Entwürfe dem Niederländer Rem Koolhaas übertragen. Er sollte ausgehend von seiner Maxime, dass Konsum und Kultur keine gegensätzlichen Pole sind, in den neuen Filialen für eine zum Kauf stimulierende Gestaltung sorgen. In Beverly Hills entstand ein lang gezogenes Gebäude, während er in San Francisco mit einem Turm aus zwei übereinanderliegenden Würfeln ein markantes Zeichen im Stadtbild setzte.

Vierter im Bund der in Los Angeles tätigen Stararchitekten ist Frank Gehry, ebenso wie seine drei Kollegen Träger des Pritzker-Preises, der als Nobelpreis für Architektur verstanden wird. Wie kein anderer hauchte Gehry dem von Parkplatzcharme geprägten Viertel Bunker Hill in Downtown Los Angeles 2003 mit dem Bau der Walt Disney Concert Hall Aufbruchstimmung und Zukunftsperspektive ein. Das in mattem Alu-Glanz strahlende Symbol der Stadterneuerung ist als Heimbühne des Los Angeles Symphonic Orchestra zum meistbeachteten Gebäude im gesamten Ballungsraum geworden, das Architekturkritiker mit einer Rose für das kalte Herz der Metropole und einem Stahlplattenwirbelwind verglichen. Ebenso wie bei der Gestaltung ging Gehry auch im Bereich computerunterstützter Planungs- und Fertigungsprozesse neue Wege und setzte Maßstäbe.

Neue Akzente

Keinesfalls nur in Los Angeles veränderte sich das Stadtbild in den zurückliegenden Jahrzehnten. Jon Jerde, der sich auf die Planung von Einkaufs- und Erlebniszentren spezialisierte und den Universal City Walk in Los Angeles entwarf, stattete Downtown San Diego bereits in den 1980er-Jahren mit der Horton Plaza aus, einem sechs Blocks großen Entertainmentkomplex mit Geschäften, Restaurants, Kinos, Plätzen und Treppenaufgängen. Dass die damit verbundene Absicht, dem Stadtzentrum neue Wirtschaftskraft,

Das von Richard Meier entworfene Getty Center bei Los Angeles ist nicht nur für Architekturliebhaber ein lohnendes Ziel

Die Carmel Mission mit ihrem reizvollen Garten – alljährlich findet hier in der zweiten Julihälfte ein Bach-Festival statt

Leben und Atmosphäre einzuhauchen, aufging, lässt sich heute beim Gang durch das Zentrum leicht nachprüfen.

Heiße Diskussionen löste 1972 die Fertigstellung des Transamerica Building im Finanzdistrikt von San Francisco aus. Viele Einwohner der Stadt hielten die 260 m hohe Pyramide für puren Irrsinn – nicht weil sie der Skyline der Stadt ein ungewohntes Gesicht verlieh, sondern weil die Erinnerung an das große Erdbeben von 1906 noch in vielen Köpfen lebendig war. Mittlerweile hat sich das moderne Wahrzeichen der Stadt dank erdbebensicherer Fundamente seines Rufes als städtebauliches Sicherheitsrisiko entledigt. Geblieben ist die kritische Anmerkung, dass in der Metropole seit damals kein wirklich bedeutender Bau die Architektur mit einem neuen Impetus versorgte. Eine Wiederbelebung könnte das neue M. H. de Young Memorial Museum im Golden Gate Park einläuten, eine gelungene Gemeinschaftsproduktion des Schweizer Architektenduos Herzog & de Meuron. Fachleute feiern den Bau

heute schon als viertes Wahrzeichen der Stadt neben Golden Gate Bridge, Cable Car und Transamerica-Pyramide.

Historische Reminiszenzen

Als in der zweiten Hälfte des 18. Jh. die ersten spanischen Eroberer und Missionare auf das Gebiet des heutigen Kalifornien vorstießen, brachten sie außer Eroberungseifer und Bekehrungsdrang auch Vorstellungen darüber mit, wie im neuen Land am Pazifik gebaut werden sollte. Die in den folgenden Jahrzehnten errichteten Missionsstationen zeigen eine Stilmischung von typisch spanischen Elementen mit indianischen Bauformen, die den Spaniern aus den Pueblos in New Mexico bekannt waren. Von dort stammt auch das Herstellungsprinzip der Adobeziegel. Sie wurden aus einem Gemisch von Lehm, Stroh und Wasser hergestellt und in der Sonne getrocknet.

Historisierende Architektur

Als in der weiteren Umgebung von San Francisco in den 1820er-Jahren die letzten Missionsstationen entstanden, dämmerte in den östlichen USA architektonisch bereits das bis zur Jahrhundertwende dauernde viktorianische Zeitalter herauf. Um die Mitte des 19. Jh. ließ der Goldrausch die Bevölkerung von San Francisco in rasantem Tempo wachsen, was mit einem schnell steigenden Wohnraumbedarf verbunden war. Ganze Straßenzüge entstanden im damals modernen Baustil, der sich in den folgenden 50 Jahren in Variationen wie neoklassizistisch, Gothic Revival, Italianate, Second Empire und Queen Anne zeigte.

Obwohl das Erdbeben 1906 viele Gebäude zerstörte, gibt es in der Bay-Metropole immer noch schätzungsweise 15 000 Painted Ladies, wie die Häuser wegen ihres traditionell pastellfarbenen Anstriches auch genannt werden. Hauptsächlich um den Alamo Square, im Mission District, in Pacific Heights und im Stadtteil Marina sind die reizvollen, nicht selten Millionen teuren Oldtimer gut erhalten. Putzige Türmchen und Dachgauben, überdachte Veranden mit verzierten Brüstungen, geschnitzte Stützpfeiler und wunderschöne Gärten schaffen in den betreffenden Stadtteilen ein sehenswertes Ambiente.

Nach 1895 löste die Spanish-Revival-Architektur hauptsächlich im südlichen Kalifornien den viktorianischen Stil ab. Sie prägte die zum Teil heute noch stehenden Gebäude im Balboa Park in San Diego, die anlässlich der Panama-California-Ausstellung 1915 errichtet worden waren. Der Baustil kam auch in Santa Barbara zum Tragen, wo sich das örtliche Stadtbauamt im Zuge des Wiederaufbaus der von einem Erdbeben sehr schwer beschädigten Stadt für diese Variante entschied. Zu den damals entstandenen Schmuckstücken zählt das Santa Barbara Country Courthouse mitten in der Stadt.

Art déco

Von 1920 bis zum Beginn des Zweiten Weltkriegs war auch in Kalifornien mit Art déco, der Abkürzung für *arts décoratifs,* eine Designrichtung en vogue, die Kunsthandwerk, Fotografie, Plakatkunst, Bildhauerei und vor allem die Architektur beeinflusste. Wichtige Anregungen gingen von der Wiener Werkstätte, dem Deutschen Werkbund, der niederländischen Stijl-Bewegung und dem Bauhaus aus. Art déco verband Elemente des vorangegangenen Jugendstils mit dem Funktionalismus der 1920er-Jahre und der Futurismus-Bewegung.

Im Golden State errichtete man im neuen Stil nicht nur zahlreiche heute noch existierende Kinofassaden, den Hoover Tower auf dem Campus der Stanford University in Palo Alto und das Mary Bowles Building in Oakland. Auch einige Hochbauten am Wilshire Boulevard in Los Angeles sollten mit stuckverzierten Fassaden und vielfältigen Ornamenten zur gestalterischen Überwindung der Weltwirtschaftskrise beitragen. Prominenteste Beispiele in der südkalifornischen Metropole sind das Griffith Observatory im Griffith Park und die City Hall, während in San Francisco der Coit Tower in diesem Design erscheint und die markante Form der Pfeiler die Golden Gate Bridge zum größten Art-déco-Objekt aller Zeiten gemacht hat.

Malerei und bildende Künste

Kalifornien inspiriert schon seit langem die Vorstellungskraft der dort lebenden Menschen. Die Chumash-Indianer malten Höhlen mit Alltagsszenen aus, lange bevor spanische Franziskaner damit begannen, die Innenräume ihrer Missionskirchen mit Fresken zu dekorieren. Während des amerikanisch-mexikanischen Krieges hielten einige wenige Maler Menschen und Schauplätze auf Leinwand fest, ehe sich nach 1850 zugewanderte Künstler hauptsächlich der Landschaftsmalerei widmeten. Naturszenerien wie das Yosemite Valley ließen neben dem deutschstämmigen Albert Bierstadt (1830–1902) auch Thomas Hill (1829–1908) und William Keith (1838–1911) zu Pinsel und Farbe greifen. Im späten 19. Jh. stand die Malerei in Kalifornien ganz im Zeichen europäischer Einflüsse, weil sich zahlreiche Künstler in Frankreich und Deutschland ausbilden ließen.

Von diesen Vorbildern begann sich der Kunstbetrieb im 20. Jh. nur langsam zu lösen, um schließlich eigene Wege einzuschlagen. Der längere Zeit in Berkeley lebende Richard C. Diebenkorn (1922–1993) entwickelte sich zum führenden abstrakten Expressionisten an der Westküste, ehe er seit Ende der 1960er-Jahre bis zu seinem Lebensende seine bedeutendsten, durch einen ausgeprägten geometrischen Stil gekennzeichneten Werke schuf. Seine Arbeiten ebenso wie diejenigen von Sam Francis, Edward Ruscha, Wayne Thiebaud, der zu den Lehrern des Pop-Art-Künstlers und Surrealisten Mel Ramos gehörte, und David Hockney werden auf Auktionen heutzutage zu Preisen bis 3 Mio. $ versteigert. Neben ihnen gehören Billy Al Bengston, Elmer Bischoff, James Weeks, James Kelly, Deborah Remington und Clyfford Still zu den bekanntesten zeitgenössischen Malern Kaliforniens.

Kunst im öffentlichen Raum

Haftete Los Angeles lange Zeit der Ruf an, eine Zitadelle des oberflächlichen und seichten Geschmacks zu sein, wird die Metropole heute von vielen als Hort der Kreativität gepriesen. Diese neue Einschätzung verdankt sie ihrer lebendiger gewordenen, auch von ethnischer Vielfalt profitierenden Kunst- und Kulturszene mit mehr als 2000 Museen, Galerien, Theater- und Musikstätten, von denen manche Weltruhm erlangten. Schon in den 1960er-Jahren forderte Los Angeles als eine der ersten US-Städte von Immobilieninvestoren, 1 % der jeweiligen Bausumme für

Kunst aufzuwenden. Downtown entwickelte sich dadurch zur Open-Air-Kunstgalerie mit vielen Werken zum Teil renommierter Künstler (www.publicartinla.com).

Um eine andere Art von öffentlicher Kunst handelt es sich in der Bay-Metropole. San Francisco ist seit langem ein Eldorado der Wandmalerei. Besondere Beachtung verdient hinsichtlich der ›Murals‹ der Mission District. Das hat historische Gründe. Bereits zu Anfang des 20. Jh. erlangten in dem aus der Revolution hervorgegangenen Mexiko Wandgemälde als politische Kunst eine besondere Bedeutung. Über mexikanische Maler wie Diego Rivera, der in die USA übersiedelte, verbreitete sich die Monumentalmalerei auch in Nordamerika, wo Präsident Roosevelt während der Weltwirtschaftskrise über die damals gegründete Bundesbehörde Works Progress Administration ein Programm zur Förderung wirtschaftlich gefährdeter Künstler initiierte, die öffentliche Aufträge für Wandgemälde erhielten. Nach Kriegsende 1945 erlebte diese Kunstrichtung außer in San Francisco vor allem auch in Los Angeles eine wahre Renaissance. Und wiederum waren es hauptsächlich Maler mexikanischer Herkunft, die sich darin besonders hervortaten.

Kalifornische Literatur

Berühmte Schriftsteller

Stärker als in der Malerei waren die Signale in der Literatur, die von Kalifornien aus auf die nationale und internationale Literaturszene ausstrahlten. In erster Linie war dies einer Reihe von Schriftstellern zuzuschreiben, die weit über die Grenzen Amerikas hinaus bekannt wurden.

Ein waschechter Kalifornier war Jack London (1876–1916), der in San Francisco geboren wurde, in Oakland seine Jugend verbrachte und später mit Romanen wie »Ruf der Wildnis« und »Der Seewolf« Weltruhm erlangte. Sein Hauptthema, das sich durch sein ganzes Lebenswerk zieht, ist der Konflikt zwischen Natur und Kultur, den er zur Goldrauschzeit etwa im Yukon Territory und in Alaska kennenlernte. Die letzten Jahre seines abenteuerlichen, lange Zeit durch Alkoholismus geprägten Lebens verbrachte er zusammen mit seiner Frau Charmian in der Nähe von Sonoma. Nach jüngsten wissenschaftlichen Erkenntnissen nahm er sich wahrscheinlich nicht selbst das Leben, sondern starb an einer Harnvergiftung.

Erster aus dem Golden State stammender Träger des begehrten Pulitzerpreises war Sidney Howard (1891–1939), der für sein 1924 uraufgeführtes und im Napa Valley angesiedeltes Stück »They Knew What They Wanted« die begehrte Auszeichnung erhielt. Danach vergingen 15 Jahre, ehe wieder ein kalifornischer Literat zu diesen Ehren kam: John Steinbeck (1902–1968). In »Die Früchte des Zorns« schildert der aus Salinas stammende Schriftsteller die Geschichte der verarmten Landarbeiterfamilie Joad, die während der Weltwirtschaftskrise ihre Heimat in Oklahoma verlässt, um sich in Kalifornien eine neue Existenz aufzubauen. Die in dem Roman enthaltene Sozialkritik stieß in den USA auf Ablehnung und Proteste und wurde gelegentlich sogar als Aufruf zum Klassenkampf missverstanden. Versöhnlicher nahmen Steinbecks Landleute den Roman »Straße der Ölsardinen« auf, für den er 1962, vier Jahre vor seinem Tod, den Literaturnobelpreis bekam.

Im Gegensatz zu Steinbeck lehnte William Saroyan (1908–1981) den ihm zugedachten Pulitzerpreis Ende der 1930er-Jahre als Zeichen der Kommerzialisierung ab. Mit seinem Roman »Menschliche Komödie«, der vom Leben einer kalifornischen Familie in einer Kleinstadt handelt, schrieb sich Saroyan in die Herzen vieler Zeitgenossen, wenn ihm auch manche eine etwas zu idyllische und schönfärberische Darstellung vorhielten.

Legendäre Krimi-Autoren

Geschichten über Mord und Totschlag sind vermutlich so alt wie die Menschheit. Die literarische Gattung der Detektiv- und Kriminalgeschichte wurde aber erst in den 1840er-Jahren von Edgar Allan Poe begründet. In der ersten Hälfte des 20. Jh. erlebte das populäre Genre vor allem in Kalifornien eine Blütezeit, nachdem der Journalist und Literat H. L. Mencken zusammen mit dem Theaterkritiker George Jean Nathan eine Groschenromanserie namens »Black Mask« aufgelegt hatte, um die finanziellen Verluste ihres Literaturmagazins »Smart Set« auszugleichen. »Black Mask« veröffentlichte sogenannte *hard-boiled*-Krimis, deren Schauplätze in einer verrohten Gesellschaft ohne Moral liegen und in der es Privatdetektive mit Habgier, Betrug und Gewalt zu tun bekommen.

Dashiell Hammett

Zu den ersten Autoren von »Black Mask« gehörte Dashiell Hammett (1894–1961), der Ende 1922 unter dem Pseudonym Peter Collinson mit »The Road Home« seine erste knallharte Geschichte veröffentlichte. In seinem berühmtesten Roman »Der Malteserfalke«, der mit Humphrey Bogart in der Hauptrolle erfolgreich verfilmt wurde, setzt er den abgerissenen und ständig von Geldsorgen geplagten Privatdetektiv Sam Spade in San Francisco auf einen komplizierten Mordfall an. Bei dieser Geschichte kam Hammett zugute, dass er in der Bay-Metropole in den 1920er-Jahren im Auftrag der berühmten Detektivagentur Pinkerton einen mysteriösen Mord- und Vergewaltigungsfall untersuchte. Bahnbrechende Neuerungen in diesem Roman waren u. a. die Schauplätze. Denn im Unterschied zu den Detektivgeschichten des viktorianischen Zeitalters schnüffelt Sam Spade nicht auf Landsitzen von Großgrundbesitzern, sondern im trüben Hinterhofmilieu der Großstadt. Hammetts lakonischer und doch präziser Schreibstil inspirierte zahlreiche Autoren und wurde etwa von Ernest Hemingway aufgenommen.

Raymond Chandler

Raymond Chandler (1888–1959) feierte sein Debüt bei »Black Mask« 1933 mit der Geschichte »Blackmailers Don't Shoot«. Im Jahr 1943 machte der aus Chicago stammende Schriftsteller als Drehbuchautor Bekanntschaft mit Los Angeles, wo ihn die Paramount Studios für sich gewonnen hatten. ›Big Ray‹, wie ihn Freunde und Kollegen nannten, schrieb zwar hervorragende Filmstoffe. Doch änderte das nichts an der Tatsache, dass er seine Arbeit für die großen Filmriesen verabscheute und Los Angeles nicht ausstehen konnte. Hinzu kam, dass er zum Teil unter hohem Zeitdruck produzieren musste und seinen Frust darüber in Alkohol zu ertränken versuchte. 1946 kehrte Chandler der ungeliebten Traumfabrik den Rücken, zog mit seiner kranken Frau Sissy nach La Jolla und kaufte das Haus Nr. 6005 an der Camina de la Costa mit Blick auf den Pazifik.

Mit »Der lange Abschied« begann er dort sein letztes Werk, dessen Fertigstellung ein Wettlauf mit dem Tod werden sollte. Der Titel bezog sich nicht allein auf sein eigenes bevorstehendes Ende, sondern auch auf den langen Abschied von seiner Frau. Kein Wunder, dass sich dieses Buch im Ton deutlich von Chandlers früheren Werken unterscheidet. Erstmals pflegt in diesem Roman sein Held, der Privatdetektiv Philipp Marlow, ein Verhältnis mit einer Frau. Die Verleger warfen dem ehemaligen *hard-boiled*-Autor einen Hang zum Romantischen vor und waren über das Manuskript entsetzt. Marlow, der aus seiner Abscheu vor Heuchelei und seiner Verachtung für Engstirnigkeit nie einen Hehl machte, hatte in diesem Werk seine ausgekochte Härte plötzlich verloren. Am 26. März 1959 trat er zusammen mit Philipp Marlow, dem schnoddrigen, abgebrühten und doch romantischen Einzelgänger von der Bühne ab. »Chandler schrieb wie ein Engel, der sich unter das gemeine Volk gemischt hat«, sagte der Schriftsteller Ross MacDonald einmal über seinen Lehrmeister.

Ross Macdonald

Häufig wird er in einem Atemzug mit Raymond Chandler genannt. 1915 im kalifornischen Los Gatos geboren, lebte Macdonald die letzten 20 Jahre seines Lebens zusammen mit der Schriftstellerin Margaret Millar in Santa Barbara, wo er 1983 starb. Im Mittelpunkt seiner spannenden Geschichten steht seit dem 1949 veröffentlichten Krimi »Reiche sterben auch nicht anders« mit dem ehemaligen Polizisten Lew Archer ein Privatdetektiv, der nicht nur Mörder zur Strecke bringt, sondern auch nach Motiven für ihre Taten sucht. Einige seiner Bücher wurden verfilmt, darunter 1975 »Unter Wasser stirbt man nicht« mit Paul Newman und Joanne Woodward in den Hauptrollen.

Wenn ein jüngerer Autor in die Fußstapfen von Macdonald und Chandler trat, dann der 1937 in Pittsburgh geborene, aber seit langem in Kalifornien lebende Joseh Wambaugh. Mit Witz und unkonventioneller Erzählweise bewegt er sich in Romanen wie »Nur ein Tropfen Blut«, »Der Hollywood Mord« oder »Der Susan-Reinert-Fall« durch eine aus den Fugen geratene urbane Zivilisation.

Die Beat Generation

Mitte der 1950er-Jahre ließ sich mit Jack Kerouac, Allen Ginsberg und William Burroughs das dominierende Trio der sog. Beat Generation im Stadtteil North Beach in San Francisco nieder. Mit ihrer unverblümten Kritik an den Wertvorstellungen der US-Nachkriegsgesellschaft verstanden sie sich als Exponenten einer literarischen Alternativbewegung, deren Schauplätze von Marihuanarauch und Bierdunst geschwängerte Musikkneipen und Studentenkommunen waren, in denen diskutiert und eine neue Weltordnung entworfen wurde. Sie thematisierten und praktizierten Drogenexzesse, sexuelle Abenteuer und verrückte Reisen, die in Prosatexten und Gedichten ihren Niederschlag fanden, so etwa in Kerouacs 1957 erschienenem Hauptwerk »On the Road«. Ginsberg hatte schon zwei Jahre zuvor mit seinem Gedicht »Howl« für Aufsehen gesorgt, während Burroughs mit »Naked Lunch« das prüde Nachkriegsamerika zur Weißglut brachte, aber vor Gericht in mehreren Verfahren mit Freisprüchen der künstlerischen Freiheit Raum verschaffte.

Kerouac schrieb den Roman »On the road« 1951 innerhalb von nur drei Wochen, doch dauerte es danach sechs Jahre, ehe sich ein Verlag zur Veröffentlichung entschied. Bis heute wurden von diesem Buch weltweit ca. 3,5 Mio. Exemplare verkauft. Kerouac tippte es auf eine 36 m lange, aus zusammengeklebten Seiten bestehende Manuskriptrolle, die im Jahr 2007 beim Auktionshaus Christie's unter den Hammer kam und für 5,5 Mio. $ versteigert wurde – 2 Mio. $ über dem Schätzpreis.

Subkultur-Autoren

Die Beat Generation hatte nachhaltigen Einfluss auf gesellschaftskritische Kulturentwicklungen und alternative Lebensformen in den USA und gilt in gewisser Weise als Vorbereiter der Hippiekultur. Dieser gegenkulturellen Jugendbewegung gehörte auch Ken Kesey (1935–2001) an, der bei San Francisco eine Kommune gründete, die sich durch Happenings mit der damals noch legalen Droge LSD hervortat. 1962 landete Kesey mit seinem Roman »Einer flog über das Kuckucksnest« einen Welterfolg, der mit Jack Nicholson in der Hauptrolle ebenfalls ein internationaler Kinohit wurde.

Für Liebhaber der Underdog-Literatur gibt es seit 1994 ein neues Pilgerziel etwa eine Autostunde von Downtown Los Angeles entfernt. Auf dem Green Hills Memorial Park in Rancho Palos Verdes liegt der 1920 in Andernach geborene und 1994 verstorbene Charles Bukowski begraben, der mit seinen vulgären, zum Teil autobiografischen Geschichten über Sex, Alkoholexzesse, Spielleidenschaft und miese Jobs Furore machte. Während manche Kritiker seine Literatur als Aufputschmittel für pubertierende Teenager verstanden, sahen andere in Bukowskis Geschichten den schonungslosen, ungeschminkten Realismus eines Literaten, der beim Schreiben keine große Fantasie bemühen musste, sondern voll aus seinem chaotischen Alltagsleben schöpfen konnte. Die einfache Grabplatte, die seine letzte Ruhestätte deckt, trägt als sein letztes Vermächtnis den Ratschlag an all jene, die sich mit dem Gedanken befassen, selbst Schreibzeug in die Hand zu nehmen: »Don't try« (»Versuch es erst gar nicht«).

Autoren der Gegenwart

Mit einer erstmals 1976 im San Francisco Chronicle veröffentlichten Kolumne über das Alltagsleben in der Bay-Metropole begann

Frankenstein lässt grüßen: Entdeckungstour auf dem Gelände der legendären Universal Studios

der homosexuelle Armistead Maupin (geb. 1944) seine Schriftstellerkarriere. Die originellen Schilderungen des Großstadtlebens, in dessen Mittelpunkt die Bewohner eines Hauses in der Barbary Lane stehen, erschienen seit Ende der 1970er-Jahre in seinen »Stadtgeschichten« (»Tales of the City«), aus denen im Laufe der Zeit ein sechsbändiger Romanzyklus wurde – von manchen Lesern als Kult gepriesen, von anderen als »Lindenstraße« auf Amerikanisch abgetan.

Unter den kalifornischen Gegenwartsautoren gehört T. C. Boyle seit den 1980er-Jahren zu den international bekanntesten. Die meisten Werke des 1949 in New York State zur Welt gekommenen und heute bei Santa Barbara lebenden Schriftstellers erschienen auch in deutscher Sprache. In Romanen wie

»World's End« und »Dr. Sex« lebt er seine Fabulierkunst sowie seine Vorliebe für aus der Norm fallende Typen, irrwitzige Situationen und das Thema Umweltschutz aus. Zu seinen jüngeren Romanen zählen »Drop City« mit dem zentralen Thema Flower-Power und »América«, in dem es um das Leben illegaler Einwanderer aus Mexiko geht, die sich als moderne Arbeitssklaven verdingen müssen.

Film

Wie eh und je dominiert die Filmindustrie die urbane Kultur in Los Angeles. Seit in der damals noch eigenständigen Stadt Hollywood zu Beginn des 20. Jh. die ersten Studios aufgebaut und die ersten Stummfilme gedreht wurden, entwickelten sich die »laufenden Bilder« zu einem riesigen Geschäft und zu einem weltweit verbreiteten Exportartikel. Nicht zu Unrecht gilt Los Angeles als größte und einflussreichste Fabrik für Träume aus Zelluloid. Wie andere Branchen kannte auch die Filmproduktion ein Auf und Ab. Erstaunlicherweise gelang es ihr aber, etwa durch die Einführung des Fernsehens verursachte Talsohlen zu überstehen und die Gunst des breiten Publikums zurückzugewinnen.

Arbeit für Exilschriftsteller

Als die Filmproduktionen in Hollywood mit jährlich bis zu 600 Filmen auf Hochtouren liefen, waren nicht nur gute Regisseure, Schauspieler und Kameraleute gesucht, sondern auch Drehbuchautoren. Finanzkräftige Filmgesellschaften rekrutierten sie nicht nur aus dem eigenen Lager, sondern auch aus dem Kreis der zum Teil berühmten Emigranten, die in den 1930er- und 1940er-Jahren vor den Nazis nach Übersee geflüchtet waren. Unter ihnen befanden sich einige der bedeutendsten Vertreter der deutschsprachigen Literatur des 20. Jh.: u. a. Thomas und Heinrich Mann, Lion Feuchtwanger, Alfred Döblin sowie Bertolt Brecht.

Problemlos war die Arbeit der unverhofft zu Drehbuchschreibern avancierten deutschen Literatenelite in der Neuen Welt nicht. Ihre Skripte stießen in den Vorstandsetagen der Filmgesellschaften auf wenig Gegenliebe, weil keine literarischen Vorlagen, sondern spannende Unterhaltungsstoffe gefragt waren. Alfred Döblin sah sich für ein Honorar von 100 $ pro Woche als in Sitzhaft befindlich, weil sein Job lediglich Alibifunktion hatte. Vielen machte neben der unvertrauten Lebensweise schwer zu schaffen, dass sie und ihr Werk nur einem kleinen Kreis von Literaturfreunden bekannt waren. Fehlende oder mangelhafte Englischkenntnisse erschwerten eine gesellschaftliche Integration, sodass sich Bertolt Brecht nach eigenen Worten vorkam »wie eine Wurst im Treibhaus«.

Heute produzieren die im Großraum Los Angeles angesiedelten Gesellschaften mit gigantischem finanziellem Aufwand auf technisch hohem Niveau. Ein altes Genre hat zur Wiederbelebung der Kinoszene beigetragen: der Zeichentrickfilm, der ohne modernste Computertechnik nicht mehr auskommt. Kritiker beklagen grundsätzlich, dass bei vielen Produktionen künstlerische Ambitionen hinter kommerziellen Aspekten auf der Strecke bleiben. Das bekamen auch jüngere deutsche Regisseure zu spüren. Wolfgang Petersen, Roland Emmerich, Katja von Garnier, Uli Edel, Florian Henckel von Donnersmarck und Oliver Hirschbiegel waren zwar erfolgreich, aber von den Kreativbedingungen im südlichen Kalifornien meist nicht sehr angetan. Von den finanziellen Möglichkeiten allerdings schon eher.

Musik

Wie sehr Kalifornien der Rock- und Pop-Musik verbunden ist, zeigte die öffentliche Reaktion auf den plötzlichen Tod von Michael Jackson. Dem ›King of Pop‹ wurde im Staples Center in Los Angeles eine Trauerfeier gewidmet, zu der im Internet 17 500 Karten gratis ausgegeben wurden. Die entsprechende Website brach bereits Minuten nach Beginn der Ticketregistrierung wegen Überlastung zusammen.

Klassische Musik

Der Bevölkerung der großen Küstenmetropolen ist die Begeisterung für Musik und Theater schon lange eigen. Unter den großen Orchestern nimmt neben der 1911 gegründeten San Francisco Symphony das ebenfalls renommierte Los Angeles Philharmonic Orchestra einen besonderen Stellwert ein. Seit 2009 steht das Ensemble unter der Leitung des Musikalischen Direktors Gustavo Dudamel. Der aus Venezuela stammende Künstler gilt als Shooting-Star am Dirigentenhimmel und wird neben der Los Angeles Philharmonie in den kommenden Jahren auch gleichzeitig Orchester in Göteborg und Caracas leiten. Heimatbühne des Los Angeles Philharmonic Orchestra ist die berühmte Walt Disney Concert Hall. Im Sommer treten die Musiker auch in der offenen Hollywood Bowl auf.

Jazz am Pazifik

Zwar nahm Kid Ory (1886–1973) zusammen mit Mutt Carey (1891–1948) 1919 in Kalifornien die erste Platte einer schwarzen Jazz-Band auf. Doch gilt als Wiege dieser ersten in den USA entstandenen Musikform New Orleans. 1946 traten Miles Davis, Charlie Parker und Dizzy Gillespie eine Zeit lang in Los Angeles mit Bebop-Kompositionen auf, um den amerikanischen Westen mit dieser Richtung bekannt zu machen. Bis zu seinem letzten Konzert 1991 in Hollywood gehörte Miles Davis zu den großen Stars des Jazz. Mit einem Stern auf dem Hollywood Walk of Fame ehrt die Filmmetropole den aus dem kalifornischen Concord stammenden Jazz-Pianisten Dave Brubeck, der zu den besten Interpreten des Cool Jazz gehörte.

Die goldenen Sixties

Kaum ein anderer Musiker hat die Rock- und Popmusik seit Anfang der 1960er-Jahre so stark beeinflusst wie der aus Minnesota stammende, in Malibu bei Los Angeles lebende Bob Dylan. Über Folk, Country, Gospel und Blues kam das musikalische Genie zum Rock 'n' Roll und wandte sich dabei mit zum Teil sehr komplexen, poetischen Texten sozialkritischen Themen zu, die ihn weltberühmt machten und der populären Rockmusik in den Rang einer ernst zu nehmenden Kunstform verhalfen. Dylans Leben und Schaffen ist von vielen Höhen und Tiefen durchzogen. Erstaunlich dabei ist, dass er selbst nach 50 Musikerjahren in der Szene nach wie vor präsent ist und als einer der bedeutendsten lebenden Popmusiker hohes Ansehen genießt.

Gleich zu Beginn ihrer steilen Karriere stürmte die 1961 im kalifornischen Hawthorne aus fünf Teenagern gegründete Pop-Gruppe The Beach Boys mit »Surfin' USA« die Hitparaden und transportierte das idyllische Bild vom sonnigen Golden State, Strandleben, hübschen Mädchen und vom allgegenwärtigen Autokult in die ganze Welt. Vier Jahre später entstand in Los Angeles mit The Doors ein Quartett um den Sänger Jim Morrison. Auf dem Höhepunkt ihrer Laufbahn machte die Gruppe Millionenumsätze und wurde an Popularität höchstens von den Beatles überboten. Wegen ihrer zum Teil gewagten Shows hatte sie in manchen US-Bundesstaaten Auftrittsverbot bzw. forderte Massendemonstrationen heraus. 1971 trennte sich der meist in schwarzer Lederkleidung auftretende und als Sexidol der Hippie-Generation verehrte Morrison von seiner Gruppe. Im gleichen Jahr starb er in Paris an einem Herzschlag.

Als Morrison noch Mitglied der Doors war, begann 1966 in San Francisco die Gruppe Jefferson Airplane eine legendäre Karriere. Sie begründete den psychedelischen San Francisco Sound, der während der Flower-Power-Bewegung auch unter dem Namen Acid Rock die lokale Musikszene beherrschte. 1971 veröffentlichte das einflussreiche Magazin »Rolling Stone« einen Artikel, in dem die Gruppe als ein Schiff bezeichnet wurde, das seine Passagiere zu den revolutionären Fantasien ihrer eigenen Gehirne bringe. Wenig später begann sich die Gruppe aufzulösen, um sich danach, personell verändert, unter dem Namen Jefferson Starship neu zu formieren. Mit dem Musikerwechsel ging ein stilistischer Wechsel von der Rockmusik zur kommerziellen Schlagermusik einher. Als Bandleader Jerry Garcia 1995 in San Francisco zu Grabe getragen wurde, versammelten sich Zehntausende Alt-Hippies zu seinem Abschied im Golden Gate Park.

Musikmekka Los Angeles

Mitte der 1960er-Jahre stiegen der Sunset Strip in Hollywood und der Laurel Canyon, die Verbindung zwischen West Hollywood und dem San Fernando Valley, am kalifornischen Musikhimmel auf wie ein strahlender Komet der Gegenkultur. Neben Bands wie The Byrds und The Doors machten The Seeds, The Standells, The Turtles, The Mamas & The Papas, Guns & Roses, Frank Zappa, Velvet Underground und viele andere die betreffenden Viertel zu Kolonien der Kreativen. Mit Folk-Rock und der hauptsächlich bei Hippies beliebten psychedelischen Musik entstanden dort zwei Richtungen, die ihren festen Platz in der Musikgeschichte Kaliforniens einnehmen. Neben berühmten Musikern sammelten sich im damaligen Hollywood auch Pop-Art-Künstler und Literaten, deren Ideenreichtum sogar die Reputation des Stadtteils als Zentrum der Filmschaffenden für kurze Zeit verblassen ließ. Bereits 1967 läuteten Zusammenstöße zwischen Polizei und Hippies den Niedergang der Musik-ära auf dem Sunset Strip ein. Diese Riots inspirierten Buffalo Springfield zum Song »For What It's Worth«.

Musik der Gegenwart

Nach dem Musikboom der 1960er-Jahre stand Los Angeles auch im neuen Jahrtausend wieder in vorderster Linie. In jüngster Vergangenheit stürmte die aus Los Angeles stammende Rockgruppe Maroon 5 um Frontmann Adam Levine die internationalen Charts, nachdem sie 2004 mit dem Song »This Love« auf sich aufmerksam gemacht hatte. Auch die Singleauskopplung »Makes Me Wonder« stellte sich als Verkaufsschlager heraus. Ein Kassenknüller war dem ehemaligen, für seinen ausschweifenden Lebensstil bekannten Black-Sabbath-Rocker Ozzy Osbourne 2007 mit dem Album »Black Rain« beschert. Noch mehr Publicity war ihm 2002 durch eine von MTV ausgestrahlte Reality-TV-Serie zuteil geworden, bei der er der Öffentlichkeit Einblicke in das chaotisch-verrückte Privatleben seiner Familie gab.

Howlin' Rain aus San Francisco (www.howlinrain.com) und die Comets of Fire aus Santa Cruz (www.cometsonfire.com) sind Teil einer jungen Neo-Hippie-Musikszene, die ihre spirituellen Wurzeln in der Flower-Power-Zeit hat und sich ganz bewusst von der kommerziellen, techniklastigen Populärkultur abwendet.

Essen und Trinken

Kreative Köche in Kalifornien nutzten schon vor Jahren ihren Heimvorteil und erfanden mit der California Cuisine die innovativste Regionalküche der USA. Ihr gesundheitsorientiertes Credo: frische Zutaten aus dem riesigen Angebot im eigenen Land, Einfallsreichtum und reduzierte Kalorien. Seither hat sich Amerikas kulinarische Landschaft verändert. Selbst der Fast-Food-Sektor musste sich anpassen.

Ähnlich wie anderswo auf der Welt schwören auch in Kalifornien die Menschen auf ihre traditionellen Küchenklassiker wie Steaks mit Ofenkartoffel, Prime Rib, gebratene Hähnchen, Rippchen, Pizza und Fast-Food-Gerichte in allen Variationen. Unübersehbar haben sich aber an der regionalen Küchenfront Veränderungen vollzogen, die im Laufe der Zeit auch nicht ohne Auswirkungen auf die nationale Gastronomieszene geblieben sind. Bemerkenswert ist in diesem Zusammenhang, dass die Tester der berühmten Gastronomiebibel Michelin Guide mittlerweile auch Restaurants in San Francisco und Los Angeles als würdig erachten, in den Sternehimmel aufgenommen zu werden.

Gaumenkitzel auf Kalifornisch

So ethnisch bunt wie die Bevölkerung ist in Kalifornien auch das kulinarische Angebot von chinesischen Suppenküchen, thailändischen Lokalen und japanischen Sushi-Bars bis zu mexikanischen Cantinas, typisch amerikanischen Steakhäusern und Edelrestaurants mit mediterran angehauchten Speisen. In den großen Küstenmetropolen lassen sich Prominente von nicht weniger prominenten Starköchen verwöhnen, die mit Gourmettempeln manchmal nicht nur in den Städten Amerikas, sondern auch international vertreten sind.

Als der italienische Gastronom César Cardini im mexikanischen Tijuana südlich von San Diego im Jahr 1924 aus Romana-Salat, in Knoblauch gerösteten Croûtons, frisch geriebenem Parmesankäse und einem Dressing aus Olivenöl, Zitronensaft, Worcestershire-Sauce und Eigelb einen Salat kreierte, konnte er nicht ahnen, dass er damit eine Vorform des Caesar Salad und zugleich einen Vorgänger der California Cuisine schuf – frisch und kalorienarm. Jahrzehnte später besannen sich bahnbrechende Küchenchefs wie Alice Waters in ihrem Lokal »Chez Panisse« in Berkeley (www.chezpanisse.com) und der mittlerweile verstorbene Jean Bertranou im legendären Restaurant »L'Ermitage« in Los Angeles auf diese beiden Eigenschaften und halfen der neuen kalifornischen Küche in die Steigbügel für einen Parforce-Ritt durch die bis dahin nicht gerade aufregende amerikanische Gastronomieszene.

Sie verabschiedeten sich von der herkömmlichen Zubereitung von Speisen mit überall im Lande üblichen ›Dickmachersaucen‹, um im Zuge der über das Land schwappenden Gesundheitswelle nicht schwer im Magen liegende, sondern leicht verdauliche Gerichte zu kreieren. Dabei galt das gerade im Golden State so populäre Motto »Anything goes« (»Alles ist erlaubt«) auch für die kulinarischen Aspekte des Lebens und schlug sich in Fantasie, Abwechslung und Mut zum Außergewöhnlichen nieder.

Alice Waters und Jean Bertranou waren nicht die Einzigen, die dem amerikanischen Fast-Food-Imperialismus mit neuen Konzepten entgegentraten. Als Reaktion auf die Eröffnung einer Hamburger-Filiale an der Spanischen Treppe in Rom gründete der italienische Gastrokritiker Carlo Petrini 1986 die mittlerweile in über 100 Ländern vertretene Bewegung Slow Food. Handelte es sich zu Beginn um einen Protest gegen die Verbreitung von minderwertigen Schnellgerichten, begann Slow Food im Laufe seiner Entwicklung eine gehaltvolle Ernährung auf der Basis regionaler, frischer Produkte zu propagieren und die Bevölkerung dafür zu sensibilisieren, genau wie die neue California Cuisine.

Meeresfrüchte sind ›in‹

Die lange Pazifikküste lässt in Kalifornien nicht nur Touristen, sondern auch Küchenchefs und ihre hungrige Kundschaft aufs Meer blicken, weil Fisch und Meeresfrüchte leicht verdaulich sind und einen hohen Eiweißanteil haben. Im neuesten Ernährungstrend heißt die Zauberformel ohnehin *low carb* – wenig Kohlenhydrate. Neben Spezialitäten aus dem Pazifik wie Mahi-Mahi (Goldmakrele), Snapper, Riesengarnelen sowie Schwert- und Thunfisch steht in der Krabbensaison zwischen Mitte November und Juni speziell in San Francisco die Dungeness Crab in der Gunst des Publikums an oberster Stelle. Die bis zu 2 kg schweren Schalentiere leben in einem 800 km^2 großen Gebiet vor der zentralkalifornischen Küste und lösen Jahr für Jahr unter Gourmets einen Ansturm auf Fischlokale aus. Höhepunkt der Saison ist das jeweils im Februar an mehreren Stellen stattfindende Krabbenfest, das zu Monatsbeginn mit Kochdemonstrationen und Weinproben beginnt und Ende Februar auf ähnliche Weise endet. Feinschmecker genießen das süßliche, saftige Krabbenfleisch direkt aus der Schale mit frischem Baguette und gut gekühltem Chardonnay. Es lässt sich aber auch auf vielfältige Art und Weise verarbeiten. Ein Klassiker ist etwa Cioppino, ein Meeresfrüchte-Eintopf in Wein-Tomaten-Soße mit frischem Fisch, Muscheln, Garnelen und Krebsfleisch. Restaurants in San Franciscos Chinatown servieren das Krabbenfleisch mit einer Beilage aus fermentierten schwarzen Bohnen und reichlich Knoblauch.

Scharfmacher in der Küche

Die lange mexikanische Grenze färbt in Anbetracht der geografischen Nähe und der dort lebenden großen Latino-Bevölkerung kulinarisch natürlich ganz besonders auf das südliche Kalifornien ab. Zwar behauptet niemand, dass es sich bei Chimichanga, Bohnenmus, Guacamole und Sour Cream um kalorienarme Gaumenfreuden handelt. Weil diese und andere Sattmacher aber traditionell zu den unverrückbaren Pfeilern der mexikanischen Küche gehören, sind sie populär geblieben – auch im Zeitalter von *low carb*. Ohne Chilis kommt dieser Küchenzauber allerdings nicht aus.

Schon im frühen 19. Jh. waren die teuflischen Schoten unverzichtbare Bestandteile der regionalen Küche. Wenn nicht roh, geröstet oder gebraten gegessen, schlichen sie sich zumindest in getrockneter und gemahlener Form in die täglichen Mahlzeiten, Frühstück inklusive. Bereits von einem damaligen Händler sind Klagen darüber bekannt, dass die Chilischärfe viele Gerichte bis zur Unkenntlichkeit entstellte. Einheimische begegnen solchen Einwänden mit der Gelassenheit von Profis, die über Amateure zu befinden haben. Denn ihre langjährige Chili-Erfahrung hat sie mit einer Art Naturgesetz vertraut gemacht: Je mehr Chili man isst, desto größer wird das Verlangen danach.

Chili heißt nicht nur die Pflanze, sondern auch das daraus geriebene Gewürzpulver. Für die Nationalspeise *Chili con carne* (Chili mit Fleisch) hat fast jede Familie ihr eigenes Rezept. Es gibt Chili-Kochwettbewerbe, eine eigene Zeitung, die nur über die Kochereignisse der Chili-Liebhaber berichtet, und die Gemüter erhitzen sich im Glaubenskrieg darüber, ob in das Chili Bohnen gehören oder nicht. Häufig sind die Spezialrezepte so scharf, dass Nichteingeweihten die Nase läuft, noch ehe das Probieren begonnen hat. Kenner wissen, dass man sich von den Tantalusqualen nicht durch eiskaltes Bier, sondern höchstens durch Milchprodukte oder *sopaipillas* (fritiertes Gebäck), die mit Butter und Honig gegessen werden, befreien kann. Auch Sauerrahm oder eine frische Avocadocrème mit Limonensaft *(guacamole)* besänftigen den brennenden Gaumen.

Vorsichtige Gemüter werden in Kalifornien erst einmal mit den harmloseren Schätzen der Regionalküche vorlieb nehmen, etwa den aus Mais- oder Weizenmehl hergestellten *tortillas*. Je nach Weiterverarbeitung bzw. Füllung mit verschiedenen Fleischsorten, Tomaten, Chilis, klein geschnittenem Salat oder Käse kommen sie als *enchiladas, burritos, tacos* oder *tostadas* auf den Tisch, begleitet von einer Soße aus roten oder grünen Schoten. Man sollte nachfragen, welche von ihnen schärfer ist. Denn entgegen landläufiger Meinung muss es nicht immer die rote sein.

Schnelle Küche

Food Courts

Als in den 1980er-Jahren über gastronomische Verpflegungskonzepte auf Flughäfen und in Einkaufszentren nachgedacht wurde, erlebte der Food Court seine Geburtsstunde. Dabei handelt es sich um eine Ansammlung unterschiedlicher, in einer speziellen Zone liegender Küchen, an deren Tresen man sich fertige Gerichte und Getränke holen kann, um sie vor Ort an Tischen zu verzehren. In den meisten dieser Einrichtungen mit einem halben Dutzend Imbissen tauchen immer dieselben Filialen auf, die Pizzen, chinesische oder griechische Gerichte, Sandwichs, Hamburger und Kaffee mit süßen Teilchen anbieten. Wer beim Einkaufen von Hunger geplagt wird oder ein Plätzchen zum Verschnaufen bei Tee oder Kaffee sucht, ist in einem Food Court gut aufgehoben. Dort findet man auch öffentliche Telefone und Toiletten.

Take Away

Was man in den USA als Take Away bezeichnet, ist ähnlich wie Drive-Ins und Fast Food gewissermaßen die kulinarische Begleiterscheinung einer durch hohe Mobilität gekennzeichneten amerikanischen Arbeitswelt. Imbisse und Restaurants sind in viel höherem Maße als hierzulande auf Gäste eingestellt, die ihr Essen nicht vor Ort genießen, sondern speziell verpackt mitnehmen. Das trifft auf viele ethnische Lokale zu, aber auch auf die in den USA populären Pizza-Bäckereien, deren Produkte sich von italienischen Pizzen durch einen mächtigeren Belag *(topping)* unterscheiden. Als Hotel- oder Motelgast kann man sich eine Pizza telefonisch aufs Zimmer bestellen.

Gesünderes Fast Food?

Längst ist die Gesundheitswelle in den USA über Jogging-Programme und Aerobic-Kurse hinausgeschwappt und hat den Sektor Ernährung überschwemmt. Gesunde Küche ist der neue Imperativ in einem Land, das unter 60 % Fettleibigen in seiner Bevölkerung ächzt. Ein Umdenken scheinen nicht nur nationale Statistiken bewirkt zu haben. Der US-Filmemacher Morgan Spurlock drehte den provokanten Dokumentarfilm »Super Size Me« über einen heroischen Selbstversuch: Er verzehrte 30 Tage lang nur Hamburger einer führenden Imbisskette und hatte danach 12 kg mehr auf den Rippen. Eine andere Konsequenz des Dokumentarfilms war eine breit geführte Diskussion über gesunde Ernährung. Die betreffende Hamburgerkette entschloss sich unter dem öffentlichen Druck, kalorien-, fett- und zuckerreduzierte Gerichte anzubieten.

Nachdem wissenschaftliche Untersuchungen ergaben, dass chemisch modifizierte Transfettsäuren gesundheitliche Risiken bergen, entschied sich eine in den USA weit verbreitete Hähnchenbraterei, ihre Geflügelteile nicht mehr im bislang üblichen Fett, sondern in einem gesünderen Sojabohnenöl zu backen. Andere Fast-Food-Ketten, die bislang etwa Pommes frites nach bewährter Art herstellten, verabschieden sich ebenfalls vom ›Killerfett‹. Manche Großstädte fassten sogar den Beschluss, für den menschlichen Verzehr bestimmte Öle und Fette mit Transfettsäuren generell zu verbieten. Eine international auf-

Bob's: einer der beliebtesten Schnellimbisse auf der Promenade von Venice Beach

gestellte Kaffeekette verbannte mit dem unliebsamen Fett gebackene Plätzchen und Kuchen aus ihrem Angebot.

Neue Trends in der Gastronomie

War es früher eher unüblich, Motel- und Hotelgästen Zimmer einschließlich Frühstück anzubieten, so änderte sich dies in den letzten Jahren. Häufig wird dem Übernachtungsgast die Unterkunft inklusive Continental Breakfast offeriert. Allzu viel erwarten sollte man davon nicht. In der Regel handelt es sich um ein in der Lobby aufgebautes ›Alibifrühstück‹ für Selbstbediener mit Kaffee aus dem Pappbecher und süßen Teilchen. In B & B-Unterkünften hingegen fällt die erste Mahlzeit des Tages meist üppig und abwechslungsreich aus.

Kochen als Entertainment

Schon seit Jahren gibt es weltweit Restaurants, in denen eingeschworene Gästegemeinden unter geradezu konspirativen Bedingungen an Küchentischen Platz nehmen dürfen, um in intimer Nähe zu Öfen und Kochtöpfen zu speisen. Manche Lokale haben die Idee in jüngster Zeit weiterentwickelt und ihre Küchen mitten in die Gasträume gestellt, um ihrem kulinarischen Angebot auch Unterhaltungswert zu verleihen. Mittlerweile zollen immer mehr Lokale der kulinarischen Spaßgesellschaft Tribut, indem Küchen zu Theaterbühnen, Köche zu Schauspielern und hungrige Gäste zu zahlendem Publikum werden, das sich von bislang geheimen Tricks und Kniffs etwas abzugucken erhofft. Allzu oft vergeblich, denn die Profis der Töpfe und Pfannen arbeiten so schnell wie Formel-1-Mechaniker bei einem Boxenstopp. In der Mehrzahl findet man offene Showküchen in Restaurants der höheren Preisklasse.

Kulinarische Besonderheiten

Ungefähr 90 % des weltweit konsumierten Kaviars stammt aus dem Kaspischen Meer. Da dieser Kaviar aber mit dem Konservie-

Für die arbeitsintensive Weinernte sind mexikanische Erntehelfer unverzichtbar

rungsmittel Borsäure behandelt wird, u. a. um das Salz zu reduzieren und die Eier fester zu machen, darf er nicht in die USA importiert werden. Zwei in Sacramento liegende Fischfarmen besannen sich auf ihre eigenen Ressourcen und liefern seit einigen Jahren amerikanischen Kaviar vom Weißen Stör, der im Sacramento und American River geradezu ideale Lebensbedingungen vorfindet. Andere einheimische Kaviarsorten stammen von Lachs und Forelle. Der Störkaviar aus Sacramento soll aber in Geschmack und Konsistenz den anderen überlegen sein.

Zu den populärsten Frühstücksrennern in amerikanischen Haushalten gehört neben Eiern und Orangensaft nicht die hierzulande flächendeckend verbreitete Schokocreme, sondern Erdnussbutter. Diese Spezialität kommt in zwei Varianten auf den Tisch, und zwar entweder leicht cremig oder mit grob gemahlenen Erdnuss-Stückchen. Um ein Peanut Butter & Jelly Sandwich (PBJ) überhaupt essbar zu machen, bedarf es Erdnussbutter, Marmelade und zweier Scheiben Toastbrots, das außer für diese Spezialverwendung nicht zu den Spitzenprodukten der US-Küche gehört. Doch auf dunklem Brot schmeckt der Belag nicht.

Bei vielen Restaurantangeboten oder auf Menükarten taucht der außerhalb von Kalifornien weitgehend unbekannte Ausdruck Tri-Tip auf. Dabei handelt es sich um ein grob dreieckiges Stück Rind aus dem Rückenteil, das ähnlich wie ein Steak gebraten und in dünne Scheiben geschnitten serviert wird. Richtig zubereitet zergeht das Fleisch auf der Zunge.

Steigender Weinkonsum

In den 1980er-Jahren gab es Restaurants mit einer ernst zu nehmenden Weinkarte höchstens in einer Handvoll Großstädte, und meistens handelte es sich dabei um französische Lokale. Eine Generation später existiert in den USA eine Weinkultur mit guten einheimischen Tropfen und von Weinbergen aus aller Welt sowie einer erklecklichen Auswahl an Fachliteratur und Kursangeboten für Weinkenner oder solche, die es werden wollen. Ein akzeptables Weinangebot ist mittlerweile für viele US-Restaurants nicht nur eine Imagefrage, sondern ein unabdingbares Kriterium für wirtschaftlichen Erfolg, weil Gastronomen ca. 30 % ihrer Einkünfte mit Rot-, Rosé- und Weißwein bestreiten. Inzwischen hat sich der Weinkonsum sogar schon so weit etabliert, dass viele Lokale etwa in San Francisco und Los Angeles händeringend nach qualifizierten Sommeliers Ausschau halten, die eine immer kenntnisreichere und anspruchsvollere Weintrinkerklientel umsorgen können. Geradezu abenteuerlich mutet die Prognose an, dass die USA in absehbarer Zeit zum größten Weinkonsumenten der Welt werden.

Gegenwärtig wird in Kalifornien pro Jahr Wein im Wert von knapp 3,2 Mrd. $ verkauft. Größtenteils handelt es sich dabei um Chardonnay, gefolgt von Merlot und Cabernet Sauvignon. Weißer Zinfandel ist zwar populär, doch sind die Umsätze rückläufig. Zu den Aufsteigern gehören Rosé-Weine, die bislang erst etwa 1 % der Produktion ausmachen, aber stark nachgefragt werden. Grund ist Fachleuten zufolge die weitere Verbreitung der mediterran inspirierten Küche, zu deren mit Olivenöl, Knoblauch und Kräutern zubereiteten Speisen Rosé hervorragend passt.

Kaffeekult

Wer mit Hollywoodfilmen vertraut ist, kennt die Szene. Egal, ob im Western der Cowboy nach dem blechernen Kaffeetopf am Lagerfeuer greift, der überarbeitete Cop im Revier seine Tasse zwischen Aktenbergen sucht oder der Autofahrer mit einem Pappbecher aus der Tankstelle zurückkehrt: Seit den Pioniertagen begleitet der schwarzbraune Sud Amerikas Bevölkerung offenbar Tag und Nacht und ist für viele zur Obsession geworden. Anders lässt sich nicht erklären, warum etwa die Kette Starbucks in jeder amerikanischen Stadt Cappuccino und Macchiato braut und sich mit über 12 000 Kaffeehäusern in Nordamerika, Lateinamerika, Europa, im Mittleren Osten sowie im asiatisch-pazifischen Raum seit 1971 zum weltweit führenden Anbieter, Röster und Vermarkter aufgeschwungen hat. Kaffeeduft schwingt nicht nur durch Tankstellen, wo der Bohnensud meist vor sich hin köchelt, bis man am Nachmittag mit den eingedickten Resten Boote wasserdicht verfugen könnte. Cafés findet man mittlerweile auch in Buchläden, Food Courts, Supermärkten und Shopping Malls.

Europäer sagten den Zeitgenossen in der Neuen Welt früher gerne und nicht ganz zu Unrecht nach, dass dieses legendäre ›Gesöff‹ den Namen Kaffee nicht verdiene. Seit die neue Welle den amerikanischen Kontinent überschwemmt, hat sich in Sachen Kaffee allerdings Bahnbrechendes verändert. In den letzten Jahren stieg der Verkauf von Kaffeebohnen höherer Qualität um mehr als das Doppelte. Für viele Hotels der gehobenen Preisklasse sind Kaffeemaschinen auf den Zimmern mit Premium-Kaffee mittlerweile oberstes Gebot. Neuentdeckungen tragen Namen wie Espresso, Mocha oder Café Latte, und die frühere ›Blümchenplörre‹ musste einem höher konzentrierten, viel schmackhafteren Aufguss den Platz räumen. Gewohnheitsbedürftig sind zumindest für Traditionalisten Kaffees mit beigemischter Vanille, Orangengeschmack oder ein Mix aus Espresso und Coca-Cola. Sogar die auf dem Gesundheitstrip befindlichen Segmente der kalifornischen Gesellschaft sind der Kaffee-Attacke erlegen. Das ist umso erstaunlicher, als den Staatsbürgern Substanzen wie Nikotin oder Alkohol bereits per Dekret abgewöhnt wurden. Für Asketen kommen Eis- und Joghurtsorten ohne Fett und Zucker auf den Tisch – geschmacklich zwar eher verwandt mit Fugenkitt, aber kalorienfrei. So bleibt zumindest beim schmackhaften Tässchen Espresso auch der kalifornischen Bevölkerung noch eine Droge, deren Konsum nicht unmittelbar in die Kriminalität führt.

Der Kaffeekult brachte nicht nur abenteuerliche Varianten des Heißgetränks auf den Markt, sondern schuf eine neue Subkultur. Ohne Dichterlesungen, Kunstausstellungen, Happenings, Livemusik und Öffnungszeiten bis vier Uhr morgens kommen im Trend liegende Cafés nicht aus. Wer als Caféwirt etwas auf sich hält, hat ein Kaffeemagazin mit Rezepten, Veranstaltungshinweisen und amüsanten Geschichten ausliegen. Auch Infos über Kaffeeröstereien, Kaffeesorten und neue Kaffeehäuser sind die ideale Lektüre bei einem Mocca oder einem koffeinfreien Kaffee mit Magermilch, der im neuen Jargon *unleaded and skinny* (bleifrei und dünn) heißt.

Neue Teekultur

Wenn man von Besuchern und Bewohnern amerikanischer Chinatowns einmal absieht, wussten US-Bürger bis in die 1990er-Jahre kaum mehr über Tee, als dass ihre Landesgeschichte mit der sogenannten Boston Tea Party eine Wende genommen hatte. In dieses Bild einer wenig ausgeprägten Teekultur passt auch die Tatsache, dass der bei echten Teeliebhabern verpönte Teebeutel 1908 in den USA seine Geburtsstunde erlebte. Aber ähnlich wie mit Kaffee begann sich vor wenigen Jahren auch in Sachen Tee eine neue Szene zu bilden, die bis heute hauptsächlich in Großstädten gepflegte Teestuben entstehen ließ, in denen Amerika die Historie der seit 5000 Jahren aufgebrühten Blätter fortzuschreiben beginnt. Grüner Tee, duftender Darjeeling, samtweicher Java, Jasmin und Oolong sind neuerdings en vogue.

Eine andere Art von Tee füllt in Supermärkten jedoch schon jahrzehntelang die Regale: Iced Tea. Der kalt getrunkene Durstlöscher soll 1904 auf der Weltausstellung in St. Louis durch Zufall erfunden worden sein. Ein Teehändler wollte Besuchern heiße Teeproben anbieten. Weil die Stadt aber zu dieser Zeit von einer Hitzewelle geplagt wurde, hatte niemand Interesse. Der gewitzte Händler kippte Eis in seinen Sud und erfand damit Eistee, der in St. Louis damals zum Verkaufsschlager wurde.

Restaurantetikette

Wie es bei einem Abendessen in einem Restaurant zugeht, lässt sich am besten an einem konstruierten Beispiel zeigen. An diesem Abend verzichtet man auf Badesandalen und Strandkleidung und kleidet sich dezenter – mit Schlips und Jackett wäre ein Herr nicht *overdressed* (zu gut angezogen). Eine Krawatte ist nicht unbedingt erforderlich. Bei der Ankunft mit dem Leihwagen wartet ein Angestellter vor dem Restaurant neben einem Schild mit der Aufschrift *»Valet Parking«*. Das bedeutet, dass der Angestellte den Wagen auf den Parkplatz fährt und dem Gast im Gegenzug einen nummerierten Parkschein aushändigt. Das obligatorische Trinkgeld von einem oder zwei Dollar bezahlt man aber erst, wenn man den Angestellten nach dem Restaurantbesuch um den Wagen bittet.

In der Lobby fordert das Schild *Wait to be seated* auf zu warten, bis man an seinen Tisch gebracht wird. Sobald man Platz genommen hat, wird sich der *waiter* bzw. die *waitress* (Bedienung) namentlich vorstellen und die Menükarte bringen. Bei der Bestellung des Hauptganges hat man mehrere Optionen. Die erste Frage lautet meist: *Soup or salad?* (»Suppe oder Salat?«). Falls man Salat wählt, folgt als nächste Frage: *What kind of dressing do you prefer?* (»Was für eine Salatsauce möchten Sie gerne?«). Gängige Geschmacksalternativen sind *French, Italian, Thousand Islands, Blue Cheese, Ranch* oder *Oil & Vinegar* (Essig & Öl). Wer Fleisch bestellt, kann wählen, wie er das Steak gebraten haben möchte (*How would you like your steak cooked? Medium, well done or rare?* – »Wie möchten Sie Ihr Steak? Medium, ganz durch oder blutig?«). Danach geht es um die Beilagen, die wiederum nach dem Multiple-Choice-System abgefragt werden: *baked potatoe* (eine Ofenkartoffel im Alufolienmäntelchen), *rice* (Reis), *french fries* (Pommes frites), *vegetables* (Gemüse) …

Die Nachspeise *(dessert)* besteht in den USA meist aus etwas Süßem, einem Eis oder vielleicht einem Stückchen Kuchen. Kaum hat man den letzten Bissen geschluckt, tritt die Bedienung oder der Kellner mit der letzten Frage des Abends an den Tisch: *Anything else you want tonight?* (»Haben Sie noch einen Wunsch?«). Bis man die Rechnung *(check)* auf dem Tisch hat, vergehen nur noch Sekunden. Nach dem Essen am Tisch bei einem Glas Wein sitzen zu bleiben, entspricht nicht amerikanischen Sitten. Wer noch etwas trinken möchte, zieht an die Bar um oder sucht sich in der Nachbarschaft das, was Amerikaner in Erinnerung an vergangene

Pragmatismus auch beim Essen: Fast Food als Programm

Pionierzeiten gemeinhin als *watering hole* (Wasserloch) bezeichnen: eine Kneipe.

Alkoholisches

Zwar hat der Weinkonsum im Land gewaltig zugenommen. Dennoch sind die USA traditionell ein Land der Biertrinker. Vor allem Dosenbier steht hoch im Kurs, seit 1935 in Richmond (Virginia) der Gerstensaft erstmals in einer speziell beschichteten Metalldose auf den Markt kam. Seit damals hat der *sixpack* (Sechserpack) seinen weltweiten Siegeszug angetreten. Dosen- und Flaschenbier gibt es in vielen Sorten und Größen. Neben amerikanischen Marken haben sich auch Importbiere aus aller Welt etabliert. Sehr beliebt, wenn auch etwas teurer als amerikanische Markenware ist mexikanisches Importbier. In Bierkneipen, Bars und Restaurants wird das helle oder dunkle Kühle auch vom Fass gezapft, ohne Schaumkrone. Amerikaner bevorzugen eiskaltes Bier. Häufig wird es sogar in gefrorenen Gläsern serviert. Der Alkoholgehalt liegt in der Regel unter 4,5 %, weil höherprozentiges Bier nur noch als *malt liquor* verkauft werden darf. Bei den weit verbreiteten Leichtbieren liegt der Alkoholgehalt unter 0,5 %. In den vergangenen Jahren schossen überall Mini- und Mikrobrauereien wie Pilze aus dem Boden und machen den Riesenkonzernen mit eigenen Produkten hauptsächlich lokal und regional Konkurrenz. Traditionell ist die Gegend um Santa Barbara zwar als Weinland bekannt. In den letzten Jahren nahmen im Landkreis aber einige Bierbrauereien den Betrieb auf. Einen Widerspruch sehen viele Weinhersteller darin nicht, weil Gerstensaft zu ihrem Alltagsgetränk gehört, getreu der Winzerdevise: »Man braucht eine Menge Bier, um Wein herzustellen«.

Essen aus dem Supermarkt

Supermärkte sind gut sortiert und lange geöffnet. Wer von der betreffenden Kette eine kostenlose Kundenkarte besitzt, kauft Sonderangebote zu Schnäppchenpreisen ein. Größere Märkte besitzen häufig eine Salatbar. An warmen Theken bekommt man Gerichte wie Schälrippchen und Brathähnchen zum Mitnehmen.

Kulinarisches Lexikon

Im Restaurant

Ich möchte einen Tisch reservieren.	I would like to book a table.
Bitte warten Sie, bis Ihnen ein Tisch zugewiesen wird.	Please wait to be seated.
Essen nach Belieben zum Einheitspreis	all you can eat
Die Speisekarte, bitte.	The menu, please.
Weinkarte	wine list
Die Rechnung, bitte.	My check, please.
Vorspeise	appetizer
Suppe	soup
Hauptgericht	main course
Nachspeise	dessert
Beilagen	trimmings
Tagesgericht	meal of the day
Gedeck	cover
Messer	knife
Gabel	fork
Löffel	spoon
Glas	glass
Flasche	bottle
Salz/Pfeffer	salt/pepper
Zucker/Süßstoff	sugar/sweetener
Kellner/Kellnerin	waiter/waitress

Zubereitung/Spezialitäten

boiled egg	hartgekochtes Ei
broiled	gegrillt
burrito	mit Hack, Bohnen u. a. gefüllteTortilla
caesar's salad	Salat mit Anchovis-filets und Parmesan
chef salad	Eissalat mit Schinken
chili relleno	mit Käse gefüllte Pfefferschoten
cole slaw	Kohl-Karotten-Salat
deep fried	frittiert (meist paniert)
eggs (sunny side up/ over easy)	Spiegeleier (Eigelb nach oben/beid-seitig gebraten)
enchiladas	gerollte Tortillas mit Chili und Fleisch
fried	in der Pfanne gebraten
guacamole	Avocadopaste
onion rings	frittierte Zwiebelringe
nachos	Tortillachips
rare/medium rare	blutig/rosa
scrambled eggs	Rühreier
stuffed	gefüllt
tacos	gefüllte Maistortillas
tamales	Chili und Hackfleisch in Maisblätter gehüllt
tortilla	dünne Mais- oder Weizenfladen
well done	gut durchgebraten

Fisch und Meeresfrüchte

bass	Barsch
clam chowder	Venusmuschelsuppe
cod	Kabeljau
crab	Krebs/Krabbe
flounder	Flunder
haddock	Schellfisch
halibut	Heilbutt
gamba	Garnele
lobster	Hummer
mussel	Miesmuschel
oyster	Auster
prawn	Riesengarnele
salmon	Lachs
scallop	Jakobsmuschel
shellfish	Schalentiere
shrimp	Krabbe
sole	Seezunge
swordfish	Schwertfisch
trout	Forelle
tuna	Thunfisch

Fleisch und Geflügel

bacon	Frühstücksspeck
beef	Rindfleisch
chicken	Hähnchen
drumstick	Hähnchenkeule
duck	Ente
ground beef	Hackfleisch vom Rind
ham	Schinken

meatloaf	Hackbraten
porc chop	Schweinekotelett
prime rib	saftige Rinderbraten-scheibe
rabbit	Kaninchen
roast goose	Gänsebraten
sausage	Würstchen
spare ribs	Rippchen
turkey	Truthahn
veal	Kalbfleisch
venison	Reh bzw. Hirsch
wild boar	Wildschwein

Gemüse und Beilagen

bean	Bohne
cabbage	Kohl
carrot	Karotte
cauliflower	Blumenkohl
cucumber	Gurke
eggplant	Aubergine
french fries	Pommes frites
garlic	Knoblauch
lentil	Linse
lettuce	Kopfsalat
mushroom	Pilz
pepper	Paprikaschote
peas	Erbsen
potatoe	Kartoffel
hash browns	Bratkartoffeln
squash/pumpkin	Kürbis
sweet corn	Mais
onion	Zwiebel
pickle	Essiggurke

Obst

apple	Apfel
apricot	Aprikose
blackberry	Brombeere
cantaloup	Zuckermelone
cherry	Kirsche
fig	Feige
grape	Weintraube
lemon	Zitrone
melon	Honigmelone
orange	Orange
peach	Pfirsich
pear	Birne
pineapple	Ananas
plum	Pflaume
raspberry	Himbeere
rhubarb	Rhabarber
strawberry	Erdbeere

Käse

cheddar	kräftiger Käse
cottage cheese	Hüttenkäse
goat's cheese	Ziegenkäse
curd	Quark
soft cheese	Schmelzkäse

Nachspeisen und Gebäck

brownie	Schokoplätzchen
cinnamon roll	Zimtschnecke
french toast	Toast in Ei gebacken
maple sirup	Ahornsirup
muffin	Rührteiggebäck
pancake	Pfannkuchen
pastries	Gebäck
sundae	Eisbecher
waffle	Waffel
whipped cream	Schlagsahne

Getränke

beer (on tap/draught)	Bier (vom Fass)
brandy	Cognac
coffee (decaffeinated/decaf)	Kaffee (entkoffeiniert)
lemonade	Limonade
icecube	Eiswürfel
iced tea	gekühlter Tee
juice	Saft
light beer	alkoholarmes Bier
liquor	Spiritucsen
milk	Milch
mineral water	Mineralwasser
red/white wine	Rot-/Weißwein
root beer	dunkle Limonade
soda water	Selterswasser
sparkling wine	Sekt
tea	Tee

Die California State Route No. 1, auch Pacific Coast Highway genannt, folgt in Nordkalifornien der wildromantischen Sonoma Coast

Wissenswertes für die Reise

Kalifornien im Internet

www.visitcalifornia.com: Offizielles Webportal der California Travel & Tourism Commission mit Informationen über 12 Reiseregionen im Land und Tipps zu Urlaubsaktivitäten bzw. Hotelbuchungsmaschine.

www.nps.gov: Offizielles Internetportal des National Park Service (NPS), der für die Pflege und Verwaltung der kalifornischen Nationalparks und National Monuments zuständig ist.

www.discoveramerica.com/de: Sehr informative offizielle Reise- und Tourismus-Webseite der USA speziell für deutsche Besucher in deutscher Sprache.

www.infoplease.com/ipa/A0108187.html: Fakten über Kalifornien: Geschichte, Bevölkerung, geografische Besonderheiten usw.

http://quake.usgs.gov/recenteqs: Ständig aktualisierte Landkarte über Erdbeben in Kalifornien und Nevada und deren Stärke.

http://quickfacts.census.gov/qfd/states/06000.html: Umfassende Statistik über die Bevölkerung im Bundesstaat Kalifornien (Größe, Alter, Veränderungen, Beschäftigung und ethnische Zusammensetzung).

www.wetteronline.de/Kalifornien.htm: Das Wetter in Kalifornien und eine mehrtägige Wettervorhersage

http://californiahistoricalsociety.org: Geschichtsportal der California Historical Society mit einer detaillierten Darstellung der Geschichte Kaliforniens von den Ureinwohnern bis in die jüngste Vergangenheit.

www.usatourist.com/deutsch: Deutschsprachiges Reiseportal über die USA mit allen relevanten Themen und Reservierungsmöglichkeiten.

www.magazinusa.com/us/states: Eines der umfangreichsten USA-Internetportale seiner Art im deutschsprachigen Raum mit detaillierten Informationen zu Kultur, Lifestyle, Geschichte, Politik, Biografien, Städten und Naturattraktionen.

www.sfjourney.com: Informationen über die 10 wichtigsten Sehenswürdigkeiten in San Francisco und Ausflugsziele der Umgebung.

www.latimes.com: Internetseite einer der größten Tageszeitungen in Kalifornien, bei der man einen Newsletter abonnieren kann.

Informationsstellen

... in Deutschland

Die USA unterhalten keine nationale Fremdenverkehrsvertretung in Deutschland, Österreich oder der Schweiz. In Freiburg, Hamburg, Heidelberg, Kiel, München, Nürnberg, Saarbrücken, Stuttgart und Tübingen haben Deutsch-Amerikanische Kulturinstitute ihren Sitz. In Berlin, Köln, Frankfurt, Hamburg, Leipzig und München gibt es Information Resource Centers (IRC) der US-Botschaft und US-Konsulate, die Anfragen per E-Mail, Telefon, Fax oder Brief beantworten (U. S. Embassy Berlin, Information Resource Center, Clayallee 170, 14195 Berlin, Tel. 030 83 05 11 88, Fax 030 83 05 11 83, http://germany.usembassy.gov/germany/irc_berlin.html).

California Tourism: Touristikdienst Truber, Schwarzwaldstr. 13, 63811 Stockstadt, Tel. 06027 40 11 08, ausschließlich Prospektversand, 7 € in bar.

Las Vegas: c/o Aviareps Mangum, Sonnenstr. 9, 80331 München, Tel. 089 23 66 21 30, Fax 089 23 66 21 99, www.visitlasvegas.de.

Palm Springs Bureau of Tourism: c/o BZ.COMM!, Gutleutstr. 16 a, 60329 Frankfurt am Main, Tel. 069 25 62 88 80, www.bz-comm.de.

... in den USA

Jeder größere Ort hat ein Visitor Center (Informationsbüro) oder eine Chamber of Commerce (Handelskammer), wo man Näheres über den Ort, Sehenswürdigkeiten, Hotels und Restaurants erfährt. Diese Informations-

stellen vermitteln manchmal auch günstige Hotelzimmer.
Kalifornien: California Travel & Tourism Commission, P.O. Box 1499, Sacramento, CA 95812-1499, Tel. 916-444-4429, http://gocalif.ca.gov.

Diplomatische Vertretungen

... in Deutschland

Botschaft der USA
Pariser Platz 2
10117 Berlin
Tel. 030 830 50
Konsularabteilung:
Clayallee 170
14195 Berlin
Tel. 030 830 50
www.usembassy.de

... in der Schweiz

Botschaft der USA
Sulgeneckstr. 19
CH-3007 Bern
Tel. 031 357 70 11
http://bern.usembassy.gov

... in Österreich

Botschaft der USA
Boltzmanngasse 16
A-1090 Wien
Tel. 01 313 390
Fax 01 310 06 82
Konsularabteilung:
Parkring 12a, A-1010 Wien
nur Fax 01 512 58 35
http://vienna.usembassy.gov

... in den USA

Botschaft der Bundesrepublik Deutschland
4645 Reservoir Rd., NW
Washington, D.C. 20007-1998
Tel. 202-298-4000
Fax 202-298-4249
www.washington.diplo.de

Deutsche Generalkonsulate
6222 Wilshire Blvd., Suite No. 500
Los Angeles, CA 90048
Tel. 323-930-2703, Fax 323-930-2805
www.los-angeles.diplo.de
1960 Jackson St.
San Francisco, CA 94109
Tel. 415-775-1061, Fax 415-775-0187
www.san-francisco.diplo.de

Schweizer Botschaft
2900 Cathedral Ave. NW.
Washington, D.C. 20008
Tel. 202-745-7900, Fax 202-387-2564
www.eda.admin.ch/Washington
Schweizer Generalkonsulate
11766 Wilshire Blvd., Suite 1400
Los Angeles, CA 90025
Tel. 310-575-1145, www.eda.admin.ch/la
456 Montgomery St., Suite 1500
San Francisco, CA 94104-1233
Tel. 415-788-2272
www.eda.admin.ch/sf

Österreichische Botschaft
3524 International Court NW.
Washington, D.C. 20008
Tel. 202-895-6700, Fax 202-895-6750
www.austria.org

Karten und Stadtpläne

Zur Routenvorbereitung zu Hause ist der auch in Deutschland erhältliche Autoatlas USA von Rand McNally empfehlenswert. In den USA bekommt man bei allen Touristeninformationen Gratiskarten über Kalifornien. ADAC-Mitglieder erhalten bei Vorlage der ADAC-Karte in den Filialen der AAA (American Automobile Association) kostenlos Straßenkarten und Info-Material.

Lesetipps

Romane

Allende, Isabel: Fortunas Tochter, Frankfurt am Main 2002. Die Schriftstellerin erzählt die Geschichte eines Mädchens, das im 19. Jh. in Chile als Findelkind von einer reichen englischen Familie großgezogen wird. Eliza verliebt sich später in einen Mann aus armer Familie, der in den Sog des kalifornischen Goldrausches gerät und in den Golden State auswandert, wo ihn die junge Frau wiederzufinden hofft.

Boyle, T. C.: América, München 2006. Der Roman des viel gelesenen Autors dreht sich um Ausländerfeindlichkeit, Armut, Umweltzerstörung und illegale Einwanderung im südlichen Kalifornien, ein brennendes, in den Vereinigten Staaten seit langem heiß diskutiertes Problem der Gegenwart.

Boyle, T. C.: Das wilde Kind, Hamburg 2010. Boyle greift die Geschichte des berühmten französischen Wolfskinds Victor von Aveyron vom Ende des 18. Jhs. auf.

McAleer, Kevin: Surferboy, Wolfenbüttel 2007. In diesem autobiografischen Roman erzählt der in Berlin lebende US-Autor leidenschaftlich, wie das Wellenreiten für ihn Passion und Lebensinhalt zugleich wurde. Dabei geht es McAleer nicht nur um unterhaltsame Geschichten über Sonne, Sand und Surfen, sondern um eine atmosphärische Bestandsaufnahme des Erwachsenwerdens.

Sachbücher

Schulenburg, Silke: Pacific Palisades, zzt. nur antiquarisch erhältlich. In Veröffentlichungen von Historikern und Germanisten, aber auch in Zitaten von nach Kalifornien ausgewanderten Exilschriftstellern und Wissenschaftlern wie Bertolt Brecht, Alfred Döblin, Lion Feuchtwanger, Heinrich und Thomas Mann, Walter Mehring, Franz Werfel und Ludwig Marcuse wird das Problem Auswanderung in all seinen Schattierungen lebendig.

Priore, Domenic: Riot on Sunset Strip: Rock 'n' Roll's Last Stand In Hollywood, Berkeley 2007. Über den Musikboom im Stadtteil Hollywood in den 1960er-Jahren und damals wichtige Ereignisse und Stätten (englischsprachig).

Lyotard, Jean-François: Die Mauer des Pazifik, Wien 2006. Philosophische Erzählung des Autors, der eine Zeit lang in Kalifornien als Gastprofessor dozierte. Im Mittelpunkt stehen Reflexionen über Rassismus, Antisemitismus und Kapitalismus.

Janitschek, Hans: Arnold von Kalifornien, München 2004. Illustrierte Biografie des Gouverneurs von Kalifornien, der als mittelloser österreichischer Einwanderer nach Kalifornien kam und eine typisch amerikanische Traumkarriere als Bodybuilder, Schauspieler und schließlich Politiker absolvierte. Der Autor des Buches kennt Schwarzenegger aus seiner Arbeit als Zeitungskorrespondent.

Schröder, Rainer M.: Goldrausch in Kalifornien, Gütersloh 2002. Lebensgeschichte des Schweizer Einwanderers Johann August Sutter, der im 19. Jh. bei der heutigen kalifornischen Hauptstadt Sacramento seine einst blühende Kolonie Neu-Helvetien aufbaute und dessen Lebenswerk im Zuge des Goldrausches zerstört wurde.

Starr, Kevin: California. A History, New York 2005. Der Historiker hat einen siebenteiligen Zyklus über die Geschichte Kaliforniens verfasst (englischsprachig).

Kriminalromane

Follet, Ken: Die Kinder von Eden, Bergisch Gladbach 2001. Der Krimi beschreibt eine Hippie-Gemeinde in Kalifornien, die droht, mit einem künstlich ausgelösten Erdbeben einen Staudammbau zu verhindern.

Koontz, Dean: Mitternacht, München 2007. Trivialliteratur, aber spannend inszeniert vom Meister dunkler Träume. Im Mittelpunkt steht die Aufklärung eines Selbstmordes in einer kalifornischen Kleinstadt.

Kalifornien als Reiseland

Als Reiseland spielt Kalifornien unter den amerikanischen Bundesstaaten eine herausragende Rolle, weil es mit einem geradezu konkurrenzlosen Angebot an Naturvielfalt, Weltstadtatmosphäre, Kultur, Amüsement und ganzjährigen Freizeitaktivitäten aufwarten kann. Die Attraktionen verteilen sich auf einem Gebiet, das an der Fläche gemessen ungefähr dem gemeinsamen Territorium von Deutschland und der Schweiz entspricht. Die Entfernungen im Land sollte man nicht unterschätzen. Von San Diego im Süden bis nach Crescent City im äußersten Norden nahe der Oregon-Grenze sind es auf dem kürzesten Weg 850 Meilen, also so weit wie von Hamburg nach Rom.

Auch die Höhenunterschiede sind markant. Von der Pazifikküste steigt das Terrain bis auf die höchsten Lagen der Sierra Nevada um den 4416 m hohen Mount Whitney an. Neben riesigen Ballungsräumen wie Los Angeles prägen fast menschenleere Küstenabschnitte, Hochgebirgsregionen und Wüstenlandschaften das Gesicht Kaliforniens und tragen ebenso wie die demografische und kulturelle Vielfalt zum Kontrast- und Facettenreichtum des Landes bei.

Zu den ›Pfunden‹, mit denen Kalifornien wuchern kann, gehört auch das Klima. Während im nördlichen Landesteil niedrigere Temperaturen herrschen und der Winter dort seinem Namen ebenso Ehre macht wie in den Gebirgsregionen, steht Südkalifornien nicht zu Unrecht im Ruf eines Sonnenparadieses. Das gilt nicht nur für die berühmten Surferstrände, sondern vor allem auch für die weiter östlich liegenden Wüsten, die Besucher im Hochsommer zum Teil mit extremer Trockenheit und Hitze empfangen.

Die Palette der Naturschönheiten könnte vielfältiger kaum sein. Die Lage am Pazifik stattet den Golden State im Süden mit Sonne, Sand und Surferstränden, im Norden mit wilden, manchmal fast unzugänglichen Felsküsten aus, an denen die mächtige Brandung seit Äonen an Klippen und Inseln nagt. Im Zauberreich der Redwoodwälder recken sich jahrtausendealte Riesenbäume in den Himmel, nachweislich die unumstrittenen Rekordhalter auf dem Planeten Erde, was die größten Lebewesen anbelangt. Östlich des fruchtbaren Central Valley mit endlosen Salatfeldern, Gemüseäckern und Obstplantagen recken sich die granitgrauen Gipfel der majestätischen Sierra Nevada in den Himmel. Weiter nördlich ragen vergletscherte Vulkankegel wie Wahrzeichen schlummernder Erddynamik über die Cascade Range hinaus. Ein exotisches Kontrastprogramm dazu bieten die Mojave- und Sonorawüste im äußersten Süden, wo im Frühjahr die stachelige Vegetation einen mitreißenden Blütenzauber veranstaltet.

Was ist sehenswert?

Einzigartige Naturwunder

Der Golden State ist fast unschlagbar, wenn es sich um grandiose Landschaften und außergewöhnliche Wunder aus der Werkstatt von Mutter Natur handelt. Seine landschaftliche Attraktivität beweist das Land u. a. mit acht zum Teil weltberühmten Nationalparks, in denen alpine Täler und Almen, Hochgebirge, Wüstenregionen, Mammutbaumwälder, Inseln und Meeresbewohner unter Naturschutz stehen. Auch viele National Monuments und State Parks erfreuen sich bei Besuchern großer Beliebtheit, weil sie nicht nur reizvolle Naturszenerien bieten, sondern auch mit einem vielfältigen Angebot an Freizeitaktivitäten aufwarten.

Citylife zum Anfassen

In Kalifornien muss man Prioritäten setzen. Kaum jemand hat Monate Zeit, um sich alles anzusehen. Wer es auf modernes Citylife ab-

Bei Fort Bragg in Nordkalifornien branden Pazifikwogen gegen die Steilküste

gesehen hat, ist in San Francisco, Los Angeles und San Diego bestens aufgehoben. Die berühmten Küstenmetropolen profitieren von ihrer fantastischen Lage, vom vibrierenden Stadtleben, einem kaum zu überbietenden abwechslungsreichen Kulturangebot, einer vielseitigen Gastronomieszene und reizenden Stadtvierteln, die zum Teil die große ethnische Vielfalt der Bevölkerung widerspiegeln. Das neonbunte Las Vegas als weltgrößter Amüsierbetrieb setzt natürlich jedem Stadtabenteuer die Krone auf, gleichgültig ob es sich um Gambling an Spielautomaten und Pokertischen, aufwendige Shows, Hotellerie oder Gastronomie handelt.

Kultur

Die drei großen Küstenmetropolen bilden mit Museen, Ausstellungen, Theatern und Konzert- bzw. Musicalbühnen eine geradezu unerschöpfliche Schatztruhe voller kultureller Attraktionen. Selbst Los Angeles, das sich in den 1980er-Jahren noch den Vorwurf des Kulturbanausentums gefallen lassen musste, schickt sich heute an, so mancher Ostküstenmetropole den Rang abzulaufen.

Wer sich für Geschichte interessiert, folgt am besten dem sogenannten Mission Trail, an dem in den Jahrzehnten nach 1769 insgesamt 21 spanische Missionsstationen entstanden. Das ehemals russische Fort Ross erlaubt ebenso einen Blick in die Vergangenheit wie die Ortschaften im Gold Country, in denen der kalifornische Goldrausch sichtbare Spuren hinterließ.

Tipps für die Reiseorganisation

Mietwagen oder öffentliche Transportmittel?

Der öffentliche Nah- und Fernverkehr ist in den USA weitaus unpopulärer als in Europa. Große Teile von Kalifornien wie Gebirgsregionen und Wüsten sind mit Bus und Zug zum Teil nur umständlich oder gar nicht erreichbar. In stärker besiedelten Landesteilen kann man das kalifornische Eisenbahn- und Busnetz in Anspruch nehmen (s. S. 81, 82). Großstädte wie San Francisco, Los Angeles und San Diego verfügen über zum Teil noch im Ausbau begriffene U- bzw. Straßenbahn- und Bussysteme. Für Überlandreisen bietet sich ein Mietauto an, weil man auf diese Weise viel flexibler ist. Auf Individualverkehr ist der Golden State bestens eingestellt. Mietstationen gibt es in jeder größeren Stadt, und Autos stehen in jeder Preisklasse zur Verfügung (s. S. 80).

Vorab oder unterwegs buchen?

Nach einem anstrengenden Langstreckenflug tut sich jeder Reisende mit einem vorab gebuchten Hotel am Zielort einen Gefallen, zumal man schon vor dem Abflug eine Zieladresse angeben muss. Darauf sollte man sich bereits vor dem Einchecken einrichten und eine entsprechende Adresse (inkl. Zip Code der Stadt und Postadresse) bereithalten. Die Frage der Reservierung von Unterkünften hängt davon ab, wann man sich wo aufhalten möchte. In den großen Metropolen ist das Angebot an Hotels und Motels so groß, dass man immer eine Bleibe findet. Ausnahmen bilden stark frequentierte Nationalparks. Wer innerhalb der Parkgrenzen etwa in Yosemite oder im Death Valley unterkommen will, bucht hauptsächlich für Wochenendaufenthalte in der Hauptsaison seine Unterkunft vorab. Auch entlang der Küste muss man an Feiertagen wie dem amerikanischen Unabhängigkeitstag oder dem Columbus Day mit starkem Besucheraufkommen rechnen. Wer zu diesen Zeiten nicht einige Tage im Voraus reserviert hat, sollte zumindest am betreffenden Tag schon am frühen Nachmittag auf Bettensuche gehen.

Organisierte Touren

Bequem reisen lässt es sich mit einem Pauschalarrangement inklusive einer professionellen Reiseleitung. Das hat den Vorteil, dass man sich organisatorisch um nichts zu kümmern braucht und Sprachbarrieren kein Hindernis sind. Der Nachteil: Man folgt einem festgelegten Reiseplan und hat wenige Möglichkeiten zur individuellen Gestaltung.

Auf der von **Studiosus** angebotenen 20-tägigen Reise »USA – Goldener Westen« lernen Teilnehmer neben zahlreichen populären Naturwundern wie dem Grand Canyon auch sehenswerte Städte wie Las Vegas und San Francisco kennen. »USA-Höhepunkte« führt auf einer 15-tägigen Tour von Küste zu Küste in die großen Metropolen des Landes wie Las Vegas, Los Angeles und San Francisco (Studiosus Reisen München GmbH, Riesstr. 25, 80992 München, Tel. 089 50 06 00, Fax 089 50 06 01 00, www.studiosus.com).

Die von **Ikarus Tours** angebotene 14-tägige Reise »USA: der Goldene Westen« beginnt in Los Angeles und hat Landschaften wie

Yosemite, Death Valley und Grand Canyon, aber auch Städte wie Las Vegas und San Francisco zum Ziel. 23 Tage sind die Teilnehmer der Reise »Nationalparks im Westen der USA« zwischen San Francisco und Salt Lake City (Utah) unterwegs und besichtigen dabei die schönsten Landschaften im Westen der USA, darunter die Küste zwischen Los Angeles und San Francisco, den Yosemite National Park und Death Valley (Ikarus Tours GmbH, Am Kaltenborn 49–51, 61462 Königstein, Tel. 06174 290 20, Fax 06174 229 52, www.ikarus.com). Eine 15-tägige Erlebnisreise in berühmte Nationalparks und Metropolen unter dem Motto »Der imposante Westen der USA« steht auch beim Veranstalter **Gebeco** (www.gebeco.de) auf dem Programm. Den Yosemite National Park, Death Valley, Las Vegas und die Nationalparks im Südwesten hat die Tour »Grandioser Südwesten« von **Wikinger-Wanderreisen** (http://wikinger-reisen.de) zum Ziel.

Wer eine Kalifornienreise mit einem Wohnmobil plant oder mit einem Mietwagen im Golden State unterwegs sein will, kann sich den Urlaub auf Rädern von einem professionellen Unternehmen wie Travel World Online in allen Details organisieren lassen, um sich ganz auf Attraktionen und Sehenswürdigkeiten konzentrieren zu können (www.travelworldonline.de/kalifornienreisen.html).

Reisen mit Handicap

Viele Hotels und Motelketten verfügen über behindertengerechte Räume mit größeren Badezimmern und breiteren Türen. In großen Museen und Vergnügungsparks sind Rollstühle und Rampen eine Selbstverständlichkeit. Informationen finden Behinderte auf der englischsprachigen Internetseite der Society for Accessible Travel & Hospitality (SATH), einer gemeinnützigen Organisation für Behinderte auf Reisen (www.sath.org). Wer an die Verwaltung von Großstädten schreibt und ein medizinisches Attest beilegt, erhält eine Genehmigung zum Parken auf Behindertenplätzen. Mietwagenfirmen stellen bei längerfristiger Reservierung speziell ausgerüstete Fahrzeuge zur Verfügung.

Reisen mit Kindern

Sind Kinder alt genug, um längere Flüge und Autofahrten nicht als quälend zu empfinden, ist Kalifornien mit seiner ausgezeichneten Infrastruktur ein ideales Reiseland für Familien. Kinder bis zu 18 Jahren können in der Regel kostenlos im Zimmer der Eltern untergebracht werden. Selbst kleinere Motels haben Swimmingpools. Viele Museen haben für kleine Besucher spezielle Ausstellungsprogramme entwickelt. Zoos und Aquarien verfügen über eigens für Kinder eingerichtete *touch tanks*, offene Becken, in denen man Meerestiere gefahrlos berühren kann. Der Golden State bietet sich mit attraktiven Landschaften und hervorragenden Freizeitmöglichkeiten hauptsächlich für einen Urlaub unter freiem Himmel an. Die meisten Restaurants bieten Kinderteller für kleine Gäste an. Zu einem gelungenen Urlaub kann die sinnvolle Beschäftigung von Kindern viel beitragen. In zahlreichen Nationalparks wie Yosemite und Redwood bieten Ranger eigens Programme für Kinder an, bei denen sie spielerisch den pfleglichen Umgang mit der Natur lernen.

Im Hochsommer brennt die Sonne häufig gnadenlos vom Himmel. Kleine Wasserratten sollte man unbedingt mit entsprechender Badekleidung und Cremes gegen Sonnenbrand schützen. Kleine Kinder nackt baden zu lassen verstößt in den USA gegen die guten Sitten. Um einen Familienurlaub nicht in den Sand zu setzen, bevor er richtig begonnen hat: Kinder jeglichen Alters, auch Babys, müssen zur visafreien Einreise einen eigenen maschinenlesbaren Pass haben (s. rechts).

Einreise und Zoll

Deutsche, Österreicher und Schweizer, auch Kinder, benötigen für einen Aufenthalt bis zu 90 Tagen einen eigenen maschinenlesbaren, noch für die Dauer des Aufenthalts gültigen Reisepass. Der vorläufige maschinenlesbare deutsche Reisepass (grün) wird nicht mehr für die visumsfreie Einreise anerkannt. Der maschinenlesbare deutsche Kinderpass berechtigt nur dann zur visumsfreien Einreise, wenn er vor dem 26. Oktober 2006 ausgestellt oder vor diesem Datum verlängert wurde. Nach dem 25. Oktober 2005 ausgestellte Pässe müssen über ein digitales Lichtbild verfügen wie die bordeauxfarbigen maschinenlesbaren deutschen Reisepässe (Europapässe). Nach dem 26. Oktober 2006 ausgestellte Pässe müssen elektronische Reisepässe (e-Reisepässe) sein, um für visumfreie Einreise gültig zu sein. Jeder Reisende ist bei der Einreise zu digitalen Fingerabdrücken und einem digitalen Porträtfoto verpflichtet. Jeder Reisende ohne Visum muss mindestens 72 Stunden vor Reiseantritt eine 14 $ teuere elektronische Einreiseerlaubnis (Electronic System for Travel Authorization – ESTA) einholen. Die Beantragung über Dritte (z. B. Reisebüro) ist möglich. Die einmal erteilte Einreiseerlaubnis gilt für beliebig viele Einreisen innerhalb von zwei Jahren. Die Webseite mit Antragsformular unter http://german.germany.usembassy.gov/germany-ger/visa/esta.html ist in vielen Sprachen verfügbar. Eine Antwort erhält man meist sofort. Reisebuchungen müssen bis spätestens 72 Stunden vor Abflug neben dem vollständigen Namen auch Geburtsdatum und Geschlecht des Reisenden enthalten.

Neue Bestimmungen für das Handgepäck

Flüssigkeiten müssen in Behältnissen verpackt sein, die maximal 100 ml fassen. Fläschchen oder Tuben (höchstens 10 Stück) müssen in einem durchsichtigen, wieder verschließbaren Plastikbeutel mit maximal 1 l Fassungsvermögen transportiert werden. Als Flüssigkeiten gelten nicht nur Getränke, Speisen (Wasser, Suppen etc.) oder Parfüms, sondern auch Gels, Sprays, Shampoos, Sonnenlotionen, Öle, Cremes, Deoroller, Feuchttücher, Zahnpasten, Lippenstifte und Lipgloss. Babynahrung, Medikamente und diätetische Lebensmittel dürfen, soweit während des Fluges benötigt, weiterhin ohne Mengenbeschränkung an Bord und müssen auch nicht in den Plastikbeutel, sind aber bei der Gepäckkontrolle zu zeigen. Für Medikamente ist ein ärztliches Attest empfehlenswert. Duty-Free-Produkte, die nach dem Sicherheitscheck gekauft wurden, dürfen an Bord genommen werden (www.evz.de/UNIQ11957 2096820211/doc1279A.html). Man sollte sich bei seiner Fluggesellschaft erkundigen, welche Maße ein Handgepäckstück haben darf, um es problemlos in der Gepäckablage verstauen zu können. Aufgegebene Koffer sollten nicht verschlossen sein.

Haustiere und Wareneinfuhr

Für Haustiere benötigt man ein amtsärztliches Zeugnis. Die Einfuhr von 200 Zigaretten, 1 l Alkohol sowie Geschenken, deren Wert 100 $ nicht übersteigt, ist für Erwachsene von mindestens 21 Jahren zollfrei. Geldsummen über 10 000 $ müssen deklariert werden. Die Einfuhr von frischem, getrocknetem, in Dosen eingemachtem Fleisch und Fleischprodukten ist nicht gestattet. Dasselbe gilt für Pflanzensamen. Bäckereiprodukte und haltbar gemachter Käse sind erlaubt.

Anreise mit dem Flugzeug

Reisende aus Europa kommen in Kalifornien mit dem Flugzeug meist in Los Angeles, San Francisco oder Las Vegas (Nevada) an, u. a. weil es in diese Zielorte von Frankfurt aus

Nonstopflüge gibt. Da das Flugzeug in den USA wegen der großen Entfernungen ein gängiges Transportmittel ist, existiert innerhalb des Landes bzw. im Westen der USA ein dichtes Netz von Flugverbindungen. In der Hauptsaison von Ende Mai bis Mitte September sind Flüge in der Regel teurer. Ein Schnäppchen kann man mit einem Air Pass machen. Große US-Fluggesellschaften bieten die Möglichkeit, in Verbindung mit einem Transatlantikflug mindestens drei inneramerikanische Flüge zu reduzierten Preisen zu buchen, deren Abflugorte und Ziele vorab festgelegt werden müssen. Fluglinien wie etwa die Lufthansa und Chartergesellschaften wie LTU bieten Fly & Drive-Programme inkl. Flug und Mietwagen an. Über Reisebüros oder Internet (in Suchmaschine Fly & Drive eingeben) kann man solche Angebote buchen.

Verkehrsmittel im Land

Auto/Campmobil

Mietwagen reserviert man am besten im Heimatland rechtzeitig vor der Abreise. Bei Holiday Autos (Tel. 01805 17 91 91, www.holiday-autos.de) kostet ein Kleinwagen inkl. Vollkasko- und Kfz-Diebstahlversicherung ohne Selbstbeteiligung, erhöhte Haftpflichtdeckungssumme, unbegrenzte Kilometer und lokale Steuern und Gebühren z. B. ab Los Angeles Airport ca. 155 €/Woche. Zur Übernahme des Fahrzeugs reicht der nationale Führerschein, am besten in Kreditkartenformat, und eine gängige Kreditkarte. Ältere Führerscheine mit Uraltfotos können zu Problemen führen. DDR-Führerscheine werden nicht anerkannt. Wer noch nicht 25 Jahre alt ist, sollte abklären, ob die jeweilige Firma ein Mindestalter verlangt. An allen Flughäfen und in größeren Städten gibt es Mietwagenfilialen von Alamo (www.alamo.com), Avis (www.avis.com), Budget (www.budget.com), Dollar (www.dollar.com), Hertz (www.hertz.com) und National (www.nationalcar.com). Rent-a-Wreck-Filialen (www.rentawreck.com) findet man nur in größeren Städten. Sie vermieten keine Autowracks, wie der Name vermuten lassen könnte, sondern ältere Modelle zu günstigeren Preisen. Allerdings lässt der Service hin und wieder zu wünschen übrig. Auch im Falle von Pannen ist der Service einer etablierten Mietwagenfirma oft besser.

Manche Verkehrsregeln unterscheiden sich von den europäischen. So darf an roten Ampeln grundsätzlich rechts abgebogen werden, falls das nicht durch ein entsprechendes Zeichen ausdrücklich verboten ist. An ampelfreien Kreuzungen fährt als Erster, wer auch als Erster zum Halten kam. Gelbe Schulbusse dürfen, sobald sie anhalten und blinken, weder überholt noch aus der Gegenrichtung passiert werden. Höchstgeschwindigkeiten auf den Interstates variieren zwischen 65 und 70 Stundenmeilen. Sicherheitsgurte sind für alle Insassen Pflicht. Kinder unter 12 Jahren müssen auf Rücksitzen Platz nehmen. Wer sich ans Steuer setzt, sollte unbedingt auf Alkoholkonsum verzichten. Wird man als Chauffeur mit einer ›Fahne‹ erwischt, muss man mit drastischen Konsequenzen rechnen. Auf manchen Interstates ist der linke Fahrstreifen für sogenannte Carpool-Fahrzeuge reserviert, d. h. nur Autos mit mindestens zwei Insassen dürfen die Spur während der Rush Hour benutzen.

Auch im Autofahrerparadies USA sind die Spritkosten beträchtlich gestiegen. Die Preise beziehen sich immer auf eine Gallone (3,785 l) und bewegen sich momentan um 3 $. Preisvergleiche zwischen Tankstellenketten lohnen sich. Vor allem in abgelegenen Gebieten wie dem Death Valley oder der Sierra Nevada muss man mit extremen Preisaufschlägen rechnen. Mit Mietwagen tankt man ausnahmslos *unleaded* (bleifrei). Man kann häufig direkt an Zapfsäulen per Kreditkarte bezahlen (www.californiagasprices.com).

California Dreaming: auf dem Highway durch die Wüstenlandschaft südlich von Los Angeles

Wer sich per Campmobil (RV = Recreation Vehicle) auf den Weg durch Kalifornien begeben möchte, belegt ein Fahrzeug besser nicht mit der maximal möglichen Personenzahl. Vor allem auf Reisen mit Kindern ist ausreichend Platz im Innenraum wichtig, weil sonst Konflikte vorprogrammiert sind. Auch bei der Planung der zu fahrenden Meilen geht man eher großzügig vor. Die Weite des Landes verführt erfahrungsgemäß zu spontanen Abstechern und Ausflügen.

Bahn

Für Fernverbindungen zwischen Großstädten ist die Bahn ideal. Folgende Amtrakzüge verkehren in Kalifornien:

California Zephyr: San Francisco – Sacramento – Reno (NV) – Winnemucca – Salt Lake City – Grand Junction – Denver (CO) – Chicago
Capitol Corridor: San Jose – Oakland – Berkeley – Sacramento – Auburn (CA)
Coast Starlight: Los Angeles – Santa Barbara – San Jose – Oakland – Sacramento – Seattle (WA)
Pacific Surfliner: San Diego – Oceanside – Anaheim – Los Angeles – Santa Barbara – San Luis Obispo – Paso Robles (CA)
San Joaquins: Sacramento bzw. San Francisco – Stockton – Fresno – Bakersfield (CA).
Southwest Chief: Los Angeles – Needles – Kingman (AZ) – Flagstaff – Gallup – Albuquerque – Chicago
Sunset Limited: Los Angeles – North Palm Springs – Yuma – Tucson – Benson (AZ) – Lordsburg (NM) – El Paso (TX) – Orlando (FL)

Passagiere können beim Ticketkauf auf mehrfache Weise sparen. Jede Woche bietet Amtrak auf seiner Internetseite bestimmte Routen an, auf denen man bis zu 70 % Preisnachlass bekommt, sofern die Tickets online bestellt werden (http://tickets.amtrak.com/itd/amtrak/WeeklySpecials). Auch für normale Bahnreisen ist das Amtrak-Reservierungssystem im Internet nützlich. Wer die USA mit dem Zug bereisen will, ist mit dem **USA Rail Pass** gut beraten. Pässe werden für drei unterschiedliche Reisezeiträume und Reiseabschnitte (15 Tage/8 Abschnitte, 30 Tage/12 Abschnitte und 45 Tage/18 Abschnitte) zu Preisen von 389, 579 und 749 $ verkauft. Reservierungen sind empfehlenswert. Schlafabteile gibt es gegen Zuzahlung. Kinder zwischen 2 und 15 Jahren fahren in Begleitung eines Vollzahlers zum halben Preis. Reisen müssen innerhalb von 180 Tagen nach Erwerb des Passes angetreten werden. Informationen bei **CRD AMTRAK,** Stadthausbrücke 1–3, 20355 Hamburg, Tel. 040 300 61 60, www.crd.de/amtrak.

Bus

Die Busgesellschaft **Greyhound Lines** betreibt das nationale Linienbussystem in den USA, verkehrt aber hauptsächlich zwischen größeren Städten (www.buspass.de/USA/usa.html). Ausländische Reisende können verbilligt mit dem **Nordamerikapass** fahren, der für Zeiträume von sieben bis 60 Tage ausgestellt wird (www.greyhound-reisen.de). **Green Tortoise** bietet Touren für junge Leute entlang der Küste, ins Death Valley, in den Yosemite National Park und durch einige Wüstengebiete inklusive Übernachtungen an (494 Broadway, San Francisco, CA 94133, Tel. 415-956-7500, www.greentortoise.com).

Lokale und regionale Bustouren werden in vielen Städten von Hunderten Gesellschaften angeboten, nach denen man sich in den jeweiligen Visitor Informations vor Ort erkundigen kann. Die kalifornische Busgesellschaft **California Shuttle Bus** setzt preisgünstige Busse auf der Strecke von Los Angeles nach San Francisco (nur eine Pause) sowie im Großraum Los Angeles bzw. Anaheim ein (www.cashuttlebus.com).

Flugzeug

Ähnlich wie in Europa ist auch der Himmel über Amerika durch **Billigflieger** bunter geworden, die den herkömmlichen Fluglinien Konkurrenz machen. In den vergangenen Jahren hat sich allerdings gezeigt, dass nicht alle sog. No-Frills-Airlines im Konkurrenzkampf bestehen konnten, weswegen viele bereits wieder vom Markt verschwunden sind. Der Discounter **JetBlue Airways** fliegt im inneramerikanischen Netz zahlreiche Städte in Kalifornien an, darunter San Francisco, Oakland, Sacramento, Long Beach, San Jose und Burbank (www.jetblueairways.com). Auch **Southwest Airlines** mit Basis in Burbank bei Los Angeles ist in der Region stark vertreten (www.southwest.com) und hat in der Vergangenheit den Billiganbieter AirTran mit Basis in Atlanta (Georgia) aufgekauft. **Frontier Airlines** fliegt von Denver aus mehrere Städte im Golden State an (www.frontierairlines.com). Den einfachsten Überblick über Flugziele verschafft man sich auf den jeweiligen Internetseiten über die Route Maps, in denen nicht nur der Heimatflughafen jeder Linie, sondern auch das gesamte Verbindungsnetz anschaulich dargestellt ist.

Motorrad

Motorradreisen sind im gesamten Westen der USA populär, seit das Kultmovie »Easy Rider« 1969 Zweiradtouren zum ultimativen Hit hochstilisierte. Das gilt in erster Linie für den Küstenhighway No. 1 in Kalifornien, aber auch für viele andere Strecken durch reizvolle Landschaften. Viele Biker betrachten den Ritt auf einer Harley-Davidson als das ultimative Urlaubserlebnis.

Bei der Organisation solcher Touren auf eigene Faust ist der Veranstalter **US Bike Travel** behilflich, der auch geführte Touren anbietet (Hauptstr. 28, 91339 Röttenbach, Tel. 09195 87 60, Fax 09195 49 43, www.usbike-travel.com. Auch **Edelweiss Bike Travel** steht Zweiradtouristen mit Rat und Tat zur Seite (Sportplatzweg 14, A-6414 Mieming, Tel. 043 52 64 56 90, Fax 043 52 64 569 03, www.edelweissbike.com).

Die bestens ausgebaute touristische Infrastruktur macht das Reisen in den meisten Landesteilen von Kalifornien leicht. Bei Unterkünften unterscheidet man zwischen Hotels (meist in der Stadt), Motels (praktisch, weil man direkt vor der Tür parkt), Inns (Häuser mit dem Charakter von Landgasthöfen) und Bed & Breakfast (Privatunterkünfte, meist in sehr gepflegten Häusern).

In amerikanischen Unterkünften wird dem Schlafkomfort gemeinhin hohe Priorität eingeräumt. Unbequemen Betten mit einer Breite von 90 cm oder 1 m wie hierzulande begegnet man in den USA nirgendwo. Gäste haben in besseren Hotels und Motels die Wahl zwischen Queen-Size-Betten, was der Breite von ca. 1,40 m entspricht, und King-Size-Betten, die sich als königliche Liegewiesen mit Maßen von 2 m x 2 m erweisen. Unter *twin beds* versteht man zwei Betten in Queen-Size-Größe.

Praktisch sind in vielen Motels aufgestellte Waschmaschinen und Trockner, die man mit Münzen in Betrieb nehmen kann. Waschpulver zieht man aus Automaten oder bekommt ein Päckchen an der Rezeption. Notfalls muss man sich in den nächsten Supermarkt begeben. Öffentliche Münzwäschereien inklusive Trockner *(coin laundries)* findet man auch in jedem Ort. In besseren Unterkünften gehören Bügeleisen, Bügelbrett und Kaffeemaschine häufig zur Grundausstattung. Immer mehr Hotels bieten neben zum Teil beheizten Innen- bzw. Außenpools auch Fitnessstudios mit mehr oder weniger großem ›Maschinenpark‹ an. Sind Zimmer mit Minibars ausgestattet, informiert man sich vor einem Griff ins Volle besser über die Preise, die nicht selten ein Vielfaches dessen betragen, was man für ein Getränk oder einen Schokoriegel im Supermarkt bezahlt. Wertgegenstände bringt man im eigenen Safe im Zimmer unter oder kann sie an der Rezeption in Verwahrung geben.

Häufig trifft man in den USA auf Unterkünfte, die Zimmer inklusive mehr oder weniger gut ausgerüsteter Küche vermieten. Je nach Hotelkategorie sind die zur Verfügung gestellten Utensilien sauber bzw. verwendbar. Küchenbenutzung rentiert sich in der Regel nur bei mehrtägigen Aufenthalten, da sich der Einkauf von Putzmitteln (die oft nicht vorhanden sind) für einen einmaligen Gebrauch nicht auszahlt.

Ist man in den USA gegen Abend auf der Suche nach einem Zimmer, stellt sich eine typisch amerikanische Praxis als sehr hilfreich heraus: Viele Hotels und Motels schalten nach 18 Uhr Leuchtreklamen mit der Aufschrift *vacancy* oder *no vacancy* an, sodass man schon vom Auto aus ohne auszusteigen sehen kann, ob Zimmer verfügbar sind oder das Hotel/Motel ausgebucht ist. Auf die Zimmerpreise wird überall die in der jeweiligen Stadt gültige Hotelsteuer aufgeschlagen (San Diego 10 %, San Francisco und Los Angeles 14 %). Manchmal kommen noch andere Lokalsteuern hinzu.

Hotelkategorien

Discount-Motels: Am preisgünstigsten sind große Motelketten wie Motel 6 (www.motel6.com), Super 8 (www.super8.com), Red Roof Inns (www.redroof.com), Econo Lodge, Comfort Inn, Quality Inn, Sleep Inn, Rodeway Inn (alle unter www.choicehotels.com) und Days Inn (www.daysinn.com), die Standardzimmer ohne großen Komfort anbieten.

Mittelklasse: Etwas teurer, dafür auch besser ausgestattet, sind Unterkünfte von Ketten wie Travelodge (www.travelodge.com), Howard Johnson (www.hojo.com), Best Western (www.bestwestern.de), Embassy Suites (www.embassysuites.com), Hampton Inns (www.hamptoninn.com), Holiday Inn Express (www.ichotelsgroup.com), La Quinta (www.lq.com) und Ramada (www.ramada.com).

Luxushotels: Für anspruchsvolle Reisende eignen sich die Hotels von Hyatt (www.hyatt.de), Marriott und Courtyard by Marriott (http://marriott.com), Hilton (www.hilton.com), Radisson (www.radisson.com), Ritz-Carlton (www.ritzcarlton.com), Westin und Sheraton (www.starwoodhotels.com) oder Fairmont Hotels (www.fairmont.com).

Bed & Breakfast

Bed & Breakfast-Unterkünfte sind in Kalifornien verbreitet. Häufig handelt es sich um Privathäuser der gehobenen Kategorie mit antik oder plüschig eingerichteten Zimmern, in denen man TV oder andere Errungenschaften der modernen Technik zuweilen vergeblich sucht. Dafür kann man in Himmelbetten schlummern, für traditionsfixierte Amerikaner Sinnbilder der guten alten Zeit. Nicht selten sind diese Unterkünfte luxuriös ausgestattet und kosten ein halbes Vermögen. In ländlichen Gegenden kann man aber auch preisgünstige Häuser finden. Manche B&Bs beherbergen lediglich Nichtraucher. Wer sich auf Englisch verständigen kann, wird seinen Spaß dabei haben, mit anderen Hausgästen beim Frühstück über Gott und die Welt zu plaudern.

Ranches

Der Aufenthalt auf einer Ranch macht jeden Amerikaurlaub zu einem ganz besonderen Westernerlebnis. In die Rolle von Cowboys und Cowgirls zu schlüpfen ist zwar ziemlich teuer, doch sollte man einkalkulieren, dass neben den Mahlzeiten normalerweise auch viele Freizeitaktivitäten im Preis enthalten sind. Unter Working Ranches versteht man Rinder- oder Pferdezuchtbetriebe, die meist nur wenigen Gästen Platz, aber auch Gelegenheit zum Anpacken bei der täglichen Arbeit bieten. Dude oder Guest Ranches richten sich stärker auf Fremde ein und bieten eher den Komfort von Hotels, sorgen aber auch für die Unterhaltung der Gäste etwa bei abendlichen Lagerfeuern mit Musik und BBQ. Ranch Resorts haben mit der Alltagsarbeit von Cowboys entweder nichts oder wenig zu tun, sondern demonstrieren die Verwandtschaft mit echten Ranches meist nur durch ein rustikales Ambiente (www.guestranches.com; www.totalescape.com/lodge/dude.html).

Ferienhäuser & Ferienwohnungen

Urlaubern steht in den USA ein gewaltiges Angebot an Ferienhäusern und -wohnungen zur Verfügung – von rustikalen Cottages für romantische Zweisamkeit bis zu luxuriösen Villen für mehrere Familien. Auch an Anbietern herrscht keine Not. Am besten gibt man in Internet-Suchmaschinen seine bevorzugten Ziele (Bundesstaat, Ort, Zeit) ein und sucht sich unter den massenhaften Angeboten das adäquate heraus. Viele Adressen in Kalifornien listen z. B. die Webseiten www.reisetasche.de und www.fewo-direkt.de.

Jugendherbergen

Wer mit kleinem Budget reist, kann durch Übernachtungen in Jugendherbergen *(hostels)* viel Geld sparen. In Großstädten sind die Unterkünfte häufig rund um die Uhr geöffnet (ca. 30–40 $/Bett), während sie auf dem Land tagsüber geschlossen sind und erst spätnachmittags wieder öffnen (ca. 15–20 $/Bett). In der Regel werden Betten in Schlafsälen angeboten, manchmal auch etwas teurere Privatzimmer. In Hostels kommen nicht nur junge Rucksackreisende, sondern auch ganze Familien unter. In den meisten Häusern ist ein eigener dünner Stoffschlafsack obligatorisch (Hostelling International USA, 425 Divisadero St., San Francisco, CA 74117-2242, Tel. 415-701-1320, Fax 415-863-3865, www.hihostels.com).

Camping

Private, staatliche oder kommunale Campingplätze bzw. Stellplätze für Recreation Vehicles (Campmobile) gibt es wie Sand am Meer. Vor allem die Anlagen des National Park Service und Forest Service sind preisgünstig (ca. 5–15 $), wenn auch längst nicht so luxuriös ausgestattet wie etwa die in ganz Kalifornien verteilten privaten KOA-Campgrounds (20–40 $/Nacht, www.koa.com), auf denen man häufig auch Cabins anmieten kann. Bei diesen Cabins handelt es sich um Holzhäuschen mit einem oder zwei Zimmern für bis zu sechs Personen.

Noch komfortabler sind Camping Lodges und Camping Cottages inklusive Küche, Klimaanlage und Bad. Schlafsack und Küchenutensilien muss man selbst mitbringen. Ein Cottage für zwei Personen kostet pro Nacht inkl. Autostellplatz ca. 50–60 $ (www.koa.com/where/ca). Wer mit dem Campmobil unterwegs ist, darf nicht an der Straße übernachten, sondern muss auf einen Campingplatz fahren. Die Chambers of Commerce sowie die Visitors Bureaus stellen kostenlose Verzeichnisse über sämtliche Campinganlagen zur Verfügung.

Reservierungen

Reserviert man ein Zimmer telefonisch, wird es nur bis 18 Uhr freigehalten. Fest buchen kann man über eine Kreditkartennummer. Dann muss allerdings bezahlt werden, auch wenn man die Reservierung verfallen lässt. Doppelzimmer können gegen einen geringen Preisaufschlag von mehr als zwei Personen bewohnt werden. Die Preise gelten immer für ein Zimmer und werden nicht nach Personen berechnet. Eine äußerst wertvolle Hilfe bei der Reservierung ist das Internet nicht nur von zu Hause aus, sondern auch unterwegs. Der Gang in ein Internetcafé oder die Benutzung eines PC im Hotel kann sich lohnen, weil Onlinepreise in der Regel am günstigsten sind.

Was die Zimmerreservierung anbelangt, gilt die Faustregel: in Großstädten besser vorab buchen. Findet zum Zeitpunkt des Besuches zufällig ein Kongress oder ein wichtiges Sportereignis statt, kann man mit spontanen Hotelsuchen Pech haben. In ländlichen Gegenden ist diese Gefahr gering, sodass man sich auf eigene Faust auf die Suche begeben und dabei noch versuchen kann, über Coupons oder Sonderangebote ein paar Dollar herauszuschlagen. Quasi zwingend ist, falls man nicht privat unterkommt, für die erste Nacht der Reise vorab ein Zimmer zu buchen, weil nach den neuesten US-Einreisebestimmungen die erste Aufenthaltsadresse (*zip code* der Stadt, genaue Postadresse) bereits beim Einchecken im Heimatflughafen angegeben werden muss.

Wer Übernachtungen nicht vorgebucht hat, wird von Couponheften profitieren, die es gratis u. a. in Touristenbüros, diversen Imbissfilialen und zum Ausdrucken im Internet gibt. Der Traveler Discount Guide deckt 48 US-Staaten ab und enthält Coupons für über 6000 Unterkünfte, in denen man bis zu 20 % sparen kann (www.hotelcoupons.com). Ähnliche Rabattbroschüren sind Motel Coupons (www.motel-coupons.com), Room Saver (www.roomsaver.com) und Destination Coupons (www.destinationcoupons.com). Im Kleingedruckten der Coupons steht, für welche Zeiträume und für wie viele Personen die Ermäßigungen gelten. In der Hauptsaison sind viele Hotels und Motels an Wochenenden und Feiertagen ausgenommen. Praktisch sind die Hefte auch wegen der detaillierten Stadt- und Regionalpläne, mit denen die Suche nach entsprechenden Unterkünften zum Kinderspiel wird. Bei Destination Coupons (s. o.) bekommt man neben Unterkünften auch Mietwagen und Campingplätze zu ermäßigten Preisen.

Baden

Der erste Eindruck täuscht. Die Pazifikküste ist landschaftlich zwar einer der imposantesten Teile Südkaliforniens, ein ideales Baderevier ist sie nicht. Aufquellendes kaltes Tiefwasser sorgt dafür, dass etwa an den Stränden in San Francisco selbst im Hochsommer die Wassertemperaturen kaum über 13 °C steigen und die Golden Gate Bridge häufig bis um die Mittagszeit in dichten Nebel gehüllt ist. Weiter südlich erwärmt sich der Pazifik zwar etwas, was zum echten Badevergnügen aber kaum ausreicht. Etwas anders sieht es an den Binnengewässern wie dem Lake Tahoe aus. Sowohl am kalifornischen wie am Nevada-Ufer gibt es zahlreiche Badestrände, an denen die Wassertemperaturen aber meist auch nicht über 21 °C steigen. Der Colorado River auf der Grenze zwischen Kalifornien und Arizona hat sich über die Jahre in ein Bade- und Wassersportparadies verwandelt. Allerdings muss man im Hochsommer mit sengender Hitze rechnen.

Golfen

In weiten Teilen von Kalifornien herrschen das ganze Jahr hindurch hervorragende Voraussetzungen für den Golfsport. Allein die Namen mancher Gegenden bzw. Anlagen lassen Golferherzen höher schlagen, wie etwa Pebble Beach zwischen Monterey und Carmel, wo das 18. Loch auf einer von Meeresbrandung umspülten Felsnase liegt.

Eine interessante sportliche Variante ist ein Nachmittag auf dem grünen Rasen mitten in der Glücksspielmetropole Las Vegas, wo das Wynn Las Vegas Resort den einzigen 18-Loch-Platz der Stadt nur Schritte vom Strip entfernt besitzt (www.wynnlasvegas.com). Golfausrüstungen kann man fast überall ausleihen. Wer sich Geräte kaufen will, bezahlt in den USA weniger als in Deutschland.

Hausbootferien

Mehrere Stauseen haben sich zu Destinationen für Hausbootkapitäne entwickelt, die ein paar Tage auf schwankendem Boden verbringen wollen. Möglichkeiten zur Miete solcher Boote in unterschiedlichen Größen und Ausstattungen gibt es am 17 Meilen langen Trinity Lake in der Whiskeytown-Shasta Trinity National Recreation Area nordwestlich von Redding, am Whiskeytown Lake und am ebenfalls in dieser Gegend liegenden 120 km² großen Shasta Lake. Einen Bootsführerschein benötigt man nicht, ein gültiger Führerschein genügt. Nach einem Crash-Kurs kann man das Abenteuer beginnen, denn das Manövrieren stellt sich am Ende als einfacher heraus als Autofahren. Die normalerweise für 6 bis 10 Personen gebauten Boote sind zum Teil mit mehreren Kabinen, Dusche, Küche mit Backofen, Mikrowelle und Kühlschrank ausgestattet. Zum Draußensitzen ist je nach Bootstyp ausreichend Platz, zum Sonnen auf dem Sonnendeck auch. Vorgeschriebene Routen gibt es nicht. Man kann fahren, wohin man will. Hausbootferien sind allerdings kein preiswertes Vergnügen. Am teuersten sind sie in der Hochsaison von Juni bis August. Eine rechtzeitige Reservierung ist unabdingbar (www.houseboating.org).

Mountainbiken

Kalifornien dürfte sich nicht Outdoor-Paradies nennen, gäbe es nicht Dutzende über das ganze Land verteilte Touren für Mountainbiker, die für jeden Geschmack und Trainingszustand das Richtige bieten – gemütliche, auch für Anfänger geeignete Flachstrecken und adrenalinfördernde Profitouren. Mit Dirtworld gibt es im Internet eine Website für Mountainbiker, die fast sämtliche Trails in Kalifornien auflistet, Länge und Schwierikeitsgrad nennt und Radabenteurern Beschreibungen an die Hand gibt, aufgrund derer man sich eine Vorstellung davon machen kann, was einen erwartet (www.dirtworld.com/trails). Mammoth Lakes an der Ostflanke der Sierra Nevada hat eigens einen Pendelbusservice für Mountainbiker eingerichtet, die sich im Mountain Bike Park auf den zahlreichen Trails am Mammoth Mountain in Form halten wollen. Wer plant, in den Vereinigten Staaten im Sattel aktiv zu werden, sollte eigene Schuhe samt Klickpedalen von zu Hause mitnehmen, da clipless-pedals kaum irgendwo vermietet werden.

Reiten

Man muss sich nicht auf einer Ranch einquartieren, um Kalifornien aus der Sattelperspektive kennenzulernen. In der gesamten Region gibt es Reitställe in Hülle und Fülle, die Reitausflüge auf Stundenbasis anbieten. Lohnend sind solche Touren in erster Linie in attraktiven Landschaften wie etwa dem Yosemite National Park, wo es drei Reitställe gibt (Yosemite Valley Stable, Tel. 209-372-8348, Tuolumne Meadows Stable, Tel. 209-372-8427, Wawona Stable, Tel. 209-375-6502, www.yosemitepark.com).

Seit dem 1998 in die Kinos gekommenen Film »Der Pferdeflüsterer« von und mit Robert Redford wurde Solvang zum Wallfahrtsort für Pferdeliebhaber und Pferdezüchter. Auf den Flag Is Up Farms baute der richtige Pferdeflüsterer Monty Roberts schon vor Jahren ein Trainings- und Zuchtzentrum für Rennpferde auf. Der ehemalige Rodeoreiter wurde durch seinen besonderen Umgang mit traumatisierten Pferden und seine Methode des gewaltfreien Pferdetrainings weltbekannt. Im Monty Roberts International Learning Center können Pferdeliebhaber bei unterschiedlichen Kursen den richtigen Umgang mit Reittieren lernen (901 East Hwy 246, Tel. 805-

Das reizvolle kalifornische Hausbootrevier auf dem Lake Kaweah

Als Sport oder Freizeitvergnügen: Mit dem Pferd erlebt man Kalifornien hautnah

688-6288, www.montyroberts.com, tgl. 9–17 Uhr, Gratisbesichtigung).

Surfen

Die Pazifikküste zwischen San Francisco und San Diego hat den Surfsport zum populären Freizeitvergnügen gemacht und in alle Welt exportiert. Kein Wunder, dass es dort fabelhafte Reviere gibt. **Surfrider Beach** liegt nördlich von Santa Monica in der Nachbarschaft des Malibu Pier und zählt unter Kennern zu den besten Surfstränden im südlichen Kalifornien. Nicht weniger berühmt ist **Mavericks** in Pillar Point Harbor nördlich der Stadt Half Moon Bay, wo Unterwasserfelsen hauptsächlich in der kalten Jahreszeit für gewaltige Wellen sorgen. Auch in Santa Cruz, Santa Barbara und zahlreichen Stränden bei Los Angeles bzw. zwischen Los Angeles und San Diego herrschen ausgezeichnete Bedingungen für Wellenreiter. An vielen Stränden gibt es Shops, die Equipment verleihen.

Wandern

Kalifornien wartet mit einer Vielfalt von Wandermöglichkeiten auf. Vor allem auf Fernwanderungen sollte man sich gut vorbereiten, da das Wetter (Hitze, Stürme, Höhenlagen) eine große Herausforderung sein kann. Vom **Bay Area Ridge Trail** um die Bucht von San Francisco, der nach seiner Fertigstellung 800 km lang sein soll, können bislang ca. 500 km von Wanderern, Reitern und Mountainbikern benutzt werden (www.ridgetrail.org). Auch wer sich den insgesamt 1910 km langen **California Coastal Trail** von der mexikanischen Grenze bis nach Oregon nicht zutraut, kann die Pazifikküste auf beliebig ausgewählten Tagesetappen kennenlernen (www.californiacoastaltrail.info). Zu den berühmtesten Wanderrouten im Westen der USA gehört der 340 km lange **John Muir Trail** vom Yosemite Valley zum Mount Whitney, dem mit 4421 m höchsten Punkt auf dem zusammenhängenden Staatsgebiet der USA. Die Route durch die hohe Sierra ist sehr anspruchsvoll und nimmt 2 bis 3 Wochen in Anspruch. Der John Muir Trail ist Teil des **Pacific Crest Trail,** der sich von der kanadischen bis zur mexikanischen Grenze durch die Bergwelt des Westens zieht (www.pcta.org). Zum Mount Whitney kann man auch von Whitney Portal im Owens Valley auf einer kürzeren Route aufsteigen (Permit obligatorisch). Eine Wandererlaubnis muss man sich im Internet ersteigern (s. S. 337).

Lohnende Wandergebiete sind natürlich die vom National Park Service verwalteten Nationalparks und National Monuments, allen voran der Yosemite National Park. Allerdings muss man speziell in Yosemite im Hochsommer mit viel Wanderverkehr rechnen. Einen ausgezeichneten Überblick über die vielfältigen Hikingmöglichkeiten in allen kalifornischen Landesteilen gibt die ausführliche Internetseite http://trails.gorp.com/TrailSearch?state=CA.

Wellness und Fitness

Viele Hotels bieten Fitness-Studios zum Teil in Verbindung mit Wellness-Bereichen an, um der steigenden Nachfrage nach gesundem Leben entgegenzukommen. Spas gibt es in Hülle und Fülle. Die jeweiligen Angebote umfassen unterschiedliche therapeutische Massagen und Behandlungen von Maniküre bzw. Pediküre bis Aromatherapien, Ayurveda und Haarentfernung. Zu den Top-Einrichtungen in Kalifornien zählt Golden Door in Escondido. Zu diesem luxuriösen Spa im japanischen Stil haben nur Frauen Zutritt – für Männer gibt es aber spezielle Wochen (777 Deer Springs Rd., Escondido, CA 92046-3077, Tel. 760-744-5777, www.goldendoor.com). Weitere empfehlenswerte Adressen: Spa Montage im Montage Resort (30801 South Coast Hwy, Laguna Beach, CA 92651, Tel. 866-551-8244, www.spamontage.com); Ojai Valley Inn & Spa (905 Country Club Rd., Ojai, CA 93023, Tel. 805-646-1111, www.ojairesort.com/spa.php).

Wildwasser-Rafting

Zwei von Kaliforniens bekanntesten Wildwasserrevieren sind von der Hauptstadt Sacramento gut zu erreichen: South Fork und Middle Fork des American River, an dessen Ufer 1848 der Goldrausch begann. Wer schon Rafting-Erfahrung besitzt und ein ganz besonderes Abenteuer erleben will, findet mit dem Cherry Creek, einem Abschnitt des Tuolomne River, westlich vom Yosemite National Park in der Saison zwischen Juni und September das anspruchsvollste Wildwasser in Kalifornien. Der enge Cherry Creek fällt auf jeder Meile ca. 30 m und besitzt 15 Stromschnellen der Kategorie V (All-Outdoors California Whitewater Rafting, 1250 Pine St., Walnut Creek CA 94596, Tel. 925-932-8993, www.aorafting.com).

Wintersport

Gleichgültig ob man einsame Pistenabenteuer, zünftigen Après-Ski-Spaß, Familienurlaub im Schnee, durch zauberhafte Landschaften führende Langlaufloipen oder nervenkitzelnde Abfahrten sucht: Mit der Sierra Nevada liegt in Kalifornien ein Hochgebirge mit einigen der reizvollsten Skiregionen auf amerikanischem Boden. Den besten Ruf hat in Skifahrer- und Snowboarderkreisen seit Jahrzehnten **Heavenly Valley** bei South Lake Tahoe (www.skiheavenly.com). Ebenfalls in der Lake-Tahoe-Region liegt **Squaw Valley**, wo 1960 die Olympischen Winterspiele ausgetragen wurden (www.squaw.com). Ein drittes renommiertes Wintersportgebiet befindet sich in Mammoth Lakes an der östlichen Flanke der Sierra Nevada (www.mammothmountain.com).

Einkaufen

Zweierlei macht das Einkaufen im Konsumparadies Kalifornien so attraktiv: das riesige Angebot und die vergleichsweise günstigen Preise, seit der Euro im Verhältnis zum US-Dollar günstig steht. Hinzu kommt, dass es in fast jeder größeren Stadt mindestens eine Shopping Mall und mehrere Supermärkte für den täglichen Bedarf mit Öffnungszeiten zum Teil rund um die Uhr gibt. Ein weiteres Argument zum Shoppen bis zum Umfallen: Auf Sommer- oder Winterschlussverkauf braucht man in den USA nicht zu warten. Sonderverkäufe *(sales)* und spezielle Feiertagsaktionen gibt es das ganze Jahr über. Schaufenster und Waren sind für die permanente Rabattschlacht unübersehbar ausgezeichnet. Bevor man sich dem Konsum völlig hingibt, sollte man sich in Erinnerung rufen, dass auf allen Waren eine Verkaufssteuer in Höhe von 7,25 % liegt, die in den ausgeschilderten Preisen nicht enthalten ist. Ein prominenter Einkaufstag ist der Black Friday im November am Tag nach Thanksgiving, wenn das Weihnachtsgeschäft eingeläutet wird.

Factory Outlets

Mancherorts bilden Fabrikverkaufsstellen einzelner Firmen bzw. Marken ganze Stadtteile mit fußballfeldgroßen Parkplätzen. In der Knoblauchhauptstadt Gilroy südlich von San Jose haben sich in den **Gilroy Premium Outlets** fast 200 einzelne Geschäfte für Mode, Sportartikel, Kindermode, Schuhe, Haushaltswaren, Schmuck, Lederartikel und Gepäck angesiedelt, die ihre Waren zum Teil mit Preisnachlässen bis zu 70 % verkaufen. Weitere Outlets der Chelsea-Premium-Kette gibt es in San Diego, Camarillo östlich von Oxnard, Carlsbad, Tracy, Cabazon, Petaluma, Napa, Folsom, Vacaville und in Nevada in Las Vegas (www.premiumoutlets.com/centers). Als Hersteller von Freizeitmode war in den USA ein gewisser L. L. Bean (www.llbean.com) Pionier in Sachen Fabrikverkauf, der 1912 an der Ostküste die erste Filiale eröffnete. Mittlerweile folgte dem Verkaufsmuster so ziemlich alles, was auf dem US-Bekleidungsmarkt und international Rang und Namen hat, von Levis bis Calvin Klein und von Anne Taylor bis Timberland. Die in den Outlets angebotene Mode ist nicht immer der ›letzte Schrei‹. Oft werden Modelle aus älteren Kollektionen bzw. Waren angeboten, die nur für die Fabrikverkaufsstellen produziert wurden. Neben Premium gibt es mit The Mills eine zweite Outletkette, die Niederlassungen u. a. in Milpitas bei San Jose und in Westminster nördlich von Huntington Beach besitzt.

Souvenirs

Auf dem Hollywood Boulevard kommen Filmfans auf ihre Kosten, die sich als Erinnerung Filmposter, Post- und Autogrammkarten, Schlüsselanhänger oder T-Shirts mit entsprechenden Aufdrucken mit nach Hause nehmen möchten. Exotische Souvenirs wie bestickte Seidenkimonos, Slipper, Fächer, lackierte Schatullen und hübsche Taschen bekommt man in Chinatown in San Francisco, während sich die Händler an der Olvera Street im Pueblo in Los Angeles auf mexikanische Souvenirs, Silber und Lederwaren spezialisiert haben.

Öffnungszeiten

Die Öffnungszeiten von Geschäften variieren stark, da es in den USA kein Ladenschlussgesetz gibt. Kleinere Läden sind Mo–Sa von 9.30 bis 17, Supermärkte oft bis 21 Uhr geöffnet. Vor allem in Großstädten gibt es zahlreiche Geschäfte, in denen man 24 Stunden die Möglichkeit zum Einkaufen hat. Malls öffnen in der Regel um 10 Uhr und schließen um 20 oder 21 Uhr, So 12–18 Uhr.

Hauptsächlich die kalifornischen Küstenmetropolen, aber auch andere Großstädte der Region halten ein kaum zu überbietendes Angebot an abendlichen Unterhaltungsmöglichkeiten bereit, das von Theatern, Schauspielhäusern, Musical-Bühnen, Musikclubs und Kinos bis zu Museen und Kunstgalerien reicht, die an manchen Tagen bis 20 oder 21 Uhr geöffnet bleiben. Hinzu kommt selbst in kleineren Städten ein gemeinhin breites gastronomisches Angebot vom Schnellimbiss bis zum etablierten Restaurant oder zum Nobellokal. In ländlichen Gegenden nehmen die Chancen auf ausgedehnte Nachtschwärmerei dramatisch ab.

Im Besonderen gilt das für ganz Nordkalifornien mit der Ausnahme von Lake Tahoe, für die Bergregionen und verständlicherweise vor allem für die Wüstenregionen, in denen einfache, aber häufig stimmungsvolle Saloons (Bierkneipen) das Maß aller Dinge sind.

Eine Ausnahme bilden Spielkasinos, die auch außerhalb von Nevada in jüngerer Vergangenheit wie Pilze aus dem Boden vieler Indianerreservate schossen. Sie sorgen zum Teil rund um die Uhr für Unterhaltung (manche schließen zwischen 2 und 6 Uhr), wobei es nicht nur um Einsätze an Spieltischen und Automaten geht. Viele Glücksspieltempel bieten Shows, Auftritte von bekannten Bands bzw. Interpreten und ein beachtliches gastronomisches Angebot an Long-Drink-Bars und All-you-can-eat-Buffets, an denen man für günstige Preise opulent speisen kann. Die abwechslungsreichste Unterhaltung bietet natürlich Las Vegas mit vielen großen Kasinos, die noch nie geschlossen waren, seit der letzte Maurer die Kelle aus der Hand legte. Doch auch außerhalb der Spielkasinos ist das Amüsementangebot in jüngerer Vergangenheit stark angewachsen und spricht in steigendem Maße ganze Familien an.

Rooftop Bar des Standard Hotels in Downtown mit Blick auf die nächtlich erleuchtete Skyline von Los Angeles

Feiertage

New Year's Day: 1. Januar (Neujahr)
Martin Luther King jr. Day: 3. Mo im Januar (Geburtstag von Martin Luther King)
Presidents' Day: 3. Mo im Februar (Geburtstag von George Washington)
Memorial Day: letzter Mo im Mai (Totengedenktag; Beginn der Urlaubssaison)
Independence Day: 4. Juli (Unabhängigkeitstag)
Labor Day: 1. Mo im September (Tag der Arbeit; Ende der Urlaubssaison)
Columbus Day: 2. Mo im Oktober (Erinnerung an die Landung von Christoph Kolumbus in Amerika)
Veterans Day: 11. November (Gedenktag an Kriegsveteranen)
Thanksgiving Day: 4. Do im November (Erntedankfest)
Christmas Day: 25. Dezember (Weihnachten)

In Wahljahren kommt der **Election Day** hinzu, und zwar ist dies der Dienstag nach dem ersten Montag im November.

Generell gilt: Fällt ein Feiertag (Ausnahme: Independence Day) auf einen Sonntag, ist der darauf folgende Montag arbeitsfrei.

Frauen alleine unterwegs

Amerikareisen stellen alleine reisende Frauen im Allgemeinen vor keine besonderen Probleme. Selbstverständlich sollten sie wie in jedem anderen Land allgemein übliche Sicherheitsmaßnahmen beherzigen. Alleine zu trampen ist ebenso wenig ratsam wie nachts ohne Begleitung unterwegs zu sein. Bei Busreisen sollte man besser darauf achten, nicht mitten in der Nacht am Zielort anzukommen, weil Busstationen häufig in eher unsicheren Gegenden liegen.

Maße, Gewichte und Temperaturen

Schon vor Jahren wurde in den USA damit begonnen, auf metrische Maße umzustellen. Allerdings scheint die Bereitschaft sowohl seitens der Industrie als auch seitens der Bevölkerung gering zu sein, sich mit dem neuen System anzufreunden.

Flächenmaße
1 sq mile – 2,5899 km^2
1 acre – 0,4047 ha
1 sq foot – 0,092903 m^2
1 sq inch – 6,452 cm^2

Gewichte
1 ounce (oz.) – 28,35 g
1 pound (lb.) – 453,592 g (16 ounces)
1 short ton – 1,102 t

Hohlmaße
1 pint (pt.) – 0,473 l
1 quart (qt.) – 0,946 l
1 gallon (gal.) – 3,785 l
1 fluid ounce – 29,5735 ml

Längenmaße
1 inch (in.) – 2,54 cm
1 foot (ft.) – 30,48 cm
1 yard (yd.) – 0,9144 m
1 mile (mi.) – 1,609 km

Raummaße
1 cubic yard – 0,765 m^3
1 cubic foot – 28,32 dm^3
1 cubic inch – 16,387 cm^3

Temperaturen
Temperaturen werden in ganz Amerika in Grad Fahrenheit gemessen (°F). Für die Umrechnung gilt die Formel: Fahrenheit minus 32 dividiert durch 1,8 = Grad Celsius. Umgekehrt: Celsius multipliziert mit 1,8 plus 32 = Grad Fahrenheit.

° Fahrenheit	° Celsius
0	–18
10	–12
20	–7
30	–1
40	4
50	10
60	16
70	21
80	27
90	32
100	38

Nationalparkpässe

Nirgends in den USA liegen Nationalparks so dicht gedrängt wie in Kalifornien. Die Eintrittsgebühren zwischen 5 und 20 $ pro Privat-Pkw schlagen schnell zu Buche. Wer mehrere Parks besuchen will, kauft am besten am ersten Parkeingang den vom Tag der ersten Benutzung an ein Jahr gültigen America the Beautiful-Pass für 80 $ (http://store.usgs.gov/pass). Der Pass gilt auch für andere vom National Park Service verwaltete Stätten wie etwa National Monuments und historische Stätten. Für Höhlen wie die Crystal Cave im Sequoia N. P. gilt der Pass nicht.

Rauchen

Rauchen ist in den USA ein heikles Thema. In allen öffentlichen Gebäuden darf grundsätzlich nicht geraucht werden. In Kalifornien (u. a. San Francisco) besteht zusätzlich ein Rauchverbot in Restaurants und Bars. Auf allen Inlands- und internationalen Flügen ist Rauchen ebenfalls verboten. Erklärtes Ziel ist es, Raucher ins soziale Abseits zu drängen. Viele Amerikaner pflegen ihr Laster mittlerweile heimlich, weil sie sich nicht der öffentlichen Missbilligung aussetzen wollen. Die Preise für Zigaretten sind zuweilen deftig.

Trinkgeld

Unter *tip* bzw. *gratuity* versteht man in den USA Trinkgeld. Gepäckträger erhalten pro Gepäckstück 1 $. Taxifahrer erwarten rund 15 % des Fahrpreises. In Restaurants ist ebenfalls ein *tip* von 15 % auf die Rechnungssumme obligatorisch, falls das Bedienungsgeld im Preis nicht enthalten ist. Ein Blick auf die Rechnung genügt. Auch der Zimmerservice erwartet einen Obolus von ca. 1 $ pro Nacht. Die ausgeprägte Trinkgeld-Mentalität in besseren Hotels vom *valet boy* über den *bell boy* (Kofferträger) bis zum Zimmermädchen kann das Budget ziemlich strapazieren. Allerdings handelt es sich dabei nicht nur um eine Anerkennung für hilfreichen Service, sondern um einen festen Bestandteil des Lohnes.

Zeit

Kalifornien und das benachbarte Nevada mit Las Vegas gehören zur Pacific Standard Time Zone (MEZ –9 Std.). Ähnlich wie in Deutschland gilt in der warmen Jahreszeit auch in den USA die Sommerzeit (Daylight Saving Time – DST), d. h. am 2. So im März werden die Uhren um 2 Uhr um eine Stunde zurückgestellt. Die Sommerzeit endet am 1. So im November um 2 Uhr morgens.

Im Unterschied zu Europa ist der Tag in den USA nicht in 24 Stunden, sondern in zweimal 12 Stunden eingeteilt. Zwischen Mitternacht und 12 Uhr mittags wird der Uhrzeit ein *a. m.* (vor Mittag) hinzugefügt, in der übrigen Zeit ein *p. m.* (nach Mittag). Auch was die Schreibweise des Datums anbelangt, gibt es Unterschiede. In den USA wird zuerst der Monat, dann der Tag und schließlich das Jahr genannt. Für den 1. März 2011 würde das also bedeuten: 03/01/2011. Etwa bei englischsprachigen Reservierungssystemen von Hotels muss dies unbedingt beachtet werden!

Währung/Geld

Dollarbanknoten, bislang wegen der grünlichen Farbe auch *greenback* genannt, gibt es seit 2003 in neuen Designs und im Fall von 10-, 20- und 50-$-Scheinen in roten, gelben und blauen Schattierungen. 1-, 2-, 5-, 100-, 500- und 1000-$-Noten sind bislang gleich geblieben. 2-$-Noten sind selten und deshalb beliebte Sammlerobjekte. 100-$-Noten werden wegen der Falschgeldgefahr in vielen Geschäften argwöhnisch betrachtet bzw. gelegentlich gar nicht akzeptiert. Bringt man bereits von zu Hause Dollars mit, sollte man gleich beim Kaufen auf der Bank Wert auf kleinere Stückelungen legen. Als Münzen gibt es 1 Cent, 5 Cents *(nickel),* 10 Cents *(dime),* 25 Cents *(quarter),* 50 Cents und die goldfarbene neue 1-$-Münze, die bei jeder Neuprägung mit einem anderen Präsidentenporträt versehen wird. Im April 2011 wurde 1 US-$ an der Frankfurter Börse mit 0,70 € notiert.

Schecks und Kreditkarten

Reiseschecks in US-$ lassen sich wie Bargeld verwenden, d. h. man muss sie nicht in Bargeld umtauschen, sondern bezahlt damit, ohne dass Gebühren fällig werden. Die Stückelungen sollten nicht größer als 50 $ sein. Kreditkarten machen das Bezahlen in vielen Geschäften, Hotels, Restaurants und sogar beim Tanken einfach, da man fast überall direkt an der Zapfsäule die Kreditkarte einstecken kann. Ohne ›Plastikgeld‹ ist etwa das Anmieten eines Fahrzeugs unmöglich, zumindest umständlich, weil man eine größere Summe als Garantie hinterlegen muss.

Mit einer PIN-Nummer *(personal identification number)* kann man an Geldautomaten (ATM – Automatic Teller Machines) Bargeld abheben. Besorgt man sich Geld per Kreditkarte, werden saftige Gebühren fällig. Auch mit der EC-Karte kann man an Automaten mit dem Cirrus- und Maestro-Symbol problemlos Geld bekommen.

Sperrung von EC-und Kreditkarten bei Verlust oder Diebstahl*:

01149 116 116

oder 01149 30 4050 4050
(* Gilt nur, wenn das ausstellende Geldinstitut angeschlossen ist, Übersicht: www.sperr-notruf.de)
Weitere Sperrnummern:

- MasterCard: 01149 69 79 33 19 10
- VISA: 1 800 847 2911 (nur Festnetz)
- American Express: 01149 69 97 97 20 00
- Diners Club: 01149 69 66 16 61 23

Bitte halten Sie Ihre Kreditkartennummer, Kontonummer und Bankleitzahl bereit!

Preisniveau

In den USA sind manche Waren bzw. Dienstleistungen preisgünstiger als in Deutschland, andere teurer. Niedrigere Preise bezahlt man etwa für Benzin, obwohl die Spritpreise kräftig zulegten, Textilien (Jeans!), Schuhe und Obst. Besuche guter Restaurants, Eintrittsgebühren für manche Museen und Vergnügungsparks, Alkoholika und manche Lebensmittel wie etwa Frischmilch sind kostspielig. Im Supermarkt kommt ein Pack mit 12 Dosen Bier auf 8 bis 9 $. Für ein Frühstück in einem Coffee Shop muss man zwischen 5 und 7 $ veranschlagen. Fällt die Wahl auf ein Café in einem großen Hotel, kann sich die Rechnung auf das Dreifache belaufen. Ein Mittag- oder Abendessen in einem Food Court ist inklusive einem nicht-alkoholischen Getränk für ca. 5 bis 7 $ zu haben. Eine Flasche Bier kostet in einer normalen Bar etwa 3 bis 4 $. Ein Abendessen in einem ordentlichen amerikanischen Restaurant schlägt inklusive eines Getränks mit ca. 15 bis 25 $ zu Buche. Wesentlich günstiger sind chinesische Restaurants oder Buffets, wo man für die Hälfte speisen kann.

In Amerika liegt die Hauptreisezeit zwischen Memorial Day (letztes Maiwochenende) und Labor Day (erstes Septemberwochenende). In diesen Zeitraum fallen die Sommerferien der meisten Schulen, und viele Familien nutzen diese Monate zum Ausspannen. Sehenswürdigkeiten und landschaftlich interessante Gegenden wie Nationalparks und State Parks sind in diesem Zeitraum ebenso wie Badeorte dem Ansturm einheimischer Touristen ausgesetzt, was bei vielen Unterkünften zum Teil zu erheblich höheren Preisen und generell zu einem knapperen Zimmerangebot führt.

An der kalifornischen Küste ist der Sommer die beste Reisezeit, während der Aufenthalt in den weiter östlich gelegenen Wüsten im späteren Frühjahr und im Herbst wegen der niedrigeren Temperaturen angenehmer ist. Wer nicht zum Wintersport in die hohe Sierra Nevada fährt, ist dort im Hochsommer und Frühherbst am besten aufgehoben. Das lang gestreckte Gebirgsmassiv erweist sich im Winter als gewaltiges Verkehrshindernis, weil die I-80 zwischen Sacramento und Reno (Nevada) in der Regel als einzige Ost-West-Verbindung über die Sierra offen gehalten wird. Alle anderen Passstraßen sind meist von Anfang November bis Mai/Juni gesperrt. Im südlichen Kalifornien besteht im Winter die einzige Möglichkeit, vom Central Valley ins Owens Valley oder nach Las Vegas zu kommen, darin, das Gebirge auf der Höhe von Bakersfield zu umfahren. Auch in der Cascade Range im nördlichen Kalifornien sorgen Schnee und Eis in der kalten Jahreszeit für Verkehrsbehinderungen.

Klima

Der Bundesstaat Kalifornien weist angesichts seiner sehr unterschiedlichen geogra-

Rafting auf einem der zahlreichen Gebirgsflüsse in der Sierra Nevada

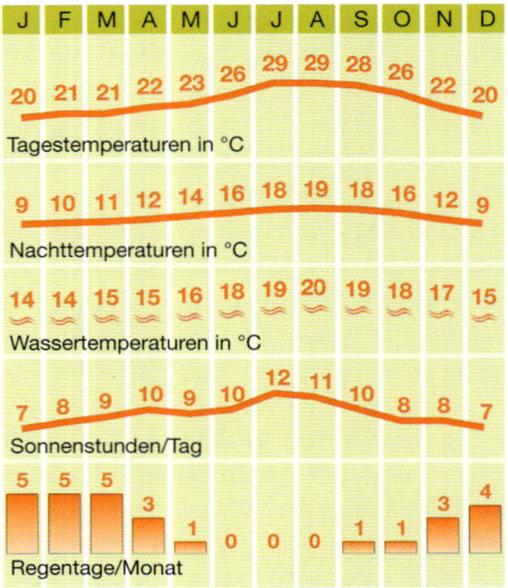

Klimadaten Los Angeles

fischen Gegebenheiten von Küstenabschnitten bis zu Wüstenlandschaften und in Anbetracht der stark variierenden Lagen zwischen Meereshöhe und über 4000 m ein sehr uneinheitliches Klima auf. Während San Francisco und die Golden Gate Bridge im Hochsommer morgens häufig in dichten Nebel gehüllt sind und höchstens frühlingshafte Temperaturen aufweisen, wird es nach Überquerung des Küstengebirges im Central Valley schlagartig wärmer. Auch Richtung Süden werden die Temperaturen höher, hauptsächlich ab Los Angeles. San Diego renommiert selbst im Januar und Februar mit Tagestemperaturen um 15 °C.

In den großen Wüstengebiete herrscht im Sommer zum Teil eine gnadenlose Hitze. In erster Linie gilt das für das Death Valley, wo 45 °C im Schatten eher die Regel als die Ausnahme sind. Auch das Colorado-Tal auf der Staatsgrenze zwischen Südkalifornien und Arizona glüht unter intensiver Sonneneinstrahlung. Am schönsten sind die heißen Gegenden im kühleren Frühjahr, wenn Wildblumen und Sträucher blühen. Die Cascade Range und die Sierra Nevada liegen um diese Jahreszeit noch in Schnee und Eis und werden erst ab Mai zugänglicher.

Wettervorhersagen

Rund um die Uhr sendet der Weather Channel im Fernsehen Wetternachrichten, was auf einer nicht festgelegten Reiseroute die Möglichkeit bietet, Schlechtwetterfronten, Stürmen oder Dauerregen auszuweichen bzw. sich darauf vorzubereiten. Wetterwarnungen sollte man unbedingt ernst nehmen. Bereits zu Hause kann man sich über das Wetter am Zielort informieren (www.wetteronline.de/Nordamerika.htm). Die überregionale Tageszeitung USA Today veröffentlicht Mo–Fr eine gute Wetterkarte (im Internet: www.usatoday.com/weather/default.htm).

Kleidung und Ausrüstung

Wer seine Urlaubsreise in San Francisco beginnt, tut gut daran, warme Kleidungsstücke mitzunehmen. Die kann man auch auf den Hochlagen der Gebirge und sogar in vielen Lokalen und Einkaufsmärkten gebrauchen, wo Klimaanlagen manchmal für arktische Temperaturen sorgen. Grundsätzlich ist in den USA legere Freizeitkleidung üblich. Konzerte oder ähnliche Kulturveranstaltungen sollte man aber auch im unkonventionellen Amerika nicht ohne adäquate Kleidung besuchen. Wichtige Reiseausrüstungen besorgt man zu Hause, um im Urlaub keine wertvolle Zeit zu vertrödeln.

Elektrogeräte

Da die Stromspannung in den USA 110 Volt beträgt, sind manche von zu Hause mitgebrachten Geräte nur zu betreiben, wenn sie von 220 Volt umgestellt werden können oder sich automatisch umstellen (wie Laptops). Ein Adapter aus dem Fachhandel ist auf jeden Fall notwendig, da deutsche Stecker nicht in US-Steckdosen passen.

Apotheken

Rezepte amerikanischer Ärzte werden in *pharmacies* oder *drugstores* angenommen, die sich oft in großen Supermärkten befinden. Dort bekommt man auch zahlreiche Medikamente von Grippetabletten über Schmerzstiller bis zu Reparatursets für Zähne, die es hierzulande nicht gibt oder die nicht frei verkäuflich sind. Ständig benötigte Medikamente gehören auf der Flugreise ins Handgepäck, falls der Koffer verloren geht. Muss man besondere Medikamente einnehmen, die in den USA unter Umständen als drogenbedenklich gelten, kann ein ärztliches Attest oder ein Rezept eventuell auftauchende Missverständnisse ausräumen.

Ärztliche Versorgung

Das amerikanische Gesundheitswesen befindet sich auf hohem Standard, die Kosten stehen dem in nichts nach. Bei medizinischer Versorgung ist Vorauskasse üblich, was schnell sehr teuer werden kann. Gesetzliche Krankenkassen übernehmen keine in den USA anfallenden Arztkosten, sodass der Abschluss einer Auslandskrankenversicherung sinnvoll ist. Dabei sollte man auf die Konditionen achten und dafür Sorge tragen, dass auch eventuelle Rücktransporte im Versicherungskatalog enthalten sind. In den Gelben Seiten der Telefonbücher stehen die Adressen von Ärzten *(physicians)*, Zahnärzten *(dentists)* und Krankenhäusern *(hospitals)*. Auch große Hotels oder die Telefonvermittlung (Tel. 0) helfen bei der Adressensuche.

Gesundheitsrisiken

Mückenschutz ist in den USA wichtig, seit bekannt ist, dass das West-Nil-Virus von Stechmücken auf Menschen übertragen werden kann. Infektionen verlaufen in den meisten Fällen harmlos. Bei Kindern, alten und geschwächten Menschen kann es zu Komplikationen kommen. Einzige Prophylaxe ist bislang wirkungsvoller Schutz vor Stichen.

Tipps zur Sicherheit

Wie in den meisten Großstädten der Welt gibt es auch in US-Metropolen Viertel, die man besser meidet (No-Go-Areas). Während der Fahrt sollte das Auto hauptsächlich in Städten, in denen man an Ampeln und Fußgängerüberwegen häufig anhalten muss, von innen verschlossen sein. Genügend Abstand zum Vordermann an Ampeln erhöht die Möglichkeit, im Notfall das Weite suchen zu können. Bei Unfällen, die suspekt erscheinen, nicht aussteigen, sondern zur nächsten Polizeistation oder zu einem großen Hotel weiterfahren. Der gesunde Menschenverstand sagt einem, dass man bei Dunkelheit Parks und einsame Gegenden besser meidet.

Die meisten Hotels besitzen in Zimmern oder an der Rezeption *safety deposits* (Schließfächer), in denen wichtige Dokumente, Flugscheine, Bargeld und Schmuck am besten aufgehoben sind. In das Handschuhfach oder den Kofferraum des Autos gehören keine Wertsachen.

Wer von der Polizei etwa wegen überhöhter Geschwindigkeit angehalten wird, bleibt im Auto sitzen und legt die Hände auf das Lenkrad, bis sich ein *officer* dem Wagen nähert und den Fahrer/die Fahrerin anspricht.

Notrufnummern

Landesweite Notrufnummer: Tel. 911
Bei Pannen zeigt die hochgeklappte Kühlerhaube, dass Hilfe benötigt wird. Notrufsäulen sind in den USA dünn gesät. Dafür sind auf den Straßen mehr Streifenwagen unterwegs.

Post

United States Postal Service (USPS) ist in den USA der Hauptanbieter neben zahlreichen privaten Firmen wie UPS, Fedex, Airborne und DHL. Eine Ansichtskarte nach Europa kostet 0,98 $, ein Airmailbrief 0,98 $ (Gewicht unter 1 ounce = 28,3 g) bzw. 1,82 $ (über 28,3 g). Briefmarken bekommt man in Postämtern, an Hotelrezeptionen und in Souvenirshops. Die meisten Niederlassungen von USPS sind von 8.30 bis 17.30 Uhr geöffnet, in großen Städten manchmal rund um die Uhr. Ganz im Unterschied zu Deutschland etwa hat die Post in den USA mit dem Telefonsystem, das in Händen privater Gesellschaften liegt, nichts zu tun. Auch Telegramme kann man dort nicht aufgeben. Dafür sind Gesellschaften wie ITT und Western Union Telegraph Company zuständig, deren Adressen und Telefonnummern man aus den Gelben Seiten erfährt.

Telefonieren

Das Telekommunikationsgeschäft liegt wie auch hierzulande in den Händen einzelner privater Unternehmen. Um vom Hotelzimmer oder vom öffentlichen Telefon zu telefonieren, gibt es mehrere Möglichkeiten. Am preiswertesten sind *prepaid phone cards*. Diese Plastikkarten im Kreditkartenformat werden von Supermärkten, Souvenirshops, Tankstellen und Läden verkauft, wobei sich der Preis nach gekauften Einheiten richtet.

Wie viele Einheiten telefoniert werden können, steht auf der Rückseite, allerdings bezogen auf nationale Einheiten. Man wählt den aufgedruckten Code und wird dann aufgefordert, die ebenfalls auf der Karte freigerubbelte Geheimzahl einzugeben. Danach folgt wie bei einem normalen Telefongespräch die Nummer des gewünschten Teilnehmers. Vor dem Kauf einer Telefonkarte sollte man das Kleingedruckte genau lesen. Der günstigste Anbieter für Anrufe innerhalb der USA muss nicht unbedingt auch die preisgünstigsten internationalen Verbindungen zur Verfügung stellen. Will man sich vom Telefondienst *(operator)* vermitteln lassen, wählt man die 0. Für Auslandsgespräche gilt folgende Nummernfolge: 011 + Ländercode + Vorwahl (ohne 0) + Rufnummer (Ländercodes: Deutschland 49, Schweiz 43, Österreich 41). 1-800- bzw. 1-888-Nummern sind kostenlose Nummern etwa von Hotels, Restaurants und Firmen. Man kann sie nur innerhalb der USA anwählen und muss grundsätzlich zuerst eine »1« wählen. Manche Hotels verlangen mittlerweile auch für das Anwählen dieser Nummern Gebühren.

Mobil telefonieren

Prepaid phone cards lassen sich in den USA auch mit dem Handy nutzen. Grundsätzlich benötigt man ein Tri-Band-Handy, für das im Ausland eine erhöhte Minutengebühr fällig wird. Wichtig ist, ob in den USA 1-800er-Nummern kostenlos angewählt werden können. Falls das zutrifft, ist dies eine bequeme und preisgünstige Möglichkeit zum Telefonieren (s. o.). Die Bezeichnung ›Handy‹ ist übrigens nur in Deutschland gebräuchlich. In den USA spricht man von *cell phone* oder *mobile phone*.

Eine zweite ›Handy‹-Variante ist der Kauf eines *prepaid telephone* ohne Vertrag, ohne Aktivierungsgebühr, inklusive Gesprächsguthaben ab 30 Minuten. Über eine Codenummer kann man die Geräte nachladen. Das funktioniert auch, indem man in Fachgeschäften eine neue Karte mit einer Codenummer nachkauft, wenn das integrierte Guthaben aufgebraucht ist. Solche Karten und passende Handys bekommt man in Filialen großer Computergeschäfte bzw. Radio- und TV-Fachgeschäfte wie CompUSA, Best Buy, Office Depot, Office Max, RadioShack und AT&T Wireless Stores.

Internet

Auch im Urlaub per E-Mail erreichbar zu sein, ist heute für viele Reisende unverzichtbar. In den meisten Städten gibt es Cybercafés und Internetcafés, in denen man gegen eine Gebühr online gehen kann. Unter der Bezeichnung Internetcafé firmieren zum Teil auch normale Cafés, die lediglich einen Internetzugang besitzen, den man mit dem eigenen Laptop nutzen kann. Kostenlos ist der Internetzugang in vielen öffentlichen Bibliotheken und in den Filialen der Hamburgerkette McDonalds. Auch große Computerzentren bieten ihren Kunden die Möglichkeit, gratis E-Mails abzurufen oder zu schicken. Viele Hotels, Motels und Flughäfen verfügen mittlerweile über einen WLAN Hotspot, über den man per Laptop Kontakt aufnehmen kann. Die Website www.wififreespot.com listet kostenlose WLAN-Spots von Flughäfen, Hotels und Campingplätzen auf.

Auf der Internetseite www.worldofinternetcafes.de/North_America/USA/ sind Internetcafés in allen US-Bundesstaaten genannt. Die Cafékette Starbucks betreibt ein digitales Mediennetzwerk und bietet ihren Kunden, die sich mit Laptop oder Smartphone an einem der kostenlosen Internetanschlüsse anmelden, Musiktitel, Videos, Nachrichten, Stellenangebote sowie digitale Bücher zur Auswahl.

Mit dem Laptop unterwegs

Viele USA-Reisende haben einen Laptop oder einen Pocket-PC bei sich. Längst sind das nicht mehr nur Geschäftsleute, sondern auch Rucksackreisende, die technische Ausrüstungen wie Laptops, Handys, Adapter, Digitalkameras, Batterieladegeräte, MP3-Player und Kabel mit sich herumschleppen und für die in den USA bereits ein neuer Begriff erfunden wurde: *flashpacker*. Viele Hotels und Motels haben sich auf die modernen Kommunikationsbedürfnisse ihrer Gäste eingestellt und bieten zum Teil kostenlosen Internetzugang mit oder ohne Kabel an.

Meist findet man im Zimmer ein spezielles Netzwerk-Ethernet-Kabel, das man mit dem Laptop verbindet. Sowie der Browser geöffnet ist, befindet man sich im Internet. Man kann aber auch WLAN nutzen oder sich über die Telefonleitung einwählen. Die meisten Telefonapparate in den USA haben dafür einen speziellen Dataport, den man per Kabel mit dem Notebook verbindet. Provider stellen Nummern lokaler Einwahlknoten zur Verfügung. Wichtig ist, der Einwahlnummer die Zahl voranzustellen, mit der man vom Hotelzimmer aus Verbindung nach draußen bekommt (meist eine »9«). Danach folgt ein Komma wegen der notwendigen Zeitverzögerung, dann die eigentliche Nummer.

In größeren Hotels gehört es zum Service, dass Gästen ohne die entsprechende Ausrüstung leihweise mit Modems bzw. nötiger Software ausgeholfen werden kann.

Zeitungen und Zeitschriften

Am weitesten verbreitet ist die von Montag bis Freitag erscheinende überregionale Tageszeitung «USA Today«, die man entweder am Zeitungskiosk oder an Münzautomaten kaufen kann. Neben anderen überregionalen Zeitungen wie etwa der »New York Times« oder der »Washington Post« gibt es viele lokale und regionale Blätter, in denen man meist vergeblich nach Weltnachrichten sucht. In großen Städten und auf internationalen Flugplätzen werden ausländische Tageszeitungen und Magazine in meist nur bescheidener Auswahl angeboten. Die auflagenstärksten Tageszeitungen in Kalifornien sind die »Los Angeles Times«, der »San Francisco Chronicle«, der »San Francisco Examiner«, die »San Diego Union Tribune« und die »San Jose Mercury News«.

Sprachführer

Allgemeines

guten Morgen	good morning
guten Tag	good afternoon
guten Abend	good evening
auf Wiedersehen	good bye
Entschuldigung	excuse me
hallo/grüß dich	hello
bitte	you're welcome/ please
danke	thank you
ja/nein	yes/no
Wie bitte?	Pardon?
Wann?	When?
Wie?	How?

Unterwegs

Haltestelle	stop
Bus	bus
Auto	car
Ausfahrt/-gang	exit
Tankstelle	petrol station
Benzin	petrol
rechts	right
links	left
geradeaus	straight ahead/ straight on
Auskunft	information
Telefon	telephone
Postamt	post office
Bahnhof	railway station
Flughafen	airport
Stadtplan	city map
alle Richtungen	all directions
Einbahnstraße	one-way street
Eingang	entrance
geöffnet	open
geschlossen	closed
Kirche	church
Museum	museum
Strand	beach
Brücke	bridge
Platz	place/square
Schnellstraße	dual carriageway
Autobahn	motorway
einspurige Straße	single track road

Zeit

3 Uhr (morgens)	3 a. m.
15 Uhr (nachmittags)	3 p. m.
Stunde	hour
Tag/Woche	day/week
Monat	month
Jahr	year
heute	today
gestern	yesterday
morgen	tomorrow
morgens	in the morning
mittags	at noon time
abends	in the evening
früh	early
spät	late
Montag	Monday
Dienstag	Tuesday
Mittwoch	Wednesday
Donnerstag	Thursday
Freitag	Friday
Samstag	Saturday
Sonntag	Sunday
Feiertag	public holiday
Winter	winter
Frühling	spring
Sommer	summer
Herbst	autumn

Notfall

Hilfe!	Help!
Polizei	police
Arzt	doctor
Zahnarzt	dentist
Apotheke	pharmacy
Krankenhaus	hospital
Unfall	accident
Schmerzen	pain
Panne	breakdown
Rettungswagen	ambulance
Notfall	emergency

Übernachten

Hotel	hotel
Pension	guesthouse
Einzelzimmer	single room

Doppelzimmer	double room
mit zwei Betten	with twin beds
mit/ohne Bad	with/without bathroom
mit WC	ensuite
Toilette	toilet
Dusche	shower
mit Frühstück	with breakfast
Halbpension	half board
Gepäck	luggage
Rechnung	bill

Einkaufen

Geschäft	shop
Markt	market
Kreditkarte	credit card
Geld	money
Geldautomat	cash machine
Bäckerei	bakery
Lebensmittel	foodstuffs
teuer	expensive
billig	cheap
Größe	size
bezahlen	to pay

Zahlen

1	one
2	two
3	three
4	four
5	five
6	six
7	seven
8	eight
9	nine
10	ten
11	eleven
12	twelve
13	thirteen
14	fourteen
15	fifteen
16	sixteen
17	seventeen
18	eighteen
19	nineteen
20	twenty
21	twenty-one
30	thirty
40	fourty
50	fifty
60	sixty
70	seventy
80	eighty
90	ninety
100	one hundred
150	one hundred and fifty
1000	thousand

Die wichtigsten Sätze

Allgemeines

Sprechen Sie Deutsch?	Do you speak German?
Ich verstehe nicht.	I do not understand.
Ich spreche kein Englisch.	I do not speak English.
Ich heiße …	My name is …
Wie heißt du/heißen Sie?	What's your name?
Wie geht's?	How are you?
Danke, gut.	Thanks, fine.
Wie viel Uhr ist es?	What's the time?
Bis bald (später).	See you soon (later).

Unterwegs

Wie komme ich zu/nach …?	How do I get to …?
Wo ist bitte …	Sorry, where is …?
Könnten Sie mir bitte … zeigen?	Could you please show me …?

Notfall

Können Sie mir bitte helfen?	Could you please help me?
Ich brauche einen Arzt.	I need a doctor.
Hier tut es weh.	Here I feel pain.

Übernachten

Haben Sie ein freies Zimmer?	Do you have any vacancies?
Wie viel kostet das Zimmer pro Nacht?	How much is a room per night?
Ich habe ein Zimmer bestellt.	I have booked a room.

Einkaufen

Wie viel kostet …?	How much is …?
Ich brauche …	I need …
Wann öffnet/schließt …?	When does … open/close …?

Intensiver lässt sich die kalifornische Landschaft kaum erleben: Unterwegs auf dem Highway No. 1 unweit von Big Sur

Unterwegs in Kalifornien

Öffentliche Kunst mit Symbolcharakter: Skulptur aus Schrottteilen im wolkenkratzenden Finanzzentrum von Los Angeles

Kapitel 1

Los Angeles und Umgebung

Weltberühmte Filmstudios wie Paramount, Metro-Goldwyn-Mayer, Universal und Warner Brothers, die beiden Disney-Vergnügungsparks in Anaheim, traumhafte Surfstrände an der Pazifikküste, ein unverkrampfter Lifestyle, Gourmettempel vom Feinsten und statistisch 292 Sonnentage im Jahr haben Los Angeles den Ruf einer Spaßmetropole eingebracht. Stadtteile mit klingenden Namen wie Hollywood, Beverly Hills, Santa Monica, Malibu und Venice tragen zum Glitter- und Glamourrenommee der südkalifornischen Entertainment-Metropole bei. Zudem bemüht sich die Stadt seit einigen Jahren erfolgreich, ihren im Kulturbereich einstmals wenig reputierlichen Ruf durch öffentliche Kunst, spektakuläre Architekturzeugnisse und ein attraktives Kulturangebot mit über 200 Museen, Theatern und Galerien aufzubessern.

Diese Prädikate gehören zu einem urbanen Moloch, der als zweitgrößter Ballungsraum der USA mit etwa 14 Mio. Einwohnern hinter New York City rangiert. Hochhausschluchten und verstopfte Freeways prägen seine Züge ebenso wie Stadtteile mit hoher Kriminalität und gewalttätigen Gangs.

Selbst Mutter Natur dokumentiert den janusköpfigen Charakter der Mega-City. Allen subtropischen Bilderbuchansichten mit Palmenalleen und Strandidyllen zum Trotz zieht sich mit dem erdbebengefährdeten San-Andreas-Graben Kaliforniens akuteste Gefahrenzone mitten durch den nicht enden wollenden Häuserteppich von fast der vierfachen Ausdehnung des Saarlandes. Als die Erde zuletzt im Jahr 1994 stark schwankte, kostete die Naturkatastrophe 57 Angelinos das Leben.

Auf einen Blick

Los Angeles und Umgebung

Sehenswert

1 **Los Angeles:** Zwischen Pazifik und Kustengebirge gelegen, hat sich die Stadt in nur 150 Jahren vom bedeutungslosen Siedlerkaff zu einer der bekanntesten Städte der Welt entwickelt (s. S. 108).

Venice: Verrückter geht es nicht. Der Ocean Front Walk ist eine ausgeflippte Bühne für Open-Air-Künstler und solche, die es noch werden wollen (s. S. 156).

Laguna Beach: Sanfte Strände und steile Klippen machen den Küstenort zusammen mit einer subtropischen Vegetation zu einem von Mutter Natur ganz besonders verwöhnten Flecken (s. S. 166).

Schöne Routen

Hollywood Boulevard: Neben dem berühmten Walk of Fame lohnt auch ein Spaziergang auf dem restlichen Boulevard sowie die Erkundung der Wolkenkratzerinsel Downtown mit ihren architektonischen und kulturellen Glanzpunkten (s. S. 126).

Rodeo Drive: Wer auf dem legendären Rodeo Drive in Beverly Hills fährt, befindet sich auf der wohl exklusivsten Shoppingmeile der amerikanischen Westküste (s. S. 145).

Meine Tipps

Künstlerpfad für jedermann: Wer mit offenen Augen durch Downtown schlendert, findet auf vielen Plätzen, in Parks und Eingangshallen von Geschäften und Banken öffentliche Kunstwerke berühmter Künstler (s. S. 117).

Hollywood und seine Filmstudios: In und um Hollywood gibt es mehrere Gelegenheiten, Filmstudios zu besuchen und die Arbeitsplätze von berühmten Leinwandstars kennenzulernen (s. S. 135).

Santa Monica Pier und Boardwalk: In Santa Monica ist der große Pier (s. S. 153) und in Venice der Boardwalk samt Muscle Beach (s. S. 156) als Showmeile aller Extrovertierten und Ausgeflippten ein Muss.

aktiv unterwegs

Fitnesstraining im Morning Crunch Boot Camp: Mitten in Downtown L. A. kann man unter freiem Himmel an einem professionellen Training teilnehmen (s. S. 125).

Auf dem Promifriedhof von L. A.: Auf dem Hollywood Forever Cemetery können Kinofans ihren Idolen ganz nahe sein (s. S. 132).

Der South Bay Bicycle Trail: Der Klassiker unter den Radwegen führt von Pacific Palisades nach Torrance (s. S. 152).

Treppenlaufen in Santa Monica: 320 Stufen bilden eine Trainingsstrecke für anspruchsvolle Jogger (s. S. 155).

Surfpaddeln in Huntington Beach: Das Stand-Up Paddling (SUP) ist eine neue Sportdisziplin und in Kalifornien bereits Kult (s. S. 166).

1 Downtown Los Angeles ► 2, B/C 1/2

Eine Stadt im herkömmlichen Sinn ist Los Angeles nicht. Der riesige Ballungsraum besteht aus einer Ansammlung von über 100 in fünf Landkreisen liegenden Kommunen, unter denen Los Angeles die größte und wichtigste ist. Wie eine Wolkenkratzerinsel erhebt sich Downtown aus der endlosen Stadtlandschaft und gilt gemeinhin als historisches, wirtschaftliches, finanzielles und kulturelles Zentrum der Megacity.

Die Metropole von Südkalifornien wurde bei ihrer Gründung im Jahr 1781 von einer kleinen Siedlergruppe auf den fast unaussprechlichen Namen El Pueblo de Nuestra Señora la Reina de los Ángeles del Río de Porciúncula (Das Dorf Unserer Lieben Frau, Königin der Engel des Flusses Portiuncula) getauft. Später geriet der ellenlange Zungenbrecher in Vergessenheit, weil sich nach dem Fluss, an dessen Ufer sich die Stadt auszubreiten begann, die Bezeichnung Los Angeles einbürgerte. Doch auch sie fiel dem amerikanischen Faible für Abkürzungen zum Opfer. Alle Welt kennt die Stadt der Engel heute unter ihrem Kürzel L. A. Downtown gibt sich auf den ersten Blick als Geschäfts- und Finanzzentrum der Stadt zu erkennen. Wolkenkratzer ragen wie riesige Batterien von Bankschließfächern in den Himmel. Die Infrastruktur scheint in erster Linie auf Banker und Wirtschaftsbosse sowie deren Personal ausgerichtet zu sein. Das zeigt der Betrieb in Bars, Cafés und Restaurants um die Mittagszeit.

Zwischen Chinatown und Pershing Square

Cityplan: S. 110

Der nördliche Teil von Downtown dehnt sich zwischen Chinatown und Pershing Square aus. Dort befinden sich die bekanntesten Sehenswürdigkeiten und Musentempel, aber auch der historische Kern der Stadt und ihr Verwaltungszentrum mit dem Rathaus.

Union Station 1

Ein architektonischer Mix aus spanischem Missionsstil und Art déco mit maurischem Bauschmuck machte die 1939 eröffnete **Union Station** zur letzten großen Eisenbahnkathedrale der USA am Übergang vom Eisenbahn- zum Automobilzeitalter. Spiegelnde Marmorböden, runde Torbögen, Innenhöfe mit prächtigen Gärten, Terrakottafliesen im Wartesaal zum Teil mit aztekischen Motiven und unterschiedliche Wandmalereien mit Darstellungen aus der Geschichte der Stadt erinnern an jene glamourösen Zeiten, als Züge aus allen Landesteilen berühmte Stars zu Filmdrehs nach Hollywood brachten.

Nach dem Zweiten Weltkrieg büßten Schienenverkehr und Terminal gleichermaßen ihre Bedeutung ein. Erst in den 1990er-Jahren erlebte die Union Station mit dem Bau der Metro Rail einen zweiten Frühling, weil sie seit damals in das neue Nahverkehrssystem eingebunden ist. Mit dem Bau des geplanten Hochgeschwindigkeitsbahnnetzes für schnelle Intercityverbindungen – die Strecke Los Angeles–San Francisco soll dann nur noch knapp drei Stunden dauern – könnte der historische Eisenbahntempel in einigen Jahren einer glanzvollen Zukunft entgegensehen.

El Pueblo de Los Angeles 2

Im **Pueblo de Los Angeles,** dem »Geburtsort« von Los Angeles, geht es ziemlich unamerikanisch zu. Um eine Plaza mit Denkmälern des ehemaligen kalifornischen Gouverneurs Felipe de Neve und des spanischen Königs Carlos III. dehnt sich ein 18 ha großes Touristenviertel aus, in dem allabendlich Mariachi-Kapellen und Stehgeiger, Bauchladenverkäufer und Folkloretänzerinnen zwischen Verkaufsständen und stimmungsvollen mexikanischen Lokalen für die Touristenscharen ein quirliges, buntes Straßenfest veranstalten. Im Jahr 1769 schlug an dieser Stelle der spanische ›Entdecker‹ Gaspar de Portola sein Wegelager auf. Felipe de Neve übertrug die Flusssenke zwölf Jahre später einer 44-köpfigen Gruppe von zum Teil schwarzen Siedlern, die mit ihren einfachen Hütten 1781 den Grundstein für Los Angeles legten. Im Umkreis der zentralen Olvera Street (tgl. 10–19 Uhr) stehen 27 der ältesten Häuser der Stadt, darunter auch das aus ungebrannten Lehmziegeln 1818 errichtete Avila Adobe im Stil eines Ranchhauses der damaligen Zeit (10 E. Olvera St., tgl. 9–17, im Winter 10–16 Uhr).

Schräg gegenüber beherbergt das Sepulveda House von 1887 das **Besucherzentrum Las Angelitas,** in dem ein 18-minütiger Film über Geschichte und Entwicklung von Los Angeles gezeigt wird (Mo–Sa 10–15 Uhr). La Placita Church wurde Anfang der 1820er-Jahre eingeweiht und soll, glaubt man der Legende, mit sieben Fässern Brandy bezahlt worden sein (535 N. Main St.). Eine dreigeschossige Fassade im italienisch inspirierten Stil zeichnet das Pico House aus dem Jahr 1870 aus, damals eines der besten Hotels im südlichen Kalifornien (430 N. Main St.). Auch das Old Firehouse stammt aus dem 19. Jh. und zeigt seinen Besuchern Löschgeräte und historische Werkzeuge (zwischen Arcadia und N. Alameda St., Di–So 10–15 Uhr).

Chinatown 3

Vom mexikanischen Ambiente des historischen Pueblo bis ins Reich der für Europäer zumeist unlesbaren Schriftzeichen sind es nur wenige Schritte. Mit dem exotischen Pendant in San Francisco ist die recht nüchtern wirkende **Chinatown** in Los Angeles nicht zu vergleichen. Viele alte Häuserzeilen, in denen in der zweiten Hälfte des 19. Jh. hauptsächlich chinesische Eisenbahnarbeiter gelebt hatten, mussten in den 1930er-Jahren dem Bau der Union Station weichen. Deshalb stöbern heutige Besucher des Viertels weniger nach stimmungsvollen Fernostansichten, sondern sind eher auf der Suche nach einschlägigen Restaurants und exotischen Läden, hinter deren Eingangstüren sich dem Besucher ein faszinierendes Warenangebot bietet: von runzeligen Ginsengwurzeln über Kimonos in leuchtenden Farben und getrocknete Haifischflossen bis zu dickbauchigen Buddhafiguren. Zu den in vielen Restaurants liebevoll zubereiteten Spezialitäten gehört Dim Sum. Dabei handelt es sich um kleine, in unzähligen Variationen angebotene Häppchen, die meist in aufeinandergestapelten Bambuskörbchen dampfgegart serviert werden (www.chinatownla.com).

City Hall 4

Als in der ersten Hälfte der 1950er-Jahre die TV-Serie »Superman« produziert wurde, suchten die Regisseure nach einer geeigneten Kulisse für die Redaktion des »Daily Planet«, in welcher der Leinwandheld als Journalist arbeiten sollte. Die Wahl fiel am Ende auf das Gebäude der **City Hall** von Los Angeles. Der 27 Stockwerke hohe quadratische Art-déco-Turm mit einer Fassade aus kalifornischem Granit und einem pyramidenförmigen Dach war nach seiner Fertigstellung Ende der 1920er-Jahre bis 1959 das einzige Gebäude der erdbebengefährdeten Stadt, das mit einer Sondergenehmigung über 13 Etagen hinaus gebaut wurde. Voraussetzung war, dass der 95 000 t schwere Koloss auf ein Stahlbetonfundament gesetzt wurde, das auf einem Bett aus Lehm ruht. Dennoch erlitt der heutige Amtssitz des ersten Latinobürgermeisters seit über 130 Jahren beim Erdbeben im Jahr 1994 nicht unerhebliche, mittlerweile aber wieder behobene Schäden. Vom Observation Deck auf der Spitze reicht

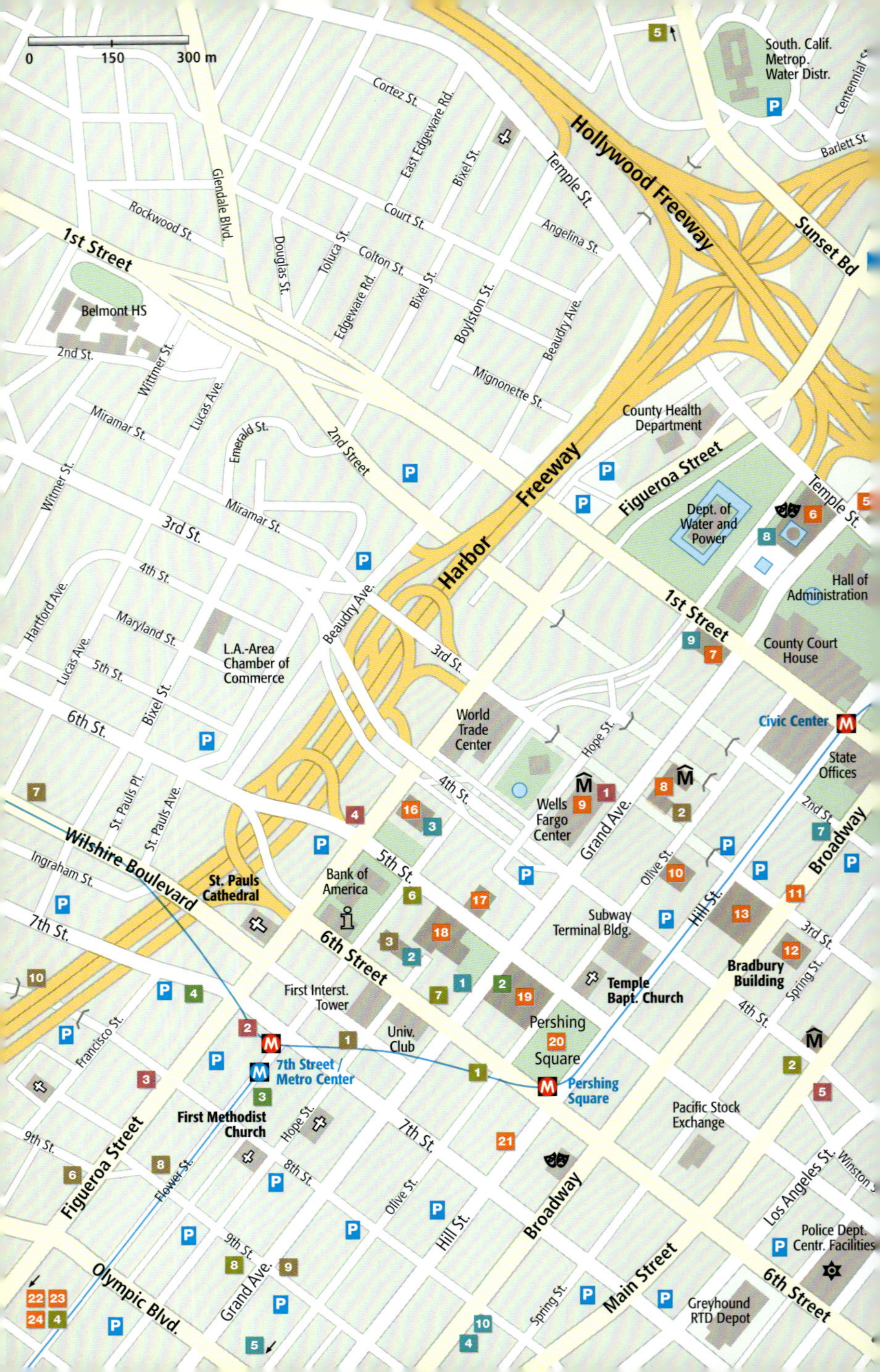
0
150
300 m
South. Calif. Metrop. Water Distr.
Centennial St.
Barlett St
Hollywood Freeway
Sunset Bd
Temple St.
Angelina St.
Cortez St.
East Edgeware Rd.
Bixel St.
Court St.
Colton St.
Toluca St.
Edgeware Rd.
Boylston St.
Beaudry Ave.
Mignonette St.
Rockwood St.
Glendale Blvd.
Douglas St.
1st Street
Belmont HS
2nd St.
Wittmer St.
Lucas Ave.
Miramar St.
Emerald St.
2nd Street
Witmer St.
3rd St.
4th St.
Maryland St.
Hartford Ave.
Lucas Ave.
5th St.
Bixel St.
L.A.-Area Chamber of Commerce
6th St.
County Health Department
Harbor Freeway
Figueroa Street
Dept. of Water and Power
Temple St.
Hall of Administration
1st Street
County Court House
Beaudry Ave.
3rd St.
World Trade Center
Hope St.
Civic Center
State Offices
Wells Fargo Center
Grand Ave.
4th St.
2nd St.
Broadway
St. Pauls Pl.
St. Pauls Ave.
Wilshire Boulevard
Ingraham St.
St. Pauls Cathedral
Bank of America
5th St.
Olive St.
Subway Terminal Bldg.
Hill St.
3rd St.
7th St.
6th Street
Bradbury Building
Spring St.
First Interst. Tower
Univ. Club
Temple Bapt. Church
Pershing Square
4th St.
Francisco St.
7th Street / Metro Center
Pershing Square
First Methodist Church
Hope St.
Pacific Stock Exchange
9th St.
Figueroa Street
Flower St.
8th St.
7th St.
Olive St.
Hill St.
Broadway
Los Angeles St.
Winston St.
9th St.
Grand Ave.
Police Dept. Centr. Facilities
Olympic Blvd.
Spring St.
Main Street
Greyhound RTD Depot
6th Street

Downtown Los Angeles

Sehenswert

1. Union Station
2. El Pueblo de Los Angeles
3. Chinatown
4. City Hall
5. Cathedral of Our Lady of the Angels
6. Music Center
7. Walt Disney Concert Hall
8. Museum of Contemporary Art
9. Wells Fargo History Museum
10. Angel's Flight
11. Broadway
12. Bradbury Building
13. Grand Central Market
14. Little Tokyo
15. Geffen Contemporary at MOCA
16. Westin Bonaventure Hotel
17. U. S. Bank Tower
18. Los Angeles Central Library
19. Millennium Biltmore Hotel
20. Pershing Square
21. Jewelry District
22. L. A. Live
23. University of Southern California
24. Exposition Park

Übernachten

1. Sheraton Los Angeles Downtown
2. Omni
3. Standard Downtown
4. Best Western Dragon Gate Inn
5. Miyako Hotel
6. Holiday Inn City Center
7. Mayfair Hotel
8. Ritz Milner Hotel
9. Stillwell Hotel
10. Best Value Inn

Fortsetzung s. S. 112

Downtown Los Angeles

Essen & Trinken
1 Nick & Stef's
2 Wokcano
3 Roy's
4 Border Grill Downtown
5 Pete's Cafe
6 Traxx
7 R-23
8 Weiland Brewery

Einkaufen
1 Olvera Street
2 Caravan Book Store
3 Macy's
4 Downtown Farmers' Market

Abends & Nachts
1 Checkers Hilton Uptown
2 Standard Hotel
3 Bona Vista Lounge
4 Broadway Bar
5 Club Mayan
6 The Edison
7 Redwood Bar & Grill
8 Orpheum Theatre

Aktiv
1 Los Angeles Conservancy Tours
2 Neon Cruises
3 JT Saniya
4 Staples Center
5 L A Dodgers Stadium
6 Courtyard Wellness
7 Hilton Checkers Spa
8 Morning Boot Camp

der Blick über die ganze Stadt (200 N. Spring St., Tel. 213-485-2121, http://lacity.org, Mo–Fr 8–17 Uhr).

Our Lady of the Angels 5

Um die City Hall erstreckt sich der größte städtische Verwaltungsbezirk der USA mit Gerichtsgebäuden und administrativen Einrichtungen. An der nördlichen Grenze wurde im Jahr 2002 die neue, nach Plänen des spanischen Architekten José Rafael Moneo erbaute **Cathedral of Our Lady of the Angels** eingeweiht, die nicht nur als Kirche, sondern mit umgebendem Park, Konferenzzentrum, Souvenirladen und Café auch als ein Ort der Begegnung verstanden wird. Die von Robert Graham geschaffenen monumentalen Eingangsportale aus Bronze sind mit Reliefs geschmückt, die an die zahlreichen in Los Angeles vertretenen Kulturen erinnern (555 W. Temple St., Tel. 213-680-5200, www.olacathedral.org, Orgelproben finden häufig Mi 12.45, Konzerte Sa 20 Uhr statt).

Bunker Hill

Cityplan: S. 110
Zwischen Temple Street im Norden und Third Street im Süden, Harbor Freeway im Westen und Olive Street im Osten dehnt sich mit Bunker Hill ein Viertel aus, das erst im letzten Drittel des 19. Jh. erschlossen wurde. Auf der später teilweise abgetragenen Anhöhe standen viktorianische Häuser, deren Bewohner dieser Gegend in den 1920er- und 1930er-Jahren den Rücken kehrten, weil sich der Kern von Downtown nach Süden verlagerte und Bunker Hill seinen Niedergang nicht verbergen konnte. Schriftsteller wie etwa Ray Bradbury und Raymond Chandler beschrieben die damaligen Zustände in einigen ihrer Werke.

Music Center 6

Eine neue Ära dämmerte in diesem Teil von Downtown in der Nachkriegszeit herauf, als neue Bürogebäude und Kultureinrichtungen entstanden wie etwa das **Music Center.** Dieses Zentrum besteht aus drei älteren und einem neuen Auditorium. Im **Dorothy Chandler Pavilion** (135 N. Grand Ave.) residierte bis 2003 die Los Angeles Philharmonic, ehe sie in die Walt Disney Concert Hall umzog. Heute finden dort die Veranstaltungen eines Tanzensembles und die Aufführungen der unter Leitung von Plácido Domingo stehenden Los Angeles Opera statt (Tel. 213-972-7219, www.losangelesopera.com). Im **Ahmanson Theatre** gehen Dramen, Musicals und Komödien über die Bühne. Mit einem medienwirksamen Skandal eröffnete 1967 das auf eher experimentelle Theaterstücke und Shows ausgerichtete **Mark Taper Forum,** als mit dem damaligen Gouverneur Ronald Reagan der prominenteste Besucher frustriert die Aufführung »The Devils« verließ (Tel. 213-972-7211, www.musiccenter.org).

Die Walt Disney Concert Hall des Architekten Frank Gehry ist auch wegen ihrer fantastischen Akustik einen Besuch wert

Walt Disney Concert Hall 7

Als neuester und spektakulärster Teil des Music Center hat die **Walt Disney Concert Hall** weniger aus musikalischen als vielmehr aus architektonischen Gründen weltweit Schlagzeilen gemacht. Das jüngste, dem Dekonstruktivismus verpflichtete Zuhause der Los Angeles Philharmonic wurde von Kritikern schon mit vielem verglichen – einem Schiff mit Großsegeln, einer Eruption aus Edelstahl, einer Magnolie aus funkelndem Stahl … Architekt Frank Gehry selbst sprach von einer sich öffnenden Rose. Die schimmernde Blüte, ursprünglich zum Sprießen gebracht durch einen 50-Mio.-$-Scheck von Walt Disneys Witwe Lilian, sollte die stereotype Bürohausarchitektur von Downtown auffrischen. Tatsächlich sind seit der Eröffnung neue Projekte in Planung, welche die Grand Avenue in eine Art amerikanische Champs-Elysées verwandeln sollen. Neben Gehrys futuristischem Entwurf beeindruckt der Konzerttempel durch eine fantastische Akustik, der die Berliner Philharmonie als Vorbild diente (111 S. Grand Ave., Tel. 323-850-2000, http://www.laphil.com; Infos zu Führungen www.musiccenter.org/visit/tours.html).

Museum of Contemporary Art 8

Der berühmteste Kunsttempel in Downtown steht nur Schritte von der Walt Disney Concert Hall entfernt. Künstler wie Robert Rauschenberg, Mark Rothko, Jasper Johns, Claes Oldenburg und Jackson Pollock verhalfen dem Museum of Contemporary Art zu seinem weit über die Stadtgrenzen hinausreichenden Renommee. Das nach Plänen des japanischen Architekten Arata Isozaki erbaute MOCA hat sich auf zeitgenössische amerikanische und europäische Kunst seit 1940 spezialisiert und veranstaltet das Jahr hindurch zahlreiche Sonderausstellungen zu den unterschiedlichsten Themen (250 S. Grand Ave., Tel. 213-621-1741, www.moca-la.org, Mo, Fr 11–17, Do 11–20 Uhr, ab 17 Uhr Eintritt frei, Sa, So 11–18 Uhr, Di–Mi geschl., 10 $).

Wells Fargo History Museum 9

Westernfilme sind ohne Überfälle auf Postkutschen kaum denkbar. Häufig tragen die von Vierspännern gezogenen Transportmittel mit Wells Fargo den Namenszug einer Bankgesellschaft, die zum Wilden Westen gehörte wie der sechsschüssige Peacemaker der

Firma Colt. Heute zählt das 1852 gegründete Geldinstitut zu den alteingesessenen amerikanischen Finanzdienstleistern und erinnert in Los Angeles mit dem **Wells Fargo History Museum** an alte Zeiten. Die Ausstellung mit einer originalen Postkutsche, einem für die damalige Zeit typischen Büro, Dokumenten, historischen Fotos, Goldnuggets und Schürferausrüstung wirkt inmitten von Wolkenkratzern wie ein nostalgisches Relikt aus einer rastlosen Vergangenheit (333 S. Grand Ave., Tel. 213-253-7166, www.wellsfargohistory.com, Mo–Fr 9–17 Uhr, Eintritt frei).

Angel's Flight 10

Um den Einwohnern von Bunker Hill den steilen Weg hinunter zum Broadway einfacher zu machen, ließ die Stadt im Jahr 1901 mit **Angel's Flight** eine auf Gleisen gezogene, auf der gesamten Länge nur knapp 91 m messende Standseilbahn errichten. Zwei auf die Namen der biblischen Berge Olivet und Sinai getaufte Waggons transportierten Passagiere von der Talstation an der Hill Street zur Bergstation auf der California Plaza und zurück (351 Hill St., http://angelsflight.com, pro Fahrt 25 Cent).

Broadway 11

Cityplan: S. 110

Dass Los Angeles eine mexikanische Metropole mit ca. 60 % Latinobevölkerung ist, demonstriert in Downtown keine Straße eindrucksvoller als der **Broadway.** 1931 säumte ein Dutzend Kinos für Uraufführungen das westliche Gegenstück des New Yorker Broadway. Die ehemalige Flanier-, Ausgeh- und Einkaufsmeile ist heute allerdings nur noch ein Schatten ihrer selbst. Alte Fassaden und Neonreklamen von Lichtspielpalästen lassen Glitzer und Glamour früherer Zeiten nur noch erahnen.

Das **Million Dollar Theatre** (3075 S. Broadway) gehört zu den wenigen im denkmalgeschützten Broadway Theater District, die renoviert wurden (www.gmrnet.com/theaters.html). Der Niedergang des Broadway zog auch die parallel verlaufende **Spring Street** in Mitleidenschaft. In den 1920er-Jahren beherbergte das dort befindliche größte Ensemble von Beaux-Arts-Gebäuden in den USA Banken und Börsenunternehmen, die dem Straßenzug den Beinamen Wall Street des Westens verliehen.

Kunst-Aktion im MOCA: Installation mit Kleidungsstücken anlässlich der Vernissage der Ausstellung »Skin and Bones«

Längst hat mit dem Broadway die ehemals pulsierende Schlagader von Downtown ihre Strahlkraft und ihr Entertainment-Image verloren. Zwischen Third Street und Olympic Boulevard reihen sich Discounter und Billigkaufhäuser, Schnellküchen und Modeschmuckauslagen aneinander. Auffällig ist auf diesem Abschnitt, dass dort das oft bemühte Klischee eines Schmelztiegels von Kulturen und Ethnien zutrifft. Während das restliche Los Angeles eher Ghettos kennzeichnen, macht Downtown im Umkreis des Broadway den Eindruck einer mexikanischen Großstadt, in der die verschiedensten ethnischen Gruppen Seite an Seite leben.

Bradbury Building 12

Nur ein paar Schritte trennen das Amerika der 1920er-Jahre von der Belle Époque. Filigrane hydraulische Aufzugschächte aus schwarzem Metall, Marmortreppen, Wände aus glasierten Ziegeln, gusseiserne Geländer mit hölzernen Handläufen und Rundbogenfenster prägen die über 40 m bzw. fünf Stockwerke hohe Lobby des **Bradbury Building,** über der sich eine lichte Glasdachkonstruktion wölbt. Das architektonische Kleinod entstand 1893 vermutlich nach Plänen eines Designers, der zuvor noch nie ein Gebäude entworfen hatte, sich stattdessen aber durch einen utopischen Roman hatte inspirieren lassen. Filmen wie »Citizen Kane«, »Chinatown«, »Lethal Weapon 4« und »Blade Runner« diente der Bürobau als Kulisse (304 S. Broadway, Tel. 213-626-1893, So geschl.).

Grand Central Market 13

Seit Generationen sorgt der 1917 eröffnete **Grand Central Market** für die Versorgung der Bevölkerung in Downtown mit frischem Obst und Gemüse, Fleisch, Fisch und Geflügel. Tag für Tag beladen über drei Dutzend Händler ihre Markttische und Vitrinen in der Halle mit einheimischen bzw. aus dem Ausland importierten Waren, die den ›Bauch‹ von Downtown füllen. Dass sich das Angebot hauptsächlich am Geschmack der Latinokundschaft orientiert, wird schon an frischen Burritos, kubanischen Sandwiches und duftenden Tortillas in den zahlreichen Imbissen deutlich (317 S. Broadway, www.grandcentralsquare.com, Mo–So 9–18 Uhr).

Little Tokyo 14

Cityplan: S. 110

Der Stadtteil **Little Tokyo** erlebte seine Geburtsstunde nach dem großen Erdbeben in San Francisco 1906, als viele Söhne und Töchter Nippons der zerstörten Bay-Metropole den Rücken kehrten, um sich in Los Angeles niederzulassen. Als dann im Zweiten Weltkrieg die in Kalifornien lebenden Japaner unter Generalverdacht gerieten und interniert wurden (s. S. 333), erlebte dieser heute etwas eintönig wirkende Stadtteil einen rapiden Niedergang, von dem er sich erst in den folgenden Jahrzehnten erholte.

Japanese American National Museum

Unter anderem mit diesem düsteren Kapitel der kalifornischen Geschichte beschäftigt sich das **Japanese American National Museum.** Gezeigt werden wechselnde Ausstellungen z. B. mit Fotos des berühmten Landschaftsfotografen Anselm Adams, der die Bilder 1943/44 im Konzentrationslager Manzanar im Owens Valley (s. S. 333) aufnahm (369 E. First St., Tel. 213-625-0414, www.janm.org, Di, Mi, Fr–Sa 11–17 Uhr, Do 12–20, ab 17 Uhr und jeden dritten Do im Monat Eintritt frei, 9 $).

JACC

Kultureller Mittelpunkt der mit über 200 000 Einwohnern größten japanischen Gemeinde außerhalb des Landes der aufgehenden Sonne ist das **Japanese American Cultural and Community Center** (JACC), Amerikas größtes ethnisches Kunst- und Kulturzentrum (244 S. San Pedro St., Tel. 213-628-2725, www.jaccc.org, Di–Fr 12–17, Sa–So 11–16 Uhr). In der weiteren Nachbarschaft fühlen sich im **Kyoto Grand Hotel** nicht nur müde Gäste gut aufgehoben. Der sogenannte Himmelsgarten auf der dritten Etage ist eine Mini-

Version eines über 400 Jahre alten japanischen Gartens in Tokio. Nach den traditionellen sieben Zen-Prinzipien angelegt, lädt die gepflegte Anlage mit einem in ein Becken mündenden Bach, Wasserfall, Azaleenbeeten, Magnolien und einer Terrasse zum Meditieren ein (120 S. Los Angeles St., Tel. 213-629-1200, www.kyotograndhotel.com).

Geffen Contemporary 15

Zum größten Besuchermagnet in Little Tokyo hat sich neben dem im Frühling veranstalteten Kirschblütenfest eine Dependance des Museum of Contemporary Art entwickelt. Während einer Umbauphase im Hauptgebäude wurde vor Jahren eine leerstehende Polizeigarage von Stararchitekt Frank Gehry als Ausweichquartier für Sonderausstellungen und überdimensionale Kunstwerke so erfolgreich umgebaut, dass sich das dort eingerichtete **Geffen Contemporary at MOCA** im Kunstbetrieb der Stadt längst etablierte. In den großen Räumen haben selbst gewaltige Skulpturen von Richard Serra und Werke des Autodesigners J. Mays Platz (152 N. Central Ave., Tel. und Öffnungszeiten s. MOCA, 10 $).

Financial District

Cityplan: S. 110

An der Südflanke des Bunker Hill schraubten sich seit den 1960er-Jahren immer mehr Wolkenkratzer in den Himmel und verwandelten den Kern von Downtown mit Banken, Versicherungen, Anwaltskanzleien und Parkplätzen in eine für Fußgänger wenig attraktive Betonwüste. Erst im Laufe der Zeit begannen die Stadtplaner hier und dort kleine Parkflächen, Plätze mit öffentlicher Kunst und verschönernde Elemente einzufügen. Unter den zahlreichen großen Stadthotels ist das 1976 aus fünf Glaszylindern errichtete, 35 Stockwerke hohe **Westin Bonaventure Hotel** 16 mit an der Außenfassade aufsteigenden Aufzügen das berühmteste, weil es wegen seiner außergewöhnlichen Architektur schon mehrfach als Filmkulisse diente. In den Kinofilmen »Rain Man« mit Dustin Hoffman und Tom Cruise, »Die zweite Chance« mit Clint Eastwood und John Malkovich, im Thriller »Gegen die Zeit« mit Johnny Depp und in der romantischen Komödie »Vergiss Paris« mit Billy Crystal und Debra Winger spielte der Bau eine Hauptrolle (404 S. Figueroa St., Tel. 213-624-1000, www.starwoodhotels.com).

U. S. Bank Tower 17

Die typisch amerikanische Skyline von Downtown wird dominiert vom 1990 erbauten **U. S. Bank Tower,** mit 310 m und 73 Stockwerken das höchste Gebäude westlich des Mississippi. Auf seiner nachts beleuchteten gläsernen Rundkrone befindet sich der höchste Hubschrauberlandeplatz der Welt. Im 1996 in die Kinos gekommenen Film »Independence Day« diente der nach Plänen des Architekten Henry Cobb errichtete Wolkenkratzer als Katastrophenkulisse und wurde von außerirdischen Angreifern unter Mithilfe von *special effects* aus der Computertrickkiste innerhalb von Sekunden in Stahlbetongranulat verwandelt (633 W. 5th St.).

Neben dem Tower wirken die mediterran inspirierten **Bunker Hill Steps** im fassadengrauen Einerlei wie ein städtebauliches Versöhnungsangebot. Die Anfang der 1990er-Jahre gebaute Treppe verbindet die Hope Street mit der Fifth Street und wird von einem plätschernden Bach begleitet, der in einem von Bildhauer Robert Graham gestalteten Brunnen entspringt und zwischen den 103 Stufenläufen talwärts strömt.

Los Angeles Central Library 18

In Downtown zählt die **Los Angeles Central Library** zu den auffälligsten Bauten. 1930 erbaut, verbindet die Bibliothek byzantinische, spanische, romanische, ägyptische und selbst Art-déco-Stilelemente mit geometrischen Formen wie Würfeln und Prismen zu einem reizvollen Ganzen unter einem Turm mit Pyramidendach. Neben den Architekten brachten in den Entwurf auch Bildhauer, Wandmaler, Graveure und Landschaftsgestalter ihre Ideen ein und schufen gemeinsam einen Komplex, der im Schatten der benachbarten Betonriesen wie eine hübsche Murmel

Tipp: Auf den Spuren der Künstler

Wer mit offenen Augen durch Downtown schlendert, findet auf vielen Plätzen, in Parks und Eingangshallen von Geschäften und Banken öffentliche Kunstwerke berühmter Künstler wie Joán Miró, Alexander Calder, Robert Rauschenberg und Jonathan Borofsky. Seit den 1960er-Jahren sind Bauträger in Los Angeles verpflichtet, 1 % der Bausumme in Kunst zu investieren. Die Vorschrift hat die Betonwüste im Stadtzentrum zum Open-Air-Museum gemacht.

Um die Straßenkreuzung Figueroa und 7th Street wurden am sogenannten **Poet's Walk** mehrere Kunstwerke aufgestellt, die durch in Stein gemeißelte oder in Bronzeplaketten gegossene literarische Texte ergänzt werden. Berühmtestes Werk in dieser Sammlung ist **Corporate Head** von Terry Allan mit einem Text des Dichters Philip Levine. Die 1991 aufgestellte Bronzeskulptur stellt einen Geschäftsmann mit Aktenkoffer dar, der den Kopf in die Fassade eines Gebäudes steckt. Zu Beginn erfreute sich die Plastik keiner großen Beliebtheit, hat sich mittlerweile aber zum Glücksbringer gewandelt (725 S. Figueroa St., Ernst & Young-Gebäude).

Am oberen Ende der Bunker-Hill-Treppen ist eine von Robert Graham geschaffene, auf einer Säule stehende Nackte aus Bronze aufgestellt, die den Namen **Source Figure** trägt und einen Brunnen ziert. Auf der Bank of America Plaza zieht seit 1974 die aus orangefarbigem Stahl errichtete Skulptur **Four Arches** die Blicke an. Das 20 m hohe Kunstwerk stammt vom berühmten amerikanischen Bildhauer Alexander Calder (1898–1976), der zu den Hauptvertretern der kinetischen Plastik gehört und sich mit Mobiles international einen Namen machte (333 S. Hope St.). Auf der gegenüberliegenden Straßenseite begrüßte **Le Dandy** von Jean Dubuffet Besucher des Wells Fargo Center (333 South Grand Ave.). Im Atrium des Gebäudes sind weitere Werke von Robert Graham zu sehen.

Alexander Calders »Four Arches« bereichern den öffentlichen Raum in Downtown

Am Pershing Square unweit des Staples Center pulsiert die Metropole

in einem Steinbruch wirkt. Nicht nur äußerlich verströmt die drittgrößte öffentliche Bibliothek der USA mit umliegenden Gartenanlagen und Wasserläufen stimmungsvolles Flair. Im Innern werden Besucher von einer Rotunde mit Wandgemälden empfangen, die Szenen aus der Stadtgeschichte darstellen. Der neuere Thomas-Bradley-Flügel des Gebäudes besteht aus einem 8-geschossigen Atrium, wovon 4 Etagen unter und vier Ebenen über der Erde liegen (630 W. 5th St., Tel. 213-228-7000, www.lapl.org/central, Di und Do 10–20, Mi, Fr und Sa 10-17.30 Uhr, So/Mo geschl., Führungen Mo–Fr 12.30, Sa 11 und 14 Uhr).

Maguire Gardens

Neben dem Gebäude wurde ein früherer Parkplatz in die **Maguire Gardens** verwandelt. In dieser Naturoase kann man sich auf Grünflächen zwischen Olivenbäumen, Zypressen, Brunnen und Wasserbecken ausruhen, die zahlreichen öffentlichen Kunstwerke bewundern oder sich im Gartencafé stärken (Ecke Fifth & Flower St.).

Rund um den Pershing Square

Cityplan: S. 110

Manchen Kinogängern wird das **Millennium Biltmore Hotel** 19 ein Déjà-vu-Erlebnis bescheren. Die große alte Dame der Los Angeles-Hotels spielte schon in vielen Kinofilmen mit, darunter Leinwanderfolge wie Roman Polanskis »Chinatown«, »Die fabelhaf-

ten Baker Boys« mit Michelle Pfeiffer und Jeff Bridges, »Beverly Hills Cop« mit Eddie Murphy und »A Star Is Born« mit Barbra Streisand. Während die Gästezimmer heute mit anderen Luxushotels kaum mithalten können, übertrifft das Biltmore mit der opulenten Ausstattung seiner Lobby die meisten seiner Konkurrenten um Längen. Im Rendezvous Court herrscht nicht nur zur nachmittäglichen Teestunde eine Atmosphäre wie in einer spanischen Kathedrale (506–515 S. Olive St., Tel. 213-624-1011, www.millenniumhotels.com).

Der **Pershing Square** 20 in der Nachbarschaft des Biltmore Hotel erlebte in seiner 150-jährigen Geschichte schon viele Veränderungen. Zuletzt wurde der rechteckige Platz 1994 in den größten öffentlichen Park in Downtown umgestaltet und mit einem 40 m hohen Campanile ausgestattet. Im Sommer finden dort häufig Konzerte statt, im Winter lässt die Stadtverwaltung eine Eislaufbahn anlegen. Ein Beethovendenkmal des Bildhauers Arnold Foerster wurde 1932 William Andrews Clark Jr. zu Ehren aufgestellt, dem Gründer des Los Angeles Philharmonic Orchestra, der den deutschen Komponisten zu seinen Lieblingsmusikern zählte.

Jewelry District 21

An den Pershing Square schließt sich südlich der **Jewelry District** an, eines der größten Verkaufsviertel für Diamanten, Gold- und Silberschmuck und Uhren in den USA. Noch vor 50 Jahren gab es dort nur wenige einschlägige Geschäfte, ehe dem Distrikt in den 1970er-Jahren die weltweit gestiegene Nachfrage nach Edelmetall und der starke Zustrom von Einwanderern aus dem Mittleren und Fernen Osten einen ungeahnten wirtschaftlichen Boom bescherten.

Heute haben dort über 3000 Händler ihre Niederlassungen, die für die Vermarktung der neuesten Trends sorgen (zwischen 6th und 8th St. sowie Olive St. und Broadway, Straßenplan unter www.lajd.net).

Südlich von Downtown

Cityplan: S. 110

Südlich der Kreuzung Olympic Boulevard und Figueroa Street entstand in den letzten Jahren ein neuer Hotspot. **L. A. Live** 22 markiert an dieser Stelle den Kern eines neuen Stadtteils, in dem Apartments, Kinos, Restaurants, Clubs und ein neues Hotel entstanden und der sich nach dem Willen der Investoren in Zukunft zum lebhaften Herzen von Downtown entwickeln soll. Ein ebenfalls neues Museum ist dem Grammy Award gewidmet. Der seit 1957 verliehene Musikpreis ist die höchste internationale Auszeichnung für Künstler und Aufnahmeteams und gilt als Oscar der Musikbranche. Die Lage des Neubaugebiets ist in der Tat günstig. Das **Los Angeles Convention Center** liegt gleich nebenan, und mit dem Harbor Freeway befindet sich eine wichtige Verkehrsverbindung nur einen Katzensprung entfernt.

Teil von L. A. Live ist auch das 7200 Sitzplätze große **Nokia Theatre,** in dem jährlich ca. 150 Konzerte und andere Veranstaltungen stattfinden sollen. Das mit einer futuristischen Architektur ausgestattete **Staples Center** nebenan wurde mit einem Bruce-Springsteen-Konzert bereits 1999 eingeweiht. Mittlerweile traten dort weitere Stars wie U 2, Madonna und Prince auf. Das 20 000 Zuschauer fassende Stadion ist aber auch Heimat mehrerer Sportteams, darunter die Basketballstars der L. A. Lakers. Die Trauerfeierlichkeiten für Michael Jackson im Juli 2009, die zu einem der größten Medienereignissen der Geschichte wurden, machten das Stadion durch TV-Übertragungen in der ganzen Welt bekannt (865 S. Figueroa St., Tel. 213-742-7340, www.staplescenter.com).

University of Southern California 23

Über 30 000 Studenten sind heute an der **University of Southern California** eingeschrieben, die 1880 den Lehrbetrieb aufnahm und heute als älteste Privatuniversität in Südkalifornien gilt. Die hauptsächlich für die Fakultäten Literatur, Kunst und Naturwissenschaften bekannte Einrichtung zählt Berühmtheiten wie Clint Eastwood, George Lucas, John Wayne, Steven Spielberg und Frank Gehry sowie mehrere US-Astronauten wie Neil Armstrong zu ihren Absolventen.

Während des Zweiten Weltkriegs gehörten u. a. der deutsche Literatur- und Philosophieprofessor Ludwig Marcuse zu den Dozenten (50-minütige Besichtigungstouren, Admission Center, 615 Childs Way, Tel. 213-740-6605, www.usc.edu, Mo–Fr 10–15 Uhr).

Exposition Park 24

Mit dem Bau des **Los Angeles Memorial Coliseum** und der Ausrichtung der Olympischen Sommerspiele 1932 erlebte der **Exposition Park** seine erste große Stunde. 1984 fand das globale Sportereignis zum zweiten Mal vor Ort statt, wofür der Bildhauer Robert Graham zwei kopflose nackte Skulpturen für den im Art-déco-Stil gebauten Osteingang schuf. Ginge es nach dem Willen von vorausblickenden Investoren, würde die Olympiade im Jahr 2016 sogar zum dritten Mal an dieser Stelle stattfinden. Jedenfalls gab Bürgermeister Antonio Villaraigosa bereits Pläne bekannt, das Coliseum mit einem Kostenaufwand von 112 Mio. $ für dieses Zukunftsereignis fit zu machen.

Außer Sportfans kommen im Exposition Park auch Kulturinteressierte auf ihre Kosten. Das **Natural History Museum** wartet mit über 30 Mio. Exponaten auf, vom gigantischen Skelett eines Tyrannosaurus über den seltensten Hai der Weltmeere und die prachtvollsten Mineralien zum größten Insektenzoo der Westküste (900 Exposition Blvd., Tel. 213-763-DINO, www.nhm.org, tgl. 9.30–17 Uhr, 9 $, jeden 1. Di im Monat Eintritt frei).

Interaktive Versuchseinrichtungen und Ausstellungen für kreative Köpfe machen das **California Science Center** zu einem Paradies für Besucher, die sich für Naturwissenschaften interessieren. Angehende Astronauten können sich in der Air and Space Gallery einen Überblick über den Kosmos verschaffen, während sich die Ausstellung Creative World mit den genialsten Erfindungen des menschlichen Geistes beschäftigt. Im **IMAX Theater** nebenan finden die Abenteuer auf einer Riesenleinwand statt (700 State Dr., Tel. 213-744-3623, www.californiasciencecenter.org, tgl. 10–17 Uhr, freier Eintritt zu permanenten Ausstellungen, IMAX Theater 8,25 $).

Mit Kunst, Kultur und Geschichte der Afroamerikaner beschäftigt sich das renovierte **California African American Museum.** Unter den vielen Ausstellungen ist vor allem die Ausstellung »African American Journey West« von Interesse, eine interessante Dokumentation über den Beitrag von aus Westafrika stammenden Menschen zur Erschließung und Entwicklung des amerikanischen Westens. Einmal im Monat finden an den sogenannten Target Sundays Kulturveranstaltungen mit afroamerikanischen Künstlern statt (600 State Dr., Tel. 213-744-7432, www.caamuseum.org, Di–Sa 10–17, So 11–17 Uhr, Eintritt frei).

Infos

Downtown Los Angeles Visitor Information Center: 685 S. Figueroa St., Los Angeles, CA 90017, Tel. 213-689-8822, 1-800-228-2452, http://discoverlosangeles.com, www.downtownla.com. Stadtpläne: http://downtownla.com/map6.htm.

Übernachten

Beste Lage ▶ **Sheraton Los Angeles Downtown 1:** 711 S. Hope St., Tel. 213-488-3500, Fax 213-488-4110, www.starwoodhotels.com. Im Herzen des Bankenviertels gelegenes Geschäftshotel mit knapp 500 bestens ausgestatteten Zimmern und einem Full-Service-Businesscenter. DZ ab ca. 270 $.

Super Hotel ▶ **Omni 2:** 251 S. Olive St., Tel. 213-617-3300, www.omnihotels.com. Gediegenes Nobelhotel auf dem Bunker Hill mit allem, was auch Geschäftsleute brauchen. Von manchen Zimmern blickt man auf die grandiose Disney Concert Hall. Am Pool auf dem Dach kann man die städtische Hektik tief unter sich lassen. DZ ab ca. 240 $.

Voll im Trend ▶ **Standard Downtown 3:** 550 S. Flower St., Tel. 213-892-8080, www.standardhotel.com. Das neueste Trendhotel mit seinem coolen Flair gehört zu den gefragten Unterkünften in Downtown. Abends trifft man sich auf dem Dach an der Rooftop Bar oder fläzt sich neben dem Pool auf ein Wasserbett, um den berückenden Blick auf Downtown zu genießen. DZ ab 240 $.

Preiswerte Bleibe ▶ **Best Western Dragon Gate Inn 4:** 818 N. Hill St., Tel. 213-617-3077, Fax 213-680-3753, www.dragongateinn.com. In Chinatown liegendes, 50 Zimmer großes Hotel, in dem sich einige Geschäfte befinden. Zur Ausstattung gehören Klimaanlage, kostenloser WLAN-Zugang, Kaffeemaschine und Kühlschrank. DZ ab 120 $.

Das Geld wert ▶ **Miyako Hotel 5:** 328 E. First St., Little Tokyo, Tel. 213-617-2000, Fax 213-617-2700, www.miyakoinn.com. Komfortable Zimmer mit Kaffeemaschine, Bügeleisen, Highspeed-Internet, Schreibtisch und Safe. Businesscenter, Restaurant, Café, Sauna u. Fitnessstudio im Haus. DZ ab 90 $.

Sehr ordentlich ▶ **Holiday Inn City Center 6:** 1020 S. Figueroa St., Tel. 213-748-1291, www.hicitycenter.com. Alle 195 Zimmer des beim Staples Center liegenden Hotels sind renoviert und bieten viel Platz. Neben einem Restaurant mit großen Fenstern und Fitnessgeräten gibt es einen Swimmingpool mit Blick auf die Skyline . DZ ab 90 $.

Kleine, saubere Zimmer ▶ **Mayfair Hotel 7:** 1256 W. Seventh St., Tel. 213-484-9789, www.mayfairla.com. In die Jahre gekommene Unterkunft mit knapp 300 klimatisierten, kleinen Zimmern in günstiger Lage für Downtown-Erkundungen. Allerdings ist die Umgebung nicht sehr attraktiv. Zum Haus gehören ein Restaurant und ein abgeschlossener Parkplatz. DZ ab ca. 80 $.

Günstig und in guter Lage ▶ **Ritz Milner Hotel 8:** 813 S. Flower St., Tel. 213-627-6981, Fax 213-623-9731, www.milner-hotels.com. Nur mit dem Nötigsten ausgestattete, kleine Zimmer in altem Gebäude, Frühstück inkl. Zumindest die Preise sind attraktiv. DZ 79–99 $.

Alt, aber o.k. ▶ **Stillwell Hotel 9:** 838 S. Grand Ave., Tel. 213-627-1151, Fax 213-622-8940. Die 230 Zimmer bieten keinen großen Komfort, sind aber klimatisiert und mit Kühlschrank und Telefon ausgestattet. Zum Haus gehören zwei Restaurants Man kann günstig parken. Eines der günstigsten Hotels in Downtown. DZ ab ca. 70 $.

Kein großer Komfort ▶ **Best Value Inn 10:** 906 S. Alvarado St., Tel. 213-388-3137, Fax 213-487-1973, www.americasbestvalueinn.com. Zweigeschossiges eher einfaches, aber sauberes Motel mit 37 Zimmern samt Kabel-TV. Man kann im geschlossenen Hof kostenlos parken. In der Lobby ist Highspeed-Internet verfügbar. DZ ab 60 $.

Essen & Trinken

Für Gourmets ▶ **Nick & Stef's 1:** 330 S. Hope St., Tel. 213-680-0330, www.patinagroup.com/restaurant.php?restaurants_id=6, Mo–Fr 11.30–14.30, Mo–Do 17.30– 21.30, Fr–Sa bis 22.30, So 16.30– 20.30 Uhr. Durchgestyltes Steakhouse mit ausgezeichneten, gut abgehangenen T-Bone-Steaks für 46 $ und Sir-

loin-Steaks für 30 $. Außer Steaks gibt es Geflügel und Pasta. Hauptgerichte 31–52 $.
Für Sushifreunde ▶ Wokcano 2: 800 Seventh St., Tel. 213-623-2288, www.wokcanocafe.com, tgl. 11–24 Uhr. Todschickes, im Trend liegendes Lokal mit schmackhaften fernöstlichen Spezialitäten, Sushi & Sashimi Bar und Cocktail Lounge, in der Gäste aus einem sehr umfangreichen Angebot an teils exotischen Drinks wählen können. 30–50 $.
Kettenlokal mit Qualität ▶ Roy's 3: 800 S. Figueroa St., Tel. 213-488-4994, www.roysrestaurant.com, Mo–Fr 11.30– 14, Mo–Do 17– 22, Fr–Sa 17–22.30, So 17.30– 21.30 Uhr. Wer einmal die exotische hawaiianische Küche probieren will, hat hier Gelegenheit dazu. Vor allem die Fischspezialitäten sind ausgesprochen empfehlenswert. 30–50 $.
Pikante Speisen ▶ Border Grill Downtown 4: 445 S. Figueroa St., Tel. 213-486-5171, www.bordergrill.com, Mo–Fr 11.30–15 und 17–22, Sa 17–22, Happy Hour Mo–Fr 16–19, Fr–Sa ab 21, So 16–21 Uhr. Das Lokal hält die lateinamerikanische Küche hoch. Jeden Dienstagabend gibt es Paella, jeden Sonntagabend Tapas vom Feinsten. Auf dem Patio werden die Gäste am Mi und Fr Abend mit Livemusik unterhalten. Dinner 16–30 $.
Gut und beliebt ▶ Pete's Cafe 5: 400 S. Main St., Tel. 213-617-1000, www.petescafe.com, Mo–Fr 11.30–2, Sa–So 11–2 Uhr, Happy Hour in der angeschlossenen Bar Mo–Fr 17–19 Uhr. Burgers, Steaks, Geflügel, Fisch, Suppen, Salate. Hauptgerichte 12–30 $.
Stilvoll ▶ Traxx 6: 800 N. Alameda St., Tel. 213-625-1999, www.traxxrestaurant.com, Lunch Mo-Fr 11.30–14.30, Dinner Mo–So 17.30–21.30 Uhr, So Ruhetag, Bar So 13.30–20 Uhr. Bahnhofrestaurants sind gewöhnlich weder für gute Qualität noch für reizvolles Ambiente bekannt. Traxx in der historischen Union Station ist eine Ausnahme. Gegrillte Lammkoteletts, Wildlachs aus Alaska oder Shrimps in Chilikruste, in eleganter Atmosphäre serviert. Hauptgerichte 12–28 $.
Nippon lässt grüßen ▶ R-23 7: 923 E. Second St., Tel. 213-687-7178, www.r23.com, Mo–Fr 11.30–14 und 18–22, Sa 17.30–22 Uhr. Das modern eingerichtete Lokal gehört zu den heißesten Tipps für Sushi-Liebhaber im ganzen Großraum Los Angeles. Kleine Gerichte sind schon für 10 $ zu haben.
Deftige Speisen ▶ Weiland Brewery 8: 400 E. First St., Tel. 213-680-2881, www.weilandbrewery.net, Mo–Fr 11–2, Sa–So 17–2, Happy Hour 15–19 und ab 22 Uhr. Unkompliziertes Restaurant mit lebhafter Bar, die vor allem nach Büroschluss stark frequentiert wird. Zur Happy Hour kosten die Gerichte nur die Hälfte. Hauptgerichte 9–17 $.

Einkaufen

Mexikanischer Basar ▶ Olvera Street 1: Ein riesiges Angebot an mexikanischem Kunsthandwerk und an Souvenirs findet man in den vielen Geschäften entlang der Olvera Street im Pueblo de Los Angeles.
Bücher ▶ Caravan Book Store 2: 550 S. Grand Ave., Tel. 213-626-9944, Mo–Sa 11–18 Uhr. Einer der ältesten Buchläden der Stadt ist eine Fundgrube für Bücher über die Geschichte von Los Angeles und das südliche Kalifornien.
Kaufhaus ▶ Macy's Plaza 3: 750 W. 7th St., www.macysplaza.com, Mo–Do 10–19.30, Fr–Sa 10–18, So 11–18 Uhr. Riesenklotz aus rotbraunen Ziegeln mit drei Dutzend Geschäften, Boutiquen und Restaurants
Bauernmarkt ▶ Downtown Farmers' Market 4: 735 S Figueroa St., Ernst & Young Plaza. Jeden Do von 9–15 Uhr findet ein Markt statt, auf dem Bauern aus dem Umland frisches Obst, Gemüse, Blumen und selbstgemachten Käse verkaufen.

Abends & Nachts

Rooftop Bar ▶ Checkers Hilton Uptown Lounge 1: 535 Grand Ave., Tel. 213-624-0000, www.hiltoncheckers.com. Coole Atmosphäre.
Dachbar mit Aussicht ▶ Standard Hotel Downtown 2: (s. o.). Hipper Treff für Abendunterhaltung.
Im Himmel über L.A. ▶ Bona Vista Lounge 3: im Westin Bonaventure Hotel, 404 S. Figueroa St., Tel. 213-624-1000, www.starwoodhotels.com. Die Bar auf der 35. Etage dreht sich einmal pro Stunde um 360 Grad.

Vor Mann's Chinese Theatre – der alljährlich im März stattfindende Marathon führt von Hollywood nach Downtown

Coole Drinks ▶ Broadway Bar 4: 830 S. Broadway, Tel. 213-614-9909, www.thebroadwaybar.net, Di–Fr 17–2, Sa–Mo 20–2 Uhr. Ein gewaltiges blaues Neonzeichen weist Gästen nachts den Weg. Die neben dem historischen Orpheum Theatre liegende Bar soll durch das Lokal der Boxerlegende Jack Dempsey in New York inspiriert sein.

Heiße Rhythmen ▶ Club Mayan 5: 1038 S. Hill St., Tel. 213-746-4674, www.clubmayan.com, Fr–Sa bis 3 Uhr. Schicker Nachtclub zum Tanzen in einem 1927 erbauten Kino in der Nähe des Convention Center. Hervorragendes Soundsystem, Salsa-Nights und Go-go-Girls. Gute Kleidung ist obligatorisch.

Nobelclub ▶ The Edison 6: Second/Main St., Tel. 213-613-0000, www.edisondowntown.com, Mi–Sa 8–2 Uhr. Teurer Edelclub für eine gut betuchte Klientel mit Tanzmusik, guter Küche und Vorführungen besonderer Filme.

Seeräuberambiente ▶ Redwood Bar & Grill 7: 316 W. Second St., Tel. 213-680-2600, www.theredwoodbar.com, Mo–Fr 11–2, Sa–So 17–2 Uhr. Hippe Lounge im Piratenstil mit Strickleitern, alten Schnapsfässern und zu Kronleuchtern umfunktionierten Steuerrädern.

Musicals und Klassik ▶ Music Center 6: (s. S. 112). Zu diesem Zentrum gehören die unter Leitung von Placido Domingo stehende Los Angeles Opera, das Ahmanson Theatre mit Produktionen wie Andrew Lloyd Webbers »Phantom of the Opera« und das aufwendig renovierte Mark Taper Forum.

Musikgenuss vom Feinsten ▶ Los Angeles Philharmonic Orchestra 7: Das Orchester spielt unter der Leitung von Gustavo Dudamel in der spektakulären Walt Disney Concert Hall (s. S. 112).

Nostalgiepalast ▶ Orpheum Theatre 8: 842 S. Broadway, Tel. 877-677-4386, www.laorpheum.com. Heute werden in diesem Theater aus dem Jahr 1926 Konzerte, Filmfestivals und unterschiedliche Theaterproduktionen veranstaltet. Hier standen schon Judy Garland, Ella Fitzgerald, Duke Ellington, Little Richard, Aretha Franklin und Little Stevie Wonder auf der Bühne.

Aktiv

Fußgängertouren ▶ Los Angeles Conservancy Tours 1: 523 W. 6th St., Tel. 213-623-2489, www.laconservancy.org, Sa oder So ab 10 Uhr, 10 $, Reservierung obligatorisch. Professionell geführte Fußgängertouren mit diversen Zielen und Schwerpunkten.

Nächtliche Bustouren ▶ Neon Cruises 2: 814 S. Spring St., Tel. 213-489-9918, www.neonmona.org. Das Museum of Neon Art bietet nächtliche Bustouren an, bei denen man alte illuminierte Kinopaläste und attraktive Neonkunst zu sehen bekommt.

Radverleih ▶ JT Saniya 3: 417 S. San Pedro St., Tel. 213-626-7786. Hier bekommt man Räder aller Arten. Einen Stadtplan mit eingezeichneten Radwegen findet man unter der Webadresse www.metro.net/riding_metro/bikes/images/la_bike_map.pdf.

Sport- und Kulturveranstaltungen ▶ Staples Center 4: 865 S. Figueroa St., Tel. 213-742-7340, www.staplescenter.com. In diesem Stadion tragen u. a. die Basketballstars der L. A. Lakers ihre Heimspiele aus. Außerdem viele Konzerte. **Los Angeles Dodgers Stadium 5:** 1000 Elysian Park Ave., Tel. 323-224-1448, http://losangeles.dodgers.mlb.com. Nördlich von Downtown liegendes, 56 000 Zuschauer fassendes Stadion der bekanntesten lokalen Baseballmannschaft.

Wellness ▶ Courtyard Wellness 6: 515 S Flower St., Tel. 213-689-1500, www.courtyard-wellness.com. Fitness, Akupunktur und Massagetherapien; **Hilton Checkers Spa 7:** 535 S. Grand Ave., Tel. 213-624-0000, www.hiltoncheckers.com/spa.php. Hier kann man sich u. a. mit aromatisierten Ölen massieren oder Gesichtsbehandelungen durchführen lassen; **Miyako Hotel Spa 5:** s. S. 121; im Wellnessbereich des Hotels können sich Gäste nach einer anstrengenden Stadttour durch asiatische Massagen oder Saunagänge wieder fit machen lassen.

Fitnesstraining ▶ Morning Crunch Boot Camp 8: s. S. 125.

Termine

Chinese New Year (Anfang Feb.): Von viel Krach und Getöse begleitetes Neujahrsfest in Chinatown mit Drachenparade (www.lagoldendragonparade.com).

Mardi Gras (Feb.): Karneval in El Pueblo mit Samba-Tänzern, Stelzengehern und einer überbordenden Stimmung (www.olvera-street.com).

Los-Angeles-Marathon (März): Das Langstreckenrennen beginnt in Hollywood und endet im Wolkenkratzerkern in Downtown (www.lamarathon.com).

St. Patrick's Day (März): Irischer Feiertag mit Umzügen, bei denen Dudelsackpfeifer und Musikzüge überwiegend die Symbolfarbe Grün tragen (www.st-patricks-day.com/st_patricks_day_parade_los_angeles.html).

Cinco de Mayo (Anfang Mai): Die Mexikaner feiern an diesem Tag in El Pueblo den Sieg ihrer Truppen über die Franzosen im Jahre 1862 in Puebla (www.olvera-street.com/fiestas.html).

Nisei Week (Aug.): Japanisches Kulturfestival mit Auto-Show, Taiko-Vorführungen sowie Kunstaktivitäten und einer großen Parade (www.niseiweek.org).

Las Posadas (Dez.): Neuntägiges religiöses Fest rund um die Olvera Street im historischen Stadtkern mit Prozessionen, die Maria und Josephs Reise nach Bethlehem nachvollziehen (www.olvera-street.com).

Downtown Art Walk (jeden 2. Do im Monat): In Downtown sind zahlreiche Museen und Galerien von 12–19 Uhr kostenlos geöffnet, darunter auch das Geffen Contemporary. Im Internet gibt es einen Wegeplan mit allen teilnehmenden Einrichtungen (www.downtownartwalk.com/map/DAW_map.html).

Verkehr

Flüge: Internationale Flüge kommen auf dem Los Angeles International Airport (LAX) an der Küste zwischen Marina del Rey und Manhattan Beach an (Tel. 310-646-5252, www.lawa.org/lax, Flugzeit von Frankfurt ca. 12 Std.). Man erreicht Los Angeles von Frankfurt aus per Nonstopflug oder über Zwischenlandungen auf US-Flughäfen. Zwischen den Terminals pendeln Busse. Der kostenlose Shuttlebus G fährt zur Metro Rail Green Line Aviation Station. Um nach Down-

aktiv unterwegs

Fitnesstraining im Morning Crunch Boot Camp

Tour-Infos

Ort: 919 South Grand Ave., Park der FIDM Fashion School
Zeitpunkt: Mo, Mi, Fr 6.50–7.50 Uhr
Dauer: 1 Std. pro Trainingseinheit
Wichtige Hinweise: Tel. 1-888-54-ALIST, E-Mail: INFO@ALISTFIT.COM, www.morningcrunch.com/downtownbootcamp.html, breites Kursangebot, 1–5 x p. Woche (95–305 $)
Karte: s. Cityplan S. 110

Was tut der moderne Mensch nicht alles, um fit zu bleiben, zu werden oder die überflüssigen Pfunde zu bekämpfen! In Downtown Los Angeles treffen sich regelmäßig Leute im **Morning Crunch Boot Camp 8**, die alle von der Idee beseelt sind, gesund und aktiv zu bleiben. Der Begriff Boot Camp stammt eigentlich aus dem militärischen Sprachgebrauch und bezeichnet ein Ausbildungslager für Rekruten. Aber ganz so streng geht es beim frühmorgendlichen Fitnessprogramm in einem Park mitten im Herzen von Los Angeles nicht zu. Statt brüllender Ausbilder leiten passionierte Trainer den *workout*. Und statt Kasernenhofton setzen die Übungsleiter bei Bauchmuskel- und Intervalltraining, kurzen Sprints, Gymnastik und Dehnübungen eher auf motivierende Argumente.

Wer teilnehmen will, muss keine sportlichen Voraussetzungen mitbringen. Sportkleidung, ein Handtuch, eine Matte für Bodenübungen und eine Flasche Wasser reichen aus. Alle Trainingseinheiten finden im Freien statt. Duschen sind nicht vorhanden, aber es gibt Toiletten auf dem Gelände. Die jeweiligen Gruppen sind bis zu 12 Personen stark und bieten neben den sportlichen Zielen gute Gelegenheiten, nette Leute kennenzulernen.

town zur Union Station zu kommen, muss man auf die Metro Blue Line umsteigen (Dauer 45 Min., 1,80 $). Der SuperShuttle in die Stadt bzw. Taxis kosten je nach Fahrtziel 15–35 $ (Tel. 310-782-6600, www.supershuttle.com). Zwischen LAX und Union Station verkehren im 30-Min.-Takt Fly-Away-Busse (www.LAWA.org, ca. 45 Min., Erw. einfache Fahrt 6 $, Kinder 2–12 J. 2 $).

Züge: Zentraler Bahnhof für Fernverbindungen ist Union Station (800 N. Alameda Ave., Tel. 213-624-0171, 1-800-872-7245, www.amtrak.com). Preisbeispiele: Los Angeles–Tucson 74 $; Los Angeles–Seattle 192 $. Die Regionalzüge von Metrolink bedienen den gesamten Großraum Los Angeles (www.metrolinktrains.com). Zwischen Los Angeles und Chicago verkehrt der Fernzug »Southwest Chief« mit Halt in Albuquerque und Kansas City. Für die Fahrt muss man etwa zwei Tage veranschlagen. Das einfache Ticket kostet mindestens 281 $.

Busse: Greyhound Terminal, 1716 E. 7th St., Tel. 213-629-8401 od. 1-800-229-9424, www.greyhound.com. In alle Richtungen.

Fortbewegung in der Stadt

Das Metro Rail System besteht aus 5 Linien: Blaue Linie: Downtown Los Angeles–Long Beach; Grüne Linie: Norwalk–Redondo Beach; Rote Linie: Downtown–Hollywood–San Fernando Valley; Lila Linie: Mittlerer Wilshire Blvd.; Goldene Linie: Union Station–Pasadena. Der Metro Day Pass ist 24 Std. auf allen Bus- und Metrolinien gültig, 5 $; Einzelfahrt 1,25 $ (www.metro.net). DASH-Busse verkehren in Downtown, Hollywood und der West Side (Tel. 213-808-2273, www.ladottransit.com, pro Fahrt 0,25 $).

Taxi: Für die Fahrt mit dem Taxi vom Flughafen nach Downtown bezahlt man eine Flatrate von 42 $. Ansonsten kosten die ersten 230 m (gezählt wird das erste Siebtel der 1. Meile) 2,65 $, jede weitere Meile 2,45 $.

Hollywood und Umgebung

Hollywood! Der Name hatte schon immer einen magischen Klang. Keine andere amerikanische Stadt hat sich als Synonym für auf Leinwand projizierte Träume eine ähnliche Legende selbst geschaffen. Wo vor einem Jahrhundert der Mythos Hollywood begann, als Bilder plötzlich laufen lernten, begegnet man auf Schritt und Tritt Erinnerungen an Stars und Sternchen.

Hollywood darf sich mit Fug und Recht einflussreichste und berühmteste Filmmetropole der Welt nennen. Geografisch ist dies nicht ganz korrekt, da in Hollywood selbst mit Paramount nur noch eine einzige große Gesellschaft ansässig ist. Die meisten anderen zogen aus Kostengründen schon vor Jahrzehnten ins Umland, hauptsächlich nach Burbank und Culver City. Dennoch zehrt die Stadt nach wie vor von ihrem Ruf als Wiege des amerikanischen Films und schmückt sich mit dem Abglanz ihrer glamourösen Vergangenheit. Auf Schritt und Tritt begegnet man den Erinnerungen an Stars und Sternchen, deren Extravaganzen und Skandale Hollywood mit dem Stoff ausstatten, aus dem Zelluloidträume gemacht sind.

In jüngster Zeit fällt der Name Hollywood häufig in Zusammenhang mit dem Begriff Renaissance. Tatsächlich feiert der Hollywood Boulevard seit Beginn des neuen Jahrtausends seine Wiedergeburt, nachdem er in den 1980er- und 1990er-Jahren nicht nur den wirtschaftlichen Niedergang vollzogen hatte, sondern im Dunstkreis von Drogendealern, Junkies, Straßenkindern, Prostituierten und Obdachlosen in die Verwahrlosung abgestiegen war. Nach einem ersten *facelift* kann sich die in die Jahre gekommene Diva Hollywood wieder der Öffentlichkeit zeigen. Stadtplaner, Bauunternehmer, Lokalpolitiker und Investoren haben für sie gegenwärtig nur eine einzige Zukunftsperspektive vor Augen: die Wiedererweckung von Glanz und Glamour durch eine typisch amerikanische Erfolgsgeschichte, an deren Ende nur ein klassisches Happy End stehen kann.

Hollywood Boulevard
► 2, B 1

Cityplan: S. 128
Mitten durch das historische Herz der kalifornischen Filmindustrie führt mit dem **Hollywood Boulevard** die langsam wieder pulsierende Hauptschlagader des einstmals heruntergekommenen Stadtteils, der seit der Jahrtausendwende erneut an alte, glanzvolle Zeiten anknüpfen will. Die berühmteste Erinnerung an diese Ära schufen Ende der 1950er-Jahre Tourismusplaner der lokalen Handelskammer mit einer cleveren Idee.

Walk of Fame
Mit dem Walk of Fame legte man zu beiden Seiten des Hollywood Boulevard zu Ehren lebender bzw. verblichener Ikonen der Filmindustrie eine aus über 2000 in die Gehsteige eingelassenen Granitsternen bestehende Promi-Galerie an. Dieser Pfad der Berühmtheiten beginnt an der Straßenkreuzung von Hollywood Boulevard und La Brea Avenue mit dem **Walk of Fame Gateway Gazebo** 1 auf gebührende Weise. Der kleine, offene Pavillon ruht nicht auf Säulen, sondern auf vier

stützenden Skulpturen, die den Schauspielerinnen Dorothy Dandridge, Dolores del Rio, Mae West und Anna May Wong nachgebildet wurden. Auf dem Dach des Gazebo posiert Filmgöttin Marilyn Monroe, der Hollywood eigentlich mehr verdankt als einen Pavillonschmuck.

Der Celebrity-Faktor zieht seit Jahrzehnten. Millionen Schaulustige pilgern Jahr für Jahr am Walk of Fame entlang, um ihren im Straßenpflaster verewigten Leinwandlieblingen einen Besuch abzustatten (Liste aller verewigten Stars samt Beschreibung des jeweiligen Standorts unter www.seeing-stars.com, dort unter Where the Stars are immortalized, weiter unter Memorials, Monuments, Statues & Halls of Fame und schließlich unter Hollywood Walk of Fame).

Hollywood Roosevelt Hotel 2

Seit seiner Eröffnung im Jahr 1927 war das **Hollywood Roosevelt Hotel** in Hollywood zentraler Treffpunkt für Reiche und Einflussreiche, für Berühmtheiten und solche, die sich erst auf den steinigen Weg zum Erfolg machten. Zwei Jahre später ließ die erste Oscar-Verleihung die Promi-Herberge mit ihrer im spanischen Stil gehaltenen Lobby endgültig zum Dreh- und Angelpunkt der Filmschaffenden werden. Der Hotelpool avancierte in den vergangenen Jahren zum Hotspot der snobistischen Partyszene aus Modedesignern, Paparazzi und blondierten Trophäen der plastischen Chirurgie.

Wer einen Platz an der Tropicana Bar ergattert hat, betrachtet diesen Erfolg in der Regel als Tauglichkeitsbeweis für höhere Aufgaben. Den Beweis trat schon Marilyn Monroe an, als sie auf dem Sprungbrett des Roosevelt-Pools für ein Sonnenschutzmittel posierte und damit ihre Weltkarriere begann. Es versteht sich von selbst, dass später auch das Hotelmanagement vom Leinwandstar profitieren wollte. Heute können Kinofans in der Marilyn-Monroe-Suite unterkommen oder im Gable-Lombard Penthouse übernachten und Clark Gable die Ehre erweisen, der in der Edelschnulze »Vom Winde verweht« die Hauptrolle spielte und im Roosevelt des Öfteren mit seiner Frau Carol Lombard zu Gast war. Auch Montgomery Clift trug sich in die Annalen der Filmgeschichte ein, als er 1953 in Zimmer 923 seine Texte für »Verdammt in alle Ewigkeit« auswendig lernte.

Mann's Chinese Theatre 3

Ähnlich wie das Roosevelt Hotel lebt auch das 1927 eröffnete **Mann's Chinese Theatre** von Reminiszenzen an Filmgöttinnen und Leinwandheroen. Vor dem zwar nicht schönen, dafür aber außergewöhnlichen Theater im asiatischen Fantasiestil lieferte die Schauspiellegende Mary Pickford am 30. April 1927 als Erste einen deutlich sichtbaren Schuhabdruck im weichen Zement des Vorplatzes ab. Viele Stars folgten seit damals dem Beispiel und hinterließen auf den Bodenplatten neben Hand- sogar Nasenabdrücke als persönliche Signaturen – für Besucher eine gute Gelegenheit, die Größe der eigenen Hände oder Füße mit denen von John Travolta, Bruce Willis, Johnny Depp, George Clooney, Matt Damon oder Brad Pitt zu vergleichen. Natürlich ist auch der kalifornische Gouverneur und Ex-Hollywoodstar Arnold Schwarzenegger vertreten, und zwar in der zementierten Nachbarschaft von Tom Cruise, Mel Gibson und Meryl Streep.

In Anbetracht der Starpräsenz gerät fast in Vergessenheit, dass der exotische Tempel nach wie vor als Premierentheater dient, auf dessen Bühne 2010 u. a. der Rentnerthriller »RED« mit Bruce Willis und Helen Mirren den Kinostart feierte.

Auf VIP-Backstage-Touren können auch Normalsterbliche einen Blick hinter die Kulissen des Theaters und in die VIP Lounge werfen (6925 Hollywood Blvd., Tourtermine und Preise unter Tel. 323-463-9576, www.manntheatres.com).

Hollywood & Highland Center 4

Seit der Fertigstellung des gewaltigen Komplexes hat sich der Platz vor dem **Hollywood & Highland Center** in eine Open-Air-Bühne für spontane Laiendarsteller verwandelt. Als Marilyn Monroe oder Shrek, Charly Chaplin

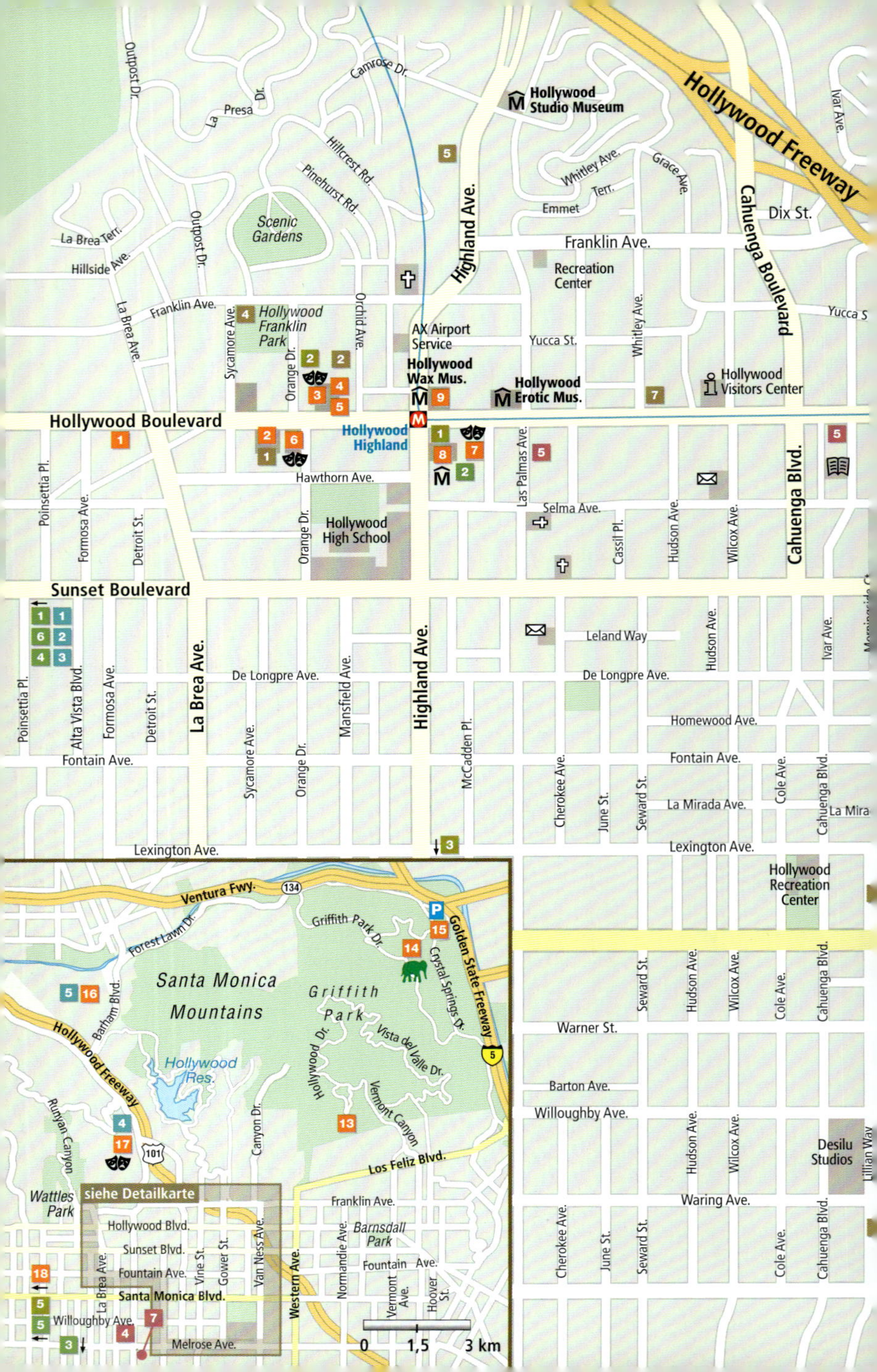

Hollywood Freeway
Hollywood Studio Museum
Camrose Dr.
La Presa Dr.
Outpost Dr.
Hillcrest Rd.
Pinehurst Rd.
Scenic Gardens
La Brea Terr.
Hillside Ave.
La Brea Ave.
Franklin Ave.
Highland Ave.
Whitley Ave.
Grace Ave.
Emmet Terr.
Dix St.
Ivar Ave.
Cahuenga Boulevard
Recreation Center
Yucca St.
Hollywood Franklin Park
Sycamore Ave.
Orange Dr.
Orchid Ave.
AX Airport Service
Hollywood Wax Mus.
Hollywood Erotic Mus.
Hollywood Visitors Center
Hollywood Boulevard
Hollywood Highland
Hawthorn Ave.
Las Palmas Ave.
Selma Ave.
Hollywood High School
Poinsettia Pl.
Formosa Ave.
Detroit St.
Cassil Pl.
Hudson Ave.
Wilcox Ave.
Cahuenga Blvd.
Sunset Boulevard
Leland Way
De Longpre Ave.
Mansfield Ave.
Alta Vista Blvd.
Homewood Ave.
Fontain Ave.
McCadden Pl.
Cherokee Ave.
June St.
Seward St.
Cole Ave.
La Mirada Ave.
Lexington Ave.
Hollywood Recreation Center
Ventura Fwy.
Griffith Park Dr.
Golden State Freeway
Forest Lawn Dr.
Crystal Springs Dr.
Santa Monica Mountains
Griffith Park
Barham Blvd.
Vista del Valle Dr.
Hollywood Freeway
Hollywood Res.
Hollywood Dr.
Vermont Canyon
Runyan Canyon
Canyon Dr.
Los Feliz Blvd.
Wattles Park
siehe Detailkarte
Franklin Ave.
Barnsdall Park
Hollywood Blvd.
Sunset Blvd.
Fontain Ave.
Santa Monica Blvd.
Willoughby Ave.
Melrose Ave.
Vine St.
Gower St.
Van Ness Ave.
Western Ave.
Normandie Ave.
Vermont Ave.
Hoover St.
0 1,5 3 km
Warner St.
Barton Ave.
Willoughby Ave.
Desilu Studios
Lillian Way
Waring Ave.

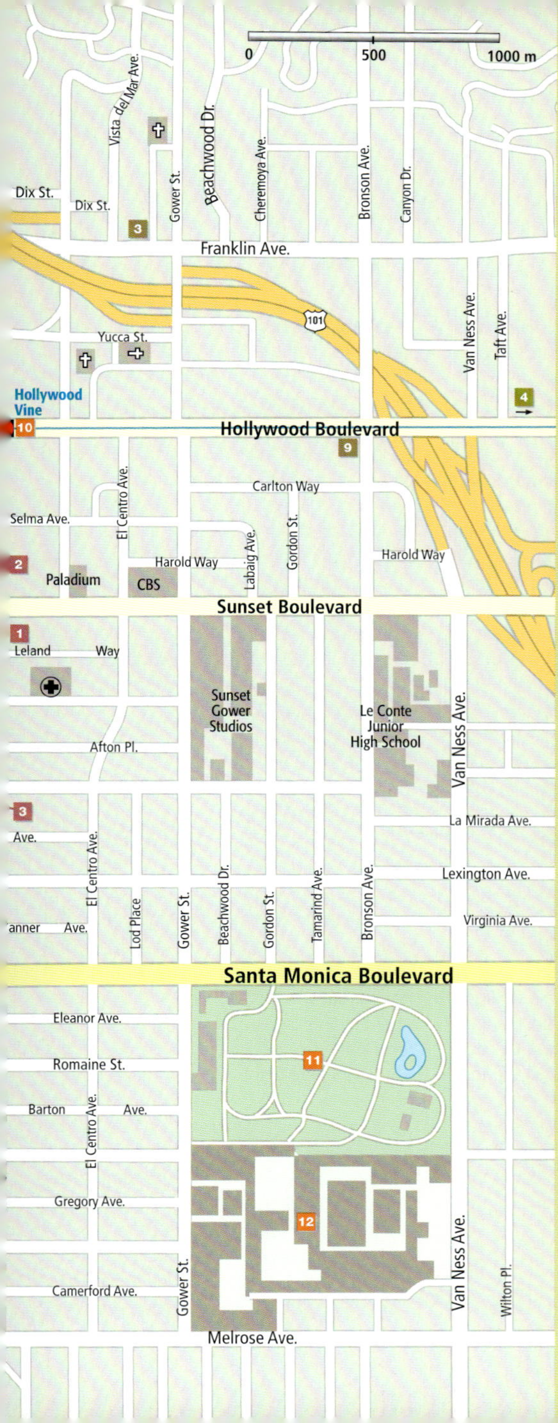

Hollywood

Sehenswert

1 Walk of Fame Gateway Gazebo
2 Hollywood Roosevelt Hotel
3 Mann's Chinese Theater
4 Hollywood & Highland Center
5 El Capitan Theater
6 Egyptian Theatre
7 Hollywood Museum
8 Hollywood Wax Museum
9 Hollywood Erotic Museum
10 Hollywood & Vine
11 Hollywood Forever Cemetery
12 Paramount Pictures
13 Griffith Observatory
14 Los Angeles Park Zoo
15 Autry National Center
16 Universal Studios
17 Hollywood Bowl
18 West Hollywood

Übernachten

1 Hollywood Roosevelt Hotel
2 Renaissance Hollywood Hotel
3 Best Western Hollywood Hills
4 Highlands Garden Hotel
5 Best Western-Hollywood Plaza
6 Vagabond Inn Executive
7 Motel 6
8 Econo Lodge
9 Vibe Hotel

Essen & Trinken

1 Magnolia
2 Hungry Cat
3 El Floridita
4 Osteria Mozza
5 Miceli Restaurant
6 Tom Yum Thai Restaurant
7 Pink's

Fortsetzung s. S. 130

Hollywood

Einkaufen

1 Tower Records
2 Frederick's of Hollywood
3 La Brea Avenue
4 Lisa Kline Men
5 B. Boheme
6 Candle Delirium

Abends & Nachts

1 Roxy Theatre
2 Whisky A Go-Go
3 Viper Room
4 Hollywood Bowl
5 Gibson Amphitheater

Aktiv

1 Red Line Tours
2 Starline Tours
3 Hollywood Skies Helicopter Tour
4 Roosevelt Golf Course
5 Kinara Spa

oder Frankenstein lassen sie sich für ein paar Dollars zusammen mit Touristen fotografieren, die ein persönliches Souvenir mit nach Hause nehmen wollen. Kinos, Renaissance Hollywood Hotel, Restaurants, Straßencafés, zwei Nachtclubs, Bowlingbahnen, Boutiquen, TV- und Radiostudios machten Hollywood & Highland zum neuen Zentrum am Hollywood Boulevard. Die Gebäude mit umlaufenden offenen Gängen gruppieren sich um einen von Palmen bestandenen Platz, in dem Elefanten aus Zement auf hohen Säulen sitzen. In Richtung Hinterland und Berge schließt das Zentrum ein gewaltiges Tor ab, durch dessen Öffnung man einen freien Blick auf das berühmte Hollywoodzeichen hat, das mit seinem 137 m langen Schriftzug HOLLYWOOD zum unverwechselbaren Erkennungszeichen dieses Teiles von Los Angeles wurde (6801 Hollywood Blvd., Tel. 323-817-0200, www.hollywoodandhighland.com, Mo–Sa 10–22, So 10–19 Uhr).

Besondere Zugkraft verleiht dem Hollywood & Highland Center das integrierte **Kodak Theatre,** in dem seit 2001 mit dem Oscar der begehrteste Filmpreis verliehen wird. Aus diesem riesigen Medienereignis zog Hollywood in den letzten Jahren einen beträchtlichen Imagegewinn. Finden in dem eleganten Auditorium keine Veranstaltungen statt, können sich Interessenten Führungen durch diese heiligen Hallen der Filmindustrie anschließen (Tel. 323-308-6300, www.kodaktheatre.com/theatre_tours.htm, Führungen tgl. alle halbe Stunde von 10.30–16 Uhr, Erw. 15 $, Kinder unter 17 J. 10 $).

Madame Tussauds 5

Ein ständiger Promi-Treff findet tagtäglich gleich neben Grauman's Chinese Theatre bei **Madame Tussauds** statt. Im jüngsten Wachsfigurenkabinett der Stadt, das in ein Dutzend Themen wie Spirit of Hollywood, Western, Krimis, Moderne Klassiker, Filmemacher, Sport und Action-Helden aufgeteilt ist, haben Berühmtheiten wie US-Präsident Barack Obama, Brad Pitt, Angelina Jolie, Samuel L. Jackson, Nicole Kidman, Jennifer Lopez, Denzel Washington, Johnny Depp, James Dean, Clark Gable, Justin Timberlake, Shakira und Britney Spears eine dauerhafte Unterkunft gefunden. Die verblüffend ähnlichen Wachskopien waren in einzelnen Fällen bis zu 150 000 $ teuer (6933 Hollywood Blvd., Tel. 323-467-8277, www.madametussauds.com/Hollywood, Mo– Do 10–18, Fr–So 10–20 Uhr, Erw. 25 $, Senioren ab 60 J. 20 $, Kinder unter 12 J. 18 $).

El Capitan Theatre 6

Außer Mann's Chinese Theatre entstanden am Hollywood Boulevard in den 1920er-Jahren zwei weitere grandios ausgestattete Kinopaläste, die dem neuen Medium Film Aufmerksamkeit verschaffen sollten. Als 1926 mit großem Pomp das **El Capitan Theatre** eröffnet wurde, war dies nur der Anfang einer erfolgreichen Karriere als Bühne, auf der Stars wie Buster Keaton, Henry Fonda, Will Rogers und Clark Gable spielten und »Citizen Kane« von Orson Welles die Uraufführung erlebte. 1989 kaufte der Disneykonzern das Theater auf, ließ es in altem Glanz restaurieren und für Premieren und andere Filmvorführungen herrichten. Heute überträgt von dort an fünf Abenden pro Woche der TV-Sender ABC mit »Jimmy Kimmel Live« eine populäre Talkshow (6838 Hollywood Blvd., Ticket unter www.1iota.com, http://disney.go.com/disneypictures/el_capitan).

Egyptian Theatre 7

Die 1920er-Jahre brachten nicht nur den Aufschwung des Films mit sich, sondern waren auch durch ein plötzlich gewachsenes Interesse der Öffentlichkeit an der Archäologie gekennzeichnet. Grund dafür war die abenteuerliche Suche des Engländers Howard Carter nach dem Grab von Pharao Tutanchamun in Ägypten. Auch die Architekten Meyer & Holler konnten sich offenbar der Faszination der Ausgrabungen nicht entziehen und ließen in ihren Entwurf für das **Egyptian Theatre** orientalische Elemente einfließen. Als dort 1922 »Robin Hood« mit Douglas Fairbanks als erster Premierenfilm uraufgeführt wurde, staunte das Publikum nicht nur über das Leinwandepos, sondern auch über die märchenhafte Innenarchitektur des Theaters. Nach dem Zweiten Weltkrieg rollte man vor dem Haus jahrzehntelang keine roten Teppiche mehr aus. Erst Ende des 20. Jh. war der exotische Palast wieder hergestellt und dient heute als Sitz der American Cinematheque. Außer dem von Kevin Spacey, John Travolta und Salma Hayek kommentierten Streifen »Forever Hollywood« über die 100-jährige Geschichte von Hollywood werden unterschiedliche Filme gezeigt (6712 Hollywood Blvd., Tel. 323-466-3456, www.egyptiantheatre.com, Führungen auf Anfrage).

Museen in Hollywood

Cityplan: S. 128

Wer sich für verblichene Stars wie Marilyn Monroe, Mae West, Elvis und Barbara Stanwyck oder für Requisiten aus berühmten Hollywoodfilmen wie den Zellenblock des Serienkillers Hannibal Lecter aus dem Thriller »Das Schweigen der Lämmer« interessiert, wird im **Hollywood Museum** 8 reich bedient. Kulissen und Kostüme, Drehbücher und Filmposter verteilen sich auf vier Etagen des ehemaligen Max Factor Building, das nach einem russischen Einwanderer benannt wurde, der es im Goldenen Zeitalter von Hollywood als Maskenbildner zu Ruhm und Ansehen brachte. Als Hommage an den Kosmetikkünstler stellt das Museum im ersten Obergeschoss Factors ehemaligen Schminkraum mit historischen Fotos aus (1660 N. Highland Ave., Tel. 323-464-7776, www.thehollywoodmuseum.com, Mi–So 10–17 Uhr, Erw. 15 $, Kinder unter 12 J. 12 $).

Wer leibhaftigen, wenn auch leblosen Stars begegnen will, begibt sich am besten ins **Hollywood Wax Museum** 9. Dort haben sich Robert Redford, Julia Roberts, Harrison Ford, Tom Hanks, Catherine Zeta-Jones und über 220 andere Prominente aus Film, Showbusiness, Sport und Politik zu einem VIP-Treffen versammelt. Einige stehen seit 30 Jahren dort und sind keine Spur älter geworden, was den Fähigkeiten der Wachskünstler zuzuschreiben ist. Etwa 2 kg Wachs, wofür 56 000 Bienen schuften müssen, brauchten sie, um das Gesicht eines Unsterblichen nach Fotografien und Maßen naturgetreu zu modellieren. Danach legen noch Haardesigner, Augen- und Zahnspezialisten sowie Modefachleute Hand an. Am Ende kostet ein Alter Ego von Angelina Jolie oder Brad Pitt gut und gerne 25 000 $ (6767 Hollywood Blvd., Tel. 323-462-5991, tgl. 10–24 Uhr, Erw. 15,95 $, Kinder 5–12 J. 8,95 $).

Musik- und Filmindustrie

Cityplan: S. 128

Hollywood & Vine 10

Unter **Hollywood & Vine** verstehen die Einheimischen die historische Straßenkreuzung von Hollywood Boulevard und Vine Street, um die sich der nach dem amerikanischen Entertainer benannte Bob Hope Square ausdehnt. An dieser Stelle stand die Wiege von Hollywood, als ein kalifornischer Pionier 1887 seine dort liegende Ranch durch den Bau von zwei Straßen aufteilte. Später siedelten sich um den Schnittpunkt hauptsächlich Unternehmen der Radio- und TV-Branche an. Zu den bekanntesten Gebäuden von Hollywood zählt der runde, 13 Stockwerke hohe **Capitol Records Tower,** dessen Architekturdesign an einen Stapel Schallplatten auf einem Plat-

aktiv unterwegs

Auf dem Promifriedhof von L. A.

Tour-Infos

Start: Haupteingang Hollywood Forever Cemetery, 6000 Santa Monica Blvd.
Länge: ca. 2–3 km; **Dauer:** 1–2 Std.

Nicht allein durch berühmte ›Bewohner‹ hat der Promifriedhof **Hollywood Forever Cemetery** 11 Kultstatus erlangt, sondern auch durch seine parkähnliche Anlage mit Wasserflächen, Monumenten, außergewöhnlichen Grabsteinen, Statuen und zwei neoklassizistischen Mausoleen. Zu Lebzeiten brachte es die Schauspielerin **Joan Hackett** zwar zu keinem großen Ruhm. Dieses Handicap machte sie aber durch die prägnante Grabinschrift »Lasst mich in Frieden, ich schlafe« wett. Die Gangsterkarriere von **Benjamin ›Bugsy‹ Siegel,** der sich durch krumme Geschäfte mit der Mafia überworfen hatte, endete 1947 stilecht im Kugelhagel.

Zu den Stars der Stummfilmzeit gehörte der Schauspieler, Regisseur, Drehbuchautor und Produzent **Douglas Fairbanks.** Mit Mary Pickford bildete er bis zu seinem Tod 1939 Hollywoods Glamourpaar schlechthin. 1929 moderierte er die erste Oscarverleihung. Nur wenige Schritte entfernt sind im Cathedral Mausoleum drei bekannte Leinwandgrößen zur letzten Ruhe gebettet: **Peter Lorre,** der 1931 durch seine Rolle als Kindesmörder in »M – Eine Stadt sucht einen Mörder« in die Filmgeschichte einging, der Frauenschwarm **Rudolph Valentino** und der Film- und Theaterschauspieler **Peter Finch,** der für »Network« 1977 posthum einen Oscar erhielt.

Am Ufer des kleinen Friedhofsees befindet sich die letzte Ruhestätte von **Tyrone Power,** der es hauptsächlich in Western- und Abenteuerrollen zu Berühmtheit brachte. Filme wie »Die Spur des Falken« mit Humphrey Bogart, »Der Schatz der Sierra Madre« und »Nicht gesellschaftsfähig« mit Marilyn Monroe und Clark Gable zählten zu den bedeutendsten Regiearbeiten von **John Huston.** Ganz andere Qualitäten waren das Markenzeichen des Busenstars **Jayne Mansfield,** deren Grab ein herzförmiger Stein schmückt.

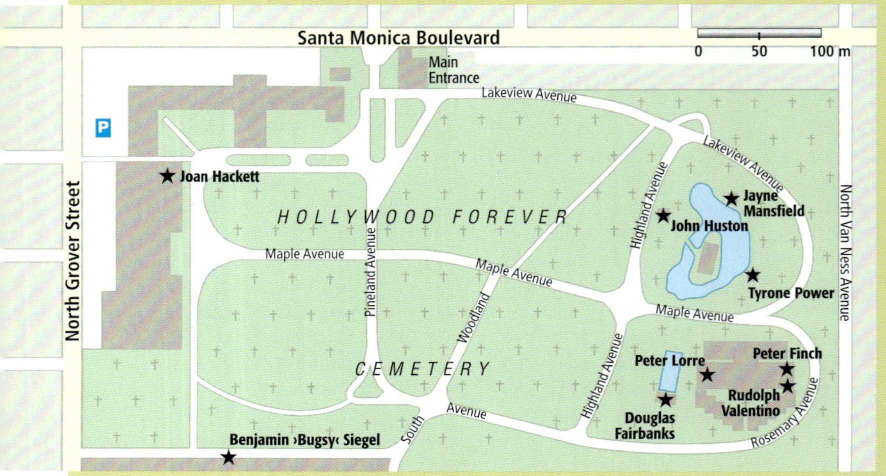

tenteller erinnern soll. Die dort sitzende Firma Capitol Records wurde 1942 gegründet und entwickelte sich schnell zu einem der größten Unternehmen der Musikindustrie. Früher hatte die Firma Frank Sinatra, die Beach Boys, die Beatles und Jimi Hendrix unter Vertrag, heute arbeitet sie mit Stars wie Kylie Minogue, Red Hot Chili Peppers, Robbie Williams und R.E.M.

Selbst die unterirdische Metro-Station **Hollywood & Vine** kommt nicht ohne Reminiszenzen an die Unterhaltungsindustrie aus und schmückt sich an der Decke mit cinematografischen Elementen wie alten Filmspulen. Über der Erde entstand ein neues Hotel mit Apartments und Läden, um diesem Teil von Hollywood neues Leben einzuhauchen.

Paramount Pictures 12

An die Südgrenze des Friedhofs grenzt das Gelände der letzten großen Filmgesellschaft in Hollywood an. Altstars wie Maurice Chevalier, Marlene Dietrich, Audrey Hepburn, Bing Crosby, Gary Cooper, James Stewart und Dean Martin verhalfen **Paramount Pictures** zu internationalem Renommee, das in jüngster Vergangenheit auf den Schultern von Berühmtheiten wie Leonardo di Caprio, Tom Hanks, Harrison Ford, Demi Moore, Madonna, Sean Connery, Russell Crowe und Morgan Freeman ruht. Hinter dem schmiedeeisernen Bronson Gate, von dem der Schauspieler Charles Bronson seinen Filmnamen geliehen haben soll, öffnet sich im Schatten eines altmodischen Wasserturms ein 1926 bezogenes Gelände fast so groß wie Disneyland, auf dem in der Regel über 5000 Menschen beschäftigt sind (s. S. 135).

Griffith Park ► 2, B/C 1

Cityplan: S. 128

Im Mai 2007 machte der **Griffith Park** Schlagzeilen, als dort Buschbrände wüteten und ganze Areale in Asche legten. Die meisten Sehenswürdigkeiten in diesem größten Stadtpark Amerikas konnten jedoch geöffnet bleiben. Am Fuß der Santa Monica Mountains gelegen, veränderten sich die Landschaften auf diesem Gelände in den vergangenen 100 Jahren häufig durch Feuer, Überschwemmungen und Dürreperioden, was der Beliebtheit der grünen Oase bei den Einwohnern von Los Angeles jedoch keinen Abbruch tat.

Außer Naturerlebnissen auf Wander- und Radwegen bzw. Freizeitaktivitäten auf Tenniscourts, Fußballplätzen und Golfanlagen bietet der Griffith Park eine Reihe lohnender Attraktionen. Wer den James-Dean-Klassiker »Denn sie wissen nicht, was sie tun« gesehen hat, kennt das im Art-déco-Stil auf einer Felsnase errichtete **Griffith Observatory 13**, das im Film zur Kulisse wurde. Nach einer fünfjährigen Renovierungsphase wiedereröffnet, ist der Besuch des Observatoriums nicht nur für Sternengucker ein Muss, sondern auch für Besucher, die aus 300 m Höhe den Blick auf die Stadtlandschaft genießen wollen. Vor allem Sonnenuntergänge tauchen den Ballungsraum in eine Licht- und Farbenorgie.

Außer Gesteinsbrocken von Mars und Mond, Bruchstücken von Meteoriten, einem Modell des Hubble-Weltraumteleskops und einem Foucaultschen Pendel haben sich die Planetariumshows zum Publikumsmagneten entwickelt (2800 E. Observatory Rd., Tel. 213-473-0800, www.griffithobservatory.org, Mi–Fr 12–22, Sa–So 10–22 Uhr, Mo–Di geschl., öffentlicher Bus Sa, So, Planetariumshow 7 $).

Der **Los Angeles Park Zoo 14** ist berühmt für die Aufzuchtprogramme des Kalifornischen Kondors, beherbergt aber auch ca. 2000 andere Tiere wie Kapuzineräffchen, Schildkröten, Schneeleoparden, Löwen, Sumatra-Tiger, Orang-Utans, Reptilien wie Anacondas und Alligatoren sowie Papageien, Afrikanische Fischadler und Flamingos. Für ein gutes Dutzend Schimpansen wurde eigens ein Camp eingerichtet. Kinder haben ihren Spaß bei Kamel- und Elefantenritten. Wer müde Beine bekommt, kann mit dem Safari Shuttle fahren (5333 Zoo Dr., Tel. 323-644-4200, www.lazoo.org, tgl. 10–17 Uhr, Erw. 14 $, Kinder 2–12 J. 9 $).

Jedem amerikanischen Schulkind ist Gene Autry (1907–1998) als Schauspieler und sin-

In den Fußstapfen der Stars: Tanzperformance auf dem Walk of Fame

gender Cowboy ein Begriff. Auf dem Walk of Fame in Hollywood ist er der einzige Prominente, dem fünf Sterne für seine Aktivitäten in fünf Branchen (Radio, Schallplatten, Film, Fernsehen und Live Performance) gewidmet wurden. Als Leinwandstar, Songdichter, TV-Serienheld, Besitzer von Radiostationen und Hoteleigner zu Ruhm und Reichtum gekommen, gründete der Volksheld 1988 mit dem Vorgänger des **Autry National Center** 15 eine Einrichtung, die heute mit zwei Museen und einem Institut die Geschichte des amerikanischen Westens erklärt und zeigt, wie dieser Teil Amerikas die restliche Welt beeinflusste.

Die Ausstellungen im **Museum of the American West** decken den gesamten Zeitraum vom Zeitalter der nomadisierenden Urbevölkerung über die Ära der spanischen Missionare, der russischen Pelztierjäger, der französischen Voyageurs und der frühen amerikanischen Siedler bis ins 20. Jh. ab, als sich moderne Medien wie Radio, Film und Fernsehen mit dem westlichen Landesteil zu beschäftigen begannen.

Die Exponate reichen von einer mehr als 200 Einzelstücke umfassenden Colt-Sammlung über Reitsättel bis zu Memorabilien vieler Berühmtheiten des Westens einschließlich Buffalo Bill und Wyatt Earp. Das **Southwest Museum of the American Indian** ist bis voraussichtlich 2013 geschlossen. Das **Institute for the Study of the American West** fördert mit einer Fachbibliothek und wissenschaftlichen Materialien die Forschung über den amerikanischen Westen (4700 Western Heritage Way, Tel. 323-667-2000, www.autrynationalcenter.org, Di–Fr 10–16, Sa–So 11–

Tipp: Auf den Spuren der Hollywoodstars

Für viele Amerikabesucher gehört in der weltberühmten Traumfabrik Hollywood der Besuch eines Filmstudios zu den unverzichtbaren Erlebnissen einer Kalifornienreise. Doch so zahlreich, wie man vielleicht annehmen möchte, sind die Gelegenheiten dazu nicht. Zwar haben sich im Laufe der Zeit im Großraum Los Angeles mehrere hundert große und kleine Filmgesellschaften niedergelassen. Besuchertouren bieten aber nur einige wenige an. Bei tatsächlichen Drehs herrscht an den Sets in der Regel strikte Disziplin und hohe Professionalität, denen Zuschauerverkehr natürlich abträglich wäre.

Die letzte große Filmgesellschaft in Hollywood selbst ist **Paramount** mit einem ca. 30 ha großen Gelände, auf dem sich zahlreiche Studios und Verwaltungsbauten befinden. Gäste der 2-stündigen Touren werden mit kleinen Trolleys durch die Traumfabrik gefahren, die sich in der Regel aber weit nüchterner präsentiert, als sich die Teilnehmer gemeinhin vorstellen. Paramount wie andere Unternehmen werben zwar zwischen den Zeilen mit der Möglichkeit, hier und da einem Star über den Weg zu laufen. Die Chancen dafür sind dennoch äußerst gering (5555 Melrose Ave., Touren Mo–Fr 10, 11, 13 und 14 Uhr, obligatorische Reservierung Tel. 323-956-1777, www.paramountstudios.com/special-events/tours.html, Mindestalter 12 J., Fotografierverbot, 35 $).

Bei den **Warner Bros. Studios** handelt es sich nicht wie im Falle der **Universal Studios** (s. S. 137) um einen dem Film gewidmeten Vergnügungspark, sondern um ein echtes Filmgelände, auf dem TV- und Filmshows produziert werden und Besucher einen Blick hinter die Kulissen werfen dürfen. Nach einem 10-minütigen Einführungsfilm über Geschichte und Produktionen von Warner Bros. fährt man mit kleinen Wagen durch die Kulissen von »Ocean's 13« mit George Clooney und Brad Pitt, durch ein Klein-New York und ein Kulissenviertel von Chicago. Die normale Tour endet in einem Museum mit Exponaten aus bekannten Filmen und Memorabilien an berühmte Stars (75-minütige VIP Tour, VIP Tour Center, 3400 Riverside Dr., Burbank, Tel. 818-972-8687, www2.warnerbros.com/vipstudiotour, Mo–Fr 8.30–16 Uhr, im Hochsommer länger, 48 $; 5-stündige Deluxe Tour inklusive Lunch Mo–Fr 10.30 Uhr, 225 $).

In den **NBC Television Studios** geht es nicht um Kinofilme, sondern um Fernsehproduktionen. Auf der 70 Minuten dauernden Führung bekommt man u. a. die Abteilungen zu sehen, die für das perfekte Make-up der Menschen vor den Kameras sorgen und für die heutzutage fast obligatorischen Spezialeffekte zuständig sind. Fernsehzuschauern wird das Set der berühmten »Tonight Show« mit Moderator Jay Leno ebenso bekannt vorkommen wie die Kulisse mancher Seifenoper (3000 W. Alameda Ave., Burbank, Tel. 818-840-3537, www.studioaudiences.com, Mo–Fr 9–15 Uhr, 7 $).

In jüngerer Vergangenheit machten die **Sony Pictures Studios** in Culver City, zu denen seit einigen Jahren auch Metro-Goldwyn-Mayer (MGM) und United Artists gehören, mit Kinofilmen wie »Spider Man«, »Der Da Vinci Code« und dem James-Bond-Thriller »Casino Royale« Schlagzeilen und zugleich Kasse. Im Fernsehen wurden mehrere Soap Operas, Quiz- und Spielshows und die Comedy-Serie »Seinfeld« bekannt. Auf den Fußtouren flanieren Gäste durch die Kulissen, in denen die »Men in Black« Will Smith und Tommy Lee Jones Außerirdische dezimierten und berühmte Filme wie »Air Force One« und »Unheimliche Begegnung der dritten Art« entstanden. 2007 führte Sony auf seinem Studiogelände erstmals sogenannte Twilight Tours ein, die abends um 18.30 Uhr beginnen, zwei Stunden dauern und den Teilnehmern viel Wissenswertes über das Filmgeschäft vermitteln (10202 W. Washington Blvd., Culver City, Buchung Tel. 323-520-TOUR, www.sonypicturesstudiostours.com, tgl. 9–15 Uhr, 20 $, eine Reservierung ist obligatorisch).

Als die Bilder laufen lernten

Thema

Die Filmgeschichte von Hollywood begann um 1906, als die Pioniere George Van Guysling und Otis M. Gove ein erstes Studio gründeten und auf einer Pferderanch den ersten Film produzierten. In rascher Folge zogen andere Gesellschaften und unabhängige Filmemacher nach, die sich dem Einfluss eines an der amerikanischen Ostküste herrschenden Filmmonopols entziehen wollten.

Vor allem jüdische Einwanderer erwiesen sich damals als Triebkräfte der aufstrebenden Filmindustrie. Der aus Ungarn stammende Adolph Zukor baute 1912 mit einer Verleihfirma den Vorläufer von Paramount Pictures auf. Aus dem schwäbischen Laupheim stammte Carl Laemmle, der die Universal Film Manufacturing Company gründete und im San-Fernando-Tal mit Universal City eine ganze Studiostadt aus dem Boden stampfen ließ.

William Fox hob die Fox Film Corporation aus der Taufe, Benjamin Warner die Warner Brothers und Louis B. Mayer das berühmte Unternehmen Metro-Goldwyn-Mayer (MGM). Als ehemals arme Immigranten kannten die sogenannten Hollywood Jews den Geschmack des Publikums und hatten den gleichen amerikanischen Traum von Glück und Geld vor Augen. Um 1915 beliefen sich die Gewinne aus dem lokalen Filmgeschäft bereits auf ca. 20 Mio. $. Die für damalige Zeiten stolzen Profite der Companies bzw. Produzenten lockten viele Branchenneulinge an. Von den 1920er-Jahren bis in die Zeit nach dem Zweiten Weltkrieg ließen sich 250 Filmgesellschaften in Hollywood nieder, die mit berühmten Regisseuren und Leinwandstars zusammenarbeiteten. Darunter waren europäische Kunstschaffende wie die Regisseure Ernst Lubitsch und Fritz Lang, Peter Lorre, Marlene Dietrich und Greta Garbo.

Nachdem 1927 mit »The Jazz Singer« der erste Tonfilm über die Leinwand flimmerte und die 1930er-Jahre im Zeichen der Erfindung des Farbfilms standen, brach für Hollywood das Goldene Zeitalter an. Nur noch große Gesellschaften waren in der Lage, den erhöhten technischen Aufwand zu finanzieren. Einer der Pioniere des Farbfilms war Walt Disney, der das Technicolorverfahren bei seinen Zeichentrickfilmen nutzte. Den Durchbruch schaffte 1939 das melodramatische Bürgerkriegsepos »Vom Winde verweht«.

Mit der Verbreitung des Fernsehens seit den 1950er-Jahren entstand der Filmindustrie eine ernsthafte Konkurrenz, der Hollywood mit einer Reihe technischer Neuerungen wie Breitwandformat und Stereoton Paroli zu bieten versuchte. Hinzu kam, dass damals große Regisseure wie Alfred Hitchcock und John Ford ebenso am Ende ihres Lebenswerks angekommen waren wie viele Erfolg garantierende Leinwandstars des Goldenen Zeitalters, etwa Gary Cooper, Cary Grant, Humphrey Bogart und John Wayne. Erst als sich auch die Filmemacher im südlichen Kalifornien thematisch mit den neuen gesellschaftlichen Verhältnissen auseinanderzusetzen begannen, gelang es ihnen, verlorenes Terrain zurückzuerobern.

In jüngster Zeit half dabei die Wiederentdeckung des computeranimierten Trickfilms mit erfolgreichen Produktionen wie »Shrek« und »Avatar«. Weiteres Potenzial sieht Hollywood heute in der Entwicklung neuer 3-D-Technologien.

Tour durch die Universal Studios: Hier werden Träume (fast) Wirklichkeit

17 Uhr, jeden 2. Di im Monat Eintritt frei, Erw. 9 $, Kinder 2–12 J. 3 $).

Universal Studios ▶ 2, B 1

Cityplan: S. 128
Weil die Produktionskosten ins Uferlose zu steigen drohten, verlegten die meisten Filmgesellschaften ihre Studios schon vor Jahrzehnten an den Stadtrand. Dazu gehörten die **Universal Studios** 16**,** die unter den Illusionsfabriken zu den attraktivsten und meistbesuchten zählen, weil sie die Filmlegende Hollywood auf sehr unterhaltsame Weise mit den Attraktionen eines Vergnügungsparks verbinden. Um die ursprünglichen Filmhallen entstand über die Jahrzehnte ein riesiges Gelände mit Filmkulissen, von denen die meisten dem Zeitgeist entsprechen und mit Fahrbetrieben kombiniert sind.

Wer die Universals besucht, macht vor dem eigentlichen Park zunächst mit dem **Universal City Walk** Bekanntschaft, für den man keinen Eintritt zu zahlen braucht. Die Shopping- und Entertainmentmeile bildet fast eine eigene kleine Stadt, an deren zentraler Promenade knapp zwei Dutzend Restaurants, Imbisse, Clubs, ein 6-stöckiges IMAX-3-D-Kino und viele Fachgeschäfte mit einem Riesenangebot an Souvenirs, Harley-Davidson-Accessoires, Kosmetika, Schmuck und Mode liegen. Bei typischen Louisiana-Spezialitäten, mexikanischer Küche oder amerikanischen Steaks kommen nicht nur hungrige Gäste auf ihre Kosten. **B. B. King's Blues Club,** der lateinamerikanische **Rumba Room Nightclub** und das **Hard Rock Café** sorgen auch für musikalische Unterhaltung. Wem das nicht genügt: im 6000 Plätze großen **Gibson Amphitheatre** finden regelmäßig Konzerte bekannter Gruppen und Interpreten statt (100 Universal City Plaza, Tel. 818-622-4440). Außer Essen und Musik bietet der City Walk abwechslungsreiche Unterhaltung an vom NASCAR-Rennsimulator bis zum Bowling (www.citywalkhollywood.com, So–Do 11–21, Fr–Sa 11–23 Uhr).

Die eigentlichen **Universal Studios Hollywood** eröffneten 1964 ihre Tore und zogen seit damals fast 100 Mio. Gäste mit ihren Filmthemen in Bann. »Jurassic Park«, »Zu-

Tipp: Der gefragteste Filmpreis der Welt

Die kleine Statue trägt den Namen **Oscar,** ist 4 kg schwer und 34 cm hoch. Die mit 24-karätigem Gold überzogene Figur mit einem Materialwert von ca. 300 $ stellt einen stilisierten Ritter dar, der auf einer Filmrolle steht und sich auf ein Schwert stützt. Die von der Academy of Motion Picture Arts and Sciences (AMPAS) ausgelobte Auszeichnung wird seit 1929 alljährlich in unterschiedlichen Kategorien vergeben. »Das weiße Band« des österreichischen Regisseurs Michael Haneke und seines Kameramanns Christian Berger war 2010 im Rennen um den Preis für den besten fremdsprachigen Film und für die beste Kamera.

rück in die Zukunft«, »King Kong«, »Terminator 2« und »Revenge of the Mummy« sind nur einige Kinoschlager, deren Kulissen in zum Teil nervenzerfetzende Indoor-Coasters verwandelt wurden. In den meisten Fällen sind die abenteuerlichen Achterbahnfahrten mit jenen Spezialeffekten angereichert, mit denen auch das Publikum im Kino beeindruckt werden soll. Aufwendige Computertechnik spielt bei der »Waterworld«-Stuntshow und bei »Der weiße Hai« im Hintergrund eine Hauptrolle, wenn das riesige Meeresmonster plötzlich nach dem Boot schnappt, mit dem Besucher über ein vermeintlich harmloses Gewässer schippern. Im Action-Klassiker »Earthquake« besteht die Kulisse aus einem U-Bahnhof in San Francisco, in dem die Gäste ein simuliertes Erdbeben der Stärke 8,3 mit durch die Decke stürzendem Tankwagen und Wassereinbruch erleben.

Höhepunkt der Universal Studios ist die im Eintrittspreis enthaltene **Studio Tour.** Mit offenen Trams fahren die Gäste durch das Filmgelände, auf dem an mehreren Stellen die Kulissen von Fernsehserien wie »Desperate Housewives«, »CSI – Crime Scene Investigation« und »Ghost Whisperer« aufgebaut sind. Hier und da wird man von *special effects* überrascht, so beispielsweise auf der Fahrt durch ein Attrappendorf aus dem Film »Flash Flood«, in dem ein computergesteuerter Regenguss einen Platz in wenigen Sekunden in einen reißenden Strom verwandelt. Ständig verändern bzw. ergänzen die Studioarchitekten das Ambiente für die von einer virtuellen Whoopi Goldberg kommentierten Tour, weil die Drehorte aktualisiert werden müssen, um Werbung für die neuesten Filmproduktionen zu machen (100 Universal City Plaza, Universal City, Tel. 818-622-3801, www.universalstudioshollywood.com, im Sommer Mo–Do 9–20, Fr–So 9–21, sonst tgl. 10–18 Uhr, sämtliche Ticketpreise unter www.universalstudioshollywood.com/tickets.html).

Hollywood Bowl ► 2, B 1

Cityplan: S. 128

Die Liste der Performer in der **Hollywood Bowl** 17 liest sich wie ein Who is Who der Musik. Seit die Los Angeles Philharmonic das Open-Air-Auditorium am 11. Juli 1922 mit einem Konzert einweihte, standen dort Igor Strawinsky, Herbert von Karajan, Arthur Rubinstein, Plácido Domingo, Nat ›King‹ Cole, Ella Fitzgerald, Billie Holiday, Frank Sinatra, The Beatles, Luciano Pavarotti, Barbra Streisand, Elton John und Garth Brooks auf der Bühne – um nur einige zu nennen. Seit 1991 besitzt das 18 000 Besucher fassende Amphitheater mit dem Hollywood Bowl Orchestra sogar ein hauseigenes Ensemble. Amerikas größtes natürliches Freilufttheater ist kein Kulturtempel wie jeder andere, was allein schon die Publikumsetikette beweist.

Längst hat sich eingebürgert, dass Zuschauer zu den Konzerten eigene Verpflegung in der Kühlbox mitbringen, während andere sich in ihren Boxen von einem Caterer vor Konzertbeginn mit vorbestellten Mahlzeiten und Getränken versorgen lassen (2301 N. Highland Ave., Tel. 323-850-2000, www.hollywoodbowl.com, Tickets auf den hintersten Sitzen 1 $, in der ersten Reihe bis zu 100 $ je nach Konzert).

West Hollywood ▶ 2, B 1

Cityplan: S. 128
Von Hollywood führt mit dem **Sunset Boulevard** die wohl bekannteste Straße in Los Angeles nach Südwesten. Der bis nach Santa Monica verlaufende »Boulevard der Träume« heißt auf dem Abschnitt bis nach Beverly Hills auch Sunset Strip. Im Jahr 1950 gab Billy Wilder seiner schonungslosen filmischen Abrechnung mit der Traumfabrik Hollywood den Titel »Sunset Boulevard«. Einige Jahre später lieh die Straße der auch im deutschen Fernsehen ausgestrahlten Detektivserie »77 Sunset Strip« und schließlich einem Musical von Andrew Lloyd Webber den Namen.

Von Hollywood gelangt man in westlicher Richtung auf dem Sunset Boulevard nach **West Hollywood 18,** heute Treffpunkt der Reichen, Schönen und Gays. Restaurants, Cafés, Boutiquen und Clubs wechseln sich ab mit Modelagenturen, Produktionsfirmen für Filme, Designer-Showrooms, Kunstgalerien und Nachtlokalen. Die größten Plakatwände von Los Angeles säumen den Sunset Strip, den Filmregisseure längst als ideale Stadtkulisse entdeckten und deshalb vor Ort bevorzugt Los-Angeles-Szenen drehen.

Seit über zwei Jahrzehnten ist das 36 000 Einwohner zählende West Hollywood eine eigenständige Stadt, die vor allem gegen Abend ihr quirliges Leben beweist. Für modebewusste Konsumenten ist sie ein wahres Paradies, weil es etwa auf der Melrose Avenue und dem Robertson Boulevard von Geschäften und Boutiquen nur so wimmelt.

Chateau Marmont und Sunset Tower Hotel

Das schlossähnliche **Chateau Marmont** war früher ein beliebter Treff von Filmgrößen. Schlagzeilen machte die Nobelherberge 1982, als dort der Schauspieler John Belushi nach einer Überdosis Heroin starb (8221 Sunset Strip, Tel. 323-656-1010, www.chateaumarmont.com, DZ ab 350 $). Eine ähnlich illustre Geschichte besitzt das **Sunset Tower Hotel,** das sich wie ein 16-stöckiger Art-déco-Wehrturm am Sunset Strip in den Himmel reckt. Unter dem Namen Argyle Hotel gehörte die 1929 erbaute Nobelherberge früher mit Stammgästen wie Clark Gable, Jean Harlow, Marilyn Monroe, Frank Sinatra, Elizabeth Taylor und John Wayne zu den Hotspots von West Hollywood (8358 Sunset Blvd., Tel. 323-654-7100, www.sunsettowerhotel.com, DZ ca. 260 $).

Pacific Design Center

Mit dem **Pacific Design Center** des Architekten Cesar Pelli entstand in den 1970er-Jahren in West Hollywood ein mit blauem Glas überzogener Bau, der im Volksmund auch der »Blaue Wal« heißt. Firmen der Dekorations- und Möbelbranche richteten dort Ausstellungs- und Verkaufsräume ein. 15 Jahre später um ein grünes, würfelförmiges Gebäude erweitert, beherbergt der von einem kleinen Park mit Brunnen umgebene Komplex heute neben einem Restaurant und einem Café des Starkochs Wolfgang Puck ein Theater, ein Konferenzzentrum und eine Filiale des **Museum of Contemporary Art** mit neuen Werken etablierter ebenso wie noch eher unbekannter Künstler sowie Design- und Architekturentwürfen und Fotografien (Tel. 213-626-6222, www.moca.org, Di–Mi und Fr 11–17, Do 11–20, Sa–So 11–18 Uhr, Eintritt frei). 2009 wurde dem Pacific Design Center ein neuer, roter Gebäudekomplex hinzugefügt (8687 Melrose Ave., Tel. 310-657-0800, www.pacificdesigncenter.com, Mo–Fr 9–17 Uhr).

Infos

Visitors Information Center: 6801 Hollywood Blvd., Tel. 323-467-6412, http://discoverlosangeles.com. **West Hollywood Convention & Visitors Bureau:** 8687 Melrose Ave., Suite M-38, West Hollywood, CA 90069, Tel. 310-289-2525 oder 1-800-368-6020, www.visitwesthollywood.com.

Übernachten

Der Klassiker ▶ **Hollywood Roosevelt Hotel 1:** 7000 Hollywood Blvd., Tel. 323-466-7000, www.hollywoodroosevelt.com. Etwas abgewohntes Traditionshotel, in dem früher

Tipp: Southern California CityPass

Mit dem 14 Tage gültigen **Southern California CityPass** wird das Reisebudget weniger beansprucht. Man kann die Starattraktionen San Diego Zoo oder San Diego Zoo's Wild Animal Park sowie SeaWorld in San Diego, Disneyland an 3 Tagen und die Universal Studios in Hollywood an 1 Tag besuchen (www.citypass.com, Erw. 259 $, Kinder 219 $).

die großen Stars abstiegen. Von manchen der 300 modern eingerichteten Zimmer hat man einen wunderschönen Blick auf den Hollywood Boulevard. Die Nächte können u. U recht laut werden. DZ durchschnittlich 270 $.

Sehr komfortabel ▶ **Renaissance Hollywood Hotel 2:** 1775 N. Highland Ave., Tel. 323-856-1200, www.renaissancehollywood.com. Neueres Riesenhotel als Teil des Hollywood & Highland Center. In dieser eher nüchternen Nobelherberge steigen während der Oscar-Verleihung viele Stars ab. Zum Hotel gehören Pool, Restaurant, Bars und Ladengeschäfte. DZ ab ca. 260 $.

Schöne Zimmer ▶ **Best Western Hollywood Hills: 3:** 6141 Franklin Ave., Tel. 323-464-5181, www.bestwestern.com/hollywoodhillshotel. Alle Zimmer sind mit Klimaanlage, WLAN und Kühlschrank ausgestattet, es gibt einen Außenpool. DZ ab ca. 160 $.

Alt, aber ordentlich ▶ **Highland Gardens Hotel 4:** 7047 Franklin Ave., Tel. 323-850-0536, www.highlandgardenshotel.com. Das Hotel, in dem schon Janis Joplin, Jefferson Airplane sowie Siegfried & Roy nächtigten, bietet Unterkünfte vom Standardzimmer bis zu Suiten für 6 Personen. DZ ab 130 $.

Tolle Lage ▶ **Best Western-Hollywood Plaza 5:** 2011 N. Highland Ave., Tel. 323-851-1800, www.bestwestern.com. Das am Fuß der Hollywood Hills gelegene Hotel besitzt einen großen Außenpool und ein Fitnesscenter; die Zimmer sind mit Kaffeemaschine, Mikrowelle und Highspeed-Internetzugang ausgestattet. DZ ab 100 $.

Gut für eine Nacht ▶ **Vagabond Inn Executive 6:** 1133 Vine St., Tel. 323-466-7501, www.vagabondinn-hollywood-hotel.com. Eine halbe Meile südlich des Hollywood Boulevard gelegenes zweigeschossiges Motel mit Pool. Die geräumigen Zimmer haben Internetzugang, Satelliten-TV und Kühlschrank. Kostenlose Parkplätze. DZ ab 79 $.

Im Epizentrum ▶ **Motel 6 7:** 1738 Whitley Ave., Tel. 323-464-6006, www.motel6.com. Preisgünstiges, zentral gelegenes Kettenmotel mit einfachen, nur mit dem Nötigsten ausgestatteten Zimmern. DZ ab 76 $.

Durchschnittlich ▶ **Econo Lodge 8:** 777 Vine St., Tel. 323-463-5671, www.econolodgehollywoodca.com. In der Nähe der Paramount Studios liegendes Kettenmotel für Reisende ohne große Ansprüche. Zimmer mit WLAN-Anschluss. DZ durchschnittlich 70 $.

Für Anspruchslose ▶ **Vibe Hotel 9:** 5922 Hollywood Blvd., Tel. 323-469-8600, http://vibehotel.com. Unterkunft im Stil einer Herberge mit kleinen und größeren Privatzimmern. Gelegentlich lässt die Sauberkeit zu wünschen übrig, aber günstige Lage zum Sightseeing in Hollywood. DZ ab 65 $.

Essen & Trinken

Cooles Ambiente ▶ **Magnolia 1:** 6266 1/2 Sunset Blvd., Tel. 323-467-0660, www.magnoliala.com, Mo-Mi 11.30–1, Do–Sa 11.30–2, So 11–24 Uhr. Durchgestyltes, etwas dunkles Lokal mit langem Tresen. Hauptgerichte aus Fleisch, Geflügel und Fisch, daneben auch kleinere Gerichte. Ca. 10–30 $.

Für Seafood-Liebhaber ▶ **Hungry Cat 2:** 1535 N. Vine Street, Tel. 323-462-2155, www.thehungrycat.com, Di– Fr 11.30–14.30, Dinner tgl. 17–22, Brunch So 11–15 Uhr. Cooles Interieur mit mattschwarzen Wänden und elfenbeinfarbiger Bar, serviert werden hervorragende Fisch- und und Meeresfrüchtegerichte. Dinner ca. 12–27 $.

Pikantes aus Kuba ▶ **El Floridita 3:** 1253 N. Vine St., Tel. 323-871-8612, http://elfloridita.com, Mo–Fr 11–22 Uhr. Hier feierten Gary Cooper und Ernest Hemingway 1952 zusammen Silvester. In stimmungsvoller Umgebung mit Livemusik gibt es kubanische

Spezialitäten. Manche Gäste kommen nur wegen der süffigen Mojitos. Dinner 12–22 $.

Fabelhaft ▶ Osteria Mozza 4: 6602 Melrose Ave., Tel. 323-297-0100, www.mozza-la.com, tgl. 12–24 Uhr. Das Lokal serviert die gesamte Palette italienischer Spezialitäten. Pizza-Liebhaber neigen dazu, dort den Rest ihres Lebens zu verbringen. Pizzen 9–17 $, Fleischgerichte 10–24 $.

Original italienisch ▶ Miceli Restaurant 5: 1646 N. Las Palmas Ave., Tel. 323-466-3438, www.micelisrestaurant.com, tgl. Lunch und Dinner. Traditioneller Familienbetrieb mit typisch italienischen Gerichten und großer Pizza- und Pasta-Auswahl. Hier speisten schon J. F. Kennedy, Richard Nixon und die Beatles. 10–20 $.

Exotische Thai-Küche ▶ Tom Yum Thai Restaurant 6: 6340 Hollywood Blvd., Tel. 323-871-2973, tgl. 11–23 Uhr. Große Auswahl an thailändischen Fleisch- und Fischgerichten, aber auch leckere Suppen. Ab ca. 11 $.

Imbiss-König ▶ Pink's 7: 709 N. La Brea Ave., Tel. 323-931-4223, www.pinksholly wood.com, tgl. 9.30–2, Fr–Sa bis 3 Uhr. Seit 1939 bestehender legendärer Imbiss, in dem fast jede Berühmtheit schon einmal ihren Hunger gestillt hat. Viele von ihnen sind an den Wänden per Foto verewigt. Auf der Speisekarte findet man so ziemlich jede Variation von Hot Dog und Burger. Keine Mahlzeit kostet mehr als 7 $.

Einkaufen

Musikimperium ▶ Tower Records 1: 8801 Sunset Blvd., Tel. 310-657-7300, www.tower.com, tgl. 10–24 Uhr. Seit Jahrzehnten eine Institution in Sachen Country, Rock und Pop. Autogrammstunden von Musikstars sind fast an der Tagesordnung.

Dessous ▶ Frederick's of Hollywood 2: 6751 Hollywood Blvd., Tel. 323-957-5953, www.fredericks.com. Berühmte Adresse für raffinierte Dessous. Manche Modelle aus vergangenen Kollektionen bekommt man zu 70 % Ermäßigung. In einem Teil des Geschäfts befindet sich ein Reizwäschemuseum.

Mode-Mekka ▶ La Brea Avenue 3: Viele Geschäfte liegen an dieser Straße auf dem Abschnitt zwischen Fairfax Avenue und Wilshire Boulevard.

Mode für ihn ▶ Lisa Kline Men 4: 145 S. Robertson Blvd., West Hollywood, Tel. 310-385-7113, http://lisakline.com. Modeboutique ausschließlich für Männer.

Verführerischer Schmuck ▶ B. Boheme 5: 9013 1/2 Melrose Ave., West Hollywood, Tel. 310-275-4149, www.bbohemedesign.com. Von Hand gefertigter Schmuck und einzigartige Accessoires.

Kerzenvielfalt ▶ Candle Delirium 6: 7980 Santa Monica Blvd., West Hollywood, Tel. 323-656-3900, www.candledelirium.com. Wer ein Faible für Kerzen in allen Formen und Farben hat, wird hier garantiert fündig.

Abends & Nachts

Nachtleben findet in West Hollywood seit Jahrzehnten hauptsächlich auf dem legendären Sunset Strip in Rock-, Pop-, Jazz-, Rhythm & Blues- und Comedy-Clubs statt. Dort reihen sich einige berühmte Clubs:

Promi-Club ▶ Rocky Theatre 1: 9009 W. Sunset Blvd., Tel. 310-278-9457, www.the roxyonsunset.com. Der Club machte Größen wie Rod Stewart, David Bowie, Bruce Springsteen, Neil Young und Prince bekannt.

Bühne der Stars ▶ Whisky A Go-Go 2: (8901 Sunset Blvd., Tel. 310-652-4202, www.whiskyagogo.com. Auf der Bühne standen schon Jim Morrison, The Doors, The Who, The Byrds, Led Zeppelin, AC/DC, Jimi Hendrix und Guns n' Roses.

High-Society-Club ▶ Viper Room 3: 8852 W. Sunset Blvd., Tel. 310-652-7869, www.viperroom.com. Vor dem Club, der früher Johnny Depp gehörte, starb River Phoenix 1993 an einer Überdosis Kokain.

Musik unter freiem Himmel ▶ Hollywood Bowl 4: 2301 N. Highland Ave. Im Sommer finden hier häufig Open-Air-Konzerte (Klassik, Rock und Pop) statt.

Zeitgenössischer Sound ▶ Gibson Amphitheater 5: 100 Universal City Plaza, Universal City, Tel. 818-622-4440, www.live nation.com. Das 6000 Gäste fassende Theater bei den Universal Studios hat sich auf große Pop- und Rockevents spezialisiert.

Tipp: Nostalgiekino auf dem Friedhof

Mit vielen auf dem **Hollywood Forever Cemetery** zur letzten Ruhe gebetteten Stars (s. a. Aktiv unterwegs S. 132) hält die Nachwelt heute auf ungewohnte Weise Kontakt. An Wochenenden finden auf dem Friedhof längst zu Kultveranstaltungen avancierte **Filmvorführunge**n statt. Aber nicht nur der Schauplatz des Geschehens ist ungewöhnlich, sondern auch die Art und Weise dieser Events. Zuschauer rücken wie zu einem Riesencamping mit Getränken, Verpflegung und Picknickausrüstung an und lassen sich auf Decken, Luftmatratzen und Liegestühlen nieder, um die Freilichtvorführungen zu genießen. Vor und nach den Filmen sorgt ein DJ für fetzige musikalische Unterhaltung (6000 Santa Monica Blvd., Tel. 323-469-1181, www.hollywoodforever.com, Kinoprogramm unter www.cinespia.org, 10 $).

Aktiv

Stadtführungen/Thementouren ► **Red Line Tours 1**: Hollywood Tour Center, 6773 Hollywood Blvd., Tel. 323-402-1074, www.redlinetours.com. Das Unternehmen bietet unterschiedliche Besichtigungstouren in der Stadt mit diversen Schwerpunkten an. Auf der zu Fuß unternommenen Hollywood Behind-the-Scenes Tour etwa besuchen die Gäste berühmte Gebäude und Schauplätze der Filmgeschichte. **Starline Tours 2**: 6925 Hollywood Blvd., Tel. 323-463-3333, www.starlinetours.com. Ticketschalter vor Mann's Chinese Theatre. Dauerbrenner unter den Stadttouren sind sog. Movie Stars' Homes Tours, bei denen die Gäste vom Minibus aus die Wohnsitze von Berühmtheiten zu sehen bekommen.

Rundflüge ► **Hollywood Skies Helicopter Tour 3**: ab Hawthorne Airport, 3670 W. 120th St., Tel. 310-679-2109, http://hollywoodskies.com, tgl. 12–17 Uhr. 30-Min.-Hubschrauberflüge über Hollywood, Santa Monica und Venice.

Golf ► **Roosevelt Municipal Golf Course 4**: 2650 N. Vermont Ave., Tel. 323-665-2011, www.thegolfcourses.net/golfcourses/CA/14816.htm, tgl. 6 Uhr bis Sonnenuntergang. 9-Loch-Platz, auf dem die Chancen gut stehen, nach einer Reservierung unter der Woche bzw. in den Morgenstunden sofort spielen zu können.

Massagen, Wellness und Kosmetik ► **Kinara Spa 5**: 656 N. Robertson Blvd., West Hollywood, Tel. 310-657-9188, www.kinaraspa.com. Neben Massagetherapien, Nagelpflege und Facials werden die verschiedensten Spezialbehandlungen angeboten. Außerdem gibt es einen Frisör.

Das besondere Kinoerlebnis ► **Hollywood Forever Cemetery 11**: s. Tipp links.

Termine

Gay Pride Parade and Celebration (1. Junihälfte): Großes Schwulenfest in West Hollywood (www.lapride.org).

Los Angeles Film Festival (Juni/Juli): Über die Stadt verteilte Filmvorführungen und kulturelles Beiprogramm (www.lafilmfest.com).

Halloween (31.Okt./1.Nov.): Nächtliches Halloweenfest auf dem Santa Monica Boulevard in West Hollywood, wo skurrile Verkleidung ein Muss ist.

Verkehr

Metro Rail: Mit den Zügen der Metro Red Line kann man von der Union Station in Downtown nach Hollywood und von dort weiter über die Universal Studios ins San Fernando Valley fahren (www.metro.net). Der Grundpreis für jede Fahrt beträgt 1,50 $. Der Tagespass kostet 6 $, ab 62 J. 1,80 $.

DASH: Durch Hollywood bzw. West Hollywood führen mehrere Routen der DASH-Busse, die pro Fahrt nur 35 Cent kosten (Routenplan unter www.ladottransit.com/dash/routes/familymaps/HollywoodArea.html).

Holly Trolley: Dieser Trolleybus verkehrt auf dem Hollywood Boulevard, dem Sunset Boulevard und auf einigen umliegenden Straßen (Do– Sa 6.30–2.30 Uhr, alle 12 Min., 1 $, Routen sind unter www.ladottransit.com/other/trolley/index.html verzeichnet).

Midtown und Westside

Zwischen Downtown Los Angeles und Santa Monica dehnt sich ein Stadtgebiet aus, das seinen Reiz aus bedeutenden Sehenswürdigkeiten und dem sehr unterschiedlichen Charakter der Neighborhoods bezieht. Im östlichen Teil ist der lang gezogene Wilshire Boulevard die zentrale Lebenslinie. Weiter westlich sonnen sich Beverly Hills, Bel Air und Brentwood im Glanz von Schickeria und High Society.

Wilshire Boulevard

► 2, A/B 1/2

Neben dem Hollywood Boulevard und dem Sunset Strip ist der 26 km lange **Wilshire Boulevard** eine der zentralen Straßen im Großraum und bildet gewissermaßen einen repräsentativen Querschnitt durch das moderne Los Angeles mit allen Facetten und Ungereimtheiten. Wie unterschiedlich die an ihm liegenden Städte und Stadtviertel sind, zeigen zwei Beispiele. Das 200 000 Einwohner zählende **Koreatown** zwischen Vermont und Western Avenue ist geprägt durch Teestuben, exotische Supermärkte, Bars, Clubs und über 600 Restaurants, die ganz unamerikanisch schon zum Frühstück Samgyetang servieren, d. h. mit Reis, Ginseng, Knoblauch und Pinienkernen gefülltes Huhn.

Die größtenteils aus Asien stammende Bevölkerung ist alles andere als homogen. Neben Koreanern konzentrieren sich in manchen Straßenzügen Indonesier, Japaner, Taiwanesen, Thailänder und Vietnamesen. Am ehesten geben Geschäftsreklamen Auskunft über die Herkunft der jeweiligen Ladenbesitzer bzw. -pächter. In Kontrast dazu präsentiert sich das exklusive **Beverly Hills** wie eine von allen gesellschaftlichen Unebenheiten gesäuberte Oase, die mit ihren Designershops, Boutiquen, Edelrestaurants und Nobelhotels eine seltsame Distanz zum Normalleben ausstrahlt.

Ende des 19. Jh. nahm der Boulevard beim heutigen MacArthur Park seinen Anfang. Grundstücksmakler und Spekulant H. Gaylord Wilshire bekam 1895 von der Stadt die Erlaubnis, eine 35 m breite Straße Richtung Westen ans Meer zu bauen. Ziel der Investition war es, im südlichen Kalifornien ein Winterurlauberparadies für gut betuchte Banker und Industriebosse aus dem kalten Mittleren Westen aufzubauen. In den 1920er-Jahren trat ein kapitalkräftiger Investor an, auf einem bis dahin unbebauten Areal zwischen La Brea Avenue und Fairfax Avenue ein später Miracle Mile (Wundermeile) genanntes Geschäfts- und Einkaufszentrum zu errichten. Damals war in der Architektur der Art-déco-Stil en vogue, der heute noch denkmalgeschützte Gebäude wie das **Bullock's Wilshire Building** mit einem 73 m hohen Turm (3050 Wilshire Blvd.) und das zwölfgeschossige **Wiltern Theatre** (3790 Wilshire Blvd.) prägt. Traurige Berühmtheit erlangte das mittlerweile abgerissene **Ambassador Hotel**, in dem am 6. Juni 1968 Robert Kennedy erschossen wurde.

Farmers Market und The Grove

Größer könnten die Unterschiede kaum sein. Auf dem ländlich gebliebenen **Farmers Market** biegen sich die Verkaufsstände unter dem Gewicht von Obst und Gemüse aus dem Umland, chinesischen Nudelgerichten und japanischen Suppen, Hamburgern vom

Holzkohlengrill, Schüsseln mit selbst zubereiteter Erdnussbutter, duftenden Backwaren und frisch gepressten Säften. Einige Schritte entfernt locken Einkaufsstraßen und Schaufenster in **The Grove** mit neuesten Modetrends und kultigen Accessoires, State-of-the-Art-Computertechnik sowie Lokalen im Stil französischer Brasserien.

Der **Farmers Market** wirkt in der Stadtlandschaft wie eine nostalgische Enklave. Wo während der Weltwirtschaftskrise Bauern ihre Verkaufsstände aufbauten, blieben um einen Uhrturm über 100 einfache Holzhütten für Fleisch und Geflügel, Fisch und Meeresfrüchte, Süßigkeiten und Blumen stehen. Auf kleinen, schattigen Plätzen und in Gängen probiert man an einfachen Tischen gastronomische Angebote vom französischen Milchkaffee bis zur koreanischen Suppe, vom Teriyaki-Chicken bis zu Barbecue-Rippchen und von Sushi bis zum Gumbo nach Louisianarezepten – alles zu erschwinglichen Preisen in einer sehr entspannten Atmosphäre (6333 West Third St., Tel. 323-933-9211, www.farmersmarketla.com, Mo–Fr 9–21 Uhr, Sa 9–20 Uhr, So 10–19 Uhr).

Nebenan gruppieren sich in **The Grove** um einen hübschen Platz mit Brunnen, Blumenrabatten, Straßencafé, Restaurants und Kino Modeinstitutionen wie Banana Republic, Gap, Abercrombie & Fitch, Nike, Nordstrom und Victoria's Secret. Lässt man Parktickets in einem der zahlreichen Geschäfte abstempeln, stellt man das Auto kostenlos ab und kann ohne Eile durch das Shopping Center bummeln, dessen gepflasterte Gassen, Geschäftsfassaden und eine Oldtimerstraßenbahn eine angenehme Szenerie schaffen (189 The Grove Dr., Tel. 323-900-8080, www.thegrovela.com, Mo–Do 10–21, Fr–Sa 10–22, So 11–20 Uhr).

La Brea Tar Pits und Page Museum

Direkt am Wilshire Boulevard liegt ein kleiner, sehr seltsamer Teich, in dem Gärgase durch schwarzen, zähflüssigen Teer blubbern: **La Brea Tar Pitts.** Vor Tausenden von Jahren dichteten die in dieser Region lebenden Chumash-Indianer mit diesem Naturmaterial ihre Kanus ab. Über die Zeiten hinweg müssen viele heute längst ausgestorbene Tiere in diesem sumpfigen Gelände versunken sein, an dessen Ufern heute die Nachbildungen von Mastodons eine prähistorische Szenerie schaffen. Über die Jahrzehnte entdeckten Wissenschaftler im Teerteich über 1 Mio. tierische und pflanzliche Überbleibsel der letzten großen Eiszeit, von denen einige bis zu 40 000 Jahre alt sind. In jüngster Vergangenheit machten Paläontologen eine neue und sogar spektakuläre Entdeckung. Bei Aushubarbeiten für eine benachbarte Tiefgarage stießen sie auf ein fast komplett erhaltenes eiszeitliches Mammut, dem nur das linke Hinterbein, ein Rückenwirbel und die Schädeldecke fehlt. Ersten Analysen zufolge ist das auf den Namen »Zed« getaufte Fossil zwischen 10 000 und 40 000 Jahre alt.

Präparierte Skelette von Urtieren, Schädel und Knochen sind im benachbarten **George C. Page Museum** ausgestellt, wo die Überreste von Säbelzahntigern und Mammuts eine letzte Heimat gefunden haben. Der Sumpf ist so gesehen zwar ein historischer Friedhof, gibt aber durchaus noch Lebenszeichen von sich. Denn Tag für Tag steigen aus der Tiefe bis zu 50 l Teer auf (5801 Wilshire Blvd., Tel. 323-934-7243, www.tarpits.org, tgl. 9.30–17 Uhr, 7 $, jeden 1. Di im Monat Eintritt frei)

Museen in Midtown

Längst darf sich das **Los Angeles County Museum of Art** (LACMA) zu den größten und bedeutendsten Museen in den USA zählen. Der gesamte Komplex besteht aus mehreren Gebäuden, die unterschiedlichen Regionen der Welt, Genres oder Epochen gewidmet sind. Der Haupteingang befindet sich im **Modern & Contemporary Art Building** mit Kunst seit 1960. Das **Bing Center** beschäftigt sich mit Film und Musik. Der **Pavilion for Japanese Art** zeigt Gemälde, Drucke, Skulpturen, Textilien und dekorative Kunst aus dem Land der aufgehenden Sonne, während sich das zentrale **Ahmanson Building** mit Kunst aus Asien, Afrika, Amerika und Europa beschäftigt und das **Hammer Building** Fotografien und eine bedeutende Sammlung von Post-Impressionisten darbietet.

In der Nachbarschaft des **LACMA West-Flügels** mit speziellen Programmen für Kinder entstand nach Plänen des Architekten Renzo Piano mit dem **Broad Contemporary Art Museum** eine Museumserweiterung für amerikanische und präkolumbische Kunst bzw. für ca. 2000 Werke zeitgenössischer Künstler (5905 Wilshire Blvd., Tel. 323-857-6000, www.lacma.org, Mo, Di und Do 12–20, Fr 12–21, Sa–So 11–20 Uhr, Erw. 15 $, Kinder unter 17 J. frei, jeden 2. Di im Monat ist der Eintritt frei).

Mit seinen ständigen und wechselnden Ausstellungen wirbt das **Craft and Folk Art Museum** um Verständnis für die unterschiedlichen Kulturen der Welt. Besucher bekommen Keramikkunst aus Amerika und Südafrika, lateinamerikanisches Textildesign, Karnevalskostüme und Perücken, Voodoo-Exponate aus Haiti und Papierdrachenkunst zu sehen (5814 Wilshire Blvd., Tel. 323-937-4230, www.cafam.org, Di–Fr 11–17, Sa–So 12–18 Uhr, Erw. 7 $, Kinder bis 12 J. und jeden 1. Mi im Monat Eintritt frei).

Auf drei Stockwerken zeigt das **Petersen Automotive Museum** seit Jahren interessant zusammengestellte Ausstellungen zu bestimmten Themen, die sich mit Autos der Rock 'n' Roll-Ära, mit rollenden Schönheiten aus bekannten Filmproduktionen oder mit Staatskarossen von Präsidenten und gekrönten Häuptern beschäftigen. Dass den Museumsplanern immer wieder etwas Neues einfällt, beweisen sie mit einer Sonderausstellung über Miniautos, einer Show mit Cabrios unter dem Titel »Oben ohne mit Stil« und einer Sammlung der schnellsten Automobile der Welt (6060 Wilshire Blvd., Tel. 323-930-2277, www.petersen.org, Di–So 10–18 Uhr, Erw. 10 $, Senioren und Kinder 5 $).

Auf beklemmende Weise wird im **Museum of Tolerance** mit Hilfe modernster Computertechnik nicht nur die Judenvernichtung während des Dritten Reiches zum Thema erhoben, sondern generell auf Probleme der Intoleranz, des Rassismus und der Unterdrückung von Menschen eingegangen. Das 1993 von Simon Wiesenthal, dem berühmten Verfolger von Naziverbrechern, gegründete Museum beschäftigt sich in einer speziellen, vom Schauspieler Billy Crystal kommentierten Multimedia-Ausstellung auch mit der multikulturellen Gesellschaft der USA.

Im hauseigenen Wosk-Theatre werden Filme etwa über den Genozid in Armenien, über die Staatsgründung von Israel und über den Museumsgründer Wiesenthal gezeigt (9786 W. Pico Blvd., Tel. 310-553-8403, www.museumoftolerance.com, Mo–Fr 10–17, im Winter bis 15, So 11–17 Uhr, Sa und Fei Ruhetag, Fotografierverbot, Erw. 15 $, Senioren 12 $, Kinder 5–18 J. 11 $).

Beverly Hills ►2, B 1

Die 33 000 Einwohner zählende Stadt am Wilshire Boulevard hat etwas Künstliches, Unwirkliches an sich. Offenbar ist dies auch schon den verantwortlichen Stadtplanern aufgefallen, die einem Teilstück des berühmten **Rodeo Drive** durch eine Fußgängerzone mit Cafés und Sitzbänken mehr Charme verleihen wollen. Bislang ist die Straße als eine der exklusivsten Shoppingmeilen im westlichen Amerika bekannt. In den Schaufenstern von Designerboutiquen wie Gucci, Prada, Yves Saint Laurent, Tiffany, Chanel, Armani, Hugo Boss und Ferragamo können sündhaft teure Auslagen bestaunt werden, und nicht selten parken davor livrierte Chauffeure in Edelkarossen, die auf ihre entsprechend spektakulär gekleideten Arbeitgeberinnen warten. Angeblich flanieren hier 14 Mio. Besucher pro Jahr.

Natürlich ist **Beverly Hills** eine bevorzugte Adresse der High Society von Los Angeles. In der Nachbarschaft von Bankern und Börsengurus bewohnt Playboy-Herausgeber Hugh Hefner einen Palast in den Hügeln über der Stadt. Auch Tom Cruise und Katie Holmes residieren vor Ort und konnten 2006 einen prominenten Neuzugang in der schicken Gemeinde willkommen heißen: Englands Starfußballer David Beckham, der beim Soccerclub Los Angeles Galaxy einen Fünf-Jahres-Vertrag unterschrieb und eine millionenteure Villa kaufte, um sich während seines Kalifornienintermezzos gelegentlich vor lauernden Paparazzi in Sicherheit bringen zu können.

Beverly Hills im Kino

In Anbetracht der Prominentendichte in Beverly Hills versteht es sich von selbst, dass die Nobelkommune von der Traumfabrik Hollywood konsequent vermarktet wurde. Das gilt nicht nur für mehrere Folgen von »Beverly Hills Cop« mit Eddie Murphy. Das legendäre **Beverly Hills Hotel** spielte in zahlreichen Filmen eine Rolle wie 1980 in »Ein Mann für gewisse Stunden« mit Richard Gere und Lauren Hutton. Hinter den pinkfarbenen Fassaden lassen sich wie eh und je gekrönte Häupter, Pop- und Rockstars, Berühmtheiten aus Film- und Showbusiness und schwerreiche Geschäftsleute vom romantischen Ambiente bezirzen. Greta Garbo, John F. Kennedy, Charlie Chaplin, John Wayne, Henry Fonda, Cindy Crawford, John Travolta, John Lennon, Yoko Ono, Jon Bon Jovi und Robert De Niro sind nur einige Namen aus dem Gästebuch des Hotels. Elizabeth Taylor verbrachte ihre ersten Flitterwochen im Bungalow Nr. 5. Jean Harlow trainierte auf der hoteleigenen Tennisanlage ihren Aufschlag. Yves Montand ließ es beim geschätzten Dänischen Apfelkuchen im Fountain Coffee Shop gemütlicher angehen. Als Pop-König Elton John vor einigen Jahren in Beverly Hills Geburtstag feierte, strömten VIPs wie Sharon Stone, Dennis Hopper und Ben Kingsley in die Polo Lounge (9641 Sunset Blvd., Tel. 310-276-2251, www.thebeverlyhillshotel.com, DZ ab 395 $).

Ebenso berühmt ist das glamouröse Nobelhotel **Beverly Wilshire,** das als Schauplatz u. a. von »Pretty Woman« mit Julia Roberts und Richard Gere einem weltweiten Kinopublikum bekannt wurde (9500 Wilshire Blvd., Tel. 310-275-5200, www.fourseasons.com/beverlywilshire). »Ein unmoralisches Angebot« mit Robert Redford und Demi Moore und »Der Bodyguard« mit Kevin Costner und Whitney Houston wurden zum Teil im sogenannten **Greystone Mansion** gedreht. Ein Ölmilliardär hatte den Palast im Stil eines Schlosses mit schweren Holzportalen und gepflasterten Höfen 1928 für 4 Mio. $ bauen lassen. Heute finden dort Veranstaltungen statt. Park und Innenhof der Villa kann man kostenlos besichtigen (905 Loma Vista Dr., www.greystonemansion.org, tgl. 10–17 Uhr).

Paley Center for Media

Das 1996 gegründete Haus ist kein Museum wie jedes andere, sondern ein riesiges Archiv mit ca. 140 000 Radio- bzw. TV-Programmen und Werbesports seit 1918, die sich Besucher anhören bzw. anschauen können. Dabei geht es um schon vor langer Zeit ausgestrahlte Sendungen zum Zeitgeschehen, um Sport, Kultur oder Dokumentationen über spektakuläre Ereignisse wie die Ermordung von John F. Kennedy 1963 in Dallas oder die Berichterstattung des ABC-Nachrichtenstars Peter Jennings vom Anschlag auf das World Trade Center am 11. September 2001. Das Museum verfügt auch über mehrere Kinos, in denen Filme über David Bowie, Johnny Cash oder den »Muppet«-Erfinder Jim Henson gezeigt werden (465 N. Beverly Dr., Tel. 310-786-1000, www.paleycenter.org, Mi–So 12–17 Uhr, Erw. 10 $, Kinder unter 14 J. 5 $).

Infos

Beverly Hills Visitors Bureau: 239 S. Beverly Dr., Beverly Hills, CA 90212, Tel. 310-248-1015, www.beverlyhillscvb.com und www.lovebeverlyhills.org. Interaktiver Stadtplan unter www.mapnetwork.com, weiter unter ›Destination‹ und ›Los Angeles‹, dort unter ›Related Maps – Beverly Hills‹.

Übernachten

Perfekte Bleibe ► **Luxe Hotel Rodeo Drive:** 360 N. Rodeo Dr., Tel. 310-273-0300, www.luxehotelrodeodrive.com. 88 Zimmer u. Suiten, sehr gepflegtes Boutiquehotel im Herzen von Beverly Hills. Die exquisite Ausstattung lässt keine Wünsche offen. DZ ab 300 $.
Komfort pur ► **Avalon Hotel:** 9400 W. Olympic Blvd., Tel. 310-277-5221, www.avalonbeverlyhills.com. Wo früher einmal Marilyn Monroe logierte und Dean Martin mit Frank

Sinatra die Nacht zum Tag machte, kommen heute Gäste aus aller Welt unter. Im Blue on Blue Restaurant speist man vorzüglich. DZ ab ca. 260 $.

Gepflegtes Kleinod ▶ **Best Western Carlyle Inn:** 1119 S. Robertson Blvd., Tel. 310-275-4445, Fax 310-859-0496, www.carlyle-inn.com. Tadelloses Boutiquehotel im schicken Stadtteil Beverly Hills mit 32 Zimmern bzw. Suiten inkl. Kabel-TV, Kühlschrank, Highspeed-Internet, Kaffeemaschine und Bügeleisen. DZ ab 170 $.

Essen & Trinken

Szene-Lokal ▶ **Spago:** 176 N. Canon Dr., Tel. 310-385-0880, www.wolfgangpuck.com, Lunch Mo–Fr 11.30–14.15, Sa 12–14.30, Dinner So–Do 17.30–22.30, Fr–Sa 17.30–23 Uhr. Mit diesem berühmten Lokal begründete Küchenpapst Wolfgang Puck sein Gourmet-Imperium. Berühmte Gäste geben sich hier die Klinke in die Hand, weshalb Reservierungen empfehlenswert sind. Durch Glasscheiben kann man den Köchen in der Showküche auf die Finger schauen. Am schönsten speist man auf der Gartenterrasse. Ab 50 $.

Exzellent ▶ **French Quarter Market Place:** 7985 Santa Monica Blvd., West Hollywood, Tel. 323-654-0898, www.frenchquarterwest.com, So–Do 7–24, Fr, Sa 7–3.30 Uhr. Steakhouse mit herzhafter Küche, die man auch im Patio genießen kann. Dinner ca. 20 $.

Feine Küche ▶ **Le Petit Four:** 8654 W. Sunset Blvd., West Hollywood, Tel. 310-652-3863, http://lepetitfour.com, tgl. 11.30–23 Uhr. Einladendes Lokal mit Tischen auf dem Gehsteig, französisch und italienisch inspirierte Gerichte. Dinner ab 15 $.

Spitzenpizza ▶ **Mulberry Street Pizzeria:** 240 S. Beverly Dr., Tel. 310-247-8100, www.mulberrypizza.com, tgl. 11–23 Uhr. Lokal der Leinwandgrößen Cathy Moriarty und James Caan. Außer guten Pizzen gibt es verführerische Nachspeisen. Ca. 8–15 $.

Sterne-Imbiss ▶ **Pink's Hot Dogs:** 709 N. La Brea Ave., Tel. 323-931-4223, www.pinkshollywood.com, tgl. 9.30–2 Uhr. Imbiss, in dem Fotos von Prominenten an den Wänden die Berühmtheit des Schnellrestaurants dokumentieren. Man kann die Chili Dogs with Sauerkraut Double oder Bacon Chili Cheeseburgers auch im Freien essen. Bis ca. 7 $.

Beverly Hills: Shoppingparadies für Prominenz jeden Alters und jeder Couleur

Von der Café-Terrasse des Getty Center bietet sich ein grandioser Blick auf L. A.

Einkaufen

Souvenirs ▶ **Signature Shop:** im Beverly Hills Hotel (s. S. 146). Wer zu Hause mit pinkfarbenen Tennisbällen oder Golfbällen, Bademänteln, Kaffeetassen oder Schlüsselanhängern mit dem Hotellogo renommieren will oder eine Reiseerinnerung an Beverly Hills in Form einer Schneekugel mit integriertem Pink Palace braucht, ist in diesem Hotelshop an der richtigen Stelle.

Shopping Mall ▶ **Beverly Center:** 8500 Beverly Blvd., Tel. 310-854-0071, www.beverlycenter.com, Mo–Fr 10–21, Sa 10–20, So 11–18 Uhr. Mit 160 Geschäften, Restaurants, einem Kinokomplex mit 13 Leinwänden und einer Dachterrasse mit Blick auf die Stadt beschert diese Mall ein besonderes Shoppingerlebnis. In den 1990er-Jahren wurden dort Szenen von »Ein ganz normaler Hochzeitstag« mit Bette Midler und Woody Allen und dem Katastrophenfilm »Volcano« mit Tommy Lee Jones und Anne Heche gedreht.

Abends & Nachts

Bar mit Geschichte ▶ **Polo Lounge im Beverly Hills Hotel:** 9641 Sunset Blvd., Tel. 310-276-2251, www.thebeverlyhillshotel.com. In dieser Bar feierten schon die meisten Stars aus Film und Showbusiness (s. S. 146). Wer seinen Besuch stilecht gestalten will, bestellt sich einen Pink Palace Cocktail aus Gin, Grand Marnier, Grenadine und Limonensaft.

Nobelbar ▶ Trader Vic's: 9876 Wilshire Blvd., im Beverly Hilton Hotel, Tel. 310-276-6345, www.tradervics.com, tgl. 12–1 Uhr. Zum populären Restaurant mit einem chinesischen Herd mit offenem Feuer gehört die im polynesischen Stil gehaltene Mai Tai Bar am Pool, eine exotische Oase zum Ausspannen bei einem Drink.

Aktiv

Informative Touren ▶ Beverly Hills Trolley: 40-minütige kommentierte Touren durch Beverly Hills (Abfahrt Ecke Rodeo Drive & Dayton Way, im Sommer tgl. außer Mo 11–16 Uhr, Erw. 10 $, Kinder unter 12 J. 5 $, bei Regen fallen die Touren aus).

Westside ▶ 2, A/B 1

Bel Air

Im Westen von Beverly Hills schließt sich mit **Bel Air** eine 8000-Seelen-Gemeinde an, die nur aus einem einzigen Grund bekannt geworden ist. In der Hügellandschaft versteckt sich eine sogenannte *gated community,* ein von Sicherheitspersonal wie in Fort Knox streng abgeschirmtes Wohnareal mit zahlreichen palastartigen Wohnsitzen von Prominenten wie Nicholas Cage, Clint Eastwood, Steve Martin, Lionel Richie und Helen Hunt – um nur einige wenige zu nennen. Eine wunderschöne Oase bildet das **Hotel Bel Air,** das mit seinen knapp 100 fürstlich ausgestatteten Zimmern und Suiten in einem überbordenden Garten mit Schwanensee versinkt (701 Stone Canyon Rd., Tel. 310-472-1211, www.hotelbelair.com, DZ ab 325 $).

Westwood

Mit knapp 50 000 Einwohnern ist **Westwood** ein Winzling in der Stadtlandschaft von Los Angeles. Die Gemeinde entstand und entwickelte sich im Zuge der Gründung des Los Angeles-Campus der University of California 1929. Zur Universität gehören auch zwei sehenswerte Museen.

Hammer Museum

Das Museum stellt Werke bedeutender europäischer und amerikanischer Maler aus, darunter Claude Monet, Camille Pissarro, John Singer Sargent, Vincent van Gogh, Rembrandt, Goya, Rubens, Tintoretto und Tizian. Im 300 Sitze großen Billy Wilder Theatre werden anspruchsvolle Filme gezeigt (10899 Wilshire Blvd., Tel. 310-443-7000, www.hammer.ucla.edu, Di–Mi, Fr–Sa 11–19, Do 11–21, So 11–17 Uhr, Erw. 7 $, Senioren 5 $, Kinder unter 17 J. frei, Do Eintritt frei).

Mit einem gewaltigen Fundus von 150 000 Exponaten aus Kunst und Völkerkunde sowie 600 000 archäologischen Stücken beschäftigt sich das **Fowler Museum** mit vergangenen und gegenwärtigen Kulturen in Afrika, Lateinamerika, Asien und dem Pazifischen Raum (auf dem Campus, Tel. 310-825-4361, www.fowler.ucla.edu, Mi–So 12–17, Do bis 20 Uhr, Eintritt frei).

Interessantester Teil der Gemeinde Westwood ist **Westwood Village,** weil die Straßen dort nicht für den Autoverkehr, sondern zum Flanieren angelegt wurden. Wer den Spuren berühmter Künstler folgen will, wird garantiert auf dem **Westwood Village Memorial Park Cemetery** fündig, der mit den dort bestatteten Stars sogar den Hollywood Forever Cemetery weit in den Schatten stellt.

Außer dem Schriftsteller Truman Capote (1924–84), den Schauspielern John Cassavetes (1929–89), Burt Lancaster (1913–94), James Coburn (1928–2002), Jack Lemmon (1925–2001), Dean Martin (1917–95), Walter Matthau (1920–2000), George C. Scott (1927–99), dem Musiker Ray Conniff (1916–2002) und dem Rock-'n'-Roll-Pionier Roy Orbison (1936–88) hat dort die berühmte Leinwandikone Marilyn Monroe (1926–62) ihre letzte Ruhestätte gefunden (1218 Glendon Ave.).

Brentwood

Im Westen von Los Angeles führt der Wilshire Boulevard durch den Stadtteil **Brentwood,** der schon vor Jahrzehnten durch berühmte Einwohner wie Gary Cooper, Henry Fonda und Judy Garland als Nobelgemeinde von sich reden machte. Die Reputation ist bis heute geblieben, weil außer dem kalifornischen Gouverneur Arnold Schwarzenegger nach wie vor Prominente wie Alanis Morissette und Steven Spielberg dort einen Wohnsitz haben. Ein ungeheurer Medienwirbel brach in Brentwood 1994 um die Tudor-Villa des ehemaligen Sportlers und Leinwandstars O. J. Simpson aus, dem vorgeworfen wurde, seine Frau und deren Freund ermordet zu haben. In einer wilden Verfolgungsjagd, die im Fernsehen live übertragen und von fast 100 Mio. Zuschauern gesehen wurde, stellte die Polizei den Verdächtigen, der im Herbst 1995 in einem spektakulären Prozess von der Anklage freigesprochen wurde.

Getty Center

Wie eine Festung aus weißem Travertin ragen die fünf Gebäude des **Getty Center** schon aus weiter Ferne sichtbar aus der grünen Hügellandschaft nördlich von Brentwood heraus. Das wohl berühmteste Kunstmuseum in Los Angeles wurde nach Plänen des bekannten Architekten Richard Meier gebaut, der seinem Entwurf die Idee eines lichten und transparenten Komplexes zugrunde legte. Außer dem Museum gehören zwei weitere Einrichtungen zum Zentrum. Das Getty Conservation Institute befasst sich vor allem mit der Restaurierung von Kunstwerken, während das Getty Leadership Institute Führungspersonal für Museen ausbildet.

Die Getty-Stiftung ist durch den Nachlass von Jean Paul Getty (1892–1976) finanziell hervorragend ausgestattet. Der aus Minnesota stammende Ölmilliardär und Kunstmäzen verbrachte seine letzten Lebensjahre im englischen Sutton Place in der Nähe von London in einem königlichen Schloss und bewies seine altruistische Einstellung dadurch, dass er einen Teil seines gigantischen Vermögens in Kunst- und Forschungseinrichtungen einfließen ließ. In seinem Vermächtnis schrieb er fest, dass seine zu Lebzeiten gesammelten und nach seinem Tod erworbenen Kunstgegenstände in Museen ausgestellt werden, die der Öffentlichkeit kostenlos zugänglich sind. Das gilt auch für das Getty Center.

Vom gebührenpflichtigen Parkhaus fahren Besucher mit einer automatisierten Schienenbahn bis unmittelbar vor das Museum. Die Ausstellungen reichen von Mobiliar des 17. und 18. Jh. über seltenen Schmuck, kunstvolle Keramik, mit religiösen Motiven illustrierte Bücher aus dem Mittelalter, zeitgenössische und historische Fotografie und Skulpturen bis zu weltberühmten Gemälden u. a. von van Gogh, Rubens, Monet und Rembrandt.

Neben dem Gebäudekomplex dehnt sich ein wunderschön angelegter Park mit Liegewiese und zum Teil exotischen Pflanzen um einen Teich aus. Der Blick reicht über ganz Los Angeles bis zu den Wolkenkratzern in Downtown und zur Pazifikküste (1200 Getty Center Dr., Exit von I-405, Tel. 310-440-7300, www.getty.edu, Di–Fr und So 10–17.30, Sa 10–21 Uhr, Eintritt frei, Parkplatz 15 $).

Die Küste und Orange County

Auf 120 km säumt die Pazifikküste zwischen Malibu im Nordwesten und dem Orange County im Südosten den Großraum Los Angeles. Mit reizvollen Städten und Gemeinden, Stränden zum Schwimmen und Surfen, in den buntesten Farben schillerndem Lifestyle, exklusiven Millionärswinkeln hier und verschlafenen Flecken dort zeigt die südkalifornische Metropole entlang dem Meeressaum ein facettenreiches Gesicht.

Malibu und Pacific Palisades ▶ 2, A 2

Das knapp 13 000 Einwohner zählende, berühmte Prominentenrefugium Malibu liegt an einem 21 Meilen langen Küstenabschnitt, der entgegen einer weit verbreiteten Annahme nicht in Nord-Süd-, sondern in Ost-West-Richtung verläuft. Zahlreiche schöne Sandstrände haben der Gemeinde den Ruf eines reizvollen Küstenfleckens eingetragen. Für den restlichen Imagegewinn sorgten zum eieinen die zum Teil vor Ort gedrehte populäre Fernsehserie »Baywatch« zum anderen die Tatsache, dass Malibu als Wohnsitz vieler Leinwandstars quasi eine Hollywood-Dependance bildet.

Hoch über dem Pazifiksaum, von wo der Blick auf die Küste und den Malibu Pier reicht, liegt mit dem **Adamson House** ein Anwesen aus dem Jahr 1930, das den damaligen Lebensstil einer reichen Familie widerspiegelt. Ein unverwechselbares Kennzeichen der Villa sind die von einer örtlichen Firma hergestellten und heute als Sammlerstücke geschätzten dekorativen Kacheln, die in vielen Gebäudeteilen verbaut wurden, und der umgebende idyllische Garten, welcher der Öffentlichkeit im Unterschied zum Anwesen selbst frei zugänglich ist (23200 Pacific Coast Hwy, Tel. 310-456-8432, www.adamsonhouse.org, Führungen Mi–Sa 11–15 Uhr, Erw. 5 $, Kinder bis 16 J. 2 $).

Getty Villa

Als der Vesuv bei Neapel im Jahr 79 n. Chr. ausbrach, zerstörten Aschewolken und Lavaströme u. a. eine Villa in Herculaneum, die im 18. Jh. von Wissenschaftlern teilweise ausgegraben wurde. Wegen der zahlreichen dort gefundenen Papyrusrollen lag der Name für das Anwesen quasi auf der Hand: Villa dei Papiri. Für den Kunstmäzen Jean Paul Getty war der herrschaftliche Palast eine willkommene architektonische Vorlage für einen Kunsttempel, den er 1974 in der Küstenortschaft **Pacific Palisades** in einem schmalen Canyon errichten ließ. Ende des 20. Jh. genügten die Räumlichkeiten den Anforderungen eines zeitgemäßen Museums nicht mehr und wurden umgebaut bzw. erdbebensicher gemacht. 2006 neu eröffnet, präsentiert die Getty Villa heute einen Teil der antiken Kunstwerke der Getty Foundation, die im Getty Center in Brentwood ihr zweites Standbein besitzt (s. links).

Um den Haupteingang wurde ein Amphitheater angelegt, dessen ›Bühne‹ aus dem zweigeschossigen Hauptgebäude besteht. Schattige Säulenhallen umschließen einen Garten im florentinischen Stil mit Pflanzen aus dem Mittelmeerraum, einem von offenen Kanälen gespeisten Wasserbecken und zahlreichen antiken Skulpturen. Unschätzbar wertvolle Artefakte griechischer, römischer und etruskischer Künstler, antike Münzen, religiöse Gegenstände, Silberschmiedearbeiten

aktiv unterwegs

Der South Bay Bicycle Trail

Tour-Infos

Start: Will Rogers State Beach in Pacific Palisades
Infos: Karten, Routenvorschläge und hilfreiche Tipps unter www.bicyclela.org
Radverleih: Blazing Saddles, 320 Santa Monica Pier, Tel. 310-393-9778, ab 15 $ pro Tag; Daniel's Bicycle Rentals, 13737 Fiji Way, Marina del Rey, Tel. 310-980-4045, http://danielsbikerentals.com, Tagesgebühr 17–38 $
Alternative Routen: Auf der Internetseite www.labikepaths.com gibt es eine interaktive Karte mit anderen Radrouten im Großraum Los Angeles
Karte: ▶ 2, A 2–B 3

Ein deutlicher Beweis dafür, dass man in Los Angeles die Notwendigkeit alternativer Verkehrskonzepte erkannt hat, ist der seit geraumer Zeit herrschende Radlerboom. Während in der Innenstadt der Umstieg vom Auto auf das Fahrrad wegen der Verkehrsdichte nicht unbedingt empfehlenswert ist, gilt die Pazifikküste zwischen Santa Monica und Long Beach geradezu als Paradies für Pedaltreter.

Ein Klassiker unter den gut ausgebauten Radwegen im Großraum Los Angeles ist der asphaltierte **South Bay Bicycle Trail,** der auch unter dem Namen **The Strand** firmiert und vom Will Rogers State Beach in Pacific Palisades südlich durch zahlreiche Beach Communities bis in das 22 Meilen entfernte **Torrance** führt. Der nicht sehr anstrengende, flache Pfad folgt der Küstenlinie mit wunderbaren Ausblicken auf die Sandstrände und das Meer. In der Nähe mancher Piers weisen Schilder darauf hin, dass man vom Rad für eine kurze Strecke wegen der Fußgänger absteigen muss (Vorsicht vor Polizeikontrollen). Manche Streckenabschnitte muss man sich mit Rollerbladers und Gruppen von Joggern teilen. Da der Trail durch mehrere Gemeinden führt, bestehen beste Möglichkeiten, sich zu stärken oder Räder reparieren zu lassen.

und Glas werden auf zwei Etagen zur Schau gestellt. Im Museumscafé kann man sich auch im Freien bei typischen Gerichten der mediterranen Küche eine Pause gönnen (17985 Pacific Coast Hwy, Tel. 310-440-7300, www.getty.edu, tgl. 9–17 Uhr, Tickets sind vorab für einen festen Termin zu reservieren, online für den jeweiligen Tag ohne Reservierung, Eintritt frei, Parkplatz 15 $).

Deutsche Emigrantenkolonie

An der Pazifikküste westlich von Santa Monica fanden nicht nur Griechen, Römer und Etrusker eine neue Heimat, sondern auch Deutsche. Zwischen 1936 und 1943 brach über Los Angeles eine große Einwanderungswelle herein, darunter 130 000 deutschsprachige Emigranten auf der Flucht vor dem Nationalsozialismus. Unter ihnen befanden sich zahlreiche Schriftsteller, Schauspieler und Regisseure, Juden wie Nicht-Juden, von denen sich einige in Pacific Palisades niederließen. Das kleine »Weimar am Pazifik« wurde damals mit Bertolt Brecht, Thomas und Heinrich Mann, Franz Werfel, Alfred Döblin und Walter Mehring zur neuen Heimat der deutschen Exilliteratur. Die Villa Aurora, wo Lion Feuchtwanger mit seiner Frau Martha lebte, wurde zum Treffpunkt deutschsprachiger Exilanten und amerikanischer Kulturschaffender, die sich trotz Palmenstränden, blauem Meer und Sonnenschein in ihrer neuen Heimat nicht sonderlich wohl fühlten.

Dies hatte mehrere Gründe. Viele der Flüchtlinge sprachen so wenig Englisch, dass die Sprachbarriere die Kommunikation erheblich einschränkte, weswegen den Einwanderern die südkalifornische Lebensart weitgehend fremd blieb. Auch die Arbeitsbedingungen waren ein Stein des Anstoßes. Große Filmgesellschaften beschäftigten die deutsche Literatenelite als Drehbuchschreiber, suchten allerdings keine literarisch anspruchsvollen Vorlagen, sondern eher unterhaltsame, seichte Stoffe. Waren die Exilanten zu Hause als Berühmtheiten hofiert worden, so waren ihre Namen in Kalifornien einer breiteren Öffentlichkeit weitgehend unbekannt, was natürlich an ihrem Ego nagte. Schließlich vergällten ihnen auch amerikanische Behörden ihren unfreiwilligen Aufenthalt. Manche von ihnen, etwa Alfred Döblin, Erich Maria Remarque, Vicki Baum und Ludwig Marcuse, wurden unamerikanischer, d. h. kommunistischer Umtriebe verdächtigt und gerieten ins Fadenkreuz des FBI.

Villa Aurora

Zumindest aufgrund der häuslichen Verhältnisse hätten die Feuchtwangers mit ihren Lebensverhältnissen in Pacific Palisades mehr als zufrieden sein müssen. In der für 9000 $ gekauften **Villa Aurora,** benannt nach der römischen Göttin der Morgenröte, standen ihnen 14 Zimmer mit einer Fläche von 600 m² zur Verfügung. Der 1927 nach dem Vorbild eines Schlosses in Sevilla errichtete Palast war nicht nur mit geschnitzten und bemalten Holztüren samt Decken mit dekorativen maurischen Motiven versehen, sondern besaß eine für die damalige Zeit geradezu revolutionäre technische Ausstattung mit Gasherd, Kühlschrank und Geschirrspülmaschine in der Küche und einer automatischen Garagentür. Schon vor Jahren wurde die noble Residenz renoviert und dient heute als Stätte des Kulturaustausches zwischen Deutschland und den USA (520 Paseo Miramar, Tel. 310-454-4231, www.villa-aurora.org, Führungen nach Vorabreservierung, 10 $ p. P.).

Santa Monica ▸ 2, A 2

Die knapp 90 000 Einwohner große Stadt galt schon im ausgehenden 19. Jh. als attraktiver Flecken. Damals war die Bucht erst durch eine holprige Piste mit dem im Wachsen begriffenen Los Angeles verbunden. Erst in den 1930er-Jahren band eine richtige Autostraße den Küstenflecken in den Ballungsraum ein und machte Santa Monica zu einem beliebten Wochenendziel für Ausflügler, die im Pazifik baden oder auf Kasinoschiffen ihr hart verdientes Geld verjubeln wollten.

An der Popularität der Küstenstadt hat sich bis heute nichts geändert. Die meisten landeinwärts lebenden Angelenos würden ihre Wohnorte gerne gegen den allerdings teuer gewordenen Küstenflecken eintauschen, in dem die Pazifikbrise die Luft sauber hält und die Stadtverwaltung für fußgängerfreundliche Straßen sorgt – und für hervorragende Einkaufsmöglichkeiten. Ebendiese haben die **Third Street Promenade** zu einer bekannten Shoppingadresse gemacht. Entlang der Fußgängerzone reihen sich Fachgeschäfte, Modeboutiquen, Buchläden, Imbisse und Restaurants aneinander. An einem altertümlichen Schuhputzerstand kann man sich seine Fußbekleidung auf Hochglanz bringen lassen. Abends verwandelt sich die Einkaufsmeile mit Musikanten, Zauberern, Clowns und Pantomimen in eine Freilichtbühne für Kleinkunstdarsteller (Third St.).

Santa Monica Pier

Fast 300 m ragt der hölzerne, 1916 eröffnete Pier ins Meer hinaus. Diese älteste Meerespromenade an der amerikanischen Westküste wurde durch einen fürchterlichen Sturm 1983 so schwer in Mitleidenschaft gezogen, dass große Teile neu errichtet werden mussten. Aber längst hat der Steg seine alte Bedeutung als Treffpunkt von Jung und Alt zurückgewonnen. Souvenir- und Geschenkartikelläden, Cafés, Restaurants, Geschäfte für Anglerbedarf, ein historisches Karussell mit 44 lackierten Holzpferden aus dem Film »Der Clou« und ein Vergnügungspark mit Achterbahn und Riesenrad verschaffen Ortskundigen Abwechslung, die den Blick auf Strand und Küste schon gewohnt sind. Wer sich für das Meeresleben vor der Küste interessiert, kann sich im **Santa Monica Pier Aquarium** informieren (1600 Ocean Front Walk, Tel. 310-

393-6149, www.healthebay.org, Di–Fr 14–18, Sa–So 12.30–18 Uhr, Erw. 5 $, Kinder unter 12 J. Eintritt frei).

Seine Attraktivität verdankt Santa Monica nicht zuletzt seinen schönen Sandstränden wie etwa Santa Monica State Beach und Will Rogers State Beach. Einen wunderbaren Blick aufs Meer und die Küste erlaubt der **Palisades Park,** der bei Sonnenuntergang zum Wallfahrtsort vieler Einheimischer wird. Der Park ist von der Third Street Promenade und vom Santa Monica Pier sehr gut zu Fuß zu erreichen (851 Alma Real Dr., Tel. 310-458-8974).

Museen in Santa Monica

Das in einem viktorianischen Anwesen von 1894 eingerichtete **California Heritage Museum** stellt dekorative Kunst, Mobiliar, Keramik, Gemälde und Volkskunst aus. Spezielle Ausstellungen beschäftigen sich z. B. mit der Frage, wie Hawaii den kalifornischen Lifestyle beeinflusste (2612 Main St., Tel. 310-392-8537, http://web.mac.com/calmuseum/Site/Home.html, Mi–So 11–16 Uhr, Erw. 8 $, Kinder unter 12 J. Eintritt frei).

Werke zeitgenössischer und moderner Künstler sind im **Santa Monica Museum of Art** zu sehen. Die Ausstellungen sind in der sogenannten Bergamot Station untergebracht. Der historische Bahnhof diente von 1875 bis 1953 als Haltestelle eines zwischen Los Angeles und Santa Monica verkehrenden Trolleys. Heute beherbergt der eine Zeitlang als Industriekomplex zweckentfremdete Terminal neben dem Museum etwa drei Dutzend Galerien, Geschäfte, Architektur- und Designfirmen und ein Café (2525 Michigan Ave., Tel. 310-586-6488, www.smmoa.org, Di–Sa 11–18 Uhr, So, Mo und Fei Ruhetag, Erw. 5 $, Studenten und Senioren 3 $).

Die Neueröffnung des **Museum of Flying,** das sich der wechselvollen Geschichte der zivilen und militärischen Luftfahrt widmen wird, verzögert sich seit Jahren offenbar wegen finanzieller Probleme. Zu den angekündigten Ausstellungsstücken zählen fliegende Oldtimer und neuere Maschinen des Flugzeugherstellers Douglas Aircraft Company, der bis 1967 in Santa Monica produzierte. Besucher dürfen sich u. a. auf den Cruiser ›New Orleans‹ freuen, der 1924 als

Der Pier in Santa Monica – ein Mekka für alle, die das Entertainment lieben

aktiv unterwegs

Treppenlaufen in Santa Monica

Tour-Infos
Start: Ende der 4th Street, wo sie auf den Adelaide Drive trifft
Länge: ca. 900 m
Dauer: ungefähr 10 Min. pro *loop*. Sa und So herrscht vormittags häufig Hochbetrieb.

Manche bereiten sich auf einen Marathonlauf vor. Andere suchen Abwechslung von der Routine der Fitnessstudios. Wieder andere haben gehört, dass dort schon der Schauspieler Matthew McConaughey, der deutsche ›Gladiator‹ Ralf Möller und Boxweltmeister Vitali Klitschko trainierten. Gleichgültig, welche Motivation hinter den Treppenläufen über die berühmten Santa Monica Stairs stecken: die Trainingsstrecken sind schweißtreibend.

Bei den Santa Monica Stairs handelt es sich um zwei lange, steile Treppen in einem Wohngebiet, die längst zum sportlichen Trainingsklassiker herangereift sind. Die erste, mit einigen Windungen ausgestattete Treppe besteht aus ca. 150 schmalen Betonstufen, auf denen Ortskundige, um ›Gegenverkehr‹ zu vermeiden, bergauf laufen. Hat man am oberen Ende den Adelaide Drive erreicht, wendet man sich ungefähr 100 m nach Osten. Dort führt die breitere, gerade und nicht ganz so steile zweite Treppe über 170 Holzstufen abwärts. Unter Eingeweihten ist die Gesamtstrecke als loop (Schleife) bekannt. Wer sich ganz besonders schinden will, nimmt aufwärts immer zwei Stufen auf einmal. Um sich vor dem Treppenlauf zu dehnen und aufzuwärmen, bietet sich eine Rasenfläche an der 4th Street an.

eines der ersten Flugzeuge die Erde umrundete (www.museumofflying.com).

Infos

Santa Monica Information Center: 1920 Main St., Suite B, Santa Monica, CA 90405, Tel. 310-319-6263 oder 1-800-544-5319, www.santamonica.com.

Übernachten

Tolle Erfahrung ▶ **Viceroy:** 1819 Ocean Ave., Tel. 310-260-7500, www.viceroyhotelsandresorts.com/santamonica. Nur ein Straßenblock vom Strand entfernt gelegenes Nobelhotel. Alle 162 Zimmer bzw. Suiten sind stilvoll und erstklassig ausgestattet. Von manchen blickt man aufs Meer oder auf den Pool. DZ ab ca. 300 $.

Lage und Service gut ▶ **Best Western Ocean View:** 1447 Ocean Ave., Tel. 310-458-4888, www.oceanviewsantamonica.com. Neues Hotel in Pier- und Strandnähe, manche Zimmer mit Balkon und Meerblick. Zur Standardausstattung gehören Klimaanlage, Highspeed-Internetzugang und Kaffeemaschine. DZ 90–190 $.

Für kleinere Ansprüche ▶ **Travelodge:** 1525 Ocean Ave., Tel. 310-451-0761, www.travelodge.com. Günstig gelegenes zweigeschossiges Kettenmotel nur Schritte vom Strand und der Third Street Promenade entfernt gelegen. Abkühlung verschafft der Außenpool. Mehrere Restaurants liegen in nächster Nähe. DZ ab 120 $.

Fürs kleine Budget ▶ **Hostel International:** 1436 2nd St., Santa Monica, Tel. 310-393-1769, www.HILosAngeles.org. Budget-Unterkunft in Schlafsälen mit 4 bis 10 Betten oder in kargen Doppelzimmern mit Etagendusche. Gemeinschaftsküche und Fernsehzimmer, Fahrradverleih. Betten ab 26 $.

Essen & Trinken

Gourmetküche ▶ **Josie:** 2424 Pico Blvd., Tel. 310-581-9888, www.josierestaurant.com, Dinner Mo–Sa. Französisch-mediterran in-

Tipp: Kaltes Vergnügen

Trotz schöner, bewachter Strände ist die **Los-Angeles-Küste** zum Baden im Meer nur mit Einschränkungen geeignet. Äußerst selten klettern die Wassertemperaturen über 22 °C. Selbst im Hochsommer weht fast ständig ein kühler Wind, sodass nicht nur bei Surfern der Neoprenanzug als adäquate Badebekleidung anzusehen ist.

spirierte amerikanische Küche auf hohem Niveau. Rib-Eye-Medaillons vom Mesquitegrill (38 $), australischer Lammrücken mit Artischockenherzen (36 $), Forelle mit grünen Bohnen und Spargel (26 $).

Unkomplizierte Küche ▶ Yankee Doodles: 1410 Third St. Promenade, Tel. 310-394-4632, www.yankeedoodles.com, tgl. 11–2 Uhr. Amerikanische *sports bar* wie aus dem Bilderbuch mit riesigen TV-Screens für Sportübertragungen. Den Hunger stillen z. B. Buffalo Wings (11 $) oder Onion Rings (7 $).

Einkaufen

Einkaufsmeile mit Bauernmarkt ▶ Third Street Promenade: Third St. Lebhafte, von Fachgeschäften und Boutiquen gesäumte Fußgängerzone mit dem jüngst umgebauten Einkaufszentrum Santa Monica Place. Bauernmarkt Mi und Sa 8.30–13.30, www.farmersmarket.smgov.net).

Bauernmärkte ▶ Santa Monica Farmers Market: In Santa Monica finden regelmäßig vier Bauernmärkte statt: Mi (Arizona Ave. & 2nd St.), Sa (Arizona Ave. & 3rd St. sowie 2200 Virginia Ave.) und So (2640 Main St. beim Museum, www01.smgov.net/farmers_market).

Abends & Nachts

Quelle für Biertrinker ▶ Sonny McLeans: 2615 Wilshire Blvd., Tel. 310-449-1811, www.sonnymcleans.com, tgl. 11.30–2 Uhr. Nicht allein 20 unterschiedliche Biersorten, auch die gemütliche Atmosphäre haben den neuenglischen Pub zu einem populären abendlichen Treffpunkt gemacht.

Aktiv

Führungen ▶ Santa Monica Conservancy: Tel. 310-496-3146, www.smconservancy.org. Zweistündige Fußtouren durch das Zentrum von Santa Monica geben einen interessanten Einblick in die Geschichte und Gegenwart der Stadt, jeden Sa um 10 Uhr ab 1436 Second St., Reservierung bis Do obligatorisch, Erw. 10 $).

Surfboardverleih ▶ ZJ Boarding House: 2619 Main St., Tel. 310-392-5646, www.zjboardinghouse.com. Große Auswahl an Boards. Surfboards 30 $/Tag, Wetsuits 15 $/Tag.

Verkehr

Big-Blue-Busse: Diese öffentlichen Busse verkehren zwischen Venice, Santa Monica und der University of California in Westwood mit zahlreichen Stopps unterwegs. Jede Fahrt kostet 1 $, Express 2 $ (www.bigbluebus.com).

Venice ▶ 2, A 2

Der **Boardwalk** in Venice, auch **Ocean Front Walk** genannt, ist eine verrückte Bühne für Selbstdarsteller und Publikum zugleich. Manche sehen in der ausgeflippten Strandmeile, die man einfach mit eigenen Augen gesehen haben muss, auch ein Mittelding zwischen Laufsteg der Eitelkeiten und offener Psychiatrie. Eines ist jedenfalls sicher: Die von T-Shirt-Läden, Auslagen von Designersonnenbrillen und Imbissständen gesäumte Promenade bietet das amüsanteste Straßentheater, das man sich vorstellen kann.

Schrullige Wahrsagerinnen lesen die Zukunft aus den Händen ihrer gläubigen Kundschaft. Mitglieder christlicher Vereine bieten Selbstgehäkeltes und Gebasteltes zum Verkauf an, während ein gealtertes Ehepaar eine verpasste Bühnenkarriere trotz brüchig gewordener Stimmen nachzuholen versucht. Schwarze Teenager verdienen sich mit Asphaltakrobatik ein paar Münzen. Spiderman segelt im Originalkostüm auf Rollerskates durch die staunende Menschenmenge, in der knapp gewandete potenzielle Leinwand-

Boardwalk Venice Beach: Promenade der Eitelkeiten und des Körperkults

sternchen ihre korrigierten Nasen höher tragen als andere.

Stadtgeschichte

Venice trägt seinen Namen nicht ohne Grund. Nach venezianischem Vorbild ließ ein reicher Zigarettenfabrikant um die Wende vom 19. zum 20. Jh. ein aus 26 km langen Wasserwegen bestehendes Kanalsystem errichten, um die Pazifikküste mit einer Lagunenstadt italienischen Zuschnitts attraktiver zu machen. Die Idee von Arien schmetternden Gondolieri blieb ein schönes (Traum-)Bild, Gräben und Kanäle versandeten bzw. wurden zugeschüttet, und das kalifornische Venice strebte seinem Untergang noch viel schneller entgegen als das oberitalienische Original.

In den 1950er-Jahren sahen Hippies, Zivilisationsverweigerer und Bohemiens in der verschlafenen Küstengemeinde einen idealen Ort zur Selbstfindung. Das nachfolgende kreative Völkchen, unter ihnen Jim Morrison von »The Doors«, verwandelte Venice in eine weltentrückte Künstlerkolonie, deren Markenzeichen großflächige Trompe-l'oeil-Motive und psychedelische Wandmalereien wurden. Seither ist der Stadt ihr Image als alternative Dolce-Vita-Metropole am Rand des Molochs Los Angeles geblieben, wenngleich viele Lebenskünstler und Aussteiger dem allerorts grassierenden Mietwucher längst den Rücken kehrten.

Venedig auf Amerikanisch

In den 1990er-Jahren erinnerte sich die Stadt an ihre Wurzeln und stellte sechs der ursprünglichen Kanäle wieder her – heute eine romantische Postkartenszenerie. Ein reizvoller Spaziergang führt an den von Enten bevölkerten Wasserwegen entlang, die von 14 Brücken überspannt und zum Teil von prächtigen, in Rosen- und Jasmingärten stehenden Villen und Bungalows gesäumt werden. Hier und da zeugen tibetanische Gebetsfahnen davon, dass die alternative Vergangenheit von Venice doch noch nicht ganz in Vergessenheit geraten ist. Das Alt-Venedig liegt zwischen Washington Avenue und Venice Boulevard einige Blocks östlich der Pacific Avenue (einen Parkplatz findet man am ehesten an der parallel zum Strand verlaufenden Ocean Street oder Dell Ave.). Auch der Abbot Kinney Boulevard mit seinen schicken Cafés und Restaurants, Boutiquen und Kunstgalerien lohnt einen Besuch.

Beachleben

Hauptsächlich an Wochenenden im Sommer pulsiert das Leben am Ocean Front Walk von Venice – und am sogenannten Muscle Beach. Früher handelte es sich bloß um eine gesichtslose, umzäunte Open-Air-Fitnessplattform. Mit steigender Popularität erhielt die Anlage dann das Äußere eines echten Sportzentrums. Unter freiem Himmel stöhnen Muskelmänner und Bizepskönige im Schweiße ihrer Angesichter unter Eisengewichten. Außerhalb auf den Zuschauertribünen hockt die Gemeinde der Schmalbrüstigen und Hänflinge und verfolgt die Demonstrationen menschlicher Leidensfähigkeit neidisch, staunend, amüsiert oder kopfschüttelnd. Kaum irgendwo sonst treibt Südkaliforniens Körperkult so fantastische Blüten wie hier am Muscle Beach.

Übernachten

Empfehlenswert ▶ **Hotel Erwin:** 1697 Pacific Ave., Tel. 310-452-1111, www.mphotel.com. Nur wenige Schritte vom Ocean Front Walk entferntes Hotel. Manche Zimmer mit Blick aufs Meer, Highspeed-Internetzugang als Standardausstattung. DZ ca. 180 $.

Ein Juwel ▶ **Venice Beach House:** 15 30th Ave., Tel. 310-823-1966, www.venicebeachhouse.com. Nur einen Block vom Boardwalk entferntes charmantes B & B mit begrünten Fassaden; trotz Lage sehr ruhig. DZ ab 145 $.

Sehr einfach ▶ **Venice Beach Cotel:** 25 Windward Ave., Tel. 310-399-7649, Fax 310-399-9030, www.venicebeachcotel.com. Am Strand gelegene Herberge für eher anspruchslose Logisgäste. Mehrbettzimmer ab 22 $/Bett, DZ ab 52,60 $.

Essen & Trinken

Treffpunkt der Welt ▶ **Sidewalk Café:** 1401 Ocean Front Walk, Tel. 310-399-5547, www.thesidewalkcafe.com, tgl. 8–23 Uhr. Direkt am Boardwalk gelegene lokale ›Institution‹, vor der man unter schattigen Arkaden sitzen und dem *people watching* frönen kann. Salate, Pasta, Sandwiches, Pizzen und nach Schriftstellern benannte Burgers von Charles Dickens bis Dylan Thomas. 6–15 $.

Aktiv

Fitness- und Sportaktivitäten ▶ **Venice Beach Recreation Center:** 1800 Ocean Front Walk, Tel. 310-399-2775, Okt.–April 8–18, sonst bis 19 Uhr. Städtische Sportanlagen zwischen Boardwalk und Meer mit Tenniscourts, Basket- und Volleyballanlagen und Kinderspielplätzen. Am bekanntesten ist der Muscle Beach, wo insbesondere auch Gewichtheber trainieren.

Marina del Rey ▶ 2, B 2

Zwischen Venice und dem Internationalen Flughafen von Los Angeles entstand 1962 der größte von Menschenhand geschaffene Jachthafen der USA mit 5300 Anlegestellen. Jahr für Jahr gehen dort 100 000 Freizeitkapitäne vor Anker, um das quirlige Leben etwa in **Fisherman's Village** zu genießen.

Im Stil eines neuenglischen Fischerdorfes mit Pflastergassen gruppieren sich hier Restaurants, Schnellküchen und Geschäfte um einen hübschen Leuchtturm. Auf der Lighthouse Plaza finden an Sommerwochenenden nachmittags regelmäßig kostenlose Rock-, Pop- und Jazzkonzerte statt.

Zu den populären Freizeitvergnügungen zwischen Januar und März gehört das von mehreren Unternehmen angebotene **Whale Watching,** weil um diese Zeit alljährlich große Herden von Walen auf der Reise von der Baja California ins Eismeer vor der kalifornischen Pazifikküste vorbeiziehen (Marina del Rey Sportfishing, Dock 52, 13501 Fiji Way, Tel. 310-822-3625, www.marinadelreysportfishing.com/whalewatching).

Infos

Marina del Rey Convention and Visitors Bureau: 4701 Admiralty Way, Marina del Rey, CA 90292, Tel. 310-305-9545, Fax 310-306-6605, http://www.visitmarinadelrey.com. Interaktiver Stadtplan im Internet unter www.mapnetwork.com, weiter unter ›Destination‹, dort unter ›Los Angeles‹ und ›Related Maps – Marina del Rey‹.

Übernachten

Top-Hotel ▶ **Ritz-Carlton:** 4375 Admiralty Way, Tel. 310-823-1700, Fax 310-823-2403, www.ritzcarlton.com/hotels/marina_del_rey. Am nördlichen Ende des Hafens gelegenes Hochhaus, von dessen Terrasse man einen wunderbaren Blick über Tausende Segelboote hat. Zu der Nobelherberge für anspruchsvolle Gäste gehören ein reizender Pool, ein neues Fitness & Massage Center und ein luxuriöses Spa. DZ ab ca. 200 $.

Klein, aber gepflegt ▶ **Foghorn Harbor Inn:** 4140 Via Marina, Tel. 310-823-4626, www.foghornhotel.com. Kleineres Hotel am Mother's Beach mit Airport-Shuttle. Alle 23 Zimmer haben Highspeed-Internetzugang, Kühlschrank und Mikrowelle. DZ ab 129 $.

Abends & Nachts

Gratisunterhaltung ▶ **Burton Chace Park:** 13650 Mindanao Way, Tel. 310-305-9565, www.labeaches.info. Alljährlich im Juli und August im auf drei Seiten von Wasser umgebenen Park kostenlose Konzerte, Do klassisch, Sa Pop.

Aktiv

Inseltour ▶ **Catalina Marina del Rey Flyer:** 13737 Fiji Way C-2, Tel. 310-305-7250, www.catalinaferries.com. Fähre nach Catalina Island, Ankunft in Avalon oder Two Harbors, Fahrtzeit ca. 80 Min., Highspeed-Überfahrt).

Baden und Abenteuerspielplatz ▶ **Mother's Beach:** Palawan Way am Basin D. Am überwachten Strand können Familien mit Kindern gefahrlos baden, weil der Sandstrand vor Wellen geschützt ist. Außerdem gibt es einen kleinen Abenteuerspielplatz mit Piratenschiff und einen Picknickplatz.

Radverleih ▶ **Spokes & Stuff Bike Rentals:** 4175 Admiralty Way, Tel. 310-306-3332, http://spokes-n-stuff.com. Hier kann man Fahrräder und Rollerskates ausleihen, um den Hafen von Marina del Rey zu umrunden bzw. auf den markierten Radwegen Richtung Norden oder Süden zu fahren.

Die Küste der South Bay

▶ 2, B 3

Manhattan Beach

Südlich des internationalen Flughafens schließen sich drei renommierte Küstengemeinden an. Die etwa sechs Meilen langen Sandstrände der 35 000 Einwohner großen Stadt **Manhattan Beach** zählen für manche zu den schönsten im südlichen Kalifornien. Hier soll Beachvolleyball erfunden worden sein, vor Ort finden zahlreiche große Wettbewerbe in dieser Disziplin statt. Wer dem recht anstrengenden Sport nichts abgewinnen kann, vergnügt sich vielleicht besser bei den im August ausgetragenen Meisterschaften der Sandburgenbauer oder lässt sich auf dem Pier die salzige Meeresuft um die Nase wehen.

Der am Ende stehende achteckige Pavillon beherbergt das kleine **Roundhouse Aquarium** mit Haifischbecken und flachen Pools, in denen man harmlose Meeresbewohner anfassen kann (Manhattan Beach Pier, Tel. 310-379-8117, Mo–Fr 15 Uhr bis Sonnenuntergang, Sa, So 10 Uhr bis Sonnenuntergang, 2 $).

Hermosa Beach

Dass Beachvolleyball 1996 olympische Disziplin wurde, ist weitgehend den Strandsportlern in **Hermosa Beach** zu verdanken, die diese Sportart populär machten. Ähnlich wie im benachbarten Manhattan Beach finden auch hier jedes Jahr große Profiturniere statt. Auf einigen Courts sind Webcams aufgestellt, über die man die Aktivitäten vor Ort verfolgen kann (www.hermosawave.net). Auch in Surferkreisen gilt das Küstenstädtchen als Insidertipp. Wer Wellenreiten lernen

Äußerst attraktives Surfrevier: die Küste des Großraums Los Angeles

will, hat vor Ort gute Gelegenheiten (Campsurf, 2120 Circle Dr., Tel. 310-374-5902, www.campsurf.com, Tages- und Wochenkurse Mitte Juni–Anf. Sept., Surfbrett und Neoprenanzug werden gestellt). Um die historische Rolle der lokalen Pioniere zu würdigen, erfand ein Geschäftsmann den **Surfers Walk of Fame**. Ähnlich wie auf dem Hollywood Walk of Fame wurde die Surfprominenz auf dem örtlichen Pier mit Bronzesternen verewigt.

Nicht nur tagsüber herrscht in Hermosa Beach buntes Strandleben. Auch nach Sonnenuntergang kommt hier keine Langeweile auf. Bester Beweis dafür ist das seit über 50 Jahren bestehende **Lighthouse Café,** das schon die Auftritte von Miles Davis zu einer bekannten Jazzadresse machten (30 Pier Ave., Tel. 310-376-9833, www.thelighthouse cafe.net, Mo–Do 18–2, Fr–16–2, Sa, So ab 11 Uhr).

Einen ähnlich guten Ruf besitzt das Cafe Boogaloo, in dem zu Cajun-Spezialitäten aus Louisiana heißer Jazz serviert wird – oder umgekehrt (1238 Hermosa Ave., Tel. 310-308-4326, www.boogaloo.com, Livemusik Mi–So Abend).

Redondo Beach

In Südkalifornien nehmen mehrere Küstenstädte für sich in Anspruch, Pioniere im Surfsport gewesen zu sein. In **Redondo Beach** stand offenbar schon 1907 ein gewisser George Freeth auf einem 90 kg schweren Surfbrett aus Redwoodholz. In Bronze gegossen erinnert sein Denkmal beim Pier »n« an seine Pioniertat. Danach dauerte es aber noch bis in die 1950er-Jahre, ehe die Erfindung des leichtgewichtigen Fiberglasbretts dem Surfen den Weg als Breitensport ebnete und Musikgruppen wie die Beach Boys den Rest der Welt durch Sonne-, Strand- und Surfhymnen mit dem südkalifornischen Lifestylevirus infizierten. Im Winter fallen gelegentlich Stürme mit riesigen Wellen über diesen Pazifikabschnitt her, die den Pier seit der ersten Fertigstellung 1889 mehrfach schwer beschädigten oder zerstörten. Dennoch ist diese Promenade mit ihren zahlreichen Restaurants, Schnellimbissen und Geschäften für viele Einwohner von Los Angeles ein beliebtes Wochenendziel, zumal Redondo Beach durch die Metro Rail Green Line an das Zentrum von Los Angeles angebunden ist (www.redondopier.com).

Essen & Trinken

Speisen über dem Wasser ▶ **Old Tony's:** 210 Fisherman's Wharf, Tel. 310-374-1442, www.oldtonys.com, Mo–Do 16.30–22, Fr bis 23, Sa 11.30–23, So bis 22 Uhr. Das italienische Fischrestaurant zählt zu den alteingesessenen Institutionen auf dem Pier. Von der oberen Etage des Lokals kann man während des Essens den Blick über die gesamte Küste bis nach Malibu genießen. Dinner 18–30 $.

Palos Verdes Peninsula

▶ 2, B 3/4

Südlich von Redondo Beach enden die Sand- und Surfstrände der South Bay an der felsigen Palos Verdes Peninsula, die wie ein Felsvorsprung mit Wäldern, tiefen Canyons, schroffen Klippen und rollenden Hügeln in den Pazifik ragt. Ein aus New York stammender Banker kaufte im Jahre 1913 einen Teil der Halbinsel, um eine vom Stadtzentrum abgeschottete Millionärskolonie zu errichten. Die Pläne scheiterten damals allerdings. Aber später im 20. Jh. begann doch die Erschließung des eine Autostunde vom Zentrum von Los Angeles entfernt gelegenen grünen Winkels, der heute mit noblen Villen als Wohngegend für gehobene Ansprüche gilt (www.palosverdes.com).

Bester Beweis dafür ist der **Trump National Golf Club.** Der US-Baulöwe Donald Trump investierte über 250 Mio. $ in die atemberaubende Anlage, die zu den exklusivsten Golfclubs der Welt zählt (1 Ocean Trails Dr., Tel. 310-265-5000, www.trumpnationallosangeles.com).

Wayfarer's Chapel

Östlich des Point Vicente Lighthouse, wo der Palos Verdes Drive den Blick auf die Abalone Cove freigibt, ist die 1951 aus Glas und Holz erbaute **Wayfarer's Chapel** dem schwedischen Mathematiker, Naturforscher und Theologen Emanuel von Swedenborg (1688–1772) gewidmet, der die Swedenborgian Church gründete. Diese christliche Glaubensgemeinschaft ist heute auch unter dem Namen Neue Kirche bekannt und in zahlreichen Ländern der Erde vertreten. Der Entwurf der Kapelle stammte von Lloyd Wright, dem Sohn des berühmten Baumeisters Frank Lloyd Wright. Beeindruckend sind die gewaltigen Redwoodbäume, die das Gotteshaus wie eine grüne Schutzmauer umgeben (5755 Palos Verdes Dr. S., Tel. 310-377-1650, www.wayfarerschapel.org).

South Coast Botanic Garden

Von 1929 bis 1956 war auf der Halbinsel eine Tagebaumine für Kieselgur in Betrieb. Seit Beginn der 1960er-Jahre wurde auf dem renaturierten Gelände der **South Coast Botanic Garden** mit über 2000 unterschiedlichen Baumarten angelegt, darunter Küstenredwoods, Gingkos und Spezies aus Australien und dem südlichen Afrika. Ein Kräutergarten, ein englischer Rosengarten, ein japanischer und ein Kaktusgarten sowie kleine Weiher und Bäche machen das ehemalige Industrierevier heute zu einer Naturoase und einem Vogelschutzgebiet (26300 Crenshaw Blvd., Tel. 310-544-1948, www.southcoastbotanicgarden.org, tgl. 9–17 Uhr, Erw. 8 $, Kinder bis 12 J. 3 $).

San Pedro ▶ 2, C 4

Seit dem Bau von Angel's Gate Lighthouse am Eingang zum Hafen im Jahr 1913 hat **San Pedro** sein Gesicht vollständig verändert. Heute ist der in San Pedro liegende Port of Los Angeles der größte maritime Warenumschlagplatz und der größte Passagierhafen an der amerikanischen Westküste. Highway 47 schwingt sich auf der Vincent Thomas Bridge über die Hauptfahrrinne des Hafens. Vor allem am Abend gibt das filigrane Bauwerk mit seiner blauen Illumination ein prächtiges Bild ab.

Ports O'Call Village

Auf gepflasterten Wegen können Besucher das **Ports O'Call Village** mit Geschäften, Restaurants und Grünflächen kennenlernen und das maritime Flair dieses Fleckens mit im

Wasser tanzenden Jollen und Jachten genießen. Im Dorf legen Ausflugsschiffe zu Hafenrundfahrten, zu Brunch und Dance Cruises und zwischen Januar und März zu Walbeobachtungstouren ab. Jeden September zieht das Lobster Festival Hunderttausende Besucher an, wenn zum vielfältigen Kulturprogramm Hummer aus dem Bundesstaat Maine serviert werden (www.lobsterfest.com).

Meeresaquarium

Am Cabrillo Beach widmet sich das von Stararchitekt Frank Gehry entworfene, 1981 fertiggestellte **Cabrillo Marine Aquarium** dem südkalifornischen Meeresleben. In drei Dutzend Salzwasserbecken sind Haie, Aale, Tintenfische, Krabben, Anemonen und Schwämme die Hauptdarsteller (3720 Stephen M. White Dr., Tel. 310-548-7562, www.cabrillomarineaquarium.org, Di–Fr 12–17, Sa–So 10–17 Uhr, Erw. 5 $, Kinder 1 $).

L. A. Maritime Museum

Mit der maritimen Geschichte der kalifornischen Pazifikküste beschäftigt sich das **Los Angeles Maritime Museum.** In einem ehemaligen Fährbahnhof untergebracht, kann sich der Besucher in unterschiedlichen Ausstellungen über die Fisch- und Fischkonservenindustrie, die Arbeit professioneller Taucher, von Seeleuten hergestelltes Kunsthandwerk und historische Schiffe informieren (Berth 84, Ende der 6th St., Tel. 310-548-7618, www.lamaritimemuseum.org, Di–So 10–17 Uhr, Erw. 3 $, Kinder gratis).

Long Beach ► 2, C 4

San Pedro ist zusammen mit dem benachbarten, 465 000 Einwohner zählenden **Long Beach** längst zu einer Stadtlandschaft zusammengewachsen. Die fünftgrößte Stadt in Kalifornien besitzt zwar einen durch moderne Hochhäuser geprägten Kern, lädt aber auch mit von Palmen bestandenen Promenaden und grünen Parkanlagen an der Wasserkante zum Flanieren ein. In den 1980er-Jahren hatte die Hafenstadt noch den wenig schmeichelhaften Ruf, ein schäbiger und zwielichtiger Abenteuerspielplatz für dienstfreie Seeleute zu sein. Seit damals wurden Millionen in die Stadterneuerung investiert, die Long Beach heute in neuem Glanz erscheinen lässt.

Zum Sonnenuntergang mit anschließendem Abendessen treffen sich Einheimische gerne im **Shoreline Village,** das sich wie die moderne Version eines traditionellen Walfängerdorfes um die Südflanke des Rainbow Harbor biegt. Restaurants, Eisdielen, Andenkenläden, Modeboutiquen, Verleihstellen für Wassersportgeräte und Ausflugsboote machen das Dorf in der Stadt zum beliebten Flanierziel (Shoreline Village Dr., www.shorelinevillage.com, tgl. 10–21 Uhr).

Pazifikaquarium

Mit über 12 500 Meeresbewohnern hat sich das **Aquarium of the Pacific** zu einem echten Publikumsmagneten entwickelt. In regionalen Ausstellungen über die Meeresabschnitte im südlichen Kalifornien, den Nordpazifik und die tropischen Riffe im südlichen Pazifik bringt das Aquarium Besucher in Kontakt mit vielen fast unbekannten Spezies und klärt zugleich auf über die Ursache von Wellen, die an den Meeresküsten eine Brandung verursachen, in der viele Lebewesen mit ganz speziellen Survival-Fähigkeiten überleben. In zahlreichen Becken zum Teil mit über 1 Mio. Liter Salzwasser lassen sich Seelöwen, Meeresschildkröten, Robben, Zebrahaie und Stachelrochen bewundern. Ein 3-D-Kino bringt den Zuschauern das abenteuerliche Meeresleben mit neuester Technik nahe (100 Aquarium Way, Tel. 562-590-3100, www.aquariumofpacific.org, tgl. 9–18 Uhr, Erw. 24,95 $, Senioren ab 62 J. 21,95 $, Kinder 3–11 J. 12,95 $).

›Queen Mary‹ und ›Scorpion‹

Vom Aquarium ist es nicht weit bis zur **›Queen Mary‹.** Der 1934 vom Stapel gelaufene Ozeanriese war damals das schnellste und größte Luxusschiff auf der Nordatlantikroute. Nach 1001 Fahrten zwischen Amerika und Europa außer Dienst gestellt, liegt die schwimmende Legende seit 1967 in Long

Im Hafen von Long Beach dient die berühmte ›Queen Mary‹ heute als Hotelschiff

Beach Harbor als Hotel und Museum vor Anker. Auch wer nicht in einer der Kabinen nächtigt, kann ein Dutzend Decks mit Brücke, Salons, Mannschaftskabinen und Maschinenraum in Augenschein nehmen (1126 Queens Hwy, Tel. 562-435-3511, www.queenmary.com, tgl. 10–18 Uhr, Erw. 24,95 $, Kinder 5–11 J. 12,95 $). Nebenan ist mit der **›Scorpion‹** ein 1972 gebautes russisches U-Boot der Foxtrottklasse auf Dauer vor Anker gegangen. Dieses Relikt aus dem Kalten Krieg war das größte nichtnukleare Unterseeboot der Sowjets (tgl. 9–18 Uhr, Erw. 10,95 $, Kinder 5–11 J. 9,95 $).

Museen

Liebhaber dekorativer Kunst aus Amerika, europäischer Kunst aus dem frühen 20. Jh., zeitgenössischer kalifornischer Kunst (vor allem Videokunst) kommen im **Long Beach Museum of Art** auf ihre Kosten. Die Ausstellungen werden in einem die Küste überblickenden Anwesen aus dem Jahr 1912 gezeigt (2300 E. Ocean Blvd., Tel. 562-439-2119, www.lbma.org, Do 11–20, Fr–So 11–17 Uhr, Erw. 7 $, Kinder unter 11 J. u. jeden Fr Eintritt frei).

Zu den neuesten Errungenschaften der lokalen Museumsszene gehört das **Museum of Latin American Art,** das sich mit Themen wie lateinamerikanischer Kunst, Literatur, Musik, Mode und sogar mit mittel- und südamerikanischen Küchenerzeugnissen beschäftigt. Dabei wird in den Ausstellungen Wert auf die Tatsache gelegt, dass lateinamerikanische Kultur im Prinzip aus einem Amalgam unterschiedlicher ethnischer und rassischer Einflüsse und Faktoren besteht (628 Alamitos Ave., Tel. 562-437-1689, www.molaa.org, Mi–So 11–17, Do bis 21 Uhr, Erw. 9 $, Senioren 6 $, Kinder unter 12 J. Eintritt frei).

Infos

Convention and Visitors Bureau: 301 E. Ocean Blvd, Suite 1900, Tel. 1-800-452-7829, www.visitlongbeach.com.

Long Beach Area Chamber of Commerce: 1 World Trade Center, Suite 206, Long Beach CA 90831-0206, Tel. 562-436-1251, Fax 562-

436-7099, www.lbchamber.com. Stadtplan unter www.discoverymap.com, weiter unter Destination, California und Long Beach.

Übernachten

Auf schwankendem Boden ▶ Dockside Boat and Bed: 316 E. Shoreline Dr., Tel. 562-436-3111, www.boatandbed.com. Übernachtung auf Motorjachten unterschiedlicher Größe, die im Rainbow Harbor in unmittelbarer Nähe von Geschäften und Restaurants vor Anker liegen. Die Ausstattung lässt in keiner Hinsicht etwas zu wünschen übrig. Ab 200 $.

Mit allem Komfort ▶ The Westin Long Beach: 333 E. Ocean Blvd., Tel. 562-436-3000, www.westin.com/ longbeach. Luxuriös ausgestattetes, 16 Etagen hohes Hotel mit 460 komfortabel ausgestatteten Zimmern und Suiten. Gäste können den Swimmingpool, das Fitnessstudio und das professionelle Businesscenter in Anspruch nehmen. DZ ab 180 $.

Nostalgie pur ▶ Queen Mary Hotel: 1126 Queens Hwy, Tel. 562-435-3511, www.queenmary.com. Gästen stehen an Bord des fest vertäuten Ozeanriesen (s. S. 162) 314 Kabinen in unterschiedlichen Kategorien zur Verfügung. Klimaanlage, WLAN, Kühlschrank, TV, Telefon und Kaffeemaschine gehören zur Standardausstattung. DZ ab ca. 110 $.

Museales Ambiente ▶ Turret House: 556 Chestnut Ave., Tel. 562-624-1991, www.turrethouse.com. B & B in einem hübschen viktorianischen Anwesen mit Dachgauben und umlaufender Terrasse. Alle fünf Gästezimmer sind individuell eingerichtet und verfügen über offenen Kamin, TV und eigenes Bad. DZ ab ca. 90 $.

Essen & Trinken

Über das Stadtzentrum von Long Beach verteilen sich über 100 Restaurants. Gäste haben die Qual der Wahl von einfachen Schnellküchen bis zur französisch inspirierten Haute Cuisine.

Guter Italiener ▶ L'Opera: 101 Pine Ave., Tel. 562-491-0066, http://lopera.com, Lunch Mo–Fr, Dinner tgl. Gepflegtes italienisches Restaurant; empfehlenswert sind die Spaghetti mit Meeresfrüchten (18 $) und das Filet Mignon mit Gorgonzola-Kartoffelpüree (35 $).

Gerichte mit Pfiff ▶ Christy's Ristorante: 3937 E. Broadway, Tel. 562-433-7133, www.christysristorante.com, Dinner tgl. ab 17 Uhr. Fabelhafter Italiener, zu dessen Spezialitäten wie gefüllte Garnelen (26 $) oder Königslachs mit warmer Mango-Perlzwiebel-Salsa (26 $) gehören. Die Auswahl an Weinen ist beeindruckend.

Einkaufen

Souvenirs ▶ Shoreline Village: (s. S. 162). Wer ein Souvenir aus Long Beach mitbringen möchte, wird dort sicher fündig.

Wein ▶ The Wine Crush: 3131 E. Broadway, Tel. 562-438-wine, www.thewinecrush.com. In diesem Geschäft bekommt man Weine aus vielen Teilen der Welt.

Einkaufsoase ▶ The Pike at Rainbow Harbor: 95 S. Pine Ave., www.thepikeatlongbeach.com. Einkaufen und Amüsement lassen sich gut miteinander verbinden in diesem aus Geschäften, Restaurants, Kneipen, Kinos und Rummelplatz mit Riesenrad bestehenden Komplex im Herzen der Stadt.

Abends & Nachts

Populär ▶ Sevilla Night Club: 140 Pine Ave., Tel. 562-495-1111, www.sevillanightclub.com. Das Restaurant mit spanischer Küche und guten Tapas verwandelt sich Do–So in einen Nachtclub mit überwiegend lateinamerikanischer Musik.

Auch für späte Gäste ▶ The Yard House: 401 Shoreline Village Dr., Tel. 562-628-0455, www.yardhouse.com, So–Do 11–24, Fr–Sa 11–2 Uhr. Restaurant mit Musik und langen Öffnungszeiten für Nachteulen.

Lebhaftes Lokal ▶ Tequila Jack's: 407 Shoreline Village Dr., Tel. 562-628-0454, www.tequilajacks.com. MoFr 15–18 Uhr Happy Hour. Das Lokal im Shore line Village gehört mit 20 Monitoren für Sportübertragungen zu den populären Tresentreffpunkten mit einem Riesenangebot an Bier- und Tequilasorten.

Aktiv

Radverleih ▶ **Bikestation:** 110 W. Ocean Blvd., Tel. 562-733-0106, www.bikestation.org. Großes Angebot an Fahrrädern für Outdoor-Fans.
Inselausflug ▶ **Catalina Express:** Berth 95, Tel. 1-800-481-3470, www.catalinaexpress.com, im Sommer tgl. mehrere Abfahrten. Überfahrten auf die 22 Meilen vor der Küste liegenden Catalina Islands mit Katamaranen.

Termine

Long Beach Grand Prix (April): Alljährlich kommen Hunderttausende nach Long Beach zum großen Rennen (www.gplb.com).
Long Beach Sea Festival (Juni–Sept.): Großes Fest im Hochsommer mit vielen, auch familienorientierten Events (www.longbeach seafestival.com).

Orange County

Südöstlich von Long Beach dehnt sich mit Orange County ein Landkreis aus, der seinen Namen von der noch in der ersten Hälfte des 20. Jh. existierenden Zitrusindustrie ableitete. Mittlerweile spielt der Agrarsektor nur noch eine untergeordnete Rolle, weil die Gegend seit den 1950er-Jahren ein phänomenales Bevölkerungswachstum erlebte und sich die Wirtschaftsstrukturen hin zur Dienstleistungsgesellschaft veränderten. Ein ausschlaggebender Faktor für den Strukturwandel war die Gründung von **Disneyland** in Anaheim (s. S. 167) im Jahr 1955, das jährlich Millionen von Besuchern anzieht. An der Küste entwickelten sich einige Städte zu populären Ferienzielen mit familienorientierten Angeboten einerseits und Einrichtungen für die High Society andererseits.

Huntington Beach ▶ 2, D 4

Die 194 000-Einwohner-Stadt mit ihrem 14 km langen Sandstrand konkurriert mit Hermosa Beach um die Reputation als Ursprungsort der kalifornischen ›Surfwelle‹, die längst über Kalifornien und Amerika hinausgeschwappt ist. Mit jährlich ausgetragenen Wettbewerben und Meisterschaften wie zum Beispiel den **U. S. Open of Surfing** im August (www.usopenofsurfing.com) versuchen die Stadtväter, ihre Vorherrschaft in Sachen Surfsport zu untermauern (s. a. Aktiv unterwegs S. 166). Dazu dient auch das **International Surfing Museum** mit Surfbrettausstellungen, spektakulären Sportfotografien, Memorabilien aus der Vergangenheit, Surfmusik und spannenden Filmen (411 Olive Ave., Tel. 714-960-3483, www.surfingmuseum.org, Mo, Mi–Fr 12–17, Di 12–21, Sa–So 11–18 Uhr, 2 $). Außerdem feiert die Stadt ihre berühmtesten Wellenreiter mit der **Surfers' Hall of Fame,** einer Außenanlage samt Denkmal des Pioniers Duke Kahanamoku, der Huntington Beach zu seiner Reputation verhalf. Berühmte Sportler verewigten sich mit Hand- und Fußabdrücken bzw. Autogrammen in Steinplatten, die den **Surfing Walk of Fame** Richtung Municipal Pier säumen, dem mit 560 m längsten Betonpier der USA (tgl. 5–24 Uhr, Eintritt frei).

Newport Beach ▶ 2, D 4

Einer der ersten Investoren im 80 000 Einwohner großen **Newport Beach** war in der Nachkriegszeit John Wayne. 1966 zog die Westernlegende in die per Helikopter nur Flugminuten von Hollywood entfernte Küstengemeinde und trug mit Finanzspritzen zum Ausbau der örtlichen Infrastruktur bei. Bis dahin hatten die Einwohner hauptsächlich von der Vermarktung der landwirtschaftlichen Schätze des Orange County gelebt. Heute verbindet der Ort gepflegte Kleinstadtatmosphäre mit quirligem Geschäftsleben und einer unauffälligen Millionärsszene. Einer der größten Jachthäfen Amerikas mit sündhaft teuren schwimmenden Eigenheimen, exklusiven Clubs und Nobelrestaurants lässt erkennen, dass diese Küste seit den 1980er-Jahren zu beträchtlichem Wohlstand gelangt ist. Am Pro-Kopf-Einkommen von über 60 000 $ gemessen, zählt Newport Beach zu den reichsten Gemeinden der gesamten USA.

Wie ein vom Festland abgerissener Splitter zieht sich die **Balboa Peninsula** die Küste

aktiv unterwegs

Surfpaddeln in Huntington Beach

Tour-Infos

Standort: Huntington Beach
Boardmiete: Sunset Stand Up Paddle Boards, 16802 Pacific Coast Hwy, Tel. 562-592-5483 oder Kursanbieter (s. u.)
Einzel- oder Gruppenkurse: McKinnon Shapes & Designs, Tel. 714-377-6101, www.mckinnonsurfboards.com/standupSurflessons.htm. Eine Privatstunde für zwei Personen 150 $ inklusive Ausrüstung und OEX Sunset Beach, 16910 Pacific Coast Hwy, Tel. 562-592-0800, www.oexsunsetbeach.com
Karte: ► 2, D 4

Nicht nur zuschauen, sondern selbst probieren! Wieder einmal macht das südliche Kalifornien seinem Namen als sportlicher Trendsetter alle Ehre. Die Surfmetropole **Huntington Beach** hat damit begonnen, das **Stand-Up Paddling (SUP)** zum Kult zu machen. Bei dieser neuen Wassersportart, die mittlerweile schon in vielen Ländern Anhänger gefunden hat, steht die Sportlerin bzw. der Sportler aufrecht auf einem Surfbrett und treibt sich mit einem Paddel voran, wenn keine Welle den Schub erzeugt. Der letzte Schrei in Sachen Wassersport kommt einem auf den ersten Blick ziemlich wacklig vor. Wer schon Erfahrung gesammelt hat, weiß aber, dass die Disziplin schwieriger aussieht, als sie eigentlich ist. Steht man auf dem Brett, das breiter und länger als ein Surfbrett ist, spürt man schnell, dass SUP im Prinzip mehrere Sportarten wie **Wellenreiten, Kanusport und Fitnesstraining** miteinander verbindet und den Vorteil hat, dass man im Grunde genommen auf jedem Gewässer surfpaddeln kann.

In Huntington Beach bieten professionelle Surfer SUP-Kurse an. Anfänger beginnen auf dem Trockenen mit den Grundprinzipien des Sports. Im Gegensatz zum Wellenreiten steht man nicht quer, sondern längs auf dem Brett, weil man auf diese Weise zum Paddeln einen besseren Hebel besitzt. Das Paddel wird in erster Linie eingesetzt, um das Board vorwärts zu bewegen, zu steuern und dem Surfer Stabilität zu geben. Erste Versuche auf dem Wasser finden im ruhigen, geschützten Hafenbecken statt. Kinder machen sich am besten zunächst im Sitzen mit den Boards vertraut.

Erfahrene Paddler können ihre Künste an mehreren Stellen im Ozean vervollkommnen. Entweder sie benutzen dabei kürzere und leichtere Boards, um die Wellen so wie mit einem normalen Surfbrett zu nehmen, oder klassische, große Paddel Boards, mit denen man weit vor die Wellen paddeln kann. Der Spaß dabei ist garantiert.

entlang. Sowohl auf der dem offenen Meer zugewandten Seite als auch auf der Landseite säumen wunderbare Badestrände den Landzipfel, von dem der Newport Pier und der Balboa Pier ins Meer hinausragen. Zwischen den beiden Piers entwickelte sich der Boardwalk über die Jahre zu einem lang gezogenen Rummelplatz.

Laguna Beach ► 1, K 15

Zu Füßen der San Joaquin Hills dehnt sich entlang von Palmen gesäumter Boulevards das 24 000 Einwohner große **Laguna Beach** aus. Tief eingeschnittene Buchten, zerklüftete Felsen im Wasser, von Klippen gesäumte Landvorsprünge ebenso wie sanfte Strände machen diesen Pazifikabschnitt zu einem paradiesischen Flecken. Aber nicht Preziosen aus dem Schatzkästlein von Mutter Natur haben das Städtchen bekannt gemacht, sondern ein kluger Schachzug der lokalen Fremdenverkehrsplaner, der alljährlich viele Besucher anlockt. Als 1932 in Los Angeles die Olympischen Sommerspiele stattfanden, erfanden die Stadtväter nämlich das **Festival of the Arts & Pageant of the Masters,** um Besucher an die Orange-County-Küste zu locken. Heute noch stellen von Juli bis August geschminkte und kostümierte Freiwillige berühmte Gemälde möglichst originalgetreu als lebende Kunstwerke nach (www.foapom.com).

Um das Riesenfest mit jährlich 200 000 Zuschauern entwickelte sich eine lebhafte Kunstszene mit über 70 Galerien und dem **Laguna Art Museum,** in dem kalifornischen Künstlern Ausstellungsplatz für ihre besten Arbeiten zur Verfügung gestellt wird (307 Cliff Dr., Tel. 949-494-8971, www.lagunaartmuseum.org, Fr–Mi 11–17, Do 11–21 Uhr, Erw. 5 $, Kinder unter 12 J. Eintritt frei).

Anaheim ▸ 2, E 3

Nicht einmal in seinen kühnsten Träumen hätte sich Walt Disney bei der Gründung von Disneyland im Jahr 1955 den Riesenerfolg seiner Vergnügungsparkidee vorstellen können. Filialen eröffneten seit damals nicht nur in Orlando (Florida), sondern auch in Paris, Tokyo und Hongkong. Weitere Neugründungen sind in den nächsten Jahren für Melbourne (Australien) und Schanghai (China) vorgesehen. Außerdem erwies sich Disneys erster Park als geradezu bahnbrechendes Unterhaltungskonzept, das mittlerweile weltweit von vielen Konkurrenzunternehmen auf ähnliche Weise umgesetzt und zum Erfolg geführt wurde.

Das Disney-Imperium

Disneyland besteht seit Anfang des neuen Jahrtausends aus zwei getrennten Teilen: Disneyland Park sowie California Adventure Park. Den älteren Disneyland-Vergnügungspark betreten Gäste auf der **Main Street USA.** Der Straßenzug ist von auf alt getrimmten Straßenlaternen und Geschäften im Stil des viktorianischen Zeitalters gesäumt, vor denen berühmte Disneyfiguren wie Mickey Mouse, Goofy, Donald Duck, Miss Daisy und Roger Rabbit in Lebensgröße für Erinnerungsfotos parat stehen. Hinter einem Rondell mit dem Denkmal des Parkgründers erhebt sich im Zentrum von **Fantasyland** das berühmte **Sleeping Beauty Castle,** dem das bayerische Schloss Neuschwanstein als architektonische Vorlage gedient haben soll. Attraktionen mit bekannten Märchenthemen und -figuren wie Peter Pan, Dumbo dem Elefanten, Pinocchio, Alice im Wunderland oder Schneewittchen sind sich vor allem der Gunst junger Besucher sicher. Natürlich gibt es auch in Fantasyland wie in allen anderen Parkteilen abenteuerliche Fahrbetriebe wie **Matterhorn** mit einer rasanten Schlittenfahrt durch Tunnel und über Gebirgsbäche bis in einen kleinen Weiher.

Setzt man die Parktour im Uhrzeigersinn fort, kommt man nach **Adventureland** mit Piratenhöhlen, Tarzans Baumhaus, einer nervenzerfetzenden Indiana-Jones-Achterbahn und geheimnisvollen Bootsfahrten durch einen Dschungel voller computergesteuerter Tierattrappen. Rund um den benachbarten **New Orleans Square** mit dekorativen Hausfassaden herrscht Südstaatenatmosphäre wie in Louisiana vor 150 Jahren.

Frontierland mit seinem Wildwestambiente weckt bei abenteuerlustigen Besuchern Entdeckergelüste. Per Floß ist die in einem See gelegene Tom-Sawyer-Insel erreichbar. Mit der außer Kontrolle geratenen Big Thunder Mountain Railroad rasen Achterbahnfreaks mit aberwitzigem Tempo durch ein Bergwerk. **Critter County** garantiert mit Splash Mountain ein feuchtes Vergnügen, bei dem Fahrgäste über einen mehrere Stockwerke hohen Wasserfall stürzen – im heißen südkalifornischen Sommer ein ganz besonderes Publikumsvergnügen. Letzter Parkteil ist das futuristische **Tomorrowland** mit Star-Wars-Themen, Raumfahrtabenteuern und einem Abstecher in die Tiefsee zu Riesenkraken und Tintenfischen. Neueste Attraktion ist eine nach dem bekannten Trickfilm benannte Unterwasserexpedition per U-Boot mit dem Titel »Finding Nemo«.

California Adventure Park

Dieser 2001 eröffnete Freizeitpark gliedert sich in unterschiedliche Themenbereiche. In

Nervenkitzel auf einer der rasanten Achterbahnen in Anaheim

Hollywood Pictures Backlot geht es vorrangig um das Thema Film. Der Tower of Terror, äußerlich einem abgebrannten Hotelturm nicht unähnlich, empfängt Gäste mit einem dunklen Fahrstuhl, der völlig unerwartet auf haarsträubende Weise ins Bodenlose fällt.

Aber es gibt auch harmlosere Kirmesattraktionen, die eher für Kinder geeignet sind. Achterbahnfreaks können sich in Paradise Pier von den höllischen Fahrbetrieben den Magen umkrempeln lassen. Um einen See liegen außer einem Riesenrad beispielsweise der Hochgeschwindigkeits-Rollercoaster California Scream mit einem Spitzentempo von 90 km/h und das Katapult Maliboomer, auf dem man auf einen Sitz geschnallt in nur zwei Sekunden 60 m hoch in den Himmel geschossen wird. Ein anderer Bereich hat u. a. die Naturschönheiten Kaliforniens zum Thema (1313 Harbor Blvd., Anaheim, Tel. 714-781-4565, www.disney.go.com, tgl. 9–21, Sa bis 24 Uhr, in der Hauptsaison länger, die jeweils neuesten Preise erfährt man im Internet unter http://disneyworld.disney.go.com, dort weiter zu Tickets & Packages).

Knott's Berry Farm

In den 1930er-Jahren, lange bevor Walt Disney seinen ersten Vergnügungspark eröffnete, verwirklichte eine Farmerfamilie in der Stadt Buena Park bei Anaheim eine ähnliche Idee. Die Bäuerin baute damals einen Straßenstand auf, an dem sie Autofahrer mit preisgünstigem Essen versorgte. Um der wartenden Kundschaft die Zeit zu verkürzen, zimmerte ihr Ehemann mit primitiven Mitteln eine Westernkulisse zusammen, die sich, nach und nach vergrößert, schließlich zu einem populären Rummelplatz auswuchs. **Knott's Berry Farm** existiert heute noch, hat sich aber vom Provisorium längst zu einem respektablen Freizeitpark entwickelt.

Der Park setzt sich aus sechs Teilen zusammen, in denen es vorrangig um Fahrbetriebe geht, vom Oldtimer-Karussell für kleine Kinder bis zur Highspeed-Achterbahn für

Adrenalinsüchtige (8039 Beach Blvd., Buena Park, Tel. 714-220-5200, www.knotts.com, Mo–Fr 10–18, Sa 10–22, So 10–19 Uhr, in der Hauptsaison länger, die jeweils neuesten Preise erfährt man unter www.knotts.com/public/admission/prices/index.cfm).

In der Nachbarschaft sorgt **Knott's Soak City Water Park** im Sommer für willkommene Abkühlung. Der Wasserpark besteht aus einem Wellenschwimmbad, Kanälen, kleineren Becken und Rutschen, die Ungeübten die Haare zu Berge stehen lassen (Tel. 714-220-5200, aktuelle Preise im Internet unter www.knotts.com/public/admission/prices/index.cfm).

Infos

Anaheim Convention Center: 800 W. Katella Avenue, Anaheim, CA 92802, Tel. 714-765-8950, www.anaheimconventioncenter.com. Auf der Web-Seite steht Interessenten eine Reihe von praktischen Stadtpänen zur Verfügung.

Übernachten

Bestens untergebracht ▶ **Disney's Grand Californian Hotel & Spa:** 1600 S. Disneyland Dr., Tel. 714-956-6425, http://disneyland.disney.go.com. In der Nachbarschaft der beiden Disneyparks gelegenes Vier-Sterne-Hotel für Nichtraucher mit ca. 750 Zimmern und Suiten inkl. Highspeed-Internet und eigenem Eingang zum California Adventure Park. DZ ab 340 $.

Unterhaltsame Bleibe ▶ **Disneyland Hotel:** 1150 Magic Way, Tel. 714-956-6425, http://disneyland.disney.go.com. Fast 1000 Nichtraucherzimmer bzw. -suiten verteilen sich auf drei Hoteltürme der Drei-Sterne-Kategorie. Das familienfreundliche Hotel verfügt über eine Poollandschaft mit sandigen Lagunen, Piratenschiff und 35 m langer Wasserrutsche. DZ ca. 300 $.

Ausgezeichnete Wahl ▶ **Candy Cane Inn:** 1747 S. Harbor Blvd., Anaheim, Tel. 714-774-5284, www.candycaneinn.net. Reizendes Boutiquehotel für Nichtraucher. Jedes Zimmer ist mit Kaffeemaschine und Bügelbrett ausgestattet. Das Gratisfrühstück wird am Pool serviert. Nach Disneyland gibt es einen Shuttle-Service. DZ ab 99 $.

Lage und Service gut ▶ **Travelodge:** 1057 W. Ball Rd., Tel. 714-774-7600, www.travelodge.com. Zu Fuß nur 15 Min. von Disney entferntes Kettenmotel mit beheiztem Pool, WLAN und kleinem Frühstück. DZ ab 70 $.

Essen & Trinken

Für jeden Geschmack ▶ **Katella Family Grill:** 1325 W. Katella Ave., Tel. 714-997-9191, www.katella familygrill.com, tgl. 6–23 Uhr. Hoch gelobtes Familienrestaurant mit verlässlicher Qualität. Steaks 11–16 $, marinierte Schweinerippchen 14 $, Prime Rib mit Meerrettichsauce 12,50 $.

Prima Küche ▶ **La Casa Garcia:** 531 W. Chapman Ave., Tel. 714-740-1108, http://lacasagarcia.com, So–Do 8–22, Fr–Sa 8–23, tgl. Brunch 8–14 Uhr. Original mexikanische Küche ohne sehr große Auswahl, dafür aber mit schmackhaften Klassikern wie Texas Enchiladas (10 $), Shrimp Fajitas (14 $) und gegrillten Schweinekoteletts (11 $).

San Fernando und San Gabriel Valley

Seit Jahrzehnten wuchert Los Angeles abgesehen von der natürlichen Küstenbarriere in alle Himmelsrichtungen. Die bekanntesten Außenbezirken sind das San Fernando Valley nordwestlich von Hollywood und das San Gabriel Valley nördlich von Downtown. Das dort gelegene Pasadena hat in seinem Kern mehr als andere Städte trotz Modernisierung kleinstädtischen Charme und nostalgisches Flair erhalten.

San Fernando Valley

► 1, H/J 14

Wenn Angelinos vom ›Valley‹ sprechen, ist in der Regel das **San Fernando Valley** gemeint. Dieses Tal erstreckt sich zwischen den Gebirgsrücken der Santa Monica und der San Gabriel Mountains im Nordwesten von Los Angeles. Wer genügend Zeit hat, kann sich dem Valley über den kurvigen **Mulholland Drive** nähern, den man mit dem eigenen Auto entweder über den Cahuenga Exit vom Hollywood Freeway (U. S. 101) oder über den Laurel Canyon am westlichen Ende des Hollywood Boulevard erreicht.

Von vielen Stellen aus bietet sich ein prächtiger Blick auf Los Angeles, die reizvolle Bergwelt oder die zahlreichen stolzen Villen und Herrenhäuser an der Strecke, darunter auch manch fürstliche Residenz von Berühmtheiten aus Film- und Showbusiness. Die zweispurige Panoramastraße ist nach dem Wasserbauingenieur William Mulholland benannt. Er verband 1913 den Großraum Los Angeles über den 371 km langen Los Angeles Aquädukt mit dem Owens Valley, wobei der Kampf um die begehrten Wasserrechte zu einem regelrechten Krieg ausartete. Regisseur Roman Polanski thematisierte diese Auseinandersetzung 1974 in seinem Kriminalfilm »Chinatown« mit Jack Nicholson, Faye Dunaway und John Huston in den Hauptrollen.

Mit großen Sehenswürdigkeiten kann das unspektakuläre San Fernando Valley nicht aufwarten. Es verschafft Besuchern eher einen lebhaften Eindruck vom Lebensstil der typischen amerikanischen Mittelklasse. Jeder dritte Bewohner dieser bis zu 400 m über Meeresniveau gelegenen Gegend mit insgesamt ca. 1,8 Mio. Einwohnern bewohnt ein Einfamilienhaus. Mini-Malls, Niederlassungen von Fast-Food-Ketten, von wedelnden Flaggenwäldern umgebene Autohäuser, Supermärkte mit riesigen Parkflächen und Reklametafeln von zum Teil gigantischen Ausmaßen reihen sich wie Meilensteine moderner Zivilisation aneinander. Gerade sein Dutzendgesicht hat dem Valley in der Vergangenheit viele Rollen als Kinokulisse verschafft, weil die Straßenzüge dort anscheinend genau die Art von Wohlergehen widerspiegeln, mit der die Amerikaner gerne ihren Optimismus und ihr Selbstbewusstsein begründen.

Mission San Fernando Rey de España

An Kaliforniens Pionierzeit erinnert die **Mission San Fernando Rey de España,** die nach dem heilig gesprochenen König Ferdinand III. von Kastilien (1217–52) benannt wurde. Als 17. Station am kalifornischen Camino Real entstand die Station im September 1797, doch war ihr in den Folgejahren kein Glück beschieden. 1812 zog ein Erdbeben schwere Zerstörungen nach sich. Und als in der Nähe Gold gefunden wurde, gruben manche Glücksritter sogar den Kirchenboden auf der Suche nach Edelmetall um, was die Mission noch zusätzlich dem Verfall entgegentrieb. Heute wird das Gotteshaus als normale Pfarrkirche genutzt (15151 San Fernando Mission Blvd., Mission Hills, Tel. 818-361-0186, www.missiontour.org/sanfernando, tgl. 9–16.30 Uhr).

Kindermuseum

Das neue **Children's Museum of Los Angeles** plant seine Eröffnung bei der Hansen Dam Recreation Area für 2011. Bei dem neuen Komplex handelt es sich um ein Museum mit vielen interaktiven Einrichtungen, die sich schwerpunktmäßig mit dem Thema Ökologie beschäftigen und versuchen werden, bereits Kindern den Naturschutz spielerisch nahezubringen. Die hauseigenen Ausstellungen werden durch Einrichtungen wie ein Schwimmbad, Reitställe, einen Golfplatz sowie verschiedene Wanderpfade ergänzt (www.childrensmuseumla.org).

Übernachten

Gutes Standardhotel ▶ **Ramada Limited Canoga Park:** 7126 De Soto Ave., Canoga Park, Tel. 818-346-9499, www.ramada.com. Nur 8 km von den Universal Studios entfernt gelegen. Zimmer mit Kabel- bzw. Sat-TV, Safe, Mikrowelle und Kühlschrank. DZ ab ca. 70 $.

Essen & Trinken

Gaumenschmaus aus Fernost ▶ **Bistro Ka:** 6600 Topanga Canyon Blvd., Canoga Park, Tel. 818-340-1300, www.bistroka.com. Das japanische Restaurant bietet nicht nur Sushi und Sashimi, sondern auch Nudel-, Fleisch- und Fischgerichte, Suppen bzw. Salate. 5–12 $.

San Gabriel Valley ▶ 2, C/D 1

Ähnlich wie im San Fernando Valley ging auch im San Gabriel Valley eine Missionsgründung der Erschließung und Entwicklung des Tales voran. **San Gabriel Arcángel** war 1771 die vierte Missionsgründung auf kalifornischem Boden. Allerdings lag sie ursprünglich an anderer Stelle und wurde erst 1775 an den heutigen Standort verlegt. Die vor einigen Jahren um ein neues Gotteshaus ergänzte Missionskirche war aber erst 30 Jahre später fertiggestellt. Sie besitzt nach wie vor ihre ursprüngliche Kanzel mit einem eigenen Treppenaufgang sowie einen in Mexico City gefertigten Altar, der 1790 eingebaut wurde. San Gabriel sollte zur reichsten Missionsstation in Kalifornien und zum damals größten Winzerbetrieb werden. Ein 1826 gepflanzter Rebstock hat bis heute überlebt. Außer Weingärten sorgten hauptsächlich Getreidefelder und Viehzucht für den Wohlstand der Franziskanermönche. Deren ehemalige Schlafgemächer wurden in ein Missionsmuseum mit zahlreichen historischen Exponaten umgewandelt (428 S. Mission Dr., San Gabriel, Tel. 626-457-3035, www.sangabrielmission.org, Museum 9–16.30 Uhr, Erw. 5 $, Kinder 6–17 J. 3 $).

Pasadena ▶ 2, D 1

Ihre Gründung verdankt die 146 000 Einwohner große Stadt am Fuß der San Gabriel Mountains wohlhabenden Sommerfrischlern von der amerikanischen Ostküste, die im letzten Viertel des 19. Jahrhunderts vom damals schon legendären südkalifornischen Lifestyle an die Pazifikküste gelockt wurden. Obwohl sich der Ballungsraum Los Angeles im 20. Jh. immer weiter landeinwärts ausbreitete, opferten die Stadtväter von **Pasadena** ihren historischen Stadtkern in weit geringerem Maße als anderswo dem Fortschritt und sorgten für den Erhalt vieler älterer Gebäude.

Old Town

Heute kommt die Maßnahme vor allem **Old Town** zugute, wo über 200 Häuser aus den 1880er- und 1890er-Jahren unter Denkmalschutz stehen. Hausten vor einigen Jahrzehnten hinter heruntergekommenen Fassaden noch Pfandleiher und Kleingewerbetreibende, so erstrahlt das historische Zentrum um die Straßenkreuzung von Colorado Boulevard und Fair Oaks Avenue nach seiner Sanierung heute in altem Glanz mit modernen Geschäften und einer verführerischen Gastronomieszene. Kenner behaupten, in Pasadena gebe es mehr Restaurants und Cafés als in jeder anderen amerikanischen Stadt. Zum Flair der Stadt tragen auch zwei Dutzend Parks und 60 000 Bäume bei, welche die Straßen säumen.

Tournament House

Seit fast 120 Jahren wird alljährlich am 1. Januar mit dem Tournament of Roses eine in den ganzen USA bekannte Parade mit blumengeschmückten Festwagen veranstaltet, für welche einzelne Gruppen und Organisationen über 1 Mio. Rosen verwenden (www.tournamentofroses.com). Wer viele Rosenarten lieber in natürlicher Umgebung betrachtet, sollte die Gärten des **Tournament House** nicht verpassen.

In der weißen, im italienischen Renaissancestil zwischen 1906 und 1914 erbauten Villa des ehemaligen Kaugummikönigs William Wrigley Jr. hat heute die Organisation ihren Sitz, die das Tournament of Roses ausrichtet und viele mit dem Fest in Zusammenhang stehende Objekte ausstellt. Man kann die Residenz besichtigen und die mit Edelhölzern verkleideten Wände, Marmortreppen, offenen Kamine, wertvollen Lüster und aufwendigen Stuckarbeiten bewundern (391 S. Orange Grove Blvd., Tel. 626-449-4100, www.tournamentofroses.com/aboutus/house.asp, Führungen Feb.–Aug. jeden Do 14 und 15 Uhr, Eintritt frei).

Am selben Tag wie die große Parade findet im **Rose Bowl Stadium** traditionell ein Wettkampf zwischen College-Footballmannschaften statt, zu dem alle Sportbegeisterten in die Arena strömen. Während der Sommerolympiade 1984 traten in diesem Stadion einige Fußballmannschaften im Kampf um die Medaillen gegeneinander an.

Huntington Arts Collection

Als Flaggschiff der lokalen Kulturszene ziehen die **Huntington Arts Collection, Library and Botanical Gardens** Jahr für Jahr eine halbe Million Besucher an. Die ehemalige Villa des Eisenbahnmillionärs Henry E. Huntington (1850–1927), der im Jahr 1901 die Pacific Electric Railway Company gründete, steht in einem über 80 ha großen Park mit wunderschönen botanischen Gärten, Rosenbeeten, Kakteen, einem australischen Garten und einem japanischen Meditationsgarten samt großem Koi-Weiher. Bei einer Tasse Tee im Rose Garden Tea Room oder einem Cappuccino im Café des Museums können Besucher die himmlische Ruhe ausstrahlende Atmosphäre in dieser grünen Oase auf sich wirken lassen.

Zu Beginn des 20. Jh. entdeckte Huntington seine Sammelleidenschaft für seltene Bücher und Schriftstücke, woraus sich die **Huntington Library** mit über einer Mio. Buchraritäten und 6,5 Mio. historischen Manuskripten entwickelte.

Zu den wertvollsten Ausstellungsstücken gehören eine Gutenbergbibel, viele Dokumente über den früheren US-Präsidenten Abraham Lincoln, das Manuskript von Benjamin Franklins Autobiografie, die ersten Entwürfe von Henry David Thoreaus »Walden oder Leben in den Wäldern« und das Hauptwerk »Die Vögel Amerikas« des amerikanischen Ornithologen und Zeichners John James Audubon. Die Sammlung von Erstausgaben von Shakespeares Werken gehört zu den exklusivsten der Welt. Die Bibliothek hat einen hervorragenden Ruf als wissenschaftliche Einrichtung, der sich hauptsächlich Forscher bedienen, die sich mit der Geschichte des amerikanischen Westens beschäftigen.

Die im Kunstmuseum zur Schau gestellten Werke verteilen sich auf vier separate Galerien. Auf überwiegend britische und französische Künstler des 18. und 19. Jh. konzentriert sich die **Huntington Gallery,** die in der ehemaligen Privatresidenz des Museumsgründers eingerichtet wurde. Die **Virginia Steele Scott Gallery of American Art** widmet sich amerikanischer Malerei zwischen 1730 und 1930, u. a. mit Werken von John Singer Sargent und Mary Cassatt. Im Mittelpunkt einer weiteren permanenten Ausstellung stehen die Entwürfe zweier lokaler Architekten aus dem frühen 20. Jh.

Liebhaber europäischer Kunst kommen in der **Lois and Robert F. Erburu Gallery** auf ihre Kosten, in der Werke von Reynolds, Gainsborough und Lawrence ausgestellt sind. Skulpturen, wertvolles Porzellan und Mobiliar aus dem Frankreich des 18. Jh. sowie Gemälde aus der Renaissancezeit sind in der **Arabella Huntington Memorial Collection** zu sehen (1151 Oxford Rd., Tel. 626-405-2100, www.huntington.org, Ende Mai–Anfang Sept. Mi–Mo 10.30–16.30, sonst Mo und Mi–Fr 12–16.30, Sa, So 10.30–16.30 Uhr, Erw. 15 $, Kinder 5–11 J. 6 $, jeden 1. Do im Monat Eintritt frei nach Reservierung).

Norton Simon Museum

Raffael, Rubens, Rembrandt, Monet, Degas, Renoir, van Gogh, Cezanne, Dürer, Dix, Klee, Kandinsky, Feininger und Picasso sind nur einige wenige Namen berühmter Künstler, die sich im **Norton Simon Museum** mit ihren Werken präsentieren. Der Schwerpunkt liegt zwar auf europäischer und amerikanischer Kunst (Skulpturen, Malerei, Lithografien, Grafik und Fotografien), schließt aber auch Arbeiten aus Indien und dem südostasiatischen Raum ein (411 W. Colorado Blvd., Tel. 626-449-6840, www.nortonsimon.org, Mo, Mi, Do, Sa, So 12–18, Fr 12–21 Uhr, Di Ruhetag, Erw. 8 $, Kinder unter 18 J. gratis, jeden 1. Fr im Monat 18–21 Uhr Eintritt frei).

Gamble House

Im Jahr 1908 für das Ehepaar David und Mary Gamble vom US-Konsumgüterkonzern Procter & Gamble im Bungalowstil errichtet, demonstriert das aus 17 unterschiedlichen Holzarten wie Teak, Mahagoni, Zeder, Eiche, Ahorn und Redwood bestehende **Gamble House** die große handwerkliche Kunstfertigkeit seiner Erbauer. Das bis 1966 im Besitz der Familie befindliche Anwesen gilt auch heute noch als Muster für die beispielhafte Verarbeitung von Holz (4 Westmoreland Pl., Tel. 626-793-33 34, www.gamblehouse.org, einstündige Führungen Do–So 12–15 Uhr, Besucher dürfen keine Schuhe mit hohen Absätzen tragen, 10 $).

Pacific Asia Museum

Gilt die Architektur und Innenausstattung des Gamble House als japanisch inspiriert, so trifft das noch in stärkerem Maß auf das **Pacific Asia Museum** zu, dem ein nordchinesischer Palast als bauliche Vorlage gedient haben soll. Die dort untergebrachten Ausstellungen umfassen Kunst und dekorative Gegenstände, u. a. chinesisches Porzellan, buddhistische Kunst aus Thailand und Malereien bzw. Drucke aus Japan (46 N. Los Robles Ave., Tel. 626-449-2742, www.pacificasiamuseum.org, Mi–So 10–18 Uhr, Erw. 9 $, Kinder unter 12 J. und jeden 4. Fr im Monat Eintritt frei).

City Hall

Die Stadtverwaltung von Pasadena residiert in einem der schönsten Rathäuser im Großraum Los Angeles. 1927 im Stil des spanischen Barock und der italienischen Renaissance errichtet, könnte man hinter den reizvollen Fassaden und dem 63 m hohen filigranen Kuppelturm einen luxuriösen Fürstenpalast eher erwarten als eine in Aktenbergen versinkende Administration. Zum Reiz tragen auch Arkadengänge und eine kleine Parkanlage mit Brunnen, Azaleen, Rhododendren und Eichen bei. Im Innern glänzt der Bau mit Treppen aus Alaskamarmor und schmiedeeisernen Geländern. In jüngster Vergangenheit wurde die City Hall einer umfassenden Renovierung unterzogen, bei der das Gebäude auch erdbebensicherer gemacht wurde (100 N. Garfield Ave., Tel. 626-744-4000, www.cityofpasadena.net, Mo–Do und jeden 2. Fr 7.30–17.30 Uhr).

Infos

Pasadena Convention & Visitors Bureau: 300 E. Green St., Pasadena, CA 91101, Tel. 626-795-9311, Fax 626-795-9656, www.visitpasadena.com.

Übernachten

Viktorianische Oase ▶ **Bissell House B & B:** 201 Orange Grove Ave., South Pasadena,

Stilmix von Barock und Renaissance: die City Hall in Pasadena

Tel. 626-441-3535, www.bissellhouse.com. Viktorianisches B & B von 1887 mit verspieltem Interieur. Die komfortablen Zimmer sind mit einem Mix aus modernem Mobiliar und Antiquitäten ausgestattet. DZ ab 175 $.

Wundervoll ► **Artists' Inn & Cottage B & B:** 1038 Magnolia St., South Pasadena, Tel. 626-799-5668, www.artistsinns.com. Hübsches Cottage in einem Garten mit zwei klimatisierten Zimmern und drei Suiten samt offenem Kamin, Himmelbetten und Jacuzzi. Mit der Gold Line der Metro (drei Blocks entfernt) fährt man in ungefähr 20 Minuten nach Downtown Los Angeles. DZ 135–225 $.

Rundum empfehlenswert ▶ Ramada Inn: 2156 E. Colorado Blvd., Tel. 626-793-9339, www.kingstonpasadena.com. Motel mit eigenem Restaurant und Bar. Die Zimmer sind mit Highspeed-Internet, Kühlschrank und Mikrowelle ausgestattet. Zur Unterkunft gehören Pool und Fitnesscenter. Ein kleines Frühstück ist im Preis inbegriffen. DZ ab 72 $.

Essen & Trinken

Leckere Hähnchen ▶ Roscoe's House of Chicken & Waffles: 830 N. Lake Ave., Tel. 626-791-4890, www.roscoeschickenand waffles.com, tgl. Frühstück, Lunch und Dinner. Für Liebhaber von gebratenem Geflügel *der* Anlaufpunkt. Das jeweils ausgewählte Gericht wird mit vielerlei Zutaten serviert. Hauptmahlzeit ab 12 $.

Fleischlos ▶ Soup Plantation: 204 S. Lake Ave., Tel. 626-577-4798, www.sweettoma toes.com, Mo– Do 11–21, Fr–Sa 11–22, So 9–21 Uhr. Vegetarisches Buffet, an dem auch Nichtvegetarier Fleisch nicht vermissen werden. Gäste können sich Salate nach eigenen Vorstellungen zusammenstellen. Suppen, Nudelgerichte und gute Desserts vervollständigen das Angebot. Dinner 10–13 $.

Asiatisch vom Feinsten ▶ Saladang: 363 S. Fair Oaks Ave., Tel. 626-793-8123, keine Website, tgl. 10–22 Uhr. Hauptsächlich an Wochenenden bilden sich vor dem hervorragenden thailändischen Rastaurant lange Warteschlangen. Die Auswahl an Gerichten ist groß. Zu den anerkannten Klassikern gehören die zum Teil höllisch scharfen Suppen. Gerichte 8–12 $.

Klasse Sandwiches ▶ Wheatberry Bakery Cafe: 165 S. Lake Ave., Tel. 626-795-7175. Lunch und Dinner tgl. außer So. Hauptsächlich zum Lunch ist das Lokal ein beliebter Treff, weil hier ein gutes und reichliches Mittagessen inklusive Getränk für unter 7 $ serviert wird. Die hauseigene Bäckerei ist für viele unterschiedliche Brotsorten und Backwaren bekannt.

Abends & Nachts

Konzerte und Shows ▶ Ice House: 24 N. Mentor Ave., Tel. 626-577-1894, www.ice housecomedy.com, tgl. außer Mo, variierende Showzeiten, meist ab 20.30 Uhr. In dem 1960 eröffneten Comedy-Theater standen schon Größen wie Steve Martin, Billy Crystal, Robin Williams, Jerry Seinfeld und David Letterman auf der Bühne.

Einkaufen

Hübsche Erinnerungen ▶ City Hall Souvenirs: Pasadena City Hall, 117 E. Colorado Blvd., 2. Etage, Tel. 626-744-4755. Im Rathaus gibt es einen Souvenirladen, in dem u. a. T-Shirts, Kaffeetassen, Poster, Schlüsselanhänger, Schneekugeln und Postkarten verkauft werden. Die meisten Mitbringsel zieren Rosensymbole, die an die jährliche Tournament of Roses Parade erinnern.

Flohmarkt ▶ Rose Bowl Flea Market: 1001 Rose Bowl Dr., 9–16.30 Uhr, Erw. 7 $. Jeden 2. So im Monat findet dieser Flohmarkt mit über 2000 Händlern beim Stadion Rose Bowl statt.

Aktiv

Freibad ▶ AAF Rose Bowl Aquatics: 360 N. Arroyo Blvd., Tel. 626-564-0330, www. rosebowlaquatics.com, tgl. ab 14 Uhr. Offenes Schwimmbad im Brookside Park mit zwei voneinander getrennten großen Becken.

Termine

Tournament of Roses Parade (1. Jan.): Die große Rosenparade ist das wichtigste Fest der Stadt (www.tournamentofroses.com).

Pasadena Summerfest (Mai): Kunst- und Kulturfest mit Musik und vielseitiger Kulinarik.

Verkehr

Nahverkehr: Die 14 Meilen lange Metro Gold Line verbindet die Union Station in Downtown Los Angeles mit Pasadena (Einzelfahrt 1,50 $). Innerhalb der Stadt verkehren die Busse des Pasadena Area Rapid Transit System (ARTS) auf 7 Routen (Tel. 626-398-8973, www.cityofpasadena.net/trans/transit, Einzelfahrt 75 Cents).

Gaslamp Quarter in Downtown San Diego: Kopien der einst gasbetriebenen Straßenlaternen verleihen dem Viertel seinen Namen

Kapitel 2

San Diego und Umgebung

Die spektakuläre Lage an der Pazifikküste mit einem geschützten Hafen, frühlingshaftes Wetter selbst im tiefsten Winter, endlose naturbelassene Strände, ein großes Angebot an Outdooraktivitäten, ein beeindruckendes Kulturangebot und Attraktionen wie Sand am Meer machen die Millionenstadt San Diego zum Traumziel.

Mit 1,3 Mio. Einwohnern ist der Ballungsraum im äußersten Süden Kaliforniens nach Los Angeles die zweitgrößte Stadt im Staat und die siebtgrößte Metropole der USA. Wer die Schöne kennengelernt hat, kann verstehen, dass selbst die meisten Einheimischen das Gefühl haben, sich ständig im Urlaub zu befinden. Die Gründe dafür liegen auf der Hand. Selbst im Januar und Februar wartet die südkalifornische Sonnenbank mit durchschnittlich 14 °C auf. Während Los Angeles fast ständig von einer graugelben Smogschicht bedeckt ist, sonnt sich San Diego in Provence-verdächtigem klaren Licht und frischer Pazifikbrise. Im Winter ziehen dicht vor der Küste Herden von Grauwalen vorbei. Neben den Walen verdankt die Stadt ihre Reputation zwei weltbekannten Einrichtungen: dem Meereszoo Sea World und dem San Diego Zoo, dem besten Tierpark Amerikas.

Der Einzugsbereich der Metropole reicht weit nach Norden, wo einige reizvolle Städtchen mit sandigen Surfstränden direkt an der Küste liegen. Im Süden grenzt Kalifornien an Mexiko und die Nachbarstadt Tijuana bietet sich eine gute Gelegenheit für Reisende, auf einem Tagesausflug mittelamerikanisches Flair zu schnuppern.

Auf einen Blick

San Diego und Umgebung

Sehenswert

2 **Das Stadtzentrum von San Diego:** Die südlichste Großstadt Kaliforniens hat in den vergangenen Jahrzehnten eine atemberaubende Karriere absolviert. Einst mit einem heruntergekommenen Stadtzentrum ausgestattet, präsentiert sich Kaliforniens urbaner Aufsteiger heute als blitzsaubere, im Trend liegende Millionenmetropole (s. S. 180).

Coronado Peninsula: Mitten in der San Diego Bay liegt mit dieser Halbinsel ein vornehmer Teil der Stadt mit hübschen Häusern und fabelhaften Sandstränden (s. S. 199).

La Jolla: Die Küstengemeinde zeigt sich von ihrer Bilderbuchseite, wenn man auf dem Coast Walk an der berückenden Steinküste entlang flaniert (s. S. 204).

Schöne Routen

Vom Gaslamp Quarter zum Embarcadero: Nördlich von der Horton Plaza markiert der Broadway die Nordgrenze des historischen Gaslamp Quarter, das man zwischen 4th und 6th Avenue erkunden kann. Geht man auf der Market Street nach Westen, kommt man zum abwechslungsreichen Seaport Village mit Geschäften, Restaurants und häufigen Open-Air-Konzerten. Weiter nördlich spaziert man auf dem Harbor Drive vorbei am Flugzeugträger USS Midway zum Maritime Museum und kehrt über das Santa Fe Train Depot bzw. den Broadway zur Horton Plaza zurück (s. S. 180).

El Prado im Balboa Park: Im Balboa Park führen reizvolle Wege nicht nur durch ein Naturparadies. An der in Ost-West-Richtung verlaufenden Schaumeile El Prado sind die interessantesten Museen und die prächtigsten Gebäudefassaden zu sehen (s. S. 182).

Meine Tipps

Flower Fields in Carlsbad: Jedes Jahr im Frühjahr ›inszenieren‹ die riesigen Anbaugebiete für Ranunkeln in der Gegend um die Ortschaft eine beeindruckende Farben- und Blütenshow (s. S. 210).

Logieren im Wild Animal Park: Ein ›Afrika‹-Abenteuer der besonderen Art ist eine Campübernachtung in dieser Dependance des berühmten San Diego Zoo (s. S. 211).

Idyllischer Küstenflecken in Oceanside: Romantiker haben auf dem fast 600 m langen Pier eine gute Möglichkeit, perfekte Sonnenuntergänge zu erleben (s. S. 212).

aktiv unterwegs

Ausflug ins mexikanische Tijuana: So richtig in Schwung kommt das Partyleben auf der Avenida de la Revolución nach Sonnenuntergang (s. S. 187).

Rundgang durch Old Town San Diego State Historic Park: Wie San Diego in den 1820er-Jahren aussah, zeigt ein Spaziergang durch den Historic Park (s. S. 188).

Baden, biken, joggen im Mission Bay Park: Zudem Wassersport und Angeln, Tennis- und Basketballspielen – der Park in San Diego macht es möglich (s. S. 200).

Outdoor-Paradies: Die Südspitze von Point Loma: Auf der Halbinsel kann man nicht nur die fantastische Aussicht genießen, sondern auch wandern, Wale beobachten und in Gezeitenpools das pazifische Meeresleben studieren (s. S. 203).

2 Das Stadtzentrum von San Diego ►1, K/L 16

Abgeschirmt durch die Felsbarriere der Point Loma-Halbinsel und die Sandbank der Coronado Peninsula verfügt San Diego über einen der schönsten natürlichen Häfen Amerikas. Die unvergleichliche Lage, ein vortreffliches Klima, außerordentliche Lebensqualität und hoher Freizeitwert machen die Millionenmetropole zu einem der attraktivsten Reiseziele an der amerikanischen Westküste.

Downtown San Diego

Cityplan: S. 184
Blickt man bei Sonnenuntergang von der Anlegestelle der Fähre auf der Coronado Peninsula über die San Diego Bay auf die im letzten Licht des Tages liegende Innenstadt, dann präsentiert sich die moderne Skyline wie ein typisch amerikanisches Großstadtposter. Genau genommen sind es aber nicht Wolkenkratzer aus Glas und Stahl, die den Charakter von Downtown prägen, sondern eher romantische Hafenansichten am Embarcadero und reizvolle Ziegelfassaden viktorianischer Häuser aus dem 19. Jh. im Gaslamp Quarter.

Gaslamp Quarter 1

Edle Boutiquen und Kunstgalerien, elegante Restaurants, gemütliche Straßencafés – selbst Schnellküchen und Eissalons scheinen im historischen **Gaslamp Quarter** mehr Charakter zu haben als sonst wo. Bis in den späten Abend pulsiert das Leben auf der 5th Avenue und in den umliegenden Straßenzügen. Leuchtstrahler zaubern Licht- und Schattenspiele auf verspielt wirkende Fassaden aus dem viktorianischen Zeitalter. In Bäumen hängende Girlanden mit bunten Lämpchen ließen eine Spur weihnachtlicher Heimeligkeit aufkommen, wären da nicht chromblitzende Straßenkreuzer mit neonblauer Unterbodenbeleuchtung, die in subtropischen Nächten wie von Geisterhand gesteuert über den dampfenden Asphalt schweben. Neben Musikclubs und Bars sorgen mehrere Theater und die Oper für Amüsement und abwechslungsreiche Kulturprogramme.

Beinahe wäre das altehrwürdige Gaslamp Quarter den bissigen Plänen von Stadtsanierern zum Opfer gefallen. Heruntergekommene Bordelle, zwielichtige Spielhallen, aufgegebene Geschäfte und schäbige Straßenzüge ließen manche Verantwortliche über eine Lösung im Zeichen der Abrissbirne nachdenken. Erst als sich eine Bürgerinitiative für die Rettung von Alt-San-Diego einsetzte und Planungsalternativen vorschlug, die den Profis der Stadtverwaltung nicht in den Sinn gekommen waren, hieß die neue Zielrichtung Erhaltung der alten Bausubstanz. Als Zeichen der Verbundenheit mit der Geschichte wurden Kopien der alten, gasbetriebenen Straßenlampen aufgestellt, die dem Viertel den Namen gaben.

Heute kümmert sich hauptsächlich die Gaslamp Quarter Historical Foundation um das historische Gesicht des Viertels und unterhält im **William Heath Davis House** 2 ein kleines, aber interessantes Museum. Es beschäftigt sich u. a. mit Menschen, die in der Vergangenheit des Gaslamp Quarter eine Rolle spielten. Das in seine Einzelteile zerlegte weiß getünchte Haus selbst wurde 1850 nach einer langen Seereise um Kap Horn in San Diego aufgestellt. Heute ist der hölzerne Oldtimer das älteste Bauwerk im Zentrum

(410 Island Ave., Tel. 619-233-4692, www.gaslampquarter.org, Di–Sa 10–18, So 9–15 Uhr, 5 $).

Als in den 1980er-Jahren das neue alte San Diego Gestalt anzunehmen begann, spielte ein zukunftsweisendes Projekt eine Hauptrolle: das **Westfield Horton Plaza** 3. Bei diesem gewaltigen Einkaufs- und Vergnügungskomplex handelt es sich um keine amerikanische Mall im üblichen Stil. Boutiquen und Geschäfte, Restaurants und Imbisse sind auf sechs offenen Etagen um einen lichten Innenhof so angeordnet, dass man meinen könnte, sich in einem überdimensionalen Straßencafé zu befinden. Das attraktive Labyrinth wurde quasi zum Symbol einer neuen innerstädtischen Ära und brachte das Gaslamp Quarter als kommerzielles und gastronomisches Herz der Stadt ins Bewusstsein der Einheimischen zurück. In angrenzenden Parkhäusern kann man sein Auto drei Stunden lang gratis abstellen, wenn man eine Kleinigkeit kauft und den Parkschein abstempeln lässt (www.hortonplaza.com).

Nach seiner Erweiterung zog das **Museum of Contemporary Art San Diego** 4 in neue Räumlichkeiten und dehnte damit seinen Platz für zeitgenössische Kunst um mehr als das Doppelte aus. So wurde das ursprünglich für die Panama-California-Exposition im Jahre 1915 errichtete Gepäckdepot des Santa-Fe-Bahnhofs komplett umgebaut, sodass in den hohen Hallen auf über 1000 m² auch sehr große Skulpturen und Installationen präsentiert werden können. Im benachbarten dreistöckigen David C. Copley-Neubau steht ebenfalls neuer Ausstellungsraum zur Verfügung. Die Museumsleitung beauftragte u. a. den Bildhauer Richard Serra und die Installationskünstlerin Jenny Holzer, dafür angemessene Werke zu schaffen (1100 & 1001 Kettner Blvd. zwischen Broadway & B St., Tel. 858-454-3541, www.mcasd.org, Do–Di 11–17, dritter Do im Monat 17–19 Uhr Eintritt frei, Mi Ruhetag, 10 $).

Embarcadero

Ein günstiger Ausgangspunkt für einen Spaziergang entlang der Wasserkante an der San Diego Bay ist das **Visitor Information Center** an der Kreuzung von West Broadway und Harbor Drive. Richtung Norden spaziert man an Kais entlang, wo Ausflugsschiffe und die Fähren nach Coronado ablegen und sich neugierige Seehunde im Hafenbecken tummeln. Auf dem am längsten dienenden Flugzeugträger der US Navy wurde das **San Diego Aircraft Carrier Museum** 5 eingerichtet. Die riesige ›USS Midway‹ war zuletzt 1991 im Golfkrieg eingesetzt und wurde nach 47 Jahren außer Dienst gestellt und 2004 nach San Diego gebracht. Besucher können die schwimmende Stadt auf eigene Faust erkunden und dabei u. a. 24 restaurierte Flugzeuge, das Hangardeck, den Maschinenraum, ein Postamt und die Kabine des Kapitäns besichtigen (910 N. Harbor Dr., Tel. 619-544-9600, www.midway.org, tgl. 10–17 Uhr, Erw. 18 $, Kinder 6–17 J. 10 $).

Im Unterschied zur ›USS Midway‹ geht es im **Maritime Museum** 6 gar nicht martialisch, sondern eher romantisch zu. Mehrere Oldtimer-Schiffe sind zu besichtigen, darunter der 1863 in England gebaute Dreimaster ›Star of India‹, der die Erde als Frachtschiff mehrmals umsegelte, und der Nachbau der 1847 vom Stapel gelaufenen ›California‹. Über 60 Jahre lang pendelte die über 100-jährige Fähre ›Berkley‹ in der Bucht von San Francisco und brachte nach dem Erdbeben 1906 Tausende Menschen in Sicherheit. 1904 lief die luxuriöse Motoryacht ›Medea‹ vom Stapel, die einem schwerreichen schottischen Landbesitzer für Ausflüge diente. Auf dem 1914 gebauten Harbor Pilot Boat kann man Rundfahrten in der Bucht buchen (1492 N. Harbor Dr., Tel. 619-234-9153, www.sdmaritime.org, im Sommer 9–21, sonst bis 20 Uhr, Erw. 14 $, Kinder 6–12 J. 8 $).

Seaport Village 7

Im Süden des Embarcadero stößt der Harbor Drive auf das **Seaport Village,** das sich seit seiner Eröffnung 1980 zu einer populären Attraktion entwickelt hat. Direkt am Wasser gelegen besteht das Dorf größtenteils aus Holzgebäuden, die an eine neuenglische Fischersiedlung erinnern sollen und mit Dutzenden Boutiquen, Souvenirläden, Galerien, Restaurants, Cafés und Imbissbuden ausgestattet sind. Hauptsächlich an Wochenenden platzt das Village mit seinen Wasserbecken, Grünanlagen und gepflasterten Fußwegen aus allen Nähten, weil häufig Rock- und Pop-Gruppen, Sängerinnen und Sänger, Zauberer und Gaukler das Publikum unterhalten. Am B Street Pier können Besucher an Bord von Ausflugsschiffen Hafenrundfahrten unternehmen (ca. 13 $) und zu Walbeobachtungstouren ablegen (849 West Harbor Dr., Tel. 619-235-4014, www.seaportvillage.com, tgl.10– 22 Uhr, wer etwas konsumiert oder einkauft, parkt 2 Std. lang gratis, danach 3 $ pro Std.).

Nur ein paar Schritte weiter schließt sich das moderne **San Diego Convention Center** 8 an. Der gewaltige Komplex besteht u. a. aus über sechs Dutzend Kongress- und Bankettträumen inklusive zweier Ballsäle. In den Parkgaragen haben über 5000 Pkws Platz (111 W. Harbor Dr., Tel. 619-525-5000, Fax 619-525-5005, www.sdccc.org).

Balboa Park 9

Cityplan: S. 184

Als in den Jahren 1915–16 im südlichen Kalifornien anlässlich der Eröffnung des Panamakanals die Panama-California Exposition veranstaltet wurde, ließ die Stadt im **Balboa Park** eine Reihe von Ausstellungsgebäuden errichten, die heute zu den architektonischen Glanzpunkten zählen. Der in England zwischen 1840 und 1890 auflebende Historismus hatte um diese Zeit zwar bereits sein Ende gefunden, färbte aber mit seiner Gothic-Revival-Architektur auf das ferne Kalifornien ab und ließ dort diesem Stil verpflichtete Bauwerke entstehen, die im überbordenden Grün der reizvollen, exotischen Parklandschaft wie Denkmäler stehen blieben. Heute verbergen sich hinter den zum Teil aufwendig gestalteten Fassaden die meisten der insgesamt 17 Museen bzw. Ausstellungen des Parks.

Eine Besichtigung beginnt man am besten im **House of Hospitality,** in dessen Besucherzentrum man einen Parkplan und alle nötigen Informationen bekommt. Das Besucherzentrum befindet sich ebenso wie einige der größten und sehenswertesten Museen am El Prado, einer in Ost-West-Richtung verlaufenden Fußgängerzone, der die schönsten Gebäudefassaden zugewandt sind (Balboa Park Visitors Center, 1549 El Prado, Tel. 619-239-0512, www.balboapark.com).

San Diego Museum of Man und Alcazar Garden

Am leichtesten ist das **San Diego Museum of Man** zu finden, über dem der 60 m hohe, filigrane California Tower mit einem sich jede Viertelstunde wiederholenden Spiel aus 100 Glocken in den Himmel ragt. Die zum Teil wechselnden Ausstellungen beschäftigen sich mit der Kunst vergangener Kulturen aus unterschiedlichen Regionen der Erde und zeigen neben peruanischen Mumien beispielsweise altägyptische Grabbeigaben und Artefakte der Maya-Kultur Mittelamerikas (1350 El Prado, Tel. 619-239-2001, www.museumofman.org, tgl. 10–16.30 Uhr, Erw. 10 $, Kinder 13–17 Jahre 7,50 $).

Der schräg gegenüberliegende **Alcazar Garden** ist einem Vorbild im spanischen Sevilla nachempfunden und bildet mit reich verzierten Brunnen und mehreren tausend blühenden Pflanzen einen wahren Augenschmaus.

Kunstmuseen

Um Volkskunst aus vielen Teilen der Welt geht es im **Mingei International Museum,** das mit seinen Exponaten das Verständnis für fremde Kulturen fördern will. Häufig wechselnde Ausstellungen beschäftigen sich mit interessantem Kunsthandwerk wie afrikanischen Münzen, rituellen Gegenständen aus Indien oder Silberarbeiten aus China (1439 El Prado, Tel. 619-239-0003, www.mingei.org, Di–So 10–16, im Hochsommer Do bis 19 Uhr, Mo geschl., Erw. 7 $, Kinder 6–17 J. 4 $).

Das **San Diego Museum of Art** hat seinen Standort dort, wo sich El Prado zur Plaza de Panama weitet. Die Fassade des Kunstmu-

Spanisches Flair verbreitet das House of Hospitality im Balboa Park

seums zeigt sich auf den ersten Blick als neogotisches Schmuckstück, hinter dem sich außergewöhnliche Schätze der italienischen Renaissance und der niederländischen wie spanischen Barockkunst verbergen. Außerdem sind dort Werke von Henri de Toulouse-Lautrec, Paul Gauguin, Edward Hopper, Käthe Kollwitz, Emil Nolde, Maurice Pendergast, Marc Chagall, Salvador Dalí, Raoul Dufy, Alexander Calder und Paul Klee zu sehen (1450 El Prado, Tel. 619-232-7931, www.sdmart.org, Di–Sa 10–17, So 12–17, im Sommer Do 10–21 Uhr, Erw. 12 $, Kinder 7–17 J. 4,50 $).

Ein weiterer sehenswerter Kunsttempel ist das nur wenige Schritte entfernte **Timken Museum of Art.** Es stellt Werke europäischer Meister von Fragonard bis Veronese, amerikanischer Künstler wie John Singleton Copley und Eastman Johnson sowie russische Ikonen aus. Timken ist das einzige Museum in San Diego, das ein Gemälde von Rembrandt besitzt (1500 El Prado, Tel. 619-239-5548, www.timkenmuseum.org, Di–Sa 10–16.30, So 13.30–16.30 Uhr, Mo und im Sept. geschl., Eintritt frei).

Botanical Building

Das Timken Museum grenzt an einen reizvollen Seerosenteich, der im Zweiten Weltkrieg als Schwimmbad für Matrosen eines Ausbildungszentrums zweckentfremdet wurde und heute zusammen mit dem an der Nordflanke stehenden 80 m langen **Botanical Building** zu den Bilderbuchansichten im Park zählt. Ursprünglich als Bahnhofshalle gebaut, ist

Old Globe Theater
Balboa
Park
El Prado
Plaza de Balboa
Hall of Nations
Balboa Park Visitors Center
UN Building
Balboa Naval Hospital
Veterans Memorial Center
Municipal Gym
Balboa Park Administration
Balboa Stadium
Park Blvd.
Russ Blvd.
LITTLE ITALY
County Center Little Italy
Santa Fe Amtrak Depot
American Plaza Transfer Station
Civic Center
Fifth Avenue
City College
Civic Theater
SD Concourse Convention & Performing Arts Center
City Administration
Copley Symphony Hall
Port of San Diego B St. Pier
Broadway Pier
Navy Pier
Pantoja Park
DOWNTOWN
GASLAMP QUARTER
Seaport Village
12th & Market
Convention Center
Gaslamp Quarter
12th & Imperial Transfer Station MTS Autopark
Fishing Fleet
SEAPORT VILLAGE
Embarcadero Marina Park
Marina
Marina Park Way
Convention Way
San Diego Bay
Port of San Diego
NORTH ISLAND
Harbor Dr.
N. Harbor Dr.
Pacific Highway
Kettner Blvd.
California St.
India St.
Laurel St.
Hawthorn St.
Grape St.
Fir St.
Elm St.
Date St.
Cedar St.
Beech St.
Ash St.
A St.
B St.
C St.
Broadway
E St.
F St.
G St.
Market St.
Island Ave.
J St.
K St.
L St.
Imperial St.
Commercial St.
National Ave.
Logan Ave.
Newton Ave.
Sigsbee St.
Beardsley St.
State St.
Union St.
Curlew St.
Brant St.
Albatross St.
Front St.
1st. Ave.
2nd. Ave.
3rd. Ave.
4th. Ave.
6th. Ave.
7th. Ave.
8th. Ave.
9th. Ave.
10th. Ave.
11th. Ave.
12th. Ave.
13th. St.
14th. St.
15th. St.
16th. St.
17th. St.
Olive St.
Nutmeg St.
Maple St.
Laurel St.
Kalmia St.
Juniper St.
Ivy St.
Balboa Dr.
8th Ave. Dr.
Columbia St.
Belt
3rd. St.
4rd. St.
163
5
75
0
300
600 m

San Diego, Stadtzentrum

Sehenswert
1 Gaslamp Quarter
2 William Heath Davis House
3 Horton Plaza
4 Museum of Contemporary Art
5 San Diego Aircraft Carrier Museum
6 Maritime Museum
7 Seaport Village
8 San Diego Convention Center
9 Balboa Park
10 San Diego Zoo
11 Old Town
12 Mission San Diego de Alcalá

Übernachten
1 US Grant Hotel
2 Omni
3 Keating House
4 Gaslamp Plaza Suites
5 Days Inn Downtown
6 Bristol
7 Comfort Inn
8 La Pensione Hotel
9 Hotel Circle Drive
10 Hosteling International

Essen & Trinken
1 Dick's Last Resort
2 Blue Point
3 Pacific Fish Co.
4 Albert's
5 Anthony's Fish Grotto
6 Karl Strauss Brewery & Grill

Einkaufen
1 Babette Schwartz
2 Le Travel Store
3 Shorelines Gallery

Abends & Nachts
1 Croce's Restaurant & Jazz Bar
2 House of Blues
3 The Casbah
4 Altitude Sky Lounge
5 Globe Theatres
6 San Diego Symphony

Aktiv
1 City Sightseeing San Diego
2 Gaslamp Guided Walking Tour
3 Another Side of San Diego Tours
4 San Diego Harbor Excursion
5 San Diego Padres

das lang gestreckte Gebäude mit seinem gewölbten Holzlattendach eine der weltweit größten Konstruktionen dieser Art. Blumenfreunde finden im Inneren Hunderte subtropischer und tropischer Pflanzen, Orchideen und eine Farnsammlung (1549 El Prado, Tel. 619-239-0512, www.balboapark.org, Fr–Mi 10–16 Uhr, Do geschl., Eintritt frei).

Museum of San Diego History und Casa del Prado

Handyfreaks können im **Museum of San Diego History** ungestört ihrer Sucht frönen, denn seit geraumer Zeit bietet das Haus einen besonderen Service an. Mit einer Telefonliste ausgestattet können Besucher während eines Rundgangs verschiedene Nummern anwählen und erhalten Informationen zu bestimmten Ausstellungsobjekten und zur Stadtgeschichte. Im selben Gebäude sind ein Museum für Modelleisenbahnen (1649 El Prado, Tel. 619-696-0199, www.sdmrm.org, Di–Fr 11–16, Sa–So 11–17 Uhr, Mo geschl., Erw. 7 $, Kinder unter 15 J. gratis) und das Museum of Photographic Arts untergebracht (1649 El Prado, Tel. 619-238-7559, www.mopa.org, Di–So 10–17, Do bis 21 Uhr, Mo geschl., Erw. 6 $, Kinder unter 12 J. Eintritt frei).

Gegenüber dem Museumsbau steht mit der **Casa del Prado** das schönste Architekturbeispiel im Park. Der Haupteingang besteht aus drei Bogenportalen, deren mittleres von kunstvoll gearbeiteten Doppelsäulen flankiert wird. In der Fassade verschwinden drei Fenster geradezu im üppigen Dekor des Spanish-Colonial-Revival-Stils, bei dem Steinmetze und Bildhauer das Baumaterial mit vielfältigen Formen zum Leben erweckten. Bei diesem Gebäude handelt es sich allerdings nicht mehr um das Original, sondern um eine im Jahr 1971 vorgenommene, als Theater dienende Rekonstruktion.

Technikmuseen

Neben Kunst, Kultur und Geschichte widmen sich im Balboa Park einige Museen auch naturwissenschaftlichen und technischen Themen. An interaktiven Einrichtungen können Gäste im **Reuben H. Fleet Science Center** Naturgesetze nachvollziehen, Versuche mit Tönen und Geräuschen anstellen oder einen Tornado entstehen lassen. Hauptanziehungspunkt des Zentrums ist das IMAX Dome

Theater, auf dessen Kuppel abenteuerliche Filme und Planetariumshows projiziert werden (1875 El Prado, Tel. 619-238-1233, www.rhfleet.org, tgl. 9.30–20, Fr bis 21 Uhr, Erw. 14,50 $, Kinder 3–12 J. 11,75 $, einschließlich einer Filmvorführung).

Größter Publikumsandrang unter den Balboa Park-Museen herrscht im **San Diego Air & Space Museum,** wo über 60 Flugzeuge und in der Raumfahrt eingesetzte Module die Geschichte der Fliegerei von Anbeginn dokumentieren. Rekonstruktionen der Flugapparate der berühmten Gebrüder Wright sind ebenso zu sehen wie Modelle von Leonardo Da Vinci, Militärmaschinen aus dem Zweiten Weltkrieg, dem Korea- und dem Vietnamkrieg, eine Apollo-Kapsel und Raketen wie Raumschiffe der Mercury- und Geminiprogramme der 1950er- und 1960er-Jahre (2001 Pan American Plaza, Tel. 619-234-8291, www.sandiegoairandspace.org, tgl. 10–16.30 Uhr, Erw. 24,75 $, Kinder 12,75 $).

Spanish Village

Im nördlichen Teil des Balboa Park setzt sich das **Spanish Village Art Center** aus drei Dutzend Künstlerstudios, Ateliers und Werkstätten zusammen, in denen über 200 Maler, Bildhauer, Töpfer, Holzschnitzer, Schmuckdesigner, Glasbläser und Fotografen arbeiten. Die putzigen Häuschen in individuellen Baustilen gruppieren sich um eine mit farbigen Bodenplatten ausgelegte Plaza. Winzige Vorgärten mit exotischen Pflanzen und versteckte Hinterhöfe verleihen dem Dorf ein idyllisches Flair. Ab und an finden Feste statt, bei denen professionelle Künstler und Kunsthandwerker den Zuschauern ihr Können demonstrieren (1770 Village Pl., Tel. 619-233-9050, www.spanishvillageart.com, tgl. 11–16 Uhr, jeden 4. Do bis 21 Uhr, Eintritt frei).

San Diego Zoo 10

Alligatoren, Geparden, Gorillas, Giraffen, Koalas, Panda-Bären, Tiger, Galapagos-Schildkröten, Pythons – Amerikas bekanntester und schönster Tierpark zeigt über 800 Arten in einer Umgebung, die im Großen und Ganzen den natürlichen Lebensbedingungen der jeweiligen Spezies entspricht. Aber nicht nur mit der artgerechten Unterbringung hat sich der **San Diego Zoo** seine Meriten verdient. Weltweit bekannt geworden ist er durch sein Engagement für bedrohte Arten und seine Zuchtprogramme für Tiere, die in freier Wildbahn in immer geringerer Zahl vorkommen. Dass die Anstrengungen in San Diego von Erfolg gekrönt waren, bewies in den letzten Jahren der Nachwuchs der Gorillas, der Kalifornischen Kondore und der Großen Pandabären. 1987 schickte die Volksrepublik China ein Pandapärchen im Rahmen eines 200-Tage-Leihvertrags nach San Diego, womit die Basis einer seit damals andauernden Kooperation gelegt wurde.

1999 brachte Bai Yun das erste in Nordamerika geborene Pandababy zur Welt. Millionen Zuschauer hatten über eine Webcam Gelegenheit, die kleine Hua Mei aufwachsen zu sehen. 2004 kehrte der gut entwickelte Teenager ins Reich der Mitte zurück. Da sich Pandas fast ausschließlich von Bambus ernähren, ließ die Zooleitung sowohl auf dem Zooterrain selbst als auch in der Umgebung eigens für die niedlichen Bären Bambusplantagen anlegen.

Wer sich zunächst einmal einen Überblick über die 1916 eröffnete Gesamtanlage verschaffen will, schwebt mit der Skyfaria Aerial Tram in Baumwipfelhöhe über den Park oder schließt sich einer halbstündigen kommentierten Bustour an. Aus luftiger Höhe entdeckt man einen afrikanischen Regenwald als Heimat der Gorillas, eine arktische Taiga und Tundra als Lebensraum von Eisbären, eine afrikanische Savannenregion für Elefanten, Löwen und Giraffen und Aviarien für Vogelarten aus aller Welt. Das Reizvolle an diesen Habitats ist die Tatsache, dass sie ohne sichtbare Gitter, Zäune und Mauern so angelegt sind, als würde man die Tiere in freier Wildbahn beobachten. Dieses Zookonzept wurde in San Diego mit entwickelt (2920 Zoo Dr., Tel. 619-231-1515, www.sandiegozoo.org, tgl. 9–16 Uhr, im Sommer länger, Erw. 35 $, Kinder 3–11 J. 26 $, interaktiver Zooplan unter www.sandiegozoo.org/zoo/zoo_map.html).

aktiv unterwegs

Ausflug ins mexikanische Tijuana

Tour-Infos

Start: Trolley-Endhaltestelle und Grenzübergang San Isidro
Länge: zur Avenida de la Revolución hin und zurück ca. 2,5 km
Information: Tijuana Convention & Visitors Bureau, Paseo de los Heroes 9365-201, Zona Rio, Tijuana, B.C. 22320, Tel. 011-52-664-684-0537, Fax 011-52-664-684-7782, www.tijuanaonline.org. An der Grenze gibt es Infos und Stadtpläne.
Karte: ► L 17

Die mexikanische Grenze liegt nur eine halbe Autostunde südlich von Downtown San Diego und ist rund um die Uhr geöffnet. Ein Tagesausflug in die mexikanische Grenzstadt **Tijuana** ist unproblematisch. Mietwagen kann man gegen Gebühr (ab ca. 8–10 $/Tag) auf der US-Seite abstellen. Noch einfacher ist die Fahrt mit der Blue Line des San Diego Trolley vom Santa Fe Depot bis direkt an die Grenze in San Ysidro (mehrmals tgl., Tel. 619-595-4949, 45 Min. Fahrtzeit, One-Day-Tripper-Ticket 5 $). Bei der Einreise nach Mexiko werden keine Papiere kontrolliert. Bei der Rückkehr in die USA muss man den Pass vorlegen und eventuell Gepäckkontrollen bzw. Wartezeiten über sich ergehen lassen. Gegen einen Obolus bringen ›Schlepper‹ eilige Rückkehrer an Warteschlangen vorbei mit Fahrrädern über einen wenig frequentierten Übergang. ›Drüben‹ händigt man das Rad dann einfach dem Schlepper aus. Den Weg von der Grenze über die Brücke am Tijuana River bis zur Avenida de la Revolución kann man nicht verfehlen. Schon hier wechseln sich Restaurants ab mit Geldwechselstuben, Klamottenständen und Heerscharen fliegender Händler, die Souvenirs aus der Fabrik oder aus heimischer Produktion wie Sombreros, Spielzeug, religiösen Kitsch und bunte Decken verkaufen.

Dass es sich bei Tijuana um eine Millionenstadt handelt, ist in Grenznähe nicht so ohne Weiteres zu erkennen. Die **Avenida de la Revolución** stellt ihre Reputation als touristischer Rummelplatz mit einem überbordenden Angebot an Andenkenläden, Kneipen und Restaurants, Imbissketten und Apotheken für preisgünstige Medikamente unter Beweis. Als dekorative Fotoobjekte müssen am Straßenrand sogenannte Tijuana Zebras herhalten, mit schwarz-weißen Streifenmustern versehene Esel, die von Kunstgewerbehändlern als Blickfang in der Stadt postiert werden.

So richtig in Schwung kommt das Leben auf der Avenida de la Revolución (›Revo‹) erst nach Sonnenuntergang. An Wochenenden strömen junge Leute aus San Diego in Massen in die Kneipen, weil in Bierbars, Diskos und Nachtklubs kein Wirt auf die Idee käme, einen alkoholische Getränke bestellenden Gast nach dem Ausweis zu fragen. Außerdem machen niedrigere Preise als in den USA Tijuana zum Partyziel. Aber Vorsicht ist angesagt. Das machen die in den Straßen präsente Polizei und die auf Motorrädern patrouillierenden Fuerzas Especiales deutlich. Denn Tijuana hat nicht nur einen Ruf als grenznahes Vergnügungsrevier, sondern auch als Drogenumschlagplatz, dessen Kontrolle den lokalen Behörden längst entglitten zu sein scheint.

Bedeutendste kulturelle Sehenswürdigkeit der Stadt ist das ca. 1 km östlich der ›Revo‹ liegende **Centro Cultural Tijuana,** das einem aufgeblasenen, erdbraunen Ballon aus Beton ähnelt. Im Innern wandeln Gäste im **Museo de las Californias** durch Ausstellungen über das nördliche Mexiko, können in einem akustisch hervorragenden Auditorium Konzerte verfolgen, durch einen Skulpturengarten flanieren oder im IMAX-Theater auch englischsprachige Filme sehen (Paseo de los Héroes & Mina, Zona Río, Tel. 664-687-9600, www.cecut.gob.mx, Mo–Fr 9–19, Sa, So 10–19 Uhr).

aktiv unterwegs

Rundgang durch Old Town San Diego State Hist. Park

Tour-Infos

Start: Eingang Old Town San Diego State Historic Park, San Diego Ave., Ecke Twiggs St., Tel. 619-220-5422, www.oldtownsandiegoguide.com, tgl. 10–17 Uhr, Eintritt frei
Länge: ca. 800 m
Dauer: 1–2 Std.

Wie sah der Kern von San Diego in den 1820er-Jahren aus, als die heutige Millionenstadt noch ein mexikanisches Dorf war? Im **Old Town San Diego State Historic Park** 11 spaziert man durch Straßenzüge und denkmalgeschützte Gebäude, die ein Bild von den damaligen Zeiten abgeben. Bei den meisten Anwesen handelt es sich um Nachbauten der ursprünglichen Häuser, die 1872 einem Großbrand zum Opfer fielen.

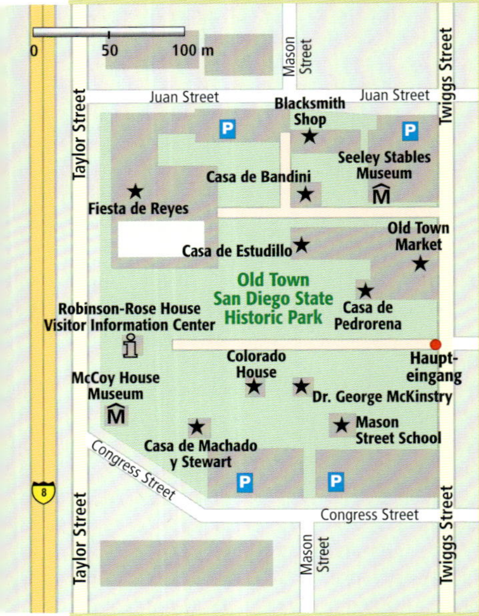

Am **Haupteingang** des Parks empfängt die Besucher mit dem **Old Town Market** ein offener Markt mit einem Riesenangebot an mexikanischem Kunsthandwerk, das sich als Reiseerinnerung bestens eignet. Vorbei am Mineralien- und Schmuckgeschäft **Casa de Pedrorena,** dem ehemaligen Wohnsitz einer um 1850 nach San Diego gekommenen spanischen Familie, gelangt man zur 1825 aus Adobe für einen spanischen Aristokraten erbauten **Casa de Estudillo,** deren Gebäudeteile mit im Originalstil ausgestatteten Räumen und einer Küche einen hübschen Garten umschließen. Wie die Menschen zur damaligen Zeit im südlichen Kalifornien reisten, zeigt eine Sammlung von Karren und Pferdekutschen im **Seeley Stables Museum.** An mehreren Stellen im State Park demonstrieren kostümierte Freiwillige altes Handwerk, etwa die Schmiede im **Blacksmith Shop.** Heute ein mexikanisches Restaurant, war die **Casa de Bandini** nach ihrer Fertigstellung 1829 die Wohnung eines peruanischen Einwanderers, bekam 40 Jahre später ein Obergeschoss und diente danach als Hotel.

Wo heute der Restaurant- und Einkaufskomplex **Fiesta de Reyes** zu einer Ver-

Presidio Hill

Die exakte Stätte der Stadtgründung liegt nördlich von Old Town auf einem Hügel. Auf dem **Presidio Hill** hoben 1769 der Franziskanerpater Junípero Serra zusammen mit dem damaligen kalifornischen Gouverneur Gaspar de Portolá die Mission San Diego de Alcalá als erste von am Ende 21 kalifornischen Missionsstationen aus der Taufe. Im Jahre 1774 wurde die Niederlassung an den heutigen Standort im Mission Valley verlegt und der Presidio Hill in eine bis 1837 besetzte spanische Festung verwandelt. An der Stelle der ersten Missionsgründung erhebt

schnaufpause einlädt, wurde im Jahr 1821 die mexikanische Siedlung gegründet, aus der sich später San Diego entwickelte. Gut 30 Jahre später ließ sich ein aus Texas stammender Anwalt das heutige **Robinson-Rose House Visitor Information Center** bauen, um darin die Zeitungsdruckerei des San Diego Herald, Eisenbahnbüros und private Unterkünfte unterzubringen. Besucher finden dort ein Modell von San Diego um 1872 und detaillierte Broschüren über die Old Town.

Das weiß getünchte **McCoy House Museum** ist die Rekonstruktion eines Privathauses, das sich der Sheriff und Senator James McCoy 1869 errichten ließ und das zeigt, wie die ›bessere‹ Gesellschaft damals lebte. Mit was sich die einfachen Leute beschäftigten, demonstrieren die Ausstellungsstücke in der **Casa de Machado y Stewart.** Ursprünglich war das **Colorado House** ein Hotel, später eine Niederlassung des Transport- und Finanzdienstleisters Wells Fargo. Hinter der Westernfassade verbirgt sich heute das Wells Fargo Museum u. a. mit einem Büro im Stil der 1850er-Jahre und einer originalen Pferdekutsche aus dem 19. Jh. Mary Chase Walker war die erste Lehrerin, die in der 1865 erbauten **Mason Street School,** der ersten öffentlichen Schule Kaliforniens, unterrichtete. In der Nachbarschaft behandelte der Zahnarzt **Dr. George McKinstry** seine Patienten noch nach Methoden, die heute Zähneklappern verursachen.

sich heute als Hommage an Junípero Serra das schneeweiß getünchte **Serra Museum,** ein mit Mobiliar, Haushaltsgeräten und Alltagsgegenständen gefülltes ›Fenster‹ in die 20er-Jahre des letzten Jahrhunderts (2727 Presidio Dr., Presidio Park, Tel. 619-232-6203, www.sandiegohistory.org/serramuseum.html, Sa–So 10–17 Uhr, Erw. 5 $, Kinder 6–17 J. 2 $).

Mission Valley ► 1, L 16

Cityplan: S. 184

Nördlich des Stadtzentrums erstreckt sich entlang der nach Osten führenden Interstate 8 das **Mission Valley** mit den größten Shopping Malls der Umgebung und vielen preisgünstigen Motels. Ein Blick in die Geschichte der Stadt erlaubt die 1769 von Junípero Serra gegründete und fünf Jahre später an den heutigen Standort verlegte **Mission San Diego de Alcalá 12.** Die heute noch als Pfarrkirche genutzte Basilika stammt aus dem Jahr 1813. Nach der Unabhängigkeit Mexikos säkularisiert, gab der US-Kongress 1862 einen kleinen Teil des ehemaligen Missionsbesitzes an die Kirche zurück. Bis dahin waren die meisten Gebäude verfallen, und vom Gotteshaus war nur noch die Fassade übrig. Es dauerte 70 Jahre, bis die Missionsstation von zurückgekehrten Patres renoviert und in ihren heutigen Zustand versetzt wurde (10818 San Diego Mission Rd., Tel. 619-281-8449 www.missionsandiego.com, tgl. 9–16.45 Uhr, 3 $).

Infos

International Visitor Information Center: 1040 1/3 West Broadway, Ecke Harbor Dr., San Diego, CA 92101, Tel. 619-236-1212, Fax 619-230-70 84, www.sandiego.org. Stadtplan unter www.mapnetwork.com, dort unter Destination San Diego.

Übernachten

Elegantes Grandhotel ► **US Grant Hotel 1**: 326 Broadway, Tel. 619-232-3121, www.usgrant.net. Die große alte Dame der städtischen Hotellerie bietet 270 elegante Zimmer und 47 luxuriös ausgestattete Suiten, Fitnesscenter, Dachterrasse und eine fürstliche Lobby. Das hauseigene Restaurant Grant Grill ist für seine Spitzenküche bekannt, wirkt aber etwas steif in seiner Eleganz. DZ durchschnittlich 370 $.

Tipp: Auf Sparkurs

Mit dem **San Diego Passport** für 86 $ kann man die Attraktionen der Stadt zu reduzierten Preisen genießen. Der Pass schließt Rundfahrten, Museumseintritte bzw. preisermäßigte Museumstickets, eine Telefonkarte und verbilligte Mahlzeiten im Restaurant ein (Passport-Kauf unter Tel. 1-800-979-99 85 oder www.goingtocalifornia.com, dort unter Amusement Tickets.

Komfortable Oase ▶ **Omni 2:** 675 L St., Tel. 619-231-6664, www.omnihotels.com. Zwischen Petco Park und Convention Center gelegenes Stadthotel mit über 500 Zimmern für anspruchsvolle Gäste mit Seafood-Restaurant, Kaffeebar, Fitnesscenter mit Spa, Außenpool und Sonnenterrasse. DZ im Durchschnitt 210 $.

Immer ein Vergnügen ▶ **Keating House 3:** 2331 2nd Ave., Tel. 619-239-8585, www.keatinghouse.com. Hoch gelobtes B & B in einem verspielten viktorianischen Anwesen, die neun nach den jeweils dominierenden Farben benannten Gästezimmer befinden sich im Haupthaus und im angrenzenden Cottage. DZ ab 115 $.

Zentral und ideal ▶ **Gaslamp Plaza Suites 4:** 520 E St., Tel. 619-232-9500, www.gaslampplaza.com. Das elf Stockwerke hohe viktorianische Gebäude war 1913 das erste Hochhaus in San Diego, geräumige Zimmer, klimatisiert, mit WLAN, Mikrowelle und Kühlschrank ausgestattet und nach Literaten wie Emerson, Zola und Fitzgerald benannt. Von der Dachterrasse blickt man über die Stadt. DZ ab 110 $.

Ohne Schnickschnack, aber gut ▶ **Days Inn Convention Center 5:** 833 Ash St., Tel. 619-239-2285, www.daysinn.com. Wohnliches Kettenmotel mit recht hellhörigen, aber ordentlichen Zimmern. Sofern keine Kongresse stattfinden, kann man die Bleibe zum Schnäppchenpreis buchen. DZ ca. 110 $.

Schönes Boutiquehotel ▶ **Bristol 6:** 1055 1st Ave., Tel. 619-232-6141, www.greystonehotels.com/bristol. Modern und farbenfroh empfängt bereits die Lobby Hotelgäste. Dieses Ambiente setzt sich auch in den mit sehr bequemen Betten, Kaffeemaschine und Highspeed-Internet ausgestatteten Zimmern fort. DZ ca. 100 $.

Preis und Leistung stimmen ▶ **Comfort Inn 7:** 660 G St., Tel. 619-238-41 00, http://villagerlodge.signonsandiego.com. Praktisch gelegenes Kettenmotel im Zentrum mit ordentlichen Zimmern für Gäste ohne besondere Ansprüche. DZ ab 85 $.

Zentral und ordentlich ▶ **La Pensione Hotel 8:** 606 West Date St., Tel. 619-236-8000, www.lapensionehotel.com. Moderner Bau im Stadtteil Little Italy mit 75 Zimmern, die mit eigenem Bad, Telefon, Farb-TV und Kühlschrank ausgestattet sind, zwei Restaurants. DZ ca. 55–85 $.

Motels Tür an Tür ▶ **Hotel Circle Drive 9:** parallel zur I-8 verläuft im Mission Valley der Hotel Circle Drive mit preisgünstigen Motels (Holiday Inn, Days Inn, Travelodge, Comfort Inn, Super 8, Vagabond Inn, DZ ab ca. 65 $).

Sauber und preiswert ▶ **Hosteling International 10:** 521 Market St., Tel. 619-525-1531, www.sandiegohostels.org. Unterkunft im Stil einer Jugendherberge. Schlafsäle für 4–10 Personen mit Etagenbädern, Bettbezüge und Handtücher inklusive. Schlafsaalbett ab 19 $, private Doppelzimmer ab 47 $.

Essen & Trinken

Lebhafte Stimmung ▶ **Dick's Last Resort 1:** 345 4th Ave., Tel. 619-231-9100, www.dickslastresort.com, tgl. 11–1.30 Uhr. Neben Burgern und Shrimps samt Pommes-Bergen kommen dampfende *crab legs* eimerweise auf den Tisch. Den Bedienungen fehlt jeglicher Respekt vor den Gästen, was in diesem Lokal zum Rollenspiel gehört. Wer in diesem Ambiente nicht auffallen will, bewirft seine Tischnachbarn mit Serviettenknäueln. Hauptgerichte 20–30 $.

Respektable Küche ▶ **Blue Point 2:** 565 5th Ave., Tel. 619-233-6623, www.cohnrestaurants.com, Dinner tgl. ab 17 Uhr. Von Kennern geschätztes, nautisches Themenlokal mit lebhafter Atmosphäre. Auf der Karte tauchen Fisch- und Meeresfrüchtegerichte wie in

Die attraktive Mall Westfield Horton Plaza lädt zum Einkaufsbummel ein

Zitrone marinierter Schwertfisch und Linguini mit Muscheln auf. Außerdem gibt es gute Steaks sowie Lamm und Hähnchen. Das Lokal ist mit einer Austernbar ausgestattet. Dinner ab 25 $.

Exzellent ► **Pacific Fish Co.** 3: 601 Pacific Hwy, Tel. 619-232-0274, www.pacificfishcompany.com, tgl. 11–1 Uhr. Das Lokal serviert zwar auch Steaks, Geflügel und Salate, aber am bekanntesten ist die Küche für ihre guten Seafood- und Fischgerichte. Mit dem jeweiligen *today's catch*, dem Fang des Tages, ist man auf der sicheren Seite. Ab ca. 20 $.

Im Hafen von San Diego ankern in erster Linie Freizeitboote

Primaten als Tischnachbarn ▶ Albert's 4: San Diego Zoo, Tel. 619-685-32 00, www.sandiegozoo.com, tgl. 9–16 Uhr, im Sommer länger. In der Nähe des Gorilla-Habitats gelegenes Restaurant in exotischer Umgebung; man kann sich mit kleinen Snacks begnügen oder sich mit leckeren Hauptmahlzeiten wie etwa Heilbutt aus Alaska mit Zucchini (20 $) oder einer Gemüseplatte mit Mozarella (13 $) stärken.

Gute Aussicht, tolles Essen ▶ Anthony's Fish Grotto 5: 360 N. Harbor Dr., Tel. 619-232-5103, www.gofishanthonys.com, tgl. 11–22 Uhr. Seit 1946 bestehendes Traditionslokal, das sich auf Fisch und Meeresfrüchte spezialisiert hat. Es liegt nur wenige Schritte vom Maritime Museum entfernt direkt an der Wasserkante. Hauptgerichte 10–26 $.

Ungezwungen ▶ Karl Strauss Brewery & Grill 6: 1157 Columbia St., Tel. 619-234-2739, www.karlstrauss.com, tgl. 11–23 Uhr. Pasta, Pizza und Meeresfrüchte sind die kulinarischen Publikumsrenner in diesem

populären Brauereilokal, in dem es sehr ungezwungen zugeht. Es wird auch Wein serviert. 12–20 $.

Einkaufen

Schräge und witzige Mitbringsel ▶ Babette Schwartz 1: 421 University Ave., Tel. 619-220-7048, www.babette.com. Der nach einer lokalen Drag Queen benannte Laden ist vollgestopft mit Kitsch und Tand, von der Elvis-Erinnerungskerze bis zur boxenden Handpuppennonne.

Outdoor- und Reisespezialist ▶ Le Travel Store 2: 745 4th Ave., Tel. 619-544-0005, www.letravelstore.com. Hier gibt es alles, was man auf einer Reise an Ausrüstung brauchen kann oder zu Hause vergessen hat.

Verführerische Dekorationen ▶ Shorelines Gallery 3: 401-411 Market St., Tel. 619-727-4080, www.slsdgallery.com. Schmuck, Glaskunst, Drucke, Wandverzierungen, Metall- und Bronzegegenstände und dekoratives Kunsthandwerk in großer Auswahl.

Abends & Nachts

VIP-Lokal ▶ Croce's Restaurant & Jazz Bar 1: 802 5th Ave., Tel. 619-233-4355, www.croces.com, tgl. ab 17 Uhr. Die Witwe des 1973 verstorbenen Sängers und Songwriters Jim Croce betreibt ein Restaurant, eine Jazz-Bar und den auf Blues spezialisierten Croce's Top Hat Club.

Eine Institution ▶ House of Blues 2: 1055 5th Ave., Tel. 619-299-2583, www.houseofblues.com, tgl. 11–24 Uhr. Musikhalle mit regelmäßigen Live-Konzerten, Tanzfläche und Bar, im gemütlichen Restaurant wird leckere Südstaatenküche serviert.

Gute Musik ▶ The Casbah 3: 2501 Kettner Blvd., Tel. 619-232-4355, www.casbahmusic.com. Fast täglich gibt es in diesem Club Live-Bands. Hier spielten schon Nirvana und Smashing Pumpkins.

Bar mit Aussicht ▶ Altitude Sky Lounge 4: 660 K St., Tel. 619-696-0234, www.marriott.com. 22 Stockwerke hoch gelegene Open Air-Hotelbar mit Blick auf Stadtzentrum und Hafen und DJ-Musik.

Vielfältiges Programm ▶ Globe Theatres 5: 1363 Old Globe Way, Tel. 619-234-5623, www.oldglobe.org. In dem im Balboa Park liegenden Komplex mit Old Globe Theatre, Cassius Carter Center Stage und Lowell Davis Festival Theatre geht ein Veranstaltungsprogramm über die Bühne, dessen Spektrum von Schauspielen bis zu Broadway-Musicals reicht.

Für Klassikliebhaber ▶ San Diego Symphony 6: Copley Symphony Hall, 750 B St., Tel. 619-235-0804, www.sandiegosymphony.com. Die Konzertsaison des Orchesters dauert von Oktober bis Mai und besteht aus Konzertabenden und nur einstündigen Rush-Hour-Konzerten. Im Sommer tritt das Ensemble im Freien mit beliebten Pop-Konzerten an die Öffentlichkeit.

Aktiv

Stadtrundfahrten ▶ **City Sightseeing San Diego 1:** 437 J St., Tel. 619-296-2400, keine eigene Website. Besichtigungstouren am Tag und nachts mit einem auf dem oberen Deck offenen englischen Doppeldeckerbus.

Stadtführungen ▶ **Gaslamp Guided Walking Tour 2:** Tel. 619-233-4692, www.gaslampquarter.org. Stadtführungen ab William Heath Davis House (s. S. 180) durch das Gaslamp Quarter jeden Sa um 11 Uhr mit Schwerpunkt auf der Geschichte des Stadtzentrums. Erw. 10 $, Kinder unter 17 J. 8 $.

Tour mit Segway Personal Transporter ▶ **Another Side of San Diego Tours 3:** 300 G St., Tel. 619-239-2111, http://anothersideofsandiegotours.com. Touren mit dem futuristischen Segway Personal Transporter, auf dem man aufrecht steht und durch Gewichtsverlagerung steuert, gibt es in unterschiedlichen Stadtteilen.

Bootstouren ▶ **San Diego Harbor Excursion 4:** 1050 North Harbor Dr., Tel. 619-234-4111, www.sdhe.com. Unterschiedliche Rundfahrten, Dinner und Brunch Cruises im Hafen von San Diego und entlang der Pazifikküste.

Baseball ▶ **San Diego Padres 5:** Petco Park, 100 Park Blvd., Tel. 619-881-6500, http://sandiego.padres.mlb.com. Heimatstadion der in der Major League spielenden Baseballmannschaft San Diego Padres ist der Petco Park (Spielzeit April–Sept.).

Termine

Whale Festival (Jan.): Buntes Fest am Embarcadero mit verbilligten Walbeobachtungstouren (www.whaledays.com).

Mardi Gras (Feb.): Karneval im Gaslamp Quarter mit großer Parade und Veranstaltungen (www.gaslamp.org).

Fiesta Cinco de Mayo (Mai): Mexikanisches Fest in Old Town mit riesigem Rahmenprogramm, kostümierten Akteuren und Mariachi-Bands (www.fiestacincodemayo.com).

U. S. Open Sandcastle Competition (Juli): Wettbewerb im Sandburgenbauen am Imperial Beach Pier (www.sandiego.org/event/Visitors/176).

Festival of Sail (Sept.): Große Schiffsparade im Hafen von San Diego, bei der man viele der schwimmenden Schönheiten gegen Eintrittsgebühr auch besichtigen kann (www.sdmaritime.org/festival-of-sail).

San Diego Bay Wine and Food Festival (Nov.): Großes fünftägiges Gourmet- und Weinfest im Embarcadero Marina Park North, bei dem viele Spitzenköche ihr Können unter Beweis stellen (http://worldofwineevents.com).

Verkehr

Flüge: San Diego International Airport, 3665 N. Harbor Dr., Tel. 619-400-2400, www.san.org. In 15 Minuten fährt der Bus 992 in die Innenstadt (2,50 $), Taxis und der Cloud-9-Shuttle-Bus kosten etwa 8 $, (Tel. 1-800-974-8885, www.cloud9shuttle.com).

Züge: Santa Fe Station, 1050 Kettner Blvd., Tel. 1-800-USA-RAIL, www.amtrak.com. Bahnhof für Amtrak-Fernverbindungen, die alle über Los Angeles führen.

Busse: Greyhound Terminal, 120 W. Broadway, Tel. 619-515-1100, www.greyhound.com.

Kreuzfahrtschiffe: San Diego B Street Cruise Ship Terminal, Namen der Linien unter www.sandiegocoastlife.com/attractions/san-diego-bay/other-cruise-ship-terminal.html. Der Hafen von San Diego wird von neun großen Kreuzfahrtlinien bedient, die Fahrten nach Mexiko, Hawaii, durch den Panamakanal und entlang der Pazifikküste anbieten.

Fortbewegung in der Stadt

MTS-Trolleys: Die Blue, Orange und Green Line des lokalen MTS-Trolleysystem verbinden Downtown mit Stadtteilen wie Old Town, Mission Valley, Santee, El Cajon, La Mesa und Lemon Grove sowie National City. Manche Ticketmaschinen verlangen exakte Beträge. In Downtown kann man für 2,50 $ zwei Std. alle Linien nutzen (www.sdmts.com).

Die Küste von San Diego

Die Metropole San Diego ist nah ans Wasser gebaut. Der von der Point Loma Peninsula geschützte Hafen reicht vom offenen Meer bis an den Rand der Innenstadt. Auch die Coronado-Halbinsel schirmt die San Diego Bay gegen den offenen Pazifik ab und sorgt für traumhafte Sandstrände. Weiter nördlich gehört die künstlich erschaffene Mission Bay zu den attraktivsten Abenteuerspielplätzen der Stadt.

Mission Bay ► 1, K 16

Cityplan: S. 197

Mission Bay Park 1

San Diego hält sich nicht mit Kleinigkeiten auf, was Freizeitspaß anbelangt. Mit dem **Mission Bay Park** schufen die Stadtväter in den 1950er-Jahren den größten von Menschenhand angelegten Aquatikpark der Welt, der jeweils zur Hälfte aus Wasser und Land besteht (siehe Aktiv unterwegs S. 200). Nördlich der Mündung des San Diego River in den Pazifik gelegen, gehört die aus den beiden Inseln Vacation Isle und Fiesta Island, vielen Halbinseln, Stränden und Marinas bestehende Landschaft zu den beliebtesten Outdoor-Revieren der Einheimischen.

Mission Beach

Zum Meer hin wird die Mission Bay durch den mehrere Kilometer langen **Mission Beach** abgeschirmt, einen ca. zwei Meilen langen schmalen Streifen Land mit dem wohl populärsten Meeresstrand der Stadt. An Sommerwochenenden wird der sandige Pazifiksaum zum Rummelplatz für Jung und Alt, weil man dort die Nähe des Meeres genießen und auf dem nur für Fußgänger und Fahrräder zugelassenen zementierten Boardwalk schaulaufen kann. Mehrere Restaurants, Straßencafés und Imbisse liegen an dieser Promenade, die sich zum *people watching* bestens eignet. Ab 9 Uhr sind die Hauptstrandabschnitte im Sommer beaufsichtigt. Schwimm- und Surfbereiche sind getrennt (kostenloser Zugang).

Am südlichen Abschnitt des Mission Beach kommen Gäste auf ihre Kosten, die dem Strandspaß eine Prise Adrenalin hinzufügen möchten. Der **Belmont Park** ist ein Vergnügungspark mit zahlreichen Fahrbetrieben wie Crazy Submarine, Chaos und der knapp 800 m langen Achterbahn Giant Dipper. The Plunge galt nach seiner Fertigstellung 1925 als größtes Hallenschwimmbad im südlichen Kalifornien (3146 Mission Blvd, Tel. 858-488-1549, www.belmontpark.com, Frühjahr bis Herbst tgl. 11–23 Uhr, Erw. 23 $, Kinder 16 $ für unbegrenzten Fahrspaß).

Sea World

Ca. 16 km nordwestlich vom Stadtzentrum von San Diego liegt mit **Sea World** die bekannteste Familienattraktion und eine der großen Sehenswürdigkeiten Südkaliforniens an der Mission Bay. Ohne Langeweile können Besucher gut und gerne einen ganzen Tag in diesem zum Brauereikonzern Anheuser-Busch gehörenden Meereszoo verbringen, der seinen Reiz einer Doppelstrategie verdankt. Einerseits präsentieren die Ausstellungen in großen Bassins Meeresleben aus den großen Ozeanen des Planeten Erde und widmen sich in Zusammenarbeit mit internationalen Tier- und Umweltschutzorganisatio-

San Diego, Küste

Sehenswert
1 Mission Bay Park
2 Pacific Beach
3 Ocean Beach
4 Point Loma
5 Coronado Peninsula
6 Hotel del Coronado

Übernachten
1 Paradise Point Resort & Spa
2 Surfer Beach Hotel
3 Americas Best Value Inn
4 Beach Haven Inn

Essen & Trinken
1 Island Prime
2 Coronado Boathouse
3 Primavera Ristorante

Einkaufen
1 Farmers' Market

Abends & Nachts
1 Pacific Beach Bar

Aktiv
1 Coronado Municipal Golf Course
2 Point Loma

nen dem Erhalt und der Zucht zahlreicher Arten. Andererseits stellt Sea World seinen Ruf als spannender Vergnügungspark mit unterhaltsamen Tiershows und nervenzerfetzenden Fahrbetrieben unter Beweis.

Wer sich aus der Vogelschau zunächst einen Überblick über das Parkgelände verschaffen will, hat zwei Möglichkeiten. In den Gondeln der **Skyride-Seilbahn** schwebt man sechs Minuten lang über das Gelände und genießt die Aussicht auf die Mission Bay. Noch spektakulärer ist der Blick aus 80 m Höhe von der Aussichtsplattform des Skytower – bis zu 150 km weit reicht der Blick in die Umgebung der Stadt.

Größter Publikumsmagnet sind seit langem die regelmäßig veranstalteten **Orca-Shows** in einer offenen Wasserarena. In Sea World leben sieben gewaltige Schwertwale, die schon immer zu den Besucherlieblingen gehörten und sich bei den im Freien veranstalteten Shows mit ihren Trainerinnen und Trainern als gelehrige Artisten zeigen. In der warmen Jahreszeit sind die nahe am Becken befindlichen Zuschauerbänke vor allem bei Kindern beliebt. Denn die Killerwale sorgen auf den vordersten Plätzen für ausgiebige Duschen, wenn sie dynamisch aus dem Wasser schießen und tonnenschwer ins Becken zurückplatschen. Neben den schwarz-weißen Riesen gehören auch Delfine, Robben und Seelöwen zu den Stars von Tiershows (500 Sea World Dr., Tel. 619-226-3901, www.seaworld.com, Ende Mai–Anfang Sept. tgl. 9–23, sonst 10–17 Uhr, 1-Tages-Ticket Erw. 69 $, Kinder unter 10 J. 59 $).

Pacific Beach 2

Cityplan: rechts
Nördlich der Mission Bay liegt mit **Pacific Beach** ein ca. 40 000 Einwohner großer Stadtteil von San Diego. Früher ein verschlafener Küstenflecken, hat sich die Gemeinde über die Jahre zum Wohnsitz gut situierter Bürger und zum Treffpunkt jung-dynamischer Einheimischer entwickelt, die den Freizeitwert ihres mit über 150 Restaurants ausgestatteten Viertels zu schätzen wissen. Darum findet, wer Strandaktivitäten wie Kajakfahren, Radeln, Volleyballspielen oder Joggen mit einem Besuch in einem Straßencafé oder einem Shoppingabstecher auf den Mission Boulevard, die Grand oder Garnet Avenue kombinieren möchte, am Pacific Beach die besten Möglichkeiten (zwischen Mission Beach und La Jolla, frei zugänglich).

Alljährlich demonstriert die Gemeinde ihre Vitalität bei der im Mai stattfindenden Pacific Beach Block Party und beim Beachfest im Oktober, wenn sich der Strand in eine Riesendisco verwandelt und Kunst- und Kunstgewerbestände die Garnet Avenue säumen (www.pacificbeach.org).

Crystal Pier

Am westlichen Ende der Garnet Avenue feierte im Jahr 2007 der **Crystal Pier** seinen 80. Geburtstag, obwohl sein Ende schon 1987 gekommen schien. Ein fürchterlicher Sturm zertrümmerte damals einen großen Teil der alten Konstruktion, doch entschlossen sich die Verantwortlichen, die Schäden

reparieren zu lassen und Pacific Beach sein meernahes Wahrzeichen zu erhalten. Denn Crystal Pier ist keine Strandattraktion wie jede andere. Neben Flaneuren und Anglern schätzen den Oldtimer auch nostalgische Hotelgäste, denen Lage und Aussicht mehr bedeuten als luxuriöse Ausstattung und Klimaanlage. Sie können in 29 während der 1930er-Jahre errichteten Cottages unterkommen, von denen die meisten direkt auf dem Pier liegen (4500 Ocean Blvd., Tel. 858-483-6983, www.crystalpier.com, Mitte Juni–Sept. Mindestaufenthalt drei, sonst zwei Nächte, DZ ab 200 $).

Tourmaline Surfing Park

Wo der flache Küstensaum nördlich des Crystal Pier endet, beginnt im **Tourmaline Surfing Park** die schroffe Steilküste, an deren Fuß der Sandstrand immer schmaler wird. Die Küste wurde an dieser Stelle nach Turmalin-Edelsteinen benannt, weil dort die auf denselben Namen getaufte Straße endet. Surfer interessieren sich mehr für die ständigen Wellen, die den hauptsächlich an Sommerwochenenden stark frequentierten Park zu einem bevorzugten Revier für Wellenreiter machen (www.beachcalifornia.com/turmo.html).

Ocean Beach 3

Cityplan: oben

Als vor einigen Jahren eine amerikanische Kaffeehauskette in **Ocean Beach** eine Filiale eröffnete, führte das unter den Einwohnern zu hitzigen Diskussionen über das Thema Gentrifizierung. Im Unterschied zu anderen

Bei den Shows in Sea World beeindrucken die Orcas mit hohen Sprüngen

Stadtteilen von San Diego legen die Alteingesessenen in Ocean Beach offensichtlich keinen gesteigerten Wert auf soziale Umstrukturierungen bzw. Aufwertungen ihres Wohngebietes. Am liebsten bleibt man unter sich und lässt alles so, wie es immer war. Diese Mentalität ist den dort lebenden Menschen nicht zu verdenken, ist ihre Gemeinde doch ein gutes Stück entrückt vom schnelllebigen Zentrum von San Diego, wie etwa die entspannte Atmosphäre auf dem **Ocean Beach Municipal Pier** oder die berückende Fahrt entlang der **Sunset Cliffs** bei Sonnenuntergang demonstriert. Doch ganz aus der Welt ist auch Ocean Beach nicht. Bester Beweis dafür ist das jährlich wiederkehrende Jazz Festival, das die Küste in Piernähe ein Septemberwochenende lang in einen aus Musikbühnen, Imbissen, Kunsthandwerkständen und Weintheken bestehenden Rummel verwandelt (Infos unter http://objazz.org).

Der Ocean Beach ist für seine gefährlichen Unterströmungen berüchtigt, darum sollte man sich zum Schwimmen an dem Strandabschnitt auf Höhe der Abbott Street niederlassen. Dort ist täglich ab 9 Uhr die Lifeguard-Station besetzt (sanitäre Einrichtungen sind vorhanden, Surfen ist an ausgewiesenen Abschnitten erlaubt, frei zugänglich). Den nördlichsten Abschnitt des Strandes sollte man meiden, weil dort Hundebesitzer ihre Vierbeiner frei laufen lassen dürfen.

Point Loma 4

Cityplan: S. 197
Südlich von Ocean Beach wird die hügelige Point Loma Peninsula, die sich wie ein leicht gekrümmter Finger um die San Diego Bay biegt, immer schmaler und endet schließlich am **Point Loma.** Die Fahrt dorthin nimmt zwar einige Zeit in Anspruch, lohnt sich aber bei gutem Wetter wegen der fantastischen Aussicht in jedem Fall. In östlicher Richtung blickt man über die flache Coronado Peninsula auf die Stadt und die Berge dahinter. Im Westen liegt der endlos wirkende blaugrüne Pazifik, in dem man in den ersten Monaten des Jahres mit einem guten Fernglas Grauwale auf ihren Wanderungen zwischen Eismeer und Baja California in Mexiko beobachten kann.

Coronado Peninsula 5

Cityplan: S. 197
Seit über 100 Jahren zieht die **Coronado Peninsula** berühmte und nicht so berühmte Persönlichkeiten an. Mit adretten Alleen, in üppigen Gärten versinkenden Villen, noblen Residenzen pensionierter Generäle und Kapitäne, eleganten Restaurants, Spezialitätengeschäften, charmanten Straßencafés und 15 Meilen Sandstrand verfügt der Stadtteil über ausreichend Prädikate, die eine Gemeinde zum Bilderbuchort machen. Über die 3,5 km lange Coronado Bridge ist die vom Meer umspülte Halbinsel mit Downtown verbunden.

Die einzige Landverbindung der Coronado Peninsula ist der schmale, nach Süden führende **Silver Strand,** der die südliche San Diego Bay fast zum Salzwassersee macht. Der Silver Strand Boulevard folgt der langen, schmalen Sandbank, die am Imperial Beach auf dem Festland endet. Teile des Sandstreifens sind Militärgebiet, andere zählen zu den attraktivsten Badestränden in der Umgebung von San Diego. Der dem offenen Meer zugewandte **Silver Strand Beach** ist durch drei unter dem Highway hindurchführende Fußgängertunnels mit dem Strand auf der Bay-Seite verbunden, wo das Wasser nicht ganz so frisch ist (5000 Hwy 75, Coronado, Tel. 619-435-5184, www.parks.ca.gov, Toiletten/Duschen vorhanden, Tageseintritt 10 $/Pkw).

Die nördliche Spitze der Halbinsel ist militärisches Sperrgebiet, weil dort mit der **Naval Base Coronado** die nach Norfolk in Virginia größte US-Marinebasis ihren Platz hat. Sie ist Heimathafen zweier Flugzeugträger und Ausbildungszentrum der Marine-Spezialeinheit Seal. Südöstlich der Basis dehnen sich die vornehmen Wohnviertel von Coronado um den zentral gelegenen Spreckels Park aus.

aktiv unterwegs

Baden, biken, joggen im Mission Bay Park

Tour-Infos

Start: Mission Bay Park, 2688 E. Mission Bay Dr., www.sandiego.gov/park-and-recreation/parks/missionbay

Parkgröße: 1800 ha, davon 46 % Land und 54 % Wasser

Einrichtungen: 43 km Küste, 30 km Strände, 32 km asphaltierte Rad- und Joggingpfade (in der Karte gelb markiert); San Diego Visitor Information Center, Clairemont Dr. an der Mission Bay; San Diego Bike Rentals, 3689 Mission Blvd., Tel. 858-488-9070, ab 5 $/Std.

Jahr für Jahr pilgern 15 Mio. Besucher in den **Mission Bay Park** 1 von San Diego. Größtenteils handelt es sich um Outdoor-Fans, die vor allem die fabelhaften Sport- und Freizeitmöglichkeiten nutzen wollen. Der künstlich angelegte Park verfügt über eine hervorragende Infrastruktur, die es an nichts fehlen lässt. Auch Hotels und Motels sind dort zu finden.

In zahlreichen Buchten des Mission Bay Park gehört Schwimmen zum populärsten Vergnügen. Allerdings fallen die Strände an einigen Stellen abrupt in tieferes Wasser ab. Am besten eignet sich die von Rasenflächen umgebene **Bonita Cove,** wo es im Sommer eine Strandwache gibt. Auch zum Grillen und Picknicken ist die Stelle ideal, weil es dort – wie übrigens an vielen anderen Stellen auch – spezielle Feuerstellen und fest installierte Tische gibt. Alkoholische Getränke sind nicht erlaubt. Ähnlich ausgestattet ist **Ventura Cove.** Falls man beim Picknicken wider Erwarten von schlechtem Wetter überrascht

wird, kann man sich auf die sandige Halbinsel **Mariner's Point** flüchten, wo es einen großen, überdachten Pavillon mit Tischen und Sitzplätzen gibt. Schwimmen ist dort nicht gestattet, im Gegensatz zum in der südlichen Nachbarschaft gelegenen **Mission Point.** Der dortige, nicht beaufsichtigte Strand liegt am Mission Bay Channel, über den der Wasseraustausch zwischen Pazifik und Bucht stattfindet.

Sunset Point ist eine der Stellen, wo man sich auf einen Jogging- bzw. Radweg durch den Bay Park begeben kann. Über die nach Norden führende Ingraham Street erreicht man **Vacation Isle** mit viel Platz und Einrichtungen für einen entspannten Tag im Freien. Auf dieser Insel lassen Modellbauer gerne ihre Segelschiffe und Motorboote im Model Yacht Pond fahren. Polynesische Atmosphäre kommt zwischen Palmenhainen und Hibiskusbüschen im luxuriösen Paradise Point Resort auf, wo man sich im Restaurant Baleen verwöhnen lassen kann. An der Nordspitze der Insel liegen am **Ski Beach** eine Startbasis für Wasserskisportler, ein Picknickpavillon und ein Kinderspielplatz.

Mit einem überwachten Badestrand samt Freizeiteinrichtungen ist **Crown Point** ausgestattet. Im großen Bogen um die nördliche Bucht gelangt man von dort zur **De Anza Cove** mit Badestrand, Volleyballfeld, Rad- und Joggingpfad, Duschen, Bänken, Tischen und einer Startrampe für Jetski-Sportler. Hier gibt es auch einen Stellplatz für Wohnmobile inklusive Strom (http://missionbayrvresort.com). Basketballfelder findet man nicht weit vom Hilton Hotel entfernt am **Playa Pacifica.** Auf **Fiesta Island** im Zentrum des Parks kann man im Aquatic Center (1001 Santa Clara Pl., Tel. 858-488-1000, www.mbaquaticcenter.com) Kayaks, Windsurfausrüstung, Segel- und Ruderboote und alles, was man als Wassersportler braucht, ausleihen.

Hotel del Coronado 6

San Diegos berühmtestes Hotel hat am Coronado Beach seinen Platz. 1888 erbaut, beherbergt das **Hotel del Coronado** seit damals gekrönte Häupter und Präsidenten, Wirtschaftsbosse und Industriekapitäne, Wissenschaftler und Literaten. Schon der Erfinder Thomas Edison ließ sich vor Ort verwöhnen, und im Jahr 1927 fand zur Feier des ersten Transatlantikflugs ein Bankett für Charles Lindbergh statt. Bereits einige Jahre zuvor soll der spätere englische König Edward VIII. dort die Bekanntschaft der bürgerlichen Wallis Spencer Simpson gemacht haben, die er 1936 nach seinem Thronverzicht heiratete. Die durch ihre außergewöhnliche viktorianische Türmchenarchitektur ins Auge fallende Luxusherberge diente zahlreichen Filmen als Kulisse, darunter Billy Wilders genialer Filmkomödie »Manche mögen's heiß« mit Marilyn Monroe, Jack Lemmon und Tony Curtis. Aber auch andere Leinwandgrößen wie Ronald Reagan, Frank Sinatra, Peter O'Toole, Barbara Hershey, Brad Pitt und Madonna stiegen bereits im Hotel Del ab, wie es von Einheimischen genannt wird. Der sandige **Coronado Beach,** an dem das Hotel liegt, rangierte schon unter den schönsten Stränden der USA (entlang dem Ocean Boulevard zwischen Avenida Lunar im Süden und Naval Air Station im Norden).

Infos

Coronado Visitor Center: 1100 Orange Ave., Coronado, CA 92118, Tel. 619-437-8788, www.coronadovisitorcenter.com.

www.a-zsandiegobeaches.com: Informative Seite über die schönsten Strände in und um San Diego mit Surfberichten, Wettervorhersagen und anschaulichen Plänen.

Übernachten

Polynesisches Flair ▶ **Paradise Point Resort & Spa 1:** 1404 Vacation Rd., Mission Bay, Tel. 858-274-4630, www.paradisepoint.com. Das tropische Thema passt zu diesem auf einer Insel gelegenen Ferienhotel zwischen Palmen, Hibiskushecken und Pools im Stil einer Lagune. Die 462 Zimmer bzw.

Suiten sind geschmackvoll und wohnlich ausgestattet. DZ ab ca. 260 $.

Filmdrehort ▶ **Hotel del Coronado 6:** 1500 Orange Ave., Coronado, Tel. 619-435-6611, www.hoteldel.com. Legendäres Superhotel im viktorianischen Stil mit historischem Flair und modernen Zimmern. Die reizvolle Poollandschaft öffnet sich zum Pazifikstrand hin. Mehrere Restaurants und Geschäfte gehören zum Haus. DZ ab ca. 215 $.

Top Lage ▶ **Surfer Beach Hotel 2:** 711 Pacific Beach Dr., Pacific Beach, Tel. 866-251-2764, www.surferbeachhotel.com. Das im Jahr 1964 erbaute Hotel mit Meerblick ist eine gelungene Kombination aus Stil, Luxus und Zweckmäßigkeit. Direkt vor der Tür liegt der Oceanfront Walk. Alle Zimmer besitzen Kabel-TV und Kühlschrank. DZ ab 140 $.

Ohne großen Komfort ▶ **Americas Best Value Inn: 3:** 4545 Mission Bay Dr., Mission Bay, Tel. 858-483-4222, www.americasbest valueinn.com. Nichtraucherhotel, Zimmer mit Kühlschrank, Mikrowelle, Kaffeemaschine, TV, WLAN, kleines Frühstück. DZ ab 80 $.

Die Lage ist super ▶ **Beach Haven Inn 4:** 4740 Mission Blvd., Tel. 858-272-3812, www. beachhaveninn.com. Motelähnliche Unterkunft ein Block vom Strand mit Pool im Innenhof, um den sich auf zwei Etagen die Zimmer mit Küche gruppieren. DZ ab ca. 80 $.

Essen & Trinken

Für höhere Ansprüche ▶ **Island Prime 1:** 880 Harbor Island Dr., Tel. 619-298-6802, www.islandprime.com, tgl. Lunch 11.30–16, Dinner 17.30–22 oder 23 Uhr. Auf Pfählen im Wasser stehendes elegantes Steakhouse. Bei australischem Hummerschwanz (48 $), gegrilltem Lachs mit schwarzen Linguini (30 $) oder Lammrücken (40 $) genießt man den Blick über den Hafen. Hauptgerichte ab 25 $.

Charmant, aber touristisch ▶ **Coronado Boathouse 2:** 1701 Strand Way, Coronado, Tel. 619-435-0155, www.coronado-boathouse. com, So–Do 17–22, Fr–Sa bis 23 Uhr. Das nicht weit vom Hotel del Coronado entfernte Restaurant ist im selben Stil wie das historische Hotel erbaut und steht direkt am Wasser. Spezialitäten sind die gefüllten Riesengarnelen (29 $) und der Alaska-Heilbutt mit Macadamianüssen (30 $). Seafood 27–47 $.

Exzellente Küche ▶ **Primavera Ristorante 3:** 932 Orange Ave., Coronado, Tel. 619-435-0454, www.primavera1st.com, tgl. 17–22.30 Uhr. Kenner zählen dieses Lokal zu den besten Italienern der Stadt. Auch das gemütliche Ambiente lässt nichts zu wünschen übrig. Auf den Tisch kommen italienische Klassiker sowie Fisch und Geflügel. 17–30 $.

Einkaufen

Frisches aus dem Umland ▶ **Farmers' Market 1:** Jeden Mi findet in Ocean Beach auf der Newport Avenue zwischen Cable und Bacon St. ein Bauernmarkt statt, auf dem Obst, Gemüse und Blumen verkauft werden.

Abends & Nachts

Lebendiges Lokal ▶ **Pacific Beach Bar 1:** 860 Garnet Ave., Tel. 858-272-4745, http://pbbarandgrill.com, tgl. 11–2 Uhr. Tagsüber ein Restaurant mit amerikanischen und mexikanischen Gerichten, verwandelt sich die Sportbar abends in einen Treffpunkt für junge Leute. Dutzende Videowände und TVs übertragen das aktuelle Sportgeschehen.

Aktiv

Schwimmen, Radfahren, Laufen ▶ **Mission Bay Park 1:** s. Aktiv unterwegs S. 200.

Golf ▶ **Coronado Municipal Golf Course 1:** Unter dem westlichen Ende der Coronado Bridge, Tel. 619-435-3121, www.golfcorona do.com. Tgl. geöffneter 18-Loch-Platz.

Wandern ▶ **Point Loma 2:** s. Aktiv unterwegs rechts.

Verkehr

Fähre: Coronado Ferry Landing (östliches Ende der 1st St.) auf der Coronado Peninsula ist von der B Street Pier per Fähre in 15 Min. zu erreichen (Abfahrten stdl., Rückfahrt alle 30 Min., 3,75 $/Fahrt).

Auto: Die aus Spannbeton und Stahl erbaute und 1969 eröffnete Coronado Bridge besitzt eine Gesamtlänge von 3407 m und eine maximale Höhe von 61 m. Autofahrer können sie kostenlos benutzen.

Outdoor-Paradies: Die Südspitze von Point Loma

Tour-Infos

Start: Cabrillo National Monument, Visitor Center, 1800 Cabrillo Memorial Dr., Tel. 619-557-5450, www.nps.gov/cabr, tgl. 9–17 Uhr, 5 $/Pkw)
Länge: ca. 4 km zu Fuß (man kann auch abkürzen) bzw. 3 km mit dem Auto
Dauer: 2–3 Std.
Ausrüstung: Bei den Entdeckungstouren zu den Gezeitenpools sollte man wegen des schlüpfrigen Untergrunds unbedingt Schuhe mit griffigen Sohlen tragen

Das nur einen halben Quadratkilometer große Cabrillo National Monument an der Südspitze der Halbinsel **Point Loma** 2 ist nicht nur eine historische Erinnerungsstätte, sondern auch ein atemberaubendes Outdoor-Paradies. Hat man im Besucherzentrum die historischen Ausstellungen studiert, das wenige Schritte entfernte, über 4 m hohe und ca. 7 t schwere **Cabrillo-Denkmal** besichtigt und dem 1854 errichtete **Old Point Loma Lighthouse** einen Besuch abgestattet, kann man sich in frischer Seeluft den natürlichen Reizen der Halbinsel widmen, von der man an klaren Tagen einen einzigartigen Blick über die gesamte Stadtlandschaft bis in die San Bernadino Mountains genießt.

Hat man ein Fernglas oder eine Kamera mit gutem Teleobjektiv bei sich, bestehen hauptsächlich zu Jahresbeginn gute Chancen, vom **Whale Overlook** aus Grauwale auf ihren jahreszeitlichen Wanderungen zu beobachten. Die besten Monate sind Mitte Dezember bis März, wobei die meisten Tiere erfahrungsgemäß Mitte Januar vor der Point-Loma-Halbinsel vorbeiziehen.

Vom Aussichtspunkt bietet sich eine kleine Wanderung auf dem insgesamt 3,2 km langen **Bayside Trail** an, wobei man das spezielle, küstennahe Ökosystem mit Pflanzen kennenlernen kann, die in der Sommerwärme wie abgestorben aussehen, sich nach dem Winterregen aber mit frischem Grün und bunten Blüten (Febr.–Mai) schmücken.

Vom Eingang des National Monuments führt eine Asphaltstraße die Westflanke der Halbinsel hinunter bis an die Küstenlinie. Auf drei Parkplätzen kann man das Auto abstellen, um kleine und größere **Gezeitenpools** *(tide pools)* zu erreichen. Bei diesen Pools handelt es sich um Vertiefungen im felsigen Meeresboden entlang der Küstenlinie, in denen bei Ebbe Restwasser und Kleinlebewesen wie Muscheln, Krabben Seesterne und Napfschnecken zurückbleiben. Aus ihrer temporären Gefangenschaft werden die Meeresbewohner erst wieder durch die nächste Flut befreit. Sammeln darf man die Kreaturen nicht. Wann für das Tidepool-Hüpfen die besten Gelegenheiten bestehen, erfährt man aus Gezeitenkalendern oder im Besucherzentrum, wo Parkranger auch Führungen zu diesem Schaufenster in die Unterwasserwelt des Pazifik anbieten.

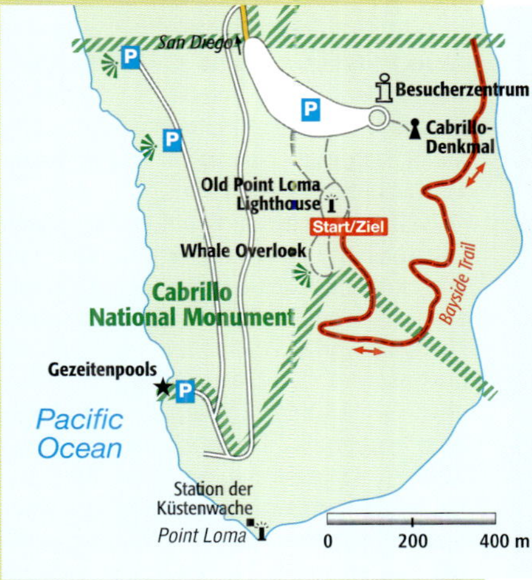

La Jolla und North San Diego County

Kalifornier verstehen den 40 Meilen langen Küstenstreifen zwischen San Diego und Oceanside als Amerikas Antwort auf die französische Riviera. Wie jeder andere Vergleich hinkt auch dieser. Unumstritten ist aber, dass der Pazifiksaum des sogenannten North County mit Orten wie Del Mar, Carlsbad und Oceanside zu den reizvollsten Abschnitten der südkalifornischen Küste zählt.

La Jolla ▸ 1, K 16

Der Kriminalschriftsteller Raymond Chandler verbrachte die letzten 13 Jahre seines Lebens von 1947 bis 1959 in seinem Haus Nr. 6005 am Camino de la Costa in **La Jolla.** Sehr angetan muss er von den lokalen Verhältnissen nicht gewesen sein, bezeichnete er seinen letzten Wohnort doch als Stadt, in der ältere Menschen mit ihren Eltern wohnen. Chandler war bis heute nicht die einzige in San Diegos Vorort lebende Berühmtheit. Im Jahr 1967 eröffnete Dr. Jonas Salk dort eine Forschungseinrichtung, die heute Teil einer respektablen örtlichen biomedizinischen und biotechnischen Industrie ist. Salk wurde in den 1950er-Jahren durch die Erfindung eines Impfstoffes gegen Kinderlähmung weltbekannt, den er an sich selbst und an seiner Familie getestet hatte.

La Jolla hat sein Gesicht in den letzten Jahrzehnten merklich verändert. Zwar gilt das knapp 30 000 Einwohner zählende Städtchen nach wie vor als konservative Hochburg von aus dem aktiven Arbeitsleben ausgeschiedenen Menschen mit erklecklichen Renten oder Ersparnissen. Andererseits macht die Gemeinde mit krummen Straßen, spanisch-mexikanischer Architektur, gepflegten Gärten und einem an Südeuropa erinnernden Flair in den Augen vieler US-Besucher einen geradezu unamerikanischen Eindruck.

Museum of Contemporary Art

Flaniert man über die zentrale Prospect Street oder über die Garnet Avenue, bekommt man das aufgeweckte Gesicht von La Jolla mit einer lebhaften Kunst-, Kultur- und Gastronomieszene zu sehen. Deren Mittelpunkt bildet die Außenstelle des **Museum of Contemporary Art** in San Diego, das Malereien, Skulpturen, Fotografien und multimediale Installationen ausstellt. Besonderes Augenmerk gilt auch der regionalen und der lateinamerikanischen Kunst (700 Prospect St., Tel. 858-454-3541, www.mcasd.org, tgl. außer Mi 11–17, Do 17–19 Uhr, Eintritt frei, unter 25 J. gratis, Erw. 10 $). Hinzu kommen Dutzende von Kunstgalerien, Antiquitätengeschäfte, Modeboutiquen, teure Hotels und elegante Restaurants der oberen Preisklasse.

Coast Walk

Die meisten Besucher kommen aber nicht wegen der Kunst nach La Jolla. Auf dem **Coast Walk** flanieren sie die Steilküste entlang und lassen sich die frische, salzige Meeresluft um die Nase wehen. Ein solcher Spaziergang lohnt sich allein schon wegen dem **Childrens' Pool,** einer kleinen, von einer Hafenmole geschützten Bucht, in der früher Familien mit Kindern gefahrlos baden konnten. Diese Zeiten sind längst vorbei, weil schon vor Jahren Robben und Seelöwen den Strand in Besitz nahmen, um sich dort in der Sonne zu fläzen, den Nachwuchs aufzuziehen und für eine der zugkräftigsten Besucherattraktionen an der Küste zu sorgen (850 Coast Blvd.).

Sunny Jim Cave

An der zerklüfteten Steilküste von La Jolla sind insgesamt sieben von der Brandung ausgewaschene Höhlen bekannt. Einige davon sind per Kajak erreichbar, und nur eine, **Sunny Jim Cave,** kann man zu Fuß besuchen. Von einem Souvenirladen aus führen 145 Stufen in einem zu Beginn des 20. Jh. von Menschenhand geschaffenen Tunnel in die ausgeleuchtete Höhle. Sie gibt eine plastische Vorstellung von der Brachialgewalt der donnernden Brecher, welche die Höhle während der vergangenen 200 000 Jahre aus dem 75 Mio. Jahre alten Sandstein der Küste herausmodellierten (1325 Cave St., Tel. 858-459-0746, www.cavestore.com, tgl. 9–17 Uhr, Erw. 4 $, Kinder unter 16 J. 3 $).

Birch Aquarium at Scripps

In mehr als 60 Bassins präsentiert das **Birch Aquarium at Scripps** auf spannende und zugleich lehrreiche Weise exotisches Meeresleben. Weltweit sind 370 unterschiedliche Haiarten bekannt, von denen in La Jolla einige zu Hause sind, darunter der an der kalifornischen Küste vorkommende Leopardenhai mit einer auffälligen Körperzeichnung. Die Spezialisten des Aquariums züchten in mühsamer Arbeit sogar eigene Korallen, die ein tropisches Riff bilden sollen. Um Gästen den Besuch im Aquarium so kurzweilig wie möglich zu gestalten, initiierten die Betreiber einige spezielle Programme wie etwa geführte Kajaktouren und Walbeobachtungsfahrten in den Küstengewässern. Ein Höhepunkt sind die Fütterungszeiten, zu denen Taucher in ein 250 000 Liter Meerwasser fassendes Becken mit einem grandiosen Kelpwald steigen, um den dort lebenden Fischen ihre Mahlzeiten zu servieren. Im Splash Café kann man sich selbst eine Stärkung gönnen (2300 Expedition Way, Tel. 858-534-FISH, http://aquarium.ucsd.edu, tgl. 9–17 Uhr, Fütterungszeiten Di und Do 12.30, Sa 14 und So 10.30 Uhr, Erw. 12 $, Kinder unter 18 J. 8 $).

Torrey Pine State Reserve

Schon vor Jahrzehnten wurde im **Torrey Pine State Reserve** ein Küstenflecken unter Naturschutz gestellt, weil dort außer auf der Channel-Insel Santa Rosa die letzten Exemplare von Torrey-Kiefern (*Pinus torreyana*) überlebt haben. Im Besucherzentrum des heutigen State Park ist ein kleines Museum zur Kultur- und Naturgeschichte der Gegend eingerichtet worden. Um das 1923 errichtete Adobegebäude, das früher als Restaurant diente, stehen zahlreiche Bäume und Sträucher, die für die Vegetation vor Ort repräsentativ sind.

Auf Wanderwegen mit einer Länge von insgesamt 13 km kann man das Schutzgebiet erkunden. Der **Broken Hill Trail** führt bergab bis zu einer Stelle am Strand, an der sich die kleine Felsinsel Flat Rock aus dem Meer erhebt. Auch der **Beach Trail** mäandert Richtung Wasserkante und endet am Yucca Point, wo man den Blick die Küste entlang und auf La Jolla genießen kann. Im äußersten Süden liegt mit dem **Black Beach** ein Strandabschnitt, der inoffiziell als FKK-Revier gilt (N. Torrey Pines Rd., Tel. 858-755-2063, www.torreypine.org, tgl. 8 Uhr bis Sonnenuntergang, Parkgebühr 10 $/Pkw).

Infos

La Jolla Visitor Center: 7734 Herschel Ave., La Jolla, CA 92037, Tel. 858-454 5718, www.lajollabythesea.com.

Übernachten

Traumhaft ▶ **Lodge at Torrey Pine:** 11480 N. Torrey Pine Rd., Tel. 858-453-4420, www.lodgetorreypines.com. Die wunderschön gelegene Lodge mit 170 Zimmern und Suiten besteht überwiegend aus einer massiven Holzkonstruktion und gehört zu den exklusivsten Hotels im Großraum San Diego. Sogar der Außenpool ist etwas Besonderes, weil man in ihm nicht in Chlorwasser, sondern in Meerwasser schwimmt. Direkt vor der Tür liegt ein 18-Loch-Golfplatz. Ab ca. 400 $.

Luxus pur ▶ **Hotel Parisi:** 1111 Prospect St., Tel. 858-454-1511, www.hotelparisi.com. Die 20 Zimmer große Luxusherberge bietet ein Rundum-Verwöhnangebot für gestresste Reisende mit Yoga- und Thaimassagen, Fitness und Spa. Trotzdem ist jedes Zimmer mit DSL ausgestattet. DZ ab ca. 245 $.

Essen & Trinken

Gutes Seafood ▶ **George's California Modern:** 1250 Prospect St., Tel. 858-454-4244, www.georgesatthecove.com, tgl. Lunch und Dinner. Jeden Abend wird in diesem Lokal, das zu den besten im südlichen Kalifornien zählt, ein Spezialgericht des Chefs serviert. Am schönsten speist man auf der Terrasse mit herrlichem Blick aufs Meer. Hauptgericht ca. 50 $.

Lecker, lecker ▶ **Roppongi:** 875 Prospect St., Tel. 858-551-5252, www.roppongiusa.com, tgl. Lunch und Dinner. Der Küchenchef bringt Spezialitäten auf den Tisch, die meist unübersehbare asiatische, chinesische oder polynesische Einflüsse aufweisen. Hauptgericht ca. 20–36 $.

Lebhaft und unkompliziert ▶ **Rock Bottom Restaurant & Brewery:** 8980 Villa La Jolla Dr., Tel. 858-450-9277, www.rockbottom.com, Lunch Mo–Fr 11–16, Sa–So 11.30–16, Dinner So–Do 16–22, Fr–Sa 16–23 Uhr, Happy Hour tgl. 16–19, 22–24 Uhr. Deftige amerikanische Küche mit Steaks, Rippchen, Pizzen, Salaten und guten Desserts. Die Brauerei stellt ihr eigenes Bier her. Hauptgerichte ca. 14 $.

Einkaufen

Antiquitäten ▶ **King and Company:** 7470 Girard Ave., Tel. 858-454-1504, keine Website. Antiquitätengeschäft mit dekorativen Stücken aus den USA, Europa und dem Orient.

Top Designerlabels ▶ **Mister B:** 7925 Girard Ave., Tel. 858-454-3310, www.misterbattheranch.com. Europäische Herrenmode bekannter Marken wie Hugo Boss, Pal Zileri, Bernard Zins, Zanella und Pancaldi.

Alles unter einem Dach ▶ **Westfield UTC:** 4545 La Jolla Village Dr., Mo–Fr 10–21, Sa 10–20, So 11–19 Uhr. Großes Einkaufszentrum mit 188 einzelnen Geschäften, fünf Restaurants und einem Food Court.

Abends & Nachts

Historische Hotelbar ▶ **Whaling Bar:** 1132 Prospect St., Tel. 858-454-0771, www.lavalencia.com. Die Bar des historischen La Valencia Hotel ähnelt einem mit nautischem Dekor versehenen englischen Pub. Man kann dort auch zu Mittag und zu Abend essen. Unter den Getränken hat der ›Whaler‹ echten Kultstatus. Vermutlich besteht er aus Brandy, Kahlua und Speiseeis. Der Bartender hütet die genaue Rezeptur wie ein Staatsgeheimnis.

Promi-Bühne ▶ **La Jolla Playhouse:** 2910 La Jolla Village Dr., Tel. 858-550-1010, www.lajollaplayhouse.org. Das vom Schauspieler Gregory Peck 1947 gegründete Theater gehört zu den renommiertesten Bühnen im Großraum San Diego.

Aktiv

Surfen ▶ **Windansea Beach:** 6800 Neptune Place, www.sandiego.gov/lifeguards/beaches/windan.shtml, frei zugänglich. Der von Sandsteinklippen gesäumte Strand gilt unter Surfern als Geheimtipp. Vor dem Strand erheben sich aus dem Meeresboden mehrere Riffs, die hohe Wellen aufwerfen. Nur an den Sommerwochenenden ist eine Strandwache aktiv. Es gibt weder Toiletten noch Duschen.

Golf ▶ **Torrey Pines Golf Course:** 11480 N. Torrey Pines Rd., Tel. 858-452-3226, www.torreypinesgolfcourse.com. Der aus zwei 18-Loch-Bahnen bestehende Platz liegt hoch über den Klippen und bietet Golfern, die eine Schwäche für schöne Landschaften haben, wunderschöne Aussichten.

Wellness und Fitness ▶ **Gaia Day Spa:** 1299 Prospect St., Tel. 858-456-8797, www.gaiaoasis.com. Der richtige Ort, um nach Feng-Shui-Prinzipien einen regenerierenden Tag in einer Wellness-Oase zu verbringen.

Termine

Nations of San Diego International Dance Festival (Jan./Feb.): Größtes Fest mit ethnischen Tänzen im südlichen Kalifornien auf dem Uni-Campus (www.sandiegodance.org).

La Jolla Art Festival (Juni): Großes Fest mit

Am Children's Pool aalt sich eine Seelöwenkolonie im warmen Sand

Kunst- und Kulturveranstaltungen, Stände mit Schlemmereien. Die Erträge kommen Behinderten zugute (www.lajollaartfestival.org).

Del Mar ▶ 1, K 16

Der 4500-Seelen-Ort **Del Mar** mit seinem 5 km langen Sandstrand verdankt seine Gründung im letzten Viertel des 19. Jh. zwei Faktoren: dem Bau einer Eisenbahnlinie zwischen San Bernardino und San Diego und der Überzeugung der Investoren, dass die landschaftliche Schönheit der Küste Grund genug sei, an dieser Stelle einen Badeort aus dem Boden zu stampfen. In den 1920er-Jahren ließen sich in den bis dahin entstandenen Hotels häufig Stummfilmstars aus Hollywood sehen, die am Strand Ruhe und Entspannung suchten. Die Entwicklung erhielt hauptsächlich in den 1930er-Jahren einen Schub. Damals suchte man für die San Diego County Fair einen Standort und fand ihn in Del Mar, wo die Messe bis in die Gegenwart jedes Jahr im Juni/Juli stattfindet (www.sdfair.com).

Pferderennbahn

Noch größere Langzeitwirkung auf die Gemeinde hatte die Gründung des Del Mar Thoroughbred Club und der Bau einer **Pferderennbahn** nur einen Steinwurf von der Küste entfernt, wobei als erster Prominenter der berühmte Sänger und Schauspieler Bing Crosby die Hand im Spiel hatte. Die im Hochsommer veranstalteten Rennwochen sind bis heute nicht nur sportliche, sondern auch gesellschaftliche Großereignisse. Das gilt in erster Linie für den jeweiligen Eröffnungstag der neuen Saison, der als Hat Day bekannt geworden ist. Aus gutem Grund: Es gehört zur guten Tradition, dass an diesem Tag stilbewusste Rennbahnbesucherinnen zum Vergnügen des bis zu 40 000-köpfigen Publi-

Idyllische Badebucht an der Küste von La Jolla

kums mit kreativen Hutmodellen auf sich aufmerksam machen (2260 Jimmy Durante Blvd., Tel. 858-755-1141, www.dmtc.com).

Solana Beach ▶ 1, K 16

Schon vor Jahren setzten es sich die 13 000 Einwohner der Küstengemeinde **Solana Beach** zum Ziel, ihre Heimat weder durch am Straßenrand aufgestellte Werbetafeln noch durch Sprühorgien selbsternannter Graffitikünstler verschandeln zu lassen. In jüngerer Vergangenheit bemühten die Stadtverschönerer echte Künstler, um graue Schaltkästen öffentlicher Versorgungsbetriebe, Mäuerchen und Betonbänke zu bemalen oder in Mosaikwerke zu verwandeln. Der **Coastal Rail Trail,** die Trasse einer früheren Eisenbahn, wurde unter professionel-

Gemüse und Blumen. Er erinnert daran, dass Solana Beach schon im frühen 20. Jh. eine auf den Avocadoanbau spezialisierte Agrargemeinde war.

Rancho Santa Fe ► 1, K 16

Östlich von Solana Beach liegt am Fuß der Küstenberge mit **Rancho Santa Fe** eine idyllische Millionärsenklave samt Golfklub, für dessen Mitgliedschaft man bis zu 300 000 $ hinblättern muss. Den Grundstein zu diesem exklusiven Flecken legte eine Eisenbahngesellschaft, die auf dem Grund und Boden Eukalyptusbäume anpflanzen ließ, um aus dem Holz Eisenbahnschwellen zu fertigen. Als sich das Material für diesen Zweck als zu weich erwies, ließ man ein Gästehaus im Spanish-Revival-Stil erbauen, das 1940 in Privatbesitz überging und in ein Hotel umgebaut wurde. Mittlerweile haben sich andere Ranches und Villen hinzugesellt und bilden eine kleine, aber feine Ortschaft.

Übernachten

VIP-Oase ► **Inn At Rancho Santa Fe:** 5951 Linea del Cielo, Rancho Santa Fe, CA 92067, Tel. 858-756-1131, www.theinnatrsf.com. In dem exklusiv ausgestatteten Inn stiegen Könige und Präsidenten, First Ladies und Filmstars ab, nachdem das Stummfilmduo Mary Pickford und Douglas Fairbanks die Gegend in den 1920er-Jahren als Wohnsitz auserkoren hatte. Nichtrauchern stehen 87 reizend ausgestattete Zimmer zur Verfügung, in denen es an nichts fehlt. DZ ab 200 $.

len Händen zu einer Meile mit öffentlicher Kunst, die von dekorativ gestalteten hölzernen Bögen überspannt wird.

Einkaufen

Frisch vom Bauernhof ► **Farmers' Market:** Ecke Cedros Ave. & Rosa St., www.ci.solana-beach.ca.us. Am Sonntagnachmittag versorgen sich die Einheimischen auf dem traditionellen Markt mit frischem Obst,

Encinitas ► 1, K 16

Mildes Klima hat das Städtchen **Encinitas** nach einer etwas übersteigerten Selbsteinschätzung zur Flower Capital of the World gemacht. Zahlreiche Gärtnereien mit großen gläsernen Treibhäusern haben sich auf die Produktion von Jungpflanzen spezialisiert, die im Frühjahr im ganzen Land zum Verkauf angeboten werden.

San Diego Botanic Garden und Swami's Beach

Exotische Pflanzen bringt der **San Diego Botanic Garden** seinen Besuchern näher. Innerhalb der Anlage befinden sich Regenwälder, seltene Bambushaine, ein Wüstengarten mit unterschiedlichen Kakteenarten, eine Abteilung für Sukkulenten und ein subtropischer Obstgarten (230 Quail Gardens Dr., Tel. 760-436-3036, www.qpgardens.org, tgl. 9–17 Uhr, Erw. 12 $, Kinder 3–13 J. 6 $).

Außer für Hobbygärtner ist Encinitas auch für Wassersportler interessant. Surfer zieht es zum unterhalb des Seacliff Roadside Park gelegenen **Swami's Beach,** der wegen seiner extremen Brandung bei Wellenreitern hoch im Kurs steht (Tel. 760-633-2740, www.beachcalifornia.com/swami.html).

Termine

Oktoberfest: Mountain Vista Dr. & El Camino Real. Ein feuchtes Erlebnis der anderen Art erwartet die Besucher bei dem jährlich im September stattfindenden Fest (www.ci.encinitas.ca.us).

Carlsbad ► 1, K 16

Als in den 1880er-Jahren ein Brunnenbauer zufällig auf eine Mineralwasserader stieß, erinnerte man sich an den berühmten tschechischen Kurort Karlsbad und taufte die Gemeinde auf diesen Namen. Allerdings erfüllte der Fund nie die in ihn gesteckten Erwartungen, sodass der lokale Kurbetrieb erst gar nicht richtig in die Gänge kam. Ein dekoratives Überbleibsel aus der alten Zeit ist der seit 1882 in einem hübschen Fachwerkhaus untergebrachte **Carlsbad Mineral Water Spa** mit Badeeinrichtungen zum Teil im orientalischen Stil (2802 Carlsbad Blvd., Tel. 760-434-1887, www.carlsbadmineralspa.com, tgl. 9–18 Uhr). Die Gemeinde blieb auch sonst allein durch die Lage direkt an der Pazifikküste dem Wasser verbunden. Außerdem befinden sich sowohl an der Nord- wie an der Südgrenze der Kleinstadt zwei große Lagunen.

Flower Fields

Größere Popularität verschaffte sich Carlsbad durch seine Landwirtschaft, speziell durch den Blumenanbau. Jahr für Jahr pilgern bis zu 150 000 Blumenfreunde auf die **Flower Fields,** um durch die gigantischen Felder von in allen Farben leuchtenden Ranunkeln zu spazieren. Nur ca. 2 % werden als Blumen verkauft, weil die eigentliche Produktion den Zwiebeln der Stauden dient (5704 Paseo del Norte, Tel. 760-431-0352, www.theflowerfields.com, März–Mai tgl. 9–18 Uhr, Erw. 10 $, Kinder 3–10 J. 5 $).

Legoland

Eine bunte Welt aus Plastik öffnet sich hinter den Eingangstoren von **Legoland.** Aus Millionen von Steinen ließen die Träumebauer exotische Tiere, Märchenfiguren von Rotkäppchen über Hänsel und Gretel bis hin zu Schneewittchen, Städte im Miniaturformat wie San Francisco und New York und weltberühmte Sehenswürdigkeiten wie Mount Rushmore, die Freiheitsstatue, den Taj Mahal und den Eiffelturm entstehen. Neueste Attraktion ist der legendäre Hotelstrip in Las Vegas im Kleinformat, für den 2 Mio. Legosteine und 16 000 Stunden Arbeit nötig waren. Natürlich fehlen auch Fahrgeschäfte wie die Achterbahn Bionicle Blaster nicht, die heute in jedem Vergnügungspark obligatorisch sind (1 Legoland Dr., Tel. 760-918-5346, www.legoland.com, im Hochsommer 10–20 Uhr, sonst kürzer, Erw. 63 $, Kinder 3–12 J. 53 $).

Infos

Carlsbad Chamber of Commerce: 5934 Priestly Dr., Carlsbad, CA 92008, Tel. 760-931-8400, Fax 760-931-9153, www.carlsbad.org.

Übernachten

Traumhafte Lage ► **Beach Terrace Inn:** 2775 Ocean St., Tel. 760-729-5951, http://beachterrace inn.com. Das einzige, direkt an der Küste gelegene Hotel mit 49 Ein-Zimmer-Suiten besitzt eine Terrasse mit Pool auf der Strandseite. Manche Suiten haben kleine

Tipp: Logieren im Wild Animal Park

Die Szene könnte aus dem Film »Jenseits von Afrika« stammen. Von der Erhebung, auf der das Zeltcamp steht, fällt der Blick auf die taufrische Savannenlandschaft. Es riecht nach feuchtem Gras, das der neue Tag mit den ersten Sonnenstrahlen zu trocknen beginnt. Auf staksigen Beinen bewegen sich zwei Giraffen durch die Szenerie. Eine kleine Herde von Impala-Gazellen äst in der Nähe mehrerer Gnus, die hin und wieder die Köpfe heben und ein Nashorn beobachten, das wie ein Denkmal für die Tierwelt Schwarzafrikas in der Sonne steht.

Kein schlechter Tagesbeginn, wenn ein brüllender Löwe den Morgenschlaf beendet. Tatsächlich ist Afrika aber weit entfernt. Der **Wild Animal Park** (▶ 1, L 16 4) als Außenstelle des San Diego Zoo liegt bei Escondido östlich von Oceanside im Küstenhinterland. Zahlreiche Zoos, Museen und Aquarien im südlichen Kalifornien führten schon vor Jahrzehnten sogenannte *sleepover*-Programme ein, im Rahmen derer Gäste in den jeweiligen Einrichtungen übernachten können. Zu den attraktivsten Plätzen dieser Art gehört der Wild Animal Park. Die Zelte sind je nach Kategorie mit Betten und anderem Mobiliar, Heizöfen bzw. Ventilatoren für die entsprechenden Jahreszeiten ausgestattet.

Der Preis für ein waschechtes kalifornisches Afrikaabenteuer beläuft sich etwa auf die Kosten für ein besseres Hotel samt Abendessen. Am preiswertesten sind Zelte mit Kunststoffmatten und Gemeinschaftsdusche.

Teil des *roar-and-snore*-Programms sind nach einem einfachen Abendessen an Campingtischen am Kilima Point verschiedene Rangerveranstaltungen, bei denen die Parkprofis ihr Publikum mit spannenden Geschichten über wilde Tiere unterhalten und Kinder auch schon mal harmlose Parkbewohner streicheln dürfen. Gegen 22 Uhr ziehen sich die meisten Camper in ihre Zelte zurück, um den in einiger Entfernung hin und wieder brüllenden Löwen Konkurrenz zu machen. Um 6 Uhr in der Frühe endet die Nacht mit allgemeinem Wecken. Eine Stunde später sitzen die Gäste wieder am Kilima Point bei Rührei, Würstchen und frischem Obst. Noch ehe der Park seine Tore für Tagesbesucher öffnet, brechen die Übernachtungsgäste zu von Rangern geführten Sondertouren auf (15500 San Fasqual Valley Rd., Tel. 619-718-3000, www.sandiegozoo.org/calendar/sleepover.html, die Kosten variieren je nach Angebot und sind auf der Internetseite nachzulesen).

Küchen und Balkone. DZ mit kleinem Frühstück ab 120 $.

Gemütliches B & B ▶ **Pelican Cove Inn:** 320 Walnut Ave., Tel. 760-434-5995, www.pelican-cove.com. Jedes der zehn Nichtraucherzimmer verfügt über ein eigenes Bad. DZ inkl. Frühstück ab 100 $.

Bewährte Bleibe ▶ **Ramada Suites:** 751 Macadamia Dr., Tel. 760-438-2285, http://ramadacarlsbad.com. Manche Zimmer sind mit Teeküche, Kabel-TV, WLAN, Mikrowelle, Toaster und Kaffeemaschine ausgerüstet. Zum Hotel gehören Cafeteria, Fitnesscenter und Außenpool. DZ mit Frühstück ab 90 $.

Ordentliches Kettenmotel ▶ **Motel 6 Downtown:** 1006 Carlsbad Village Dr., Tel. 760-434-7135. www.motel6.com. Budgetmotel mit Standardzimmern. DZ 52 $.

Essen & Trinken

Lobenswerte Küche ▶ **West Steak Seafood and Spirits:** 4980 Avenida Encinas, Tel. 760-930-9100, www.weststeakandseafood.com, So–Do 16.30–22, Fr–Sa bis 23 Uhr. Der italienische Küchenchef bereitet ausgezeichnete Fisch- und Seafoodgerichte zu. Außerdem gibt es leckere Steaks, Lammkoteletts und neuseeländischen Hirschbraten. 30–50 $.

Romantische Atmosphäre ▶ **Cafe Sevilla:** 3050 Pio Pico Dr., Tel. 760-730-7558, www.cafesevilla.com, tgl. Lunch und Dinner. Spa-

nische Gerichte und Tapas, hinzu kommen von Mi bis So Dinnershows mit Flamencovorführungen und Tangotänzen. Ab ca. 18 $.
Solide Kost ▶ **Daily News Café:** 3001 Carlsbad Blvd., Tel. 760-729-1023, www.dailynewscafe.com, tgl. 6.30–16 Uhr. Frühstückstreff mit großer Auswahl für Frühaufsteher oder Lunchlokal für Langschläfer, die bis in den Nachmittag hinein Mahlzeiten serviert bekommen. 5–10 $.

Einkaufen

Große Auswahl ▶ **Carlsbad Village Art & Antique Mall:** 2752 State St., www.carlsbadartandantiques.com, tgl. 10.30–17 Uhr. Ca. 100 Geschäfte für Kunstgewerbe, Antiquitäten, Deko-Objekte, Souvenirs und Geschenke.
Reduzierte Preise ▶ **Carlsbad Premium Outlets:** Das Zentrum besteht aus 90 Fabrikverkaufsstellen für Mode, Schuhe, Gepäck und Accessoires (5620 Paseo del Norte, www.premiumoutlets.com, tgl. 10–20 Uhr).

Oceanside ▶ 1, K 16

Seit langem kann das 165 000 Einwohner zählende **Oceanside** damit renommieren, den mit 592 m längsten aus Holz gebauten Pier an der amerikanischen Westküste zu besitzen. Seine Anfänge gehen auf das Jahr 1888 zurück, als der erste Steg auf Höhe der Wisconsin Avenue errichtet wurde. Vier weitere am heutigen Standort fielen schweren Stürmen zum Opfer, von denen die Einwohner der Stadt ein Lied singen können. Fünf Minuten braucht man, um auf Pier Nr. 5 bis zum Ende zu gehen, an dem ein das Familienrestaurant Ruby's Diner zu einer schmackhaften Fischmahlzeit oder einem kleinen Snack einlädt (www.rubys.com). Für 50 Cents kann man sich auch von einem Shuttle über die holprigen Holzplanken fahren lassen. Der Spaziergang ist allemal interessanter, weil man dabei das maritime Flair und die berückenden Ausblicke genießen kann. Romantiker sollten für den Pierbesuch einen Abend mit prächtigem Sonnenuntergang wählen.

Museen

In Oceanside befinden sich zwei Museen. Das **Oceanside Museum of Art** in Downtown ist gegenwärtig in einem Gebäude aus den 1930er-Jahren untergebracht, wird aber in den nächsten Jahren erweitert und um weitere Gebäude ergänzt. Im Augenblick werden temporäre Ausstellungen gezeigt (704 Pier View Way, Tel. 760-435-3720, www.oma-online.org, Di–Sa 10–16, So 13–16 Uhr, 8 $).

Mit allen Aspekten des Surfsports beschäftigt sich das 1986 ins Leben gerufene **California Surf Museum.** Spezielle Ausstellungen werden beispielsweise dem über die Zeiten veränderten Design von Surfboards, den großen Pionieren dieser Sportart und dramatischen Actionfotografien gewidmet. Daneben sind auch Ausstellungen zu sehen, die sich mit der über die Jahre veränderten Bademode für sie und ihn beschäftigen (312 Pier Way, Tel. 760-721-6876, www.surfmuseum.org, tgl. 10–16 Uhr, 3 $).

Mission San Luis Rey de Francia

Ihre lange Geschichte verdankt die Stadt der **Mission San Luis Rey de Francia,** einer der größten historischen Missionsstationen. Die Anlage wurde 1798 als 18. am Camino Real von Pater Fermin Lasuen errichtet und nach Louis IX., dem König von Frankreich und Schutzherrn des Franziskanerordens, benannt, dessen Statue im Museum steht. Auf keinem anderen Missionsgelände des Landes lebten so viele Indianer wie in San Luis. Zu den Blütezeiten waren es über 3000 Menschen, die zu unterschiedlichsten Arbeiten herangezogen wurden.

Im Garten der heute noch von Padres bewohnten Mission steht der erste in Kalifornien gepflanzte Pfefferbaum aus dem Jahr 1830. Im Museum sind religiöse Kunst und aufschlussreiche Ausstellungen über das Pionierleben auf der Mission, die Ära der mexikanischen Säkularisation und die US-amerikanische Militärzeit zu sehen (4050 Mission Ave., Tel. 760-757-3651, www.sanluisrey.org, Museum tgl. 10–16 Uhr, Erw. 5 $, Kinder unter 18 J. 3 $).

Infos

Oceanside Chamber of Commerce: 928 N. Coast Hwy, Oceanside, CA 92054, Tel. 760-722-1534, zahlreiche Informationen unter www.oceansidechamber.com.

Übernachten

Gute Wahl ▶ **La Quinta Inn:** 937 N. Coast Hwy, Tel. 760-450-0730, www.laquintaoceanside.com. Neuerer Hotelkomplex nicht weit vom Strand entfernt mit Nichtraucherzimmern inklusive Mikrowelle, Kabel-TV, Schreibtisch, Kaffeemaschine und Highspeed-Internet. DZ mit Frühstück ab 189 $.

Klein, aber fein ▶ **Travelodge:** 1401 N. Coast Hwy, Tel. 760-722-1244, www.travelodge.com. Zweigeschossiges, gut geführtes Motel. Internet, Mikrowelle, Kühlschrank und TV gehören zur Grundausstattung der Zimmer. DZ ab 60 $.

Abends & Nachts

Spielcasino ▶ **Ocean's Eleven:** 121 Brooks St., Tel. 1-888-439-6988, www.oceans11.com. Casino für Kartenspiele wie Poker, Black Jack und Bakarat. Mi–So abends Live-Entertainment

Aktiv

Surfen und Surfwettkämpfe ▶ **World Bodysurfing Championships:** Am Oceanside Pier, Tel. 800-350-7873 oder 760-722-1534, www.worldbodysurfing.org. Mitte/Ende Aug. reisen Surfergrößen aus der ganzen Welt an und bieten sich einen spannenden Wettkampf. **Longboard Surf Club Competition:** Am Oceanside Pier, www.oceansidelongboardsurfingclub.org. Zu diesem Wettbewerb der Surfer kommen regelmäßig im Hochsommer Tausende Zuschauer in die Stadt. Natürlich ist es auch ein beliebtes Surfrevier.

Weinproben ▶ **Belle Marie Winery:** 263 12 Mesa Rock Rd., www.bellemarie.com. Im Küstenhinterland von Oceanside ist über den Hwy 78 im Umkreis der Stadt Escondido eine hügelige Weinbauregion mit mehreren Winzereien zu erreichen. **Orfila Vineyards:** 13455 San Pasqual Rd., www.orfila.com. In dieser Winzerei kann man die vor Ort produzierten Tropfen probieren.

Wellenreiten gehört für viele Kalifornier zum Alltag

Zabriskie Point im Death Valley

Kapitel 3

Kalifornische Wüsten und Las Vegas

Mit dem Death Valley, dem Joshua Tree National Park und dem Anza Borrego Desert State Park liegen drei populäre Touristenziele im Südosten von Kalifornien. Keinem anderen Teil des Golden State haftet das Image des Außergewöhnlichen, Exotischen und Geheimnisvollen so sehr an wie dieser von der Sonne ausgedörrten Trockenregion, deren Landschaften drei unterschiedlichen Wüsten zugeordnet werden.

Wildblumen, Kakteenblüten und außergewöhnliche Landschaften sind nicht die einzigen Reize der Wüstenregion. Neben imposanten Auftritten von Mutter Natur zählt mittlerweile auch die immer weiter vordringende Zivilisation zu den Wüstenattraktionen. Schon vor Jahrzehnten entwickelte sich das Coachella Valley mit einem knappen Dutzend Kleinstädten um Palm Springs und 330 Sonnentagen im Jahr zu einem attraktiven Winterziel für Bühnen- und Leinwandstars aus Hollywood und zu einem Refugium für schwerreiche Industriebosse und Börsengurus, die das Riesenangebot an Freizeitaktivitäten und die erlesene Hotellerie bzw. Gastronomie zu nutzen wissen.

In Las Vegas erwartet USA-Reisende mitten in der Wüste ein an Attraktivität kaum zu überbietendes City-Abenteuer. Längst geht es rund um den legendären Strip nicht mehr nur um Glücksspielpaläste, sondern auch um exklusive Hotellerie auf höchstem Niveau, um exzellente Restaurants und Myriaden von Unterhaltungsmöglichkeiten für die ganze Familie mit nervenzerfetzenden Achterbahnen, tropischen Badelandschaften und Piratenshows.

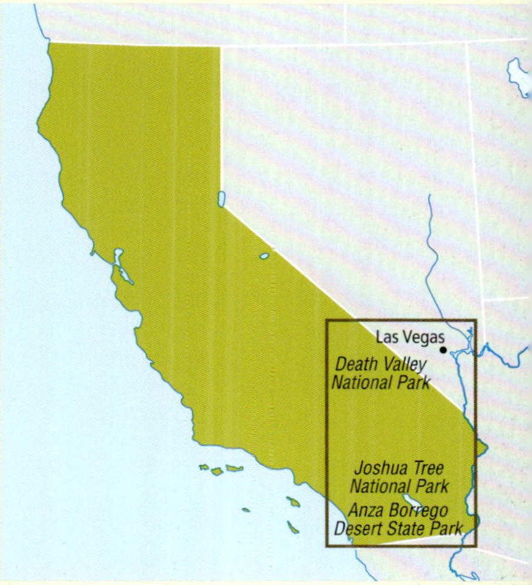

Auf einen Blick

Kalifornische Wüsten und Las Vegas

Sehenswert

3 **Anza Borrego Desert State Park:** Wüstenpark mit sehr abwechslungsreicher Vegetation von Teddybear-Cholla-Kakteen bis zu den seltenen Elefantenbäumen (s. S. 222).

4 **Joshua Tree National Park:** Der Nationalpark liegt auf der Grenze zwischen Mojave- und Sonora-Wüste und bildet vor allem in der nördlichen Hälfte ein Wüstenparadies mit einer berückenden Vegetation (s. S. 238).

5 **Death Valley National Park:** Das Tal des Todes hat seine ehemals üble Reputation längst verloren und gegen ein Image als berühmtester amerikanischer Wüstenpark eingetauscht (s. S. 245).

Schöne Routen

Durch die kalifornische ›Sahara‹: Westlich von Glamis am Highway 78 dehnt sich zu beiden Seiten der Straße eine atemberaubende Dünenlandschaft aus – ein Outdoor-Paradies für Buggypiloten und Naturliebhaber (s. S. 221).

Durch das Coachella Valley: Von der Wüstenmetropole Palm Springs bis an den Salton Sea führt die Route 111 durch das Coachella Valley, das in den letzten Jahrzehnten zu einer blühenden Oase wurde (s. S. 234).

Meine Tipps

Shopping auf Indianisch: Neben dem Viejas-Kasino in Alpine dehnt sich zwischen Brunnen, Seerosenteichen und Gärten das Viejas Outlet Center aus, in dem man wie in einem indianischen Pueblo durch die 50 Shops und Boutiquen schlendert (s. S. 218).

Apfelernte in Julian: Um die Ortschaft Julian kultivieren Bauern über 17 000 Apfelbäume. Im Herbst herrscht wegen der Apfel- und Birnenernte Hochbetrieb, wenn aus frischen Früchten ein köstlicher, unvergorener Saft gekeltert wird (s. S. 226).

Streifzug durch den wilden Westen: Calico Ghost Town bei Barstow hat den Wilden Westen mit windschiefen Saloons, Gefängniszellen, Pferdeställen und Bergbaugerätschaften für die Nachwelt konserviert (s. S. 243).

aktiv unterwegs

Wüstenwanderung auf dem Palm Canyon Trail: Durch den auf Indianerterritorium liegenden Palm Canyon bei Palm Springs zieht sich ein reizender Wanderweg, der von über 6000 Schirmpalmen gesäumt wird (s. S. 234).

Klettern im Joshua Tree National Park: Die im nördlichen Teil des Joshua Tree National Park liegenden griffigen Granitformationen locken Felskletterer aus der ganzen Welt an. Am attraktivsten sind die vertikalen Touren in der kühleren Jahreszeit. Im Hochsommer heizt die Sonne die Felsoberfläche zum Teil so stark auf, dass man sich beim Klettern die Finger verbrennen kann (s. S. 241).

Erkundungen im Mojave National Preserve: Das 6500 km² große Mojave National Preserve zählt zu den vielfältigsten Wüstenökosystemen der USA und bietet ein breites Spektrum an Outdoor-Aktivitäten (s. S. 254).

Von San Diego in die südkalifornische Wüste

Kalifornienurlauber aus Europa fühlen sich im Golden State neben der Pazifikküste hauptsächlich von den geheimnisvollen Wüstenlandschaften und deren exotischer Vegetation angezogen. Statt mit einem schnelllebigen Land der unbegrenzten Möglichkeiten kommen sie dort mit einem ganz anderen Amerika in Kontakt, in dem hauptsächlich Mutter Natur auf unnachahmliche Art und Weise Regie führt.

Auf der Interstate 8 nach Osten

Karte: rechts
Die erste Teilstrecke der Rundtour durch das Bergland und die Wüste im äußersten Süden von Kalifornien legt man am besten auf der Interstate 8 zurück, der südlichsten Ost-West-Verbindung zwischen San Diego und dem Nachbarstaat Arizona. Sobald man die Außenbezirke der Küstenmetropole hinter sich gelassen hat, beginnen sich Landschaft und Klima mit zunehmender Höhe zu verändern. Wenn sich im Frühjahr San Diego mit prächtigen Wildblumenwiesen schmückt, kann im Bergland um Julian durchaus während der Nacht so viel Schnee fallen, dass am folgenden Morgen manche Nebenstraßen für mehrere Stunden gesperrt bleiben müssen.

Tipp: Shopping auf Indianisch

Direkt neben dem Viejas-Kasino dehnt sich zwischen plätschernden Brunnen, Seerosenteichen und Gärten das **Viejas Outlet Center** aus, in dem man wie in einem indianischen Pueblo durch die 50 Shops und Boutiquen schlendert. Allerdings handelt es sich nicht um indianische Geschäfte, sondern in erster Linie um Niederlassungen nationaler Modeketten und einen Food Court ebenfalls mit den ›üblichen Verdächtigen‹.

Teil des Komplexes ist eine offene Showbühne, die einem indianischen Tipi nachempfunden ist. Bei den dort veranstalteten Konzerten ließen sich in der Vergangenheit Größen u. a. wie die Gipsy Kings, Julio Iglesias, Blondie und Al Jarreau sehen und hören (5000 Willows Rd., Tel. 619-659-2070, www.viejas.com).

Alpine ► 1, L 16

Die Viejas-Gruppe der südkalifornischen Kumeyaay-Indianer lebt bei **Alpine** **1** zwar in einer nur 6,5 km² großen Reservation, hat sich aber durch zweierlei einen Platz auf den touristischen Landkarten des Landes gesichert: Gambling und Shopping. Schon vor einigen Jahren errichteten die Indianer direkt neben der I-8 einen gewaltigen Entertainment- und Shoppingkomplex, der nicht nur wegen seiner Größe, sondern in erster Linie wegen des gelungenen, in der Tradition des amerikanischen Südwestens stehenden Designs der Anlage schon mehrere Architekturpreise eingebracht hat.

Der südliche Teil des Anza Borrego Desert S. P. ► 1, M 16

Nordwestlich der Ortschaft **Ocotillo** **2** windet sich die Nebenstrecke S 2 durch den südlichen Teil des **Anza Borrego Desert State Park** (s. Karte rechts und S. 227). Wenige

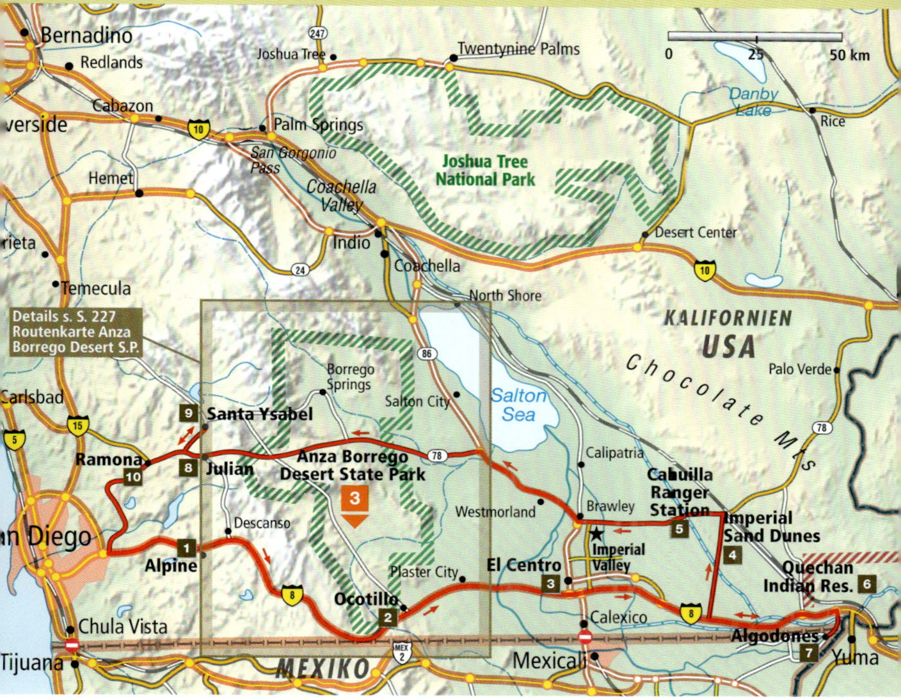

Meilen nach der Abzweigung zum Mountain Palm Springs Campground folgt die Straße einem Teilstück des Southern Immigrant Trail, auf dem, geführt u. a. von dem berühmten Scout Kit Carson, Entdecker, Missionare, Goldsucher und 1858 die Butterfield-Postkutschenlinie auf kalifornisches Territorium vorstießen und noch heute sichtbare Spuren hinterließen. Die Vallecito Stage Station etwa war eine Raststation für Postkutschen. Einen gefährlichen Engpass stellte der Box Canyon dar, der mit primitiven Werkzeugen verbreitert werden musste, um Wagentrecks ein Durchkommen zu ermöglichen.

Zu den ersten Entdeckern im südlichen Teil des Wüstenparks gehörte der Spanier Juan Bautista de Anza, nach dem ein National Historic Trail benannt wurde. Um die Weihnachtszeit des Jahres 1775 führte er eine Gruppe von 200 Siedlern vom damaligen Neuspanien (Mexiko) nach Kalifornien. Ziel der Expedition war die Pazifikküste, wo de Anza im Frühjahr 1776 den Grundstein für das spätere San Francisco legte (www.solideas.com/DeAnza/ TrailGuide).

Imperial Valley ►1, N 16

Karte: oben

Flach und heiß wie ein Backblech, wäre dieser Teil der unbarmherzigen Sonora-Wüste zwischen Colorado River und Salton Sea ohne Bewässerung eine wirtschaftlich nutzlose Einöde. Aber schon zu Beginn des 20. Jh. begannen Siedler, die Region durch den Bau von Bewässerungskanälen zu verändern. Die erste künstliche Wasserleitung führte 1901 vom Colorado über mexikanisches Gebiet auf kalifornisches Territorium. In den folgenden Jahren brachten Projekte wie der All American Canal und der Coachella Canal immer mehr Leben

Beliebter Tummelplatz von Buggyfahrern: die Imperial Sand Dunes

spendendes Wasser in die trockene Wüstenregion und ließen dort nach und nach ein gewaltiges Agrarzentrum entstehen.

El Centro ► 1, N 16

Die Gemeinde **El Centro** 3 ist, was ihr Name bedeutet: Verwaltungszentrum und wirtschaftliches Herz des Imperial Valley, in dem ausgeklügelte Bewässerungstechniken heute bis zu einem Dutzend Ernten pro Jahr möglich machen. Mitten im Winter reifen auf den zum Teil riesigen Plantagen Zitronen, Erdbeeren, Grapefruits, Blumenkohl und Avocados. Aber auch die Viehzucht hat sich breitgemacht. Um die riesigen Mengen Mist von den Ranches zu entsorgen, stellte 1989 ein weltweit einmaliges Elektrizitätswerk seinen Betrieb auf die Verbrennung von täglich Hunderten Tonnen getrocknetem Dung um und produziert seitdem Strom aus Mist.

Seit den 1960er-Jahren war der Zustrom von Arbeitskräften vor allem aus dem benachbarten Mexiko besonders groß, sodass die 38 000-köpfige Bevölkerung mittlerweile zu gut drei Vierteln aus Hispaniern besteht. Kurioserweise liegt die ganze Stadt unter Meeresniveau, das an einem Wasserturm mit einem deutlich sichtbaren Strich markiert ist. Sommertemperaturen um die 45 °C sind eher die Regel als die Ausnahme.

Schönheiten aus Lack und Blech meist amerikanischer Herstellung sind im **Alford Auto Museum** ausgestellt. Es handelt sich überwiegend um technisch intakte Modelle, die zwischen 1910 und 1960 gebaut wurden (599 E. Main St., Tel. 760-353-3920, www.alfordmuseum.com, Mo–Fr 8–17 Uhr, Eintritt frei).

Infos

El Centro Chamber of Commerce & Visitors Bureau: 1095 S. 4th St., El Centro, CA 92243, Tel. 760-352-3681, www.elcentrochamber.org.

Übernachten

Angenehmes Hotel ► **Best Western John Jay Inn:** 2352 S. 4th St., Tel. 760 337-8677, www.bestwestern.com. Mit Swimmingpool, Fitnesscenter und Restaurant ausgestattete Unterkunft. Alle 58 Zimmer verfügen über Highspeed-Internetzugang, Kühlschrank und Mikrowelle. DZ ab 75 $.

Gutes Preis-Leistungs-Verhältnis ► **Howard Johnson Inn:** 1575 Ocotillo Dr., Tel.

760-336-2927, www.hojo.com. 46 saubere Zimmer auf zwei Etagen mit Swimmingpool im Freien, Preis inkl. kleines Frühstück. DZ ab 46 $.

Imperial Sand Dunes ► 1, N 16

Überaus populär als Freizeitrevier ist die auf älteren Karten häufig noch als Algodones Dunes bezeichnete Landschaft östlich von Centro, die heute besser unter dem Namen **Imperial Sand Dunes** 4 bekannt ist – eine etwa 40 Meilen lange attraktive Sandwüste, die sich als schmaler Streifen von der mexikanischen Grenze bis über die Ortschaft Glamis hinaus grob in Nord-Süd-Richtung durch das Imperial Valley zieht. Naturfreunde bzw. Off-Road-Enthusiasten haben die wunderschönen Dünen für Abenteuersportarten erschlossen. Die riesigen Mengen an Quarzkörnchen stammen nach Meinung von Geologen von den ehemaligen Sandstränden des prähistorischen Blake Sea, der natürlich längst aus dem Imperial Valley verschwunden ist.

Ein Zugang in dieses Dünenparadies liegt bei Gordon's Well Road Exit, auf dessen Nordseite sich Buggypiloten nach Herzenslust in einem für Off-Roader ausgewiesenen Gelände austoben können. Auf der Südseite der I-8 haben in der trockenen Hitze Überbleibsel der historischen **Old Plank Road** überlebt, Relikte einer geradezu irrwitzig anmutenden Ingenieursleistung. Als in den ersten Dekaden des 20. Jh. über eine Südverbindung von Arizona nach San Diego nachgedacht wurde, standen einem solchen Straßenprojekt die Dünen des Imperial Valley im wahrsten Sinne des Wortes im Weg. 1915 machten sich Arbeiter daran, das Problem durch den Bau einer Holzplankenstraße zu lösen. Innerhalb weniger Monate entstand aus 13 000 Dielen eine gut befahrbare Verbindung, der am Ende der hohe Instandhaltungsaufwand zum Verhängnis wurde. 1926 ließ der Staat Kalifornien eine Asphalt- bzw. Betonstraße bauen, die Vorläuferin der heutigen Interstate 8. Von der alten Plank Road zeugen nur noch wenige Überreste, nachdem die meisten Holzdielen schon vor Jahrzehnten als Souvenirs oder Brennmaterial abtransportiert wurden.

Einen noch populäreren Abenteuerspielplatz als der äußerste Süden bildet das Dünengebiet westlich von Glamis am Highway 78. Von der dort liegenden **Cahuilla Ranger Station** 5 führt die Gecko Road in südlicher Richtung zu einem Dutzend ausgewiesener Campingplätze, auf denen sich das ganze Jahr über zweibeinige Wüstenfüchse tummeln. Nördlich vom Highway 78 dehnt sich das **Algodones Dunes Wildlife Area** aus, in dem die höchsten Sanddünen liegen und sowohl Flora wie Fauna ungestört von röhrenden Buggys gedeihen können.

Drei-Länder-Eck am Colorado ► 1, O 16

Karte: S. 219

Wo die drei Staaten Kalifornien, Arizona und Mexiko eine gemeinsame Grenze bilden und sich der Colorado River aus dem Golden State verabschiedet, liegt mit der **Quechan Indian Reservation** 6 ein von Indianern verwaltetes Gebiet, das nur durch den Fluss von der Großstadt Yuma in Arizona getrennt ist. Seit dort in unmittelbarer Nähe der 1922 erbauten Missionskirche St. Thomas das Paradise Casino California entstand, locken von Jahr zu Jahr Spielautomaten sowie Poker- und Black-Jack-Tische mehr Besucher in diesen abgelegenen Teil von Kalifornien (450 Quechan Dr., Tel. 1-888-777-4946, http://500nations.com/casinos/caParadise.asp).

Nur wenige Meilen entfernt hat sich der mexikanische Grenzort **Algodones** 7 zur größten Zahnarztpraxis im gesamten südlichen Kalifornien entwickelt. Im Zentrum der Gemeinde macht ein Wald aus Werbeschildern darauf aufmerksam, dass man sich vor Ort zu erheblich geringeren Kosten seine Zähne reparieren lassen kann als auf US-Boden. Wer sein intaktes Gebiss an mexikanischen Spezialitäten testen will, hat dazu nach dem unproblematischen Grenzübertritt in zahlreichen Restaurants Gelegenheit (Fortsetzung der Route 8 – 10 s. S. 225).

An den Imbissständen von Aldogones gibt es mexikanisches Essen auf die Hand

3 Anza Borrego Desert State Park ▶ 1, L/M 16

Karte: S. 227

Die Rundtour folgt dem Highway 78 nach Westen bis zum **Anza Borrego Desert State Park.** Hauptsächlich wegen seiner vielfältigen exotischen Vegetation ist Amerikas größter Wüstenpark zu einem Publikumsliebling geworden. Entscheidend sind die unterschiedlichen Höhenlagen des Schutzgebietes zwischen 1890 m im äußersten Westen und Meereshöhe in der Nähe des Salton Sea im Osten.

Bauchige Fasskakteen, schlanke Fächerpalmen, rot blühende Kerzensträucher sowie Teddybear-Cholla- und Biberschwanzkakteen kommen auch in anderen Wüstenregionen des Golden State vor. Aber der fast 2500 km² große Park wartet mit Raritäten auf, die selbst viele Botaniker noch nie zu Gesicht bekommen haben. Dazu gehören sehr seltene Elefantenbäume (lat. *Bursera microphylla*), die südlich von Ocotillo Wells abseits der Split Mountain Road am knapp 2,4 km langen **Elephant Trees Discovery Trail** 1, einem naturkundlichen Lehrpfad, wachsen.

Font's Point 2

Andernorts zeigen sich die Naturwunder des Parks eher von ihrer herben, wenn auch nicht weniger beeindruckenden Seite. Vom Highway S22 biegt nordöstlich der kleinen Gemeinde Borrego Springs eine Holperpiste zum ca. 4 Meilen weiter südlich liegenden **Font's Point** ab. Aber Vorsicht! Der Weg kann sehr holprig bzw. wegen Sandverwehungen und nach Regenfällen sogar unbefahrbar sein. Er endet an einer nahezu senkrechten Abbruchkante, unterhalb der sich eine fantastische Mondlandschaft aus vegetationslosen, von den Kräften der Natur zerfurchten Lehmhügeln ausdehnt. Besonders beeindruckend ist die Szenerie am frühen oder spä-

Tipp: Frühjahrsblüte

Am bekanntesten ist Anza Borrego für im Frühjahr blühende Wildblumen, die Gegenden wie **Blair Valley** 3, **Indian Gorge** 4 **Culp Valley** 5 und mit ihrer verschwenderischen Pracht in einen Farbenrausch versetzen. Wer die sonnenverbrannten Trockenlandschaften der Region im Sommer kennt, traut bei einem Besuch zwischen Februar und Mai seinen Augen kaum. Zwar variieren die ›Boom-Zeiten‹ der Blüte je nach Klima und Niederschlägen. Aber meist zeigt sich die Landschaft im März und April von ihrer attraktivsten Seite.

Der **Borrego Palm Canyon** 6, der am Campingplatz nördlich des Besucherzentrums beginnt, entwickelt sich in diesen Wochen zum touristischen Epizentrum und Medienereignis zugleich, das in Zeitungen und im Fernsehen in aller Breite gewürdigt wird. Am hin und zurück ca. 5 km langen Trail durch den Canyon stehen wie an einem Lehrpfad nummerierte Markierungen, die sich auf ein im Visitor Center ausliegendes Faltblatt mit nützlichen Informationen beziehen. Über eine spezielle Wildflower-Hotline kann man sich nach dem besten Zeitpunkt der Wildblumenblüte erkundigen (Tel. 760-767-4684).

ten Tag, wenn die schräg stehende Sonne den Borrego Badlands (siehe Abbildung S. 224) Konturen verleiht (ein Video über Font's Point kann man im Internet herunterladen unter: http://www. desertusa.com/video_pages/fonts.html).

Borrego Springs 7

So ländlich wie der gesamte Park erweist sich auch sein 2600 Einwohner zählendes ›urbanes‹ Zentrum **Borrego Springs,** von dem die nächste Verkehrsampel 50 Meilen entfernt ist. Immerhin kommt vor Ort mit der *Borrego Sun* jeden Donnerstag eine Lokalzeitung heraus, die über alle Neuigkeiten der Gegend informiert. Das frühere Agrarzentrum, das nicht Teil des Anza Borrego Desert State Park ist, lebt heute in erster Linie vom Tourismus und bildet für Besucher des Wüstenparks mit Hotels, Motels, Restaurants und Einkaufsgelegenheiten die wichtigste Versorgungsbasis.

Infos

Visitor Center: 200 Palm Canyon Dr., Borrego Springs, CA 92004, Tel. 760-767-5311, www.parks.ca.gov. Das Visitor Center des Anza Borrego Desert State Park westlich von Borrego Springs ist größtenteils in eine Bergflanke hineingebaut. Eintritt pro Pkw 8 $.

Übernachten

Komfortable Oase ▶ **Borrego Springs Resort:** 1112 Tilting T Dr., Tel. 760-767-5700, Fax 760-767-5710, www.borregosprings resort.com. Urlauberhotel mit 100 Zimmern und Suiten. Zum Hotel gehören mehrere Sportanlagen wie z. B. Tennisplätze und ein 9-Loch-Golfplatz. DZ ab 75 $.

Für bescheidene Ansprüche ▶ **Stanlunds Resort Inn & Suites:** 2771 Borrego Springs Rd., Tel. 760-767-5501, www.stanlunds.com. Von Palmen umgebenes einfacheres Motel mit Pool und 21 klimatisierten Standardzimmern, manche mit Küche. DZ ab ca. 55 $.

In freier Wildbahn ▶ **Camping:** Mit einer entsprechenden Genehmigung (erhältlich im Besucherzentrum, s. o.) darf man im Anza Borrego Desert State Park in freier Wildbahn campen.

Essen & Trinken

Gute Verpflegung ▶ **Krazy Coyote Bar & Grille:** 2220 Hoberg Rd., Tel. 760-767-7788, www.thepalmsatindianhead.com. Gute Drinks und eine gute Küche in sehr entspannter Atmosphäre. Dinner gibt es ab ca. 25 $.

Einkaufen

Versorgungsstation ▶ **Village Liquors & Mini Mart:** 659 Palm Canyon Dr., Tel. 760-767-3100, tgl. 7–21 Uhr. Versorgungsstation für Selbstverpfleger.

Hier gibt es das Nötigste ▶ **Center Market:** 590 Palm Canyon Dr., Tel. 760-767-3311. Supermarkt.

Licht und Schatten modellieren in den Badlands die Berghänge

Aktiv

Reiten ▶ Smoketree Arabian Ranch: 302 Palm Canyon Dr., Tel. 760-759-1200, www.smoketreearabianranch.com. Mehrstündige Ausritte, Equine-Encounters-Programme, Kurse in Pferdeflüstern.

Radfahren ▶ Durch den Park führen über **800 km Pisten,** die mit Fahrrädern befahrbar sind. Auf Wanderwegen darf nicht geradelt werden. Bikes kann man in The Palms at Indian Head ausleihen (www.thepalmsatindianhead.com, Tel. 760-767-7788).

Wandern ▶ Anza Borrego Desert State Park: Visitor Center, s. S. 223. Auf informativen Hiking Trails können sich Besucher von Rangern im Winter und Frühjahr etwa zum Fish Creek, über den Narrows Earth Trail oder in die Superstition Mountains führen lassen. Mit zwölf Wildnisgebieten und zig Kilometern von Pfaden bildet der Park außerhalb der heißen Sommermonate ein ideales Wanderrevier. Durch das Bergland im äußersten Parkwesten führt der südliche Abschnitt des 4240 km langen Pacific Crest Trail, der von der kanadischen bis zur mexikanischen Grenze reicht.

Erlebnistouren ▶ California Overland: 1233 Palm Canyon Dr., Tel. 760-767-1232,

www.californiaoverland.com. Unterschiedlich lange Touren durch Anza Borrego, auch inklusive Übernachtung.

Termine

Pegleg Liars Contest (1. Sa im April): Bei dem reichlich mit Skurrilitäten aufwartenden Wettbewerb geht es darum, wer dem Publikum die unglaublichsten Lügengeschichten erzählt.

Borrego Springs Days Desert Festival (letztes Oktoberwochenende): Fröhliches Fest mit abwechslungsreichem Programm zu Beginn der Reisesaison im Park.

Julian 8

Karte: S. 219

Über 1000 m höher als Anza Borrego liegt in den kühleren Laguna Mountains die schnuckelige, in der Goldrauschära 1869 gegründete Ortschaft **Julian.** In der Pionierzeit, als vor Ort Gold entdeckt worden war, entstanden zahlreiche hübsche Anwesen, die den Zeitenwechsel überdauerten. Heute dienen sie als Boutiquen, stimmungsvolle Bed-&-Breakfast-Unterkünfte oder Restaurants mit dem Flair des Gestrigen. Viele Prospektoren, also Leute, die in der Region nach Goldvorkommen suchten, kamen im 19. Jh. aus Deutschland, weshalb heute noch ein Viertel aller Einwohner von deutschen Einwanderern abstammt.

Eagle & High Peak Mine und Julian Pioneer Museum

An die längst vergangenen Boomzeiten, als die Eagle Mining Company Gold im Wert von 13 Mio. Dollar zutage förderte, erinnert die **Eagle & High Peak Mine.** Auf Führungen durch die alten Stollen erfahren Besucher viel Interessantes über die Knochenarbeit unter Tage (am Ende der C St., Tel. 760-765-0036, Zeiten nach Vereinbarung).

Auch das in einer ehemaligen Brauerei bzw. Schmiede eingerichtete **Julian Pioneer Museum** beschäftigt sich anhand von Gerätschaften und indianischen Exponaten mit der Vergangenheit der Gemeinde (2811 Washington St., Tel. 760-765-0227, im Sommer tgl. 10–16, sonst Sa, So 10–16 Uhr).

Infos

Julian Chamber of Commerce: Town Hall, 2129 Main St., Julian, CA 92036, Tel. 760-765-1857, www.julianca.com. Ein dort erhältlicher detaillierter Ortsplan hilft bei der Suche nach historischen Gebäuden.

Übernachten

Viktorianisch ▶ **Butterfield B & B Inn:** 2284 Sunset Dr., Tel. 760-765-2179, www.butterfieldbandb.com. Im historischen Kern von Julian gelegenes B & B mit fünf Zimmern, in

Tipp: Apfelernte in Julian

Hauptsächlich im Herbst bietet sich ein Besuch in der Ortschaft Julian an. Die im Umland lebenden Obstbauern kultivieren etwa 17 000 Apfelbäume, weshalb von Anfang September bis zum Erntedankfest im Oktober wegen der Apfel- und Birnenernte Hochbetrieb herrscht. Aus frischen Früchten wird ein köstlicher unvergorener Saft gekeltert, den man vielerorts probieren kann. Die Bäckerei Mom's Pie House wird um diese Zeit wegen ihrer hervorragenden Apflekuchen von hungrigen Kunden Tag für Tag regelrecht ›überfallen‹ (2119 Main St.). Mehrere Plantagen laden nach telefonischer Voranmeldung zu Besichtigungen ein (Apple Lane Orchard, 2641 Apple Lane, Tel. 760-765-2645; Calico Ranch, 4200 Hwy 78, Tel. 858-586-0392, www. spencervalley.com, Sept.–Okt. Fr–So 9–17 Uhr).

denen die Ausstattung zwischen Kitsch und Romantik pendelt. DZ 135– 210 $.

Bezaubernd ▶ **Julian Gold Rush Hotel:** 2032 Main St., Tel. 760-765-0201, www.julian hotel.com. Reizendes B & B aus dem 19. Jh. mit Mobiliar aus der damaligen Zeit. Romantisches Flair prägt das Honeymoon House für Flitterwöchner mit gusseisernem Ofen und Badewanne auf Löwenpfoten. DZ 135–210 $.

Aktiv

Für Hobby-Astronomen ▶ **Observer's Inn:** 3535 Hwy 79, Tel. 760-765-0088, www.ob serversinn.com, Mo–Mi, Fr–So, nur nach Voranmeldung. Sternegucker können im Observer's Inn an einstündigen Vorführungen teilnehmen und durch Teleskope einen Blick in den Weltraum werfen. Man kann vor Ort auch übernachten.

Ausflüge hoch zu Ross ▶ **Julian Stables:** P. O. Box 881, Tel. 760-765-1598, www.julian active.com. Lodge im Grünen, geführte Ausritte in der Umgebung; auch Übernachtung. **Kenner Horse Ranch:** 17550 Harrison Park Rd., Tel. 760-473-5681, www. kennerhorseranch.com. Geführte Ausritte.

Kurse für Pferdefreunde ▶ **Integrity Stables Riding & Training Center:** P.O. Box 1841, Tel. 760-484-2929, integritystables@ nethere.com. Reitunterricht, Langstreckenritte, Reitcamps.

Rückweg nach San Diego

▶ 1, L 16

Karte: S. 219

In **Santa Ysabel** **9** entstand 1818 eine Außenstelle der Mission in San Diego, von der allerdings nichts mehr übrig ist. Die heute in der Nähe des ehemaligen Missionsstandortes gebaute Kapelle stammt von 1924. Ein kleines Museum beschäftigt sich u. a. mit den beiden ursprünglichen Missionsglocken, die 1926 auf geheimnisvolle Weise verschwanden und von denen nur die Klöppel wieder auftauchten. Größere Anziehungskraft hat das auf indianischem Territorium stehende, rund um die Uhr geöffnete **Santa Ysabel Resort & Casino** (25575 Hwy 79, Tel. 760-787-0909, www.santaysabelresortandcasino.com).

Letzte Station auf der Rundreise ist die in einem breiten Tal 36 Meilen von San Diego entfernt gelegene Stadt **Ramona** **10**, deren 43 000 Einwohner das gemäßigte Klima mit angenehmen Sommertemperaturen und einem nicht zu kalten Winter schätzen. Mehrere Winzerbetriebe (s. u.) bieten Proben der Weiß- und Rotweine an, die aus eigenen Trauben gewonnen werden.

Aktiv

... in Ramona:

Weinproben ▶ **Lenora Winery:** 632 Main St., Tel. 760-788-1388, www.lenorawinery. com, Fr–So 11–18 Uhr oder nach Voranmeldung. In einem Ausschankraum können zehn verschiedene Weine probiert werden.

Auf Rotwein spezialisiert ▶ **Pamo Valley Vineyards & Winery:** 20849 Burma Road N., P.O. Box 2143, Tel. 760-271-3090, www.pa movalleyvineyards.com, nach Voranmeldung. Das Weingut produziert Rotweine aus den Trauben Merlot, Cabernet Sauvignon, Sangiovese und Syrah.

Anza Borrego Desert State Park

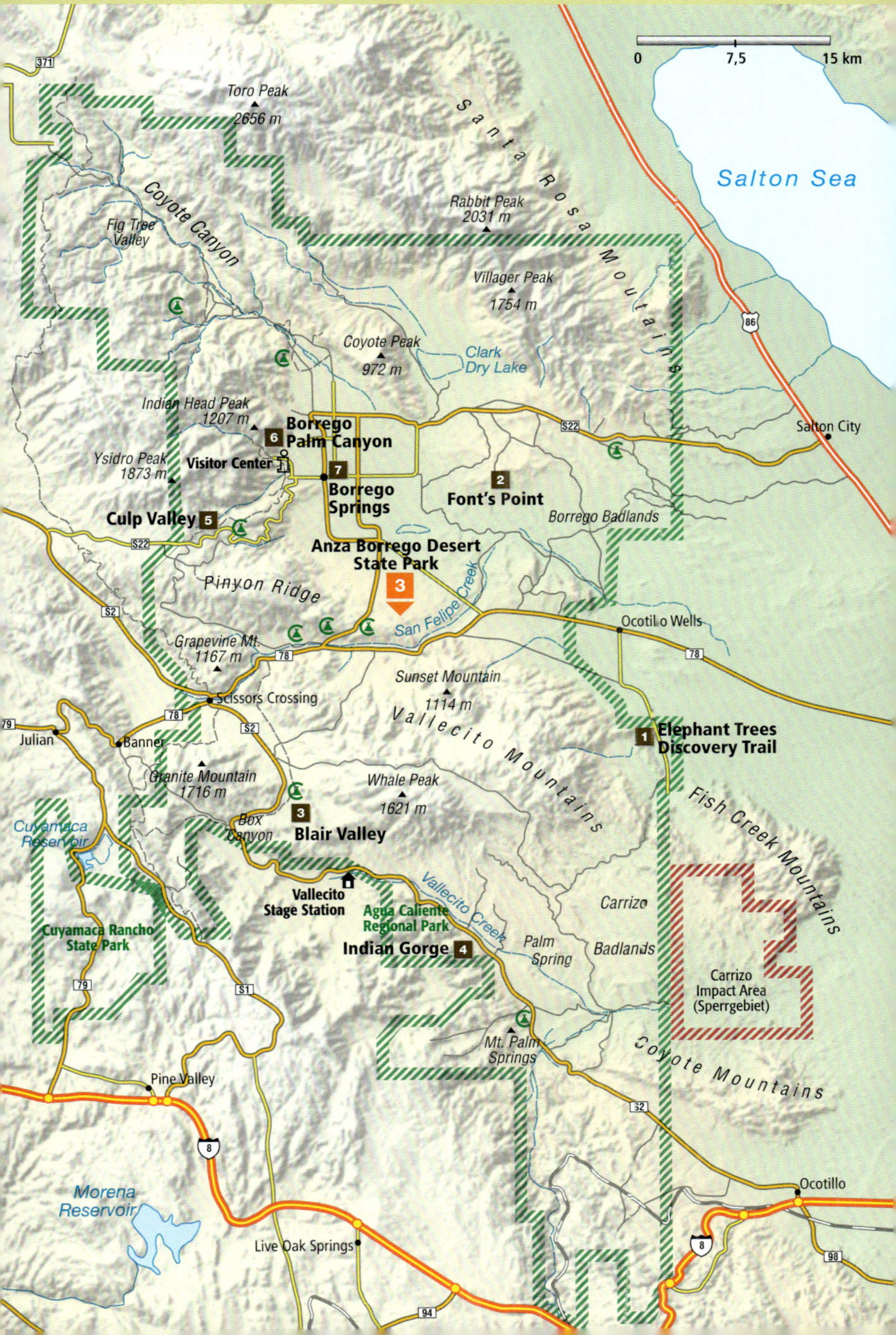

Coachella Valley und Joshua Tree National Park

Zehntausend Swimmingpools, Hunderte Golfanlagen und Tennisplätze, Poloturniere, erstklassige Einkaufsmöglichkeiten, ein beachtliches Kulturangebot, Luxushotels wie Sand am Meer und Top-Restaurants haben das 70 km lange Coachella Valley um Palm Springs vom Wüstental in eine begehrte Wohn- und Freizeitoase verwandelt. Mit Joshua Tree liegt ein wunderbarer Wüstenpark ganz in der Nähe.

Wenn sich Los Angeles am Freitagnachmittag ins Wochenende verabschiedet, quält sich der Verkehr aus dem Ballungsraum der Millionenmetropole hauptsächlich auf den nach Osten verlaufenden Interstates dickflüssig voran. Viele Wochenendurlauber machen eine Spritztour in die Spielkasinos von Las Vegas. Andere haben das lang gestreckte Coachella Valley zum Ziel, das für einen Weekend-Abstecher beste Voraussetzungen bietet und sich als Ausgangspunkt für Touren in die umliegenden Wüstenregionen eignet. Ehe in den 1990er-Jahren in Palm Springs und Umgebung der Immobilienboom einsetzte, hatte das Tal noch nicht einmal 200 000 Einwohner. Mittlerweile hat sich die dort lebende Bevölkerung mehr als verdoppelt und das Coachella Valley avancierte zu einer der am schnellsten wachsenden Regionen in Kalifornien. Nach Schätzungen von Experten soll das in den nächsten Jahrzehnten auch so bleiben.

Fast schon kalifornische Wahrzeichen: Dinny und Mr. Rex

Auf dem Weg nach Palm Springs

Karte: S. 231

Das Morongo Casino in Cabazon ► 1, L 14

Außerhalb des Großraums Los Angeles ist das **Morongo Casino** 90 Meilen östlich der ›Stadt der Engel‹ in der Ortschaft **Cabazon** **1** das einzige Hochhaus weit und breit. Die Zockerzitadelle samt einem 300 Gästezimmer großen Hotel steht auf dem Boden der Morongo Indian Reservation, die 1865 vom damaligen US-Präsidenten Ulysses Grant eingerichtet worden war. Wo vor einigen Jahren nur eine kleine Halle zum Bingo einlud, ließen die Native Americans einen indianischen Spielpalast mit über 2000 Spielautomaten, Black-Jack- und Pokertischen errichten, der die finanzielle Situation der Reservation in den letzten Jahren erheblich verbesserte. Gäste kommen in bequemen Zimmern und Suiten unter. Für das leibliche Wohl sorgen mehrere Restaurants und das täglich zur Lunch- und Dinnerzeit servierte Potrero Canyon Buffet. Ob in der 360 Ultra Lounge auf der 26. Etage, im Nachtklub Vibe, der Tanzbar Mystique oder im Bowlingzentrum Canyon Lanes: für gute Unterhaltung ist gesorgt (49500 Seminole Dr., Cabazon, Tel. 1-800-252-4499, www.morongocasinoresort.com, DZ wochentags ab 99 $, am Wochenende ab 199 $).

Hinter dem Kasino zieht sich das Reservationsgebiet die Berghänge hinauf, an denen ca. tausend Cahuilla-, Serrano- und Cupeño-Indianer ein zurückgezogenes Leben führen. Einen Einblick in ihre Traditionen und Bräuche gibt ein kleiner Friedhof voller künstlicher Blumen, Marienstatuen, Indianerbüsten und Plastikwindräder.

Einkaufen

Konsumparadies ► **Desert Hills Premium Outlets:** www.premiumoutlets.com, So–Do 10–20, Fr, Sa bis 21 Uhr. In Casinonähe gelegenes Zentrum für Fabrikverkäufe. Großes Angebot an preisreduzierten Waren.

Günstig einkaufen ► **Cabazon Outlets:** www.cabazonoutlets.com, So–Do 10–20, Fr, Sa bis 21 Uhr. Attraktiv gestaltetes Fabrikverkaufszentrum in der Nachbarschaft des Kasinos mit Markenwaren von Mode über Schuhe bis zu Haushaltsgeräten und Accessoires.

Termine

Thunder & Lightning Powwow (Ende Sept.): Das große, mehrtägige Indianerfest findet alljährlich in der Morongo Indian Reservation statt, Wettbewerbe in indianischen Tänzen, Gesängen und indianischer Trommelmusik, die Wettbewerbsteilnehmer tragen moderne indianische Trachten (www.morongocasinoresort.com/pow2.cfm).

Dinny und Mr. Rex

Von der I-10 sind in Cabazon nördlich der Schnellstraße die beiden riesigen **Saurierskulpturen Dinny und Mr. Rex** zu sehen, die seit über 30 Jahren einen Rastplatz markieren und in Kalifornien jedem Schulkind aus Werbefilmen und TV-Dokumentationen bekannt sind. Schöpfer der Betonmonster war ein Motelbesitzer, der mit den gigantischen Urviechern auf sein Geschäft aufmerksam machte (50800 Seminole Dr., www.cabazondinosaurs.com).

San Gorgonio Pass ► 1, L 14/15

Am 670 m hohen **San Gorgonio Pass** **2** endet die klimatisch noch größtenteils von der Pazifikküste geprägte Landschaft des Los-Angeles-Beckens. Östlich des Passes öffnet sich die in der Hitze brütende, bis nach Arizona reichende Mojave- und Sonora-Wüste. San Gorgonio bildet eine schmale Passage zwischen dem 3500 m hohen San Gorgonio Mountain im Norden und dem etwas niedrigeren San Jacinto Mountain im Süden, wo der Luftaustausch zwischen kühler Küstenregion und heißer Wüste auf so stürmische Weise stattfindet, dass der Pass als Idealstandort für Hunderte Rotoren einer Windfarm ausgewählt wurde. Sie verleihen der Landschaft einen so futuristisches Flair, dass Regisseur J. J. Abrams 2005 einige Einstellungen des Thrillers »Mission Impossible III« mit Tom Cruise in dieser Szenerie drehte.

Palm Springs ▶ 1, L 15

Karte: rechts
Die Attraktivität der heute 44 000 Einwohner großen Stadt **Palm Springs** 3 am nordwestlichen Ende des Coachella Valley (s. S. 234) ist kein neues Phänomen. Ende des 19. Jh. eine Heilwiese für Lungenkranke, entwickelte sie sich Anfang des 20. Jh. zum verschlafenen Refugium Golfschläger schwingender Pensionäre und seit den 1930er-Jahren zur winterlichen Sonnenbank für berühmte Hollywood-Ikonen. In dieser Zeit hatte der örtliche Tennisverein Racquet Club berühmte Mitglieder wie Ginger Rogers, Clark Gable und Humphrey Bogart, und die Stadtverwaltung leistete sich einen Ehrenbürgermeister namens Bob Hope, dem später der Ehemann der Sängerin Cher, Sonny Bono, als gewählter Amtsinhaber folgte.

Obwohl sich viele gut situierte Einwohner einen luxuriösen Lebensstil erhalten haben, hält sich die Schickimicki-Szene bislang in Grenzen, wenngleich die Wüstengemeinde als Wochenendziel schon vor Jahren ins Blickfeld städtischer Yuppies, Schwuler und neuer Stars wie Nicole Kidman, Kevin Spacey, Samuel L. Jackson und Liam Neeson geriet. Die Zeiten, da in Ermangelung hipper Nachtclubs und cooler Nachtschwärmerbars gegen 22 Uhr die Gehsteige hochgeklappt wurden, werden aber vermutlich schon bald der Vergangenheit angehören.

Dennoch wollen die Stadtväter den Wandel von der geruhsamen Golfoase zur aufgeweckten Resort-Metropole nicht überhastet vollziehen. Darauf legte schon der 1998 bei einem Skiunfall am Lake Tahoe ums Leben gekommene ehemalige Promibürgermeister Bono Wert. Als Studenten Palm Springs für ihre berühmt-berüchtigten Spring-Break-Semesterferien auserwählten, verbot er die meist in unrühmliche Saufgelage ausufernden Festivitäten schlichtweg. Für sein Engagement für die Stadt widmete Palm Springs dem ehemaligen Kopf der Stadtverwaltung, der als Interpret von »I Got You Babe« international bekannt wurde, eine Skulptur in Lebensgröße. In Bronze gegossen beobachtet Sonny Bono auf dem Rand eines Brunnens sitzend das Treiben auf dem South Palm Canyon Drive (zwischen Amado und Baristo Rd.).

Palm Springs Walk of Stars

Wer sich näher für die VIPs aus der guten alten Zeit interessiert, informiert sich am besten auf dem **Palm Springs Walk of Stars.** Ähnlich wie auf dem Hollywood Walk of Fame sind entlang dem Canyon Drive, Tahquitz Canyon Way und Museum Drive mit in die Gehsteige eingelegten Marmorsternen knapp 300 Berühmtheiten von Lauren Bacall, Rock Hudson, Catherine Deneuve bis Marlene Dietrich verewigt, die sich auf die eine oder andere Weise um Palm Springs verdient gemacht haben (www.palmsprings.com/stars).

Sehenswerte Museen

Das **Palm Springs Art Museum** erlaubt Besuchern einen Abstecher in die zeitgenössische Kunst mit Werken etwa von Robert Motherwell und Helen Frankenthaler, aber auch in die ›klassische‹ Westernkunst von Thomas Moran, Charles Russell und Frederic Remington. Ein Schwerpunkt der Ausstellungen liegt auf indianischer und mexikanischer Kunst. In Sonderausstellungen geht es um Architekturentwürfe (101 Museum Dr., Tel. 760-322-4800, www.psmuseum.org, Di–Mi, Fr–So 10–17, Do 12–20 Uhr, Erw. 12,50 $, Kinder 6–17 J. 5 $, Do 16–20 Uhr Eintritt frei).

Mit der Rolle der US-Luftwaffe im Zweiten Weltkrieg setzt sich das **Palm Springs Air Museum** auseinander. Es besitzt eine der größten Sammlungen an flugfähigen Militärmaschinen in den Vereinigten Staaten (745 N. Gene Autry Trail, Tel. 760-778-6262, www.palmspringsairmuseum.org, tgl. 10–17 Uhr, Erw. 14 $, Kinder 3–17 J. 12 $).

In **Ruddy's General Store Museum** kommen Nostalgiker auf ihre Kosten, die sich an über 6000 aus den 1930er-Jahren stammenden Verkaufsartikeln freuen können, die in den Regalen des Oldtimerladens ausgestellt

Coachella Valley und Joshua Tree National Park

sind (221 S. Palm Canyon Dr., Tel. 760-327-2156, Okt.–Juni Do–So 10–16, Juli–Sept. Sa, So 10–16 Uhr, Eintritt 95 Cents).

Über Leben und Kultur der Native Americans von Palm Springs informiert das **Agua Caliente Cultural Museum.** Als 1896 für die Agua-Caliente-Gruppe der Cahuilla-Indianer die heutige Reservation geschaffen wurde, gab es Palm Springs noch gar nicht. Nach und nach entwickelte sich die Stadt und erlebte in den 1940er-Jahren einen gewaltigen Bauboom. Danach hatten Gerichte massenhaft Besitzansprüche zu klären, weil Häuser und Straßenzüge zu einem großen Teil auf dem Boden der Reservation entstanden waren. Da das Gelände mittlerweile weitgehend verbaut war, kam nur noch ein Pachtsystem für die jeweiligen Grundstücke in Frage. Diese Einnahmequelle machte die Indianer von Palm Springs zu einer der wohlhabendsten Urbevölkerungen Amerikas. Das Museum zeigt eine große Sammlung kunstvoller Cahuilla-Flechtkörbe sowie historische Fotos (219 S. Palm Canyon Dr. beim Village Green Heritage Center, Tel. 760-778-1079, www.accmuseum.org, im Sommer Fr und Sa 10–17, So 12–17 Uhr, sonst kürzer, Eintritt frei).

Moorten Botanical Garden

Liebhaber von Wüstenvegetation schätzen den **Moorten Botanical Garden.** In der Miniaturwüste gedeihen über 3000 unterschiedliche Kakteen- und Pflanzenarten, die im amerikanischen Südwesten, in Lateinamerika und im südlichen Afrika heimisch sind. Hinzu kommen Tiere, die sich an die extremen Klimaverhältnisse dieser Regionen angepasst haben. Der Gartenbetreiber wurde u. a. als privater Gartengestalter des Schauspielers Michael Douglas bekannt (1701 S. Palm Canyon Dr., Tel. 760-327-6555, http://palmsprings.com/moorten, tgl. 9–16 Uhr, Erw. 4 $, Kinder 2 $).

Infos

Palm Springs Visitors Information Center: 777 N. Palm Canyon Dr., Palm Springs, CA 92262, Tel. 760-778-8418 und 1-800-347-7746, www.visitpalmsprings.com.

Übernachten

Im Stil der 1950er-Jahre ▶ **Movie Colony Hotel:** 726 N. Indian Canyon Dr., Tel. 760-320-6340, www.moviecolonyhotel.com. Nach Plänen des Stararchitekten Neutra gebautes Boutiquehotel mit Pool unter Palmen und hellen Zimmern mit WLAN. DZ um 200 $.

Unterkunft zum Verlieben ▶ **Korakia Pensione:** 257 S. Patencio Rd., Tel. 760-864-6411, www.korakia.com. Zwei von Bougainvilleas umrankte Villen mit Zimmern, die Romantiker verzaubern. DZ ab 179 $.

Ein kleines Juwel ▶ **Calla Lily Inn:** 350 S. Belardo Rd., Tel. 760-323-3654, www.callalilypalmsprings.com. Hübsches Hotel mit neun Gästezimmern um einen Hof mit Pool. DZ ab 120 $ (an Wochenenden zwei Nächte Minimum).

Essen & Trinken

Spitzenküche ▶ **Falls Prime Steakhouse:** 155 S. Palm Canyon Dr., Tel. 760-416-8664, www.thefallsprimesteakhouse.com, So–Do 17–22, Fr, Sa bis 23 Uhr. Gerichte wie Lammrücken in Blauschimmelkäsekruste (42 $), Porterhouse-Steak mit Wildpilzen (32 $) oder Jakobsmuscheln aus der Pfanne (32 $).

Prima Fingerfood ▶ **Tyler's Burgers:** 149 S. Indian Canyon Dr., Tel. 760-325- 2990, Mo–Sa 11–16 Uhr. In diesem ehemaligen Busbahnhof soll es die schmackhaftesten Hamburger der Stadt geben. Ab ca. 6 $.

Abends & Nachts

Cool ▶ **Zelda's Nightclub:** 611 S. Palm Canyon Dr., Tel. 760-325-2375, http://newzeldasnightclub.com, Do–Sa 21–2 Uhr. Club auf zwei Etagen mit Restaurant, Tanzfläche und DJ-Musik.

Gay-Bar ▶ **Toucan's Tiki Lounge:** 2100 N. Palm Canyon Dr., Tel. 760-416-7584, www.toucanstikilounge.com, tgl. 12–2 Uhr. Bar mit Dschungelthema und Live-Unterhaltung von Go-Go-Girls bis Rock Bands. Zwei Terrassen laden auch Raucher ein.

Jeden Abend Live Music ▶ **Village Pub:** 266 S. Palm Canyon Dr., Tel. 760-323-3265, www.palmspringsvillagepub.com, tgl. 11–2 Uhr. Populäre Kneipe mit Innen- und Außenbereich, auch zum Tanzen. Zu Essen gibt es für späte Hungrige bis 1.30 Uhr.

Unterhaltung rund um die Uhr ▶ **Spa Resort Casino:** 401 E. Amado Rd., Tel. 1-888-999-1995, www.sparesortcasino.com, tgl. rund um die Uhr geöffnet. Von lokalen Cahuilla-Indianern betriebenes Kasino mit Poker, Black Jack, Münz- und Videospielen sowie diversen Restaurants und Bars.

Dynamische Senioren ▶ **Palm Springs Follies:** 128 S. Palm Canyon Dr., Tel. 760-327-0225, www.psfollies.com, Okt.–Mai. Glamouröse dreistündige Varietévorführungen mit Musik aus den 1930er- und 1940er-Jahren. Das Mindestalter im professionell kostümierten Seniorenensemble liegt bei 59 Jahren.

Aktiv

Reitausflüge ▶ Smoke Tree Ranch: 1850 Smoke Tree Lane, Tel. 1-800-787-3922, www.smoketreeranch.com. Neben vielen anderen Aktivitäten bietet die Ranch Reitausflüge unterschiedlicher Länge an. Früher hatte dort Walt Disney einen Feriensitz.

Tennis ▶ Plaza Racquet Club: 1300 E. Baristo Rd., Tel. 760-323-8997. Auch für Nichtmitglieder geöffnete Anlage mit neun nachts beleuchteten Plätzen. Zur Anlage gehören eine Club Lounge und ein Pro Shop.

Termine

Palm Springs Villagefest (jeden Do): Bunter Straßen-, Bauern- und Gourmetmarkt jeden Donnerstagabend zwischen 18 und 22 Uhr auf dem South Palm Canyon Drive (zwischen Amado und Baristo Rd.).

Palm Springs Film Festival (Jan.): Während der Palm Springs Walk of Stars eine Hommage an meist schon verblichene Kinohelden ist, präsentiert das alljährlich veranstaltete Festival von Jahr zu Jahr mehr bekannte Stars der Gegenwart. Es hat sich hinter Sundance in Utah zum zweitgrößten Filmfestival der USA entwickelt (www.psfilmfest.org).

Film Noir Festival (1. Wochenende im Juni): Das Festival zeigt Schwarz-Weiß-Filme aus den 1940er- und 1950er-Jahren (www.palmspringsfilmnoir.com).

Verkehr

Flüge: Palm Springs International Airport, 3400 E. Tahquitz Canyon Way, Tel. 760-318-3800, www.ci.palm-springs.ca.us, dort unter ›PSP Airport‹. Flugverbindungen in erster Linie an die kalifornische Küste. Zwei Dutzend Limousinen-Unternehmen bringen Passagiere in die Stadt (Royal Limousine, Tel. 760-346-7333; First Class Limousine, Tel. 760-343-4910). Preisgünstiger sind der Desert Valley Shuttle (Tel. 760-251-4020) oder der Sun Bus (Tel. 760-343-3451).

Züge: Amtrak-Bahnhof, N. Indian Ave. & Palm Springs Station Rd., Tel. 1-800-872-7245, www.amtrak.com. Der Sunset Limited fährt tgl. von Los Angeles über Palm Springs nach Osten.

Busse: Greyhound Busbahnhof, 311 N. Indian Canyon Dr., Tel. 760-325-2053, www.greyhound.com. Regelmäßige Verbindungen.

Umgebung von Palm Springs ▶ 1, L 14/15

Karte: S. 231

San Jacinto Mountain 4

Wenn im Hochsommer Palm Springs in der Hitze brütet, verschaffen sich Einheimische und Besucher gelegentlich ein paar kühle Stunden auch außerhalb klimatisierter Gebäude. Die **Palm Springs Aerial Tram** ›liftet‹ ihre Passagiere in 15 Minuten vom Wüstenboden über einen Höhenunterschied von 1791 m auf die 3234 m hoch gelegene Bergstation auf den **San Jacinto Mountain,** wo selbst im Juli und August ein frisches Lüftchen weht. Eine Besonderheit sind die 80 Personen fassenden, sich drehenden Kabinen der Seilbahn.

Für Wanderer bietet die Bergwelt reizvolle Wege von einem 1,6 km langen Naturpfad durch das Long Valley gleich hinter der Bergstation bis zum 8,8 km langen Pfad auf den 3302 m hohen Gipfel. Parkranger veranstalten kostenlose Führungen. In der kalten Jahreszeit können Wintersportler im Adventure Center Skier und Schneeschuhe ausleihen (1 Tramway Rd., Tel. 760-325-1391, www.pstramway.com, alle 30 Min. Mo–Fr 10–22.30, Sa, So 8–22.30 Uhr, Erw. 23,25 $, Kinder 3–12 J. 16,25 $).

Indian Canyons 5

Eine andere Art von Erfrischung bieten die südlikch von Palm Springs gelegenen **Indian Canyons.** Mit Murray, Andreas und Palm Canyon liegen auf dem Territorium der Agua Caliente Indian Reservation drei Schluchten von seltener landschaftlicher Schönheit, die sich über 20 km weit durch die Wüstenberge ziehen.

aktiv unterwegs

Wüstenwanderung auf dem Palm Canyon Trail

Tour-Infos

Start: Palm Canyon 7 Meilen südlich von Palm Springs, Trading Post am Parkplatz, Tel. 760-323-6018, tgl. 8–17 Uhr, Erw. 8 $, Senioren ab 62 J. 6 $, Kinder 6–12 J. 4 $ (u. a. Wanderkarten und Getränke)
Länge: 1–15 km
Rangerführungen: tgl. um 10 Uhr (zusätzlich 3 $), ca. 1,5 Std. und 1,5 km Länge

Vom **Trading Post** führt ein kurzer, befestigter Pfad abwärts in einen wunderschönen Hain voller mächtiger kalifornischer Schirmpalmen *(Washingtonia filifera)*, in deren Schatten der **Palm Canyon Trail** beginnt. An vielen der über 6000 Exemplare des Canyons hängen abgestorbene Blätter am Stamm herunter wie ein buschiger Rock, weshalb man auch von Petticoatpalmen spricht. Die bis zu 15 m hohen, robusten und schnell wachsenden Schönheiten säumen den Wanderpfad, der sich leicht ansteigend an einem selbst im Hochsommer Wasser führenden Bach entlang zieht. An den Flanken der nicht sehr tief eingeschnitten Schlucht blühen im Frühjahr unterschiedliche Wildblumen und verleihen der Szenerie ein reizvolles Aussehen. Manche Palmen zeigen immer noch Spuren eines Waldbrandes, der vor einigen Jahren den Palm Canyon in Mitleidenschaft zog.

Nach gut 1 km überquert der Trail das Bachbett und führt auf der linken Seite des Wasserlaufes bergan. Etwa 400 m weiter gabelt sich der Weg, wobei die rechte Abzweigung ca. 20 km weiter bis zum Highway 74 südlich von Pinyon Pines führt. Wer sich hauptsächlich aufgrund der überaus reizvollen Vegetation auf den Trail begibt, wird sich in der Regel mit einer hin und zurück etwa 3 bis 5 km langen Wanderung zufrieden geben.

Coachella Valley ▶ 1, L/M 15

Karte: S. 231

Zwischen den San Jacinto bzw. Santa Rosa Mountains im Westen und den Little San Bernardino Mountains im Osten erstreckt sich auf knapp 50 Meilen Länge das **Coachella Valley,** das von Palm Springs im Norden bis zur Salton Sea im Süden reicht. Dieses Gebiet bildet in der südkalifornischen Wüstenregion den größten Ballungsraum mit über 400 000 Einwohnern, die überwiegend in Städten wie Palm Springs, Coachella, Desert Hot Springs, Cathedral City, Rancho Mirage, Palm Desert, Indian Wells und Indio leben. Das vor 1000 Jahren noch von einem See gefüllte Tal ist zwar geografisch Teil der heißen Sonora-Wüste, macht aber wegen der seit langem praktizierten künstlichen Bewässerung eher den Eindruck einer blühenden Oase mit Obstgärten und Gemüsefeldern, auf denen so ziemlich alles gedeiht, was in amerikanischen Supermärkten verkauft wird. Wichtigstes Erzeugnis sind Datteln, die schon vor über 100

Jahren aus irakischen und ägyptischen, später algerischen Setzlingen kultiviert wurden.

Palm Desert 6

Elegante Villen, sattgrüne Golfplätze, Einkaufszentren, Hotels mit türkisgrünen Pools, prächtige Gärten und akkurat gestutzte Palmen verleihen dem Tal entlang der zentralen Route 111 ein tropisches Erscheinungsbild. Zu den lohnenden Stopps in dieser Gegend, die vom Spanier Juan Bautista de Anza als erstem Weißen im Jahr 1774 erkundet wurde, gehört das 50 000 Einwohner große **Palm Desert,** das wegen seiner zahlreichen Malls als Handelszentrum im Tal gilt.

Wem der Sinn statt nach Konsum eher nach Natur steht, kann im **Living Desert Zoo & Gardens** eine Anlage besichtigen, die 1970 zum Schutz von Wüstenflora und -fauna eingerichtet wurde. In zehn unterschiedlichen Ökosystemen werden Tiere und Pflanzen vorgestellt, wie sie etwa im amerikanischen Südwesten und in der afrikanischen Savanne heimisch sind. Mit ›Starry Safaris‹ bietet die Einrichtung Zeltübernachtungen auf dem Gelände mit Führungen und Lagerfeuerrunden an (47900 Portola Ave., Tel. 760-346-5694, www.livingdesert.org, Okt.–Ende Mai tgl. 9–17, sonst 8–13.30 Uhr, Erw. 14,25 $, Senioren ab 62 J. 12,75 $, Kinder 3–12 J. 7,75 $).

Einkaufen

Shoppingmeile ▶ **El Paseo Gardens:** 73061 El Paseo, www.thegardensonelpaseo.com, Mo–Sa 10–18, So 12–17 Uhr. Knapp 50 Geschäfte aller Branchen, Restaurants, Bistros, Cafés und Imbisse in einer reizenden Gartenlandschaft, die in Anlehnung an die berühmte Shoppingmeile in Beverly Hills den Beinamen ›Rodeo Drive der Wüste‹ trägt.

Alles, was man braucht ▶ **Westfield Shoppingtown:** 72840 Hwy 111, http://westfield.com/palmdesert, Mo–Fr 10–21, Sa 9–21, So 9–20 Uhr. Mall mit Shops, Restaurants, Food Court und Kinozentrum.

Shopping-Event ▶ **College of the Desert Street Fair:** 43500 Monterey Ave., http://codstreetfair.com, Sa, So 7–12 Uhr. Bunter Straßenmarkt auf dem Universitätsgelände.

Termine

Golf Cart Parade (Anfang Nov.): Witzige Parade auf dem El Paseo mit geschmückten Golf Carts und kostümierten Teilnehmern (www.golfcartparade.com).

Indian Wells 7

Die Gemeinde **Indian Wells** ist zwar nur ein größeres Dorf mit nicht einmal 5000 Einwohnern, besitzt aber in Sportkreisen einen klingenden Namen. Im Indian Wells Tennis Garden, der zweitgrößten Tennisanlage auf US-Boden, wird traditionell im März mit dem ATP-Masters das jeweils erste Turnier der Tennis-Masters-Serie unter Teilnahme der weltweit besten Profis ausgetragen. Als die 75 Mio. Dollar teure sechseckige Riesenarena, um die 20 weitere Courts liegen, im Jahr 2000 eröffnet wurde, lobte sie ein amerikanisches Tennismagazin überschwänglich als »ehrgeizigstes Wüstenprojekt seit Erbauung der Sphinx«. Wenn dort keine Turniere ausgetragen werden, finden häufig große Konzerte statt, bei denen in der Vergangenheit Berühmtheiten wie The Eagles, Tom Petty, Luciano Pavarotti und Andrea Bocelli auf der Bühne standen (78200 Miles Ave., Tel. 760-200-8400, www.iwtg.net).

Indio 8

Mit 67 000 Einwohnern die größte Stadt im Coachella Valley, verdient sich **Indio** seinen Beinamen als City of Festivals mit populären Events. Jeweils im Dezember feiern die Latinos der Gegend das **International Tamale Festival,** in dessen Mittelpunkt neben Paraden und Wettbewerben die Tamale genannte und in Maisblättern servierte lateinamerikanische Spezialität steht (www.tamalefestival.net). Im Januar folgt das **Southwest Arts Festival,** bei dem regelmäßig über 250 Künstler ihre Arbeiten präsentieren (www.southwestartsfest.com).

In den vergangenen Jahren strömten im Februar jeweils über 300 000 Besucher zum **National Date Festival,** das seine Gäste mit Straußen- und Kamelrennen, Konzerten, Feuerwerk, üppigen kulinarischen Angeboten und der Wahl von Dattelkönigin Schehera-

zade samt Hofstaat unterhält (www.datefest.org).

Salton Sea und Salton City

Am Südende des Coachella Valley liegt mit dem 920 km² großen **Salton Sea** **9** der größte See Kaliforniens, der im 1905 durch eine Überflutung des Colorado River entstand. Das 66 m unter Meereshöhe liegende Gewässer besitzt weder Zu- noch Abfluss, womit die Versalzung bzw. letztendlich die Austrocknung vorbestimmt sind. Noch in den 1950er-Jahren war am westlichen Seeufer um die heutige *ghost town* **Salton City** **10** ein Freizeitparadies entstanden, in dem sich die Prominenz aus Los Angeles am Sandstrand aalte. Als das Gewässer aber salziger als ein Heringssud, durch Abwässer aus umliegenden Plantagen immer giftiger und über die Jahre zu einer stinkenden Riesenpfütze wurde, hatten ihm die Urlauber längst den Rücken gekehrt. Heute zählt Salton City zu den seltsamsten Ortschaften in Kalifornien. Es gibt weder einen Supermarkt noch ein Kino, keine Straßenampel und kein öffentliches Telefon. Kaum ein anderes Kaff liegt so abseits jeglicher Zivilisation in einer sonnendurchglühten Wüstenlandschaft, in der das Thermometer nicht selten auf über 46 °C steigt.

Trotzdem spielt eine Immobilienorganisation seit Jahren mit dem Gedanken, dem ›Toten Meer Amerikas‹ durch den Bau von mehreren tausend Eigenheimen wieder Leben einzuhauchen, obwohl dort bis 1961 Atombomben getestet, Raketen abgeschossen und die Böden in eine kontaminierte ›Müllkippe‹ verwandelt wurden. Umweltschützer befürchten, dass eine Kommerzialisierung mit Eingriffen in die Ökologie eines Schutzgebietes für Zugvögel verbunden wäre. Aber der in Aussicht gestellte Grundstücksboom blieb bis heute ohnehin aus. Viele neue Hauseigentümer versuchen sogar, ihre überhastet erworbenen Spekulationsobjekte wieder loszuwerden (www.desertusa.com/salton/salton.html; Fortsetzung der Route **11** – **13** s. S. 243).

Teddybear-Kakteen im Joshua Tree National Park

Joshua Tree National Park

4 Joshua Tree National Park ▶ 1, M/N 14/15

Karte: oben

Der 2250 km² große **Joshua Tree National Park,** einer der schönsten Wüstenparks der USA, bietet ein bezauberndes landschaftliches Kontrastprogramm mit einer sehr abwechslungsreichen Vegetation. Die südliche, unterhalb von 900 m gelegene Hälfte des Parks ist Teil der Sonora-Wüste, einer ausgesprochenen Trockenzone mit Kreosote-Büschen, Kerzensträuchern (Ocotillo) und Cholla-Kakteen, die wegen ihrer samtweich erscheinenden Stacheln auch Teddybär-Kakteen genannt werden. Aber man sollte sich vor ihnen in Acht nehmen, weil mit ihrem wehrhaften ›Fell‹ nicht zu spaßen ist. Vom Südeingang des Parks beim Cottonwood

Visitor Center ist über die Basin Pinto Road der 20 Meilen entfernte **Cholla Cactus Garden** 1 erreichbar. Auf einem etwa 500 m langen Lehrpfad durch das frei zugängliche Gelände erfährt man interessante Details über die hier im Süden Kaliforniens weit verbreiteten Kakteenarten.

Auf über 900 m Höhe gelegen, gehört der nördliche, interessantere Teil des Nationalparks mit moderateren Temperaturen und einer reicherer Vegetation zur Mojave-Wüste, in der die vielen Joshua-Bäume ein Kennzeichen sind. Die zum Teil über 10 m hohen Agavengewächse (*Yucca brevifolia*) geben mit Büscheln spitzer, harter Blätter ein sehr dekoratives Bild ab, hauptsächlich während der Blütezeit im April und Mai, wenn unzählige Wildblumenarten um ihre Stämme bunte Teppiche ausbreiten.

Vom Highway 62 führen vier Eingänge in den Park. Zwei der Zugangsstraßen enden allerdings kurz hinter der Parkgrenze im **Black Rock Canyon** 2 bzw. in **Indian Cove** 3. Von der **West Entrance Station** südlich der Gemeinde Joshua Tree und von der **North Entrance Station** südlich von Twentynine Palms führen größtenteils asphaltierte Straßen durch die interessantesten Parkgebiete und zum Südausgang an der I-10. Neben großen Joshua-Tree-Wäldern charakterisiert ein zweites unübersehbares Element den Norden des Nationalparks: seltsam abgerundete Granitblöcke, die sich wie riesige Murmeln zu Bergen türmen.

Vor über 100 Millionen Jahren kühlte das ehemals flüssige Gestein unter der Erdoberfläche ab und härtete aus, ehe es von Grundwasser geschliffen und durch Erosion schließlich an der Erdoberfläche freigelegt wurde. Seit langem bilden die gewaltigen Granitmurmeln mit ihren rauen Oberflächen ein bekanntes Kletterparadies (s. Aktiv unterwegs S. 241).

Aussichtspunkte

Zwei der höchsten Erhebungen auf dem Parkgebiet bieten eine gute Rundumsicht und sind auf der Straße bzw. auf einer relativ kurzen Wanderung erreichbar. Nicht weit von der zentralen Parkstraße entfernt liegt der 1660 m hohe **Ryan Mountain** 4. Auf den Gipfel führt ein 2,5 km langer, nicht sehr anstrengender Pfad. Aus luftiger Höhe blickt man über das Hidden Valley im Norden und das Queen Valley im Nordosten.

Vom Hidden Valley führt eine gut ausgebaute Stichstraße in südlicher Richtung in die Ausläufer der Little San Bernardino Mountains. Auf einem Hochplateau liegt mit **Key's**

Klettertour im Joshua Tree National Park

aktiv unterwegs

Klettern im Joshua Tree National Park

Tour-Infos

Start: Vom jeweiligen Campingplatz aus, s.u.
Ausrüstung: Nomad Ventures, 61795 Hwy 62, Joshua Tree, Tel. 760-366 4684, www.joshuatreevillage.com/515/nv.htm (alles, was der Kletterer braucht, auch zum Ausleihen). – Coyote Corner, 6535 Park Blvd., Tel. 760-366 9683, www.joshuatreevillage.com/546/546.htm (Verpflegung, Ausrüstung und Routenführer für Kletterer. Hinter dem Laden gibt es heiße Münzduschen, 4 $).
Kletterschule: Joshua Tree Rock Climbing School, HCR Box 3034, Joshua Tree, CA 92252, Tel. 760-366-4745, 1-800-890-4745, www.joshuatreerockclimbing.com. Kurse für Anfänger und Fortgeschrittene.
Im Web: www.nps.gov/jotr/planyourvisit/climbing.htm; www.joshuatreeclimb.com
Notruftelefon: Intersection-Rock-Parkplatz beim Hidden Valley Campground
Karte: S. 238

Über 400 Klettergebiete mit 8000 Routen bilden im Norden des Nationalparks ein Felsklettergebiet im Weltklasseformat, in dem im Frühjahr und Herbst der Klettertourismus boomt. Im Hochsommer hingegen heizt die Sonne die Felsen derart auf, dass man sich an metallenen Sicherungsgeräten die Finger verbrennen kann. Die Kletterrouten sind wegen der relativ geringen Höhe der Granitberge naturgemäß nur kurz und eignen sich deshalb hervorragend auch für Anfänger mit noch wenig Kondition, aber auch für Fortgeschrittene und Profis, die Abwechslung schätzen.

Die populärsten Klettergebiete liegen in der Nachbarschaft von einfachen Campgrounds. Feuerholz muss man von außerhalb der Parkgrenzen mitbringen. Trinkwasser gibt es nur auf dem Black Rock und Cottonwood Campground, Toiletten findet man auf allen Plätzen. Wer durch den **Westeingang** 10 in den Park fährt, kommt zuerst zum **Hidden Valley Campground** 5, der wegen seiner Beliebtheit oft voll belegt ist (10 $). In der Umgebung bieten über ein Dutzend attraktive Klettersektionen zum Teil schwierige Routen, deren Namen wie ›Masochism‹ und ›Geronimo‹ erahnen lassen, was einen erwartet; einen legendären Ruf hat das **Wonderland of Rocks** 6, ein steinernes Paradies.

Beim **Ryan Campground** (10 $) gibt es zwar weniger Routen, aber das Gebiet macht dieses ›Manko‹ durch den berühmten Headstone Rock wett, eine mächtige Felszinne, auf deren Spitze zwei klassische Trails führen. Weitere attraktive Routen einschließlich der überhängenden Nordflanke der Timbuktu Towers findet man beim **Jumbo Rocks Campground** (10 $). In der kühlen Jahreszeit bietet sich der **Indian Cove Campground** (10 $) mit wärmeren Temperaturen und weniger Wind an. Um den Platz liegen über 40 Klettersektionen mit mehr als 300 Routen, die meisten im Gebiet Feudal Wall.

Wer auf eigene Faust wenig oder gar nicht frequentierte Klettergebiete erkunden möchte, muss sich unbedingt an bestimmte Regeln halten, die von der Parkverwaltung strikt durchgesetzt werden. So ist etwa für Backcountry-Camping ein Permit erforderlich, das man in den Besucherzentren erhält. Nicht ausgewiesene Campingstellen im Hinterland müssen mindestens eine Meile (1,6 km) von der Straße, 150 m von jedem Weg und wegen der Wildtiere 400 m von Wasserstellen entfernt liegen. An den Trailheads der meisten Wanderwege findet man Möglichkeiten, um sich für bestimmte Trails einzutragen. Möchte man nach einer Klettertour mitten in der Wildnis übernachten, sollte man trockene Flussläufe unbedingt meiden. Fällt irgendwo im Hinterland Regen, können sich solche *washes* sehr schnell mit Wasser füllen und lebensgefährlich werden. Trinkwasser muss man selbst mit sich führen, es gibt kaum natürliche Quellen.

View 7 auf 1576 m Höhe ein weiterer Aussichtspunkt mit einem atemberaubenden Rundblick bis nach Palm Springs und an klareren Tagen sogar bis zum Salton Sea am Ende des Coachella Valley.

Key's Ranch 8

Menschliche Spuren sind im Nationalpark selten, von Campingplätzen, Reifenspuren und Magnesiumflecken von Kletterern einmal abgesehen. Lange vor Ankunft der Weißen lebten in dieser Gegend Serrano-, Cahuilla- und Chemehuevi-Indianer. Felszeichnungen und in den Granit geschlagene Kuhlen zum Zermahlen von Nüssen und Samen zeugen an manchen Stellen von der Anwesenheit der Ureinwohner.

Im 19. Jh. drangen Goldsucher und Rancher in dieses Gebiet vor, unter ihnen Bill Keys, dem die südwestlich von Twentynine Palms gelegene **Key's Ranch** gehörte. Er lebte dort mit seiner Familie von 1917 bis zu seinem Tod 1969, von fünf Jahren abgesehen, die er im Gefängnis saß, weil er – wie sich später herausstellte – in Notwehr einen Nachbarn erschossen hatte. Heute bilden mehrere Gebäude zusammen mit Bergbauausrüstung, ausgedienten Fahrzeugen und einem Obstgarten eine kleine Geisterstadt. Das Schulhaus hatte Keys eigens für seine fünf Kinder gebaut (90-minütige Führungen Okt.–Mai tgl. 10 und 13 Uhr, Erw. 5 $, Kinder 6–12 J. 2,50 $).

Twentynine Palms und Yucca Valley

Der nördliche Parkausgang liegt bei der Ortschaft **Twentynine Palms** 9, wo sich auch das informative Hauptquartier des Nationalparks befindet. Der Ort dient Besuchern als günstig gelegener Ausgangspunkt für Ausflüge in den Nationalpark, zumal es dort ausreichend Unterkunfts- und Versorgungsmöglichkeiten gibt. Die Pioniergeschichte des südlichen Kalifornien ist in Twentynine Palms auf rund 20 großflächigen Wandgemälden festgehalten.

Eine ähnliche Versorgungsrolle wie Twentynine Palms spielt die 17 000-Seelen-Gemeinde **Yucca Valley** 10 weiter westlich am Highway 62. Im **Hi-Desert Nature Museum** sind zahlreiche Wüstenbewohner wie Schlangen und Skorpione untergebracht, denen viele Menschen in Freiheit lieber nicht begegnen. Außerdem können Besucher seltene Mineralien und indianisches Kunsthandwerk bewundern (57090 Twentynine Palms Hwy, Tel. 760-369-7212, www.hidesertnaturemuseum.org, Di–So 10–17 Uhr, Eintritt frei).

Infos

… in Twentynine Palms:

Joshua Tree National Park: Oasis Visitor Center, 74485 National Park Dr., Twentynine Palms, CA 92277, Tel. 760-367-5500, Fax 760-367-6392, www.nps.gov/jotr, Pkw 15 $/7 Tage.

Übernachten

… in Twentynine Palms:

Klasse Unterkunft ▶ **29 Palms Inn:** 73950 Inn Ave., Tel. 760-367-3505, www.29palmsinn.com. Aus Lehmziegeln erbaute Cottages mit Restaurant und Pool. DZ ab 70 $, Sa, So teurer.

… in Yucca Valley:

Ordentliche Bleibe ▶ **Yucca Inn & Suites:** 7500 Camino del Cielo, Tel. 760-365-3311. Unterkunft im Stil eines Motels, Pool, Zimmer mit Klimaanlage, TV. DZ ab ca. 60 $.

… im Joshua Tree National Park:

Limitiertes Angebot ▶ **9 Campingplätze:** für Wohnmobile, ohne *hook-ups.* Black Rock und Indian Cove können an Wochenenden von Sept. bis Ende Mai reserviert werden (Tel. 1-877-444-6777, www.recreation.gov). Hotels, Motels und Restaurants gibt es im Nationalpark nicht.

Essen & Trinken

… in Joshua Tree:

Einfach und gut ▶ **Crossroads:** 61715 29 Palms Hwy, Tel. 760-366-5414, www.crossroadscafeandtavern.com, tgl. außer Mi 6.30–21 Uhr. Die rustikale Stammkneipe vieler Einheimischer serviert Frühstück (ca. 4 $), Lunch und Dinner (ab 5 $) und eine gute Auswahl an Biersorten vom Fass.

Einkaufen

... in Joshua Tree:

Stützpunkt für Felskletterer ▶ Coyote Corner: 6535 Park Blvd., Tel. 760-366 9683, tgl. 9–18 Uhr. Der Westernladen verkauft Kleidung und Modeschmuck, Souvenirs und Räucherstäbchen, für Kletterer aber auch Verpflegung, Ausrüstung und Routenführer. Hinter dem Laden gibt es heiße Münzduschen im Freien.

Filmkulissen und Geisterstädte

Karte: S. 231

Pioneertown ▶ 1, L 14

Etwa sechs Meilen westlich von Yucca Valley führt die Nebenstraße 247 nach **Pioneertown 11**. Die Ortschaft wurde ursprünglich 1946 als reine Kulissenstadt für ein gutes Dutzend Westernfilme errichtet, die hier in den 1950er-Jahren gedreht wurden (www.pioneertown.com).

Außer Gene Autry und Barbara Stanwyck standen keine Stars bei den zweitrangigen Produktionen vor der Kamera. Im Juli 2006 war es um die alten Filmgebäude aus Holz fast geschehen, als ein Buschfeuer große Teile der Vegetation um das Dorf vernichtete, die Feuerwehr das historische *movie set* aber vor den Flammen bewahren konnte. Entlang der Mane Street profitieren Hobbyfotografen heute von typischen Wildwestmotiven.

Von April bis Oktober führen kostümierte Einwohner wilde Schießereien vor. Zu den noch im Originalzustand vorhandenen Drehorten gehört Pappy and Harriet's Pioneertown Palace, wo man sich einen kühlen Drink genehmigen und den häufig auftretenden Musikern zuhören kann (53688 Pioneertown Rd., Tel. 760-365-5956, www.pappyandharriets.com, Do–So ab 11, Mo ab 17 Uhr, Di–Mi geschl.).

Tipp: Streifzug durch den Wilden Westen

Haben Sie schon einmal mit einer Blechpfanne Gold gewaschen? Oder in einer echten Silbermine gestöbert? Oder an einer in Pulverrauch gehüllten Wild-West-Show teilgenommen? **Calico Ghost Town 12** (▶ 1, L 13) elf Meilen nordöstlich von Barstow hat den Wilden Westen mit windschiefen Saloons, Gefängniszellen, Pferdeställen, Restaurants, Cafés und Bergen rostiger Bergbaugerätschaften für die Nachwelt konserviert.

Eine reiche Silberader ließ 1881 innerhalb weniger Monate eine Stadt mit 3000 Einwohnern entstehen. Nachdem der Preisverfall für Silber den Boom beendet hatte, spezialisierte man sich bis 1907 auf den Boraxabbau, dann folgte der endgültige Niedergang. Wahrscheinlich wäre von Calico nichts übrig geblieben, hätte sich nicht der Betreiber des Vergnügungsparks Knott's Berry Farm im Orange County entschlossen, die Geisterstadt in eine Touristenattraktion umzubauen.

Schlendert man durch die von Läden gesäumte Main Street, begegnet man grimmig aussehenden Revolvermännern ebenso wie Hausfrauen in wallenden Röcken und Spitzenhäubchen. Der General Store mit Regalen voller Büchsen und Gläser weckt ebenso wie die Apotheke nostalgische Erinnerungen, wie man sie aus zahllosen Büchern und Filmen kennt. Das alte Schulhaus stammt aus der Zeit von Kreide und Schiefertafel. Wer gerne bequem unterwegs ist, lässt sich von einer Oldtimer-Schmalspurbahn durch das Dorf fahren. In Calico kann man auch campen oder in einer einfachen Schlafbaracke übernachten.

Info: Calico Ghost Town P.O. Box 638, Yermo, CA 92398, Tel. 760-254-2122, www.calicotown.com, tgl. 9 Uhr bis Sonnenuntergang, Erw. 6 $, Kinder 6–15 J. 3 $, für viele Attraktionen bezahlt man extra. Manche Geschäfte bzw. Einrichtungen haben gesonderte Öffnungszeiten).

Übernachten

... in Barstow:

An der Route 66 ► **Best Western Desert Villa Inn:** Gäste kommen in 95 Zimmern und 18 Suiten unter, Highspeed-Internetzugang und Frühstück inklusive. DZ ca. 95 $.

Bagdad ► 1, M 13

Der Old National Trail Highway südlich der I-40 ist ein Überbleibsel der historischen Route 66. Zwischen Amboy und Ludlow markiert nur noch ein Baum den Flecken **Bagdad** 13, der 1883 an der Bahnlinie von Barstow nach Needles gegründet wurde. Mit dem Ausbau des Autobahnnetzes verlor er an Bedeutung und verschwand schließlich völlig von der Landkarte.

Der Regisseur Percy Adlon drehte hier 1986 das Kultmovie »Out of Rosenheim« mit der bayerischen Schauspielerin Marianne Sägebrecht in der Hauptrolle. Von den im Film zu sehenden Szenerien ist allerdings nichts mehr übrig, weil es sich um eigens für den Dreh errichtete Gebäude handelte. Als »Bagdad Café«, um das sich die Geschichte rankt, musste damals eine Kneipe in Newberry Springs 40 Meilen westlich herhalten, die nach dem Welterfolg des Films auf ebendiesen Namen umgetauft wurde. Schon vor dem Leinwanderfolg war Bagdad eine Berühmtheit, weil es im Jahr 1910 mit 767 aufeinander folgenden Tagen ohne einen einzigen Tropfen Regen einen amerikanischen Rekord aufstellte.

In Calico Ghost Town sieht es noch aus wie in der Zeit des Wilden Westens

Death Valley, Mojave-Wüste und Las Vegas

Unter allen Wüstengegenden der USA trägt das Death Valley den bedrohlichsten Namen und verunsichert Besucher damit auch heute noch. Dabei wartet das Tal des Todes mit landschaftlichen Reizen wie wunderschönen Dünen, farbigen Canyons, einem in Salz erstarrten See und der tiefsten Stelle der westlichen Hemisphäre auf. Rekordverdächtig sind auch die Temperaturen. Abkühlen kann man sich jenseits der Nevada-Grenze in den klimatisierten Kasinos von Las Vegas.

5 Death Valley N. P.

▶ 1, K/L 9–12

Karte: S. 248

Death Valley erhielt seinen wenig einladenden Namen von frühen Pionieren, die das erbarmungslose Klima auf dem Weg nach Westen nur knapp überlebten. Im Dezember 1849 hatte eine Gruppe von rund 100 Menschen auf dem Weg in die kalifornischen Goldfelder eine Abkürzung gesucht und die Orientierung verloren. Bis eine Route durch die Salzebenen und über die Bergketten gefunden war, mussten die meisten Treckmitglieder wochenlang unter härtesten Entbehrungen ausharren, wobei ein Mensch starb. Als der Konvoi schließlich eine Passage gefunden hatte, blickten die dem Tod Entronnenen noch einmal auf das Tal zurück und nannten es Death Valley.

Neben unwegsamem Gelände mit aufgeworfenen Salzflächen und unpassierbaren Dünen wäre den Pionieren fast etwas anderes zum Verhängnis geworden: die gnadenlose Hitze. Keine Landschaft der westlichen Hemisphäre weist wie das Death Valley ständig ähnliche **extreme Temperaturen** auf. Im Schatten steigen sie im Sommer häufig auf über 45 °C, und auch die Nächte bringen keine wirkliche Abkühlung. Am 10. Juli 1913 kletterte die Quecksilbersäule sogar auf den damaligen Hitzeweltrekord von 56,7 °C, der erst Jahre später von geringfügig höheren Temperaturen in der libyschen Wüste gebrochen wurde. Unglaublich mutete die Bodentemperatur an, die im Juli 1972 bei der Furnace Creek Ranch gemessen wurde: 93 °C. Kein Wunder, dass viele Amerikaner den Nationalpark in der heißen Jahreszeit meiden und die Landschaften lieber im Winter bei frühlingshaften Temperaturen genießen. Für Autohersteller, die Klimaanlagen und andere Ausrüstungen einer harten Belastung aussetzen wollen, ist das Death Valley hingegen ein bevorzugtes Testgelände.

Trotz der Extremtemperaturen ist ›Tal des Todes‹ eine für die seit 1994 als Nationalpark verwaltete Landschaft unzutreffende und irreführende Bezeichnung. Weder Flora noch Fauna rechtfertigen den Namen, weil die Vielfalt von Lebensformen geradezu frappierend ist. Innerhalb der Parkgrenzen leben ca. 400 verschiedene **Tierarten** von Kojoten, Känguruhratten, Chuckwalla-Eidechsen, Rotluchsen, weißschwänzigen Antilopeneichhörnchen und Wüstendickhornschafen bis zu winzigen Salzwasserfischen *(Cyprinodon salinus)*, die sonst nirgendwo auf der Erde vorkommen. Die **Flora** steht mit über 1000 Arten hinter der Fauna nicht zurück und demonstriert, mit was für raffinierten Schutzeinrichtungen manche Pflanzen in der erbarmungslosen Hitze ihr Überleben sichern. Der weit verbreitete Mesquitestrauch etwa gräbt seine Pfahlwurzeln bis zu 18 m tief in den Boden, um tiefliegende Wasseradern anzuzapfen, während der Kreosotebusch mit seinem ausgreifenden, flachen Wurzelsystem versucht, selbst geringste Niederschlagsmengen aufzunehmen.

Die Bezeichnung Tal des Todes erweist sich auch mit Blick auf die **Entstehungsgeschichte** der Landschaft als nicht korrekt. Denn in Wirklichkeit handelt es sich nicht um eine durch fließendes Wasser entstandene Senke, sondern um ein Becken, das sich im Zuge der Hebung der Panamint Range im Westen und der Amargosa Range im Osten herausbildete. Vor 25 000 Jahren bedeckte ein 180 km langer und knapp 200 m tiefer See das Death Valley. Reste der feuchten Vergangenheit sind die bis zu 1,80 m dicken Salzkrusten, die weite Teile der tiefsten Stellen bedecken. Funde wie Speerspitzen und Handwerkszeug lassen darauf schließen, dass in den vergangenen 10 000 Jahren mindestens vier unterschiedliche Indianerkulturen vor Ort lebten. Als die ersten weißen Goldsucher ins Death Valley vorstießen, gehörte der Landstrich noch zu den Jagdgründen der Shoshone, die aus der Region längst verschwunden sind. Mittlerweile hat der Tourismus den Nationalpark mit seiner einzigartigen Naturszenerie zu einer Berühmtheit gemacht. Schon vor Jahren dienten die Dünen bei Stovepipe Wells für den Film »Star Wars« als Kulisse und die Rockbands Oasis und U2 ließen dort Sequenzen ihrer Musikvideos drehen.

Stovepipe Wells Village and Dunes

Wer sich aus westlicher Richtung auf dem Highway 190 dem Nationalpark nähert, spürt die landschaftliche Dramaturgie, mit welcher das Todestal seine Besucher empfängt. Nachdem am 1511 m hohen Towne Pass der höchste Straßenpunkt in der Panamint Range überwunden ist, senkt sich das Asphaltband in das blasse, vor Hitze flirrende Tal wie ein schräger Strich in einem Aquarellgemälde.

Übernachtungs- und Verpflegungsmöglichkeiten sind im Death Valley rar. Erste Zivilisationsinsel am Highway 190 ist **Stovepipe Wells Village** **1**, das von vielen Reisenden zum Rasten und Übernachten genutzt wird. Alle 83 Nichtraucherzimmer des Motels sind mit Klimaanlage und Bad ausgestattet, haben aber keinen Telefonanschluss. Das ›Dorf‹ wird durch mehrere Einrichtungen vervollständigt. Dazu gehören ein Restaurant für Frühstück, Lunch und Dinner, der rustikale Badwater Saloon, ein Souvenirladen, ein General Store, ein von einer Quelle gespeister Swimmingpool, ein Wohnmobilstellplatz, eine Tankstelle, eine Rangerstation und eine Landebahn für Kleinflugzeuge (Hwy 190, P.O. Box 559, Tel. 760-786-2387, www.stovepipewells.com, DZ 100–120 $).

Viele Reisende stellen sich das Tal des Todes als ein Meer aus Sand vor. Tatsächlich sind aber nur etwa 1 % der Parkfläche von Sand bedeckt. Am schönsten und leichtesten zugänglich sind die **Stovepipe Wells Dunes** **2** in der Nachbarschaft des Dorfes. Diese etwa 40 km^2 große ›Sahara‹ dehnt sich in den sogenannten Mesquite Flats aus und besteht aus Flugsand, dessen Quartz- und Feldspatkörnchen vermutlich größtenteils aus den weiter westlich gelegenen Cottonwood Mountains als Teil der Panamint Range stammen. Eine Dünenwanderung lohnt sich am ehesten in den noch kühleren Morgenstunden. Es gibt keine markierten Wege durch die vom Wind geriffelten Sandberge, an deren Flanken man nach Spuren nachtaktiver Nager und Reptilien suchen kann, die sich in der Hitze des Tages selten sehen lassen. Dünenwanderungen auf eigene Faust sind vor allem bei Vollmond ein echtes Abenteuer. Zur Sicherheit sollte man trotz heller Nacht eine Taschenlampe bei sich haben.

Scotty's Castle 3

Im äußersten Norden liegt am Fuße des Grapevine Canyon mit **Scotty's Castle** ein von Legenden umranktes kleines Schloss, das mit seiner Architektur und umgebenden Palmen, Grünflächen und blühendem Oleander einem südspanischen Landsitz ähnelt. Der aus Chicago stammende Versicherungsmillionär Albert M. Johnson hatte das

Anwesen in den 1920er-Jahren bauen lassen, um sich im trockenen Wüstenklima Linderung von einer Krankheit zu verschaffen. Zum Freundeskreis von Johnson gehörte ein gewisser Walter E. Scott, der sich im amerikanischen Westen als Zirkusmitglied, Goldsucher und vor allem Erfinder fantastischer Geschichten einen Namen gemacht hatte. So pflegte Scotty, wie er überall genannt wurde, die Mär, unter Johnsons Besitz liege seine private Goldmine. Er überlebte seinen Mäzen Johnson um sechs Jahre. Nach seinem Tod 1954 wurde er auf einer Anhöhe über dem Anwesen an einer von einem Holzkreuz und einem Grabstein mit Büste gekennzeichneten Stelle begraben. Die Inschrift einer Messingtafel könnte eine Kurzversion von Scottys Lebensphilosophie sein: »Sag nichts, was irgendjemanden verletzt. Gib keine Ratschläge, sie werden ohnehin von niemandem befolgt. Beklage Dich nicht. Erkläre nichts.«

Das für Besichtigungen geöffnete Schlösschen lässt mit einer rustikal-eleganten Innenausstattung samt Holzschnitzarbeiten und dekorativen schmiedeeisernen Gittern auf einen gepflegten Lebensstil der ehemaligen Bewohner schließen. Im großen Salon sickert Wasser zwecks Kühlung über eine Steinwand in ein Becken. Im Musikzimmer ließ der kunstbeflissene Hausbesitzer eine Orgel mit 1121 Pfeifen zur musikalischen Erbauung installieren (einstündige Führungen im Winter 8.30–17.30, im Sommer 9–16.30 Uhr, Erw. 11 $, Kinder 6–15 J. 6 $). Scotty ließ in seinen geflunkerten Geschichten gerne durchblicken, das Castle gehöre nicht Johnson, sondern ihm. In Wahrheit lebte der Münchhausen aus dem Todestal aber auf der **Lower Vine Ranch,** einer in der Nähe liegenden bescheidenen Blockhütte, die sein wohlhabender Freund für ihn hatte bauen lassen (Besichtigungen nur Jan.–April nach Voranmeldung unter Tel. 760-786-2392, Anschluss 226).

Ein Stück Sahara mitten in Kalifornien: die Stovepipe Wells Dunes

Ubehebe Crater 4

Westlich von Scotty's Castle klafft mit dem **Ubehebe Crater** ein 800 m breiter und 140 m tiefer Krater in der Erde. Er entstand vor mehreren tausend Jahren, als heiße Magma in den damals noch existierenden See floss und Wasser explosionsartig verdampfte. In der näheren Umgebung lassen weitere kleinere Krater, Aschehügel und Überbleibsel von einst fließender Lava auf damals dynamische Erdaktivitäten schließen. Um Ubehebe herum führt ein Fußweg, ein zweiter steiler Pfad führt hinab auf den Kraterboden. Nördlich des Kraters zieht sich im äußersten Norden des Nationalparks eine Piste durch das nicht ganz einfach erreichbare Eureka Valley mit den höchsten Dünen in Kalifornien. In großem Bogen führt diese zum Teil holprige Route nach Big Pine im Owens Valley.

Furnace Creek 5

Das eigentliche Zentrum des Nationalparks liegt südlich der Straßenkreuzung von Highway 190 und 374 in dem von Dattelpalmhainen umgebenen **Furnace Creek,** wo sich auch das Besucherzentrum und die Verwaltung des Death Valley befinden. Im Besucherzentrum bekommt man alle hilfreichen Informationen über den Nationalpark, kann an Rangerprogrammen teilnehmen und auf der benachbarten **Furnace Creek Ranch** (Adresse s. S. 250) übernachten. Im Umkreis der Oase liegen mehrere Campingplätze, von denen die meisten nur über die notwendigsten Einrichtungen verfügen.

Am nördlichen ›Ortsrand‹ dokumentiert mit den **Harmony Borax Works** eine alte Fabrikanlage unweit der Durchgangsstraße die Industriegeschichte des Death Valley. In den 1880er-Jahren wurde vor Ort aus kristallinen Ablagerungen Borax produziert, das bei der Herstellung von Keramikglasuren, Desinfektions- und Reinigungsmitteln und beim Löten und Schweißen eine Rolle spielte. Mit von Mulis gezogenen Karren wurden jeweils 33 t Borax in zehn Tagen zur nächstgelegenen Bahnverladestelle ins 180 Meilen entfernte Mojave transportiert, bis das Unternehmen die unrentabel gewordene Produktion 1890

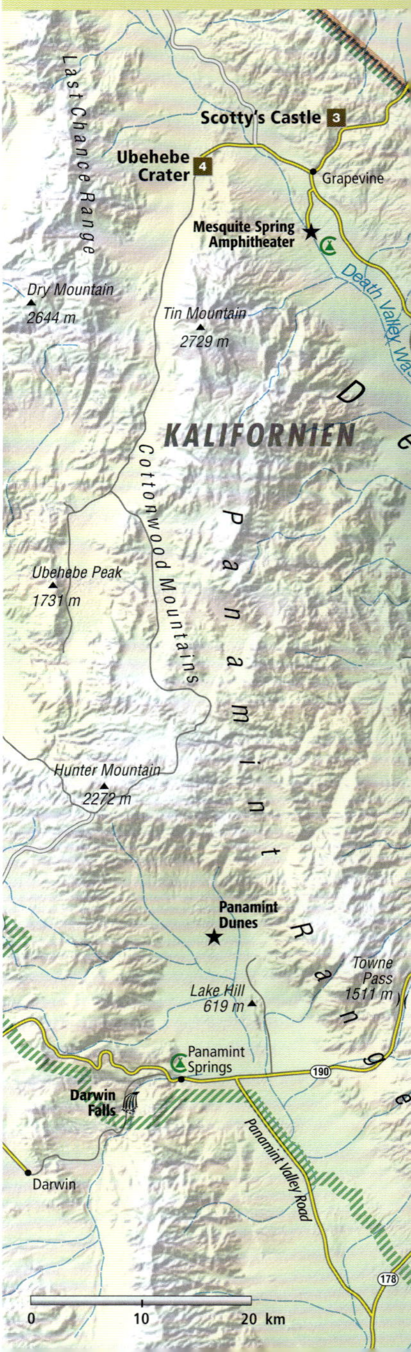

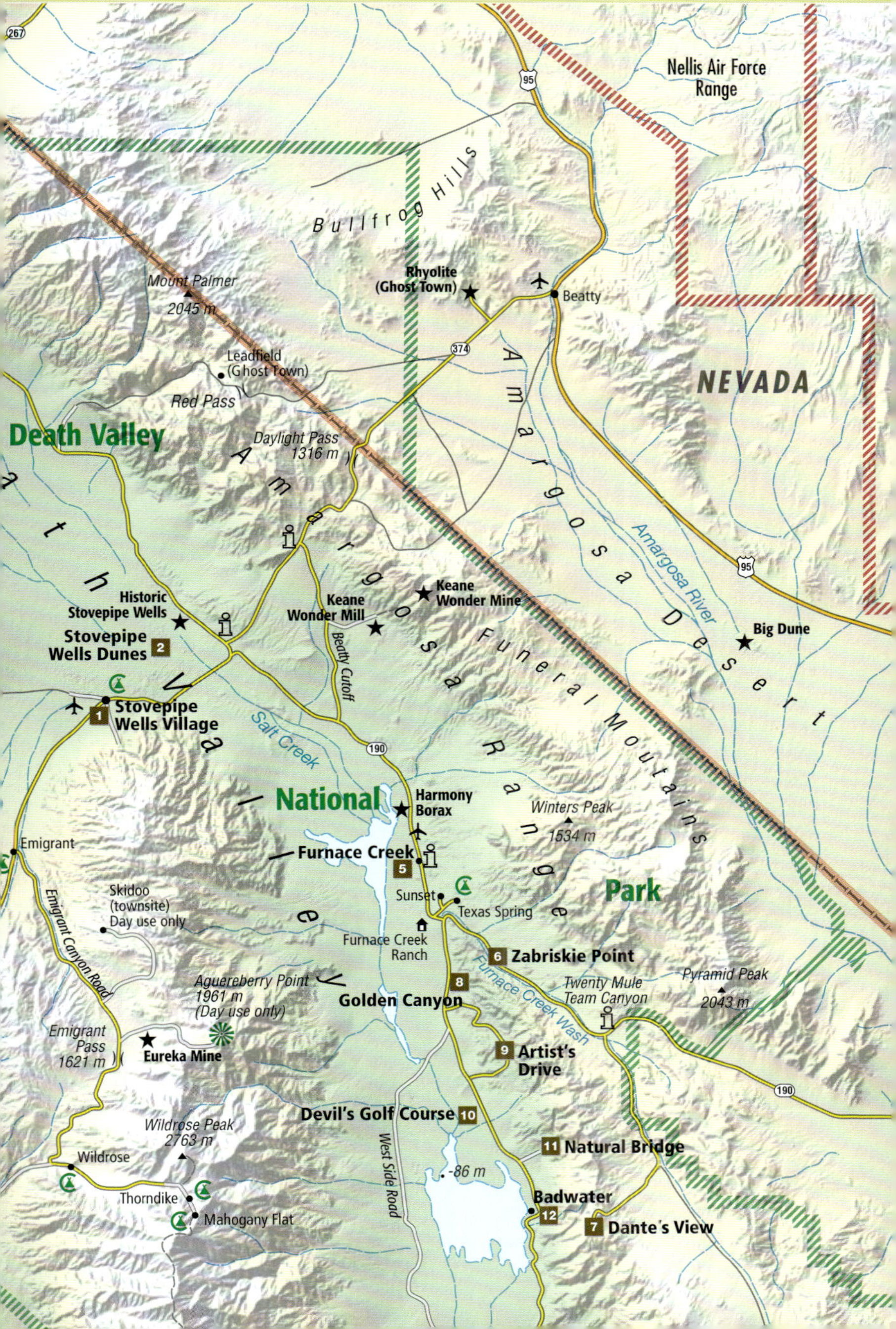

Nellis Air Force Range
Bullfrog Hills
Rhyolite (Ghost Town)
Beatty
Mount Palmer 2045 m
Leadfield (Ghost Town)
Red Pass
NEVADA
Death Valley
Daylight Pass 1316 m
Amargosa Range
Amargosa Desert
Amargosa River
Historic Stovepipe Wells
Keane Wonder Mill
Keane Wonder Mine
Beatty Cutoff
Funeral Moutains
Big Dune
Stovepipe Wells Dunes 2
1 Stovepipe Wells Village
Salt Creek
National
Harmony Borax
Winters Peak 1534 m
Emigrant
Furnace Creek 5
Park
Skidoo (townsite) Day use only
Sunset
Texas Spring
Furnace Creek Ranch
6 Zabriskie Point
Emigrant Canyon Road
Aguereberry Point 1961 m (Day use only)
8 Golden Canyon
Furnace Creek Wash
Twenty Mule Team Canyon
Pyramid Peak 2043 m
Emigrant Pass 1621 m
Eureka Mine
9 Artist's Drive
Devil's Golf Course 10
Wildrose Peak 2763 m
West Side Road
11 Natural Bridge
Wildrose
-86 m
Badwater 12
Thorndike
Mahogany Flat
7 Dante's View

einstellte. Von der weitgehend verfallenen Produktionsanlage kann man durch den **Mustard Canyon** auf die Straße zurückfahren, wobei sich dieser kleine Umweg nur am Morgen und Spätnachmittag lohnt. Dann taucht die schräg stehende Sonne die Ablagerungen entlang der Piste in ein senfgelbes Licht, das dem Canyon den Namen gab.

Infos

Furnace Creek Visitor Center: Hwy 190, Furnace Creek, P. O. Box 579, Death Valley, CA 92328, Tel. 760-786-3200, www.nps.gov/deva. Pkw 20 $/7 Tage.

Übernachten

Refugium in der Wüste ▶ Furnace Creek Inn: Hwy 190, Tel. 760-786-2345, www.furnacecreekresort.com, nur Mitte Okt.–Mitte Mai. Am Fuß der Funeral Mountains in einem Palmenhain gelegenes Resort mit 66 klimatisierten Nichtraucherzimmern und -suiten mit TV, Telefon und Kühlschrank. DZ ab 330 $.

Ehemalige Ranch ▶ Furnace Creek Ranch: Hwy 190, Tel. 760-786-2345, www.furnacecreekresort.com, ganzjährig geöffnet. Ehemalige Ranch mit 224 Zimmern, Steakhouse, Schwimmbad im Freien, Tennisplätzen, Coffeeshop und dem am tiefsten gelegenen Golfplatz der Welt. Hier gibt es eine Tankstelle, einen Supermarkt und einen Geldautomaten. DZ ab 134 $.

Camping ▶ Auf dem Gebiet des Nationalparks liegen **neun Campingplätze,** die zum Teil kostenlos sind. Einige sind ganzjährig geöffnet, die restlichen nur in bestimmten Monaten. Ausführliche Informationen findet man unter der Webadresse www.nps.gov/deva/planyourvisit/camping.htm.

Essen & Trinken

Auf der Furnace Creek Ranch und im Furnace Creek Inn (s. o.) gibt es Restaurants.

Zabriskie Point 6

Zwei Meilen südöstlich der Furnace Creek Ranch teilt sich die Parkstraße zum einen in Richtung Badwater, zum anderen in Richtung Death Valley Junction. An dieser Straße liegt nur ein paar Schritte von der asphaltierten Fahrbahn entfernt mit **Zabriskie Point** der schönste Aussichtspunkt im Nationalpark (s. Bild S. 214). Allerdings mit einer Einschränkung: Für ihn gilt, was im Prinzip für das gesamte Death Valley Gültigkeit hat: Sightseeing lohnt nur in den ersten Stunden nach Sonnenaufgang und in den letzten Stunden vor Einbruch der Dunkelheit. Schon gegen 10 Uhr vormittags legt die Hitze einen Dunstschleier über das Tal, der Konturen verblassen und Schatten verschwinden lässt. Am Zabriskie Point sammeln sich Kenner deshalb schon im Morgengrauen, um das grandiose Naturschauspiel zu verfolgen, wie die aufgehende Sonne mit ihren ersten Strahlen über schroffe Felsen und vegetationslose, in

Bei Badwater bilden die Salzkristalle netzartige Muster

Falten gelegte Lehmablagerungen eines alten Flussbettes tastet und von Minute zu Minute sich verändernde Szenerien von unwirklicher Schönheit schafft. Niemand, der den heraufdämmernden Tag am Zabriskie Point erlebt hat, könnte diese dramatische Inszenierung von Licht, Schatten und sich wandelnden Farben jemals vergessen. Der italienische Regisseur Michelangelo Antonioni nannte seinen Ende der 1960er-Jahre gedrehten Aussteigerfilm, der zum Teil in der Wüste spielt, nach dem Aussichtspunkt. Ein kurzes Wegstück nach Zabriskie Point biegt eine bei trockenem Wetter gut befahrbare Einbahnpiste in den **Twenty Mule Team Canyon** ab, die nach knapp drei Meilen wieder auf den Highway 190 zurückführt. Sie mäandert durch eine traumhaft schöne Wüstenlandschaft, in der sämtliche Farbschattierungen von Gelb über Ocker und Braun bis zu Türkis und Rostrot vorkommen. Die Strecke ist vor allem im letzten Drittel zwar eng, kurvig und zum Teil sehr steil, aber mit dem Pkw problemlos zu befahren.

Dante's View 7

Nach dem Abzweig vom Highway 190 steigt die Straße nach **Dante's View** 13 Meilen weit ständig an und endet schließlich auf dem Kamm der Amargosa Range am 1669 m hoch gelegenen Aussichtspunkt. Im anbrechenden Tag, wenn der Morgenwind in der Höhe noch kühl ist, zaubert der heller werdende Himmel zarte Pastellfarben auf das

Todestal, das sich über eineinhalb Kilometer tiefer zwischen Panamint und Amargosa Range ausbreitet. Genau genommen beschert Dante's View Besuchern eine in Kalifornien einmalige Aussicht. Denn von ein und derselben Stelle sieht man mit Badwater die tiefste Stelle der westlichen Hemisphäre und erkennt gleichzeitig am westlichen Horizont den Gipfel des 4418 m hohen Mount Whitney in der Sierra Nevada, den höchsten Punkt auf dem zusammenhängenden Staatsgebiet der USA.

Die Straße nach Badwater

Die Straße in den südlichen Teil des Parks verläuft am Fuße der Amargosa Range entlang zunächst zum **Golden Canyon** **8**, wo viele Besucher eine knapp 2 km lange Wanderung durch die zerklüfteten gelblichen Felsformationen machen, die dem Canyon den Namen gaben. Vor allem am Spätnachmittag lohnt sich die Anstrengung, wenn die Sonne in den Canyon fällt, in den früher eine Autostraße führte. Mit welcher Brachialgewalt sich in der Wüstenlandschaft fließendes Wasser seinen Weg sucht, zeigen die Überreste der zerborstenen Fahrbahn, die man an einigen Stellen noch sieht. Die meisten Wanderer gehen bis zur Red Cathedral, einem natürlichen Amphitheater, und treten von dort den Rückweg an.

Die neun Meilen lange Einbahnstraße **Artist's Drive** **9** biegt von der Durchgangsstraße Richtung Osten ab und kurvt am Fuß der Amargosa Range durch eine wild zerklüftete Berglandschaft mit mehreren Aussichtspunkten entlang der schmalen und zum Teil steilen Strecke. Auf halbem Weg liegt mit **Artist's Palette** eine von Wind und Wetter freigelegte Bergflanke, die mit ihren durch Metalloxide entstandenen Gesteinverfärbungen tatsächlich einer Malerpalette ähnelt.

Die nächste Abzweigung von der Parkstraße führt in westlicher Richtung an den Rand der gewaltigen Salzflächen, die sich bis an den Fuß der Panamint Range zu erstrecken scheinen. Mit **Devil's Golf Course** **10** (Golfplatz des Teufels) gaben die Parkverwalter dieser Gegend einen passenden Namen, weil es sich um ein Gebiet mit aufgeworfenen, wie frisch umgepflügten Salzschichten handelt. Man kann die Salzkruste betreten, sofern man feste Schuhe trägt, denen die scharfkantigen Salzausblühungen nichts anhaben können. Ca. 50 m vom Parkplatz entfernt klafft ein Loch in der dicken Salzschicht und beweist, dass sich darunter ein Salzsee verbirgt.

Eine Reise Jahrtausende zurück in die graue Vorzeit des Death Valley erlaubt eine 1 Meile lange nicht asphaltierte Stichstraße, die zur **Natural Bridge** **11** abbiegt. Was sich heute als enge, in Felsen eingegrabene Schlucht präsentiert, war vor langer Zeit ein Flussbett, durch das sich ein Wasserlauf den Weg in einen damals noch existierenden See bahnte. Auf halber Strecke steht ein von Wind und Wetter ausgehöhlter Naturbogen.

Badwater 12

Für die meisten Death-Valley-Besucher ist **Badwater** ein obligatorischer Stopp. Grund ist nicht der landschaftliche Reiz, sondern die Tatsache, dass man sich an der tiefsten Stelle nicht nur auf dem nordamerikanischen Kontinent, sondern in der gesamten westlichen Hemisphäre befindet. Im Jahr 2003 ließ der National Park Service vor Ort einen großen Parkplatz und einen Holzsteg bauen, der die kleinen, ständig vorhandenen Wasserstellen überbrückt und auf die endlos wirkenden Salzflächen hinausführt, die sich weiter westlich ausdehnen. Badwater liegt direkt unterhalb von Dante's View (s. S. 251). Am westlichen Horizont baut sich wie eine dunkle Naturmauer die Panamint Range mit dem 3368 m hohen Telescope Peak auf. Warum der Punkt Badwater – schlechtes Wasser – heißt, erklärt das stark brackig riechende Wasser der kleinen Pfützen. Weiter im Süden endet das Death Valley kurz hinter dem 390 m hohen Jubilee Pass, der sich im Januar und Februar mit den schönsten Wildblumen des Nationalparks schmückt.

Termine

Ultramarathon (Juli): Jedes Jahr findet zur heißesten Zeit des Jahres im Juli der ex-

Vorsicht Wüste!

Thema

Als im Juli 2007 bei der Furnace Creek Ranch im Death Valley National Park die Quecksilbersäule des Thermometers eine Schattentemperatur von 53,8 °C anzeigte, spekulierten Parkranger bereits mit neuen Rekordtemperaturen. Die blieben am Ende jedoch aus und beließen die Höchstmarke bei 56,7 °C – die höchste jemals auf US-Boden gemessene Lufttemperatur aus dem Jahr 1913.

Die extremen Werte verdeutlichen, wie gnadenlos sich das Klima im südlichen Kalifornien verhalten kann. Urlauber sind deshalb gut beraten, bei Reisen durch die Region einige Verhaltensmaßregeln zu beherzigen. Dass man auf Wüstentouren immer genug Trinkwasser an Bord haben sollte, versteht sich von selbst. Wer mit einer Autopanne in abgelegenen Landstrichen liegen bleibt, kann ohne entsprechende Versorgung in lebensbedrohliche Situationen kommen. Schutz vor der unbarmherzigen Sonne ist keine Nebensächlichkeit, sondern unverzichtbar, vor allem bei längeren Aufenthalten im Freien. Kenner lokaler Verhältnisse tragen deshalb einen luftdurchlässigen Hut und adäquate Kleidung, die möglichst alle Körperstellen schützt. Auch Sonnenschutzmittel sind unverzichtbar.

Es mag sich seltsam anhören, aber in den kalifornischen Wüsten sind mehr Menschen ertrunken als verdurstet. Das Wetter kann sehr schnell umschlagen und lokal zu Platzregen führen, die zu einer ernsten Bedrohung werden können. Weil der von der Hitze hartgebackene Wüstenboden die Wassermengen bei starken Regenfällen nicht aufnehmen kann, fließen sie oberflächlich ab. Wo das Gelände eine Ausbreitung über größere Flächen verhindert wie in Mulden und Talsohlen, können sich innerhalb von Minuten *flash floods* bilden, die alles mit sich reißen, was ihnen im Weg steht. Deshalb sollte man selbst bei gutem Wetter solches Gelände meiden, weil sich innerhalb weniger Stunden die Wetterverhältnisse dramatisch verändern können. Enge Canyons sind durch umschlagendes Wetter schon für viele Wanderer zu tödlichen Fallen geworden.

Wer Erfahrung mit Wüsten hat, legt Besichtigungs- und Wandertouren möglichst auf den frühen Morgen oder Spätnachmittag. In der Zeit dazwischen ist nicht nur die Hitze am größten. Die Sonne strahlt auch in einem so ungünstigen Winkel, dass alle Schatten und Konturen verschwinden und Hobbyfotografen sich hinterher wundern, warum die Wüstenfotos so ›flach‹ aussehen. Ein Paradebeispiel dafür ist Zabriskie Point im Death Valley. Bei Sonnenauf- und Sonnenuntergang zeigen sich die dort erodierten Schlammberge in hinreißender Schönheit. Wer den Aussichtspunkt um die Mittagszeit aufsucht, kann sich über ein solches Lob nur wundern, weil der Reiz der Landschaft überhaupt nicht zur Geltung kommt.

Die hohen Sommertemperaturen meiden vor allem Felskletterer in den nördlichen Abschnitten des Joshua Tree National Park (s. Aktiv unterwegs S. 241) denn dann kann man sich an den Granitfelsen die Finger verbrennen. Deshalb wählen Sportler für vertikale Abenteuer eher die kühleren Jahreszeiten. Im Frühjahr zeigen sich die kalifornischen Wüsten mit einem bunten Blütenkleid von ihrer schönsten Seite.

aktiv unterwegs

Erkundungen im Mojave National Preserve

Tour-Infos

Start: Start: Ortschaft Baker an der Kreuzung von Hwy 127 und Interstate 15
Länge/Dauer: 150 Meilen, 1–2 Tage
Beste Reisezeit: März, April, Oktober und November (Tagestemperaturen ca. 22–28 °C)
Wichtiger Hinweis: Keine Tankstellen im Park, nächste Tankmöglichkeiten in Baker, Nipton, Primm und Ludlow. Die Strecke ist ohne 4x4 befahrbar (beim Autovermieter vorher fragen, ob Schotterstraßen erlaubt sind).

Das 6500 km² große **Mojave National Preserve** (▶ 1, M/N 12/13) zählt zu den abwechselungsreichsten Wüstenökosystemen der USA. In diesem Wildnisgebiet ist man zwar auf ein Auto angewiesen, hat aber viele Möglichkeiten der Outdoor-Aktivitäten.

Die asphaltierte Kelbaker Road führt an den **Cinder Cones** vorbei, vulkanischen Aschekegeln, die von zuletzt vor etwa 10 000 Jahren ausgebrochenen Vulkanen zeugen. Die Ailken's Mine Road (für normale Pkw nicht empfehlenswert) biegt zu einem 7 Meilen entfernten, 1990 aufgegebenen Bergwerk ab. Auf der Holperpiste kommt man den Vulkankegeln näher und kann ihnen zu Fuß einen Besuch abstatten.

Das von 1923 bis 1985 als Bahnhof ge-

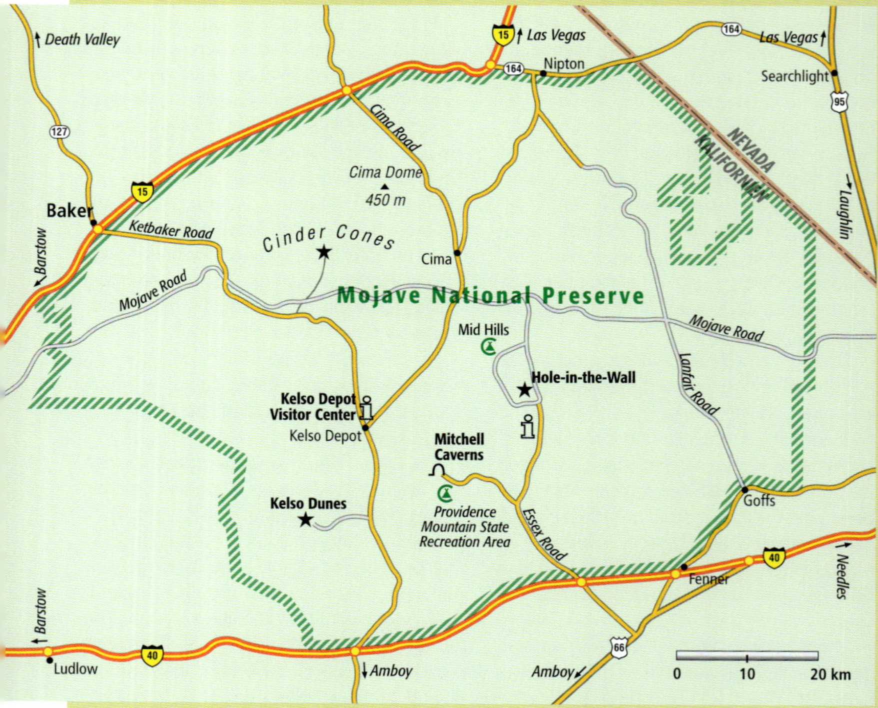

nutzte Kelso Depot beherbergt das **Kelso Depot Visitor Center,** in dem man alle Informationen über das Reservat bekommt und ein kleines Museum besichtigen kann (Tel. 760-252-6100, www.nps.gov/moja). Weiter südlich führt von der Durchgangsstraße eine Waschbrettpiste 3 Meilen westlich zu den **Kelso Dunes.** Um die mit ca. 200 m höchste Düne zu erreichen, geht man vom Ende der Straße direkt auf die 4 km entfernten Sandhügel zu, deren Besteigung wegen des lockeren Sands ziemlich anstrengend ist (hin und zurück 3 Stunden). Vorsicht! In den Dünen bläst häufig eine steife, sandige Brise, vor der man seine Kamera und andere empfindliche Ausrüstungsgegenstände schützen sollte.

Ein anderer Landschaftscharakter präsentiert sich um den 450 m hohen **Cima Dome.** Auf dem ausgeschilderten, hin und zurück 6,4 km langen Teutonia Peak Trail (ca. 2 Stunden), der knapp 10 km nördlich von Cima an der Cima Road beginnt, kann man den Granithügel besteigen und sich einen Eindruck von der reizvollen Vegetation mit Joshua-Trees, Yucca-Sträuchern, Kreosote-Büschen und Kakteen verschaffen. In die Erde getriebene Stollen zeugen von der Suche nach Silberlagerstätten.

Auf der ungeteerten Cedar Canyon Road schlägt man eine Staubschlacht bis in das **Hole-in-the-Wall-Gebiet,** wo in Felsen aus Quarzporphyr seltsame Hohlräume von vergangenen vulkanischen Aktivitäten zeugen. Vom Besucherzentrum bzw. dem benachbarten Campingplatz bietet sich eine Wanderung auf dem hin und zurück etwa 1 km langen, in den Banshee Canyon führenden Rings Trail an. An einigen steilen Passagen klettert man über in den Felsen verankerte Eisenringe. Die weiter südlich liegenden **Mitchell Caverns** sind wegen Renovierung derzeit geschlossen.

tremste Marathonlauf der Welt statt. Er führt von Badwater im Death Valley auf –86 m über eine Distanz von 219 km bis an den 2548 m hoch gelegenen Fuß des Mount Whitney in der Sierra Nevada. In Topform befindliche Spitzensportler brauchen für das mörderische Rennen zwischen 25 und 26 Stunden (www.badwater.com).

Rhyolite ► 1, L 10

Karte: S. 248

Ein kurzes Stück außerhalb des Todestales, bereits auf dem Gebiet des Nachbarstaats Nevada, liegt die Geisterstadt **Rhyolite,** die Anfang des 20. Jh. das Zentrum des sogenannten Bullfrog Mining District bildete. Wer heute durch den größtenteils verfallenen Ort bummelt, kann sich kaum mehr vorstellen, dass der Wüstenflecken um 1910 mit mehr als 10 000 Einwohnern die drittgrößte Stadt im Bundesstaat Nevada war. Drei Eisenbahnlinien bedienten damals das Schürfercamp mit 50 Minen, Elektrizitätswerk, fast zwei Dutzend Hotels, Oper, Telegrafenstation, Schule und natürlich Saloons wie Sand am Meer. Die Straßen waren voller Passanten, Pferdekutschen, wilder Esel und vornehmer Damen, die ihre städtische Garderobe spazieren trugen. Teenager verkauften Zeitungen aus Denver, Salt Lake City und San Francisco, die gegen drei lokale Blätter in Konkurrenz traten.

Sehenswerte Gebäude

Als der wirtschaftliche Boom in Rhyolite 1916 vorüber war, holte sich die Wüste zurück, was ihr Baumeister und Goldsucher bis dahin abgerungen hatten. Heute ragt die Ruine der ehemaligen **Cook Bank** mit blinden Fenstern in den wolkenlosen Himmel. Zu den am besten erhaltenen Gebäuden gehört das ehemalige Bahnhofsgebäude der **Las Vegas & Tonopah Railroad.** Berühmter ist aber das sogenannte **Bottle House** aus dem Jahr 1906, dessen Wände aus ca. 30 000 leer getrunkenen Bierflaschen bestehen. Die ehemalige Kneipe wurde vor einigen Jahren vor dem endgültigen Verfall gerettet, aber so renoviert, dass das Gebäude viel von seinem früheren Geisterstadtflair verlor.

Goldwell Open Air Museum

In den 1980er-Jahren entdeckten einige belgische Künstler Rhyolite und stellten im Freien mehrere moderne Skulpturen auf, die heute Teil des **Goldwell Open Air Museum** sind. Zu den bekanntesten Werken gehört eine Gruppe von weißen, mit Acryl überzogenen Gipsfiguren von Albert Szukalski, die Leonardo Da Vincis »Letztes Abendmahl« darstellen sollen (Tel. 702-870-9946, www.goldwellmuseum.org, jederzeit zugänglich, Eintritt frei).

Las Vegas ► 1, N 11

Cityplan: S. 258

Las Vegas ist seit langem abhängig. Nicht von Whisky oder sonstigen Drogen, sondern von Baggern und Baukränen. Größer, schöner, höher, luxuriöser ... Nach neuesten Schätzungen wird der Bauboom, der die Stadt seit Jahren fest im Griff hat, bis weit ins nächste Jahrzehnt hinein anhalten. Dabei verwandelt sich die einstmalige Zockerzitadelle im Wüstensand in rasendem Tempo in die größte Amüsiermetropole der Welt.

Wenn es nach den Zukunftsplanern ginge, transportierten irgendwann Laufbänder Passanten über den Strip, wie der von den größten Hotelkasinos flankierte Las Vegas Boulevard genannt wird. Längst sind nicht mehr nur Roulette, Poker und Spielautomaten die Attraktionen. Themenkasinos versetzen Gäste in ferne Weltstädte wie Paris, Venedig und New York City oder in andere Zeiten wie das antike Ägypten, das alte Rom und die Epoche von König Artus. Selbst auf original bayerisches Ambiente brauchen Las-Vegas-Touristen nicht zu verzichten, seit mit dem Hofbräuhaus eine detailgetreue Kopie des Münchner Kultlokals entstand. Ein riesiges Unterhaltungsangebot von Zaubershows, Kabaretts, Musicals, Pop-Konzerten, Varietés bis hin zu Freizeiteinrichtungen wie exotische Poollandschaften, Spas, Fitnesscenter, haarsträubende Fahrbetriebe, Aquarien und Zoos sorgt dafür, dass garantiert keine Langeweile aufkommt.

Themenkasinos

Der Schlüssel zum Erfolg war die Erfindung des Themenkasinos. Der erste Spielbetrieb, der sich in allen Facetten einem Motto unterordnete, erblickte in den 1960er-Jahren den Himmel über Las Vegas. Mit **Caesar's Palace** 1 strebten die Planer eine Dependance des antiken Rom an und setzten die Idee mit Triumphbögen, Kolonnaden, Brunnen und Statuen konsequent um. Selbst die Arbeitskleidung des Personals wurde entsprechend abgestimmt. Mit etwas Glück begegnet man zwischen klimpernden einarmigen Banditen und rotierenden Glücksrädern der antik gewandeten Kleopatra, die am Arm von Marc Anton majestätisch durch die Hallen schreitet. Die Zugkraft von Caesar's Palace war für an-

Abendliche Glitzerwelt in Las Vegas: der Strip mit den großen Kasinos

dere Kasinobetreiber Grund genug, ebenfalls auf thematisierte Gamblingpaläste zu setzen. Das Hotelkasino **Mirage** 2 ließ in seiner Lobby einen echten Regenwald anlegen, aus dessen dunklem Grün Orchideen in knalligen Farben leuchten.

Mit Türmchen und Zugbrücken versetzt das **Excalibur** 3 seine Gäste ins Mittelalter, für das Kasino **Paris Las Vegas** 4 entstanden Kopien des Eiffelturms und des Arc de Triomphe, während **The Venetian** 5 Gondolieri unter seinen Mitarbeitern hat, die Las-Vegas-Besucher in venezianischen Gondeln über künstlich angelegte Kanäle schippern.

Wer sich eine Städtereise nach New York ersparen will, schlendert durch das Kasino **New York New York** 6**,** wo ein verkleinertes Greenwich Village Besuchern das Flair Manhattans vorgaukelt.

Auch das antike Ägypten ist in Las Vegas im Programm. Schon beim Anflug auf die Stadt ist die schwarze Pyramide des **Luxor** 7 zu erkennen, vor der eine riesige Sphinx Wache hält.

Wasserspektakel in der Wüste

In einer staubtrockenen Wüstenebene eine mit allen Wassern gewaschene Glücksspielmetropole mit mehreren hunderttausend Einwohnern zu bauen, hat schon etwas Verwegenes an sich. Aber offensichtlich waren die lokalen Kasinostrategen schon immer von der Idee fasziniert, das Unmögliche möglich zu machen, die Sinne der Besucher zu verwirren und deren schnöden Alltag auszublenden. Ähnlich wie große Themenparks versuchen auch Kasinoinvestoren, perfekte Illusionen zu schaffen. Anders ist kaum zu erklären, dass die auf Wassernachschub vital angewiesene Wüstenmetropole mit dem kostbaren Nass so irrwitzig umgeht, als sei der flüssige Rohstoff im Überfluss vorhan-

Las Vegas

Sehenswert

1 Caesar's Palace und Forum Shops
2 Mirage und The Volcano
3 Excalibur
4 Paris Las Vegas
5 The Venetian
6 New York New York
7 Luxor
8 Bellagio und Bellagio Gallery of Fine Art MGM
9 Wynn Las Vegas
10 Treasure Island
11 Madame Tussaud's
12 City Center
13 Tropicana Casino
14 MGM
15 Flamingo Hilton
16 Mandalay Resort
17 Fremont Street Experience
18 Stratosphere Tower
19 Sahara Hotelcasino
20 Circus Circus

Übernachten

1 Wynn Las Vegas
2 Sahara

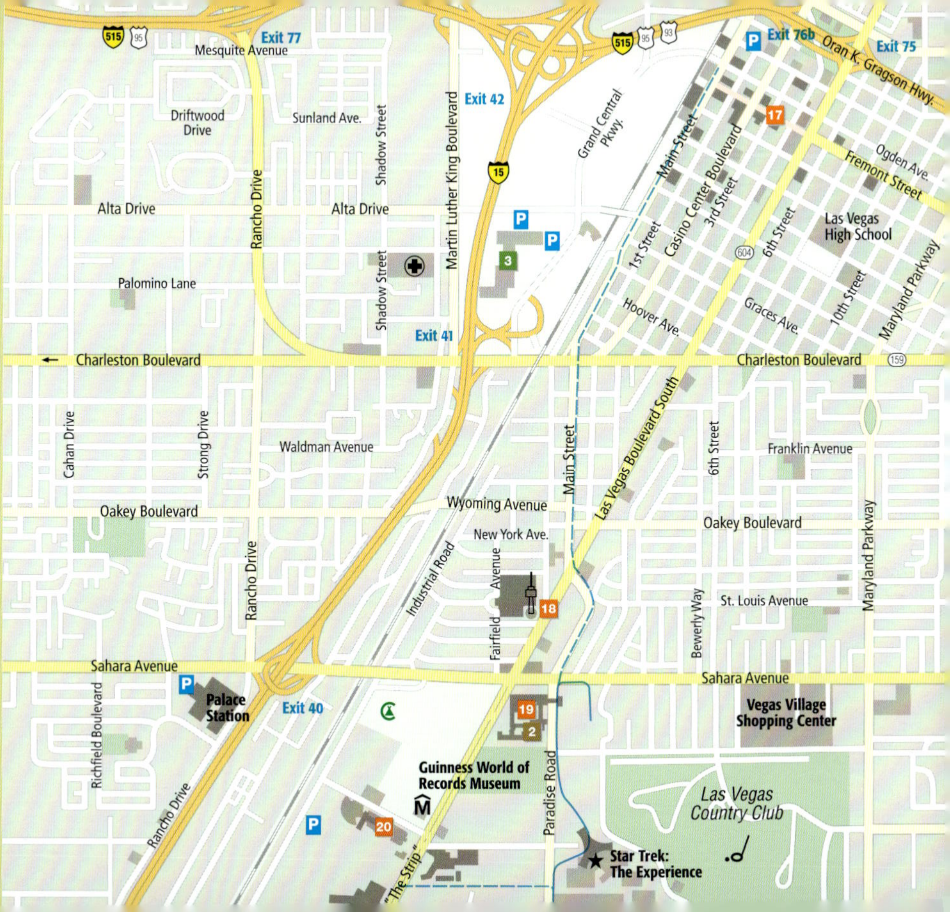

Essen & Trinken

1 Picasso
2 Hofbräuhaus

Einkaufen

1 Boulevard Mall
2 Las Vegas Outlet Center
3 Premium Outlets
4 Fashion Show Mall

Abends & Nachts

1 Mix Lounge
2 Playboy Club
3 Hard Rock Cafe

Aktiv

1 Qua Baths & Spa
2 Bathhouse
3 Nurture Spa

den. Natürlich besitzt jedes Hotelkasino eine Poollandschaft. Aber seit das **Mirage** (s. S. 257) Ende der 1980er-Jahre vor seinen Haupteingang eine Lagune mit Wasserfall setzte, versuchen auch andere, dem Kasinostrip zusätzlichen irrealen Reiz zu verschaffen. Das **Bellagio** 8 ließ einen See anlegen, auf dem abends zu moderner oder klassischer Musik eine aus 12 000 Düsen gespeiste Wassershow die Zuschauer verzaubert. Das Kasino **Wynn Las Vegas** 9 schmückt sich mit einem Wasserfall und dem Dream Lake, auf den nach Sonnenuntergang eine Licht- und Tonshow projiziert wird, bei der sich selbst Hightech-Freaks die Augen reiben.

Nur ein paar Schritte entfernt ist eine vor dem Hotel und Kasino **Treasure Island** 10 gelegene Piratenbucht jeden Abend Schauplatz einer 15-minütigen Mischung aus Musical und Action-Show. Bei diesem akrobatischen Spektakel unter dem Namen »Sirens of TI« (Ti als Kürzel für Treasure Island) legt sich die aus sexy Sirenen bestehende Besatzung eines alten Seglers mit einer Bande von Piraten an, deren Schiff am Ende in einem Crescendo aus Feuerwerksexplosionen und Rauchwolken auf Grund geht. Die Dramatik der Seeschlacht macht das Publikum vergessen, dass es sich inmitten einer knochentrockenen Wüste aufhält, in der pro Jahr höchstens ein Kochtopf voll Regen fällt.

Museen und Ausstellungen

Haftete der Glamour City früher der Geruch einer Zockerhochburg für Kulturbanausen an, tritt das moderne Las Vegas solcher Kritik heute mit schlagkräftigen Argumenten entgegen. Zwar kultiviert die Stadt nach wie vor Attraktionen für den breiteren Publikumsgeschmack wie das Wachsfigurenkabinett **Madame Tussaud's** 11 mit einer langen Reihe erlauchter Stars aus Film, Musik, Showbusiness und Sport (3377 Las Vegas Blvd. S., Tel. 702-862-7800, www.madametussauds.com, So–Do 10–21.30, Fr, Sa 10–22.30 Uhr, Erw. 25 $, Kinder 13–17 J. 18 $, Online-Tickets um 25 % billiger). Zu den neueren Komplexen am Strip zählt das über 30 Hektar große **City Center** 12 mit Luxusapartments, Casinos, Vergnügungseinrichtungen und fast 5000 zusätzlichen Hotelzimmern. Doch gibt es auch Bestrebungen, Las Vegas zur Kulturmetropole zu machen. Auf dem Weg dorthin sind jedoch immer wieder Rückschläge zu verzeichnen. Grund dafür ist wahrscheinlich das Image der Stadt als Mekka für eher leichte Unterhaltung und Amüsement um jeden Preis. Es machte den in den letzten Jahren initiierten Einrichtungen den Garaus – so musste das sieben Jahre lang im **Venetian Hotelcasino** (s. S. 257) untergebrachte Guggenheim Hermitage Museum 2008 für immer seine Pforten schließen.

Nicht besser erging es dem King Tut Museum im **Luxor Hotelcasino** (s. S. 257), das eine exakte Nachbildung der Grabkammer des Pharaos Tutanchamun zeigte, die 1922 vom britischen Archäologen Howard Carter in Oberägypten entdeckt worden war. Auch die früher im Wynn Las Vegas ausgestellte Kunst muss mittlerweile mit einer Präsentation u. a. hinter der Rezeption des Hotelcasinos vorlieb nehmen.

Gegenwärtig ist von Las Vegas' Flirt mit der Kunst nur die **Bellagio Gallery of Fine Art** mit Werken von Künstlern wie Andy Warhol, Frank Stella, Ellsworth Kelly, Sol LeWitt, Roy Lichtenstein und Ed Ruscha übrig geblieben (3600 Las Vegas Blvd. S., Tel. 702-693-7223, www.bellagiolasvegas.com, So–Di, Do 10–18, Mi, Fr, Sa 10–19 Uhr, Erw. 15 $, Kinder unter 12 J. Eintritt frei).

Im **Tropicana Casino** 13 beschäftigt sich das **Museum Las Vegas Mob Experience** mit zwielichtigen Gestalten wie Bugsy Siegel und Meyer Lansky, die mit ihren Gangsteraktivitäten die Stadt jahrelang in Atem hielten (3801 S. Las Vegas Blvd., Tel. 702-492-3927, www.troplv.com, tgl. 10-22 Uhr, Eintritt frei).

Tiershows

Die deutschen Entertainer Siegfried & Roy traten als erste Bühnenkünstler in Las Vegas 1990 mit einer Tigershow im **Mirage** den Beweis an, dass mit Tiernummern auch im Spielerparadies ein breites Publikum zu begeistern war. Daran hat sich auch nichts geändert, nachdem der Bühnenknüller im Oktober 2003 mit einem tragischen Unfall sein Ende fand. Neben einem Showroom für weiße Tiger am Kasinoeingang ist der Secret Garden mit einer wenig aufregenden Tiersammlung und dem Dolphin Habitat das Einzige, was von den Auftritten des deutschen Duos übrig geblieben ist (im Sommer tgl. 10–19 Uhr, sonst kürzer, Erw. 15 $, Kinder 10 $).

Als das Mirage Hotel die Wand hinter der Rezeption in ein 75 000 Liter fassendes Aquarium mit Korallenriff und lebenden Haien umbauen ließ, machte dieses Upgrade Schlagzeilen weit über die USA hinaus. Mit solchen ›Kleinigkeiten‹ wollte sich das **MGM** 14 nicht aufhalten und ließ mitten im Kasino hinter 12 m hohen Plexiglaswänden ein 270 m² großes Lion Habitat bauen. In unmittelbarer Nachbarschaft von Spielautomaten und Pokertischen beschäftigen sich in der imitierten Savannenlandschaft speziell ausgebildete Tiertrainer mit Löwen, die außerhalb der täglichen Showtime auf einer Farm bei Las Vegas leben (jederzeit frei zugänglich).

Auch das Hotelkasino **Flamingo Hilton** 15 beweist mit einem Wildlife Habitat Tierliebe. Ein ausgedehnter Innenhof wurde zusammen mit einer attraktiven Poollandschaft in eine 6500 m² große Naturoase umgestaltet, in der man sich zwischen sprudelnden Bächen und Palmenhainen an die Karibik erinnert fühlt. Flamingos, Pinguine, Schwäne, Enten, Wasserschildkröten, Fische und Kakadus haben dort ein neues Zuhause gefunden. Ein besonderes Ereignis sind die Fütterungen der Pinguine tgl. um 8.30 und 15 Uhr (Eintritt frei).

Am südlichen Strip gelegen, bietet das **Mandalay Resort** 16 für Tierfreunde ein Hai-Aquarium. In Gestalt eines versunkenen antiken Tempels gebaut, tummeln sich dort gefährliche und ungewöhnliche Wassertiere aus aller Welt wie etwa 16 unterschiedliche Haiarten, Krokodile, Meer- und Süßwasserfische und in einem zylindrischen Becken Quallen, deren Schönheit durch entsprechende Beleuchtung unterstrichen wird (So–Do 10–20, Fr, Sa 10–22 Uhr, Erw. 16,95 $, Kinder ab 12 J. 10,95 $).

Kostenlose Open-Air-Shows

Neben der allabendlichen Seeschlacht vor dem Treasure Island Casino (s. links) und der Licht- und Wassershow vor dem Bellagio (s. links) gibt es andere Shows, mit denen Las-Vegas-Besucher bei Laune gehalten werden – und zwar kostenlos. Als zugkräftig erweist sich Abend für Abend mit **Fremont Street Experience** 17 ein Hightech-Spektakel in Downtown. Schon vor Jahren wurde der künstliche Himmel über der vier Häuserblocks langen Fremont Street mit ca. 2 Mio. LEDs in eine gigantische Projektionsfläche verwandelt, auf der von Computern gesteuerte Programme einen von einem 540 000-Watt-Soundsystem unterstützten Zusammenschnitt von Videoclips ablaufen lassen (Fremont St., nach Einbruch der Dunkelheit bis 24 Uhr).

Mehrere römische Brunnen mit ›antiken‹ Brunnenfiguren sorgen in der Einkaufsmeile **Forum Shops** von **Caesar's Palace** (s. S. 256) für ein Flair, das an die Ewige Stadt am Tiber erinnern soll. In neonfarbenes Licht getaucht, beginnen sich während der Vorführungen auf zwei der Brunnen die nur scheinbar aus Stein geschlagenen Statuen plötzlich zu bewegen. Von den Wasserflächen steigen Nebel auf, während sich die steinernen Monumente im Laufe der von Lautsprechern übertragenen Geschichte in Fabelwesen verwandeln (3570 Las Vegas Blvd. S., So–Do 10–23, Fr, Sa 10–24 Uhr jede volle Stunde).

Zu den ersten kostenlosen Freiluftattraktionen am Strip gehörte im Jahr 1989 **The Volcano** vor dem **Mirage Hotel** (s. S. 257). Seit damals stößt der von Palmen und Wasserflächen umgebene 16 m hohe Feuerberg allabendlich Flammen und Rauch aus, während geschmolzene Lava seine Flanken herabfließt und grollender Donner schon die nächsten Eruptionen ankündigt (3400 Las Vegas Blvd. S., tgl. 19–24 Uhr alle 15 Min.).

Attraktionen mit Nervenkitzel

Da heutzutage jeder noch so kleine Vergnügungspark auf einen nervenzerfetzenden Fahrbetrieb nicht verzichten will, beeilte sich Las Vegas, entsprechende Einrichtungen in sein Abonnement auf Superlative aufzunehmen. Bestes Beispiel dafür ist der 356 m hohe **Stratosphere Tower 18.** Um das Observation Deck kreist in 270 m Höhe mit X-Scream die höchste Achterbahn der Welt. Wem der damit verbundene Adrenalinschock noch nicht die Knie weich gemacht hat, kann sich mit Big Shot 48 m weiter bis fast an die Spitze des Turms katapultieren lassen. Bei Insanity schwingt ein beweglicher Träger Fahrgäste an einer spinnenähnlichen Metallkonstruktion fast 300 m über dem Erdboden ins Freie (2000 Las Vegas Blvd. S., Tel. 702-380-7711, www.stratospherehotel.com, 12–13 $ je Fahrt, Lift zum Aussichtsdeck Erw. 15,95 $, Kinder 10 $, für Lift inkl. Fahrten gelten Sonderpreise).

Achterbahnfreaks kommen auch in 60 m Höhe über den Zinnen von **New York New York** auf ihre Kosten (tgl. 10.30 Uhr bis Mitternacht, 14 $) oder im **Sahara Hotelcasino 19,** wo man außer in die Achterbahn (Einzelfahrt 10 $) auch in umgebaute Rennwagen steigen und seine Fahrkünste vor einer Videowand beweisen kann (2535 Las Vegas Blvd. S., Tel. 702-737-2111, www.saharavegas.com, 10 $). ›Manege frei‹ lautet die Devise in **Circus Circus 20,** dem familienfreundlichsten Hotelkasino der Stadt, in dem man von Clowns, fliegenden Menschen an Trapezen und Jongleuren kostenlos unterhalten wird. Zum überdachten Rummelplatz gehört mit **Adventuredome** einer der größten, geschlossenen Vergnügungsparks der USA u. a. mit der Achterbahn Canyon Blaster mit Doppelloop und Doppelschraube (tgl. 10–24 Uhr, www.adventuredome.com, Tagespass Erw. 26,95 $, Kinder 16,95 $).

Die beliebtesten Buffets

Las Vegas hat nicht nur als Amüsiermekka eine beeindruckende Karriere absolviert, sondern auch als Feinschmeckerparadies. Zahlreiche Büfetts und Restaurants eroberten sich unter der Kochlöffelregie preisgekrönter Küchenchefs wie Wolfgang Puck, Emeril Lagasse oder Bradley Ogden längst einen Stammplatz im Gourmethimmel.

Gemeinhin werden das **Bellagio Buffet** (Tel. 702-693-7223, Gourmet Dinner 37 $), das **Le Village Buffet** im Paris Las Vegas Casino (Tel. 702-946-7000, Dinner 24,95 $) und das **Carnival World Buffet** im Rio Casino (Tel. 702-777-7757, Dinner 25 $, hier ist die Flasche Wein mit 10 $ am günstigsten) zu den besten Büfett-Tipps gezählt. In die Reihe der empfehlenswerten Selbstbedienungsküchen gehören das **MGM Grand Buffet** (Tel. 702-891-7433, Dinner 26 $), das **Cravings** im Mirage (Tel. 702-791-7111, Dinner 26 $) und das **Bayside Buffet** im Mandalay Bay Hotel (Tel. 702-632-7402, Dinner 28 $). Das **Wynn Las Vegas Buffet** ist zwar mit ca. 34–38 $ fürs Dinner mit Abstand das teuerste, was aber nicht bedeutet, dass es die anderen Adressen qualitativ ausstechen würde.

Infos

Las Vegas Visitor Information Center: 3150 Paradise Rd., Las Vegas, NV 89109, Tel. 702-892-7575, www.visitlasvegas.com.

Übernachten

Nobler geht es nicht ▸ Wynn Las Vegas 1: 3131 Las Vegas Blvd. S., Tel. 702-770-7555, www.wynnlasvegas.com. Geräumige Zimmer, hervorragend ausgestattete Suiten, Edelrestaurants, schicke Cafés, Bars und exklusive Einkaufsmöglichkeiten genügen selbst höchsten Ansprüchen. Auch der Service ist perfekt. Ab ca. 270 $.

Älter und preisgünstiger ▸ Sahara 2: 2535 Las Vegas Blvd. S., Tel. 702-737-2111, www.saharavegas.com. Moderater Komfort, aber das über 1700 Zimmer große Hotel gehört zu den ›Schnäppchenunterkünften‹ in der Stadt. DZ ab ca. 50 $.

Essen & Trinken

Edelrestaurant ▸ Picasso 1: 3600 Las Vegas Blvd. S., Bellagio Hotel, Tel. 702-693-7223, www.bellagio.com, Mi–Mo 18–21.30 Uhr. Eines von drei Restaurants in Las Vegas, deren Qualität dem berühmten Michelin-Gourmetführer zwei Sterne wert sind. Ab ca. 60 $.

Ein Stück Bayern ▸ Hofbräuhaus 2: 4510 Paradise Rd., Tel. 702-853-2337, www.hofbrauhauslasvegas.com, tgl. ab 11 Uhr. Kulinarisches Refugium mit Currywurst, Zwiebelrostbraten und bayerischem Brotzeitteller nicht nur für heimwehkranke Deutsche. Ab 8 $.

Einkaufen

Riesiges Einkaufszentrum ▶ **Boulevard Mall 1:** 3528 S. Maryland Pkwy., www.boulevardmall.com, Mo–Sa 10–21, So 11–18 Uhr. 140 Geschäfte, Mode, Sport, Elektronik, Spielwaren, Bücher, Schmuck.

Direkt aus der Fabrik ▶ **Las Vegas Outlet Center 2:** am südlichen Strip, www.premiumoutlets.com, Mo–Sa 10–21, So 11–18 Uhr. Markenmode auch für Kinder; **Premium Outlets 3:** südlich von Downtown, www.premiumoutlets.com. Mo–Sa 10–21, So 11–18 Uhr. Gleiches Angebot wie beim Las Vegas Outlet Center.

Shopping-Flagschiff ▶ **Fashion Show Mall 4:** 3200 Las Vegas Blvd S., www.thefashionshow.com, Mo–Sa 10–21, So 11–19 Uhr. Äußerlich futuristisches Einkaufszentrum mit Kaufhäusern wie Saks Fifth Avenue, Dillard's, Neiman Marcus und Macy's sowie 250 Läden, Boutiquen und Restaurants.

Abends & Nachts

Coole Aussicht ▶ **Mix Lounge 1:** 3950 Las Vegas Blvd. S., THEhotel at Mandalay Bay, Tel. 702-632-9500, www.mandalaybay.com. Die Lounge auf der 43. Etage bietet gegen Abend einen grandiosen Blick auf das lichterglänzende Las Vegas.

Nachtschwärmerziel ▶ **Playboy Club 2:** 4321 W. Flamingo Rd., Palms Hotel, Tel. 702-942-7777, www.palms.com. Auf der 51. Etage tummeln sich hier echte Häschen. Cocktails nimmt man an der Diamond Bar zu sich, die aus 10 000 Kristallen zusammengesetzt ist. Zwei Stockwerke höher liegt der Moon Nightclub mit verschiebbarem Dach.

Rock-Mekka ▶ **Hard Rock Cafe 3:** 4455 Paradise Rd., Tel. 702-693-5000, www.hardrockhotel.com, So–Do 11–24, Fr, Sa 11–1 Uhr. Das Lokal der Hard-Rock-Kette ist auf drei Etagen mit vielen Memorabilien von Rockstars ausgestattet, die sich gelegentlich auch auf der hauseigenen Bühne zeigen. Im Laden werden Hard-Rock-Souvenirs wie T-Shirts und Geschenkartikel verkauft.

Aktiv

Wellness pur ▶ **Qua Baths & Spa 1:** Caesar's Palace, 3570 Las Vegas Blvd. S., Tel. 702-731-7822, www.harrahs.com/quacaesarspalace. Im Arctic Ice Room herrschen 13 °C, und aus dem Kuppeldach rieselt künstlicher Schnee.

Luxusambiente ▶ **Bathhouse 2:** THEhotel, 3950 Las Vegas Blvd. S., Tel. 1-877-632-9636, www.mandalaybay.com. Dampfbäder mit Marmorfußböden, Saunen, Massagen.

Rundum wohlfühlen ▶ **Nurture Spa 3:** Luxor Hotel, 3900 Las Vegas Blvd. S., Tel. 702-262-4444, www.luxor.com. Großes Angebot an Massagen und Anwendungen, Sauna, Fitnesscenter.

Verkehr

Flüge: McCarran International Airport, nur 1 Meile vom südlichen Strip entfernt, 5757 Wayne Newton Blvd., Tel. 702-261-5211, http: //mccarran.com. Der Flughafen wird von nationalen und internationalen Fluglinien angeflogen, u. a. von Condor ab Frankfurt und von LTU ab Düsseldorf. Taxen zum Strip 12–20 $. Bell-Trans-Shuttlebusse fahren vom Flughafen zum Strip (Tel. 702-739-7990, 6,50 $) und nach Downtown (8 $).

Züge: Las Vegas besitzt keinen Bahnanschluss.

Busse: Greyhound Lines, 200 S. Main St., Tel. 702-383-9792, www.greyhound.com. Zentraler Busbahnhof.

Fortbewegung in der Stadt

Deuce-Doppeldeckerbusse: Sie verkehren auf dem Strip zwischen Downtown und südlichem Strip (pro Fahrt 3 $).

Las Vegas Strip Trolleys: Die Busse fahren die größeren Kasinos an (Einzelfahrt 2,50 $, Tagespass bis 17 Uhr 4,25 $, Nachtpass 17–24 Uhr 4,25 $).

Monorail: Die automatisierte Hochbahn verkehrt auf der 4 Meilen langen Strecke zwischen MGM Grand und Sahara Casino (Fahrt 5 $, Tagespass 12 $, www.lvmonorail.com).

Kasinobahnen: Sie verbinden kostenlos die Kasinos Mirage und Treasure Island sowie Excalibur, Luxor und Mandalay Bay.

Zahlreiche Aussichtspunkte erlauben Ausblicke auf die Steilküste von Big Sur

Kapitel 4

Zwischen Los Angeles und San Francisco

Kaum irgendwo auf amerikanischem Boden begegnen sich Meer und Kontinent auf so dramatische Weise wie an der Pazifikküste zwischen Los Angeles und San Francisco. Von der gesamten, 845 Meilen langen kalifornischen Küstenlinie gelten die ca. 300 Meilen zwischen Los Angeles und der Bucht von Monterey als Zentralküste.

Auf dem südlichsten Abschnitt geht der legendäre Highway No. 1 in der durch Oxnard und Ventura nach Santa Barbara führenden Schnellstraße Highway 101 auf. Am nördlichen Ende führt die Traumstraße Amerikas zwischen Monterey und Santa Cruz an der idyllischen Bucht von Monterey entlang. Diese Route ist nichts für Raser hinter dem Steuer, sondern ein eindrucksvolles Abenteuer für Genießer, die den Küstenbummel durch dramatische Landschaften auskosten wollen.

Denn neben dem Fahrspaß über teilweise achterbahnähnliche Strecken bietet die Tour spektakuläre Naturerlebnisse: atemberaubende Landschaften mit schroffen Klippen, stillen Buchten und felsigen Landvorsprüngen, interessante Naturschutzreservate für Robben, Seelöwen und Seeelefanten, die man aus nächster Nähe beobachten kann, versteckte State Parks zum Wandern oder Campen und fast konkurrenzlose Surfstrände.

In Städten wie Santa Barbara, Santa Cruz und Carmel erinnern im 18. Jh. gegründete Missionen an die Geschichte Kaliforniens, während es im skandinavisch angehauchten Solvang, in Monterey um Pioniervergangenheit bzw. um wirtschaftliche Aktivitäten geht.

Auf einen Blick

Zwischen Los Angeles und San Francisco

Sehenswert

6 **Hearst Castle:** In der Hügellandschaft oberhalb des Küstendorfes San Simeon ließ sich der berühmte Pressezar William Randolph Hearst ein Schloss bauen, das zu den bekanntesten Sehenswürdigkeiten in Kalifornien zählt und das Jahr für Jahr über eine Million Schaulustige anzieht (s. S. 284).

7 **Monterey:** Die frühere Sardinenmetropole ist in den letzten Jahrzehnten dank John Steinbeck und seinem Roman »Straße der Ölsardinen« zu einem touristischen Schwergewicht geworden (s. S. 290).

Schöne Routen

Auf dem Highway No. 1 von San Simeon nach Carmel: Auch wer nicht die Zeit für eine Küstentour über die gesamte Distanz zwischen Los Angeles und der San-Francisco-Bucht hat, ist gut beraten, zumindest die Strecke zwischen San Simeon und Carmel auf dem Highway No. 1 zurückzulegen. Auf diesem Abschnitt mäandert die schmale, kurvige Straße direkt am Pazifiksaum entlang und erlaubt von vielen Aussichtspunkten wunderbare Ausblicke auf die zerklüftete, kaum verbaute Küste von Big Sur (s. S. 286).

17 Mile Drive: Zwischen Carmel und dem hübschen Monterey folgt der zerklüfteten Küstenlinie abseits der Durchgangsstraße mit dem 17 Mile Drive eine reizvolle Panoramaroute. Die Privatstraße ist auf jeder Meile die Maut wert, die man bezahlen muss (s. S. 289).

Meine Tipps

Indianische Graffiti: In einer kleinen Höhle in der Nähe von Santa Barbara sind indianische Felsmalereien aus der Zeit zu sehen, als europäische Seefahrer und Entdecker bereits ein Auge auf die kalifornische Pazifikküste warfen (s. S. 278).

Beim Schaulaufen der Schwergewichte: In Piedras Blancas an der Küste nördlich von San Simeon kann man das ganze Jahr hindurch eine Kolonie von Seeelefanten aus nächster Nähe kostenlos beobachten (s. S. 285).

aktiv unterwegs

Wandern und paddeln im Channel National Park: Die acht ›Landkrümel‹ Anacapa, San Miguel, Santa Barbara, Santa Cruz und Santa Rosa bilden vor der kalifornischen Küste den kaum berührten Channel Island National Park, ein Kajak- und Wandergebiet vom Feinsten (s. S. 270).

Mit dem ATV oder zu Fuß in den Oceano Dunes: Das Dünen- und Strandparadies Oceano Dunes State Vehicular Recreation Area bei Pismo Beach ist ein wahrer Open-Air-Tummelplatz für Groß und Klein (s. S. 282).

Hiking im Hügelland der San Gabilan Mountains: Auf einem knapp 14 km langen Trail kann man die vulkanische geprägte Landschaft des Pinnacles National Monument kennenlernen (s. S. 300).

Central Coast

Zerklüftete Steilküsten, herrliche Buchten und von der Brandung geglättete Sandstrände machen die kalifornische Zentralküste zwischen Los Angeles und Monterey zur Augenweide. Größere Städte wie Santa Barbara sind selten. Man bummelt eher durch kleinere Orte und provinzielle Landschaften, deren Einwohner vom schnelllebigen Lifestyle des Golden State noch relativ wenig infiziert zu sein scheinen.

Auf dem Weg nach Santa Barbara

Oxnard ► 1, H 14

Als größte Stadt im Ventura County hat sich **Oxnard** einen Namen als Wassersportzentrum gemacht. Ob Walbeobachtung, Kajak oder Tauchen: Der Channel Islands Harbor ist ein passender Ausgangspunkt für solche Aktivitäten. Dass die in Kalifornien weit verbreitete Landwirtschaft auch diese Stadt fest im Griff hat, beweist das jeweils am 3. Maiwochenende veranstaltete California **Strawberry Festival,** bei dem sich alles um Erdbeeren dreht, die auf riesigen Feldern um die Stadt angebaut werden.

Ventura ► 1, H 14

Längst ist Oxnard mit **Ventura** zu einem Ballungsraum verschmolzen. Die Stadt verdankt ihre Existenz dem Franziskanerpater Junípero Serra, der 1782 hier mit der **Mission San Buenaventura** seine letzte Missionsstation gründete. Seit damals büßte die im Stadtzentrum gelegene Anlage, die nur noch aus einer Kirche besteht, viel von ihrem Charme ein, weil im Zuge der Bebauung die früher einmal bestehenden Gärten neuen Straßen und Häuserzeilen weichen mussten. Ein kleines Museum veranschaulicht das frühere Missionsleben (211 E. Main St., Tel. 805-643-4318, www.sanbuenaventuramission.org, Museum Mo–Fr 10–17, Sa 9–17, So 10–16 Uhr, Erw. 2 $, Kinder 0,50 $). Eine Ergänzung zu den gezeigten Exponaten bilden die Ausstellungen im nicht weit entfernten **Museum of Ventura County** (100 E. Main St., Tel. 805-653-0323, www.venturamuseum.org, Di–Do, Sa, So 11–18, Fr 11–20 Uhr, Eintritt frei) und im **Albinger Archaeological Museum** (113 E. Main St., Tel. 805-648-5823, Juni–Aug. Mi–So 10–16, sonst Mi–Fr 10–14, Sa, So 10–16 Uhr).

Wer sich eher für das moderne Stadtleben interessiert, flaniert über den am nördlichen Ende des San Buenaventura State Beach gelegenen **Ventura Pier,** den längsten aus Holz gebauten Pier an der kalifornischen Küste, ein reizvoller Logenplatz, um Anglern und Wellenreitern am Surfers' Point zuzuschauen. In den 1880er-Jahren war der Pier Schauplatz einer Katastrophe, als in nächster Nähe einer der ersten Öltanker der Welt in Flammen aufging und sank. Auf einer Länge von 13 Meilen führt ein Rad- und Wanderpfad an der Küste entlang, auf dem man sich die salzige Luft um die Nase wehen lassen kann.

In Ventura lebte viele Jahre lang Erle Stanley Gardner (1889–1971), der sich einen Ruf als Top-Jurist machte, aber noch bekannter wurde als unter dem Pseudonym A. A. Fair arbeitender Kriminalschriftsteller und geistiger Vater des Strafverteidigers Perry Mason. Wer sich für Schauplätze aus den Krimis des Autors interessiert, kann sich auf einer Online-Tour unter der Webadresse www.phantombookshop.com/erlestanleygardner/virtualtour.htm informieren.

Aktiv

Bootsausflüge ▶ Island Packers: fährt zu den Channel Islands, s. S 270.

Santa Barbara ▶ 1, G 14

Cityplan: S. 274

Weiße Stuckfassaden, rote Ziegeldächer, von schmiedeeisernen Balustraden umgebene Balkone, Bananenstauden, die ihre Riesenblätter über Adobe-Mauern hängen lassen, und Hauswände mit Bougainvillea-Dekor in allen Farben: Das 93 000 Einwohner große **Santa Barbara** gilt aus gutem Grund als schönste Stadt an der Zentralküste. Diese Reputation hat jedoch ihren Preis: Nirgends sind die Immobilien- und Lebenshaltungskosten so hoch wie hier.

Dass die spanischen Eroberer dem Landstrich im 18. Jh. den Namen Tierra Adorada (Geliebtes Land) gaben, ist in Anbetracht der natürlichen Voraussetzungen verständlich. Die Santa Ynez Mountains und die San Rafael Mountains schirmen Stadt und Küste gegen von Norden eindringende kühle Winde ab

Robben und Seevögel bevölkern die Channel Islands

aktiv unterwegs

Wandern und paddeln im Channel Island National Park

Tour-Infos

Start: Scorpion Valley Campground
Dauer: Drei Stunden bis mehrere Tage
Beste Wassersportsaison: Mai–Okt.
Anbieter von Kajaktouren: Aquasports, 111 Verona Ave., Goleta bei Santa Barbara, Tel. 805-968-7231, www.islandkayaking.com. – Paddle Sports of Santa Barbara, 117B Harbor Way, Santa Barbara, Tel. 805-899-4925, www.kayaksb.com. Inseltransport und Kajakausrüstung ist jeweils inklusive.
Online-Infos: www.nps.gov/chis (offizielle Website des Nationalparks)
Transport: Mit dem Schiff: Island Packers, 1691 Spinnaker Dr., Suite 105 B, Ventura, Tel. 805-642-1393, www.islandpackers.com (regelmäßige Fährverbindungen) – Mit dem Flugzeug: Channel Island Aviation, 305 Durley Ave., Camarillo, Hwy 101, ca. 20 Meilen südlich von Ventura, Tel. 805-987-1301, www.flycia.com (25-minütige Flüge nach Santa Rosa Island).

Eine Kette faszinierender Inseln liegt vor der kalifornischen Küste zwischen Los Angeles und Santa Barbara. Von den acht ›Landkrümeln‹ bilden Anacapa, San Miguel, Santa Barbara, Santa Cruz und Santa Rosa den von moderner Zivilisation kaum berührten **Channel Island National Park** (▶ 1, F–J 14–16). Um jedes Eiland dehnt sich ein 11 km breites Meeresschutzgebiet aus, um die einzigartige maritime Flora und Fauna in diesem entrückten Paradies zu erhalten – geradezu ein Geheimtipp für Kajaksportler. Auch die Landmasse unterliegt seit der Gründung des Nationalparks 1980 striktem Naturschutz, was die Inseln zu einem Wandergebiet weit jeglicher Zivilisation macht.

Wie kommt man überhaupt in den Nationalpark? Von Ventura und Oxnard fahren die Schiffe von Island Packers auf alle fünf Nationalparkinseln. Am einfachsten zu erreichen sind Anacapa, Santa Barbara und Santa Cruz, die auch von den Touranbietern (s. o.) genutzt werden. Beide Unternehmen unterhalten auf **Santa Cruz** im äußersten Osten bei **Scorpion Anchorage** Kajakcamps, die als Basis dienen. Dort beginnen die ein- oder mehrtägigen Touren, die hauptsächlich die Nordküste der Insel zum Ziel haben. Zerklüftete Lavaformationen und viele von der Brandung ausgewaschene Meereshöhlen bilden dort eine atemberaubende Szenerie.

Die Paddeltouren dauern in der Regel etwa drei Stunden und eignen sich auch für Amateure, die noch nie ein Kajak gesteuert haben. Übernachten kann man auf dem **Scorpion Valley Campground** oder dem 23 km entfernten **Del Norte Campground** (obligatorische Reservierungen unter Tel. 877-444-6777 oder www.recreation.gov, 15 $ Tagesgebühr). Beide Campingplätze verbindet ein Wanderweg, der durch das zerklüftete Insel-

und schaffen klimatische Verhältnisse wie am Mittelmeer. Auch die Architektur erweckt den unamerikanischen Eindruck, als sei ein Stück Andalusien an den Pazifik verpflanzt worden.

Als ein Erdbeben 1925 die meisten Gebäude zerstört hatte und die städtische Baubehörde Möglichkeiten für einen architektonischen Neuanfang sah, entschieden sich die Stadtväter für den traditionellen spanischen Missionsstil, der schon die 21 Missionen am Camino Real geprägt hatte und der Santa Barbara ein attraktives einheitliches Stadtbild verschaffen sollte. Heute sind die von Palmen und Akazien gesäumten Straßenzüge im Zentrum zwar nach US-Manier im Schachbrettmuster angelegt. Aber hie und da führen Passagen und schmale Gassen in blumengeschmückte Innenhöfe mit plätschernden

innere und über die höchsten Erhebungen führt. Eine kürzere, ebenso anstrengende Hikingtour hat den Kieselstrand bei Smugglers Cove zum Ziel (hin und zurück 11,2 km). Nur 3,2 km lang ist der Cavern Point Loop, bietet aber wunderbare Aussichten.

Auf dem aus drei Eilanden bestehenden **Anacapa** landen die Fähren im äußersten Inselosten. Ähnlich wie auf Santa Cruz erhalten Teilnehmer dort eine grundsätzliche Instruktion für die folgenden Drei-Stunden-Touren auf dem Meer, die u.a. die spektakuläre **Cathedral Cove** mit einem langen Felstunnel und den 12 m hohen **Arch Rock** zum Ziel haben, einen grandiosen Naturbogen. Beim Paddeln entlang der wildromantischen Küstenlinie hat man gute Chancen, Seelöwen, Robben und Braune Pelikane zu beobachten, von den Fischen im kristallklaren Wasser ganz abgesehen. Wandern ist nur auf **East Anacapa** erlaubt, wo es ca. 3 km lange Trails gibt. Kleinste Insel im Nationalpark ist das nur 260 ha große, gebirgige **Santa Barbara,** wo ein in der **Landing Cove** stationierter Ranger darüber wacht, dass Besucher die 8 km langen Wanderwege nicht verlassen. Kajaker können das Eiland auf einer Tagestour umrunden.

Brunnen oder in offene Einkaufszentren mit einladenden Straßencafés. Ein Auto ist im Zentrum eher hinderlich, weil man es ohnehin kaum irgendwo kostengünstig abstellen kann.

Zu Fuß durch das Zentrum

Eine Stadtbesichtigung beginnt man praktischerweise im Zentrum bei einem der auffälligsten Gebäude. Im Stil einer mexikanischen Hazienda erbaut, gilt das monumentale **County Courthouse** 1 als eines der schönsten staatlichen Gebäude auf US-Boden. Der einen gesamten Straßenblock einnehmende Komplex konnte vier Jahre nach dem großen Erdbeben von 1925 eingeweiht werden und profitiert nicht nur von seiner anmutigen Architektur, sondern auch von den umgebenden exotischen Garten- und Parkanlagen. Den Mural Room im ersten Obergeschoss stattete der lokale Künstler Dan Sayre Groesbeck mit bis an die Balkendecke reichenden Wandgemälden aus, auf denen die Geschichte des Golden State und der spanischen Missionen in leuchtenden Farben dargestellt ist. Per Aufzug können sich Besucher auf den 26 m hohen Glockenturm El Mirador hieven lassen, von wo man einen fantastischen Blick über die Stadt genießt (1100 Anacapa St., Tel. 805-962-6464, www.sbcourts.org, El Mirador Mo–Fr 8–16.45, Sa, So 10–16.45 Uhr, Führungen durch das Gebäude tgl. außer So um 14 Uhr).

Am Informationsstand im County Courthouse bekommt man einen Plan für die Red Tile Walking Tour, die im Stadtkern durch ein zwölf Straßenblocks umfassendes Areal mit mehreren Sehenswürdigkeiten führt. Dazu zählt **El Presidio de Santa Barbara** 2, wo die Spanier im Jahr 1782 mit einem Fort den Grundstein für die Stadt legten. Zweck der Befestigungsanlage war, sowohl die Mission als auch die Siedler vor Indianerangriffen zu schützen, einen Verwaltungssitz einzurichten und den Anspruch der spanischen Krone auf das Territorium abzusichern (123 E. Canon Perdido St., Tel. 805-965-0093, www.sbthp.org/presidio.htm, tgl. 10.30–16.30 Uhr, 5 $, Kinder unter 16 J. freier Eintritt).

Noch ein Stück weiter als El Presidio führt das **Historical Museum** 3 in die Geschichte der Stadt zurück. Ausstellungsstücke der früher in der Region lebenden Chumash-Indianer gehen bis auf das 15. Jh. zurück. Hinzu kommen Fotografien, Textilien und Mobiliar aus der spanischen Kolonialzeit, aus der mexikanischen Ära seit 1823 und aus der US-Zeit seit 1850 (136 E. De La Guerra St., Tel. 805-966-1601, www.santabarbaramuseum.com, Di–Sa 10–17, So 12–17 Uhr, Mo geschl., Eintritt frei).

Ein Einkaufsvergnügen der besonderen Art beschert konsumfreudigen Stadtbesuchern der in den 1920er-Jahren entstandene **El Paseo Nuevo** 4. Das Einkaufszentrum zählt zu den ältesten in Kalifornien. Wie in einem bunt zusammengewürfelten mexikanischen Dorf reihen sich Boutiquen, die beiden Kaufhäuser Macy's und Nordstrom, Restaurants, Straßencafés und Souvenirläden aneinander. Orangenbäume, blühende Hibiskussträucher, Blumenkübel, Palmen, begrünte Fassaden, Sitzgelegenheiten zum Ausruhen und plätschernde Brunnen verleihen der gesamten Anlage ein romantisches Flair, das allerdings nicht darüber hinwegtäuschen kann, dass in den eleganten Fachgeschäften deftige Preise verlangt werden. In umliegenden Parkhäusern findet man immer einen Parkplatz. Drei hübsche Plätze mit Straßencafés, in denen man unter bunten Sonnenschirmen sitzen kann, geben dem Ganzen ein mediterranes Ambiente (812 State St.).

An der State Street weiter nördlich geht es im **Museum of Art** 5 um Kunst aus unterschiedlichen Regionen der Welt. Die Einrichtung beschäftigt sich im Wesentlichen mit der Antike, chinesischer, japanischer, indischer und tibetischer Kunst, europäischer Malerei des 19. und frühen 20. Jh., aber auch mit Werken amerikanischer Künstler wie Albert Bierstadt, George Inness, John Singer Sargent, Edward Hopper und Frederic Remington. Im Museumscafé kann man sich bei Kaffee oder Tee und kleineren Gerichten eine Pause gönnen (1130 State St., Tel. 805-963-4364, www. sbmuseart.org, Di–So 11–17 Uhr, Erw. 9 $, Kinder 6–17 J. 6 $, So Eintritt frei).

Von der zentralen State Street führen Pflastergassen in **La Arcada** 6 zu Geschäften, Cafés, Kunstgalerien, öffentlich aufgestellter Kunst und zu einem noch geöffneten Friseurgeschäft, in dem die gesamte Einrichtung an längst vergangene Zeiten erinnert. Unter Sonnenschirmen kann man an kleinen Tischen bei Café und Kuchen eine Rast einlegen und die entspannte Atmosphäre vor oder nach einem Zug durch die Ladenlandschaft auf sich wirken lassen (1114 State St., www.laarcadasantabarbara.com).

Am Hafen

Auf dem Weg vom Stadtzentrum zum Hafen kann man eine Naturattraktion besichtigen. Der **Moreton Bay Fig Tree** 7 ist angeblich der größte Feigenbaum (*ficus macrophylla*) der Welt. Der mit einer 50 m breiten Krone ausgestattete Riese soll der Legende zufolge von einem Seemann 1876 aus Australien mitgebracht und später an die heutige Stelle verpflanzt worden sein. Ob der Rekordanspruch gerechtfertigt ist oder nicht: Der imposante Gummibaum ringt jedem Betrachter Bewunderung ab. Leute, die es genau wissen wollen, haben errechnet, dass in seinem Schatten 1000 Menschen Platz finden (Ecke Chapala/Montecito Sts., www.beachcalifornia.com/sbtree.html).

Beliebtester Treffpunkt der Stadt für Einheimische und Fremde gleichermaßen ist die gut 800 m ins Meer hinausreichende **Stearns Wharf** 8. Ein zum 200-jährigen Bestehen der Stadt aufgestellter Brunnen mit Delfinskulpturen am Fuße der State Street markiert den Zugang zu dem auf Holzpfählen stehenden Riesenpier aus dem Jahr 1872. Früher gingen dort Frachter und Passagierschiffe vor Anker. In den 1930er-Jahren stellten Wassertaxis und kleine Fähren die Verbindung zu schwimmenden Kasinopalästen vor der Küste her. Geschäfte, Imbisse, Restaurants und Anglerplätze machen die Wharf zu einem populären ›Stadtteil‹ von Santa Barbara. Der Blick vom äußersten Ende des Piers auf die Stadt und die dahinter wie Ränge eines Amphitheaters ansteigenden Berge ist abends überwältigend (219 Stearns Wharf, www.stearnswharf.org, immer geöffnet).

Als Teil des Museum of Natural History hat das auf dem Pier gelegene **Sea Center** 9 mit Seesternen, Seeigeln und Tintenfischen das Meeresleben vor der kalifornischen Küste zum Thema. Bereits in der zweistöckigen Lobby werden Besucher vom 12 m langen Modell einer Grauwalmutter mit Jungem in Empfang genommen (Tel. 805-962-2526, www.sbnature.org, tgl. 10–17 Uhr, Erw. 8 $, Kinder 13–17 J. 7 $).

Santa Barbara Zoo und Andree Clark Bird Refuge

Nicht nur kalifornische Arten, sondern exotische Tiere aus aller Welt sind im **Santa Barbara Zoo** 10 im Osten von Downtown zu sehen. Mit einem Minizug (2 $) können sich Besucher einen ersten Überblick über den Tiergarten verschaffen, in dem Elefanten, Tiger, Löwen, Gorillas, Alligatoren, Flamingos, Pinguine und viele Reptilienarten zu Hause sind. Giraffen und Papageien darf man eigenhändig füttern (500 Ninos Dr., Tel. 805-962-5339, www.santabarbarazoo.org, tgl. 10–17 Uhr, Erw. 12 $, Kinder 2–12 J. 10 $, Parkgebühren 5 $).

In der Nähe des Zoos an der Seeseite finden neben Wildenten und Wildgänsen im **Andree Clark Bird Refuge** 11 viele andere Vogelarten einen idealen Lebensraum. Ein Radweg und ein Wander- und Joggingpfad erschließt das unter Naturschutz stehende Feuchtgebiet (1400 E. Cabrillo Blvd., Tel. 805-564-5418, tgl. Sonnenauf- bis Sonnenuntergang, Eintritt frei).

Mission Santa Barbara

Die für die ganze Stadt repräsentative spanische Bauweise prägt auch die 1820 fertiggestellte **Mission Santa Barbara** 12, die auf einem Hügel über der Stadt liegt. Pater Fermin Lasuen, einer der eifrigsten Gründerväter, hatte die 10. Station am Camino Real 1786 errichtet. Als einzige in Kalifornien ist sie bis heute ohne Unterbrechung im Besitz des Franziskanerordens geblieben. Zu Beginn des 19. Jh. erhielt sie den Status der kalifornischen Muttermission und wird seitdem ihrem Beinamen Königin der Missionen durch eine wohlproportionierte Architektur mit zwei Doppeltürmen aus hellen Sandsteinblöcken und ihrer malerischen Lage gerecht. Der heutige Bau hatte drei Vorgänger, von denen nichts mehr übrig geblieben ist. Nachdem ein Erdbeben 1925 die Kirche in Mitleidenschaft gezogen hatte, wurde sie im Originalstil restauriert. Zahlreiche mexikanische Kunstwerke stammen aus dem 18. und 19. Jh. Zwei der Frontseite zugewandte Gemälde sind über 200 Jahre alt (2201 Laguna St., Tel. 805-682-4149, http://santabarbaramission.org, tgl. 9–17 Uhr, 5 $).

Museum of Natural History und Botanic Garden

Auf anschauliche Weise präsentiert das im Nordosten der Stadt gelegene **Museum of**

Santa Barbara

Sehenswert
1. County Courthouse
2. El Presidio
3. Historical Museum
4. El Paseo Nuevo
5. Museum of Art
6. La Arcada
7. Moreton Bay Fig Tree
8. Stearns Wharf
9. Sea Center
10. Santa Barbara Zoo
11. Andree Clark Bird Refuge
12. Mission Santa Barbara
13. Museum of Natural History
14. Santa Barbara Botanic Garden

Übernachten
1. Harbor View Inn
2. White Jasmine Inn
3. West Beach Inn
4. Presidio Motel
5. Mason Beach Inn
6. Santa Barbara Tourist Hostel
7. Carpinteria State Beach

Essen & Trinken
1. Tupelo Junction Café
2. Aldo's
3. Petit Valentien
4. Palazzio
5. Palace Grill

Einkaufen
1. Jedlicka's
2. Brinkerhoff Avenue
3. Arcobaleno Trade

Abends & Nachts
1. Granada Theatre
2. James Joyce
3. Madison's

Aktiv
1. Trolley Tours
2. Santa Barbara Beach
3. Adventure Company of Santa Barbara
4. Wheel Fun Rentals
5. Eagle Paragliding LLC
6. Santa Barbara Seals
7. Santa Barbara Surf School

Natural History 13 präparierte Exemplare von Flora und Fauna Kaliforniens, informiert aber auch über das prähistorische Leben der alten Chumash-Indianer an der Pazifikküste. Im Gladwin-Planetarium können Besucher nächtliche Live-Shows über den Orbit miterleben. Außerhalb des Gebäudes windet sich ein informativer Lehrpfad am Mission Creek entlang (2559 Puesta del Sol Rd., Tel. 805-682-4711, www.sbnature.org, tgl. 10–17 Uhr, Erw. 10 $, Kinder 13–17 J. 7 $).

Nur wenige Kilometer weiter nördlich bildet der **Santa Barbara Botanic Garden** 14 botanisch ein Kalifornien im Kleinen. Viele der ca. 5800 im Golden State heimischen Pflanzenarten sind auf dem Gelände vertreten. Ein Drittel dieser Arten sind in den kommenden 50 Jahren vom Aussterben bedroht, weshalb viele unter ihnen im Botanischen Garten mit Hingabe gehegt und gepflegt werden (1212 Mission Canyon Rd., Tel. 805-682-4726, www.sbbg.org, März–Okt. tgl. 9–18, sonst 9–17 Uhr, Erw. 8 $, Kinder 13–17 J. 6 $).

Infos

Santa Barbara Visitor Center: 1 Garden St., Santa Barbara, CA 93101, Tel. 805-965-3021, www.sbchamber.org.

Central Coast Tourism Council: 1601 Anacapa St., Santa Barbara, CA 93101-4851, www.centralcoast-tourism.com.

Übernachten

Empfehlenswert ▸ Harbor View Inn 1: 28 W. Cabrillo Blvd., Tel. 805-963-0780, www.harborviewinnsb.com. Vier-Sterne-Unterkunft an der Küste bei der Stearns Wharf mit Swimmingpool in einem reizenden Tropengarten. Die knapp 100 Zimmer/Suiten mit Marmorbädern lassen keine Wünsche offen. Auf der Meerseite besitzen viele einen großen Balkon. DZ ca. 280 $.

Hervorragendes B & B ▸ White Jasmine Inn 2: 1327 Bath St., Tel. 805-966-0589, www.whitejasmineinnsanta barbara.com. 14 romantisch ausgestattete Gästezimmer bzw. Suiten, alle mit eigenem Bad und Kamin. Zum Anwesen gehört ein lauschiger Garten. Das warme Frühstück wird auf den Zimmern serviert. DZ 150–310 $.

Reizvoll gelegen ▸ West Beach Inn 3: 306 W. Cabrillo Blvd., Tel. 805-963-4277, Fax 805-564-4210, http://westbeach.coasthotels.com. Das nur Schritte vom Strand entfernt gelegene Hotel strahlt eine entspannende Atmosphäre aus. Die 46 klimatisierten Zimmer

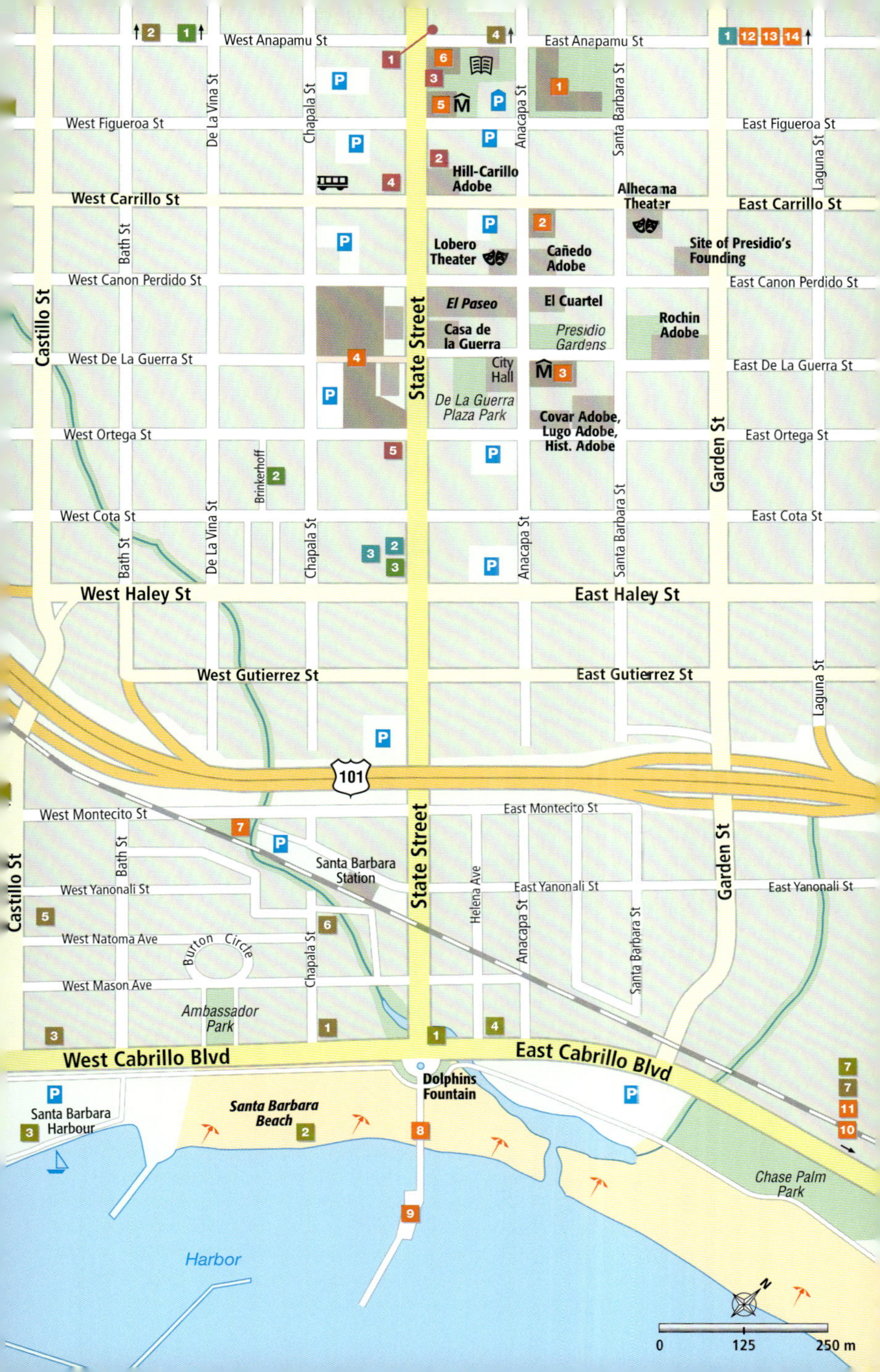
West Anapamu St
East Anapamu St
West Figueroa St
East Figueroa St
De La Vina St
Chapala St
Anacapa St
Santa Barbara St
Laguna St
Hill-Carillo Adobe
West Carrillo St
East Carrillo St
Alhecama Theater
Lobero Theater
Cañedo Adobe
Site of Presidio's Founding
Bath St
West Canon Perdido St
East Canon Perdido St
El Paseo
El Cuartel
Casa de la Guerra
Presidio Gardens
Rochin Adobe
Castillo St
State Street
West De La Guerra St
East De La Guerra St
City Hall
De La Guerra Plaza Park
Covar Adobe, Lugo Adobe, Hist. Adobe
West Ortega St
East Ortega St
Brinkerhoff
Garden St
West Cota St
East Cota St
West Haley St
East Haley St
West Gutierrez St
East Gutierrez St
101
West Montecito St
East Montecito St
Santa Barbara Station
Helena Ave
West Yanonali St
East Yanonali St
West Natoma Ave
Burton Circle
West Mason Ave
Ambassador Park
West Cabrillo Blvd
East Cabrillo Blvd
Dolphins Fountain
Santa Barbara Harbour
Santa Barbara Beach
Chase Palm Park
Harbor
N
0
125
250 m

sind mit kostenlosem WLAN, Kaffeemaschine und einer kleinen Küche ausgestattet. Parkplätze sind im Preis inbegriffen. DZ ab ca. 150 $.

Guter Preis, gute Qualität ▶ **Presidio Motel 4**: 1620 State St., Tel. 805-963-1355, www.thepresidiomotel.com. Gut geführte Unterkunft in ruhiger Lage mit ordentlichen Zimmern inklusive Kabel-TV. Das im Preis eingeschlossene Frühstück hat eher Alibicharakter. DZ ca. 100 $.

Ordentlich ▶ **Mason Beach Inn 5**: 324 W. Mason St., Tel. 805-962-3203, www.masonbeachinn.com. 45 saubere Zimmer mit King- bzw. Queen-Size-Betten inkl. Klimaanlage und Kabel-TV. Zum Haus gehören ein Restaurant und ein Außenpool. Das Stadtzentrum ist zu Fuß leicht erreichbar. DZ ca. 90 $.

Ideal für Backpacker ▶ **Santa Barbara Tourist Hostel 6**: 134 Chapala St., Tel. 805-963 0154, www.sbhostel.com. Zwei Blocks vom Strand entfernt gelegene Herberge, Rad- und Rollerblade-Verleih. Schlafsaal ab 20 $, Privatzimmer je nach Saison ab 65 $.

Super Platz ▶ **Carpinteria State Beach 7**: Carpinteria, Tel. 805-968-1033, www.parks.ca.gov. Reizvoll an einem langen Sandstrand gelegener, allerdings teurer Campingplatz 12 Meilen südlich von Santa Barbara.

Essen & Trinken

Wie im tiefen Süden ▶ **Tupelo Junction Café 1**: 1218 State St., Tel. 805-899-3100, www.tupelojunction.com. Frühstück, Lunch und Dinner, Happy Hour Do 17–19 Uhr. Die Küche hat einen kräftigen Südstaaten- bzw. Cajun-Einschlag. Vor allem zur Frühstückszeit herrscht Hochbetrieb. Dinner ab ca. 14 $.

Original italienisch ▶ **Aldo's 2**: 1031 State St., Tel. 805-963-6687, www.sbaldos.com, tgl. Lunch und Dinner. Schicker Italiener mit kleiner Veranda zum *people watching*. Serviert werden Spezialitäten wie Calamari alla Siciliana oder Osso Bucco (nur Samstagabend für 23,95 $). 10–28 $.

Die Mission Santa Barbara wurde im spanischen Originalstil restauriert

Hohe Qualität ▶ **Petit Valentien 3**: 1114 State St., Tel. 805-966-0222, keine Website, Mo–Mi 11.30–17, Do–Sa 11.30–21 Uhr. Das Lokal befindet sich in der Shoppingmall La Arcada und legt bei seinen kleineren, französisch inspirierten Gerichten wie Krabbenkuchen, Safranmuschelsuppe und Feigen- und Ziegenkäsesalat Wert auf Qualität. 15–20 $.

Gute Trattoria ▶ **Palazzio 4**: 1026 State St., Tel. 805-564-1985, www.palazzio.com, tgl. Lunch und Dinner. Italiener mit feinen Pastagerichten und Sitzgelegenheiten draußen. Spaghettigerichte ab 14 $, der exzellente Caesar's Salad kommt für 12,95 $ auf den Tisch. Große Portionen.

Cajun-Kost ▶ **Palace Grill 5**: 8 E. Cota St., Tel. 805-963-5000, www.palacegrill.com, tgl. 11–15 und 17.30–22 Uhr. In diesem Lokal kommen typische Louisiana-Spezialitäten wie Jambalaya und Crawfish auf den Tisch. Zur lockeren, freundlichen Atmosphäre trägt der ausgezeichnete Service bei. 10–20 $.

Einkaufen

Alles für Westernfans ▶ **Jedlicka's 1**: 2605 De La Vina St., Tel. 805-687-0747, www.jedlickas.com. Cowboys und Cowgirls finden hier alles, was ihr Herz begehrt: das komplette Outfit von Stiefeln über Jeans mit passenden Accessoires bis zum Hut.

Souvenirs und Geschenke ▶ **Brinkerhoff Avenue 2**: Ein knappes Dutzend größtenteils in viktorianischen Gebäuden eingerichtete Geschäfte verkaufen in erster Linie Antiquitäten, Geschenkartikel und Souvenirs.

Fair-Trade-Produkte ▶ **Arcobaleno Trade 3**: 1101 State St., Tel. 805-963-2726, www.fairtradesantabarbara.com, tgl. 11–19 Uhr. Das Geschäft verkauft nur Waren, die für einen fairen und umweltverträglichen Handel stehen, darunter Taschen, Kosmetika, Mode, Accessoires und Dekorationsstücke.

Abends & Nachts

Orchesterbühne ▶ **Granada Theatre 1**: 1214 State St., Tel. 805-963-9589, www.thesymphony.org. Konzertstätte des Santa Barbara Symphony Orchestra. Die Konzerte fin-

Tipp: Indianische Graffiti

Nordwestlich von Santa Barbara führt der Highway 154 zum 680 m hohen San Marcos Pass. 2,2 Meilen vor der Passhöhe biegt nach rechts die schmale, kurvige und für Wohnmobile nicht geeignete Painted Cave Road zum **Chumash Painted Cave State Historic Park** (► 1, G 13/14) ab. In einer dort vor 140 Jahren entdeckten Sandsteinhöhle sind aus dem 17. Jh. stammende Felsmalereien zu sehen, die nach Expertenmeinung von Priestern der damaligen Chumash-Indianer stammen. Neben figürlichen und geometrischen Formen vermutlich aus jüngerer Zeit stellen die historischen Graffiti u. a. eine Sonnenfinsternis dar, die erwiesenermaßen am 24. November 1677 stattfand.

Forscher entnahmen dem Kunstwerk winzige Partikel und konnten daraus nicht nur auf das Alter schließen, sondern auch auf die Zusammensetzung der Farben aus überwiegend mineralischem Material. Rot besteht aus dem Eisenoxid Hämatit, Weiß aus Gips, Schwarz aus Holzkohle oder Manganoxid. Die Pigmente wurden mit Wasser, Tierfett oder Pflanzensäften als Bindemittel gemischt und mit Fingern oder aus Tierschwänzen gefertigten Pinseln auf die Felswand aufgetragen.

Ähnliche Malereien wurden in Kalifornien an unterschiedlichen Stellen gefunden, von den untersuchenden Wissenschaftlern aber oft nur in den jeweiligen Organen der zugehörigen Fachwissenschaft publik gemacht, um sie zu schützen. Eine Ausnahme bildet die früher einmal für religiöse Zeremonien genutzte Chumash-Cave bei Santa Barbara. Die Höhle ist durch eine Gittertür verschlossen, aber man sieht durch eine Öffnung ins Innere. Allerdings sind viele Details ohne Taschenlampe und Fernglas nicht erkennbar, da die Höhlenöffnung nach Norden zeigt (Painted Cave Rd., Tel. 805-733-3713, www.parks.ca.gov, von Sonnenauf- bis Sonnenuntergang).

den während der regulären Spielsaison von Okt.–Mai statt.

Nicht nur für Erdnussfreunde ► **James Joyce 2:** 513 State St., Tel. 805-962-2688, tgl. 10–2 Uhr. Am späteren Abend ist der Boden dieses irischen Pubs mit Erdnussschalen übersät. Hauptsächlich am Wochenende gibt es Live-Auftritte von Dixieland-, Jazz- oder Rockbands.

Bühnenauftritt für jedermann ► **Madison's 3:** 525 State St., Tel. 805-882-1182, www.madisonssb.com, tgl. ab 11.30 Uhr. In dieser Sportbar trifft man sich gern, um gemeinsam Baseball- und Footballübertragungen zu schauen. Jeden Di abend ist sie Treffpunkt für stimmgewaltige Karaokefans.

Aktiv

Sightseeingtouren ► **Trolley Tours 1:** www.sbtrolley.com. 90-minütige kommentierte Trolleytouren durch Santa Barbara ab Stearns Wharf. Ticketverkauf im Visitor Center (s. S. 274).

Baden ► **Santa Barbara Beach 2:** In der Nachbarschaft der Wharf liegen die populärsten Strände der Stadt, an denen wegen der geschützten Lage im Hochsommer angenehme Wassertemperaturen und entsprechender Betrieb herrschen.

Kajak fahren ► **Adventure Company of Santa Barbara 3:** P.O. Box 208, Tel. 805-898-0671, www.sbadventureco.com. Kajaktouren um die Channel Islands.

Biken und skaten ► **Wheel Fun Rentals 4:** 22 State St., Tel. 805-966-2282, www.wheelfunrentalssb.com. Vermietstation für Fahrräder unterschiedlicher Kategorien, Rollerscates, Scooter und andere Fortbewegungsmittel ohne Motor.

Paragliding ► **Eagle Paragliding 5:** 1107 Castillo St., Tel. 805-968-0980, www.eagleparagliding.com. Kurse bzw. Tandemflüge.

Wellenreiten ► **Santa Barbara Seals 6:** 611 1/2 Coronel Pl., Tel. 805-452-2451, www.santabarbaraseals.com. Wellenreiten unter professioneller Anleitung.

Surfen ► **Santa Barbara Surf School** 7: 3950 Via Real, Carpinteria, Tel. 805-745-8877, www.santabarbarasurfschool.com. Surfkurse für Anfänger und Fortgeschrittene, auch Tageskurse und Surfausflüge.

Termine

Unabhängigkeitstag (4. Juli): Im Park des County Courthouse tritt das Santa Barbara Symphony auf.

Old Spanish Days (Ende Juli, Anfang Aug.): Santa Barbara feiert sein historisches Erbe (www.oldspanishdays-fiesta.org).

Santa Barbara International Film Festival (Jan./Feb.): Alljährliches internationales Filmfestival (www.sbfilmfestival.org).

Harbor & Seafood Festival (Okt.): Mit diesem kulturellen und kulinarischen Festival im Hafen von Santa Barbara beginnt die kommerzielle Hummersaison (www.santabarbara.com/events/harbor_festival).

Verkehr

Flüge: Santa Barbara Municipal Airport, Tel. 805-683-4011, www.flysba.com. Der kleine Regionalflughafen liegt ca. 10 Autominuten nördlich der Stadt in Goleta. Non-Stop-Flüge in kalifornische Städte und nach Denver, Phoenix, Portland, Dallas.

Züge: Santa Barbara Rail Station, 209 State St., Tel. 1-800-872-7245, www.amtrak.com. Tgl. Verbindungen nach Los Angeles und an die San Francisco Bay.

Solvang ► 1, G 13

Das Städtchen **Solvang** geht zwar auf dänische Einwohner zurück, gibt sich aber im Zeitalter des Massentourismus recht international. Neben mexikanischem Food, Zimmer im Heidelberg Inn, Bier aus St. Pauli und belgischen Waffeln in den örtlichen Cafés ist man in der vielseitigen Gemeinde auch um Süßigkeiten aus der Schweiz, deutsche Rezeptbücher und norwegische Hägars in allen Variationen nicht verlegen. Solvang macht erst gar nicht den Versuch, sein Kitschimage zu verbergen. Im Gegenteil: Seit Jahrzehnten bastelt die lokale Geschäftswelt an Häuschen im Pseudo-Fachwerkstil, schindelgedeckten Giebeln, Lebkuchenfassaden, Windmühlenattrappen und allem, was in Amerika für skandinavisch gehalten wird. Im Mittelpunkt der Märchengemeinde steht mit dem **Solvang Antique Center** ein kirchenähnlicher Fachwerkbau mit einem dekorativen Turm, der mit Mauerwerk aus rotbraunen Backsteinen, Uhr und externem Glockenspiel ins Bild passt.

Am Rand der Ortschaft liegt auf dem Territorium der Santa Ynez Indian Reservation die kleine **Missionsstation Santa Ynez,** die als 19. der insgesamt 21 kalifornischen Niederlassungen im Jahr 1804 von spanischen Franziskanern gegründet wurde. Nach wie vor dient die Anlage als Pfarrei, in der ein kleines Museum über längst vergangene Zeiten berichtet (www.missionsantaines.org).

La Purisima Mission State Historic Park ► 1, F 13

Eine weitere Missionsstation liegt 15 Meilen von Solvang entfernt östlich von Lompoc in einem Gebiet, in dem sich Farmer auf den kommerziellen Blumenanbau spezialisiert haben und sich im Frühjahr riesige Blütenteppiche ausdehnen. Die 1787 gegründete, in einem State Historic Park liegende **Purisima Mission,** auf der während der Blütezeiten die indianischen Arbeitskräfte der Missionare für eine 23 000-köpfige Rinder- und Schafherde zuständig waren, wurde 1812 durch ein Erdbeben fast völlig zerstört, zerfiel nach dem Wiederaufbau im Zuge der Säkularisierung und entstand 1934 nach Originalplänen neu (2295 Purisima Rd., Lompoc, Tel. 805-733-3713, www.lapurisimamission.org, tgl. 9–17 Uhr).

Pismo Beach ► 1, F 13

Beim Flanieren durch **Pismo Beach** kann man sich des Eindrucks nicht erwehren, dass die besten Tage der Küstengemeinde längst

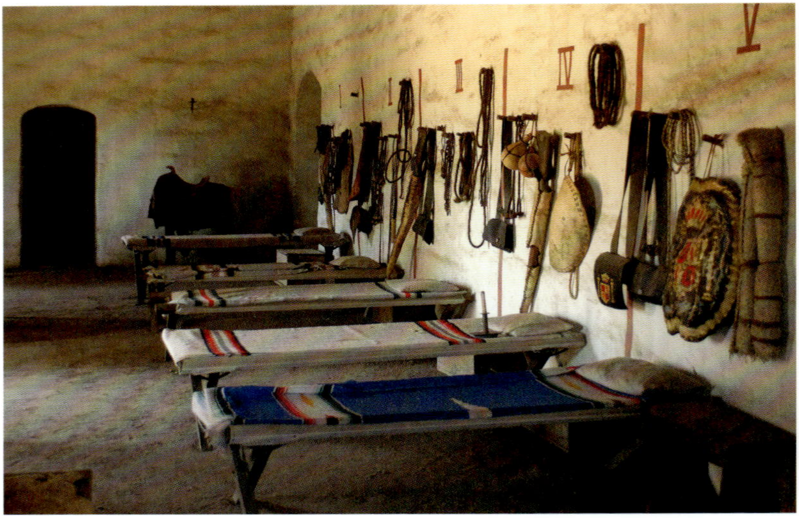

Das Leben der Patres in der Purisima Mission war entbehrungsreich

vorüber sind. Das sehen die Einheimischen auch so, sind aber gleichzeitig davon überzeugt, dass ihr Heimatort bereits wieder im Kommen ist. In den 1930er-Jahren zeigten sich am attraktiven Strand die Schönen und Berühmten aus Hollywood, darunter Clark Gable und Spencer Tracy, die vor Ort in luxuriösen Sommerhäusern logierten. Kein Wunder, dass Pismo Beach im Sog der Highsociety zu einer der bekanntesten Strandgemeinden nördlich von Los Angeles wurde. Mittlerweile ziehen andere Besucher die Aufmerksamkeit auf sich. Zwischen November und Februar machen in den Eukalyptuswäldchen im **Pismo Beach Grove** mehrere Zehntausend Monarch-Schmetterlinge auf ihrer Wanderung zwischen Mexiko und Kanada Station und lassen sich von etwa ebenso vielen zweibeinigen Schaulustigen bewundern. Nirgendwo im Westen der Vereinigten Staaten gibt es eine größere Schmetterlingskolonie (www.monarchbutter fly.org).

Infos

Pismo Beach Chamber of Commerce: 581 Dolliver St, Pismo Beach, CA 93449, Tel. 805-773-4382, Fax 805-773-6772, www.pismochamber.com.

Übernachten

Für Strandurlauber ▶ Sandcastle Inn: 100 Stimpson Ave., Tel. 805-773-2422, www.sandcastleinn.com. Große Ferienanlage neben dem Pier mit unverbautem Blick auf Strand und Meer. Geräumige Zimmer und Suiten, manche mit Patio und offenem Kamin, kleines amerikanisches Frühstück inklusive. DZ ab 139 $, am Wochenende ab 199 $.

Gute Lage ▶ Dolphin Cove Lodge: 170 Main St., Tel. 805-773-4706, www.dolphincovemotel.com. Direkt am Pier liegt das schmucke Nichtraucher-Motel mit Strandzugang, alle Räume haben einen wunderschönen Meeresblick, teilweise mit Küchen. DZ 80–150 $.

Platz für Wohnmobile ▶ Le Sage Riviera RV Park: 319 Hwy 1, Grover Beach, Tel. 805-489-5506, www.lesageriviera.com. Der Park bietet Stellplätze für Wohnmobile und Camper, nur wenige Schritte vom traumhaften Strand entfernt.

Essen & Trinken

Einfach und gut ▶ Splash Cafe: 197 Pomeroy St., Tel. 805-773-4653, www.splashcafe.com, tgl. ab 8 Uhr. Lokaler, mit Strand- und Surfszenen an den Wänden dekorierter Klassiker mit ausgezeichneten Chowders und Fish & Chips. Ab 6 $.

Einkaufen

Für Budget-Konsumenten ▶ Prime Outlets: 333 Five Cities Dr., Mo–Sa 10–21, So 10–19 Uhr. Zentrum für Fabrikverkäufe mit Filialen von Calvin Klein, Ralph Lauren und Tommy Hilfiger. Man bekommt auch Reisegepäck, Schuhe und Kosmetik.

Aktiv

Golf ▶ Pismo State Beach Golf Course: 25 W Grand Ave., Grover Beach, Tel. 805-481-5215, www.pismogolf.com. 9-Loch-Golfplatz in Strandnähe.

Zwei- und Vierradverleih ▶ Wheel Fun Rentals: 150 Hinds Ave., Tel. 805-570-7870, www.wheelfunrentals.com/listlocations/154. Verleih von allem, was man mit eigener Körperkraft mit Pedalen vorwärts bewegen kann.

San Luis Obispo ▶ 1, F 12

Nördlich von Pismo Beach macht der Highway No. 1 bzw. 101 einen Abstecher ins Landesinnere. Ca. 13 Meilen von der Küste entfernt liegt das 45 000 Einwohner große **San Luis Obispo** am Eingang des Salinas Valley (s. S. 297). Ein beträchtlicher Teil der Bevölkerung besteht aus Studenten der örtlichen California Polytechnic State University, die zur lebendigen Atmosphäre der Stadt beitragen.

Mission San Luis Obispo de Tolosa

Den Grundstein für den Ort legten spanische Franziskaner 1772 mit der Gründung der **Mission San Luis Obispo de Tolosa.** Danach vergingen Jahrzehnte, ehe der Anschluss an die Southern Pacific Railroad 1894 den Beginn der modernen Stadtentwicklung markierte. Die heute als Pfarrkirche genutzte Missionsstation sieht nach ihrer Restaurierung so aus wie zu Beginn des 19. Jh., besitzt aber nicht das historische Flair der weiter nördlich im Salinas Valley gelegenen Stationen (s. S. 299). Vor der Kirche dehnt sich die schattige, baumbestandene Mission Plaza aus; Bronzeskulpturen eines Mädchens und eines Grizzlybärs schmücken einen Brunnen (Ecke Monterey/Chorro Sts., Tel. 805-781-8220, www.missionsanluisobispo.org, Museum 5 $).

Tipp: Fetziger Nachtmarkt

Eine gute Gelegenheit, die aufgeweckte Atmosphäre von San Luis Obispo mitzuerleben, bietet sich jeden Donnerstagabend, wenn auf der Higuera Street mitten im Herzen der Stadt der traditionelle **Farmers' Market** stattfindet. Früher war dieser Bauernmarkt nur eine Verkaufsveranstaltung lokaler und regionaler Landwirte. Aus dem wöchentlichen Abendverkauf ist aber längst ein quirliger Event geworden, bei dem an Barbecue-Ständen gegrillt wird, auf der Straße sitzende Kunden die Köstlichkeiten verzehren und lokale Bands die Begleitmusik dazu liefern (www.cafarmersmarkets.com, jeden Do 18–21 Uhr außer bei Regenwetter).

Madonna Inn

Mit dem **Madonna Inn** liegt am südlichen Stadtrand das wahrscheinlich verrückteste Hotel Kaliforniens, wenn nicht der USA. Äußerlich betrachtet könnte man auf die Idee kommen, der betreffende Architekt habe viktorianische Stilelemente mit Fred-Feuerstein-Design gemischt. Im Innern präsentiert sich der Gold Rush Dining Room als Orgie in Pink und Samt. Einmaligkeit beansprucht das Motel aber hauptsächlich wegen seiner individuell gestalteten Zimmer. Gäste haben die Qual der Wahl zwischen Höhlendesign oder Zuckerbäckerstil, Safari-Look oder Thema Hawaii. Die Fantasien der Innenausstatter machten nicht einmal vor den Herrentoiletten Halt, wo ›man‹ es mit weit aufgerissenen Hairachen zu tun bekommt (100

aktiv unterwegs

Mit dem ATV oder zu Fuß in den Oceano Dunes

Tour-Infos

Start: Der Zugang zu den Oceano Dunes liegt im Städtchen Oceano beim sogenannten Post 2, wo die Pier Avenue am Strand endet.
Öffnungszeiten/Gebühren: ganzjährig 24 Stunden, Tagesaufenthalt 6–23 Uhr, Parkgebühr 5 $
Kontakt: Ranger Station, 928 Pacific Blvd., Oceano CA, Tel. 805-473-7220, http://ohv.parks.ca.gov/default.asp?page_id=1207

Zwei Mio. Besucher lassen sich Jahr für Jahr vom drei Meilen südlich von Pismo Beach beginnenden **Oceano Dunes State Vehicular Recreation Area** in Bann ziehen. Der Grund: das durch einen flachen Strand und dahinter liegende Dünen geprägte Gebiet ist ein wahrer Open-Air-Abenteuerspielplatz für Groß und Klein, ob man schwimmen, campen, angeln, wandern oder mit Offroad-Fahrzeugen durch die Sandhügel preschen will.

Bei **Post 2** an der Pier Avenue beginnt die Dünenlandschaft, die sich auf einer Länge von 18 Meilen bis zum Point Sal State Beach im Süden erstreckt. Über 6 km² des Küstenabschnitts bilden das bekannteste Off Road-Gebiet an der kalifornischen Küste, das man von einigen abgegrenzten Naturschutzreservaten mit geländegängigen Fahrzeugen kreuz und quer durchfahren kann. Bei Post 2 befindet sich eine mobile Leihstelle von **Steve's ATV,** bei der man unterschiedliche ATV (All Terrain Vehicle) anmieten kann (Sand Hwy, Pole 2, Oceano, Tel. 805-474-6431, www.stevesatv.com). Obligatorisch ist eine Schadenskaution je nach Fahrzeug von mindestens 100 $. Fahrer unter 18 Jahren benötigen ein Sicherheitszertifikat, das man online unter www.rideatvoregon.org bekommen kann. An Ferienwochenenden patrouillieren neben Rangern auch freiwillige Hilfskräfte, die bei Problemen helfen.

Camping ist südlich von Post 2 sowohl am Strand als auch in den nicht gesperrten Dünen erlaubt. Man kann sich seinen Platz selbst aussuchen, nachdem man am Eingang

Madonna Rd., Tel. 805-543-3000, www.madonnainn.com, DZ in der Nebensaison ab 180 $, unbedingt rechtzeitig reservieren).

Bubblegum Alley und Historical Museum

Außer dem verrücktesten Hotel gibt es in der Stadt auch die vermutlich unappetitlichste, aber auch skurrilste Straße in ganz Kaliforniens. Eine schmale Gasse nahe der Kreuzung von Broad und Higuera Street trägt den Namen **Bubblegum Alley,** weil Passanten an den Wänden dieses Durchgangs seit den 1960er-Jahren Abertausende gebrauchter Kaugummis in allen Farben und Formen hinterließen.

pro Übernachtung und Pkw 10 $ bezahlt hat. Strom- und Wasseranschlüsse gibt es nicht. Toiletten sind vorhanden. Reservieren kann man das ganze Jahr hindurch unter Tel. 1-800-444-7275. Wer kein Allradfahrzeug fährt, sollte lieber an der Pier Avenue parken, da der Sand am Strand tief sein kann.

Der kommerzielle Campingplatz **Pacific Dunes Ranch RV Resort** am Rand des Dünengebietes bietet Plätze mit Stromversorgung für Wohnmobile, ein großes Areal zum Grillen und ein Volleyballfeld an. Außerdem gibt es einen **Reitstall,** in dem man Pferde für geführte Strandausflüge ausleihen kann (1205 Silver Spur Place, Oceano, Tel. 805-489-7787, http://pacificdunesranch.info).

Der ca. 9 km lange **Meeresstrand** ist für Urlaub in Sonne und Sand wie geschaffen. Aber Vorsicht beim Schwimmen in tieferem Wasser. Es gibt Stellen mit tückischen Strömungen. Von Juni bis Anfang September sind die Badeplätze beaufsichtigt. Muscheln sammeln darf nur, wer eine Anglerlizenz besitzt.

Der nördlichste Teil des Dünengebietes, das **Oceano Dunes Preserve,** ist ein beliebtes Hiking-Gebiet mit Sandhügeln, in denen Offroad-Fahrzeuge verboten sind. Die kleine Sahara lernt man am besten auf dem aus mehreren miteinander verbundenen Wegen bestehenden Oceano Dunes Preserve Trail kennen, dessen Beginn bei Post 2 liegt und auf dem man eine mehrere Kilometer lange Rundtour abseits des Off Road-Zirkus absolvieren kann.

Wer sich für die Kultur der früher in der Region lebenden Chumash- und Salinan-Indianer interessiert, findet im **San Luis Obispo County Historical Museum** neben zahlreichen anderen historischen Exponaten Ausstellungsstücke der materiellen Kultur dieser beiden Gruppen; das Zentrum zeigt zudem Wechselausstellungen zur Alltagskultur der frühen Siedler (696 Monterey St., Tel. 805-543-0638, http://historycenterslo.org, Mi–So 10–16 Uhr).

Infos

San Luis Obispo Chamber of Commerce: 1039 Chorro St., San Luis Obispo, CA 93401, Tel. 805-781-2777, http://visitslo.com. Hier gibt es alle praktischen Informationen.

Übernachten

Hübsche Bleibe ▶ **Garden Street Inn:** 1212 Garden St., Tel. 805-545-9802, www.gardenstreetinn.com. Elegant-gemütliches historisches B & B in zentraler Lage mit sehr geschmackvoll eingerichteten Zimmern und Suiten. DZ 170–230 $.

Reizende Unterkunft ▶ **Heritage Inn B & B:** 978 Olive St., Tel. 805-544-7440, www.heritageinnslo.com. Gäste werden häufig vom Kater Blue begrüßt. Sieben hübsche, zum Teil aber etwas kitschig hergerichtete Zimmer in einem Anwesen, das 1980 per Tieflader an den heutigen Standort versetzt wurde. DZ ab 95 $.

Ordentliches Kettenmotel ▶ **Motel 6 South:** 1433 Calle Joaquin, Tel. 805-549-9595, www.motel6.com. Ordentliche, sehr preiswerte Motelzimmer mit eigenem Bad/WC und kleinem Schreibtisch. DZ ab ca. 55 $.

Essen & Trinken

Globale Küche ▶ **Novo:** 726 Higuera St., Tel. 805-543-3986, http://novorestaurant.com, tgl. ab 11 Uhr. Brasilianische, südeuropäische und asiatische Geschmacksrichtungen bestimmen die Küche des Lokals. In den Preisen ist das Trinkgeld inbegriffen. Ab 20 $.

Publikumsliebling ▶ **F. McLintocks:** 686 Higuera St., Tel. 805-541-0686, www.mclintocks.com, tgl. 7–21 Uhr. Beliebtes und entsprechend lebhaftes Restaurant mit Bar, in dem sich alles um Barbecue-Gerichte dreht. Jeden Donnerstag veranstalten die Köche eine sehenswerte Show, wenn sie auf dem Farmers' Market Rippchen von einem riesigen Holzkohlegrill unter die Leute bringen. Ab 8 $.

An Kitsch grenzt der überbordende Luxus von Hearst Castle

Morro Bay ► 1, F 12

Der Highway No. 1 erreicht bei **Morro Bay** wieder die Küste. Die Gemeinde verdankt ihren Namen dem pyramidenförmigen **Morro Rock** an der Estero Bay, der zu sieben längst erloschenen Vulkanen gehört, die unter dem Namen Sieben Schwestern bekannt sind. Früher wurde der 175 m hohe Hausberg als Steinbruch benutzt, ehe darauf ein Schutzgebiet für Wanderfalken entstand. Der örtliche Fischereihafen gehört zu den bedeutendsten an der kalifornischen Küste.

6 Hearst Castle ► 1, E 12

Blickt man von der Pazifikküste bei San Simeon in die sonnenverbrannten Grashügel des Küstengebirges, entdeckt man auf einer Anhöhe einen Palast, der einer Fata Morgana ähnelt. Für den heutigen Gegenwert von rund 400 Mio. Dollar ließ sich der kalifornische Zeitungsmagnat William Randolph Hearst (1863–1951) in den Jahren nach 1919 mitten in der Ranchlandschaft das sogenannte **Hearst Castle** errichten, mit dem der extrovertierte Unternehmer Reichtum und Macht eindrucksvoll zur Schau stellte.

Unter der Ägide der renommierten Architektin Julia Morgan entstand über die Jahre in einem abenteuerlichen Stilmix eine monumentale, im Westen der USA einmalige Anlage, die aus der kathedralenähnlichen Casa Grande und umliegenden kleineren Villen für Gäste besteht. An Bau- und Kunststilen ist so ziemlich alles vertreten, was jemals als Architektur oder Dekor bezeichnet wurde – von Nachbildungen griechischer und römischer Götter über byzantinische Elemente bis zu gotischen Gebäudeteilen.

Die Ehefrau von Hearst wohnte nie in diesem fürstlichen Ambiente, da der Hausherr sein Leben mit der Schauspielerin Marion Davies teilte. Zehn Jahre vor seinem Tod versuchte Hearst erfolglos, die Freigabe von Orson Welles Meisterwerk »Citizen Cane« zu verhindern. In dem kritischen Film weist der im Mittelpunkt stehende Zeitungszar Charles Foster Kane Charakterzüge auf, die nicht nur zufällig an den verschwenderischen und herrschsüchtigen Hausherrn von Hearst Castle erinnern. Nach dem Tod von Hearst vermachte die Familie den Besitz dem kalifornischen Staat, behielt aber im Umkreis etwa 32 000 ha Land.

Obwohl eine Straße bis vor die Riesenvilla führt, ist privater Autoverkehr nicht erlaubt. Abseits des Highway No. 1 ließ der mit der Verwaltung beauftragte National Park Service eine Empfangsanlage für Hunderttausende von Besuchern bauen, die der Sehenswürdigkeit alljährlich ihre Aufwartung machen (750 Hearst Castle Rd., San Simeon, Tel. 916-414-8400, Anschluss 4100 oder 1- 800-444-4445, www.hearstcastle.org, 5 unterschiedliche Führungen werden tgl. ab 8.20 Uhr angeboten, im Frühjahr und Herbst gibt es auch eine Abendtour).

Piedras Blancas ►1, E 12

Knapp acht Meilen nördlich von San Simeon versetzt die **Seeelefantenkolonie** von **Piedras Blancas** die Besucher in Staunen (s. Tipp unten). Die Kolonie befindet sich direkt am Highway No. 1, wo Naturschützer Parkplätze und Holzstege anlegten, von denen die

Tipp: Beim Schaulaufen der Schwergewichte

An der Küste nördlich von San Simeon staunten die Küstenbewohner nicht schlecht, als sich Ende 1990 am Sandstrand einige Dutzend Seeelefanten niederließen, um ihre Jungen zur Welt zu bringen. In den folgenden Jahren wurde der Pazifikabschnitt mit dem Namen Piedras Blancas bei den bis über 2 t schweren Tieren so populär, dass Experten die dortige Tierkolonie in jüngster Vergangenheit auf ca. 15 000 Exemplare schätzten.

Auf der Meerseite des Highway 1 liegt ein kostenloser Parkplatz, von dem man nur wenige Schritte gehen muss, um die schwergewichtigen Kolosse unterhalb einer nur etwa 5 m hohen Böschung am flachen Strand liegen zu sehen. Auf Schautafeln erfährt man, dass die Meeresriesen acht bis zehn Monate im Jahr im offenen Meer verbringen, wo sie auf der Nahrungssuche weit über 1000 m tief tauchen. Zur Paarung, zur Geburt und zum Fellwechsel kommen sie zu unterschiedlichen Zeiten an Land. Am lebhaftesten geht es zwischen Ende November und März zu, wenn vor Ort Jahr für Jahr über 3500 Junge zur Welt kommen. Nach der Paarung bzw. der Geburt der Jungen kehren die Eltern in ihr Element zurück, während der Nachwuchs weitere acht bis zehn Wochen alleine und ohne Nahrung am Strand zurückbleibt und nur nach und nach in Gezeitentümpeln und im niedrigen Wasser das Schwimmen lernt.

Um die Tiere zu schützen, Besuchern aber gleichzeitig die Beobachtung zu erleichtern, wurde über dem Strand ein Holzsteg errichtet, von dem man das laute und nicht immer friedliche Treiben am Strand aus einer Entfernung von zum Teil kaum mehr als 10 m studieren und fotografieren kann. Wer spezielle Fragen hat, hält nach Dozenten der Organisation Friends of the Elephant Seal Ausschau, die an ihren blauen Jacken erkennbar sind (Piedras Blancas Seal Rookery 7,7 Meilen nördlich von San Simeon, www.beachcalifornia.com/piedras.html; www.elephantseal.org).

geselligen Tiere aus wenigen Metern Entfernung beobachtet werden können. Informative Tafeln klären über das Verhalten der Tiere und die Entstehung der Kolonie auf, die längst zu einer Hauptsehenswürdigkeit südlich von Big Sur wurde (Parken und Besichtigung kostenlos, www.beachcalifornia.com/piedras.html und www.elephantseal.org).

Big Sur ► 1, E 11

Der Küstenabschnitt **Big Sur** ist eine epische Landschaft mit Wäldchen aus gewaltigen Redwood-Bäumen, heißen Quellen, nebelverhangenen Buchten und dem legendären Highway No. 1. Abseits der Straße spielte sich in den vergangenen Jahren ein heimlicher Bauboom ab, der trotz strikter Bau- und Naturschutzgesetze versteckte Ferienhäuser entstehen ließ. Wo in den 1960er- und 1970er-Jahren Blumenkinder und Aussteiger in wackligen Bretterhütten einem alternativen Lebensstil frönten, stehen heute zwecks Selbstversorgung mit Solaranlagen und Wasserzisternen ausgestattete exklusive Zweitwohnungen von Schwerreichen, die sich vom wildromantischen Reiz der Küstenlandschaft verführen ließen.

Der berühmteste Streckenabschnitt des **Highway No. 1** mäandert auf ca. 90 Meilen zwischen San Simeon und Carmel direkt am Meer entlang. Wie eine asphaltierte Achterbahn zwängt sich die kurvige Straße zwischen die Santa-Lucia-Berge und die felsige Pazifikküste, und hinter jeder Serpentine schlagen atemberaubende Ausblicke neue Postkartenpanoramen auf. Erst um die Mitte des 19. Jh. ließen sich in Big Sur die ersten Einwanderer nieder, gefolgt von Holzfällertrupps und Viehzüchtern, die abseits der Küstenlinie ihre Camps und Ranches bauten. Danach dauerte es fast nochmals ein Jahr-

Wie das Paradies auf Erden muten die Buchten im Julia Pfeiffer Burns Big Sur State Park an

hundert, ehe der Highway No. 1 im Jahre 1937 fertiggestellt war.

Auch danach blieb die Küste ein isolierter Landstrich, selbst nachdem in den 1950er-Jahren Schriftsteller wie Henry Miller und Jack Kerouac ihre Eindrücke von dieser abgeschiedenen Welt zwischen Buchdeckeln publiziert und die Folk-Legende Joan Baez ein Jahrzehnt später ein jährlich wiederkehrendes Song-Festival ins Leben gerufen hatte.

Zeichen der Zivilisation wie die fotogene **Bixby Creek Bridge** von 1932 13 Meilen südlich von Carmel, die Station der Küstenwache bei dem ins Meer hinausragenden Point Sur oder das hübsche Whalers' Café in Gorda sind selten, weil Anstrengungen zum Erhalt der unverfälschten Naturlandschaft bis heute von Erfolg gekrönt waren. Minisiedlungen wie **Nepenthe** fallen als Zivilisationsinseln kaum ins Gewicht. Henry Miller lebte dort 18 Jahre lang. Zahlreiche Erstausgaben sind in der nach ihm benannten Memorial Library ausgestellt (Tel. 831-667-2574, www.henrymiller.org, tgl. außer Di 11–18 Uhr).

Auch der Schriftsteller Robert Louis Stevenson fand an der Küste von Big Sur Anregungen, beispielsweise für seinen Erfolgsroman »Die Schatzinsel«, und kommentierte die Küste so: »Big Sur ist da, wo sich Berge und der Ozean zu einem dramatischen Rendezvous treffen. Das ist die schönste Begegnung von Land und See, die es auf der Erde gibt.«

Julia Pfeiffer Burns Big Sur State Park

Der **Julia Pfeiffer Burns Big Sur State Park** lädt mit berückenden Naturszenerien und Wanderwegen zu Fahrpausen ein. Die schmale Sycamore Canyon Road führt fast bis zum traumhaften Sandstrand, an dem das Wasser des McWay Creek von einer senkrechten Klippe 25 m tief direkt in die Brandung fällt. Einige andere Wanderwege im Park sind auf Grund vergangener Waldbrände und Bergrutsche auf unabsehbare Zeit gesperrt (südlich der Ortschaft Big Sur, Tel. 831-667-2315, www.parks.ca.gov, geöffnet von Sonnenauf- bis Sonnenuntergang, Parkgebühr 10 $).

Infos

Big Sur Chamber of Commerce: P.O. Box 87, Big Sur, CA 93920, Tel. 831-667-2100, www.bigsurcalifornia.org.

Essen & Trinken

Traumhafte Oase mit Panoramablick ▶

Nepenthe Restaurant: Hwy 1, Big Sur, Tel. 831-667-2345, www.nepenthebigsur.com, Lunch und Dinner. Hoch über der Steilküste kann man sich auf der Terrasse des legendären Lokals den berühmten Ambrosiaburger (14 $), das Hühnchen mit Salbeifüllung und Cranberry-Sauce (25,50 $) oder ein Phoenix Steak mit Gorgonzola und Zwiebelbutter (33 $) servieren lassen und den grandiosen Blick auf die Küste und den Pazifik genießen.

Point Lobos State Reserve ▶ 1, E 11

Punta de los Lobos (Platz der Seewölfe) nannten die Spanier die Halbinsel südlich der Bucht von Carmel. Von dieser Bezeichnung leitet sich der heutige Name **Point Lobos State Reserve** ab, ein Juwel unter den kalifornischen Naturschutzgebieten. Nirgends sonst gibt es noch so viele Monterey-Zypressen wie an dieser wilden Küste mit ihren zahlreichen kleinen Buchten, in denen der Blick durch das grünblaue Wasser bis auf den Grund reicht.

Entlang senkrechter Klippen führen Wanderwege zu grandiosen Aussichtspunkten. Seelöwen und Robben sind in diesem Küstenparadies meist unter sich. Mancherorts finden sich Überreste längst verfallener Indianersiedlungen und einer nicht mehr existierenden Fischereiindustrie, die es hauptsächlich auf Abalone-Schnecken abgesehen hatte (Rte 1, Box 62, Carmel, CA 93923, Tel. 831-624-4909, http://pt-lobos.parks.state.ca.us, tgl. 9 Uhr bis Sonnenuntergang, pro Pkw 10 $).

Monterey Bay und Salinas Valley

Carmel und Monterey sowie das Universitätsstädtchen Santa Cruz bilden unumstritten die Hauptanziehungspunkte an der malerischen Bucht von Monterey. Schroffe Küsten umgeben das historische Monterey, das als ehemalige Hauptstadt des Golden State und als Sardinenmetropole Amerikas sogar Literaturgeschichte machte. Im nahe gelegenen Salinas Valley wuchs der bekannte US-Schriftsteller und Nobelpreisträger für Literatur John Steinbeck auf.

Carmel-by-the-Sea

▶ 1, E 10

Neonreklamen, Hot-Dog-Imbisse und Hamburgerketten sucht man im Kern von **Carmel** vergeblich. Seit Jahrzehnten pflegt das Städtchen seinen Ruf als konservative Besserverdienergemeinde mit Maßnahmen, die Straßenbeleuchtungen in den Wohngebieten, Plastikpflanzen in Vorgärten und die überall üblichen Briefkästen verbieten, um das Ortsbild nicht zu verschandeln. Von 1986 bis 1988 leistete man sich sogar einen Bürgermeister namens Clint Eastwood, um sich auch administrativ den Schein des Besonderen zu verleihen. Auf zweistündigen Fußtouren kann man sich durch die interessantesten Teile von Carmel führen lassen (Treffpunkt: Lincoln St. & Ocean Ave., Tel. 831-642-2700, www.carmelwalks.com, Di–Fr 10, Sa 10 u.14 Uhr, 25 $).

Mission San Carlos Borromeo de Carmelo

Historische Wiege des blitzsauberen Städtchens ist die **Mission San Carlos Borromeo de Carmelo,** die 1771 von Monterey nach Carmel verlegt wurde. Im Garten ranken blühende Rosenbüsche und Bougainvillea-Sträucher über bemooste Mauern. Das Portal der Kirche mit neobarockem Dekor wird durch ein sternförmiges Fenster geschmückt. Der angebaute gedrungene Turm besitzt einen fast orientalisch anmutenden Aufsatz. Im Innern, wo selbst im heißesten Hochsommer angenehme Kühle herrscht, erinnert ein Sarkophag mit den sterblichen Überresten des Franziskanerpaters Junípero Serra an den Gründer der ersten spanischen Missionen im Lande. Im umbauten Innenhof plätschert ein alter Brunnen und macht die Missionsstation zum friedlichsten Flecken, den man sich vorstellen kann (3080 Rio Rd., Tel. 831-624-1271, www.carmelmission.org, Mo–Sa 9.30–17, So 10.30–17 Uhr, Erw. 6,50 $, Kinder unter 17 J. 2 $).

17 Mile Drive

Carmel ist von seiner nördlichen Nachbarstadt Monterey durch die ins Meer hineinragende Monterey-Halbinsel getrennt und gleichzeitig durch den sogenannten **17 Mile Drive** entlang der Küstenl nie mit ihr verbunden. ›Erst bezahlen, dann genießen‹ heißt es auf dieser Strecke, weil es sich um eine Privatstraße im Besitz einer Hotelgesellschaft handelt. Nach dem Mauthäuschen folgt die Asphaltstraße durch Kiefern- und Zedernwälder der Küste, manchmal nur einen Steinwurf von der mächtigen Brandung entfernt, die donnernd über den zerklüfteten Felsensaum herfällt. Knapp zwei Dutzend Aussichtspunkte reihen sich auf den 17 Meilen aneinander und präsentieren Südkaliforniens Küste von ihrer schönsten Seite. Der mitten

Monterey

Sehenswert
1 Cannery Row
2 Monterey Bay Aquarium
3 Fisherman's Wharf
4 Custom House
5 Maritime Museum
6 Pacific House
7 Casa Soberanes
8 Larkin House
9 Colton Hall
10 Stevenson House
11 Coast Guard Pier

Übernachten
1 The Jabberwock
2 Monterey Plaza
3 Victorian Inn
4 Downtown Travelodge
5 Monterey Bay Lodge

Essen & Trinken
1 Fresh Cream Restaurant
2 Montrio Bistro
3 Chart House
4 Fishhopper
5 Koto Restaurant

Abends & Nachts
1 The Muck Duck

Aktiv
1 Ag Venture Tours

in der Brandung liegende **Seal and Bird Rock** dient einer Robbenkolonie sowie Seemöwen, Pelikanen und Schwarzen Kormoranen als Refugium. Der bekannteste Stopp befindet sich bei **Lone Cypress,** wo sich eine einzelne Monterey-Zypresse seit über 250 Jahren mit ihren Wurzeln auf einem von Wellen umtosten Felsen festkrallt. Am südlichen Ende des Drive liegt die 1919 erbaute **Lodge at Pebble Beach** mit einem der schönsten Golfplätze Amerikas und einem 18. Loch auf einer Felsklippe über dem schäumenden Meer. Der Anblick lässt sogar Nicht-Golfern das Herz höher schlagen (www.pebblebeach.com, 9,50 $ pro Pkw).

7 Monterey ▸ 1, E 10

Cityplan: rechts

Monterey, in den 1770er-Jahren eine der ersten spanischen Niederlassungen an der amerikanischen Westküste, war zur Zeit der Spanier und der Mexikaner Kaliforniens Hauptstadt. Nachdem 1849 vor Ort die kalifornische Verfassung verabschiedet worden war, trat der Golden State ein Jahr später der Amerikanischen Union bei und wurde US-Bundesstaat. In den folgenden Jahrzehnten verlor die Stadt ihre politische Bedeutung zwar an Sacramento. Aber der Walfang und seit dem frühen 20. Jh. der Sardinenfang machten Monterey zu einem der bedeutendsten Fischereizentren der Westküste. Um 1913 kam die Flotte der Sardinenfischer jede Nacht mit etwa 25 t Fisch zurück, die in 18 Fabriken verarbeitet wurden. Die jahrzehntelange Überfischung der Küstengewässer blieb nicht ohne Folgen. Nach und nach schwanden die pazifischen Erträge, bis die Sardinenschwärme Ende der 1940er-Jahre ganz ausblieben und alle Verarbeitungsfabriken schließen mussten.

Der Schriftsteller **John Steinbeck** beschrieb in seinem 1946 erschienenen berühmten Roman »Die Straße der Ölsardinen« das stimmungsvolle Monterey der 1920er- und 1930er-Jahre auf sehr lebhafte und anschauliche Weise. Als Regisseur David S. Ward das Buch Anfang der 1980er-Jahre mit Nick Nolte und Debra Winger in den Hauptrollen verfilmte, hatte sich die richtige Cannery Row in Monterey schon so sehr verändert, dass dem Leinwandstreifen in Hollywood gebaute Kulissen ein romantisches Flair verleihen mussten. Längst sind geruchsintensive Konservenfabriken, Lagerhallen, Fischkutter und Kleine-Leute-Viertel den Weg alles Zeitlichen gegangen. Auf der von Steinbeck ins Blickfeld gerückten **Cannery Row** 1 sind Arbeiter im Blaumann, die Karren voller Fischabfälle über holpriges Pflaster ziehen, auf Touristenmassen eingestellten Restaurants, Ladengalerien und Souvenirshops gewichen (www.canneryrow.com).

Monterey Bay Aquarium

Unumstrittener Lichtpunkt im Touristentrubel ist das viel gepriesene **Monterey Bay Aquarium** 2**.** Im Sommer bilden sich lange War-

Monterey Bay
Artillery St.
Vizcaino Serra Landing
Pacific St.
Lighthouse Ave.
Seeno St.
O'Donnell Library
Old Whaling Station
First Brick House
Doud House
Scott St.
Perry House
First Theater
Casa del Oro
Custom House Plaza
Duarte Store & Cole House
Monterey Convention Center
Portola Plaza
Van Buren St.
Del Monte Ave.
Alvarado St.
Tyler St.
Merritt House
Osio-Rodriguez Adobe
Franklin St.
Capitular Hall
Casa Serrano
Old Monterey Hotel
State Theatre
Washington St.
Sports Center
Ball Park
Casa Sanchez
Pierce St.
Calle Principal
Lara-Soto Adobe
Bonifacio Pl.
Casa Estrada
Adams St.
Figueroa St.
Casa de la Torre
Casa Alvarado
Pearl St.
Dutra St.
Gordon House
Sherman Qtrs.
Simoneau Plaza
Alma St.
Abrego St.
House of Four Winds
Casa Amesti
Cooper Molera Complex
Houston St.
Monterey Museum of Art
Casa Abrego
City Hall
Casa Gutierrez
Webster St.
Madison St.
Gabriel de la Torre Adobe
Munras Ave.
Casa Pacheco
Madriaga Adobe
Church St.
Public Library
Stokes Adobe
Fremont Adobe
Hartnell St.
Cass St.
Casa Munras
Royal Presidio Chapel
Fremont St.
75
150 m

teschlangen an den Kassen, und vor den Becken herrscht oft so dichtes Gedränge, dass Besucher sich in Geduld üben müssen. Manche gläserne Tanks sind so riesig, dass man das darin enthaltene Meeresleben von mehreren Stockwerken aus beobachten kann. Am Fuß dieser gewaltigen Aquarien hat man den Eindruck, als stünde man auf dem Boden des Ozeans, über sich der in sanftem Rhythmus fächelnde Algenwald und Schwärme von silbrig glänzenden Fischen. In anderen Becken treten Seeotter als Alleinunterhalter auf, indem sie sich ihre Shrimpsnahrung auf den Bauch häufen und zur Freude der Zuschauer genüsslich kauend in Rückenlage ihre Runden drehen (886 Cannery Row, Tel. 831-648-4800, www.mbayaq.org, Mai–Sept. 9.30–18, sonst 10–17 Uhr, Erw. 29,95 $, Kinder 3–12 J. 17,95 $).

Monterey State Historic Park

Im Gegensatz zu den Fischereianlagen opferte die Stadt ihre Relikte aus der Kolonialgeschichte nicht gänzlich dem Kommerz. Der Nachwelt blieben zahlreiche Bauten im Stadtzentrum erhalten, die im Monterey State Historic Park unter Schutz gestellt sind (alle Führungen sind kostenlos). Ausgangspunkt für einen Rundgang durch das historische Viertel ist **Fisherman's Wharf** 3. Anstelle von Walfangschiffen und Kuttern der Sardinenflotten machen dort heute Hochseejachten fest, die man samt Besatzung für einen Angeltörn mieten kann. Auf dem 1846 erbauten Pier reihen sich Andenkenläden, Restaurants und Imbissbuden aneinander (www.montereywharf.com).

Als ältestes öffentliches Gebäude westlich der Rocky Mountains gilt das **Custom House** 4. Ein Trakt wurde schon 1827 erbaut und später durch einen Anbau ergänzt, um dort das Zollbüro unterzubringen. Navigationsinstrumente, Schiffsmodelle, Ausrüstungen der Küstenwache und ein Film zum Thema »Monterey und der Pazifik« machen den Besuch im **Maritime Museum** 5 nur wenige Schritte vom Custom House entfernt lohnend (Stanton Center, 5 Custom House Pl., Tel. 831-372-2608, www.montereyhistory.org, tgl. außer Mi 10–17 Uhr).

Das **Pacific House** 6 diente nach seiner Fertigstellung im Jahre 1847 als Offiziersquartier und als Nachschubdepot für das Militär, besaß aber auch einen Ballsaal für gesellschaftliche Veranstaltungen. Im Erdgeschoss sind Ausstellungen über die Rolle von Monterey als Hauptstadt Kaliforniens während der spanischen bzw. mexikanischen Herrschaft zu sehen. Im Obergeschoss zeigt das **Museum of the American Indian** alltägliche Gebrauchsgegenstände der Native Americans (Custom House Pl., Tel. 831-649-7118, www.historicmonterey.org, tgl. außer Di u. Do 10–15 Uhr).

In der 1842 aus Adobe erbauten **Casa Soberanes** 7 quartierte der Chef der damaligen Zollbehörde seine Braut ein. Das zweigeschossige Anwesen ist heute mit Mobiliar aus Neuengland, Kunstgewerbe aus Mexiko und Porzellan aus China ausgestattet, womit u. a. die Bedeutung des Überseehandels im 19. Jh. dokumentiert wird (Pacific St., Ecke Del Monte Ave., Tel. 831-649-7118, www.historicmonterey.org, Führungen Mo, Fr, Sa, So 11.30 Uhr).

Zu den einflussreichsten Amerikanern im mexikanischen Kalifornien gehörte Thomas O. Larkin (1802–1858). Durch den Handel mit Mexiko und den Hawaii-Inseln zu Geld und Macht gekommen, war er zwischen 1844 und 1848 US-Konsul in Monterey und nahm als

Seelöwen-Refugium

Für eine Sehenswürdigkeit ganz anderer Art sorgt in Monterey die Natur. Bereits in den 1990er-Jahren ließen sich im Hafen eine Zeit lang große Kolonien von Seelöwen nieder. Zum Teil kletterten sie auf Boote und Jachten und machten sich dadurch nicht nur Freunde. In jüngerer Vergangenheit tummeln sich Hunderte der pelzigen Riesen auf dem felsigen Brandungswall, der den **Coast Guard Pier** 11 nordwestlich von Fisherman's Wharf schützt. Schon lange bevor man die Tiere sieht, kann man aus der Ferne ihr lautes Bellen vernehmen.

Delegierter 1849 an der verfassungsgebenden Versammlung teil. Außer dem Pacific House baute er 1835 das nach ihm benannte zweigeschossige **Larkin House** 8, das zum Teil noch mit originalem Mobiliar ausgestattet ist (464 Calle Principal, Tel. 831-649-7118, www.historicmonterey.org, Führungen Mi 13.30, Fr 15, Sa, So 14 Uhr).

Die im neuenglischen Stil zwischen 1847 und 1849 errichtete **Colton Hall** 9 war öffentlicher Versammlungsraum und Schule zugleich. Im Obergeschoss verabschiedeten 1849 die 48 Mitglieder der verfassungsgebenden Versammlung die kalifornische Staatsordnung (Pacific St. zwischen Jefferson & Madison St., Tel. 831-646-5640, www.historicmonterey.org, tgl. 10–16 Uhr).

Ursprünglich als Hotel erbaut, hatte das heutige **Stevenson House** 10 1878 einige Monate lang einen prominenten Gast: den schottischen Schriftsteller Robert Louis Stevenson. Auf einer Frankreich-Reise hatte er zwei Jahre zuvor die verheiratete Fanny Osbourne kennengelernt, in die er sich Hals über Kopf verliebte. Er folgte der Angebeteten in ihre Heimat nach Kalifornien und heiratete sie nach ihrer Scheidung 1880. Das Anwesen beherbergt heute ein Museum zum Leben und Werk Stevensons (530 Houston St., Tel. 831-649-7118, www.historicmonterey.org, Sa, So 11–14 Uhr, Führungen Fr–Mo 14 Uhr).

Infos

Maritime Museum Visitors Center: 5 Custom House Plaza, Monterey, CA 93940, Tel. 831-372-2608, www.seemonterey.com.

Übernachten

Zahlreiche preisgünstige Motels liegen an der Durchgangsstraße im Vorort Seaside.

Bezauberndes B & B ▶ **The Jabberwock** 1: 598 Laine St., Tel. 831-372-4777, www.jabberwockinn.com. In einem ruhigen Garten gelegenes B & B mit 7 Zimmern, viel Atmosphäre, netten und hilfsbereiten Wirtsleuten und reichhaltigem Frühstück. DZ ab 185 $.

Direkt am Meer ▶ **Monterey Plaza** 2: 400 Cannery Row, Tel. 831-646-1700, www.montereyplazahotel.com. Elegantes 5-Sterne-Hotel mit exquisit ausgestatteten Zimmern und Suiten, Spa, Fitnesscenter und zwei Restaurants. Man kann auf einer Terrasse direkt am Meer speisen. DZ ab ca. 180 $.

Nett eingerichtet ▶ **Victorian Inn** 3: 487 Foam St., Tel. 831-373-8000, www.victorianinn.com. Für Besuche des Aquariums und der Cannery Row günstig gelegene, etwas hellhörige Unterkunft mit über 60 Zimmern, kleines Frühstück inklusive DZ ca. 170 $.

Gepflegte Unterkunft ▶ **Downtown Travelodge** 4: 675 Munras Ave., Tel. 831-373-1876, www.montereytravelodge.com. Praktisches Motel mit 51 Zimmern auf drei Etagen und Pool. Wenig aufregende, aber ordentliche Ausstattung. DZ ab ca. 95 $.

Bestechende Lage ▶ **Monterey Bay Lodge** 5: 55 Camino Aguajito, Tel. 831-372-8057, www.montereybaylodge.com. Nahe an der Bucht gelegene Motorlodge mit 45 Zimmern, kostenlosem Internetzugang und Parkplatz. DZ ab 90 $.

Essen & Trinken

Gut, aber teuer ▶ **Fresh Cream Restaurant** 1: 99 Pacific St., Tel. 831-375-9798, www.freshcream.com, tgl. Dinner. Französisch inspirierte Küche mit einfallsreichen Gerichten wie Lachs mit Artischocken und Safran-Thymian-Sauce oder gegrillte Ente in Schwarzer-Johannisbeer-Sauce. Dinner 28–80 $.

Gut gekocht ▶ **Montrio Bistro** 2: 414 Calle Principal, Tel. 831-648-8880, www.montrio.com, tgl. 16.30–22, Fr, Sa bis 23 Uhr. Bunte Küchenpalette mit Pasta-Gerichten, Geflügel, Seafood und Fleischspezialitäten. Dinner ab ca. 18 $.

Nicht verpassen! ▶ **Chart House** 3: 444 Cannery Row, Tel. 831-372-3362, www.charthouse.com, Lunch nur in der warmen Jahreszeit Sa, So 11.30–15, Dinner Mo–Fr ab 17, Sa, So ab 16 Uhr. Gutes Seafood und saftige Steaks machten das Lokal in den vergangenen 50 Jahren populär. Wer einen Fensterplatz mit Blick aufs Meer wünscht, muss rechtzeitig reservieren. Dinner ab ca. 16 $.

Fabelhafte Aussicht ▶ **Fishhopper** 4: 700 Cannery Row, Tel. 831-372-8543, www.fish

hopper.com/monterey. htm, tgl. Lunch und Dinner. Auf Pfählen stehendes Touristenlokal für Steaks und Seafood mit Blick auf die Bucht. Die beliebten Clam-Chowder-Suppen gibt es ab 4 $, Schwertfisch in Zitronen-Kapernsauce für 22 $. Dinner ab ca. 14 $.

Fernöstliche Küche ▶ **Koto Restaurant** 5: 420 Tyler St., Tel. 831-642-9041, keine Website, tgl. Lunch und Dinner. Das Ambiente des Lokals wirkt zwar etwas unterkühlt, aber die Gerichte inklusive Sushi sind ausgezeichnet und ihren Preis wert. Der Service ist schnell und freundlich. Ab 8 $.

Abends & Nachts

Biertrinkeroase ▶ **The Mucky Duck** 1: 479 Alvarado St., Tel. 831-655-3031, www.muckyduckmonterey.com, tgl. 11–2 Uhr, Happy-Hour tgl. 16–19 Uhr. An zwei Bars und im Garten werden über 20 Biersorten vom Fass zur musikalischen Unterhaltung serviert.

Aktiv

Ausflüge mit Weinproben ▶ **Ag Venture Tours** 1: P.O. Box 2634, Tel. 831-761-8463, www.agventuretours.com. Unterschiedliche Weintouren in der Region mit Abholservice in allen betreffenden Hotels sowie Rücktransport, Weinproben inklusive.

Entlang der Monterey Bay ▶ 1, E 10

Zwischen Monterey im Süden und Santa Cruz im Norden beschreibt die Bucht von Monterey einen ebenmäßigen Bogen, dem in einiger Distanz zur Wasserkante der Küstenhighway No. 1 bzw. 101 folgt. Touristisch interessante Gemeinden sucht man auf der 43 Meilen langen Strecke vergeblich. Dafür dehnen sich zu beiden Seiten der Straße bis an den Horizont reichende Felder und Äcker aus, die das Küstenhinterland als bedeutende Agrarregion zu erkennen geben.

Das 7000-Seelen-Städtchen **Castroville** feiert bereits seit einem halben Jahrhundert jeweils im Mai mit einem großen Artischockenfestival jene Feldfrucht, die den meisten örtlichen Farmern ein Auskommen beschert. 1948 wurde vor Ort die damals 22-jährige Norma Jeane Mortenson zur Artischockenkönigin gewählt, die später unter dem Namen Marilyn Monroe Filmkarriere machte (www.artichoke-festival.org).

Während sich die Landwirte in **Watsonville** auf den Anbau von Erdbeeren und Rosen spezialisierten, lässt sich **Gilroy** gerne als die ›Knoblauchhauptstadt der Welt‹ bezeichnen. Hier dreht sich alles um das duftende Zwiebelgemüse, das seit 1979 jedes Jahr Ende Juli beim Gilroy Garlic Festival ausgelassen gefeiert wird (www.gilroygarlicfestival.com).

Schroffe Felsen säumen die Küste bei Monterey

Santa Cruz ► 1, D 10

Hauptgeschäftsmeile in Downtown **Santa Cruz** ist die lebhafte, von Bäumen, Geschäften, Kiosken, Restaurants und Straßencafés gesäumte **Pacific Avenue.** Die Straße ist eine echte Flaniermeile, auf der Leute ziemlich unamerikanisch zu Fuß einkaufen oder sich in einem Straßenlokal eine Pause gönnen. Wer an *people watching* denkt, profitiert vom Ruf der Stadt als unangepasste Studentenmetropole, in der die Zahl von Freaks und Aussteigern, Straßenmusikanten und Wohnsitzlosen höher zu sein scheint als in vergleichbaren Kommunen. Dunkelgrüne Kioske erinnern entfernt an Par ser Zeitungsstände im Jugendstil. Selbst in manchen Geschäften, etwa in französisch angehauchten Bäckereien, fühlt man sich beim Anblick der Waren eher an die Alte als an die Neue Welt erinnert.

Von der Pacific Avenue abgesehen, spielt sich das Leben in Santa Cruz hauptsächlich an der Küste ab. Auf der **Municipal Wharf,** wo man bis zu einer halben Stunde kostenlos parken darf, befinden sich mehrere Restaurants, Läden und Kioske, die Wal- und Delfinbeobachtungstouren anbieten. Am Ende des Piers sind in den groben Dielenboden offene Stellen eingelassen, durch die man auf das Wasser bzw. das stützende Gebälk sieht, auf dem sich Seelöwen und Robben vom Schwimmen ausruhen und unüberhörbar miteinander kommunizieren. Auch am strengen Geruch sind die Tiere erkennbar.

Neben der Wharf zieht sich am Strand auf einer Länge von ca. 800 m der seit über 100 Jahren existierende Vergnügungspark **Boardwalk** entlang. Populärste Attraktionen unter den fast drei Dutzend Fahrbetrieben und Rummeleinrichtungen sind ein Karussell mit handgeschnitzten Pferdchen von 1911 und der 1924 aus Holz erbaute Rollercoaster Big Dipper. Vor allem diese Achterbahn zieht Jahr für Jahr mehrere Millionen Besucher an. Viel verändert hat sich am legendären Oldtimer seit seiner Fertigstellung nicht. Außer dem Preis. Durften Gäste bei der Eröffnung das nervenkitzelnde Abenteuer für 15 Cent benutzen, bezahlt man pro Fahrt heute 3–5 $ (www.beachboardwalk.com, Ende Mai–Anfang Sept. tgl., sonst nur an Wochenenden, , der Eintritt in den Park ist kostenlos, Ganztagesticket für unbegrenzte Fahrten 29,95 $).

Westlich der Wharf folgt der West Cliff Drive der Küste und führt zum **Lighthouse State Beach,** wo ein kleiner Leuchtturm samt Surfmuseum ein bekanntes Surferrevier markiert (im Sommer Mi–Mo 12–16 Uhr, sonst kürzer). An dieser Steilküste herrschen fast ständig ideale Bedingungen zum Wellenreiten, und entsprechend populär ist die Stelle sowohl bei aktiven Wassersportlern als auch bei deren schaulustigem Publikum. In östlicher Himmelsrichtung erreicht man auf dem **East Cliff Drive** vorbei an herrlichen Sandstränden den Nachbarort **Capitola.**

Infos

Santa Cruz County Conference and Visitors Council: 303 Water St., Santa Cruz, CA 95060, Tel. 831-425-1234, Fax 831-425-1260, www.santacruzca.org.

Übernachten

Juwel am Meer ▶ **Darling House:** 314 W. Cliff Dr., Tel. 831-458-1958, www.darlinghouse.com. In Strandnähe gelegenes Anwesen aus dem Jahr 1910 mit 8 individuell eingerichteten Gästezimmern, zum Teil ausgestattet mit Küchen und eigenem Bad. DZ inklusive Frühstück 95–260 $.

Mittelklasse ▶ **Best Western Inn Santa Cruz:** 126 Plymouth St., Tel. 831-425-4717, www.bestwestern.com/innsantacruz. Ordentliche Unterkunft für Gäste ohne besondere Ansprüche, etwa 5 Autominuten vom Strand entfernt, kleines Frühstück inklusive. DZ ab 95 $.

Für Outdoor-Fans ▶ **Big Basin Redwoods State Park:** 21600 Big Basin Way, Boulder Creek, ca. 35 km nördlich von Santa Cruz Downtown, Tel. 831-338-8860, www.santacruzstateparks.org/parks/bigbasin. Campingplatz mit Laden, Bar, Heißwasserduschen und Picknicktischen. Keine Anschlüsse für Campmobile.

Essen & Trinken

Gut versteckt ▶ **Shadowbrook:** 1750 Wharf Rd., Capitola, Tel. 831-475-1511, www.shadowbrook-capitola.com, nur Dinner Mo–Fr ab 17, Sa, So ab 16 Uhr. Zum romantischen Ambiente trägt bei, dass man das Lokal mit dem hauseigenen Cable Car oder über einen Fußweg durch einen reizvollen Garten erreicht. Die Küche bietet gute Qualität. Hauptgerichte ab ca. 20 $.

Eine Institution ▶ **Zachary's:** 819 Pacific Ave., Tel. 831-427-0646, keine eigene Website, tgl. außer Mo 7–14.30 Uhr. Wer nach 9 Uhr zum Frühstück kommt, muss mit einer langen Warteschlange rechnen. Auch für guten Lunch ist das einfache Lokal bekannt. 6–15 $.

Aktiv

Wandern ▶ **Natural Bridges State Beach:** 2531 W. Cliff Dr., http://thatsmypark.org/naturalBridges.php. Gezeitenpools und mehrere Wanderpfade machen den naturgeschützten Strand zu einem beliebten Ziel für Hiker. Von Mitte Okt.–Ende Jan. machen dort Tausende von Monarch-Schmetterlingen Station.

Touren zu Seelöwenkolonien ▶ **Año Nuevo State Reserve:** 25 Meilen nördlich von

Salatköpfe, soweit man blickt: Farmhaus im Salinas Valley

Santa Cruz am Hwy 1, Anmeldung Tel. 1-800-444-4445 oder 650-879-2033, www.parks.ca.gov). Von Dez. bis Ende März veranstalten professionelle Parkranger und Naturschützer zu bestimmten Zeiten Führungen an den Sammelplatz von Hunderten von Seeelefanten, die sich hier in diesen Monaten paaren und ihre Jungen zur Welt bringen (telefonische Anmeldung notwendig). Von Mai bis Nov. ist die Beobachtung der Tiere frei möglich. In unmittelbarer Nähe des Highway 1 sind solche Tiere auch in Piedras Blancas (s. S. 285) zu sehen.

Termine

Shakespeare Santa Cruz (Juli–Sept.): Theaterfestival der lokalen Universität, bei dem nicht nur Shakespeare-Stücke auf die Bühne gebracht werden (http://shakespearesantacruz.org).

Salinas Valley

Durch das **Salinas Valley** verläuft keine bekannte Touristenroute, obwohl dort mit John Steinbeck einer der bekanntesten US-Schriftsteller aufwuchs. Er bezeichnete die abgelegene Tallandschaft zwischen den Gabilan und Santa Lucia Mountains als Weidegründe des Himmels. Längst hat sich das Tal in einen agro-industriellen Großbetrieb verwandelt. Romantik strahlen nur noch einzelne Missionsstationen aus.

Im letzten Viertel des 19. Jh. stand Salinas Valley unter dem Einfluss des aus Lamstedt in Niedersachsen stammenden Unternehmers Claus Spreckels (1828–1908). Er gehörte zu jenen Einwanderern, für die sich der Karrieretraum ›vom Tellerwäscher zum Millionär‹ erfüllte. Spreckels arbeitete anfangs in einem Obst- und Gemüsegeschäft, wandte sich dann der Zuckerverarbeitung zu und legte schließlich den Grundstein für die kalifornische Zuckerindustrie im Salinas Valley, wo er um die Wende zum 20. Jh. die größte Raffinerie der Welt errichten ließ. Der Unternehmer experimentierte zwar auch mit Zuckerrohr, machte sein Riesengeschäft aber hauptsächlich mit Zuckerrüben, die auch heute noch neben vielen anderen Feldfrüchten auf den ausgedehnten Feldern des Tals angebaut werden.

Salinas ▶ 1, E 10

Das 155 000 Einwohner große **Salinas** bildet das nördliche Tor zum Salinas Valley, das sich in südlicher Richtung bis nach Paso Robles bzw. San Luis Obispo erstreckt. Der lokalen Bevölkerung ist der Ort unter dem Beinamen ›Salatschüssel Kaliforniens‹ bekannt – eine passende Bezeichnung, liegen im Umland doch endlose Salat- und Kohlfelder. Gelegentlich bringt ein Spargelacker oder eine Sellerieplantage Abwechslung in die Gemüse-Geometrie. Am Stadtrand recken sich Silos chemischer Anlagen in den Himmel, in denen Kunstdünger und Pestizide produziert werden. Außerhalb des Tales haben keine agro-industriellen Betriebe, sondern Romane und Erzählungen des 1902 vor Ort geborenen Schriftstellers John Steinbeck den Namen Salinas weltweit bekannt gemacht.

Steinbecks 1939 veröffentlichter Roman »Die Früchte des Zorns« schildert am Beispiel der 12-köpfigen Familie Joad die Geschichte verarmter Wanderarbeiter, die in den Jahren der Weltwirtschaftskrise notgedrungen die *dust bowl* in Oklahoma verließen und über die legendäre Route 66 nach Kalifornien zogen. Statt einer menschenwürdigen Zukunft erwarteten sie dort aber Hungerlöhne, brutale Arbeitsbedingungen sowie Hass und Missgunst einheimischer Arbeiter, die sie als Streikbrecher betrachteten. Von skrupellosen Arbeitsvermittlern ausgenutzt, von den Einheimischen verachtet und vom Staat ignoriert, irrten die Joads von einem Arbeitsplatz zum anderen.

Schon in früheren Werken wie »Stürmische Ernte« (1936) und »Von Mäusen und Menschen« (1937) hatte der Schriftsteller soziales Engagement gezeigt. In dem Roman »Die Früchte des Zorns« verdichtete er seine Anklage gegen eine Gesellschaft, die unschuldig in Not Geratenen keine Chance gibt, sondern sie missbraucht. Das Buch löste in Kalifornien zum Teil heftige Reaktionen aus, es wurde verboten und verbrannt, als Aufruf zum Klassenkampf interpretiert, aber von Kritikern auch hoch gelobt und von Wissenschaftlern und Regierungsbehörden zur Grundlage soziologischer Studien gemacht.

Bereits Mitte der 1920er-Jahre kehrte Steinbeck jedoch seiner Heimatstadt den Rücken, um im liberaleren New York zu leben und zu arbeiten. Später ließ er sich in Monterey nieder, das er durch den Roman »Die Straße der Ölsardinen« bekannt machte. Er starb 1968 weit entfernt von den ›Weidegründen des Himmels‹ in der urbanen Wüste von New York, wurde aber in der Familiengruft auf dem Garden of Memories Cemetery in Salinas zur letzten Ruhe gebettet.

Auch Jahrzehnte nach Steinbecks Tod schien Salinas noch keinen Frieden mit dem umstrittenen und ungeliebten Sohn geschlossen zu haben. Dieser Eindruck drängte sich jedenfalls auf, da sich die Stadt offensichtlich schwer damit tat, ihm gebührend Referenz zu erweisen. Aus dem viktorianischen **Steinbeck House,** in dem der Schriftsteller geboren wurde und seine Jugendjahre verbrachte, wurde wider Erwarten kein Steinbeck-Museum, sondern das Lunch-Restaurant einer gemeinnützigen Gilde, die im Souterrain einen Souvenirladen mit den Werken Steinbecks, Memorabilien und Reisemitbringseln betreibt (132 Central Ave., Tel. 831-424-2735, www.steinbeckhouse.com, Di–Sa 11.30–14 Uhr Lunch, 12,75 $).

Jahre vergingen, ehe Steinbeck 1998 das **National Steinbeck Center** gewidmet wurde. In teilweise interaktiven Ausstellungen bringt dieses Museum Besuchern die Werke und die Philosophie Steinbecks näher. U. a. ist sein Camper Rosinante zu sehen, mit dem der Literaturnobelpreisträger von 1962 Amerika bereiste. Hinzu kommen wechselnde Ausstellungen amerikanischer Künstler und ein kleines Stadtmuseum. Das Zentrum bildet auch den Mittelpunkt des viertägigen Steinbeck-Festivals, das jedes Jahr im August unter einem anderen Motto steht (1 Main St., Tel. 831-424-2735, www.steinbeck.org, tgl. 10–17 Uhr, Erw. 10,95 $, Jugendliche 7,95 $, Kinder 6–12 J. 5,95 $).

Infos

Salinas Valley Chamber of Commerce: 119 E. Alisal St., P.O. Box 1170, Salinas, CA 93901, Tel. 831-751-7725, www.salinaschamber.com.

Übernachten

Gutes Stadthotel ▶ **Residence Inn by Marriott:** 17215 El Rancho Way, Tel. 831-775-0410, www.marriott.com. Nichtraucherhotel; in den geräumigen Suiten sind voll ausgestattete Küchen eingerichtet; sie verfügen zudem über einen Highspeed-Internetzugang; der Parkplatz ist im Preis inbegriffen. DZ ca. 180 $.

Preisgünstiges Motel ▶ **Vagabond Inn:** 131 Kern St., Tel. 831-758-4693, www.vagabondinn.com. Zweigeschossiges Motel mit gutem Preis-Leistungs-Verhältnis. Ordentliche Zimmer, manche mit Highspeed-Internetzugang. DZ bei Online-Reservierung ab 60 $.

Essen & Trinken

Deftige Kost ▶ **Little Austin's Texas BBQ:** 1909 Natividad Rd., Tel. 831-449-4835, tgl. 10–21 Uhr. Spezialität dieses Familienlokals sind Schweinerippchen, die mit unterschiedlichen Saucen gereicht werden (18 $).

Einkaufen

Interessante Landpartie ▶ **The Farm:** Hwy 68, Exit Spreckels Blvd., P.O. Box 247, Tel. 831-455-2575, http://thefarm-salinasvalley.com, Mo–Sa 9–18 Uhr, Eintritt frei. Der landwirtschaftliche Betrieb bietet erntefrisches Obst und Gemüse je nach Saison an. Besucher können die Farm auch besichtigen.

Aktiv

Safari ▶ **Vision Quest Ranch:** 400 River Rd., Tel. 831-455-1901, www.wildthingsinc.com, Führungen tgl. 13 Uhr, Juni–Aug. auch 15 Uhr. In einem Tierpark auf der Ranch verbringen Tiere wie Tiger, Löwen, Elefanten und Primaten ihre letzten Lebensjahre, nachdem sie in Hollywood-Filmproduktionen eine Rolle spielten. Auf der Ranch kann man auch in einem B & B übernachten (Erw. 10 $, Kinder unter 15 J. 8 $).

Termine

California Rodeo (3. Juliwoche): Eine der größten Rodeoveranstaltungen der USA findet im Salinas Sports Complex statt (www.carodeo.com).

California International Airshow (Sept.): Die Flugshow mit akrobatischen Einlagen zieht alljährlich 80 000 Besucher an (www.salinasairshow.com).

Missionen am Camino Real ▶ 1, E 11/12

Als Leben spendende Ader zieht sich der Salinas River durch das Salinas Valley. Der Fluss veranlasste spanische Missionare in der zweiten Hälfte des 18. Jh., ihre Missionsstationen in Ufernähe im Abstand von jeweils einer Tagesreise am sogenannten *Camino Real* aneinanderzureihen. Dem Weg folgt auf einigen Abschnitten der Highway 101.

Ca. 25 Meilen südlich von Salinas errichtete der Franziskanerpater Lasuen 1791 bei der Kleinstadt Soledad die 13. kalifornische Missionsstation **Nuestra Señora de la Soledad.** Der aus dem Spanischen abgeleitete Name (*soledad* – Abgeschiedenheit) traf schon damals zu, waren die Mönche im Niemandsland doch gezwungen, ein von jeglicher Zivilisation abgeschnittenes Dasein zu fristen. Die 1831 eingestürzten Originalgebäude der säkularisierten Mission wurden seit 1954 zum Teil wiederaufgebaut (36641 Fort Romie Rd., Tel. 831-678-2586, http://missiontour.org/soledad).

Noch einsamer liegt die **Mission San Antonio de Padua,** die man auf der Höhe von King City über einen 27 Meilen langen Abstecher nach Südwesten im fast unbewohnten Gebiet der Fort Hunter-Ligget Military Reservation erreicht. Am Eingang in das mili-

aktiv unterwegs

Hiking im Hügelland der San Gabilan Mountains

Tour-Infos

Start: Westeingang des Pinnacles National Monument am Ende von Hwy 146 bei der Chaparral Ranger Station
Länge/Dauer: 13,6 km, ca. 5 Stunden
Öffnungszeiten und Reisezeit: Westeingang 7.30–20 Uhr, Pkw 5 $. Frühjahr und Herbst sind ideal, weil im Hochsommer die Temperaturen häufig auf über 35 °C. steigen.
Informationen: Pinnacles Visitor Center, Tel. 831-389-4485, www.nps.gov/pinn (offizielle Webseite der Nationalparkverwaltung mit vielen Detailinfos). Campingplatzreservierung unter Tel. 877-444-6777 oder www.recreation.gov

Westlich von Soledad im Salinas Valley (Hwy 101) steigt die Route 146 ins Hügelland der **San Gabilan Mountains** zum **Pinnacles National Monument** an, einer Landschaft mit bizarren vulkanischen Formationen, die über

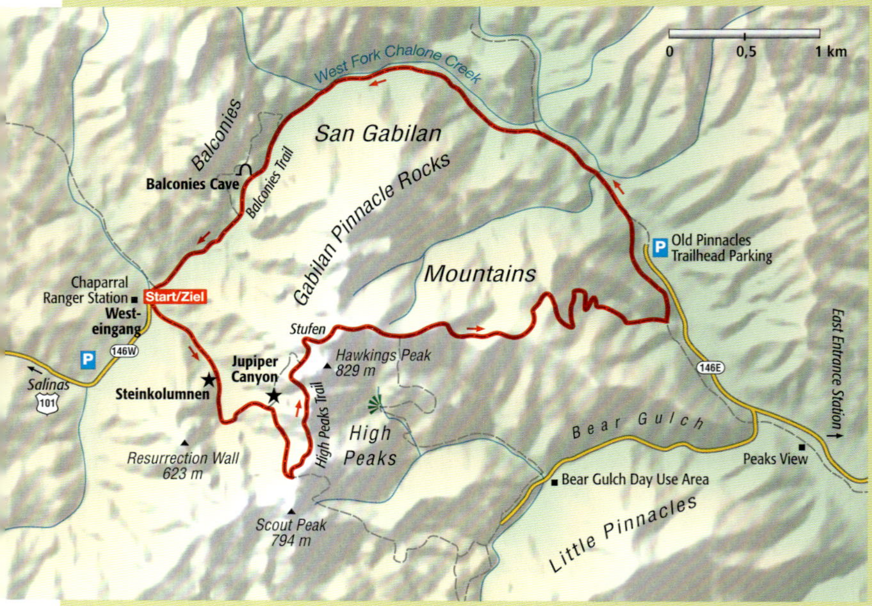

tärische Sperrgebiet bekommen Besucher ein kostenloses Permit ausgestellt, mit dem man bis zur Missionsstation weiterfahren darf. Ursprünglich gründete Junípero Serra die Anlage 1771 an anderer Stelle, verlegte sie aber zwei Jahre später wegen der besseren Wasserversorgung an den heutigen Standort. Über die lange Vorgängergeschichte der heutigen katholischen Pfarrei berichtet ein interessantes Museum, das mit Anschauungsmaterial aus der missionarischen Pionierzeit wie einem auf Tierhaut gezeichneten Plan der kalifornischen Missionen ausgestattet ist (Mission Creek Rd., Jolon,

300 m über das Umland hinausragen. In diesem abgelegenen Naturparadies für Luchse, Wildschweine, Graufüchse, Falken, Steinadler und 2003 wiederangesiedelte Kalifornische Kondore können Hiker über 50 km Pfade mit unterschiedlichen Schwierigkeitsgraden und Längen unter die Wanderstiefel nehmen. Viele Trails sind miteinander verbunden und lassen sich kombinieren. Populäre Ausgangspunkte sind das Bear Gulch Reservoir, High Peaks und das Balconies-Gebiet.

Eine reizvolle Wanderung ist der am westlichen **Parkeingang** beginnende High Peaks & Balconies Cave Trail. Schon bald kommt man an den ersten **Steinkolumnen** vorbei, die von einem 23 Mio. Jahre alten Vulkan übrig geblieben sind. Durch den **Jupiper Canyon** gelangt man zum **High Peaks Trail,** wo zum Teil in den Stein geschlagene, mit Eisengeländern gesicherte **Stufen** zum höchsten Punkt der Wanderung führen. Bevor der Weg abwärts zur Chalone Creek Road mäandert, kann man den **Panoramablick** über die reizvolle Gegend genießen. Auf der **Talsohle,** wo der Hwy 146 East verläuft, stößt man auf den Old Pinnacles Trail, der in ebenem Gelände am Chalone Creek entlang 3,7 km weit zum **Balconies Trail** und weiter zur **Balconies Cave** führt, die durch einen Bergrutsch entstand (eine Taschenlampe ist an dieser Stelle hilfreich). Sobald man einen Wasserlauf auf einer Holzbrücke überquert hat, kündigt sich bereits das Ende der Tour am Westeingang des Parks an.

Tel. 831-385-44 78, www.missionsanantonio.net, tgl. 8–17 Uhr, Museum 5 $, Messe So 10.30 Uhr).

Ungefähr 16 Jahre nach der Errichtung von San Antonio de Padua entstand 1797 im heutigen Dorf San Miguel die Missionsstation **San Miguel Arcangel,** die nach einem Großbrand 1806 fast komplett neu aufgebaut werden musste. Nach der Säkularisierung während der mexikanischen Herrschaft übernahmen 1928 wieder Franziskanerpatres die Anlage. Die im Innern noch weitgehend im Originalstil erhaltene Kirche mit ihren aus organischen Materialien wie Kaktussaft bestehenden Malereien erlitt durch ein Erdbeben 2003 schwere Schäden, die mittlerweile zum Teil ausgebessert wurden, aber noch nicht gänzlich behoben sind. Neben der Kirche befindet sich hinter alten Holztoren und schiefen Mauern ein hübscher Garten mit vielen Kaktusarten, die einen Brunnen mit blühenden Wasserlilien umgeben (775 Mission St., San Miguel, www.missionsanmiguel.org, tgl. 9.30–16.30 Uhr, 5 $).

Paso Robles ► 1, F 12

Zwischen Eichenwäldern, Mandelbaumgärten und Kornfeldern gelegen, markiert das 25 000 Einwohner große Städtchen **Paso Robles** das südliche Ende des Salinas Valley. Der Name, der auf Spanisch ›Pass der Eichen‹ bedeutet, geht auf den spanischen Entdecker Juan Bautista de Anza zurück, der 1775 von Tubac in Südarizona aus den Weg an die San Francisco Bay erkundete und dabei durch das Salinas Valley kam. Östlich der Stadt führt Highway 46 durch eine Gegend, die Paso Robles zur bekannten Weinregion machte. Setzt man die Fahrt Richtung Osten fort, erreicht man ca. zehn Meilen vor der Ortschaft Cholame die denkwürdige Kreuzung der Highways 46 und 41. An dieser Stelle verunglückte 1955 Hollywood-Star **James Dean** mit seinem silberfarbenen Porsche Speedster tödlich. Ein von Fans häufig besuchter Schrein erinnert an den tragischen Unfall.

Aktiv

Weinproben ► **EOS Estate Winery:** 5625 Hwy 46, www.eosvintage.com, tgl. 10–17 Uhr. Führungen, Weinprobe. Eberle Winery, 3810 Hwy 46 E., www.eberlewinery.com. Weinprobe im Tasting Room. Meridian, 7000 Hwy 46 E., www.meridianvineyards.com, 10–17 Uhr. Im Tasting Room werden die Weine des Guts ausgeschenkt.

Missionsindianer: Gotteskinder und Arbeitssklaven

Von 1769 an entstanden in Kalifornien 21 spanische Missionsstationen, Madrids letzter Versuch, einen Teil der heutigen Vereinigten Staaten zu kolonisieren. Für die indianische Urbevölkerung hatte die in der Regel mit Zwangsarbeit verbundene Christianisierung katastrophale Folgen. Zehntausende verloren durch kulturelle Entwurzelung, Versklavung und eingeschleppte Krankheiten ihr Leben.

Im Wettlauf europäischer Mächte um Gebietsansprüche an der Pazifikküste sah Madrid in der zweiten Hälfte des 18. Jh. eine letzte Gelegenheit, von Neu-Spanien (Mexiko) nach Norden vorzudringen, um rivalisierenden Interessen seitens der Russen, Engländer, Franzosen und Amerikaner zuvorzukommen. Die eigentliche Eroberung von Kalifornien begann 1769 unter der Führung von Gaspar de Portola durch eine Expedition, der neben einer Siedlergruppe auch der aus Mallorca stammende Franziskanerpater Junípero Serra angehörte. Bei San Diego gründete Serra die erste Station am sogenannten Mission Trail (Camino Real), an dem in Abständen von jeweils einer Tagesreise in den folgenden Jahrzehnten weitere 20 Niederlassungen folgen sollten. Städte wie Los Angeles und San Francisco entwickelten sich aus diesen Missionsgründungen. Der Pater starb

Junípero-Serra-Denkmal in der Mission San Antonio de Padua

Thema

im Jahr 1784 und liegt heute unter dem Altar der Mission San Carlos Borromeo de Carmelo in Carmel begraben.

Zu Beginn der spanischen Eroberung Kaliforniens war die indianische Urbevölkerung über einzelne Stammesverbände hinaus nicht komplexer organisiert, was den Spaniern die Missionierung der Indianer erleichterte. Das Kreuz bildete eine Alternative zu Feuer und Schwert, um im damaligen Alta California die spanische Kultur und Religion zu verankern. Missionen wurden zu Frontposten der Eroberung. Nach Meinung von Historikern zielte die Missionierung in erster Linie nicht auf die Ausbeutung der indianischen Arbeitskraft ab, sondern sollte die Urbevölkerung über die Bekehrung zum katholischen Glauben nach und nach in die hispanische Gesellschaft integrieren.

In den meisten Missionen ging dieser Prozess aber nicht im erwünschten Tempo und Umfang voran, weil für die Indianer damit ein brutaler Bruch mit ihrer Kultur und Lebensweise verbunden war. Im Durchschnitt ließen sich pro Jahr und Mission nur etwa 40 Indianer bekehren. Versorgungsprobleme sowie bürokratische Differenzen zwischen geistlichen und weltlichen Autoritäten erleichterten nicht gerade die Arbeit der Patres. Bis 1833 wurden 88 000 Indianer getauft und 24 000 katholisch verheiratet. Über 30 000 arbeiteten damals unter der Aufsicht von Franziskanern und Soldaten in zum Teil kleinen Niederlassungen in abgelegenen Gebieten. Man brachte ihnen handwerkliche Fertigkeiten bei, damit sie Lehmziegel und Hausdächer herstellen, Felder bewirtschaften, Vieh versorgen und Arbeiten wie Schmieden, Spinnen, Weben und Gerben erledigen konnten. Außer den Ureinwohnern verfügten die Missionsgründer kaum über Arbeitskräfte, die den Aufbau der einzelnen Stationen und deren Betrieb bewerkstelligen konnten.

Um grundsätzlich das indianische Interesse an den Missionen zu wecken, setzten Franziskanermönche Lockmittel wie künstliche Perlen, Flitterkram, Nahrungsmittel, Kleidung und Versprechen auf ein besseres Leben ein. Entschlossen sich Ureinwohner nach zwei, drei Monaten, sich bekehren zu lassen, mussten sie sich dem hispanischen Wertesystem und Lebensstil vollkommen unterwerfen. Manche versuchten nach gewisser Zeit zu fliehen. Wurden sie vom Militär eingefangen, drohte ihnen Prügelstrafe bis hin zum Tod. Mangelte es ihnen an Arbeitseifer, sorgten in der Regel Soldaten der nächsten Garnison für mehr Disziplin. In manchen Fällen kam es zu regelrechtem Menschenraub, Zwangstaufen und Sklaverei.

Das kalifornische Missionssystem hatte von 1769 bis 1834 Bestand, als die mexikanische Regierung mit der Säkularisierung begann. Während dieser Zeit nahm die Zahl der kalifornischen Indianer um etwa die Hälfte auf 150 000 Menschen ab. Wiederum 35 Jahre später war sie auf 58 000, im Jahre 1913 auf 17 000 zusammengeschrumpft. Missionare, Soldaten und Siedler schleppten unbekannte Krankheiten ein, die Zehntausenden von Indianern zum Verhängnis wurden. Davon abgesehen litten viele unter den Folgen von Zwangsarbeit, Versklavung, mangelhafter Ernährung und sozialer Entwurzelung. Der weiße Zivilisationsdruck auf die Ureinwohner verstärkte sich noch drastisch, als im Zuge des Goldrausches 1849 Glücksritter aus allen Teilen der Welt selbst in die abgelegenen Täler der Sierra Nevada vordrangen, wo kleinere Indianergruppen bis dahin noch weitgehend unbehelligt nach ihrer traditionellen Art und Weise gelebt hatten.

Der Half Dome, das Wahrzeichen des Yosemite National Park, spiegelt sich im Merced River

Kapitel 5

Central Valley und Sierra Nevada

Hoch über den Orangenhainen des lang gestreckten Central Valley ragen die grauen Granitzacken der majestätischen Sierra Nevada in den Himmel. Mit Höhen bis über 4400 m ist dies auf dem Staatsgebiet der USA neben den Rocky Mountains die bekannteste Gebirgskette – trotz des Bevölkerungsbooms an der nicht weit entfernten Pazifikküste bis heute ein größtenteils naturbelassenes Wildnisgebiet. Ausnahmen bilden die drei Nationalparks Yosemite, Sequoia und Kings Canyon. Vor allem im legendären Yosemite Valley ist an Sommerwochenenden von Zivilisationsferne nicht viel zu spüren, wenn sich der Urlauberverkehr nur im Stop-and-Go-Rhythmus vorwärtsbewegt und die Parkplätze rettungslos überfüllt sind. Wer sich abseits solcher touristischer Epizentren aufhält, spürt die ungezähmte Natur, die Einsamkeit und Grenzenlosigkeit der Bergwelt, in der sich uralte Haine riesiger Mammutbäume, idyllische Seen, Wildblumenwiesen und Wasserfälle verstecken. Auf einem Plateau hoch über dem See erinnert die Geisterstadt Bodie mit windschiefen Häuserzeilen auf malerische Weise an die rauen Zeiten des Bergbaus.

Ein völlig anderes Kalifornien treffen Reisende im Central Valley an. Feldwege, Landstraßen und Interstates parzellieren in der vom Klima verwöhnten Ebene riesige Ländereien, auf denen Obstbaumreihen und Gemüseäcker von einer Seite des Horizonts bis zur anderen zu reichen scheinen. Viele von Silos, Lagerhäusern und Wassertürmen umstandene Käffer geben ein grandios monotones Bild tiefster Provinzialität ab.

Auf einen Blick

Central Valley und Sierra Nevada

Sehenswert

8 **Sacramento:** Kaliforniens Hauptstadt ist zwar mit den Küstenmetropolen verglichen klein, aber nicht um Attraktionen verlegen (s. S. 315).

9 **Yosemite National Park:** Der berühmte Nationalpark hat sich längst zu einem der Hotspots für Kalifornienreisende entwickelt (s. S. 325).

10 **Mono Lake:** Der See mit seinen Kalksteinformationen in den Uferzonen gehört zu den ältesten und seltsamsten Gewässern der USA (s. S. 331).

11 **Bodie:** Die Geisterstadt demonstriert, wie malerisch der Blick in die Bergbauvergangenheit sein kann (s. S. 331).

Schöne Routen

Nationalparkroute durch Sequoia und Kings Canyon: Von Visalia im Central Valley führt der Hwy 198 in dieses Nationalparkduo mit Hainen aus Mammutbäumen und grandiosen Berglandschaften. Auf Hwy 180 kann man nach Fresno im großen Zentraltal zurückkehren (s. S. 322).

Tioga Pass Road: Diese auf über 3000 m Höhe ansteigende Bergstrecke über die Sierra Nevada zählt zu den schönsten Straßenverbindungen zwischen dem westlichen und östlichen Kalifornien (s. S. 325).

Highway 395: Er ist eine der schönsten Straßen Kaliforniens und führt durch das gesamte Owens Valley, geboten werden atemberaubende Aussichten auf die Sierra Nevada im Westen und die Ausläufer des wüstenhaften Großen Beckens im Osten (s. S. 333).

Meine Tipps

Antelope Valley California Poppy Reserve: Wo die Mojave-Wüste ins Central Valley übergeht, liegt das bekannteste Schutzgebiet Kaliforniens für Wildblumen, im Frühling eine wahre Blütenorgie in Orange (s. S. 310).

Manzanar National Historic Site: Die historische Stätte von Manzanar bei Independence lässt die Geschichte Kaliforniens lebendig werden mit einem im Zweiten Weltkrieg erbauten Internierungscamp für 10 000 US-Bürger japanischer Abstammung (s. S. 333).

Blütenweg durch Obstplantagen: Bei Fresno lohnt sich im Frühjahr der Blossom Trail durch blühende Gärten mit Mandel-, Aprikosen-, Pfirsich-, Nektarinen- und Pflaumenbäumen (s. S. 314).

aktiv unterwegs

Wandern im Giant Forest: Im Giant Forest im Sequoia National Park sollte man einen Besuch beim riesigen General Sherman Tree und den Aufstieg zum Moro Rock wegen der Aussicht nicht versäumen (s. S. 324).

Zu den botanischen Schätzen im Mariposa Grove: Im Mariposa Grove des Yosemite National Park laden ca. 200 gewaltige Mammutbäumen zu einem Besuch ein (s. S. 330).

Das Central Valley

Mit dem 450 Meilen langen Central Valley zieht sich die vermutlich produktivste Farmregion Amerikas mitten durch Kalifornien. Ein Viertel des gesamten US-Konsums an Obst und Gemüse stammt aus diesem Gebiet, dessen Markenzeichen sein stark ausgeprägtes provinzielles Flair ist. Größere Städte sind dünn gesät und tauchen auf touristischen Tourenkarten eher selten auf.

Die kalifornische Kornkammer ▶ 3, D 4–1, H 10

Das fruchtbare Zentraltal verläuft von Bakersfield im Süden bis nach Redding im Norden mitten durch das Herz von Kalifornien und gilt zu Recht als Wiege der amerikanischen Agroindustrie. Nicht nur günstige Boden- und Klimaverhältnisse fördern den Anbau einer Vielzahl von Produkten, sondern auch ausgeklügelte Anbau- und Bewässerungstechniken und ein hoher Grad von Mechanisierung. Obstplantagen, Gemüsefelder und Weinberge dieser gut 450 Meilen langen und im Durchschnitt 50 Meilen breiten Region sind so riesig, dass viele von ihnen nur unter Einsatz von künstlicher Bewässerung, Maschinen und sogar Hubschraubern bzw. Flugzeugen bewirtschaftet werden können.

Bereits in der zweiten Hälfte des 19. Jh. begannen Rancher damit, riesige Viehfarmen mit bis zu 1 Mio. Rindern und 100 000 Schafen anzulegen. Veränderungen folgten dem Anschluss an die Eisenbahn und der Erfindung von Kühlwaggons: Ranchern und Farmern stand nicht mehr nur der regionale Markt offen. Sie konnten ihre Produkte fortan selbst in entfernte urbane Ballungsräume an der Ostküste liefern. Legten Bauern in den ersten Jahrzehnten riesige Monokulturen hauptsächlich mit Getreide an, gingen sie im Laufe der Zeit zu einer diversifizierten Produktion mit Getreide, Alfalfa, Zuckerrüben, Baumwolle, Gemüse, Wein, Oliven, Pistazien, Mandeln, Walnüssen und Zitrusfrüchten über. Heute stammt ca. ein Viertel sämtlicher Nahrungsmittel der 300 Mio. US-Bürger aus der kalifornischen ›Kornkammer‹.

Wandel in der Provinz

Zwar liegen im heißen und trockenen Central Valley mit der kalifornischen Hauptstadt Sacramento, Bakersfield, Visalia, Fresno und Stockton mehrere Großstädte. Überwiegend handelt es sich aber um eine ausgeprägt ländliche Gegend mit verschlafenen Landgemeinden, in denen der Bevölkerungsanteil von Latinos wegen des großen Bedarfs an Landarbeitern besonders hoch ist.

Aber auch diese provinzielle Gegend ist von wirtschaftlichen und gesellschaftlichen Veränderungen geprägt. Wegen niedriger Immobilien- und Grundstückspreise ist sie für viele Familien interessant geworden, die sich das Leben an der teuren Pazifikküste nicht mehr leisten können. Und auch die landwirtschaftliche Produktion hat sich schon vor geraumer Zeit zu verändern begonnen, weil sich bei vielen Verbrauchern eine veränderte Denkweise abzeichnet. Seit Jahren erhöht sich der Druck gesundheitsbewusster Konsumenten auf die Farmer, die Abhängigkeit von chemischen Dünge- und Pflanzenschutzmitteln aufzugeben und biologisch anzubauen – ganz im Sinne der California Cuisine.

Bakersfield ►1, H 12

Eine der wenigen Großstädte im Central Valley ist **Bakersfield,** das den multikulturellen Charakter seiner 250 000 Einwohner zählenden Bevölkerung der lokalen Wirtschaftsgeschichte verdankt. In den 1860er-Jahren fanden Pioniere Gold im Bett des Kern River, was Schürfer aus aller Herren Länder veranlasste, in diesem Teil Kaliforniens ihr Glück zu versuchen.

Bei vielen von ihnen blieb es beim Versuch, manche wurden sesshaft und sahen eine wirtschaftliche Zukunft eher in der nach und nach entstehenden Landwirtschaft. Dem Gold- und Agrarboom folgte in den 1920er-Jahren die Erdölförderung, die heute noch mit ihren im Wiegetakt arbeitenden Pumpen die Umgebung der Stadt und sogar Parkplätze und Gartenanlagen mitten im Zentrum prägt. Die unauffällige Downtown liegt entlang der Chester Avenue um die 19th Street herum und unterscheidet sich vom restlichen Stadtgebiet durch Gebäude, die über die übliche Eingeschossbauweise hinausgewachsen sind.

Kern Country Museum

Aus einem idyllischen Blickwinkel zeigt das **Kern County Museum** die Vergangenheit von Bakersfield. Ein aus ca. 70 Gebäuden bestehendes Pionierdorf, darunter mehrere Handwerkergeschäfte, ein General Store, eine winzige Bank mit Scheinfassade, eine nur rudimentäres Vertrauen erweckende Arztpraxis und der reizende Beale Memorial Clock Tower, verschafft Besuchern einen Eindruck vom Leben der ersten Siedler in der Region (3801 Chester Ave., Tel. 661-852-5000, www.kcmuseum.org, Mo–Sa 10–17, So 12–17 Uhr, Erw. 10 $, Kinder 6–12 J. 8 $).

California Living Museum

Als ein Kalifornien im Kleinen präsentiert sich das **California Living Museum** mit Pflanzen, Tieren, Fossilien sowie Artefakten und lädt Besucher zu einer konzentrierten *tour d'horizon* durch den Golden State ein. Man bekommt in den Wüstenregionen lebende Tiere, Wasservögel, Schwarzbären und Rehwild der Sierra Nevada sowie Füchse, Stinktiere, Waschbären und Luchse zu sehen, die man in freier Wildbahn nur mit Glück und Geduld beobachten kann (10500 Alfred Harrell Hwy, Tel. 661-872-2256, www.calmzoo.org, tgl. 9–17, im Winter bis 16 Uhr, Erw. 9 $, Kinder 3–17 J. 5 $).

Infos

Greater Bakersfield Convention & Visitors Bureau: 515 Truxtun Ave., Bakersfield, CA 93301, Tel. 661-852-7282, Fax 661-325-7074, www.visitbakersfield.com.

Übernachten

Einwandfreies Hotel ► Hilton Garden Inn: 3625 Marriott Dr., Tel. 661-716-1000, http://hiltongardeninn.hilton.com. Alle Zimmer sind mit Kaffeemaschine, Kühlschrank, Mikrowelle und Highspeed-Internet ausgestattet. Zum Hotel gehören Innenpool, Fitness- und Businesscenter mit 24-Std.-Service. DZ ca. 137 $.

Preisgünstig ► Vagabond Inn: 6100 Knudsen Dr., Tel. 661-392-1800, www.vagabondinn-bakersfieldca-hotel.com. Motel mit freundlichen Zimmern inklusive WLAN und kleinem Frühstück. Gästen steht ein kleiner Außenpool zur Verfügung. DZ ab 50 $.

Essen & Trinken

Prima Küche ► Hungry Hunter Steakhouse: 3580 Rosedale Hwy, Tel. 661-328-0580, Lunch Mo–Fr 11.30–14, Dinner tgl. ab 17 Uhr. Prime Rib, Seafood, Steaks und eine reiche Auswahl anderer Gerichte. Ab ca. 13 $.

Das etwas andere Lokal ► Wool Growers Restaurant: 620 E/19th St., Tel. 661-327-9584, www.woolgrowers.net, Mo–Sa 11–14 und 18–21 Uhr, So Ruhetag. Absolut uncooles, aber sehr populäres baskisches Lokal mit gealterten Blümchentapeten und trüber Beleuchtung wie in einem Speisesaal für Bedürftige. Zum sich tägl ch ändernden Tagesmenü gehören eine üppige Vorspeise (Suppe, gekochte rote Bohnen, Salat) sowie ein opulenter Spaghetti mit zwei Fleischsorten umfassender Hauptgang. Außerdem werden Steaks, gebratene Hähnchen und Fisch serviert. Lunch 10,50 $, Dinner 14,50 $.

Tipp: Antelope Valley California Poppy Reserve

Am südlichen Ende des Central Valley strömen Jahr für Jahr Schaulustige aus vielen Teilen Amerikas in eine Gegend, die die meiste Zeit des Jahres einen unspektakulären Eindruck macht. Außer im Frühjahr. Von Mitte März bis Mitte Mai dauert im **Antelope Valley California Poppy Reserve** in normalen Jahren die Wildblumensaison und beschert diesem Flecken am Rand der großen Mojavewüste eine unglaubliche Farbenpracht. Auf 13 km Länge winden sich durch das aus rollenden Hügeln bestehende Schutzgebiet einfach zu gehende Wanderpfade, auf denen man die Blütenorgie in vollen Zügen genießen kann, sofern in den Wintermonaten Niederschläge für ausreichend Feuchtigkeit sorgten. In jüngster Vergangenheit fiel der Blumenzauber wegen der in Südkalifornien herrschenden Trockenheit ziemlich spärlich aus. Hat es aber genügend geregnet, verwandeln sich Hügelflanken und Senken in ein atemberaubendes Wildblumenparadies. Vorherrschend ist die Farbe Orange. Zwar zeigen sich in diesem Schutzgebiet auch Zwerglupinen und gelb blühende Wildastern *(Lasthenia californica)* von ihrer schönsten Seite. Berühmt gemacht hat das Antelope Valley aber die kalifornische Staatsblume, der Goldmohn *(California Poppy/ Eschscholzia californica)*. Er bedeckt auf quadratkilometergroßen Flächen das Valley mit orangefarbenen Teppichen. So hübsch die auch in europäischen Gärten verbreitete Blume ist: Sämtliche Teile der einjährigen, auch unter dem Namen Schlafmützchen bekannten Pflanze sind giftig (Jane S. Pinheiro Interpretive Center, 15 Meilen westlich von Lancaster, 15101 Lancaster Rd., Tel. 661-942-0662, Wildblumen-Hotline Tel. 661-724-1180, www.parks.ca.gov/?page_id=627, Parkgebühr 8 $/ Pkw. Radfahren ist auf den Wegen innerhalb des Poppy Reserve nicht erlaubt).

Das mittlere Valley

Visalia ►1, H 11

Die 92 000 Einwohner große Stadt **Visalia** versinkt in riesigen Orangenplantagen, die während der Blütezeit im Frühjahr einen betäubenden Duft verbreiten. Downtown dehnt sich über mehrere Häuserblocks um die von Bäumen gesäumte Main Street aus, die von Geschäften, Cafés und Restaurants flankiert wird. Bauliches Wahrzeichen ist das **Fox Theatre** mit einem Turm im Zuckerbäckerstil. Das ehemalige Kino wird heute für Konzerte und andere Kulturveranstaltungen genutzt. Die Stadt wirbt mit dem Slogan: »Where the Valley meets the Giants« und empfiehlt Visalia als Etappenziel vor dem Besuch des ca. 45 Minuten entfernten Sequoia National Park mit seinen gigantischen Bäumen.

Für ein Picknick im Freien bietet sich der **Mooney Grove Park** an, in dem mächtige Eichen und andere Baumarten ihre Schatten auf einen Weiher werfen, auf dem man Tretboot fahren kann. Neben einem kleinen Pionierdorf steht im Park ein Museum, das sich mit indianischen Ausstellungen beschäftigt.

Inmitten eines Brunnens hat das Denkmal »End of the Trail« von James Earle Fraser (1876–1953) seinen Platz. Der Bildhauer schuf das berühmte Werk, das einen erschöpften Indianer zu Pferd darstellt, für die Internationale Panama-Pazifik-Ausstellung 1915 in San Francisco (27000 S. Mooney Blvd., Tel. 559-733-6291, Mo, Do–Fr 10–16, Sa, So 13–16 Uhr, Parkplatz 6 $).

Fresno ►1, G 10

Ausgedehnte Rebplantagen sorgen dafür, dass sich die mit über 400 000 Einwohnern zweitgrößte Stadt im Central Valley mit dem Beinamen ›Rosinenhauptstadt der Welt‹ schmücken kann. Im Zentrum um die Fulton Mall genannte Fußgängerzone ragen einige Hochhäuser in den Himmel und statten **Fresno** sichtbar mit großstädtischen Insignien aus.

Eine Hauptader der lokalen Geschäftswelt ist die Blackstone Street, die von Downtown

Das Antelope Valley: im Frühling ein einziger Blütentraum

nach North Fresno führt. In diesem Stadtteil entstand mit dem **River Park** ein riesiges Einkaufsviertel mit Supermärkten, Kaufhäusern und Einzelhandelsgeschäften. Im Herzen steht ein Kinozentrum mit 21 Lichtspieltheatern auf einem von Bäumen bestandenen Platz, der von Restaurants und Cafés gesäumt wird und nach Sonnenuntergang eine lauschige Atmosphäre in das Shoppingparadies zaubert (www.shopriverpark.com).

Touristisch profitiert Fresno in erster Linie von seiner Nähe zu den Nationalparks Kings Canyon, Sequoia und Yosemite. Aber auch die Stadt selbst besitzt einige Sehenswürdigkeiten wie das **Fresno Metropolitan Museum** mit Werken europäischer und amerikanischer Maler, Fotografien von Anselm Adams und einer ständigen Ausstellung über das Leben des Pulitzer-Preisträgers William Saroyan, der in Fresno aufwuchs (1515 Van Ness Ave., Tel. 559-441-1444, www.explorefresno.com/fresnoMetropolitanMuseum.html, Mi–So 11–17 Uhr, Erw. 7 $, Kinder 3–12 J. 3 $, Do 17–20 Uhr frei). Wechselausstellungen mit nationalen und internationalen Künstlern sind im **Fresno Art Museum** zu sehen (2233 N. First St., Tel. 559-441-4221, www.fresnoartmuseum.org, Do–So 11–17 Uhr, Erw. 5 $, Kinder 3–12 J. 2 $).

Zwei ehemalige private Residenzen dienen heute als Museen, die Besuchern einen unterhaltsamen Einblick in das Alltagsleben der lokalen High Society um die Wende vom 19. zum 20. Jh. erlauben. Das viktorianische **Meux Home Museum** von 1888 gehörte einem Chirurgen (1007 R St., www.meux.mus.ca.us), während das 1906 fertiggestellte **Kearney Mansion** dem Pionier der lokalen Rosinenindustrie als Wohnsitz diente (7160 W. Kearney Blvd., www.valleyhistory.org/kearneyhistory03.html). Eine außergewöhnliche Sehenswürdigkeit sind die **Forestiere Underground Gardens,** ein 4 ha großes unterirdisches Labyrinth aus Plätzen, Passagen und Nischen, in denen ein sizilianischer Einwanderer vor Jahrzehnten einen überaus merkwürdigen Garten anlegte (5021 W. Shaw Ave., www.undergroundgardens.com).

Angler auf einer Landzunge im Lake Kaweah

Infos

Fresno Convention and Visitors Bureau: 848 M St., 3rd Floor, Fresno CA 93721, Tel. 559-445-8300, http://playfresno.org/visitors.

Übernachten

Gutes Downtown-Hotel ▶ **La Quinta Inn:** 2926 Tulare St., Tel. 559-442-1110, www.lq.com. In Downtown gelegenes 3-Etagen-Motel mit High-speed-Internetzugang in allen 130 Zimmern, Außenpool und Fitness Center. DZ ca. 100 $.

Gut und sauber ▶ **Best Western Village Inn:** 3110 N. Blackstone St., Tel. 559-226-2110, www.bestwestern.com. Älteres Motel mit 150 ordentlichen Zimmern ohne viel Komfort. DZ ab ca. 85 $.

Merced ▶ 1, F 9

Ähnlich wie Fresno lebt auch das 64 000 Einwohner große **Merced** hauptsächlich von der Landwirtschaft und der Verarbeitung von Agrarprodukten. Im Umkreis des Ortes prägen Plantagen mit Mandeln, Tomaten, Baumwolle, Alfalfa und Süßkartoffeln sowie Zuchtbetriebe für Vieh, Truthähne und Hühner das Landschaftsbild. Das **County Courthouse Museum** im Gerichtsgebäude von 1875 stellt eine Sammlung historischer Werkzeuge, Alltagsutensilien und Fotos aus vergangenen Zeiten aus. Allein das in einem hübschen Park stehende schneeweiße Gebäude im Stil der italienischen Renaissance ist ein wahrer Augenschmaus (21 St. & N. St., Tel. 209-723-2401, www.mercedmuseum.org, Mi–So 13–16 Uhr, frei).

Im **Castle Air Museum** im nordwestlich gelegenen Nachbarort Atwater sind 46 historische Militärflugzeuge aus dem Zweiten Weltkrieg und den Korea- und Vietnam-Kriegen ausgestellt (5050 Santa Fe Dr., Tel. 209-723-2178, www.castleairmuseum.org, Mai–Okt. 9–17, sonst 10–16 Uhr, Erw. 10 $, Kinder 10–17 J. 8 $).

Die Geschichte des Pony Express

Thema

In Old Sacramento erinnern nicht nur historische Gebäude an die Pioniervergangenheit Kaliforniens, sondern auch ein bronzenes Reiterdenkmal. Es stellt einen Cowboy im Sattel seines Pferdes auf einem verwegenen Ritt dar und ist eine Erinnerung an den legendären Pony Express, einen abenteuerlichen Postdienst auf der 2000-Meilen-Distanz zwischen Kalifornien und Missouri.

In San Francisco suchte im Jahr 1860 ein Unternehmen per Zeitungsannonce junge, drahtige Reiter, bevorzugt Waisen, die bereit waren, für einen Wochenlohn von 25 $ Kopf und Kragen zu riskieren. Die Anzeige löste eine ungeahnte Bewerbungswelle aus, wenngleich der angebotene Job riskanter und anstrengender hätte kaum sein können. Die betreffende Firma hatte sich in den Kopf gesetzt, Post zwischen Sacramento in Kalifornien und dem ca. 2000 Meilen entfernten St. Joseph in Missouri per Reiterkurierdienst befördern zu lassen. Zwischen Anfangs- und Endpunkt der Route lagen einsame Wüsten, schroffe Gebirge, trügerische Salzseen und fast endlose Prärien – von Indianergebieten ganz abgesehen, in denen Weiße mit dem Schlimmsten rechnen mussten.

Als sich am 3. April 1860 im kalifornischen Sacramento ein gewisser Sam Hamilton in den Sattel schwang, um sich auf die erste, 60 Meilen lange Etappe der neu eingerichteten Postlinie zu machen, begann mit dem Pony Express ein waghalsiges Unternehmen. Rund um die Uhr waren in den folgenden Monaten sowohl nach Westen wie nach Osten Stafetten von knapp fünf Dutzend Reitern unterwegs, deren Aufgabe es war, Post so schnell und so sicher wie möglich von einer zur nächsten von insgesamt 150 Relaisstationen zu bringen, an denen die Reiter Pferde wechselten, Verpflegung fassten bzw. Post an andere Kuriere weitergaben. 400 der besten Reitpferde standen zur Verfügung, die je nach Terrain speziell ausgesucht wurden. Schon die erste Stafette setzte zeitlich Maßstäbe. Hatte die Post nach Kalifornien zuvor noch Monate benötigt, schafften es die Teufelskerle des Pony Express auf Anhieb in lediglich 10 Tagen.

Berühmtester unter ihnen war der spätere Buffalo Bill. Er war erst 15 Jahre alt, als er einen Ritt über 520 (!) km absolvieren musste, weil er seinen Stafettenpartner an einer Wechselstation tot auffand. Jedes Pferd war auf eine maximale Last von 120 Pfund für den Reiter, 25 Pfund Ausrüstung und 20 Pfund Post ausgelegt, die in der *mochila* genannten ledernen Satteltasche transportiert wurde. Zur Standardausrüstung zählten ferner rotes Hemd, blaue Hosen, leichtes Gewehr, Colt und Bibel.

Als der spektakuläre Kurierdienst nach nur 18 Monaten am 24. Oktober 1861 eingestellt wurde, weil mittlerweile die transkontinentale Telegrafenlinie fertiggestellt worden war, hatten insgesamt 120 Reiter für den Pony Express im Sattel gesessen und 650 000 Meilen zurückgelegt. Nur ein Einziger hatte den Einsatz mit dem Leben bezahlt, und nur eine *mochila* mit unbedeutender Post war verloren gegangen. Kein Wunder, dass der Begriff Pony Express selbst im modernen Amerika noch ein Synonym für menschliche Eigenschaften wie Schnelligkeit und Mut, Tatkraft und Ausdauer ist.

Im Sacramento-Delta

► 1, E 8

Auf der Höhe von Stockton nähert sich die durch das Central Valley führende Interstate 5 einer von Wasserarmen, Kanälen, Inseln und Halbinseln geprägten Region, die mancherorts geradezu Südstaatenatmosphäre ausstrahlt. Als viele enttäuschte Goldsucher nach Ende des Goldrausches der 1840er-Jahre nüchtern geworden waren, wandten sie sich als Farmer im gewaltigen Delta des Sacramento River mit der Landwirtschaft einem verlässlicheren Erwerbszweig zu. Auch chinesische Arbeiter, die zuvor beim Bau der Eisenbahnen beschäftigt waren, ließen sich dort in den Jahrzehnten danach als Bauern nieder. Nachdem in Walnut Grove eine bereits existierende Chinatown abgebrannt war, gestattete der Grundbesitzer George Locke den chinesischen Bewohnern, auf seinem Terrain die einzige chinesische Stadt der USA zu erbauen. Chinesen war der Besitz von eigenem Land in Kalifornien nämlich damals verboten.

Heute ist das einst von 15 000 Menschen bewohnte **Locke** eine Beinahe-Ghosttown, deren völliges Verschwinden nur durch die Arbeit einer extra ins Leben gerufenen Stiftung verhindert werden konnte. Der letzte übrig gebliebene Straßenzug ist von einfachen Holzhäusern gesäumt, von deren Fassaden die Tünche längst von Wind und Wetter abgebürstet wurde. Zwei, drei Antiquitätenläden und die Bar Al the Wop, die besonders an Wochenenden ein trinkfestes Publikum anzieht, halten das halbverfallene Dorf notdürftig am Leben (www.locketown.com).

Auch die Nachbargemeinde **Walnut Grove** mit ihrem japanischen und chinesischen Viertel ist in ihrer Baufälligkeit in einen Dornröschenschlaf versunken, aus dem es in absehbarer Zeit wohl kein Erwachen geben wird (www.walnutgrove.com). Um von hier nach Sacramento zu fahren, bieten sich die Route 160 bzw. die anschließende Nebenstrecke E9 an. Auf dem Damm am Westufer des Sacramento River führen sie durch Baumwoll- und Spargelfelder bis in die Hauptstadt.

Tipp: Blütenweg

Südöstlich von Fresno führt der 63 Meilen lange **Blossom Trail** von Ende Februar bis Ende März durch blühende Mandel-, Aprikosen-, Pfirsich-, Nektarinen- und Pflaumenplantagen (Wegekarte samt Routenbeschreibung unter www.gofresnocounty.com).

Übernachten

... in Lodi:

Angenehmer Aufenthalt ► Best Western Royal Host Inn: 710 S. Cherokee Lane, im 16 Meilen südöstlich von Walnut Grove gelege-

Locke ist zwar eine Beinahe-Geisterstadt, doch ein Ort mit einer wunderbar verträumten Atmosphäre

nen Lodi, Tel. 209-369-8484, www.bestwestern.com. 48 Zimmer großes Nichtraucherhotel mit Standardausstattung. DZ ca. 90 $.

Essen & Trinken

... in Walnut Grove:

Rustikales Lokal ▶ **Giusti's Place:** 14743 Walnut Grove-thornton Rd., Tel. 916-776-1808, www.giustis.com, Di–Sa Lunch und Dinner, So Brunch 11–14 Uhr. Das Lokal befindet sich in einem mitten in der Landschaft stehenden Holzgebäude und serviert Gerichte mit italienischem Einschlag wie Minestrone, Lammrücken und gebratene Tintenfischringe. Die Bar, an deren Decke Hunderte Mützen und Hüte hängen, wird an Wochenenden zum Hotspot. Ab ca. 12 $.

8 Sacramento ▶ 1, E 7

Cityplan: S. 316/317

An seinen 460 000 Einwohnern gemessen (im Großraum leben 1,8 Mio.) rangiert Sacramento weit hinter den großen Metropolen, ist aber Hauptstadt von Kalifornien und Sitz von Regierung und Parlament. Mit von Bäumen gesäumten Straßenzügen und zum Teil viktorianischen Häusern wirkt der ohne gigantische Wolkenkratzer auskommende Kern verglichen

etwa mit Los Angeles oder San Francisco nicht sehr großstädtisch, lässt aber erkennen, dass Sacramento von seinem politischen Gewicht und insbesondere auch der Verarbeitung bzw. Vermarktung der im Central Valley angebauten Agrarprodukte sowie der Ansiedlung neuer Hightech-Firmen nicht schlecht lebt. Außerdem bezieht die Stadt ihren Reiz nicht zuletzt von der günstigen Lage an Sacramento und American River.

Kreuz und quer durch Old Sacramento

In den 1960er-Jahren traf die Stadtverwaltung von Sacramento eine kluge Entscheidung. Anstatt den alten Stadtkern abzureißen, wurde das bis auf die erste Hälfte des 19. Jh. zurückgehende Viertel mit zahlreichen historischen Gebäuden, erhöhten Gehsteigen mit ausgetretenen Dielen und alten Straßenlaternen zu einem mit Leben gefüllten Open Air Museum saniert.

Aus Downtown kommend gelangt man zu Fuß am besten über die K Street zum Eingang nach Old Sacramento. Gleich um die Ecke befindet sich an der Second Street ein **Visitor Center,** in dem man sich informieren kann. Im 1853 fertig gestellten B. F. Hastings and Co. Building ist das **Wells Fargo History Museum** 1 untergebracht, in dem das originale Büro der Wells Fargo Bank aus der Mitte des 19. Jh. erhalten ist (tgl. 10–17 Uhr). Im Stockwerk darüber, wo vor 1857 und von 1859 bis 1870 der Oberste Gerichtshof von Kalifornien tagte, kann man den original erhaltenen Gerichtssaal besichtigen. Im Gebäude befand sich auch die westlichste Station des berühmten Pony Express (s. S. 313), an den die gegenüber stehende **Statue eines Pony Express-Reiters** erinnert.

Das **California State Railroad Museum** 2 beweist, dass Sacramento seine moderne Entwicklung erst 1856 mit dem Anschluss an das Eisenbahnnetz in Gang setzte. Zwei Dutzend vor Lack und Chrom glänzende Lokomotiven und Waggons sind in diesem größten Eisenbahnmuseum Nordamerikas zu bestaunen. Einige Wagen demonstrieren mit erlesener Innenausstattung, wie luxuriös manche Zeitgenossen damals reisten. Ein

Sacramento

Sehenswert
1 Wells Fargo History Museum
2 California State Railroad Museum
3 Sacramento History Museum
4 State Capitol
5 Old Governor's Mansion
6 Sutter's Fort
7 California Museum for History, Women and the Arts
8 Leland Stanford Mansion
9 Crocker Art Museum
10 Towe Auto Museum
11 Discovery Museum Science & Space Center
12 Aerospace Museum

Übernachten
1 Hyatt Regency
2 Amber House
3 Delta King Hotel
4 Inn off Capitol Park
5 Travelodge Downtown
6 Sacramento International Hostel

Essen & Trinken
1 Biba
2 Waterboy
3 Paragary's Bar
4 Chanterelle
5 Pilothouse Restaurant
6 Fox & Goose

Einkaufen
1 Arden Fair
2 Westfield Downtown Plaza
3 Folsom Premium Outlets

Abends & Nachts
1 Rio City Café
2 Harlow's

Aktiv
1 Bahnrundfahrten/Dampflok
2 Riverboat Cruises
3 Mad Cat Bicycles

uniformierter Schaffner erzählt von Reisegewohnheiten im 19. Jh. Teil des Museums ist der aus den 1870er-Jahren stammende Passagierbahnhof der Central Pacific Railroad mit originalen Warte- und Abfertigungsräumen (111 I St., Tel. 916-445-6645, www.californiastaterailroadmuseum.org, tgl. 10–17 Uhr, Erw. 9 $, Kinder bis 17 J. 4 $). Ab Frachtbahnhof können Eisenbahnfans mit Dampfloks 40-minütige **Rundfahrten** 1 unternehmen (April–Sept. Sa, So, Fei stdl. 11–17 Uhr, Erw. 9 $, Kinder 6–17 J. 4 $).

Einen spannenden Gang durch die Geschichte der Region bietet Besuchern das **Sacramento History Museum** 3 an. Mit vielen Exponaten wird die Entwicklung von den Zeiten der frühen Urbevölkerung bis in die Gegenwart anschaulich erklärt (101 I St., Tel. 916-808-7059, www.historicoldsac.org/museum, tgl. 10–17 Uhr, Erw. 5 $, Kinder 6–17 Jahre 4 $). Hinter den benachbarten Gleisanlagen wälzt der im Sommer träge Sacramento River sein Wasser gemächlich der San Francisco Bay zu. Am Ufer liegt der zum schwimmenden Hotel und Restaurant umgebaute **Raddampfer Delta King** 3 (s. S. 319) vor Anker. In den 1920er-Jahren stellte er eine Passagierverbindung nach San Francisco her, ehe er im Zweiten Weltkrieg als Truppentransporter diente. Für eine Pause eignet sich das **Rio City Café** 1 (s. S. 320) am besten, weil man dort auf der Terrasse sitzen und den Blick über den Sacramento River genießen kann.

California State Capitol 4

Im Rechteck zwischen Capitol Avenue und E Street sowie zwischen 7th und 10th Street sieht Sacramento in manchen Straßen noch aus wie am Ende des 19. Jh. Prächtige viktorianische Häuser lohnen den Spaziergang, der am unübersehbaren Wahrzeichen der Stadt endet, der Marmorkuppe des zwischen 1861 und 1869 erbauten **State Capitol.** Der Sitz von Parlament und Regierung des *Golden State* liegt in einer grünen Oase mit Denkmälern, Blumenrabatten und Hunderten nummerierter Bäume aus unterschiedlichen Klimazonen wie Palmen, Korkeichen und Kiefern, unter denen die Nr. 59 an der Ecke der 10th und N Street mit einer gewaltigen Krone hervorsticht. Hauptanziehungspunkt im Kapitol ist die 36 m hohe, mit Blattgold verzierte Rotunde, die in den 1980er-Jahren samt Kristalllüster unter Zuhilfenahme alter Fotografien im ursprünglichen Stil wiederhergestellt worden war. Direkt unter der Kuppel stellt ein 9 t schweres Monument aus Carrara-Marmor die spanische Königin Isabella I. und Christoph Kolumbus dar, der in ihrem Auftrag 1492 die Neue Welt entdeckte. Auf derselben Etage befinden sich die musealen Büros des Generalstaatsanwalts, des Staatssekretärs,

Das Parlament in Sacramento, Hauptstadt und Regierungssitz des Golden State

des Schatzmeisters und des Gouverneurs, die noch so aussehen wie zu Beginn des 20. Jh. (10th St. & L St., Tel. 916-324-0333, www.capitolmuseum.ca.gov, tgl. 9–17 Uhr, Führungen stündlich 9–16 Uhr).

Als Letzter bewohnte Ronald Reagan zusammen mit seiner Frau Nancy **Old Governor's Mansion 5**, den fürstlich mit Kronleuchtern, persischen Teppichen und offenen Marmorkaminen ausgestatteten ehemaligen Wohnsitz von 13 kalifornischen Gouverneuren. Jeder Raum der 1877 fertiggestellten Villa ist im Stil einer anderen Epoche ausgestattet, was die Residenz noch zu Lebzeiten der jeweiligen Hausherren zu einem Museum der Zeitgeschichte machte (1526 H St., Tel. 916-323-3047, www.parks.ca.gov/?page_id=498, Führungen jeweils zur vollen Stunde tgl. 10–17 Uhr, Erw. 5 $, Kinder 6–17 J. 3 $).

Blick ins 19. Jahrhundert

Luxus wie in der alten Gouverneursresidenz sucht man in **Sutter's Fort 6** vergeblich. Die schon vor Jahrzehnten rekonstruierte Anlage entstand Anfang der 1840er-Jahre auf Betreiben des Schweizer Einwanderers Johann August Sutter, der in diesem Gebiet zusammen mit einigen Gefolgsleuten eine Kolonie unter dem Namen Neu-Helvetien aufbaute (s. S. 34). Der Goldrausch 1848/49 veränderte die Situation grundlegend. Goldsucher aus aller Welt fielen auf der Suche nach Edelmetall über seinen Besitz her und machten den ehemaligen Großgrundbesitzer innerhalb kurzer Zeit zum armen Mann. An Sommerwochenenden demonstrieren Freiwillige in historischen Kostümen, wie damals Kerzenzieher, Schmiede, Schreiner und Küfer ihr Handwerk verrichteten (2701 L St., Tel. 916-445-4422, www.parks.ca.gov, tgl. 10–17 Uhr, Erw. 4 $, Kinder 2 $).

Während das Fort ein Bild der weißen Pionierzeiten vermittelt, dokumentiert das benachbarte **California State Indian Museum** die materielle Kultur der im Staate lebenden Indianer vor der Kontaktaufnahme mit der weißen Zivilisation. Die ausgestellten Korbwaren, Angelgeräte, Schmuck aus Federn und Muscheln, Kleidungsstücke, ein typisches Yurok-Kanu und ein rekonstruiertes Schwitzhaus machen deutlich, dass es zwischen den einzelnen Gruppen der kalifornischen Urbevölkerung deutliche Unterschiede gab (2618 K St., Tel. 916-324-0971, www.parks.ca.gov/in dianmuseum, tgl. 10–17 Uhr, 3 $).

Nicht weit vom Kapitol entfernt beschäftigt sich das **California Museum for History, Women and the Arts 7** mit unterschiedlichen Aspekten der Landesgeschichte. Ein neuerer Teil des Hauses ist die auf Initiative der kalifornischen First Lady, Maria Shriver, ins Leben gerufene California Hall of Fame, eine Hommage an Persönlichkeiten und Familien, die Kaliforniens Erfindergeist verkörpern und Geschichte geschrieben haben. Zu den geehrten Berühmtheiten zählen Ronald Reagan, Walt Disney, die Pilotin Amelia Earhart, Clint Eastwood, Stararchitekt Frank Gehry und der Naturforscher John Muir (1020 O St., Tel. 916-653-7524, www.californiamuseum.org, Mo–Sa 10–17, So 12–17 Uhr, Erw. 8,50 $, Kinder 6–13 J. 6 $).

Viktorianische Schönheiten

Das Eisenbahnzeitalter hinterließ seine Spuren nicht nur in Old Town mit ausgedienten Dampflokomotiven, sondern auch in anderen Teilen der Stadt in Gestalt prachtvoller Villen, die einst den sogenannten kalifornischen Eisenbahnkönigen gehörten, die es beim Eisenbahnbau zu riesigen Vermögen gebracht hatten. Einer von ihnen war Leland Stanford (1824–1893), der sich 1856 im damals modernen viktorianischen Stil das **Leland Stanford Mansion** 8 hatte bauen lassen. Außer Eisenbahnmagnat war der rührige Hausherr Gründer der renommierten Stanford University und von 1861 bis 1863 kalifornischer Gouverneur. Die noble Ausstattung macht das Anwesen nicht nur zum Museum, sondern auch zu einer repräsentativen Stätte für offizielle Staatsempfänge (800 N St., Tel. 916-324-0575, www.stanfordmansion.org, Führungen tgl. zur vollen Stunde 10–17 Uhr, Erw. 8 $, Kinder 6–17 J. 3 $).

Ursprünglich bestand das **Crocker Art Museum** 9 nur aus einer 1870 erbauten Residenz eines Bankers. Ende 2010 war ein moderner Erweiterungsbau fertig gestellt, der die Ausstellungsfläche verdreifachte. Zu sehen sind amerikanische, europäische und asiatische Kunst, Skulpturen, Fotografien, Meissner Porzellan und digitale Kunst (216 O St., Tel. 916-808-7000, http://crockerartmuseum.org, Di–Mi 10–19, Do 10–21, Fr–So 10–17 Uhr, Erw. 10 $, Kinder 7–17 J. 5 $).

Schönheiten aus Lack und Blech sind im **Towe Auto Museum** 10 in unterschiedlichen Ausstellungen aufgebaut, die sich mit Themen wie Mobilität, Luxus, Design oder Geschwindigkeit beschäftigen und passende Autos dazu zeigen (2200 Front St., Tel. 916-442-6802, www.toweautomuseum.org, tgl. 10–18 Uhr, Erw. 8 $, Kinder unter 5 J. frei).

Außerhalb von Downtown

Zwei Museen sind einen Abstecher für Besucher wert, die sich für Luft- und Raumfahrt und Naturwissenschaften interessieren. Das **Discovery Museum Science & Space Center** 11 verfügt u.a. über ein Planetarium (3615 Auburn Blvd., Tel. 916-575-3941, www.thediscovery.org, Di–Fr 12–16.30, Sa, So 10–16.30 Uhr, Erw. 6 $, Kinder 13–17 Jahre 5 $). Im **Aerospace Museum of California** 12 kann man in einem Flugsimulator selbst seine Pilotenfähigkeiten testen (3200 Freedom Park Dr., Tel. 916-643-3192, www.aerospacemuseumofcalifornia.org, Di–Sa 9–17, So 10–17 Uhr, Erw. 14 $, Kinder 3–17 J. 12 $).

Infos

Sacramento Convention & Visitors Bureau: 1608 I St., Sacramento, CA 95814, Tel. 916-808-7777, www.discovergold.org.

Übernachten

Zahlreiche Hotels und Motels liegen nur wenige Minuten von Old Sacramento entfernt an der I-5, Exit Richards Ave.

Komfortabel ► **Hyatt Regency** 1: 1209 L St., Tel. 916-443-1234, www.hyatt.com. Großes, komfortabel ausgestattetes Stadthotel mit Pool und Fitnesscenter in Kapitolsnähe. Die Zimmer lassen nichts zu wünschen übrig. DZ ab 260 $.

Stadtjuwel ► **Amber House** 2: 1315 22nd St., Tel. 916-444-8085, www.amberhouse.com. B & B mit viktorianischem Interieur. Im Poets' Refuge sind die Zimmer nach Dichtern, im Musician's Manor nach Komponisten benannt. DZ ab 180 $.

Auf schwankendem Boden ► **Delta King Hotel** 3: 1000 Front St., Tel. 916-444-5464, www.deltaking.com. Schwimmendes Hotel auf einem verankerten Schaufelraddampfer am Ufer des Sacramento River in Old Town.

Gäste kommen in 44 Kabinen unter. An Bord befinden sich außerdem Restaurant, Lounge und Theater. Doppelkabinen 119–184 $.

Lage und Service bestens ▶ **Inn off Capitol Park 4**: 1530 N St., Tel. 916-447-8100, www.innoffcapitolpark.com. Zentral beim Capitol Park gelegenes Hotel mit 38 Zimmern/Suiten inkl. eigenem Bad, WLAN und Kaffeemaschine. DZ ca. 120 $.

Ruhig gelegen ▶ **Travelodge Downtown 5**: 1111 H St., Tel. 916-444-8880, www.travelodge.com. Mehrgeschossiges Motel mit akzeptablen Standardzimmern inkl. Highspeed-Internetzugang. DZ ab 80 $.

Für Preisbewusste ▶ **Sacramento International Hostel 6**: 925 H St., Tel. 916-443-1691, www.norcalhostels.org. Jugendherberge in einem reizenden Herrenhaus aus dem 19. Jh. Gäste können in Schlafsälen, privaten Einzel- oder Doppelzimmern oder Familienzimmern unterkommen. Ab 28 $/Pers.

Essen & Trinken

Super Lokal ▶ **Biba 1**: 2801 Capitol Ave., Tel. 916-455-2422, www.biba-restaurant.com, Lunch Mo–Fr, Dinner Mo–Sa. Küchenchef und Kochbuchautor Biba Caggiano hält seit über 20 Jahren mit traditionellen Gerichten die italienische Küche hoch. Zu den schmackhaften Klassikern können Gäste unter über 200 Weinen auswählen. Ab ca. 22 $.

Einfach klasse ▶ **Waterboy 2**: 2000 Capitol Ave., Tel. 916-498-9891, www.waterboyrestaurant.com, Lunch Mo–Fr 11.30–14.30, Dinner tgl. ab 17 Uhr. Jüngster Aufsteiger unter den besten Restaurants der Stadt. Kalifornische Bouillabaisse, Jakobsmuscheln mit Linguini oder Steak mit Kartoffelgratin. Dinner 18–30 $.

Sehr stylisch ▶ **Paragary's Bar 3**: 1401 28th St., Tel. 916-457-5737, www.paragarys.com, Lunch Mo–Fr 11.30–14.30, Dinner tgl. ab 17 Uhr. Die Gerichte sind unverkennbar mediterran geprägt, zollen aber auch der neuen kalifornischen Küche mit ihrem Schwerpunkt auf frischen, lokalen und regionalen Zutaten Tribut. Dinner ab ca. 20 $.

Romantische Atmosphäre ▶ **Chanterelle 4**: 1300 H St., Tel. 916-442-0451, www.sterlinghotel.com. Das kleine Restaurant im viktorianischen Sterling Hotel bietet eine intime Atmosphäre. So 10–14 Uhr Champagnerbrunch 32 $. Dinner bis 25 $.

Schwimmendes Lokal ▶ **Pilothouse Restaurant 5**: 1000 Front St., Tel. 916-441-4440, www.deltaking.com, tgl. 7–21, Fr, Sa bis 22, So Champagner Brunch Buffet 10–14 Uhr. Ein etwas anderes Restauranterlebnis auf dem am Sacramento River vertäuten Delta-King-Schaufelraddampfer. Man kann sich kleinere Gerichte, mehrgängige Menüs oder eine reiche Käseauswahl mit entsprechendem Wein schmecken lassen. Auf dem Schiff gibt es auch ein Theater. Ab ca. 16 $.

Populäres Lokal ▶ **Fox & Goose 6**: 1001 R St., Tel. 916-443-8825, www.foxandgoose.com, tgl. Frühstück, Lunch und Dinner. Typisch englischer Pub mit gutem, reichlichem Frühstück. Mo, Mi, Fr, Sa abends Livemusik. Ab ca. 9 $.

Einkaufen

Großer Konsumtempel ▶ **Arden Fair 1**: 1651 Arden Way, Tel. 916-646-2400, www.ardenfair.com. Ein Konsumententraum mit 165 Läden inkl. Gucci, Prada und Nordstrom. Mo–Sa 10–21, So 11–19 Uhr.

Shopping-Mekka ▶ **Westfield Downtown Plaza 2**: zwischen 4th & 7th St. und J & L St., www.westfield.com. Open-Air-Shopping mit einem großen Macy's-Kaufhaus und Restaurants wie dem Hard Rock Café, Mo–Sa 10–21, So 11–18 Uhr.

Schnäppchenzentrum ▶ **Folsom Premium Outlets 3**: 13000 Folsom Blvd. östlich von Sacramento, Hwy 50, Exit Folsom Blvd. Ca. 80 Geschäfte, u. a. Tommy Hilfiger, Guess, Calvin Klein, Gap und Saks Fifth Avenue, Mo–Sa 10–21, So 10–18 Uhr.

Abends & Nachts

Zum Ausspannen ▶ **Rio City Café 1**: 1110 Front St., Tel. 916-442-8226, www.riocitycafe.com. Der ideale Ort, um mit Blick auf den Sacramento River bei einem Drink auf der Terrasse den Abend zu beginnen.

Für Nachtschwärmer ▶ **Harlow's 2**: 2708 J St., Tel. 916-441-4693, www.harlows.com.

In Old Sacramento erinnern stattliche Gebäude an längst vergangene Zeiten

Bekannter Nachtclub mit Tanzfläche und musikalischen Shows bzw. Themenpartys, Eintritt je nach Veranstaltung ab ca. 12,50 $.

Aktiv

Zugfahrten mit Dampflok 1 Ab Frachtbahnhof beginnen 40-minütige **Rundfahrten** (April–Sept. Sa, So, Fei stdl. 11–17 Uhr, Erw. 9 $, Kinder 6–17 J. 4 $).

Ausflüge per Schiff ▸ **Spirit of Sacramento Riverboat Cruises** 2: 1107 Front St.,Tel. 916-552-2933, keine Website. Touren auf dem Sacramento River in unterchiedlicher Länge.

Radverleih ▸ **Mad Cat Bicycles** 3: 2645 Marconi Ave., Tel. 916-488-8588, http://madcatbikes.com. Räder etwa für Ausflüge auf dem Jedediah Smith Memorial Bicycle Trail am Sacramento und American River entlang zum 32 Meilen entfernten Folsom Lake.

Termine

Sacramento Jazz Jubilee (letztes Maiwochenende): Zum überwiegenden Teil in Old Sacramento stattfindendes Jazz-Festival (www.sacjazz.com).

California State Fair (Mitte Aug.–Anf. Sept): Staatsmesse mit großem kulturellem Beiprogramm und Pferderennen (http://bigfun.org).

Verkehr

Flüge: Der Sacramento International Airport liegt etwa 15 Autominuten nördlich von Downtown, Tel. 916-929-5411, www.sacairports.org. Mit dem **SuperShuttle** (Tel. 1-800-258-3826) kommt man für ca. 14 $ in die Innenstadt. Taxis nach Downtown kosten das Doppelte.

Züge: Amtrak-Bahnhof, 401 I St., Tel. 1-800-872-7245, www.amtrak.com. Der Capitol-Corridor-Zug fährt mehrmals tgl. an die San Francisco Bay, der San Joaquins bedient Städte wie Bakersfield u. Modesto im Central Valley. Nach Salt Lake City, Denver und Chicago kommt man mit dem California Zephyr.

Busse: Greyhound Terminal, 715 L St., Tel. 1-800-231-2222. Mit den Bussen erreicht man alle größeren Städte.

Fortbewegung in der Stadt

In der sich nicht sonderlich weitläufig erstreckenden Innenstadt ist vieles gut zu Fuß zu erreichen. Für weitere Strecken nutzt man die Straßenbahn (Light Rail, www.sacrt.com).

Die Sierra Nevada

Für frühe Entdecker und Pioniere war die mächtige Sierra Nevada nichts anderes als ein fast unüberwindliches Hindernis auf dem Weg an den Pazifik. Heute gehören grandiose Naturwunder des Bergparadieses wie der berühmte Yosemite National Park oder der Mount Whitney als höchster Berg von Kontinentalamerika zu den reizvollsten Touristenzielen in Kalifornien.

Kaliforniens steinerne Krone ►1, G 8–J 11

An der Ostflanke des Central Valley zieht sich auf 700 km Länge und 120 km Breite das eindrucksvollste und höchste Gebirge Kaliforniens entlang: die Sierra Nevada. Der riesige Granitklotz entstand vor Urzeiten unter der Erdoberfläche durch flüssige Magma, ehe er als zusammenhängender Gesteinsblock von tektonischen Kräften in die Höhe gedrückt wurde. Während die Gebirgskette nach Westen relativ sanft abfällt, ist die östliche, am Owens Valley entlanglaufende Flanke viel steiler und zeigt den Gebirgszug von einer imponierenden, hochalpinen Seite.

Den vorerst letzten Akt im Entstehungsdrama der Sierra Nevada prägten die Eiszeiten mit ihren mächtigen Eispaketen. Mit ungeheurem Gewicht schrammten sie über das Gestein, hobelten Felszacken rund, arbeiteten sich in Senken hinein und vertieften sie zu u-förmigen Tälern, als das Eis vor ca. 12 000 Jahren im Zuge einer Klimaerwärmung abzufließen begann. Bekannteste damals entstandene Landschaft ist das berühmte Yosemite Valley, in dessen Süden mit dem 4416 m hohen Mount Whitney die prominenteste Erhebung auf dem zusammenhängenden Staatsgebiet der USA liegt. Von feuchter, vom Pazifik heranziehender Luft bekommt das Gebirge noch so viel Niederschlag ab, dass es im Winter regelmäßig im Schnee versinkt. Andererseits schirmt die gigantische Granitbarriere weiter östlich liegende Regionen wie das Great Basin so stark von Regenwolken ab, dass sich dort eine riesige Hochwüste herausbildete. Fantastische Naturlandschaften und verkehrstechnisch gut erschlossene Gebiete bzw. Attraktionen haben die Sierra Nevada zu einer touristischen Hauptattraktion im amerikanischen Westen gemacht. Das gilt in erster Linie für die Nationalparks, die so viele naturbegeisterte Besucher haben, dass zuweilen der Naturschutz darunter leidet.

Sequoia und Kings Canyon National Parks ►H/J 10/11

Viele Urlauber beginnen ihre Touren in die Sequoia und Kings Canyon National Parks in Visalia. Östlich der Stadt verläuft Highway 198 am Lake Kaweah vorbei durch die Vorberge der Sierra Nevada – im Frühjahr eine grüne Hügellandschaft mit saftigen Wiesen, im Sommer und Herbst eine berückende Szenerie aus gestaffelten Höhenzügen, einheitlich bedeckt von goldbraunem Gras und kleinen Eichenhainen, während sich in Talsenken Zitrusgärten und Weinkulturen ausbreiten.

Am Ash Mountain Entrance in den **Sequoia National Park** beginnt beim Foothills Visitor Center der Generals' Highway, auf dessen 16 Meilen bis zum Giant Forest Vil-

Grandioser Blick vom Moro Rock im Sequoia National Park

lage Verkehrsstatistiker 142 enge Kurven gezählt haben (für große Campingfahrzeuge ist die Strecke ab dem Potwisha Campground deshalb ungeeignet). Eine im Sommer sonnenverbrannte Vegetation mit Yucca-Palmen, Büschen und Laubbäumen säumt den Weg durch die steinige Landschaft. Unübersehbar thront hoch über der Straße die kahle Granitkuppel des 2050 m hohen Moro Rock.

Auf 1400 m Höhe ändert sich die Szenerie mit dem Beginn der Hochwaldgrenze. Am Straßenrand tauchen die ersten Wahrzeichen des Nationalparks auf – gigantische Mammutbäume *(sequoia gigantea),* deren Borken im Halbschatten der Wälder zimtrot leuchten. Diese Baumart ist zwar etwas kleiner als ihre Verwandten in den Redwood-Wäldern an der nordkalifornischen Küste, doch machen sie dies durch ihren gigantischen Stammumfang wett. Nach diesen Sequoia-Beständen erhielt der 1890 gegründete Nationalpark, der mit dem benachbarten Kings Canyon National Park ein 3500 km² großes Gebiet bedeckt, seinen Namen. Das Naturschutzreservat ist aber nicht nur für seine mächtigen Bäume, sondern auch für seine fantastischen Bergszenerien mit mehreren über 3000 m hohen Gipfeln bekannt, darunter der alles überragende Mount Whitney.

Crystal Cave

Auf einer asphaltierten Nebenstrecke erreicht man vom Generals' Highway aus mit **Crystal Cave** ein unterirdisches Märchenreich. Vom Parkplatz am Ende der Straße folgt ein knapp 1 km langer Wanderweg dem Cascade Creek bis zum Eingang in die Höhle, die man nur im Rahmen einer Rangerführung besichtigen kann. Die 45-minütigen Touren führen auf beleuchteten Pfaden durch ein faszinierendes Reich von marmornen Stalaktiten und Stalagmiten, in dem ständig eine Temperatur von nur 9 °C herrscht (Tickets bekommt man nur im Foothills oder Lodgepole Visitor Center, Tel. 559-565-3759, www.sequoiahistory.org/cave/cave.htm, Touren Juni–Sept. tgl. jede halbe Stunde 10.30–16.30 Uhr, sonst kürzer, Erw. 11 $, Kinder 6–12 J. 6 $).

Grant Grove und Kings Canyon

Neben dem Giant Forest (s. Aktiv unterwegs S. 324) ist **Grant Grove** das zweite Zentrum

aktiv unterwegs

Wandern im Giant Forest

Tour-Infos

Start: Parkplatz im Giant Forest am Generals Hwy 198
Länge: Anfahrt zu den Parkplätzen mit dem Auto ab Giant Forest Museum ca. 9 Meilen; zu Fuß zu den Besichtigungspunkten ca. 7 km
Dauer: 4–5 Stunden

Das südliche Herzstück des Sequoia National Parks, in dem zahlreiche Mammutbäumen stehen, wurde auf den treffenden Namen Giant Forest (Wald der Giganten) getauft. Im **Giant Forest Museum** neben dem Parkplatz sind aufschlussreiche Exponate wie Holzproben und Samen zu sehen, die sich alle mit den imponierenden Sequoia-Bäumen beschäftigen. Als lebendes Anschauungsmaterial dient direkt vor dem Museum der gewaltige Sentinel Tree.

Eine kurvige Nebenstraße biegt in südlicher Richtung nach Crescent Meadow ab. Auf dem Weg dorthin ist der Abstecher zum **Moro Rock** ein Muss. Zum schmalen Scheitel des glattpolierten Granitblocks führen 400 in den Fels geschlagene, zum Teil von Metallgeländern gesicherte Stufen. Der Aufstieg wird insbesondere bei Sonnenuntergang durch einen wunderbaren Rundblick über das westliche Parkgelände belohnt. Weiter Richtung Crescent Meadow folgt mit dem **Tunnel Tree** ein beliebter Fotopunkt, an dem Autos unter einem umgestürzten, quer über der Straße liegenden Riesenbaum hindurch fahren können. Die Autostraße endet bei **Crescent Meadow,** einem offenen Wiesengelände, das man auf dem Crescent Meadow Trail in ca. einer Stunde umrunden kann.

Die populärste Attraktion des Giant Forest liegt 4 Meilen nördlich des Museums und ist zu Fuß vom **General Sherman-Parkplatz** auf einem 15-minütigen, zum Teil steilen Fußweg zu erreichen. Der **General Sherman Tree** wird zwar sowohl im Stammumfang als auch in der Höhe von anderen übertroffen, gilt aber an seinem Volumen gemessen als das größte Lebewesen auf der Erde. Fasst man das Phänomen in Zahlen, kann man nur staunen: Der 2100 Jahre alte Riese wiegt über 1200 t, ist 83,5 m hoch und besitzt auf dem Erdboden einen Stammumfang von 31,40 m. Der Durchmesser seines mächtigsten Astes beträgt ca. 2 m, und Jahr für Jahr nimmt der immer noch wachsende Baum um so viel Holz zu, dass dies einen 20 m hohen Baum mit 30 cm Durchmesser ergeben würde. Beim General Sherman Tree beginnt der etwa 3 km lange, befestigte Congress Loop, der in einer Schleife zur so genannten **Congress Group** führt, einer Gruppe von weiteren imponierenden Bäumen.

im Park mit Wanderpfaden zu mehreren Riesenbäumen. Nur eine kurze Wegstrecke vom Parkplatz entfernt steht mit dem **General Grant Tree** ein Exemplar, das in der Rangliste der fünf größten Bäume der Erde einen festen Platz hat. Der 2000 bis 2500 Jahre alte Gigant bringt es mit 1343 Festmetern Holz auf ein Gewicht von 1135 t. Aufgrund seiner sehr ebenmäßigen Erscheinung wurde er im Jahr 1926 offiziell zum Weihnachtsbaum der Nation auserkoren. An den Feiertagen findet zu seinen Füßen alljährlich ein kleines Fest statt, das vom Fernsehen bis in den hintersten Winkel der USA übertragen wird.

Nördlich von Grant Grove führt der Kings Canyon Scenic Byway (Hwy 180) in die abgeschiedene Bergwelt des **Kings Canyon National Park.** Über der Naturlandschaft liegt himmlische Ruhe, die nur selten von einem auf der einzigen Parkstraße fahrenden Auto gestört wird. Die Route führt auf dem letzten Abschnitt des South Fork Kings River an überhängenden Felswänden vorbei bis zum Endpunkt im Cedar Grove Village. Über 1500 m hoch erheben sich um das Tal die Felswände der Sierra, deren Höhenlagen auf zahlreichen Wanderwegen erreichbar sind.

Infos

Sequoia & Kings Canyon National Parks: 47050 Generals Hwy, Three Rivers, CA 93271-9700, Tel. 559-565-3341, Fax 559-565-3730, www.nps.gov/seki. 7 Tage gültiger Eintritt 20 $/Pkw. Ganzjährig geöffnet, manche Straßen sind im Winter geschlossen. Im Park gibt es keine Tankstellen!

Übernachten

Wer im Park kein Bett mehr bekommt, kann nach Three River am südlichen Parkeingang ausweichen.

1980 m hoch gelegen ▶ **John Muir Lodge:** Grant Grove Village, Tel. 559-335-5500, www.sequoia-kingscanyon.com. Neuere Lodge mit 24 Zimmern und 6 Suiten, eigenes Bad und Telefon. DZ im Sommer ca. 180 $.

Für Bergwanderer ▶ **Bearpaw High Sierra Camp:** Erreichbar ab Crescent Meadow auf einem 11,5 Meilen langen Wanderpfad, Tel. 1-866-807-3598, www.visitsequoia.com. Übernachtung in Zelt-Cabins mit Holzfußboden und zwei Queen-Size-Betten, heiße Gemeinschaftsduschen, Frühstück und Abendessen, Mitte Juni–Mitte Sept. Ca. 180 $.

Moderne Unterkunft ▶ **Wuksachi Village Lodge:** Wuksachi Village, Tel. 1-866-807-3598, www.visitsequoia.com. Ca. 2 Meilen westlich des Lodgepole Village biegt vom Generals' Hwy die Zufahrtsstraße nach Norden ab. Lodge nach ca. 1 Meile in 1980 m Höhe mit über 100 Motelzimmern in mehreren Gebäuden und mit eigenem Restaurant. Ganzjährig geöffnet. DZ ab 100 $.

Camping ▶ In den Nationalparks gibt es insgesamt **14 Campingplätze,** die zum Teil vorab reserviert werden können (www.recreation.gov oder Tel. 301-722-1257). Maximale Aufenthaltsdauer 14 Tage.

Verkehr

Von Visalia fahren **Shuttlebusse** für 15 $ (inkl. Eintritt) zum Giant Forest Museum (Tel. 1-877-287-4453). Dort kann man den kostenlosen Parkshuttle benutzen.

9 Yosemite National Park ▶ 1, G/H 8/9

Karte: S. 326

Der **Yosemite National Park** verdankt seine große Popularität in erster Linie seinen spektakulären Tal- und Hochgebirgslandschaften, gehört aber auch aus einem anderen Grund zu den am meisten besuchten Nationalparks der USA: Er ist von großen Ballungsräumen wie San Francisco und Los Angeles in wenigen Stunden erreichbar. 1864 zum State Park proklamiert, erhielt Yosemite 26 Jahre später die höheren Weihen als zweiter US-Nationalpark nach Yellowstone. Der in Schottland geborene Naturkundler John Muir (1838–1914) erwarb sich unschätzbare Verdienste um den Landschaftsschutz, indem er die US-Präsidenten Grover Cleveland und Theodore Roosevelt für diese Aufgabe gewann. Nach John Muir ist einer der bekanntesten Fernwanderwege benannt, der

Yosemite National Park

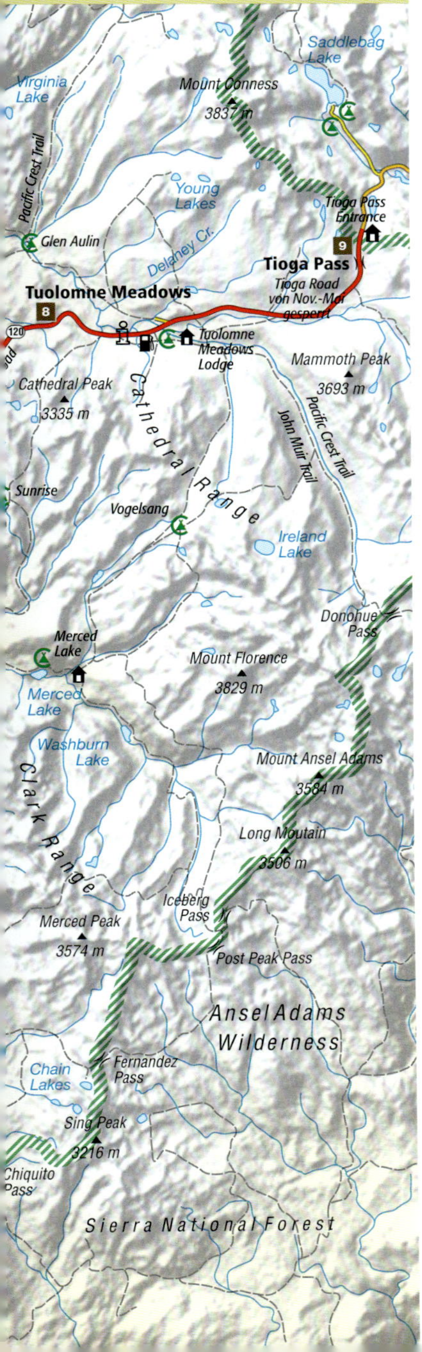

als 340 km langer Abschnitt des Pacific Crest Trail (www.pcta.org) zum 4416 m hohen Mount Whitney führt.

Zentrum des Parks ist das liebliche **Yosemite Valley 1**, das seinen Beinamen ›das unvergleichliche Tal‹ aus gutem Grund trägt. Auf beiden Seiten von senkrechten Granitwänden eingerahmt, stürzen von der Taloberkante mehrere Wasserfälle in die Tiefe, darunter die dreistufigen Yosemite Falls mit einem Höhenunterschied von insgesamt 739 m. Auf der Nordseite ragt der 2307 m hohe El Capitan in den Himmel, eine fast senkrechte, 1000 m hohe Granitwand – Traum vieler Felskletterer, Alptraum mancher Zuschauer, die den Felsakrobaten bei ihren Vertikalabenteuern zuschauen. Touristische Zentren im Tal sind Yosemite Village und Curry Village mit Rangerbüros, Unterkünften, Campingplätzen und Geschäften. Als unverkennbares Wahrzeichen erhebt sich am Ende des Tals der 2695 m hohe **Half Dome** wie eine in der Mitte auseinandergebrochene Riesenkuppel. Die dem Tal zugewandte senkrechte Wand entstand nicht etwa durch eine Spaltung des Berges, sondern durch Gletscherabrieb. Einen grandiosen Panoramablick auf den Half Dome, die in der Nähe liegenden Vernon und Nevada Falls sowie die hochalpinen Landschaften der Sierra hat man vom **Glacier Point 2**, einem der spektakulärsten Aussichtspunkte innerhalb der Yosemite-Grenzen.

Im südlichen Teil des Parks führt Highway 41 durch **Wawona 3**. In den 1870er-Jahren entstand dort mit dem viktorianischen Wawona Hotel eine der ersten Unterkünfte im Park. Nebenan zeigt das **Pioneer Yosemite History Center** mehrere historische Gebäude, die früher an anderen Orten standen, ehe sie in Wawona Bestandteil des Freilichtmuseums wurden (tgl. 9–17 Uhr). Weiter Richting Süden gelangt man zum **Mariposa Grove 4** (s. Aktiv unterwegs S. 330).

Der nördliche Park

Im Norden des Yosemite Valley klettert die nur zwischen Mitte Juni und November befahrbare **Tioga Pass Road** (Hwy 120) auf ca.

Der Yosemite National Park ist eines der schönsten Wandergebiete der USA

60 Meilen durch Bergwiesen und Wälder langsam bergan. In **Tuolomne Grove** **5** stehen ähnlich wie in Mariposa Grove Mammutbäume mit gewaltigen Stammumfängen. Vorbei an Aussichtspunkten mit atemberaubenden Ausblicken gewinnt die Straße nach und nach an Höhe. **Siesta Lake** **6** ist einen Halt wert, weil sich der kleine See langsam in ein Moor verwandelt. Vom **Olmsted Point** **7** öffnet sich ein grandioses Panorama über die hohe Sierra mit grauen Granitgipfeln, zwischen denen kristallklare Bergseen wie Tenaya Lake und Ellery Lake liegen.

Eine veränderte Szenerie herrscht um die 2600 m hoch gelegenen **Tuolomne Meadows** **8** mit dem größten subalpinen Almengebiet der Sierra Nevada. Danach erreicht die gut ausgebaute Panoramastraße den östlichen Parkausgang auf dem 3030 m hohen **Tioga Pass** **9**.

Hinter der Passhöhe ändert sich die Landschaft schlagartig. Karge Vegetation bedeckt die Bergflanken, an denen die Serpentinenstraße die Ostflanke der Sierra Nevada talwärts in das wüstenhafte Great Basin führt, an dessen Rand der seltsame Mono Lake mit seinen bizarren Felssäulen liegt (siehe Abb. S. 332).

Infos

Yosemite National Park: Visitor Information & Headquarters, P. O. Box 577, Yosemite

National Park, CA 95389, Tel. 209-372-0200, Fax 209-372-0220, www.nps.gov/yose, 20 $/Pkw.

Übernachten

Alle Unterkünfte im Park außer Campgrounds werden vom Konzessionär DNC Parks & Resorts verwaltet (Online-Reservierungen www.yosemitepark.com/Reservations.aspx oder Tel. 801-559-4884). Notfalls kann man auf Motels in Mariposa o. Oakhurst ausweichen.

Flagschiff der Hotels ▶ **The Ahwahnee:** Yosemite Village, www.webportal.com/ahwahnee. 1927 aus Naturstein erbautes rustikales Nobelhotel mit 123 Zimmern und Suiten sowie 24 Cottages. Das Hotel lässt sich Komfort und Lage extrem teuer bezahlen. DZ ab 426 $.

Durchschnittlicher Komfort ▶ **Yosemite Lodge:** Yosemite Village, Unterkunft mit knapp 230 geräumigen Standardzimmern, beheiztem Pool (Ende Mai–Anfang Sept.), Restaurant, Food Court und WLAN-Anschluss. DZ im Sommer ab 160 $, in der Nebensaison unter der Woche ab 110 $.

Mit Zelt oder Wohnmobil ▶ **Camping:** Im Yosemite National Park kann man auf 13 Campingplätzen unterkommen (Reservierung online unter www.recreation. gov, telefonisch unter Tel. 877-444-6777). Außerdem gibt es in der hohen Sierra fünf nur zu Fuß oder mit dem Pferd erreichbare High Sierra Camps (www.yosemitepark.com/Accomodations_HighSierraCamps.aspx).

Essen & Trinken

Alle größeren Hotels im Park sind mit Restaurants ausgestattet. Im Curry und Yosemite Village gibt es außerdem Imbissbuden mit diversem Fast-Food-Angebot, die nicht durchgehend geöffnet sind.

Aktiv

Radfahren/Mountainbiking ▶ **Yosemite Lodge/Curry Village:** Radverleih für Touren im Nationalpark. Auf Wanderpfaden sind Zweiräder nicht erlaubt.

Bergsteigen ▶ **Yosemite Mountaineering School:** Tel. 209-372-8344, www.yosemitepark.com/Activities_RockClimbing.aspx, Kurse von Sept.–Juni.

Wandern ▶ **Wandern:** Ein Wanderwegnetz von 1200 km Länge durchzieht den Park. Wer in der Wildnis übernachten will, braucht ein Gratispermit (im Besucherzentrum).

Reiten ▶ **Reitställe:** Yosemite Valley Stable, Tel. 209-372-8348; Tuolumne Meadows Stable, Tel. 209-372-8427, Wawona Stable, Tel. 209-375-6502, www.yosemitepark.com/Activities_MuleHorsebackRides.aspx. Konzessionierte Unternehmen bieten in unterschiedlichen Gegenden Reittouren an.

Wintersport ▶ **Badger Pass Ski Area:** Populärstes Skigebiet an der Glacier Point Road mit Skilifts und Langlaufloipen (Mitte Dez.–

aktiv unterwegs

Zu den botanischen Schätzen im Mariposa Grove

Tour-Infos

Start: Mariposa Grove Parkplatz in der Nähe der südlichen Pforte des Nationalparks
Länge/Anstieg: Hin und zurück ca. 12 km. Vom Parkplatz bis zum Wawona Point Vista ist ein Höhenunterschied von 369 m zu bewältigen
Dauer: 3–5 Stunden
Hinweis: Den Wald der Riesen kann man auch auf einer deutsch kommentierten 75-minütigen Tramfahrt kennenlernen (Mai–Okt., Erw. 25,50 $, Kinder unter 18 J. 18 $).

In der Nähe des südlichen Parkein- bzw. ausgangs haben im **Mariposa Grove** 4 ca. 200 Mammutbäume den brutalen Kahlschlag des 19. Jh. überlebt. Auf dem **Parkplatz** beginnt ein gut markierter Wanderpfad, der zunächst zum **Fallen Monarch** führt, einem gewaltigen, schon vor Jahrhunderten umgestürzten Baum. Dass er dennoch relativ gut erhalten ist, verdankt er dem gerbsäurehaltigen Holz, das zu Lebzeiten den Insektenfraß verhindert und den Baum nach seinem Tod konserviert.

Vorbei an der Verergruppe **Bachelor and Three Graces** erreicht man mit dem 1800 Jahre alten **Grizzly Giant** den berühmtesten Baum im Mariposa Grove. Nachdem er seinen Wipfel durch einen Sturm verlor, ist er ›nur‹ noch 64 m hoch, besitzt aber einen Umfang von fast 30 m. In der Nachbarschaft steht mit dem **California Tunnel Tree** ein historisches Zeugnis sinnloser Naturzerstörung: Der Stamm des Baumes wurde im Jahr 1895 als Touristenattraktion ausgehöhlt. Beim **Faithful Couple** handelt es sich um zwei Bäume, die an ihrer Basis zusammengewachsen sind, während im Stamm des **Clothespin Tree** mehrere Waldbrände tiefe Narben hinterlassen haben. Dass im Mariposa Grove heute noch zahlreiche Mammutbäume stehen, ist in erster Linie dem Naturschützer Galen Clark zu verdanken, der sich 1861 eine kleine Blockhütte baute. An ihrer Stelle steht heute das **Mariposa Grove Museum,** das relevante ökologische Probleme thematisiert. Ein lebendes Denkmal an Galen Clark ist der **Galen Clark Tree,** von dem man einen Abstecher zum 400 m entfernten und 2076 m hoch gelegenen **Wawona Point Vista** machen kann, um die Aussicht zu genießen. Zurück am Galen Clark Tree setzt man den Fußmarsch zum **Fallen Wawona Tunnel Tree** fort. 1881 ausgehöhlt, ließ eine schwere Schneelast den seiner Stabilität beraubten Baum 1969 umstürzen. Ein wahres Wunder ist der von zahlreichen Feuern ausgehöhlte **Telescope Tree,** der trotz seiner schweren Wunden bis heute überlebt hat und nach wie vor Samen produziert. Auf bekannten Wegen kehrt man von dort zum Parkplatz zurück.

Anfang April, www.yosemitepark.com/Activities_WinterActivities.aspx). Im Curry Village kann man Skiausrüstung ausleihen. Schlittschuhfreaks steht dort im Winter eine Eislauffläche zur Verfügung. Es gibt auch eine Ausleihstelle für Fahrräder.

Bustouren durch den Park ▶ **Yosemite Sightseeing Tours:** Ausflüge in unterschiedliche Parkregionen mit unterschiedlichen thematischen Schwerpunkten, Reservierungen in den Lodges bzw. im Besucherzentrum Tel. 209-372-4386, www.yosemitepark.com/Activities_GuidedBusTours.aspx.

10 Mono Lake ▶ 1, H 8

Pastellblau mit weißen Salzrändern dehnt sich in der gleißenden Helligkeit der Wüstenlandschaft am östlichen Fuß der Sierra Nevada bei der Ortschaft Lee Vining der **Mono Lake** aus. Schon vor 700 000 Jahren existierte dieses seltsame Gewässer. Vor 13 000 Jahren war es noch fünfmal so groß wie heute. Eine dramatische Veränderung erlebte der See seit den 1940er-Jahren, als der Großraum Los Angeles die vier Zuläufe in ›das Tote Meer des Westens‹ anzapfte, um Wasser nach Südkalifornien abzuleiten. Innerhalb von vier Jahrzehnten sank der Wasserspiegel um 14 m. Dadurch entstand hauptsächlich am südlichen Ufer beim **Navy Beach** eine geradezu surrealistische Szenerie. Mehrere Meter hohe, bizarre Kalkgebilde ragen wie bleiche Termitenhügel in den Himmel. Sie entstanden infolge von chemischen Reaktionen durch aus dem Boden in den alkalischen See eindringendes Süßwasser. Während diese ›Tufas‹ am Südrand meist aus hohen, grazilen Türmen bestehen, haben sie am Nordufer aus ungeklärten Gründen gedrungene Formen angenommen.

Seit Umweltschutzorganisationen 1994 vor Gericht einen wichtigen Teilsieg gegen die Stadt Los Angeles erstritten, ist der Seepegel um gut 2 m gestiegen – für die Ökologie der Region ein großer Fortschritt. Jahr für Jahr machen aus dem Norden kommende Zugvögel im Winter am 280 Mio. Tonnen Salz enthaltenden See Zwischenstation, weil die dort lebenden Salzwassershrimps eine hervorragende Nahrungsquelle bilden. Auch der Tourismus hat das seltsame Gewässer entdeckt und dazu beigetragen, dass das ›Problem Mono Lake‹ einer breiten Öffentlichkeit bewusst wurde.

Im Herbst 2007 geriet die wüstenhafte Gegend östlich des Sees in die Schlagzeilen der Weltpresse, als der amerikanische Multimillionär und Abenteurer Steve Fossett in diesem Gebiet nach einem Alleinflug vermisst gemeldet wurde und seitdem als verschollen gilt. Fossett hatte 2002 die Erde als Erster in einem Heißluftballon alleine umrundet.

Infos

Mono Basin National Forest Scenic Area Visitor Center: Hwy 395, Lee Vining, Tel. 760-647-6595, www.monolake.org. Besucherzentrum mit Ausstellungen über Geologie, Ökologie und Geschichte des Sees sowie 20-minütiger Film (im Winter geschlossen).

11 Bodie ▶ 1, H 8

Nördlich des Mono Lake liegt in der einsamen Region an der Grenze zwischen Kalifornien und Nevada mit dem alten Bergbaucamp **Bodie** eine der schönsten Geisterstädte des Westens (siehe Abb. S. 33). Auf einer im Sommer heißen, im Winter vom Schnee abgeriegelten Hochfläche stieß William W. Body, der einen Feldhasen aus seinem Bau ausgraben wollte, 1859 auf Gold. Aber erst in den 1870er-Jahren stieg das Camp zum neuen Minenstar des Westens auf. In einem einzigen Monat förderte die Bodie Company Gold und Silber im Wert von 600 000 $. Schon bald bestand die Siedlung aus 2000 Gebäuden, 65 rund um die Uhr geöffneten Saloons und einer 10 000-köpfigen Bevölkerung aus Goldschürfern, Spielern, Abenteurern, Huren, Spekulanten und Halsabschneidern.

Die Lebensumstände waren zum Gotterbarmen, Hygiene und medizinische Versorgung Fremdwörter, die Wohnungen bestenfalls behelfsmäßig und die Lebenshaltungs-

Bizarre Felssäulen am Mono Lake: fast wie die Kulisse eines Science-Fiction-Films

kosten exorbitant, weil alles Notwendige über sehr lange Transportwege herangeschafft werden musste. Keine Woche verging ohne Mord, Totschlag oder Diebstahl. Der für das Seelenheil zuständige Reverend F. M. Warrington traf wahrscheinlich den Nagel auf den Kopf, als er Bodie ein »vom Sturm der Lust und Leidenschaft gepeitschtes Meer der Sünde« nannte.

Die Bergbauära endete in den 1950er-Jahren, als die Standard Company ihre letzte Mine schloss und die abgelegene Ortschaft sich auf den Weg in die Bedeutungslosigkeit machte. 1962 übernahm der Staat Kalifornien die Aufsicht und begann die Überreste als State Park vor Souvenirjäger und Vandalen zu schützen. Im Unterschied zu anderen Camps wurde Bodie aber nie restauriert, sondern wird im ursprünglichen Zustand belassen und gibt deshalb heute ein authentisches Zeugnis der Goldgräberzeit ab (Rte 270, Tel. 760-647-6445, www.parks.ca.gov/default.asp?page_id=509, ganzjährig geöffnet tgl. 8–18 Uhr, Erw. 5 $, Kinder unter 16 J. 3 $).

Tipp: Manzanar National Historic Site

Ein düsteres Kapitel der US-Geschichte zeigt die **Manzanar National Historic Site** fünf Meilen südlich der Ortschaft Independence. Manzanar war eines von insgesamt zehn Internierungscamps, in denen nach dem japanischen Angriff auf Pearl Harbour 1941 in einer Welle der Hysterie über 10 000 Menschen festgesetzt wurden. Bei den meisten handelte es sich um amerikanische Staatsbürger, die lediglich durch ihre japanische Abstammung den Generalverdacht der Obrigkeit auf sich gezogen hatten. Während ihrer Gefangenschaft von 1942 bis 1945 kamen im Lager 150 Menschen ums Leben, von denen heute noch sechs auf dem örtlichen Friedhof beerdigt sind. Im Besucherzentrum beleuchtet ein 22-minütiger Film die politischen Hintergründe (5001 Hwy 395, Tel. 760-878-2194, www.nps.gov/manz, April–Okt. tgl. 9–17.30, sonst bis 16.30 Uhr, Eintritt frei).

Mammoth Lakes ▶ 1, H 9

Die Hauptsaison in **Mammoth Lakes** beginnt im Herbst, wenn sich das Laub der Bäume zu verfärben beginnt. Sobald der erste Schnee die Bergrücken pudert, reisen aus Südkalifornien wintersportverrückte Großstädter an, denen der 7000 Einwohner große Ferienort eine ausgeprägte touristische Infrastruktur nach dem Vorbild der europäischen Alpen bietet. Namen wie Kitzbühl Place, Garmisch Place oder Innsbruck Lodge sind ein Hinweis darauf. Doch auch außerhalb der von November bis Mai dauernden Skisaison hat die Gegend ihre Reize: Dutzende Gebirgsseen, abwechslungsreiche Wanderpfade, die höchsten Golfplätze Kaliforniens und zum Teil traumhafte Mountainbiking-Routen.

Beim **Devil's Postpile National Monument** bilden durch vulkanische Aktivitäten entstandene Basaltsäulen eine knapp 20 m hohe Wand, als hätten vorzeitliche Riesen gewaltige Pfeiler in die Erde gerammt (www.nps.gov/depo). Vom National Monument führt ein 2,5 km langer Weg zu den 30 m hohen Rainbow Falls.

Owens Valley ▶ 1, H/J 9/10

Von einer über 2000 m hohen Ebene stürzt sich Highway 395 vom Sherwin Summit in weiten Serpentinen in das im Sommer brütend heiße, über 800 m tiefer liegende

Owens Valley hinunter. In der ersten Hälfte des 20. Jh. tobte in diesem abgelegenen Provinztal ein regelrechter Krieg zwischen ansässigen Bauern und Agenten der Stadt Los Angeles, die zum Teil durch dunkle Machenschaften die begehrten Wasserrechte an sich brachten.

Bishop ►1, J 9

Der 4000 Einwohner große Hauptort im Owens Valley bezieht seinen Reiz nicht nur aus seinem typisch amerikanischen Kleinstadtflair, sondern hauptsächlich aus seiner traumhaften Lage am Fuß der über 4000 m hohen Felszinnen der Sierra Nevada. Das gut mit Übernachtungs- und Versorgungsmöglichkeiten ausgestattete Bishop eignet sich deshalb für Ausflüge ins Umland, aber auch als Etappenziel auf der Fahrt vom Yosemite National Park ins Death Valley.

Von der Ortsmitte sind über den Highway 168 der sehenswerte **Rock Creek Canyon** und am Ende der 20 Meilen langen Stichstraße die beiden von majestätischen Berggipfeln der Sierra eingerahmten Seen South Lake und Lake Sabrina erreichbar, wo mehrere Hiking Trails in die hochalpinen Regionen beginnen. Östlich von Bishop liegt in den einsamen White Mountains mit dem **Ancient Bristlecone Pine Forest** ein Grannenkiefernwald mit den ältesten Bäumen der Erde.

Seit 1881 führte mit der Carson & Colorado Railway eine Schmalspurbahn vom Lake Owens bis nach Carson City in Nevada und sorgte für den Abtransport von Gold, Silber, Zink und Kupfer aus Minencamps in der Umgebung. In der Ortschaft **Laws** fünf Meilen nordöstlich von Bishop erinnert das **Laws Railroad Museum** mit einem restaurierten Bahnhof von 1883, zwei Dampflokomotiven, historischen Waggons und einem historischen Dorf an die alten Zeiten (Hwy 6, Tel. 760-873-5950, www.lawsmuseum.org, tgl. 10–16 Uhr, Eintritt nach eigenem Ermessen).

Infos

Bishop Area Chamber of Commerce: 690 N. Main St., Bishop, CA 93514, Tel. 760-873-8405, www.BishopVisitor.com.

Übernachten

Sehr angenehm ► Chalfant House B & B: 213 Academy St., Tel. 760-872-1790, www.chalfanthouse.com. Putziges Häuschen von 1898 mit sechs hübsch eingerichteten Gästezimmern und einer Suite mit eigenem Bad, großes Frühstück inklusive. 90–110 $.

Ordentliche Unterkunft ► Bishop Village Motel: 286 W. Elm St., Tel. 760-872-8155, www.bishopvillagemotel.com. Ruhig gelegene Zimmer mit Kühlschrank, Mikrowelle und zum Teil mit Küche, beheizter Pool. DZ 59–110 $.

WLAN kostenlos ► America's Best Value Inn: 192 Short St., Tel. 760-873-4912, www.

AmericasBestValueInn.com. Motelzimmer mit Kühlschrank, Mikrowelle und Kaffeemaschine. Einige Familiensuiten haben eine eigene Küche. DZ ab 50 $.

Mit Blick auf die Sierra ▶ Brown's Town Campground: 219 Wye Rd., Tel. 760-873-8522, www.brownscampgrounds.com. Zum Teil bewaldeter Platz mit Parzellen für Zelte und Campmobile, Stromanschluss, Kabel-TV, heiße Duschen und Münzwäscherei.

Essen & Trinken

Nicht nur Sushi ▶ Yamatani Japanese Restaurant: 635 N. Main St., Tel. 760-872-4801, keine Website, tgl. ab 16.30 Uhr. Authentische japanische Küche mit allen Spezialitäten aus dem Land der aufgehenden Sonne. Zum Lokal gehört eine Cocktailbar. Dinner 14–25 $.

Gut und reichlich ▶ Amigos Mexican Restaurant: 285 N. Main St., Tel. 760-872-2189. Kleines, einfaches Lokal mit Gerichten wie Acapulco Chicken, Cancun Enchiladas, Taco Salad und Guacamole. Ab ca. 8 $.

Einkaufen

Eine Berühmtheit ▶ Schat's Bakery: 763 N. Main St., Tel. 760-873-7156, www.schatsbakery.com. Café mit Bäckerei, in der man viele Leckereien aus ökologisch angebauten

Einen starken Kontrast zur steinernen Barriere der Sierra Nevada bietet das grüne Owens Valley mit Viehweiden und Golfplätzen

Dramatische Felsformationen in den Alabama Hills bei Lone Pine

Zutaten bekommt. Wegen des seit 1938 hergestellten Sheepherder-Brotes nehmen viele Kenner einen langen Anfahrtsweg in Kauf.

Lone Pine ▶ 1, J 10

Vom Zentrum der kleinen Ortschaft führt die Whitney Portal Road in westlicher Richtung genau auf den Mount Whitney zu, den mit 4416 m höchsten Berg der USA auf dem zusammenhängenden Staatsgebiet. Knapp drei Meilen außerhalb von Lone Pine verläuft diese Straße durch die mittlerweile legendären Alabama Hills, wurden doch hier in den 1950er- und 1960er-Jahren über 200 Filme mit berühmten Leinwandstars gedreht. Dass dieses Vorgebirge der Sierra Nevada zum Außenposten von Hollywood avancierte, ist allerdings kein Wunder. Entlang der nicht asphaltierten, aber gut befahrbaren Movie Road wechseln sich goldbraune, abgerundete Hügel mit bizarren Gesteinsformationen ab, die eine ideale Westernkulisse bilden.

Nach 13 Meilen endet die Whitney Portal Road so nahe am Fuß des Mount Whitney, dass man von dort aus den Gipfel nicht mehr erkennen kann. Mehrere Campingplätze verteilen sich in den Kiefernwäldern. Wer dort unterkommt, muss Nahrungsmittel in spe-

ziellen Containern verstauen, weil das Gebiet gerne von Bären besucht wird. Auch in geparkten Autos darf aus Sicherheitsgründen keinesfalls Essbares verstaut sein. Der Gipfel des Mount Whitney ist auf einem ca. 18 km langen Wanderweg über eine Höhendifferenz von 1870 m zu erreichen. Die obligatorischen Permits müssen bis Ende Februar reserviert werden, ehe im März die Internetversteigerung folgt (www.fs.usda.gov/Internet/FSE_DOCUMENTS/stelprdb5186537.pdf).

Infos

Eastern Sierra InterAgency Visitor Center: Hwy 395 & 136, Lone Pine,CA 93545, Tel. 760-876-6200. Informationen über die Sierra und das Death Valley.

Übernachten

Wo einst Stars nächtigten ▶ Dow Villa Motel: 310 S. Main St., Tel. 760-876-5521, www.dowvillamotel.com. Zweistöckiges Motel in der Ortsmitte, in dem einst Leinwand-Stars wie John Wayne nächtigten. Zum Hotel gehört ein kleines Filmmuseum, das mit einer bunten Mischung von Memorabilien an die Movie-Ära erinnert. DZ 92–140 $.

Gute Wahl ▶ Best Western Frontier: 1008 S. Main St., Tel. 760-876-5571, www.bestwestern.com. Südlich des Städtchens gelegenes Hotel. Im Übernachtungspreis sind Frühstück und Internetzugang inbegriffen. DZ 80–114 $.

Essen & Trinken

Gemütliches Lokal ▶ Margie's Merry Go-Round: 212 S. Main St., Tel. 760-876-4115, tgl. Dinner ab 17 Uhr. Der Koch hat sich auf Steaks und diverse Seafood-Gerichte spezialisiert. Ab 12 $.

Hausmannskost ▶ Mt. Whitney Restaurant: 227 S. Main St., Tel. 760-876-5751, tgl. Frühstück, Lunch und Dinner. Das Familienrestaurant bietet typisch amerikanische Kost, von Burgers bis Steaks. Die Wände sind mit Fotos von Stars dekoriert, die früher in den Alabama Hills vor der Kamera standen. Ab 8 $.

Aktiv

Gleitschirmfliegen ▶ Lone Pine Chamber of Commerce: P.O. Box 749, Lone Pine, CA 93545, Tel. 760-876-4444, www.lonepinechamber.org, info@lonepinechamber.org. Die Gegend um Lone Pine ist wegen der günstigen Aufwinde ein hervorragendes Terrain für Gleitschirmflüge. Im Chamber of Commerce bekommt man die Adressen von Unternehmen, die auch Tandemflüge anbieten.

Golfen ▶ Mt. Whitney Golf Course: 2559 S. Main St., Tel. 760-876-5795, www.thegolfcourses.net. Einmalig gelegene 9-Loch-Anlage mit berückendem Blick auf die zerklüfteten Gebirgsmassive der Sierra Nevada.

Viktorianisches Ambiente um den Alamo Square, Downtown San Francisco

Kapitel 6

San Francisco und die Bay Area

Kaum eine Metropole auf amerikanischem Boden besitzt eine ähnlich fantastische Lage wie San Francisco. Gleichzeitig strahlt das städtische Leben eine magische Anziehungskraft aus. Grund dafür ist die unglaubliche Vielfältigkeit der Stadtteile, die alle jeweils einen eigenen Charakter erkennen lassen, von der fernöstlichen Chinatown bis zum lateinamerikanisch geprägten Mission District, vom typisch geschäftsmäßigen Financial District bis nach North Beach mit eher mediterraner Stimmung und vom malerisch viktorianischen Ambiente um den Alamo Square bis in die lauschig-grüne Naturoase Golden Gate Park.

Hinzu kommt der aufgeschlossene Geist der Stadtbewohner, der fast überall spürbar wird und sich in der Vergangenheit in zahlreichen alternativen Lebenskonzepten offenbarte, die in San Francisco ›erfunden‹ oder zum Kult entwickelt wurden – von Literaten der Beat Generation und Flower-Power-Kindern, von der aufmüpfigen studentischen Protestbewegung oder den Gays, die den Rechten von Schwulen und Lesben zum Durchbruch verhalfen.

Bis in die 1930er-Jahre führte die an der Nordspitze einer Halbinsel zwischen dem Pazifik, dem Goldenem Tor und der Bucht liegende Stadt verkehrsinfrastrukturell ein ziemlich isoliertes Dasein, weil Verbindungen nach Norden und Osten nur per Schiff möglich waren. Erst mit dem Bau der Oakland Bay Bridge nach Osten und der Golden Gate Bridge nach Norden löste die Stadtverwaltung ihre drängenden Verkehrsprobleme, weitete damit aber über die Jahrzehnte auch ihren Einflussbereich auf die gesamte Bay Area aus.

Auf einen Blick

San Francisco und die Bay Area

Sehenswert

12 **Downtown San Francisco:** Selbst wer den Vereinigten Staaten gegenüber ein distanziertes Verhältnis pflegt, kann sich dem unverwechselbaren Reiz und dem unnachahmlichen Charme von San Francisco meist nicht entziehen (s. S. 342).

Mission District: In keinem Stadtteil präsentiert sich die Bay-Metropole so ausgesprochen lateinamerikanisch wie in diesem alten Distrikt (s. S. 366).

Sonoma: Wer diese im Sonoma Valley liegende Ortschaft besucht, interessiert sich meist für die historischen Stätten, aber auch für den sympathischen, kleinstädtischen Charme (s. S. 377).

Schöne Routen

49 Mile Drive: Zu den wichtigsten Sehenswürdigkeiten von San Francisco führt in ca. vier Stunden die ausgeschilderte Tour, die man mit dem eigenen Mietwagen abfahren kann. Die Route ist mit blau-weißen Zeichen ausgeschildert, auf denen eine Möwe und die Zahl 49 zu sehen sind (s. S. 355).

Serpentinenfahrt auf die Twin Peaks: In vielen Windungen steigt die Autostraße auf dieses Hügelduo hoch über San Francisco an (s. S. 364).

Von Muir Woods nach Stinson Beach: An der Westflanke des Mount Tamalpais verläuft von Muir Beach bis in den Urlauberflecken Stinson Beach eine reizvolle Strecke mit Ausblicken auf den blauen Pazifik (s. S. 376).

Meine Tipps

Dungeness Crabs: In der Krabbensaison zwischen November und Juni verspeisen die Gourmets von San Francisco Jahr für Jahr über eine Million Kilogramm Dungeness-Krabben und feiern die pazifischen Krustentiere einen Monat lang beim San Francisco Crab Festival (s. S. 357).

Golden Gate Vista Point: Fantastische Blicke auf San Francisco hat man vom Nordende der Golden-Gate-Brücke (s. S. 370).

Mit dem Zeppelin über das Goldene Tor: Ab Mitte 2008 können Besucher der San-Francisco-Bucht die Gegend aus luftiger Höhe aus einem in Deutschland hergestellten Zeppelin bewundern (s. S. 372).

Weingüter im Sonoma Valley: Südlich von Santa Rosa führt der Highway 12 zu zahlreichen Weinplantagen und Winzerbetrieben (s. S. 377).

aktiv unterwegs

Für zwei Stunden Hobby-Matrose: Im San Francisco Maritime National Historical Park schlüpfen Besucher auf schwimmenden Oldtimern in die Rolle früherer Seeleute (s. S. 345).

Fahrt mit dem Cable Car: Eine Tour mit dem rollenden Wahrzeichen von San Francisco ist ein geradezu sportives Unternehmen, das eine gewisse Etikette voraussetzt (s. S. 359).

Mit dem Rad oder zu Fuß im Golden Gate Park: Durch den 5 km langen und 800 m breiten Golden Gate Park ziehen sich viele Spazier- und Radwege, auf denen man die grüne Oase erkunden kann (s. S. 364)

Hiking im Muir Woods National Monument: Ein beliebtes Ziel für Freizeitspaß unter freiem Himmel ist das nördlich der Golden Gate liegende Muir Woods National Monument mit drei schönen Wanderwegen (s. S. 375).

12 Downtown San Francisco ▶3, D 9

Rummelplatzstimmung um Fisherman's Wharf, Knoblauchduft aus italienischen Restaurantküchen in North Beach, ein fernöstlicher Schilderwald in Chinatown, moderne Konsumpaläste um den Union Square, Kunst und Kultur im Viertel SoMa: Im facettenreichen Stadtzentrum von San Francisco tauchen Besucher ein in einen vibrierenden Großstadtkosmos voller mitreißender Lebenswelten.

Stadtgeschichte

Wer schon beim ersten Schritt in San Francisco ins Fettnäpfchen treten will, nennt die Metropole Frisco. Bei den Einwohnern ist diese Bezeichnung verpönt. Respektvoll sprechen sie von ›The City‹, wenn von ihrer 1776 von Spaniern gegründeten Heimatstadt die Rede ist. Dem Flecken wäre wahrscheinlich ein normales Wachstum beschieden gewesen, hätte nicht der Goldrausch nach 1848 die Weichen in eine hektische Zukunft gestellt. 1849 kamen Zehntausende Glücksritter im Hafen von San Francisco an. Die demografischen Auswirkungen erwiesen sich als phänomenal. Von gut 800 Einwohnern im Jahr 1848 explodierte die Bevölkerung bis Anfang des 20. Jh. auf 400 000.

Am 18. April 1906 morgens um 5.12 Uhr ließ ein Erdbeben der Stärke 8,2 auf der Richterskala die Halbinsel von San Francisco erzittern. Zwei Minuten lang schwankte die Erde wie ein Schiffsdeck und ließ ganze Häuserzeilen einstürzen. Aus zerfetzten Leitungen entweichendes Gas entzündete sich und fraß sich in rasender Geschwindigkeit durch die größtenteils aus Holz erbauten Viertel. Über die Hälfte aller Einwohner waren über Nacht ohne Dach über dem Kopf. Die Asche war noch warm, als sich die Menschen an den Wiederaufbau machten. Nach dem Ersten Weltkrieg veränderte ein Bauboom die Skyline der Stadt, ehe in den Jahren der Weltwirtschaftskrise mit der Oakland Bay Bridge und der Golden Gate Bridge zwei Projekte verwirklicht wurden, mit denen die Stadt ihre bis dahin entwicklungshemmende geografische Abgeschlossenheit aufbrach.

In den 1960er- und 1970er-Jahren verwandelte die Hippie-Bewegung San Francisco in ein Heerlager exotisch gewandeter Jugendlicher, bis eine Aids-Epidemie in den 1980er-Jahren das Thema Homosexualität in den Mittelpunkt der öffentlichen Diskussion rückte. Aids, Erdbebengefahr, wirtschaftliche Probleme und wachsende Kriminalität verursachten im ausgehenden 20. Jh. den stärksten Bevölkerungsschwund, den die Stadt je erlebte. Trotzdem erfuhren früher wenig einladende Stadtteile wie South of Market Street (SoMa) und Embarcadero ein sehenswertes Facelift durch attraktive Um- und Neubauten.

Die Hafenfront an der San Francisco Bay

Cityplan: S. 348

Fisherman's Wharf 1

Nachdem Kalifornien um die Mitte des 19. Jh. Bundesstaat der USA geworden war, strotzte die Bucht von San Francisco vor Aktivitäten. Im Hafen gingen Goldsucher aus aller Welt an Land, während an den Kais um **Fisherman's Wharf** Fischer ihren Fang entluden. Heute ist die berühmte Wasserkante der Stadt immer noch ein lebendiges Viertel. Aber statt bunter Kutter, die es immer noch gibt, bestimmen das Bild längst moderne Ausflugsschiffe, die in der Bucht kreuzen und Besucher nach Alcatraz, Sausalito, Angel Island, Tiburon oder an die East Bay bringen. In dem Maße, wie Fisherman's Wharf über die Jahrzehnte seinen ursprünglichen Fischgeruch verlor, verwandelte sich die Gegend in einen kitschigen, wenn auch sehenswerten Rummelplatz, der sein nautisches Flair Schnellrestaurants, Wachsmuseen, T-Shirt-Läden, Straßenmusikanten und ambulanten Brezelverkäufern opfern musste.

Die US-Kriegsmarine ist am Pier 45 mit dem U-Boot **USS Pampanito** präsent, das im Zweiten Weltkrieg im Pazifik Dienst sechs japanische Schiffe versenkte (tgl. 9–17 Uhr, Erw. 10 $, Kinder 6–12 J. 4 $).

Alcatraz

Für viele Stadtbesucher gehört zu einem San-Francisco-Besuch ein Abstecher auf die legendenumwobene, heute vom National Park Service verwaltete Gefängnisinsel **Alcatraz.** An Pier 39 (s. rechts) und 41 liegen die Ausflugsschiffe vor Anker, die den ›Rock‹ anbieten, wie die berühmte Bay-Insel im Volksmund wegen ihrer felsigen Natur bezeichnet wird. 1934 entstand dort die erste offizielle zivile Haftanstalt – vom ersten Tag an kein Knast wie jeder andere. Einzelhaft war die Regel, was manche Kritiker als barbarisch anprangerten. Der offiziellen Version zufolge gelang es keinem einzigen Ausbrecher, von der Insel auf das 2 km entfernte Festland zu fliehen. Das verhinderten nicht nur ausgeklügelte Sicherheitssysteme, sondern auch das eiskalte, von gefährlichen Strömungen durchzogene Wasser in der Bucht. Auf Alcatraz saßen Amerikas berüchtigtste Kriminelle hinter Schloss und Riegel wie Gangsterboss Al Capone, der während der Prohibition in Chicago sein Unwesen getrieben hatte. Neben ihm zählte Robert Stroud zu den bekanntesten Insassen. Wegen zweifachen Mordes zu lebenslänglicher Einzelhaft verurteilt, züchtete er zum Zeitvertreib Vögel und schrieb ornithologische Fachbücher (nach Alcatraz verkehren die Ausflugsschiffe von Alcatraz Cruises, Pier 33, Alcatraz Landing, Tel. 415-981-7625, www.alcatrazcruises.com, Erw. 26 $, Sen. ab 62 J. 24,50 $, Kinder 5–11 J. 16 $).

Pier 39 2

Auf **Pier 39** haben sich um ein Kinderkarussell und eine Bühne für Straßenkünstler Geschäfte, Schnellimbisse, Souvenirshops, Pizzerias, Eisdielen und einige Restaurants angesiedelt. Doch auch die auf alt getrimmten Fassaden, Treppenaufgänge und Plankenböden der 1978 errichteten Konstruktion können nicht verbergen, dass es sich in erster Linie um einen Konsumzirkus handelt.

Zwei über 100 m lange Acryltunnel führen im **Aquarium of the Bay** in einem 2,7 Mio. Liter Wasser fassenden Becken durch die Unterwasserwelt der San Francisco Bay und machen Besucher mit der dort lebenden Meeresflora und -fauna vertraut. An mehreren *touch tanks* darf man kleine Rochen und Haifische streicheln (Pier 39, Tel. 415-623-5300, www.aquariumofthebay.com, im Sommer tgl. 9–20 Uhr, sonst kürzer, Erw. 16,95 $, Kinder 3–11 Jahre 8 $).

Echte maritime Atmosphäre hauchte Pier 39 erst ein Zufall ein. Im Jahr 1989 tauchten auf den schwankenden Bootsstegen auf der Westseite des Piers plötzlich einige Seelöwen auf, die sich auf ihrem neu entdeckten Liegeplatz offenbar wohlfühlten. Unter den pelzigen Meeresriesen muss sich das herumgesprochen haben. Jedenfalls nahm ihre Zahl seit 1990 beträchtlich zu, was manche Wissenschaftler dem Loma-Prieta-Erdbeben von 1989 zuschrieben, das ihrer Meinung nach die Tiere von ihrem ehemaligen Stammplatz auf den Seal Rocks beim Cliff House vertrieb.

Mittlerweile hat die bis zu 600 Tiere große **Seelöwenkolonie** dem Kitsch- und Kommerzrummel des Piers längst die Schau gestohlen und ist an Fisherman's Wharf zur größten Sehenswürdigkeit geworden. Während viele der maritimen Logisgäste im Sommer ein Quartier auf den Channel Islands bevorzugen, kehren sie im Januar nach San Francisco zurück, weil die dann in der Bucht

Sichtlich wohl fühlen sich die Seelöwen am Pier 39

vorhandenen Heringsschwärme ein ideales Nahrungsangebot bilden.

The Cannery 3

Früher einmal größte Konservenfabrik der Welt für Obst und Gemüse, entging die 1907 aus Ziegeln erbaute **The Cannery** 1963 dem Abbruch, weil das leer stehende Industriegebäude durch Umbauten in einen modernen Geschäftskomplex verwandelt werden konnte. Auf mehreren Etagen verteilen sich Kunstgalerien, elegante Restaurants, ein Hotel, ein Kino und mehrere Boutiquen. Was dem Zentrum sympathisches Flair verleiht, sind versteckte Passagen und offene Innenhöfe, die sich für Konzerte von Bands oder Solisten anbieten (2801 Leavenworth St., www.delmontesquare.com).

Ghirardelli Square 4

Ähnlich wie The Cannery besitzt auch das Einkaufs-, Restaurant- und Unterhaltungszentrum **Ghirardelli Square** eine Industriegeschichte. Ein aus dem italienischen Rapallo stammender italienischer Einwanderer namens Domingo Ghirardelli baute um die Wende vom 19. zum 20. Jh. vor Ort ein Schokoladenimperium auf. Als Ghirardelli Chocolate in den 1960er-Jahren an einen neuen Standort umzog, erkannten zwei lokale Geschäftsleute die ideale Lage des Komplexes am unteren Ende der Hyde Street in der Nähe einer Cable-Car-Wendeplattform und verwandelten das Gebäudeensembe 1967 in einen beliebten Treffpunkt mit Geschäften und Restaurants (900 N. Point St., www.ghirardellisq.com).

Russian Hill und Lombard Street

Cityplan: S. 348

Vom Wendeplatz beim Ghirardelli Square führt eine Cable-Car-Linie bergan auf den **Russian Hill 6**, der seinen Namen vermutlich im 19. Jh. bestatteten russischen Trappern verdankt. Später entwickelte sich die

aktiv unterwegs

Für zwei Stunden Hobby-Matrose

Tour-Infos

Start: Nördliche Endhaltestelle der Powell-Hyde Cable Car-Linie. Besucherzentrum (Ecke Jefferson St. & Hyde St., Tel. 415-447-5000, www.nps.gov/safr, tgl. 9.30–17 Uhr, Parkeintritt 5 $)
Länge/Dauer: ca. 1 km, 2–3 Std.

Im **San Francisco Maritime National Historical Park** 5 in der Nähe von Fisherman's Wharf schlüpfen Besucher auf schwimmenden Oldtimern gerne in die Rolle von Seeleuten. Am Eingang beim Tickethäuschen informiert eine Tafel über die jeweiligen Tagesaktivitäten (telefonische Infos unter Tel. 415-447-5000). Vorbei an der 1895 gebauten **C. A. Thayer** und der 1914 vom Stapel gelaufenen, an einem hohen, weißen Schornstein erkennbaren **Eppleton Hall** kommt man zum Prachtstück des Parks, der aus dem Jahr 1883 stammenden **Balclutha.** Der stolze Dreimaster umsegelte mehrmals Kap Horn, ehe er in Alaska zur Konservenfabrik umfunktioniert wurde und im Abenteuerfilm »Meuterei auf der Bounty« eine Rolle spielte. Landratten klettern an Bord, um sich von einem Parkranger in seemännische Tätigkeiten einweisen zu lassen. An dicken Tauen wird auf sein Kommando mit vereinten Kräften das Stagsegel aufgezogen. Wer nicht weiß, wie man auf dem Vordeck mit der mächtigen Ankerwinde den Anker lichtet, lernt den Job im Rhythmus traditioneller Shanteys. Besonders stimmungsvoll wirken die alten Arbeitslieder, wenn man sich aus der Bordküche einen Becher heißen Apfelsaft geholt hat und an der Reling des Segelschiffs alte Seefahrtszeiten Revue passieren lässt.

Andere Rangerprogramme machen Teilnehmer mit Gerätschaften und Techniken der Seenotrettung vertraut, mit denen früher Schiffsbrüchige geborgen wurden. Oder man lässt sich, ausgerüstet mit Fernglas und Bestimmungsbuch, von Ornithologen zum Hobby-Vogelkundler ausbilden, da es im Park vor Seevögeln nur so wimmelt. Nur Schritte von der Balclutha entfernt liegen das über 110 Jahre alte Frachtschiff **Alma,** der Schleppkahn **Hercules** und der Schaufelraddampfer **Eureka** vor Anker. Dazwischen hämmern im Small Boat Shop Bootsbauer an Modellen oder bessern Schiffsteile aus. Wer sich für Schiffsbau oder technische Probleme der Seefahrt interessiert, findet hier garantiert einen Fachmann, der einem Amateur gerne eine Anfängerlektion in Sachen Schiffsbau erteilt. Nach zwei, drei Stunden Seebärdasein kann man sich in der Nähe des **Museums** mit Blick auf die Lagune des **Aquatic Parks** auf den Rasen setzen und ein wohlverdientes Picknick verzehren.

In engen Kurven schwingt sich die Lombard Street den Russian Hill hinunter

Gegend zur Künstlerkolonie bzw. im 20. Jh. zu einem Viertel für begüterte Hausbesitzer. Vom ›Gipfel‹ des Hügels hat man über die Hyde Street einen wunderbaren Blick auf die Bucht und Alcatraz. Außerdem führt mit der **Lombard Street** 7 die berühmteste Straße der Stadt über die Anhöhe und schwingt sich in steilen und engen Windungen talwärts nach North Beach. Seitliche, durch Vorgärten mit Hecken und Hortensienbüschen führende Treppen machen sie auch für Fußgänger begehbar. Mit 21,3 % Steigung ist sie aber bei weitem nicht die steilste Straße im Stadtgebiet. Den Rekord hält die parallel zur Lombard verlaufende Filbert Street zwischen Leavenworth und Hyde Street mit 31,5 %.

North Beach

Cityplan: S. 348
Rund um den **Washington Square** 8 dehnt sich mit North Beach einer der ältesten Stadtteile aus (www.sfnorthbeach.org). Der begrünte Platz liegt im Schatten der neogotischen Fassade der **Church of St. Peter and St. Paul.** Ein Massenaufgebot an Presseleuten stürmte die Kirche 1954, als der legendäre Baseballstar Joe DiMaggio dort Marilyn Monroe heiratete. Unter der auf dem Rasen errichteten Statue von Benjamin Franklin wurde 1979 eine Kapsel mit einem Gedicht von Lawrence Ferlinghetti, einem Paar Jeans und einer Flasche Wein als Symbole der damaligen Zeit in den Sockel gemauert.

Ursprünglich eine der begehrtesten Wohngegenden, verlor North Beach seine Attraktivität schon in den 1870er-Jahren, als Cable-Car-Linien andere Viertel zu erschließen begannen. In der ersten Hälfte des 20. Jh. ließen sich in der Gegend vor allem italienische Einwanderer nieder. Als nach dem Zweiten Weltkrieg viele aus dem eng gewordenen Viertel weggezogen waren, verwandelte sich der Stadtteil in eine Bohème-Kolonie der Beat Generation. Bekannteste Vertreter dieser literarischen Richtung waren Jack Kerouac und Allen Ginsberg – der Erste ein Tramp, der die Rastlosigkeit zum Lebensprinzip erhoben hatte, der Zweite ein respektloser Poet, der den im Besitz des Verlegers Lawrence Ferlinghetti befindlichen Buchladen **City Lights** nach 1953 zum Literatentreff umfunktionierte (261 Columbus Ave., Tel. 415-362-8193, www.citylights.com, tgl. 10–24 Uhr). North Beach entwickelte sich damals zur Bühne der literarischen Avantgarde Amerikas, deren Philosophie aus einem Amalgam aus Anti-Bürgerlichkeit, Selbstmitleid und Hoffnungslosigkeit bestand.

Telegraph Hill

Cityplan: S. 348
Zu den besten Aussichtspunkten in Downtown zählt der 1929 auf dem **Telegraph Hill** erbaute, 64 m hohe **Coit Tower** 9. Von der Aussichtsplattform blickt man auf den Financial District, Russian Hill und Fisherman's Wharf. Die wie von riesigen Maulwürfen zerwühlte östliche Flanke der Hügelbasis lieferte früher mächtige Felsbrocken, als Segelschiffe ohne Fracht noch mit Ballast schwerer gemacht werden mussten (1 Telegraph Hill Blvd., Tel. 415-362-0808, Erw. 5 $, Senioren ab 65 und Kinder 3–17 J. 3 $, im Sommer tgl. 10–17.30, im Winter bis 16.30 Uhr).

Hauptverbindung quer durch North Beach ist die im Schachbrettmuster der Straßen schräg verlaufende Columbus Avenue. Sie beginnt in der Nähe von Fisherman's Wharf und endet im Financial District. Sie ist nicht nur eine pulsierende Verkehrsader, sondern auch eine populäre, wenn auch touristische Gourmetmeile mit Restaurants und Delikatessengeschäften. Die sich am südöstlichen Ende erhebende patinagrüne Fassade des 1913 errichteten **Sentinel Building** (früher Columbus Tower) markiert den Schnittpunkt zwischen den drei Stadtteilen North Beach, Financial District und Chinatown. In den 1970er-Jahren brachte Filmregisseur Francis Ford Coppola das Gebäude in seinen Besitz.

Chinatown 10

Cityplan: S. 348
Hinter dem reich verzierten Lion's Gate (Löwentor) an der Ecke Grant und Bush Street öffnet sich in **Chinatown** eine andere Welt. Pagodendächer beugen sich über enge Straßen, in denen Schilder mit chinesischen und englischen Schriftzeichen den Weg weisen und Straßenlaternen in exotischem Design ein zum Teil sympathisch unaufgeräumt wirkendes Stadtviertel beleuchten. Windspiele bimmeln vor Läden voller bemalter Fächer, bronzefarbener Buddhas und Taschen mit gestickten Drachenmustern. Hinter vielen beschlagenen Schaufenstern von Restaurants und Imbissen warten in Reih und Glied aufgehängte lackierte Enten auf hungrige Gäste, die sich trauen, auch einmal ein fremdländisches, exotisches Gericht aus dem Reich der Mitte zu probieren.

Wie viele Menschen aus China und Vietnam, Kambodscha und Laos in diesem Reich der Mitte leben, weiß niemand. Wahrscheinlich sind es weit über 100 000. Kein anderer Teil von San Francisco ist so dicht bevölkert wie die Straßenzüge um die von Transparenten und flatternden Fähnchen überspannte Grant Avenue. Früher einmal rein chinesisch, ist das Viertel durch Zuwanderung in den vergangenen Jahrzehnten internationaler geworden, hat aber durch die zunehmende Enge auch sozialen Zündstoff angehäuft. Der Blick in Innenhöfe und Seitengassen zeigt, wie eingepfercht die Einwohner zum Teil in heruntergekommenen Blocks leben.

Erste Einwanderer aus China erreichten die amerikanische Westküste in den späten 1840er-Jahren. Viele flohen vor Hungersnöten und Opiumkriegen im eigenen Land und hofften auf eine bessere Zukunft in den Goldfeldern von Kalifornien. Eine zweite Einwanderungswelle schwappte in den 1870er-Jahren nach Amerika, als Eisenbahngesellschaften Arbeiter für den Bau der Gleise durch den Kontinent benötigten. Als die Schienenwege fertiggestellt waren, ließen sich viele Chinesen in San Francisco nieder, zum Leidwesen der Einheimischen, die ihre Jobs durch das Lohn-Dumping der Asiaten gefährdet sahen. Rassistische Ausschreitungen und ein gesetzlicher Einwanderungsstopp waren die Folge.

Chinese Historical Society of America

Anschaulich dokumentiert ist die Geschichte von Chinatown bzw. der chinesischen Einwanderung in die USA in der **Chinese Historical Society of America** mit historischen Fotos, Werkzeug vom Eisenbahnbau und einer von einem chinesischen Restaurantpionier erfundenen Maschine zur Reinigung von

San Francisco Downtown

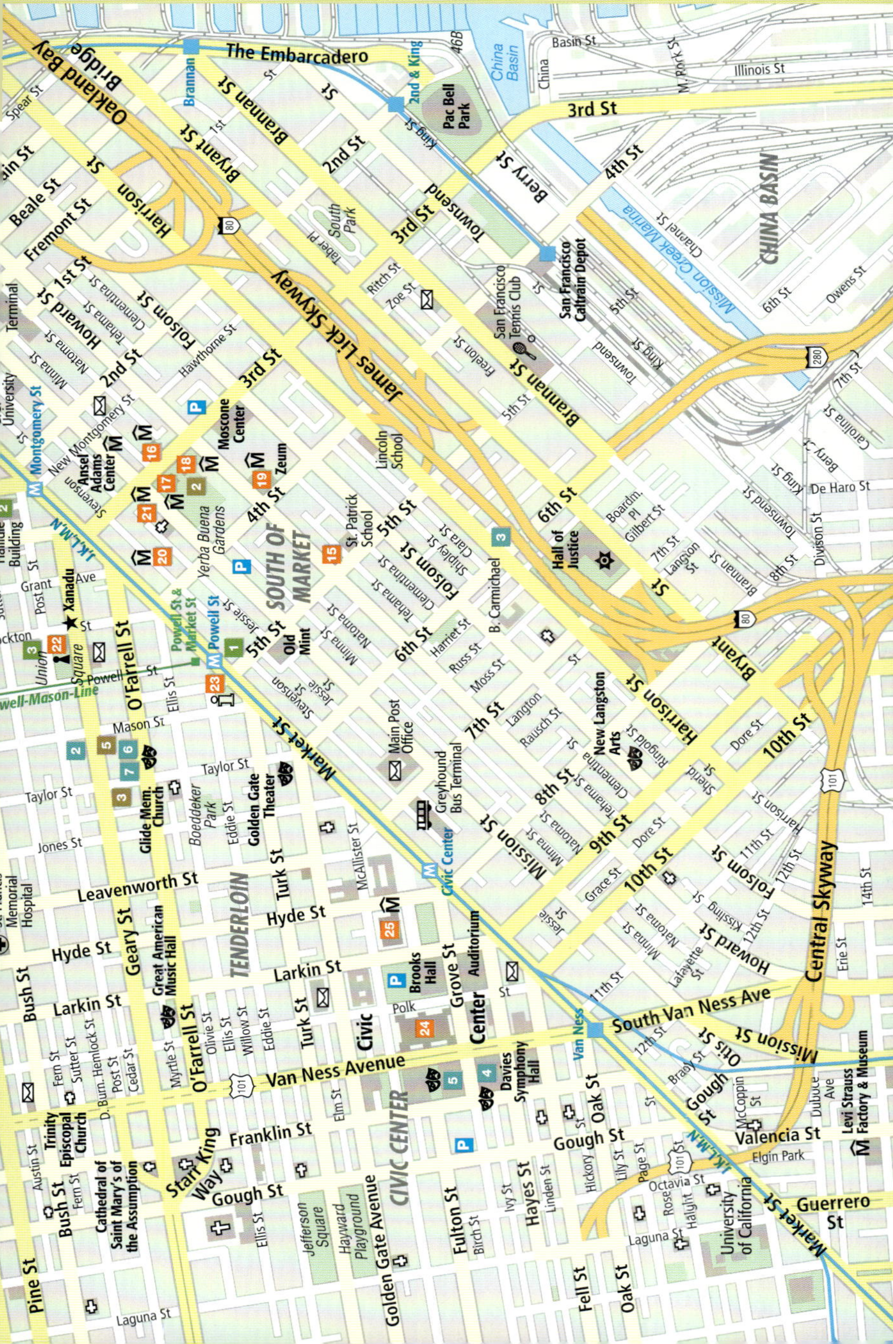

The Embarcadero
Oakland Bay Bridge
Brannan
Brannan St
Bryant St
2nd & King
China Basin
Basin St
Illinois St
3rd St
Pac Bell Park
King St
Berry St
4th St
CHINA BASIN
Mission Creek Marina
Channel St
San Francisco Caltrain Depot
San Francisco Tennis Club
Townsend
2nd St
South Park
Harrison St
Beale St
Fremont St
1st St
Howard St
Folsom St
Hawthorne St
James Lick Skyway
Terminal
University
Montgomery St
Natoma St
Minna St
New Montgomery St
Ansel Adams Center
Moscone Center
Zeum
Yerba Buena Gardens
4th St
SOUTH OF MARKET
St. Patrick School
Lincoln School
5th St
6th St
Hall of Justice
7th St
8th St
Division St
De Haro St
Owens St
6th St
Union Square
Xanadu
Grant Ave
Post St
Powell St
Powell-Mason-Line
Powell St & Market St
O'Farrell St
Ellis St
Mason St
Taylor St
Jessie St
Old Mint
Stevenson
Market St
Glide Mem. Church
Boeddeker Park
Eddie St
Golden Gate Theater
Jones St
Leavenworth St
Turk St
Hyde St
TENDERLOIN
Main Post Office
Greyhound Bus Terminal
Civic Center
Mission St
7th St
New Langston Arts
Harrison St
10th St
9th St
Central Skyway
Grace St
Folsom St
Howard St
11th St
12th St
14th St
Erie St
McAllister St
Larkin St
Brooks Hall
Grove St
Auditorium
Civic Center
Polk
Van Ness
South Van Ness Ave
Mission St
Otis St
Gough St
Valencia St
Levi Strauss Factory & Museum
Bush St
Geary St
Great American Music Hall
O'Farrell St
Van Ness Avenue
Trinity Episcopal Church
Franklin St
Starr King Way
Gough St
Cathedral of Saint Mary's of the Assumption
Pine St
Laguna St
Jefferson Square
Hayward Playground
Golden Gate Avenue
CIVIC CENTER
Fulton St
Hayes St
Davies Symphony Hall
Fell St
Oak St
Octavia St
University of California
Guerrero St
Market St

San Francisco Downtown

Sehenswert
1 Fisherman's Wharf
2 Pier 39
3 The Cannery
4 Ghirardelli Square
5 San Francisco Maritime National Historical Park
6 Russian Hill
7 Lombard Street
8 Washington Square
9 Coit Tower
10 Chinatown
11 Cable Car Museum
12 Nob Hill
13 Financial District
14 Ferry Building
15 SoMa
16 Museum of Modern Art
17 Cartoon Art Museum
18 Museum of African Diaspora
19 Zeum
20 Museum of Craft & Folk Art
21 Contemporary Jewish Museum
22 Union Square
23 Halliday Plaza
24 City Hall
25 Asian Art Museum

Übernachten
1 Best Western Tuscan Inn
2 W Hotel
3 Adagio
4 Orchard Garden
5 Hotel Diva
6 San Remo
7 Green Tortoise Guest House

Essen & Trinken
1 Boulevard
2 Swan Oyster Depot
3 Trattoria Contadina
4 Tommaso's Restaurant
5 House of Nan King
6 Buena Vista Café

Einkaufen
1 Westfield San Francisco Centre
2 Crocker Galleria
3 Levis Flagship Store

Abends & Nachts
1 Top of the Mark
2 Biscuits & Blues
3 Endup
4 San Francisco Symphony
5 SF Opera / SF Ballet / Herbst Theater
6 Geary Theater
7 Curran Theater

Aktiv
1 Gray Line Tours
2 Bay City Bike

Shrimps (965 Clay St., Tel. 415-391-1188, www.chsa.org, Di–Fr 12–17, Sa 11–16 Uhr, Erw. 3 $, Kinder 6–17 J. 1 $, 1. Do im Monat Eintritt frei).

Chinese Cultural Center
Weniger um Geschichte als vielmehr um Kunst und Kultur geht es in den Ausstellungen im **Chinese Cultural Center.** Das Zentrum bietet eine allgemeine und eine kulinarisch orientierte Führung durch Chinatown an (750 Kearny St.,Tel. 415-986-1822, www.c-c-c.org, Di–Sa 10–16 Uhr). Vor dem Gebäude auf dem Portsmouth Square treffen sich alte und junge Menschen am frühen Morgen zur traditionellen Tai-Chi-Frühgymnastik. Später am Tag brüten dann Männer im Schatten der Bäume über Schachbrettern.

Fortune Cookie Factory und Tin-How Temple
Einblicke in die Geheimnisse von Chinatown vermittelt auch die **Fortune Cookie Factory,** wo emsige Frauenhände mit Weissagungen gefüllte chinesische Glückskekse backen (56 Ross Alley zwischen Grant Avenue und Stockton St.), oder der 1852 eingeweihte, von Räucherstäbchen eingenebelte **Tin-How Temple** (125 Waverly Place zwischen Washington & Clay St.).

Cable Car Museum 11
An der Grenze zwischen Chinatown und Nob Hill gelegen, versteht sich das **Cable Car Museum** als eine Hommage an das berühmteste städtische Transportmittel, die Cable Cars. Niemand bezweifelt, dass es sich dabei um ein rettungslos veraltetes Nahverkehrssystem handelt. Aber genauso käme niemand auf die Idee, die ratternden, von Stahltrossen gezogenen Publikumslieblinge abzuschaffen. Der gebürtige Engländer Andrew Halliday hatte 1873 einen ersten Wagen gebastelt, der auf der Clay Street eingesetzt wurde. In den folgenden Jahren kamen weitere Strecken hinzu. Die Cable Cars waren sogar die Voraussetzung dafür, dass Hügel wie Russian Hill überhaupt besiedelt wurden (1201 Mason St., Tel. 415-474-1887, www.

cablecarmuseum.org, April–Sept. 10–18, Okt.–März 10–17 Uhr, Eintritt frei).

Nob Hill 12

Cityplan: S. 348
Auch der rund 100 m hohe **Nob Hill** verdankt seine Entwicklung zum Wohngebiet der ›besseren‹ Gesellschaft dem Cable-Car-System, weil den Städtern der Aufstieg zuvor viel zu mühsam war. Schon dem Schriftsteller Robert Louis Stevenson fiel die Anhöhe 1882 als Millionärsquartier auf, dem die vier Eisenbahnkönige Leland Stanford, Mark Hopkins, Collis P. Huntington und Charles Crocker mit dem Bau nobler Residenzen ihren Stempel aufdrückten. Lange hatten die Villen allerdings nicht Bestand. Das Erdbeben von 1906 zerstörte fast alle Prachtbauten. Schon ein Jahr später eröffnete das luxuriöse **Fairmont Hotel,** das 1945 zur Gründung der UNO angereiste internationale Politprominenz beherbergte. Die Lobby des Hotels ist mit Marmor und korinthischen Säulen geschmackvoll ausgestaltet. Vom 24 Etagen hohen Turm hat man einen wunderbaren Blick auf die Stadt (950 Mason St., www.fairmont.com).

Financial District und Embarcadero

Cityplan: S. 348

Financial District 13

San Francisco wird häufig nachgesagt, es hätte einen unamerikanischen, eher europäisch wirkenden Charakter. Im **Financial District** stimmt dieser Eindruck ganz und gar nicht, weil dort ein typisch amerikanischer Wolkenkratzerkern die Nähe des Himmels sucht. Das erste größere Bürogebäude in der Wall Street des Westens stand lange dort, wo sich seit 1972 mit dem pyramidenförmigen **Transamerica Building** das moderne Wahrzeichen der Stadt erhebt. Die anfangs hitzigen Diskussionen über das 260 m hohe, futuristisch anmutende Bauwerk sind längst verebbt. Heute ist die erdbebensichere Pyramide aus der Skyline von San Francisco nicht mehr wegzudenken. Die Aussichtsplattform wurde nach dem Anschlag auf das World Trade Center in New York geschlossen (505 Sansome St.).

Ferry Building 14

Im **Ferry Building** am **Embarcadero** kamen vor der Eröffnung der Oakland Bay Bridge in den 1930er-Jahren täglich 50 000 Pendler per Fähre von der östlichen Bucht an. Später verlor der Terminal mit einem der Kathedrale im spanischen Sevilla nachempfundenen Campanile seine ursprüngliche Funktion und wurde in jüngerer Vergangenheit in einen exquisiten Gourmettempel verwandelt. Das Erdgeschoss teilen sich vietnamesische, provenzalische und amerikanische Spezialitätenrestaurants mit Ständen, an denen Käseberge aus dem Marin County, unterschiedliche Kaffeesorten, nach Rezepten aus der Alten Welt hergestellte Backwaren, Kräuter und Feinschmeckerzutaten wie Olivenöl und Bio-Gemüse verkauft werden. Vor dem Gebäude bieten Bauern des Umlandes auf einem **Farmers' Market** frisches Obst und Gemüse an. An Wochenenden verwandelt sich die Umgebung in einen populären Food Market, auf dem einfallsreiche Köche Demonstrationen ihres Könnens geben und San Franciscos Bevölkerung schon am frühen Vormittag zum Probieren anrückt (Ferry Building Mo–Fr 10–18, Sa 9–18, So 11–17 Uhr, Bauernmarkt Di und Do 10–14, Sa 8–14 Uhr, www.ferrybuildingmarketplace.com).

SoMa 15

Cityplan: S. 348
Den Stadtteil South of Market Street tauften die Einwohner der Stadt auf das Kürzel **SoMa,** nachdem die früher dröge Gegend in ein schickes Trend- und Avantgardeviertel mit Kunst- und Kulturangeboten, Cafés, Weinbars und exquisiten Restaurants verwandelt worden war.

Yerba Buena Gardens

Den Weg in eine vielversprechende Zukunft ebnete in den 1990er-Jahren mit den **Yerba Buena Gardens** eine Naturoase, die der ethnischen und kulturellen Vielfalt der Bay-Metropole gerecht werden sollte. Grünanlagen mit Wasserfall, Rasenflächen, einem Martin Luther King Memorial und Pflanzen aus allen Partnerstädten von Abidjan (Côte d'Ivoire) bis Schanghai (China) sind nur ein Teil des Parks. Dazu gehören auch das Kunst- und Kulturzentrum **Yerba Buena Center for the Arts** mit einem 750 Plätze großen Theater (701 Mission St., Tel. 415-978-2787, www.ybca.org, Erw. 5–7 $, Kinder 3–5 $, 1. Di im Monat Eintritt frei) und das größtenteils unter der Straßenebene liegende **Moscone Convention Center** (www.moscone.com).

SoMa-Museumsszene

Mittelpunkt der Museumsszene in SoMa ist das vom Schweizer Architekten Mario Botta entworfene **Museum of Modern Art** 16, ein gewaltiger Ziegelbau mit abgeschrägtem zylindrischen Dachaufsatz in rötlich-weißem Streifenmuster. Zu den über 15 000 Kunstwerken der ständigen Ausstellungen gehören Gemälde, Skizzen, Skulpturen und Kollagen, Fotografien, Architekturentwürfe, Modelle und Designstudien. Der Reigen der vertretenen Künstler reicht von Henri Matisse über Paul Klee, Frank Gehry und Anselm Adams bis zu US-Malern wie Clyfford Still und Jackson Pollock (151 3rd St., Tel. 415-357-4000, www.sfmoma.org, Mo–Di, Fr–So 10–17.45, Do 10–20.45 Uhr, Mi Ruhetag, Erw. 18 $, Senioren ab 62 J. 9 $, jeden 1. Di im Monat Eintritt frei, am Do 18–21 Uhr zahlt man nur den halben Preis).

Häufig wechselnde Ausstellungen im **Cartoon Art Museum** 17 beschäftigen sich mit bekannten Cartoon-Künstlern und deren Werken bzw. mit der Geschichte dieser aus einer Kombination von Bildern und Texten bestehenden Kunstrichtung. Wer schon immer wissen wollte, wie ein Zeichentrickfilm entsteht, ist in diesem einzigen Cartoon-Museum der Westküste an der richtigen Stelle (655 Mission St., Tel. 415-227-8666, http://cartoonart.org, tgl. außer Mo 11–17 Uhr, Erw. 7 $, Kinder 6–12 J. 3 $, 1. Di im Monat Eintrittsgeld nach eigenem Gutdünken).

Mit dem Beitrag der Nachfahren schwarzer Sklaven zur Kultur in Nord- und Südamerika setzt sich das **Museum of the African Diaspora** 18 auseinander. Dabei gehen die Ausstellungen auf die afrikanischen Wurzeln des Jazz ebenso ein wie etwa auf die Einflüsse des Sklavenhandels auf die brasilianische Küche. Der Museum Store verkauft hübsches Kunsthandwerk (685 Mission St., 415-358-7200, www.moadsf.org, Mi–Sa 11–18 Uhr, So 12–17 Uhr, Erw. 10 $, Kinder unter 13 Jahre Eintritt frei).

Junge Besucher können sich im interessanten Kindermuseum **Zeum** 19 nicht nur nach Herzenslust austoben, sondern an vielen interaktiven Einrichtungen auch sinnvoll lernen, wie man etwa Musikvideos mit einem Recorder gestaltet, den Ton dazu aufnimmt oder Computeranimationen nach eigenen Vorstellungen kreiert. Kleineren Gästen stehen abenteuerliche Spielplätze und ein traditionelles Karussell (pro Fahrt 3 $) zur Verfügung (221 Fourth St., Tel. 415-820-3320, www.zeum.org, Mi–Fr 13–17, Sa, So 11–17 Uhr, Erw. 10 $, Kinder 8–18 Jahre 8 $).

Im bescheidenen **Museum of Craft & Folk Art** 20 sind hauptsächlich Wechselausstellungen zu sehen, die sich mit weltweiter Volkskunst auseinandersetzen (51 Yerba Buena Lane, Tel. 415-227-4888, www.mocfa.org, Mi–Sa 11–18 Uhr, So–Di geschl., 5 $, Kinder unter 18 J. Eintritt frei). Restaurants, Theater, Läden und Boutiquen sowie modernes Entertainment vereinigt das **Metreon Center** unter einem Dach und abends hinter einer blauen Glasfassade. Im Gebäude befindet sich auch ein IMAX-Kinocenter (101 4th St., Tel. 415-369-6000, http://westfield.com/metreon).

Jüngste Bereicherung der Museumsszene in SoMa ist das **Contemporary Jewish Mu-**

Das 260 m hohe Transamerica Building überragt den Wolkenkratzerkern von San Francisco

Vorbereitungen auf The Big One

Thema

Öffentliche Erdbebenvorhersagen sind in Kalifornien per Gesetz verboten und können mit bis zu drei Monaten Haft bestraft werden. Trotzdem halten viele Geowissenschaftler mit mehr oder weniger präzisen Prognosen nicht hinter dem Berg. Ihrer Meinung nach liegt die Wahrscheinlichkeit von The Big One, eines starken Bebens, noch vor 2032 in der Bucht von San Francisco bei 62 %.

Es stimmt, dass nur wenige Kalifornier aus Furcht vor Erdbeben dem Land den Rücken kehren. Davon darauf zu schließen, dass das offenbar Unausweichliche die Menschen nicht beunruhige und auch keine Vorkehrungen zur Folge habe, stimmt nicht. Beweise dafür gibt es in Hülle und Fülle – und zwar auf allen Ebenen.

Beispiel Architektur. In Los Angeles durfte wegen drohender Erdbeben früher nicht über 13 Stockwerke hinaus gebaut werden. Solche Vorschriften sind Makulatur, seit die von japanischen Ingenieuren übernommene Wolkenkratzerbauweise unter Verwendung von Dämpfern aus Stahl und Gummi zwischen Gebäudefundamenten ihre Bewährungsprobe bestanden hat. Als 1989 das sogenannte Loma-Prieta-Beben in San Francisco u. a. Teile der Oakland Bay Bridge zusammenstürzen ließ, schwankte mit dem Transamerica Building das höchste Gebäude der Stadt zwar um ca. 30 cm, blieb aber unbeschädigt, weil es auf einem Fundament nach japanischem Muster steht.

Zu den technischen Präventionen zählen auch Maßnahmen im Innern. Schwere Möbel und Spiegel sollen an den Wänden sicher verdübelt werden. Bewohner sind angehalten, sich in ihren Wohnungen über Abschalthähne für Strom, Gas und Wasser zu informieren, um die Versorgungsleitungen im Notfall sperren zu können. Wichtig sind natürlich familieninternes Katastrophentraining und häusliche Vorsorgemaßnahmen. Die entsprechenden Empfehlungen und Tipps können in jedem Telefonbuch nachgelesen werden: Wo sind in einer Wohnung sichere und unsichere Stellen? Wo trifft man sich als Familie, wenn man durch eine Naturkatastrophe getrennt wird? Sind für den Notfall wichtige Telefonnummern parat? Wer kümmert sich um kranke oder behinderte Familienmitglieder? Wo befinden sich mögliche Fluchtwege?

Filialen des Roten Kreuzes bieten Erste-Hilfe-Kurse an, während andere Organisationen wie etwa die Feuerwehr Kataloge von Trainingsmaßnahmen entwickeln, wie man sich und seine Familie auf ein Beben vorbereitet und dabei auch die Nachbarschaft mit einbezieht. Eine wichtige Rolle im Erdbebentraining spielen Schulen, wo Kinder bereits in jungen Jahren auf potenzielle Gefahren vorbereitet werden und Verhaltensmaßregeln lernen. Regelmäßiger Drill ist in den meisten Lehranstalten Usus, weil Vorschriften die Erstellung und Einhaltung von Notfallplänen obligatorisch machen. Ähnliches gilt für Universitäten, Altenheime und Krankenhäuser. Vorsichtige Menschen sorgen mit sicher deponierten Überlebenspaketen inklusive batterielosen Taschenlampen und luftdicht verschweißten Nahrungsmitteln vor. Einwohner besonders gefährdeter Gebiete führen in ihren Autos nicht selten eine Notfallausrüstung mit sich, um auf eine Naturkatastrophe möglichst schnell reagieren zu können.

seum 21, ein nicht unumstrittener Bau von Daniel Libeskind. In den neu eröffneten Räumlichkeiten werden Wechselausstellungen gezeigt, so zuletzt über die jüdische Gemeinde in der Bay Area und über Leben und Werk des jüdischen Cartoonisten und Kinderbuchautors William Steig (1907–2003), der über 70 Jahre lang für das renommierte Magazin »The New Yorker« arbeitete (736 Mission St., Tel. 415-655-7800, www.thecjm.org, tgl. außer Mi 11–17, Do 13–20 Uhr, Erw. 10 $, Sen. ab 65 J. 8 $, Kinder unter 18 J. frei).

Union Square 22

Auf dem von großen Hotels und Geschäften umgebenen **Union Square** versammelten sich während des Bürgerkrieges 1861 bis 1865 häufig für die Nordstaaten eintretende Demonstranten, wovon der Platz seinen Namen ableitet. Mit dem Dewey Monument erinnert eine 30 m hohe Säule an den Sieg der amerikanischen Pazifikflotte unter Admiral Dewey 1898 in der Schlacht bei Manila während des Spanisch-Amerikanischen Krieges. Der von Palmen bestandene, terrassenförmig angelegte Platz mit einem Café bildet inmitten des Geschäftszentrums eine kleine Oase zum Verschnaufen nach einer kräftezehrenden Besichtigungs- und Shoppingtour durch die benachbarten Kaufhäuser und Designerboutiquen.

Die zu Beginn des 20. Jh. erbaute Nobelherberge Westin St. Francis mit ihrer fürstlichen Lobby mit Pfeilern aus schwarzem Marmor liegt auf einer Walking Tour, auf der die Teilnehmer zahlreiche Aufenthaltsorte und Arbeitsplätze des Krimischriftstellers Dashiell Hammett zu sehen bekommen. Er war in San Francisco eine Zeit lang für die Detektivagentur Pinkerton tätig (www.donherron.com/tour.html).

Die in einer Nebenstraße am Union Square liegende Kunstgalerie **Xanadu** ist hauptsächlich wegen ihres Gebäudes berühmt. Der 1949 vollendete Bau ist die einzige bauliche Hinterlassenschaft von Frank Lloyd Wright in der Bay-Metropole. Im Inneren der Galerie führt eine spiralförmige Rampe ins Obergeschoss, die Wrights Idee für den Entwurf des berühmten Guggenheimmuseums in New York City vorwegnahm (140 Maiden Lane).

Hallidie Plaza 23

Wo die Powell Street auf die Market Street trifft, liegt mit der **Hallidie Plaza** ein lebhafter Platz, unter dem sich mehrere Etagen u. a. mit einer U-Bahn-Haltestelle und dem Visitor Information Center befinden. Auf Straßenebene ist die Wendeplattform der Cable Cars hauptsächlich dann eine Besucherattraktion, wenn die Wagen von Schaffner und Bremser mit vereinten Kräften umgedreht und für die Fahrt zum Nob Hill bzw. nach Fisherman's Wharf bereit gemacht werden.

Civic Center

Cityplan: S. 348

Der im Zentrum des **Civic Center** stehende Kuppelbau der 1915 erbauten **City Hall** 24 soll den Petersdom in Rom als architektonisches Vorbild gehabt haben. Lobby und Korridore spiegeln sich in Marmor, während die barock gestalteten Treppen genauso gut in die Geschosse eines französischen Schlosses führen könnten (www.sfgov.org/cityhall). An der östlichen Flanke widmet sich das **Asian Art Museum** 25 asiatischer Kunst aus den zurückliegenden 6000 Jahren (200 Larkin St., Tel. 415-581-3500, www.asianart.org, Di–Mi, Fr–So 10–17, Do bis 21 Uhr, Erw. 12 $, Kinder 3–17 J. 7 $, 1. So im Monat Eintritt frei).

Am Civic Center startet und endet der **49 Mile Drive,** eine Panoramastrecke, die an den wichtigsten Sehenswürdigkeiten der Bay-Metropole vorbeiführt. Wer sich schnell einen guten Überblick über San Francisco verschaffen will, kann die empfehlenswerte Tour mit dem Auto in etwa vier Stunden abfahren (s. S. 340).

Infos

San Francisco Visitor Information Center: 900 Market St., Hallidie Plaza, Tel. 415-391-2000 (Informationen über Bandansage), Tel. 415-391-2001, www.onlyinsanfrancisco.com.

Übernachten

Top-Hotel ▶ Best Western Tuscan Inn 1: 425 Northpoint St., Tel. 415-561-1100, www.tuscaninn.com. Eines der besten Hotels um Fisherman's Wharf mit toskanischem Ambiente und über 220 stilvollen Zimmern und Suiten mit Minibar, Kühlschrank, Kaffeemaschine. DZ ab ca. 260 $.

Sehr stylisch ▶ W Hotel 2: 181 3rd St., Tel. 415-777-5300, www.starwoodhotels.com. Über 400 Zimmer großer und 31 Etagen hoher Hotelturm in SoMa aus dem Jahr 1999. Alle Zimmer mit Klimaanlage, WLAN, Safe und Kaffeemaschine. Zum Hotel gehören Fitnesseinrichtungen, Business Center, Health Club, Pool, Café und Restaurant. DZ ab ca. 210 $.

In Ordnung ▶ Adagio 3: 550 Geary St., Tel. 415-775-5000, www.jdvhotels.com/hotels/sanfrancisco/adagio. Hippem Stadtleben zugetane Gäste schätzen in diesem luxuriösen Boutiquehotel die schicke Innenausstattung mit aus Modulen bestehendem Mobiliar, Flach-TV, Highspeed-WLAN und schniekem Fitnessstudio. Das im Haus befindliche Restaurant Cortez mit mediterraner Küche ist im Stil dem Hotel angeglichen. DZ 185–210 $.

›Grünes‹ Hotel ▶ Orchard Garden 4: 665 Bush St., Tel. 415-399-9807, www.theorchardhotel.com. Eines der wenigen Ökohotels in der Stadt, dessen Mobiliar aus balinesischem Holz nicht aus Urwäldern, sondern aus Baumplantagen stammt. Tapeten und Teppichböden sind außerdem aus Materialien mit geringen Emissionen. Wer sein Zimmer verlässt, schaltet den Strom automatisch ab. DZ ab 180 $.

Super Art-déco-Hotel ▶ Hotel Diva 5: 440 Geary St., Tel. 415-885-0200, www.hoteldiva.com. Nichtraucherhotel in der Nähe des Union Square mit gestyltem Ambiente samt Designermöbeln und frischen Farben. Speziell eingerichtete Kinderzimmer. DZ ab 170 $.

Kleine, gemütliche Zimmer ▶ San Remo 6: 2237 Mason St., Tel. 415-776-8688, www.sanremohotel.com. Älteres Hotel in North Beach mit antiker Ausstattung. Die Zimmer haben weder TV noch Telefon. Gäste müssen sich mit Etagenbädern zufriedengeben. DZ ca. 90 $.

Budget-Unterkunft ▶ Green Tortoise Guest House 7: 494 Broadway, Tel. 415-834-9060, www.greentortoise.com/san-francisco-hostel. Herberge mit Schlafsaalbetten und Privatzimmern vor allem für junge Leute, Frühstück, Gratis-Internetzugang, Sauna, Küche und Münzwaschmaschinen. Dreimal wöchentlich wird ein einfaches Abendessen angeboten. Pro Schlafplatz ab 28 $.

Essen & Trinken

Leichte, moderne Küche ▶ Boulevard 1: 1 Mission St., Tel. 415-543-6084, www.boulevardrestaurant.com, Lunch Mo–Fr 11.30–14, Dinner So–Do 17.30–22, Fr, Sa bis 22.30 Uhr. Seit der Eröffnung 1993 hat sich die Küchenchefin unter die besten Restaurants der Stadt gekocht. Aber nicht nur die hervorragenden Menüs und Gerichte, sondern auch das im Jugendstil gehaltene Interieur lohnen den Besuch. Dinner 24–30 $.

Gut gehüteter Geheimtipp ▶ Swan Oyster 2: rechts

Reizendes Lokal ▶ Trattoria Contadina 3: 1800 Mason St., Tel. 415-982-5728, www.trattoriacontadina.com, tgl. ab 17.30 Uhr. Fabelhafter Italiener mit No-Frills-Küche – authentischen Gerichten ohne viel Schnickschnack. Das kleine Lokal liegt nur wenige Schritte von den Touristenfallen der Columbus Ave. entfernt. Pastagerichte gibt es ab 13 $, Fleisch, Geflügel und Meeresfrüchte ab 19 $.

Klassischer Italiener ▶ Tommaso's Restaurant 4: 1042 Kearny St., Tel. 415-398-9696, http://tommasos.com, Di–Sa 17–22.30, So 16–22 Uhr, Mo Ruhetag. Das italienische Lokal soll 1935 als erstes an der US-Westküste Pizzen gebacken haben. Das Restaurant demonstriert heute noch Küchenkunst nach alter Schule. Pizzen 14–23 $, Pastagerichte 12,50–15 $, Fleisch und Geflügel 12,50–19 $.

Unverfälscht fernöstlich ▶ House of Nan King 5: 919 Kearny St., Tel. 415-421-1429, Mo–Sa 11–22, So 12–21.30 Uhr. Für Liebhaber fernöstlicher Küche der Heilige Gral, weil

Tipp: Dungeness Crabs

Die Monate zwischen November und Juni sind in San Francisco keine Zeit wie jede andere. Die Haupttätigkeit der Fischer besteht in dieser Hälfte des Jahres darin, den riesigen Bedarf der lokalen Bevölkerung an **Dungeness Crabs** zu stillen. Diese pazifischen Krustentiere leben in einem relativ kleinen Gebiet von 800 km^2 vor der kalifornischen Zentralküste und erfreuen sich unter den Gourmets der Stadt wegen ihres süßlich-saftigen Fleisches großer Beliebtheit. Kenner verspeisen die abgekochten Meeresbewohner ohne Beilagen, andere schätzen die Begleitung von frischem Baguette und gut gekühltem Chardonnay. Köche laufen zur Hochform auf, wenn es darum geht, aus Krabben, Fisch, Wein und Tomaten die Fischsuppe Cioppino zu komponieren, San Franciscos Antwort auf die französische Bouillabaisse.

In der *crab season* spielt der Februar eine besondere Rolle. Das **San Francisco Crab Festival** versetzt die Stadt mit zahlreichen Veranstaltungen in helle Aufregung. Bei Kochwettbewerben treten Rezeptkünstler gegeneinander an, Vorführungen von Profis weisen wenig Bewanderte in die Geheimnisse der Krabbenzubereitung ein, und Hotels wie Restaurants versuchen Gäste mit Sonderangeboten an ihre Tische zu locken (http://onlysf.sfvisitor.org/crab_festival/crab_history.asp).

Essen & Trinken

Swan Oyster Depot 2: 1517 Polk St., Tel. 415-673-1101, keine Website, tgl. 8–17.30 Uhr, kein Dinner. Seit 1912 bestehendes Lokal, vor dem sich hauptsächlich um die Mittagszeit Warteschlangen bilden. Hervorragende Dungeness Crabs, Seafoodplatten, fangfrische Austern und Shrimps-Salate werden an der 18 Plätze langen Bar serviert. Sehr gutes Preis-Leistungs-Verhältnis. 20–30 $.

die Gerichte vom chinesischen *mainstream* abweichen. Vom Ambiente des Lokals – es gleicht einem Imbiss – sollte man sich nicht abschrecken lassen. 7–16 $.

Ein absolutes Muss ► Buena Vista Café 6: 2765 Hyde St., Tel. 415-474-5044, www.thebuenavista.com, Mo–Fr 9–2, Sa, So 8–2 Uhr. Eine Ikone unter den Frühstückstreffs der Stadt, weniger wegen der typisch amerikanischen Kost, sondern weil an der Bar im Jahr 1952 Irish Coffee sein amerikanisches Debüt erlebte. Ab ca. 7 $.

Einkaufen

Shopping Mall mit Flair ► Westfield San Francisco Centre 1: 865 Market St., http://westfield.com/sanfrancisco, Mo–Sa 9.30–21, So 10–19 Uhr. Riesiges Einkaufszentrum mit Fachgeschäften, Boutiquen, Restaurants, Kinos und einem Food Court mit dem Flair des Außergewöhnlichen, weil es Speisen gibt, die man sonst in einem Food Court vergeblich sucht – von Sushi bis Salat aus grünen Papaya und von Hamburgern mit Biofleisch bis zu leckeren thailändischen Spezialitäten.

Alles unter einem Dach ► Crocker Galleria 2: 1 Montgomery St., www.shopatgalleria.com, Mo–Fr 10–20, Sa 10–17 Uhr. Shopping Mall unter einem Glasdach mitten im Finanzdistrikt.

Hightech-Jeans ► Levis Flagship Store 3: 300 Post St., Tel. 415-501-0100, Mo–Fr. 10–20, Sa 10–18 Uhr. Jeansträgerhimmel mit viel Hightech-Schnickschnack.

Abends & Nachts

Auf dem Nob Hill ► Top of the Mark 1: 999 California St., Tel. 415-616-6916, www.topofthemark.com, Di–Sa Live-Musik. Beliebte Cocktail Lounge auf der 19. Etage des Mark Hopkins Hotel mit fantastischer Rundumsicht auf die Stadt und einer Auswahl von über hundert Martinis.

Livemusik & Tanz ► Biscuits & Blues 2: 401 Mason St., Tel. 415-292-2583, www.bis

Tipp: Theaterkarten

Beim Ticketbüro **Tix Bay Area** am Union Square kann man Theaterkarten im Vorverkauf kaufen. Karten für alle Vorstellungen noch am gleichen Abend kosten nur die Hälfte – keine telefonische Bestellung möglich (Union Square, Tel. 415-433-7827, www.tixbayarea.com, Di–Do 11–18, Fr 11–19, Sa 10–19, So 10–15 Uhr). Informationen über Theaterprogramme gibt es auf der Internetseite www.san-francisco-theater.com.

cuitsandblues.com, Di– So 18–24 Uhr. Lokal mit Restaurant, Bar und Livemusik in der Nähe des Union Square.

Legendärer Club ▶ **Endup 3:** 401 6th St., Tel. 415-646-0999, www.theendup.com, Do–Mo, ermäßigter Eintritt vor 22 Uhr. Seit über drei Jahrzehnten ist der House- und Technoclub eine gut besuchte Nightlife-Institution und ein populärer Treff von Partypeople.

Klassische Musik ▶ **San Francisco Symphony 4:** 201 Van Ness Ave., Tel. 415-864-6000, www.sfsymphony.org. Das mehrfach mit Grammy Awards ausgezeichnete Symphonieorchester unter der Leitung von Tilson Thomas beweist seinen hervorragenden Ruf Jahr für Jahr mit Konzerten in der ultramodernen Davies Symphony Hall.

Großer Kulturtempel ▶ **War Memorial Arts Center 5:** 301 Van Ness Ave. In diesem Komplex ist mit der San Francisco Opera das zweitgrößte Opernensemble der USA zu Hause (Tel. 415-864-3330, www.sfopera.com, Ticketverkauf telefonisch, online oder vor Ort Mo 10–17, Di–Fr 10–18 Uhr). Unter demselben Dach stellen das San Francisco Ballet, nach Kritikermeinung eines der besten Ballett-Ensembles im Land (Tel. 415-861-5600, www.sfballet.org) und das Herbst Theater (Tel. 415-392-4400, www.sfwmpac.org) ihre Produktionen vor.

Bühnenkunst ▶ **Geary Theater 6:** 415 Geary St., Tel. 415-749-2228, www.act-sfbay.org. Der Spielplan zeichnet sich durch eine interessante Zusammenstellung zeitgenössischer und klassischer Theaterstücke aus.

Leichte Unterhaltung ▶ **Curran Theater 7:** 445 Geary St., Tel. 415-551-2000, www.curran-theater.com. Auf Broadwaymusicals spezialisiert.

Aktiv

Stadtrundfahrten ▶ **Gray Line Tours 1:** Fisherman's Wharf, Pier 43 1/2, Tel. 1-888-428-6937, http://sanfranciscosightseeing.com. Viele Touren.

Radausflüge ▶ **Bay City Bike 2:** 2661 Taylor St., Fisherman's Wharf, Tel. 415-346-2453, www.baycitybike.com.

Termine

Chinesisches Neujahrsfest (Ende Jan.): Große Parade mit vielen Zusatzveranstaltungen (www.chineseparade.com).

San Francisco International Film Festival (April): Das Festival zeigt ein weites Spektrum von Kinofilmen (www.sffs.org).

SF Gay Pride Parade (letzter So im Juni): Schwulen- und Lesbenparade (www.sfpride.org).

San Francisco Aloha Festival (Aug.): Buntes polynesisches Kunst- und Kulturfest im Presidio (www.pica-org.org/AlohaFest), das besonders auch bei Familien beliebt ist.

San Francisco Blues Festival (Sept.): Das älteste Blues-Festival der USA im Fort Mason (www.sfblues.com).

Verkehr

Flüge: Der Internationale Flughafen von San Francisco 14 Meilen südlich von Downtown wird von mehreren Fluglinien etwa von Frankfurt aus nonstop oder mit Zwischenlandungen in US-Städten angeflogen. Die Terminals sind über den AirTrain mit der Flughafenstation der Schnellbahn BART verbunden (Fahrt in die Stadt 8,05 $). Taxis ca. 30 $, Super-Shuttle (Tel. 415-558-8500) 12–17 $, Sam-Trans Bus 292 2 $.

Züge: Fernzüge halten in Emeryville am östlichen Ende der Oakland Bay Bridge. Von dort fahren Gratisbusse zum Ferry Building in San Francisco, wo man Bahnfahrkarten bekommt (www.amtrak.com). Mit Amtrak-Fernzügen sind zahlreiche Großstädte wie

aktiv unterwegs

Fahrt mit dem Cable Car

Tour-Infos

Routen: Es gibt drei Linien: Powell-Mason (Line 59), Powell-Hyde (Line 60) und California Street (Line 61) (www.sfcablecar.com/routes.html)
Schönste Strecke: Powell–Hyde (5,6 km)
Fahrscheine: Tickets gibt es direkt beim Schaffner, an Ticketautomaten oder an den Verkaufsstellen der jeweiligen Endstationen (Einzelfahrt ab 5 Jahre 5 $, Kinder unter 4 Jahren frei, Tagespass 13 $)
Fahrtzeiten: im Viertelstundentakt, von 6–1 Uhr

Der letzte noch lebende ›Nahverkehrssaurier‹ der Vereinigten Staaten ist das Wahrzeichen von San Francisco. Für viele Stadtbesucher gehört eine Fahrt mit diesem kuriosen Verkehrsmittel ebenso zum Standardprogramm wie eine Stippvisite bei der Golden Gate Bridge. Aber glauben Sie bloß nicht, der ›Ritt‹ auf einem Cable Car sei wie eine Busfahrt! An Bord herrscht ein strengens Regiment – wie in einem Trainingslager für schwer erziehbare Rekruten.

Ein- und Aussteigen dürfen Sie an den jeweiligen Linienenden und allen Haltestellen, die durch ein braun-weißes Schild mit der Aufschrift ›Cable Car Stop‹ gekennzeichnet sind. Sie halten einen Wagen per Handzeichen an und können von beiden Seiten einsteigen. Ab sofort unterstehen Sie dem keinen Widerspruch duldenden Kommando des oft bärbeißigen *Gripman* (Fahrer). Im vorderen, offenen Teil des Wagens bedient er die Steuer- und Bremshebel. Falls es im Innern eng wird, sollten Sie unbedingt vermeiden, auch nur eine Schuhspitze auf seinen mit gelben Markierungen versehenen Standplatz zu setzen. Das ist sein Revier, das er kompromisslos verteidigt wie ein Platzhirsch. Zweiter Mann der Besatzung ist der Schaffner, der bergab als Bremser verhindert, dass der Wagen ins Rennen kommt.

Richtiges *freerider feeling* stellt sich ein, wenn man nicht im Innenraum sitzt, sondern auf dem Trittbrett balanciert – in den vom Sicherheitswahn befallenen USA eine geradezu kuriose Abnormität. Dort gibt es Haltestangen, an denen man sich festhalten muss, um nicht abgeschüttelt zu werden. Mehr als zwei Personen an einer Haltestange sind unzulässig. Taucht etwa ein nah am Gleis geparktes Fahrzeug auf oder kommt ein Cable Car aus der Gegenrichtung, macht der Gripman Trittbrettfahrer auf die Gefahr aufmerksam. Wollen Sie aussteigen, zerren Sie nicht an der Klingelleine über Ihrem Kopf. Sie dient ausschließlich der Verständigung zwischen Gripman und Bremser. Rufen Sie rechtzeitig ›Next stop, please‹, damit der Fahrer Zeit hat, den Oldtimer zum Halten zu bringen.

Eine Fahrt mit dem Cable Car ist ein Muss für jeden Besucher der Stadt

Portland, Seattle, Salt Lake City, Denver, Chicago und die großen Metropolen an der amerikanischen Ostküste erreichbar.

Busse: Greyhound Transbay Terminal, 425 Mission St., Tel. 415-495-1555, www.greyhound.com. Das Unternehmen California Shuttle Bus bietet Fahrten zu echten Discountpreisen nach Los Angeles an (www.cashuttlebus.com).

Fortbewegung in der Stadt

Muni: Für Busse, Straßenbahnen, U-Bahn und Cable Cars ist in San Francisco Muni zuständig (Municipal Railway System, Tel. 415-673-6864, www.sfmuni.com). Außer Einzelfahrscheinen (2 $) gibt es verbilligte Fahrscheine für mehrere Tage. Cable Car 5 $. Muni-Busse fahren in der ganzen Stadt und haben ihren Namen, den Zielort und die Liniennummer vorne angegeben. Muni Metro Streetcars (Schnellbahnen Linien J, K, L, M, N) fahren in der Innenstadt unterirdisch, in den etwas weiter außerhalb liegenden Gegenden aber auf der Straße. Mit historischen Waggons ist die Muni F-line von der Market Street am Embarcadero entlang zur Fisherman's Wharf ausgestattet (2 $). Mit Muni Passports kann man unbegrenzt öffentliche Verkehrsmittel benutzen, 1 Tag (13 $), 3 Tage (20 $) oder 7 Tage (26 $) gültig, erhältlich an den Verkaufsstellen der Cable-Car-Wendepunkte (www.sfmuni.com).

BART: Das Metro-Bahnnetz BART (Bay Area Rapid Transit, www.bart.gov) besteht aus mehreren Linien und verbindet San Francisco u. a. mit Vororten wie Oakland, Fremont und Berkeley, Fahrscheine je nach Entfernung ab 1,75 $.

Fähren: San Francisco Bay Area Water Transit Authority, Pier 9, Suite 111, The Embarcadero, Tel. 415-291-3377, Fax 415-291-3388, www.watertransit.org. Verschiedene Fährlinien verbinden die Stadt mit Zielen wie Oakland, Sausalito oder Tiburon an der San Francisco Bay. Abfahrten vom Pier 1 oder den Piers am Fisherman's Wharf.

Großraum San Francisco ► 3, D 8/9

Einige der bekanntesten Sehenswürdigkeiten in San Francisco wie die berühmte Golden Gate Bridge, der Aussichtspunkt Twin Peaks, der Golden Gate Park, der lateinamerikanisch geprägte Mission District und die Strände am Pazifiksaum liegen nicht in Downtown, sondern außerhalb im westlichen und südlichen Teil der Bay-Metropole.

Zwischen Fort Mason und Presidio N. P

Cityplan: S. 366

Fort Mason 1

Im Westen von Fisherman's Wharf entwickelte sich das ehemalige Militärgelände **Fort Mason** über die Jahre zu einem Kulturzentrum mit mehreren Theatern und kleineren Museen sowie dem Hauptquartier der Golden Gate National Recreation Area (www.fortmason.org, am 1. Mi im Monat Eintritt zu allen Museen frei).

Marina

Noch weiter westlich schließt sich der Stadtteil **Marina** an, bis zum großen Erdbeben 1906 ein unverbautes Marschland. Als die Stadtverwaltung nach der Naturkatastrophe Platz benötigte, um Bauschutt zerstörter Häuser zu entsorgen, wählte sie die Uferzonen in Marina aus. Auf dieser Deponie entstanden 1915 für die Panama-Pacific International Exposition zahlreiche Gebäude, von denen nur der in einer Parkanlage gelegene neoklassische **Palace of Fine Arts** 2 die Zeiten überdauert hat. Der mit Säulen, Kolonnaden, Halbreliefs und Statuen einem Tempel ähnelnde Bau beherbergt mit dem Exploratorium ein Wissenschaftsmuseum mit Hunderten interaktiver Einrichtungen aus Wissensgebieten wie Biologie, Physik und Akustik (3601 Lyon St., Tel. 415-561-0360, www.exploratorium.edu, Di–So 10–17 Uhr, Erw. 15 $, Kinder 13–17 J. 12 $, am 1. Mi im Monat Eintritt frei).

Südlich von Fort Mason und dem Jachthafen liegen in Marina teure Wohnviertel mit teils noblen Bauten, deren Fassaden die beliebten Erkerfenster in vielfachen Variationen aufweisen. Die Lombard Street ist auf diesem Abschnitt wegen der zahlreichen preiswerteren Unterkünfte auch unter dem Namen Motel Row bekannt. Restaurants, Cafés, Kneipen, Supermärkte und Spezialitätenläden konzentrieren sich an der parallel verlaufenden Chestnut Street.

Pacific Heights

Im Stadtteil **Pacific Heights** ist ein breites Sammelsurium an Baustilen und Architekturelementen zu sehen. Eines der schönsten viktorianischen Häuser ist das im Jahr 1886 erbaute **Haas-Lilienthal-House** 3 (2007 Franklin St., Tel. 415-441-3000, www.sfheritage.org/haas-lilienthal-house, Führungen Sa 11–16, Mi und Sa 12–15, Erw. 8 $, Kinder bis 12 J. 5 $).

Weiter südlich ist der **Alamo Square** 4 nicht nur für Architekturliebhaber, sondern auch für Fotografen ein Muss. Der von Bäumen bestandene Platz wird auf seiner Ostseite von viktorianischen Schönheiten gesäumt, über deren Dächer hinweg man auf Downtown San Francisco blickt, morgens und abends ein hinreißender Anblick (Ecke Fulton/Steiner Sts.).

Presidio National Park 5

Im Oktober 1994 räumte die US-Armee im Presidio de San Francisco eine der ältesten Militäranlagen an der Pazifikküste, die in der Folge zum **Presidio National Park** erklärt wurde. Seit der Gründung der Stadt 1776 hatte der Posten ununterbrochen zunächst spanischen, dann mexikanischen und schließlich amerikanischen Truppen als Basis gedient. Wanderpfade und Radwege führen durch die verkehrsberuhigte Großstadtinsel. Das im Park im Herbst 2009 neu eröffnete **Walt Disney Family Museum** erzählt interessante Geschichten und Episoden über das ereignisreiche Leben und Werk des berühmten Zeichentrickkönigs und Vergnügungsparkgründers Walt Disney (104 Montgomery St., Tel. 415-345-6800, http://disney.go.com/disneyatoz/familymuseum/index.html, Erw. 20 $, Senioren über 65 J. 15 $, Kinder 6–17 J. 12 $).

Golden Gate Bridge 6

Cityplan: S. 366

Bereits im Jahr 1918 machte der deutsch-amerikanische Ingenieur Joseph Strauss der Stadtverwaltung den Vorschlag, das Goldene Tor mit einer Brücke zu überspannen, um die Stadt aus ihrer geografischen Isolation an der Spitze einer Halbinsel zu befreien. Danach dauerte es noch über zwei Jahrzehnte, ehe der Ingenieur die **Golden Gate Bridge** in Angriff nehmen konnte. War zunächst die Finanzierung schwierig, sollten sich die technischen Probleme als noch schwieriger erweisen. Vor allem die Verankerung des längst zur Legende gewordenen Bauwerks auf der Südseite war problematisch, weil dort der gewachsene Fels fehlt. Schließlich blieb keine andere Wahl, als den südlichen Brückenpfeiler auf einen Schelf des Meeresbodens zu stellen. Um an dieser Stelle überhaupt arbei-

Am Fort Point kann man unter der Golden Gate Bridge hindurchlaufen

ten zu können, musste die starke Strömung durch eine mächtige Betonmauer abgelenkt werden.

Nicht nur der optische Eindruck, sondern auch die technischen Maße der Golden Gate Bridge sind beeindruckend. Vom einen Ende zum anderen misst sie 2,7 km, wobei sie auf 1280 m zwischen den beiden 227 m hohen Pfeilern ohne Stützen auskommt. Die samt Gehwegen 27,5 m breite und 67 m über dem Wasser hängende Fahrbahn wird von zwei 2,3 km langen Stahltrossen mit 92,5 cm Durchmesser gehalten. Über 100 000 Fahrzeuge überqueren täglich das Goldene Tor, wobei die Fahrbahnen je nach Verkehrsaufkommen durch mobile Markierungen verändert werden. Bezahlen muss man nur auf dem Weg in die Stadt (Pkw 6 $). Fußgängern steht der Gehweg auf der Ostseite der Brücke täglich von 5 bis 21 Uhr kostenlos zur Verfügung. Radler dürfen diesen Weg nur werktags benutzen und müssen an Wochenenden auf die westliche Brückenseite ausweichen.

Fort Point 7

Wie dynamisch die Fluten den südlichen Brückenpfeiler der Golden Gate Bridge umspülen, zeigt sich am besten bei **Fort Point,** einer in den 1850er-Jahren zum militärischen Schutz der Bucht errichteten Festung mit 120 Kanonen. Das meist von hohen Wellen umspülte Fort zeigt die Golden-Gate-Brücke vor allem bei windigem Wetter aus einem überwältigenden Blickwinkel.

Der Filmregisseur Alfred Hitchcock erkannte die dramatische Wirkung des Fleckens und ließ dort 1958 eine Szene des Thrillers »Vertigo« drehen, in der James Stewart seine Filmpartnerin Kim Novak aus dem Wasser rettet (Fort Point, Tel. 415-556-1693, www.nps.gov/fopo, Do–Mo 10–17 Uhr, Eintritt frei).

An der South Bay

Cityplan: S. 366
Südlich der Golden Gate Bridge säumt die Golden Gate National Recreation Area an der South Bay als schmaler Streifen den Pazifiksaum. Vom Lincoln Boulevard ist der reizvolle **Baker Beach** 8 mit wunderschöner Aussicht auf die Brücke zu erreichen, ein sehenswerter Sandstrand mit Platz zum Baden und Sonnen, an dem der Wanderpfad Coastal Trail sowohl nach Norden wie nach Süden führt.

Im Lincoln Park beherbergt der im Beaux-Arts-Stil errichtete **California Palace of the Legion of Honor** 9 eine der größten Sammlungen hauptsächlich europäischer Kunst, die außerhalb Europas gezeigt wird (34th Ave. & Clement St., Tel. 415-750-3600, http://legionofhonor.famsf.org, Di–So 9.30– 17.15 Uhr, Erw. 10 $, Kinder 13–17 J. 6 $, 1. Di im Monat Eintritt frei, Sonderausstellungen ausgenommen).

Der Lincoln Park reicht mit seiner südwestlichen Ecke bis zum **Cliff House** 11,

aktiv unterwegs

Mit dem Rad oder zu Fuß im Golden Gate Park

Tour-Infos

Start: Östliches Parkende an der Fell Street
Länge: ca. 6–7 km
Dauer/Eintritt: Je nach Museumsbesuchen bis zu einem ganzen Tag. Den Park kann man, von einzelnen Attraktionen abgesehen, kostenlos besuchen.
Radverleih: Golden Gate Park Bike & Skate **1**, 3038 Fulton St., nur wenige Schritte vom M. H. de Young Museum entfernt, Tel. 415-668-1117, www.goldengateparkbikeandskate.com, Mo–Fr 10–18, Sa, So 10–19 Uhr, Räder ab 5 $/Std.

Durch den 5 km langen und 800 m breiten **Golden Gate Park** 10 ziehen sich zwar Autostraßen, aber man findet viele Spazier- und Radwege, um die grüne Oase zu erkunden. An Wochenenden sind mehrere Straßen wie der zentrale John F. Kennedy Drive für den Autoverkehr gesperrt.

Kommt man von Osten über die Fell Street in den Park, fällt zuerst das 1878 fertiggestellte **Conservatory of Flowers** auf, das älteste Gebäude im Park. In diesem Pavillon aus Holz und Glas sind etwa 15 000 einheimische und exotische Pflanzen ausgestellt (Tel. 415-831-2090, www.conservatoryofflowers.org, Di–So 10–16.30, Erw. 7 $, Senioren ab 65 J. und Kinder 12–17 J. 5 $). Nachdem das **M. H. de Young Memorial Museum** beim Erdbeben 1989 schwer beschädigt worden war, entschloss man sich zu einem 3-stöckigen Neubau mit konischem Aussichtsturm und Skulpturengarten, um die unschätzbaren Kunstsammlungen aus aller Welt angemessen präsentieren zu können (Tel. 415-750-3600, www.famsf.org, Di–So 9.30–17.15, Fr bis 20.45 Uhr, Erw. 10 $, Kinder 13–17 J. 6 $, 1. Di im Monat Eintritt frei).

In der Nachbarschaft residiert die **California Academy of Science** in einem neuen, vom italienischen Stararchitekten Renzo Piano entworfenen Komplex. 38 000 Lebewesen fanden in dem Naturkundemuseum ein Heim, zu dem neben einer vier Stockwerke hohen Kuppel mit einem echten Regenwald auch ein Planetarium, ein 3-D-Kino und ein Aquarium gehören (Tel. 415-379-8000, www.calacademy.org, Mo–Sa 9.30–17, So 11–17 Uhr, Erw. 30 $, Kinder und Senioren 25 $, 3. Mi im Monat Eintritt frei).

Eine beschauliche Atmosphäre genießt man im 1894 mit Pagode, Buddha-Statue, Wasserfällen, Koi-Teichen und Teehaus an-

einem hoch über den Klippen stehenden Restaurantkomplex mit fabelhafter Aussicht auf die Pazifikküste. Sonntags bietet sich im Terrace Room bei Harfenmusik ein Gang ans Champagner-Buffet an (1090 Point Lobos, Tel. 415-386-3330, www.cliffhouse.com, 10–15.30 Uhr).

Dicht vor der Küste waren die **Seal Rocks** jahrelang Heimat einer Seelöwenkolonie, bis die Tiere aus eigenem Antrieb nach Pier 39 umzogen. Vor allem abends lohnt sich der schöne Blick auf die schwarzen Felsen, die mittlerweile von Kormoranen und Pelikanen bewohnt werden.

Twin Peaks und Castro District

Cityplan: S. 366

Die früher auf der Halbinsel von San Francisco lebenden Küstenindianer hielten die **Twin Peaks** 12 für ein streitendes Paar, das vom Großen Manitu durch einen Blitzschlag der besseren Harmonie wegen voneinander getrennt wurde. Mit 278 und 275 m sind die beiden Hügelkuppen fast gleich hoch. Der etwas höhere Gipfel mit Parkplatz und fantastischer Aussicht auf die Stadt bis hinüber an die East Bay ist für die meisten Touristen ein

gelegten **Japanese Tea Garden** (Tel. 415-668-0909, tgl. 8.30–18.30, Erw. 4 $, Kinder 2 $, 1. Mi im Monat Eintritt frei). Nur Schritte entfernt ist der **San Francisco Botanical Garden** mit 7000 Pflanzenarten, darunter am Redwood Trail gewaltige Redwoodbäume (www.sfbotanicalgarden.org, April–Okt. 9–18, sonst 10–17 Uhr, 7 $, 2. Di im Monat Eintritt frei).

Größter See im Park ist der künstliche **Stow Lake.** Im Bootshaus kann man neben Fahrrädern auch Ruder- und Tretboote ausleihen. Über eine Brücke erreicht man die im See liegende Insel Strawberry Hill, von deren höchstem Punkt man die Golden Gate Bridge sehen kann. Der **Spreckels Lake** ist Treffpunkt von Hobbybastlern, die dort ihre Modelle schwimmen lassen. Wer sich für Tiere interessiert, kann auf dem **Buffalo Paddock** eine schon vor über 100 Jahren heimisch gewordene Herde von Bisons beobachten.

Eine holländische **Windmühle** mit dem Queen Wilhelmina Tulpengarten signalisiert das westliche Ende des Parks, das von der Pazifikküste nur durch den Great Hwy getrennt ist. Wer eine Pause nötig hat, kann sich im **Beach Chalet** stärken und dabei die schöne Aussicht auf den Strand genießen (Tel. 415-386-8439, http://beachchalet.com).

Pflichtstopp. Gegen Abend herrscht auf dem Parkplatz häufig Gedränge, sodass manchmal keine Autos mehr zugelassen werden.

Am nordöstlichen Fuß der Twin Peaks macht die aus Downtown kommende Market Street plötzlich einen Bogen, als müsse sie dem **Castro District** 13 ausweichen. Der in dieser Biegung liegende Stadtteil zog hauptsächlich seit den 1960er-Jahren Aufmerksamkeit auf sich. Als sich damals Teile der Bevölkerung kritisch mit den politischen und gesellschaftlichen Verhältnissen auseinanderzusetzen begannen und alternative Lebensformen ausprobierten, wandelte sich das bis dahin irische Arbeiterviertel San Franciscos in die bekannteste Schwulenkolonie, die nach dem 1922 erbauten Castro Theatre benannt wurde, einem der letzten historischen Kinopaläste der Stadt. Im Zuge der Emanzipationsbestrebungen Homosexueller wurde der Castro District für Gays zum Magnetpunkt mit Läden, Bars, Restaurants und Galerien. Heute leben zwar immer noch viele Homosexuelle in dieser Gegend. Aber der Stadtteil hat seinen Ghetto-Charakter dadurch verloren, dass in den letzten Jahren Heteros nach Castro zogen und viele Schwule sich in anderen Gegenden nieder-

ließen. Außerdem zog Castro die Aufmerksamkeit der Medien auf sich und verwandelte sich in eine Touristenattraktion.

Mission District

Cityplan: S. 366

Mission San Francisco de Asis 14

San Franciscos historischer Kern war eine im **Mission District** gelegene Ansiedlung namens Yerba Buena, die sich um die 1776 von spanischen Franziskanern gegründete **Mission San Francisco de Asis** herausbildete. Die originale Kapelle der später in Mission Dolores umbenannten Anlage besteht aus 1,30 m dicken Adobe-Mauern, die als Schutz gegen Niederschläge mit einer Gips-Zement-Mischung überzogen wurden. Wahrscheinlich aufgrund des elastischen Baumaterials hat die historische Stätte sämtliche Erdbeben seit 1776 mehr oder weniger schadlos überstanden. Auffällig ist die Decke mit dekorativen Mustern, wie sie von den alten Costanoan-Indianern bei Korbflechtereien verwendet wurden. Ein kleines Museum zeigt historische Artefakte und Manuskripte. Nebenan wurde 1918 eine Basilika mit üppigem

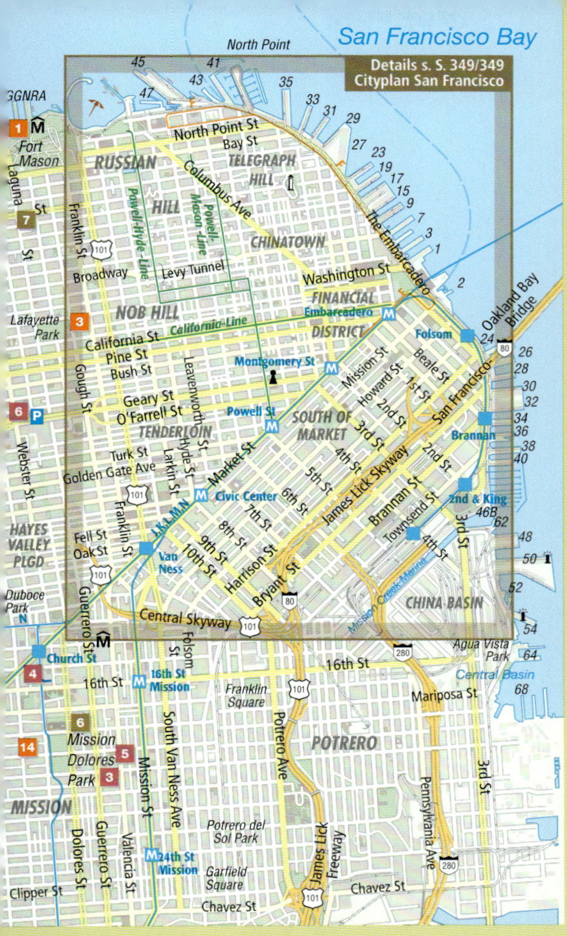

Großraum San Francisco

4 Alamo Square
5 Presidio de San Francisco
6 Golden Gate Bridge
7 Fort Point
8 Baker Beach
9 Palace of the Legion of Honor
10 Golden Gate Park
11 Cliff House
12 Twin Peaks
13 Castro District
14 Mission San Francisco de Asis

Übernachten

1 Stanyan Park Hotel
2 Hill Point B & B
3 Laurel Inn
4 My Rosegarden Guest Rooms
5 La Luna Inn
6 Country Cottage
7 Travelodge by the Bay

Essen & Trinken

1 Thanh Long
2 Beach Chalet Brewery
3 Range
4 Chow
5 Pizzeria Delfina
6 Mifune

Sehenswert

1 Fort Mason
2 Palace of Fine Arts
3 Haas-Lilienthal-House

Aktiv

1 Golden Gate Park Bike

Stuckdekor um Portal und Tür-me erbaut. Auf dem Friedhof neben der Kirche fanden 5000 Indianer, spanische Soldaten, mexikanische Geistliche und amerikanische Pioniere ihre letzte Ruhestätte (3321 16th St., Tel. 415-621-8203, www.missiondolores.org, tgl. 9–16 Uhr, Eintritt nach Ermessen).

Mission und Valencia Street

Nicht nur wegen der Missionsstation ist der Mission District ein lohnendes Besichtigungsziel. Um die Mission und Valencia Street pulsiert das Leben wie in einer mittelamerikanischen Stadt. Erst seit den 1950er-Jahren hatte mit dem Zustrom von Latinos die Lateinamerikanisierung des Stadtteils eingesetzt. Supermärkte kündigen ihre Angebote ebenso selbstverständlich auf Spanisch an wie Restaurants und Bäckereien, Nagelstudios und Reifenhändler. Der Schönheitssalon an der Ecke nennt sich nicht Beauty Saloon, sondern *Salon de Belleza*. Und was

Imbissbuden betrifft, so sind hier weniger die üblichen Filialen amerikanischer Hamburgerketten vertreten als vielmehr Taco- und Burritostände.

Murals in 22nd und 24th Streets

Das kreative Potenzial des Stadtteils kommt am augenfälligsten in den zahlreichen Wandgemälden zum Ausdruck, für die der Mission District bekannt ist. Viele zum Teil riesige *murals* zeigen, dass hiesige Maler nach wie vor in der Tradition des bekannten mexikanischen Künstlers Diego Rivera (1886–1957) stehen, der in den 1930er-Jahren auch in der Bay Area arbeitete. Die vor allem in der 22nd und 24th Street zu sehende Straßenkunst stammt zum Teil von einzelnen Malern, zum Teil auch von Künstlergruppen und beschäftigt sich mit politischen, sozialen, historischen und religiösen Themen (Besichtigungstouren: Precita Eyes Mural Art, 2981 24th St., Tel. 415-285-2287, www.precitaeyes.org, Mo–Fr 10– 17, Sa 10– 16, So 12–16 Uhr).

Übernachten

Viktorianisch ▶ Stanyan Park Hotel 1: 750 Stanyan St., Tel. 415-751-1000, www.stanyanpark.com. Hotel beim Golden Gate Park in einem denkmalgeschützten Gebäude mit 36 Gästezimmern. DZ ab 155 $.

Ruhige Lage ▶ Hill Point B & B 2: 15 Hill Point Ave., Tel. 415-753-0393, keine Website. Am Rand des Golden Gate Park gelegenes hübsches Haus von 1916 mit 17 ruhigen Gästezimmern auf zwei Stockwerken inklusive Mikrowelle, Kühlschrank und Teeküche. DZ ab 140 $.

Perfekter Service ▶ Laurel Inn 3: 444 Presidio Ave., Tel. 415-567-8467, www.jdvhotels.com/laurel_inn. Die 49 Gästezimmer sind modern eingerichtet, einige besitzen eine Küche. DZ ab 140 $.

Hübsche Bleibe ▶ My Rosegarden Guest Rooms 4: 75 20th Ave., Tel. 415-668-3783, www.my-rosegarden.com. Drei Gästezimmer, eines davon mit eigenem Bad. Das im Preis eingeschlossene Frühstück ist köstlich. DZ ab 105 $.

Sauber und modern ▶ La Luna Inn 5: 2599 Lombard St., Tel. 415-346-4664, www.lalunainn.com. 40 Zimmer großes Motel in der Nähe des Palace of Fine Arts mit einfachem Komfort. Flach-TV, Kaffeemaschine und gebührenpflichtiges WLAN sind vorhan-

San Franciscos ›Wild Side‹: der Mission District

den. DZ inklusive Parkplatz und Frühstück ab ca. 95 $.

Einfache Unterkunft ▶ Country Cottage 6: Dolores & 17th St., Tel. 415-899-0060, www.bbsf.com. Preiswertes B & B mit vier heimelig-putzig eingerichteten Gästezimmern in einem ruhigen Wohnviertel, Etagenbäder. DZ 89 $.

Gute Mittelklasse ▶ Travelodge by the Bay 7: 1450 Lombard St., Tel. 415-673-0691, www.travelodge.com. Im Stadtteil Marina gelegenes älteres Motel mit 72 Standardzimmern, von dem Fisherman's Wharf zu Fuß erreichbar ist. DZ ab ca. 75 $.

Essen & Trinken

Seafood-Mekka ▶ Thanh Long 1: 4101 Judah St., Tel. 415-665-1146, Di–Do, Fr, Sa bis 22.30, So 16.30–22 Uhr. Die Gäste reisen sogar von auswärts an, nur um die Dungeness Crabs mit Knoblauchnudeln zu kosten. Ca. 35 $.

Dinieren mit Aussicht ▶ Beach Chalet Brewery 2: 1000 Great Hwy, Golden Gate Park, Tel. 415-386-8439, www.beachchalet.com, tgl. 9–23 Uhr. Mit Blick auf den Pazifik können sich Gäste Gerichte wie in der Pfanne gebratenen Lachs mit Selleriegratin zum hauseigenen Bier schmecken lassen. Dinner 12–28 $.

Ausgezeichnet ▶ Range 3: 842 Valencia St., Tel. 415-282-82 83, www.rangesf.com, So–Do 17.30–22, Fr– Sa bis 23 Uhr. California Cuisine mit nicht alltäglichen Gerichten wie Thunfisch-Confit mit Gurkensalat oder Tomatensuppe mit gebratenen Kürbisblüten. Hauptgerichte 18–23 $.

Einfaches Lokal, gute Küche ▶ Chow 4: 215 Church St., Tel. 415-552-2469, www.chowfoodbar.com, Mo–Fr 11–22, Sa 10–24, So 10–23 Uhr. Im Stadtteil Castro ist dieses Lokal längst eine nicht mehr wegzudenkende Institution. Die Gerichte sind zumeist amerikanisch geprägt. Pasta ab ca. 8 $, Fischgerichte ab 11,50 $.

Exzellente Pizzen ▶ Pizzeria Delfina 5: 3611 18th St., Tel. 415-437-6800, www.pizzeriadelfina.com, Mo 17–22, Di–Fr 11.30–22, Sa, So 12–22 Uhr. Die ausgezeichneten Pizzen kosten zwischen 10 und 16 $, gegrillte Sardinen 7 $.

Populäres Lokal ▶ Mifune 6: 1737 Post St., Tel. 415-922-0337, www.mifune.com, Mo–Do und So 11– 21.30, Fr, Sa 11–22 Uhr. Japanisches Lokal mit einem Interieur in Rot und Schwarz und einer Reputation als Nudelhimmel. Ab 6 $.

Aktiv

Radverleih ▶ Golden Gate Park Bike & Skate 1: s. Aktiv unterwegs S. 364.

Termine

Cherry Blossom Festival (April): Kirschblütenfest in Japantown (http://nccbf.org).

Polynesian Pride Festival (Aug.): Die aus Polynesien stammende Bevölkerung der Stadt feiert im Golden Gate Park ihr Brauchtum.

Dia de los Muertos (1. und 2. Nov.): Mexikanisches Totengedenkfest im Mission District (www.dayofthedeadsf.org).

Verkehr

BART/Busse: Zahlreiche BART- und Buslinien verbinden die Stadtviertel.

San Francisco Bay Area

Die riesige, nur durch das Goldene Tor mit dem Pazifik verbundene San Francisco Bay bezieht ihren Reiz nicht nur von Amerikas attraktivster Metropole San Francisco. Auch das enge Nebeneinander von hippem Großstadtbetrieb, stillen Naturoasen, verträumten Kleinstädten, führenden Hightech-Unternehmen und ländlichen Winzerbetrieben trägt zum Facettenreichtum der Bay Area bei.

Juan Rodriguez Cabrillo, Bartolomé Ferrelo, Sebastian Vizcaino und Sir Francis Drake zählen zu jenen Seefahrern, die im Entdeckerzeitalter die kalifornische Küste entlanggesegelten, ohne ihrem größten Geheimnis auf die Spur zu kommen: der Bucht von San Francisco. Selbst heute noch versteckt sich das Goldene Tor, der schmale Zugang vom Pazifik in die riesige Bay Area, häufig hinter dichten Nebelbänken. Wahrscheinlich ist es dieser Laune der Natur zuzuschreiben, dass erst die Spanier in der zweiten Hälfte des 18. Jh. das tief ins Hinterland eingeschnittene ›Binnengewässer‹ entdeckten.

Heute versteht man unter der Bay Area das Gebiet um die Bucht von San Francisco, die sich von der Stadt Novato im Norden ca. 60 Meilen nach Süden Richtung San José erstreckt. Einst über 2000 km^2 groß, schrumpfte die Wasserfläche in den vergangenen 200 Jahren zwar durch Aufschüttungen hauptsächlich in San Francisco und Oakland um über 600 km^2. Dennoch bildet die Bucht immer noch den größten ›See‹ auf dem Staatsgebiet von Kalifornien, um dessen Ufer mit über sieben Millionen Menschen der nach Los Angeles zweitgrößte Ballungsraum an der Westküste entstand. Wer das gesamte Gewässer umfahren möchte, ist 270 Meilen unterwegs und kommt dabei außer durch Großstädte wie Berkeley, Oakland und San José und das Hightech-Revier Silicon Valley auch am Sonoma und Napa Valley vorbei, den bekanntesten Weinanbaugebieten der USA.

Marin County ► 3, D 8

Karte: S. 373

Am nördlichen Ende der Golden Gate Bridge, wo der **Golden Gate Vista Point** **1** eine fabelhafte Aussicht auf die Stadt bietet, beginnt mit Marin County nur Minuten vom quirligen Stadtzentrum entfernt eine Küstenregion, welche die Großstadtnähe nicht einmal erahnen lässt. Nimmt man nach dem Aussichtspunkt die Ausfahrt *(exit)* Richtung Sausalito und biegt sofort wieder Richtung San Francisco ab, erreicht man eine Bergflanke mit einer schmalen Serpentinenstraße, an der ein halbes Dutzend Aussichtspunkte einen wahrlich atemberaubenden Blick auf die Golden Gate Bridge und die dahinter liegende Stadt erlauben. Nach dem Abschied von dem traumhaften Panorama erreicht man über die Bunker Road weiter westlich den häufig fast menschenleeren **Rodeo Beach,** einen wildromantischen Küstenflecken für Muschelsammler, Strandflaneure und Liebhaber von dramatischen Sonnenuntergängen.

Schöner Wohnen auf dem Wasser: Hausboot-Pagode in Sausalito

Tipp: Mit dem Zeppelin übers Goldene Tor

Besucher der Bay Area haben neuerdings die Gelegenheit, San Francisco, die Golden-Gate-Brücke und die Weinregion um Sonoma und Napa Valley aus einem ungewöhnlichen Blickwinkel zu sehen: von einem schwäbischen Luftschiff aus. Die Firma Zeppelin Luftschifftechnik in Friedrichshafen, wo sich im Jahr 1900 der erste Zeppelin der Welt in die Luft erhob, sorgt in Kooperation mit dem kalifornischen Unternehmen Airship Ventures in Los Gatos für dieses Abenteuer. Der am Bodensee hergestellte, mit Helium gefüllte Zeppelin besitzt eine Länge von 75 m und hat für 12 Passagiere Platz. Derselbe Luftschifftyp absolvierte in Deutschland, Japan und Südafrika seit 2001 über 10 000 Flugstunden, transportierte dabei 65 000 Passagiere und stellte seine Flugtauglichkeit und Sicherheit nachdrücklich unter Beweis. Heimatflughafen der kalifornischen Version ist der **Moffett Field Airstrip** der NASA ca. 40 Meilen südlich von San Francisco, wo sich ein 343 m langer und 93 m breiter Hangar als Zeppelin-Terminal geradezu anbietet (Airship Ventures, P.O. Box 345, Moffett Field, CA 94035-0345, Tel. 650-969-8100, www.airshipventures.com, ab 495 $/Person, es werden auch Flüge über anderen Städten angeboten).

Sausalito 2

Vermutlich verdankt das 7300 Einwohner große Städtchen **Sausalito** seine Anziehungskraft nicht nur seiner schönen Lage an den Bergflanken der nördlichen San Francisco Bay, sondern auch seinem wohlklingenden Namen. Ein spanischer Entdecker nannte den Küstenabschnitt Saucelitos (Weidenhaine). Später entwickelte sich dort ein kleiner Walfanghafen, ehe Jack London unwissentlich den Grundstein für eine sich entwickelnde Künstler- und Bohemienkolonie legte. Der bekannte US-Schriftsteller, der später im Sonoma Valley lebte, soll vor Ort den berühmten, mehrfach verfilmten Roman »Seewolf« verfasst haben.

Zahlreiche Grünanlagen wie der **Viña del Mar Park** mit steinernen Elefanten und einem Brunnen, die von der 1915 in San Francisco veranstalteten Panama-Pacific Exposition stammen, und eine attraktive Hafenpromenade mit Aussicht auf die Bucht und die Skyline von San Francisco statten den Ort mit einem mediterran anmutenden Flair aus. Der rege Ausflugsverkehr aus San Francisco ließ hübsche Boutiquen, Fachgeschäfte, am Hafen einladende Restaurants und Cafés, aber auch eine große Anzahl von Kunstgalerien entstehen. Von Ende Mai bis Ende August ist der **Gabrielson Park** jeden Freitagabend Treffpunkt von Jazz- und Bluesanhängern, die auch kulinarische Spezialitäten zu schätzen wissen.

Macht Sausalito in seinem Zentrum einen durchaus gepflegten Eindruck, so vermittelt die in der Richardson Bay liegende **Hausbootkolonie** von Ausnahmen abgesehen ein anderes Bild. In den 1960er-Jahren, als Otis Redding dort seinen berühmten Song »Sittin' on the dock of the bay« schrieb, verschaffte sie der Gemeinde den Ruf eines Sex- und Drogenzentrums, und noch heute kann sie ihren stark alternativen Charakter nicht verbergen. Viele Hausboote sehen aus, als seien sie bereits im Sinken begriffen. Freizeitarchitekten tobten sich an den schwimmenden Heimen zum Teil mit sehr eigenwilligen Designs aus, und wer einen Spaziergang über die schwankenden Holzstege macht, muss ab und zu den Kopf einziehen, um sich nicht im Kabel- und Leitungsgewirr zu verheddern.

Eine interessante Sehenswürdigkeit ist im **Bay Model Visitor Center** zu sehen. Um für wissenschaftliche Zwecke die Wasserbewegungen in der Bucht von San Francisco simulieren zu können, bauten Ingenieure die gesamte Bay in den 1950er-Jahren detailgetreu in einem verkleinerten Modell nach. Nachdem heutige Simulationen per Computer bewerkstelligt werden können, dient die in einer Halle untergebrachte Miniaturbucht nur noch

San Francisco Bay Area (nördlicher Teil)

Anschauungszwecken. Ein ständig zu hörendes Gurgeln beweist, dass Pumpen permanent mit über 400 000 Liter Wasser für Ebbe und Flut sorgen (2100 Bridgeway, Tel. 415-332-3871, www.spn.usace.army.mil/bmvc, im Winter Di–Sa 9–16 Uhr, im Sommer länger, Eintritt frei).

Infos

Sausalito Visitor Center: 780 Bridgeway, Sausalito, CA 94965, Tel. 415-332-0505, www.sausalito.org.

Übernachten

Traumhafte Lage ▶ **Inn Above Tide:** 30 El Portal, Tel. 415-332-9535, www.innabove tide.com. Das einzige Hotel der gesamten Bucht, das direkt am Wasser liegt. Alle 29 komfortabel und elegant ausgestatteten Zimmer mit Blick auf die San Francisco Bay. DZ ab 300 $.

Preisgünstig ▶ **Hostelling International Marin Headlands:** 937 Rosenstock, Fort Barry Building 941, Tel. 415-331-2777, www.hihostels.com. Gäste kommen 5 Meilen außerhalb der Stadt in zwei von 1907 stammenden historischen Gebäuden unter. Bett ab 24 $.

Essen & Trinken

Auf Seafood spezialisiert ▶ **Scoma's:** 588 Bridgeway, Tel. 415-332-9551, www.scomas sausalito.com, tgl. ab 11.30 Uhr, Nov.–März Di–Mi Ruhetag. In diesem eleganten Lokal an der Wasserkante kommen vorzugsweise Fischgerichte und Meeresfrüchte auf den Tisch. Seafood-Platte 22,50 $, Lazyman's Cioppino (Fischsuppe) 29 $.

Toll gelegen ▶ **Paradise Bay:** 1200 Bridgeway, Tel. 415-331-3226, www.paradisebay sausalito.com, Mo–Fr 11.30–22.30, Sa, So 10.30–22.30 Uhr. Lokal an der Waterfront. Unbedingt probieren: mit Zitronengras marinierte Hühnchenbrust mit Pilzrisotto (16,50 $) oder gegrillten Thunfisch mit Sweet & Sour Sauce (19,50 $).

Guter Tagesbeginn ▶ **Fred's Coffee Shop:** 1917 Bridgeway, Tel. 415-332-4575, keine Website, tgl. 7–15 Uhr. Einheimische treffen sich in dem gemütlichen Café seit über 40 Jahren gerne zum Frühstück. Ab ca. 7 $.

Einkaufen

Indianisches Kunsthandwerk ▶ **Kachina American Indian Gallery:** 771 Bridgeway, Tel. 415-332-0663, Schmuck u. Kunsthandwerk der Navajo-, Hopi-, Zuni- und Pueblo-Indianer des amerikanischen Südwestens.

Regionale Weine ▶ **Bacchus & Venus:** 769 Bridgeway, Tel. 415-3312001, www.bacchus andvenus.com. Ein Spezialitätengeschäft mit auserlesenen Weinen hauptsächlich aus dem Napa und Sonoma Valley. Im Tasting Room kann man die guten Tropfen auch probieren.

Aktiv

Wandern ▶ **Um die San Francisco Bay** gibt es Dutzende von lohnenden **Hiking-Möglichkeiten.** Tourenbeschreibungen findet man unter der Internetadresse www.ba hiker.com.

Verkehr

Fähren: Zwischen Sausalito und San Francisco pendeln mehrere Ausflugsschiffe. Siehe Fahrpläne Abfahrt San Francisco Ferry Building unter http://goldengateferry.org, Abfahrt San Francisco Fisherman's Wharf unter www.blueandgoldfleet.com, Tel. 415-705-8200.

Tiburon und Angel Island

Ähnlich wie Sausalito hat sich das auf einer Halbinsel gelegene **Tiburon** **3** über die Jahre zu einem viel besuchten Jachthafen an der North Bay entwickelt. Vor allem an Sommerwochenenden lassen sich viele Städter von Ausflugsschiffen zum Lunch oder Nachmittagstee in den Ort bringen, in dem man auf Höhe der Main Street auf den Restaurantterrassen direkt am Hafen sitzen kann. Oder man flaniert auf dem Paradise Drive an der Wasserkante entlang und blickt über die Racoon Straits auf **Angel Island,** die größte, nur etwa eine Meile entfernt gelegene Insel in der Bucht.

Viele Besucher setzen an Wochenenden zur Insel über und wandern über die 7,5 km

aktiv unterwegs

Hiking im Muir Woods National Monument

Tour-Infos

Start: Besucherzentrum Muir Woods National Monument (Mill Valley, Tel. 415-388-2596, www.nps.gov/muwo, tgl. 8 Uhr bis Sonnenuntergang. Das Visitor Center schließt um 16.30 Uhr, 5 $, Fahrräder nicht erlaubt).
Länge: 600 m bis 3,2 km
Dauer: 30 Minuten bis 1,5 Stunden

Ein klassisches Ziel für Freizeitspaß unter freiem Himmel ist das 12 Meilen nördlich der Golden Gate Bridge liegende **Muir Woods National Monument** 4. Die in dem Schutzgebiet an den Flanken des knapp 800 m hohen Mount Tamalpais stehenden bis zu 1000-jährigen Redwoods gehören zu den letzten ihrer Art in der Umgebung von San Francisco. Schattentolerante Vegetation wie Schwertfarne und Moose, aber auch Lorbeerbäume, Ahornarten, Douglas-Kiefern und Kalifornische Nusseiben gedeihen prächtig unter dem Dach der Riesenbäume und bieten Vogelarten wie Waldlaubsänger, Goldhähnchen, Drossel und Zaunkönig einen adäquaten Lebensraum.

Vom Besucherzentrum folgt der kürzeste, nur 600 m lange Rundpfad dem Redwood Creek auf der östlichen Seite. Man kommt dabei am Pinchot Tree vorbei, der an Clifford Pinchot erinnert, zu Beginn des 20. Jh. einer der einflussreichsten Waldschützern der USA. Bei **Bridge 2** überquert man den Creek und tritt den Rückweg entlang dem westlichen Ufer an. Im **Bohemiam Grove** bildet ein Baum mit einem gespaltenen Stamm einen beliebten Fotopunkt.

Eine ca. 1,6 km lange Schleife führt an Bridge 2 vorbei bis zum **Cathedral Grove,** wo mehrere Riesenbäume eine imponierende Versammlung bilden. Eine Gedenktafel vor einem umgestürzten Baum erinnert an ein Treffen von UN-Delegierten 1945 an dieser Stelle, im Andenken an den kurz zuvor verstorbenen US-Präsidenten Franklin Delano Roosevelt, der die erste Sitzung der in San Francisco gegründeten Weltorganisation hätte eröffnen sollen. Bei **Bridge 3** überquert man den Bach und kehrt auf seiner Westseite zum Parkeingang zurück. Wer will, kann die Waldwanderung von der Cathedral Grove bis zur **Bridge 4** verlängern und über den **Hillside Trail** zurück zum Visitor Center spazieren. Zwischen Mitte Dezember und Mitte März kann man dabei ein besonderes Schauspiel beobachten: die Rückkehr der Lachse aus dem Pazifik über den Redwood Creek in ihre Laichgebiete.

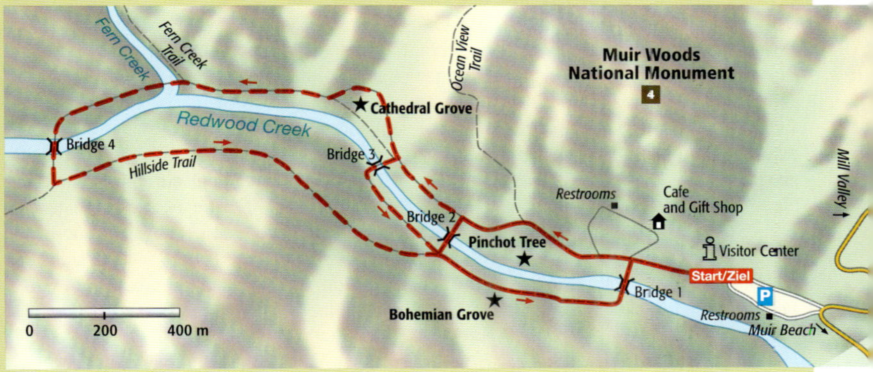

lange, autofreie Ringstraße, die durch zum Teil felsige Landschaft führt und berückende Panoramaaussichten eröffnet. Weit weniger Ausflügler trifft man auf dem gut 3 km langen Sunset Trail, der an den Flanken des 238 m hohen Mount Livermore entlangführt. Die Anstrengung wird auf dem Gipfel mit einer Postkartenansicht von San Francisco belohnt.

Angel Island wurde 1765 vom Spanier Gaspar de Portola entdeckt. Zehn Jahre später erkundete Juan de Ayala von dort die Bucht von San Francisco. 1863 errichteten die Amerikaner auf dem bergigen Eiland mit Camp Reynolds eine Befestigung zum Schutz des Goldenen Tores. Seit dem beginnenden 20. Jh. trägt die Engelsinsel auch den Beinamen Ellis Island des Westens, weil sie von 1910 bis 1940 als Emigrantenschleuse nach Kalifornien diente, über die allein 175 000 Chinesen in die USA einwanderten.

Verkehr

Fähren: Zwischen Tiburon und San Francisco sowie Angel Island und San Francisco verkehren Ausflugsschiffe. Siehe Fahrpläne und Informationen unter www.blueandgoldfleet.com, Abfahrt in San Francisco von Pier 41 oder Ferry Building.

Stinson Beach 5

Wo die westliche Flanke des Mount Tam, wie ihn die Einheimischen nennen, ans Meer reicht, hat sich am Highway No. 1 das 1200 Einwohner große **Stinson Beach** in jüngerer Vergangenheit zu einer der populärsten Gemeinden entwickelt. Der Grund: ungezwungene Urlaubsatmosphäre, ein 5 km langer Sandstrand, und alles in der Kleinstadt ist zu Fuß in höchstens 15 Minuten erreichbar. Eine zweimal am Tag zu hörende Sirene erinnert daran, dass Stinson Beach exakt auf dem San-Andreas-Graben liegt und deshalb nicht nur erdbeben-, sondern auch Tsunamigefährdet ist.

Am versteckten **Red Rocks Beach,** wo heiße Quellen aus dem Boden treten und griffige Klippen ein kleines, aber anspruchsvolles Paradies für Felskletterer bilden, duldet die Gemeindeverwaltung sogar einen Nacktbadestrand (Meile 11 am Hwy 1). Andere Strandabschnitte stehen bei Surfern vom Spätsommer an hoch im Kurs. Während diese Küste in den wärmsten Monaten des Jahres häufig von Nebelbänken eingehüllt, von böigem Wind und kalten Strömungen aus Alaska heimgesucht wird, ändert sich das Klima im September und wird für Strand- und Badeaufenthalte geradezu ideal (http://stinsonbeachonline.com).

Sonoma Valley ►3, D 8

Karte: S. 373

Kaliforniens Weinbauern produzieren Jahr für Jahr über 300 000 Tonnen Trauben, aus denen sie u. a. 65 Mio. Liter Wein keltern. Ein Großteil der berühmtesten regionalen Tropfen stammt aus der bekanntesten amerikanischen Weingegend: den parallel verlaufenden Tälern Sonoma und Napa Valley. Wenngleich beide zu Synonymen für die kalifornische Weinproduktion geworden sind, unterscheidet sich ihr Charakter doch merklich. Das Sonoma Valley mit seinen etwa 40 auf 17 Meilen verteilten Winzerbetrieben wirkt ursprünglicher und bäuerlicher, wogegen sich das 35 Meilen lange Napa Valley mit ca. 250 Weingütern stärker kommerziell orientiert und manchmal etwas versnobt präsentiert.

In die Annalen Amerikas ging das **Sonoma Valley** durch die sogenannte Bärenflaggen-Revolte von 1846 ein. Einer Gruppe amerikanischer Siedler kamen Gerüchte über Landschenkungen der mexikanischen Regierung zu Ohren. Im Sonoma Valley angekommen erfuhren sie, dass Nicht-Mexikanern der Landbesitz verboten war. In ihrem Frust überfielen sie den mexikanischen Verwaltungsposten, verhafteten General Vallejo und riefen die unabhängige Republik Kalifornien aus. Die Flagge mit einem Stern und einem Grizzlybären auf weißem Grund, seit 1911 Kaliforniens Staatsflagge, wehte nur 25 Tage lang über der Plaza. Am 9. Juli 1846 segelte US-Kommodore John Sloat mit seinem Schiff in die Bucht von Monterey und hisste das Sternenbanner zum Zeichen der offiziellen

Tipp: Weingüter im Sonoma Valley

Durchschnittlich 200 Sonnentage im Jahr haben die im **Sonoma Valley** produzierten Weine längst über die Grenzen Amerikas hinaus bekannt gemacht und vor Ort zwölf Appellationen entstehen lassen. Geschmacksintensive Rotweine werden aus Rebsorten wie Zinfandel und Syrah hergestellt. Daneben spielen aber auch Cabernet Sauvignon, Merlot und in geringem Umfang Cabernet Franc eine Rolle.

Zu den bekanntesten Winzeradressen im Sonoma Valley gehören die **Sebastiani Vineyards** in Sonoma. Ihr aus der Toskana eingewanderter Gründer kaufte 1904 das schon um 1825 von Franziskanermönchen bewirtschaftete Gelände, das heute im Besitz der vierten Generation der ursprünglichen Familie ist. Im Laufe der Jahrzehnte größer geworden, gehören zu diesem Winzerbetrieb heute auch Weinberge im nördlichen Sonoma Valley und im Russian River Valley (389 4th St. E., Sonoma, Tel. 707-933-3200, www.sebastiani.com, Touren und Proben tgl. 10–17 Uhr).

Vor nicht einmal 30 Jahren gründete der deutschstämmige Walter Schug mit der **Schug Winery** einen Betrieb, der heute u. a. für seine ausgezeichneten Pinot-Noir-Weine bekannt ist. In jüngster Vergangenheit erhielt das Weingut für seine hervorragende Qualität eine Goldmedaille (602 Bonneau Rd., Sonoma, Tel. 707-939-9363, www.schugwinery.com, Weinproben tgl. 10–17 Uhr).

Im Jahr 1863 nahm die **Valley of the Moon Winery** in Glen Ellen ihren Betrieb auf. Von den alten Gebäuden stehen noch einige, doch wurde die Weinherstellung 1997 modernisiert und auf zeitgemäße Produktionsmethoden umgestellt. Auch die Weinproben finden heute in einem modernen Gebäude statt (777 Madrone Rd., Glen Ellen, Tel. 707-939-4500, www.valleyofthemoonwinery.com, tgl. 10–17 Uhr).

Die **Eric Ross Winery** entstand 1994 durch die Geschäftsidee zweier preisgekrönter Fotografen, die sich auf ein neues Betätigungsfeld vorwagten. Heute ist der Betrieb für seine anspruchsvollen Chardonnay- und Pinot-Noir-Weine über die Grenzen des Sonoma Valley hinaus bekannt (14300 Arnold Dr., Glen Ellen, Tel. 707-939-8525, www.ericross.com, Weinproben Do–Mo 11–17 Uhr).

Annexion Kaliforniens durch die USA. Auf der Plaza erinnert ein heroisch gestaltetes Monument an die Siedlerrevolte.

Sonoma 6

Kleinstädtisches Zentrum des ländlichen Sonoma Valley ist das 9000 Einwohner große **Sonoma,** das sich um die Plaza in seinem Kern historisch präsentiert. Auf einer Grünfläche steht die von schlanken Palmen und Eukalyptusbäumen umgebene, 1906 erbaute City Hall mit einer repräsentativen Fassade aus Basaltblöcken. Um den Platz, auf dem zu Zeiten der mexikanischen Herrschaft in der ersten Hälfte des 19. Jh. Soldaten zum Drill antraten, reihen sich zweigeschossige, ziegelgedeckte Häuser mit hölzernen Balkonen und Adobe-Fassaden, Geschäfte und Einkaufspassagen aneinander.

Architektonische Hauptzeugin der wechselhaften Vergangenheit von Sonoma ist die als letzte und nördlichste der insgesamt 21 kalifornischen Missionsstationen 1823 errichtete **Mission San Francisco Solano de Sonoma.** Damals stand das Sonoma Valley unter mexikanischer Verwaltung durch General Mariano G. Vallejo, der elf Jahre später im Auftrag seiner Regierung mit der Säkularisierung der Missionsstationen begann. Von der ursprünglichen Anlage sind nur noch die im Adobestil errichteten Wohn- und Arbeitstrakte der Patres mit einem kleinen Museum erhalten. Im Innenhof stehen Oliven-, Quitten- und Granatapfelbäume und Kakteen um einen Brunnen, und ein Lehmofen zeigt, wie die Pioniere ihr Brot herstellten. Die ursprüngliche Kirche wurde 1840 durch die heutige Kapelle mit buntem Altar ersetzt (20 E. Spain St.,

Versteckt zwischen Bäumen und Rebstöcken: Weingut im Napa Valley

Tel. 707-938-1519, www.missiontour.org/sonoma, tgl. 10–17 Uhr, 2 $, Ticket auch gültig für Sonoma Barracks und Lachryma Montis).

In der Nachbarschaft mauerten Indianer zwischen 1836 und 1840 mit den **Sonoma Barracks** ein zweigeschossiges Anwesen hoch, in dem Vallejo sein militärisches Hauptquartier aufschlug. Privat residierte der General in **Lachryma Montis** am nördlichen Ortsrand. Am Fuße eines Hügels versinkt das pittoreske viktorianische Anwesen in einem Garten mit Magnolienbäumen, rankendem Wein und Rosensträuchern. Im Innern machen originale Möbel und gemütliche Atmosphäre glauben, das Häuschen sei immer noch bewohnt. Der spanische Name der Residenz, Tränen des Berges, bezieht sich auf eine aus der Hügelflanke sprudelnde Quelle, die den Garten wie eh und je mit Wasser versorgt. In einem Nebengebäude ist ein kleines Museum eingerichtet (W. Spain St., Tel. 707-938-9559, www.parks.ca.gov, tgl. 10–17 Uhr, 2 $).

Infos

Sonoma Valley Visitors Bureau: 453 1st St., Sonoma, CA 95476, Tel. 707-996-1090, www sonomavalley.com.

Übernachten

Sehr komfortabel ▶ Cottage Inn: 302 1st St. E., Tel. 707-996-0719, www.cottageinnandspa.com. Edles, im Zentrum gelegenes B & B im mediterranen Stil mit kunstsinnig eingerichteten Suiten inklusive Spa-Service und Weinbar. Suiten ab ca. 180 $.

Mit persönlicher Note ▶ Vineyard Inn: 23000 Arnold Dr., Tel. 707-938-2350, www.vineyardinnsonoma.com. Südwestlich des Zentrums gelegen, zeichnet sich die Unterkunft durch eine entspannte Atmosphäre aus. Die Zimmer bzw. Suiten sind unterschiedlich groß u. individuell eingerichtet. DZ ab 160 $.

Essen & Trinken

Traditionelle Küche ▶ La Casa: 121 E. Spain St., Tel. 707-996-3406, www.lacasarestaurant.com, tgl. Lunch und Dinner. Fajitas, Burritos, Enchiladas und andere mexikanische Spezialitäten. Man kann auch auf der Terrasse in der Einkaufspassage El Paseo speisen. 9–17 $.

Im Käsehimmel ▶ Sonoma Cheese Factory: 2 Spain St., Tel. 707-996-1931, www.sonomacheesefactory.com, Mo–Sa 9–21, So 10–18 Uhr. Gut sortiertes Delikatessengeschäft mit Patio, in dem auf offenem Grill Gebratenes serviert wird. Der lokale, fast flüssige Sonomakäse ist das Probieren wert. Ab ca. 6 $.

Nettes Lokal ▶ Sunflower Café: 421 1st St. W., Tel. 707-996-6645, tgl. Lunch und Dinner. Beliebtes Café an der Plaza mit hübschem Hinterhof, in dem man im Schatten von Bäumen die schmackhaften Sandwiches und kleinere Gerichte verzehren oder ein Glas Sonoma-Wein probieren kann. Ab ca. 6 $.

Einkaufen

Reizende Boutiquen ▶ Sonoma Court Shops, The Mercato und El Paseo: direkt an der Plaza gelegene, hübsch angelegte Einkaufsarkaden mit Brunnen und Bänken zum Ausruhen.

Gute Tropfen ▶ Wine Exchange of Sonoma: 452 1st St. E., Tel. 707-938-1794, www.wineexsonoma.com, tgl. 10–18 Uhr. Geschäft mit großer Auswahl an Sonoma-Weinen. Man kann sich mit einer Flasche, einem Baguette und Käse aus den benachbarten Geschäften ausrüsten und im gegenüberliegenden Park picknicken.

Aktiv

Weintouren ▶ California Wine Tours & Transportation: 22674 Broadway, Tel. 707-939-7225, www.californiawinetours.com. Touren per Kleinbus oder Limousine.

Autorennen ▶ Infineon Raceway: 29355 Arnold Dr., Tel. 707-938-8448, www.infineonraceway.com. Auf dem Rennkurs finden das Jahr über mehrere Auto- und Motorradrennen statt.

Glen Ellen und Jack London Historic State Park

Nördlich von Sonoma liegt am Highway 12, der zentralen Straßenverbindung durch das Tal, das Dorf **Glen Ellen** 7. Dort ließ sich 1909 Jack London nieder und betätigte sich neben seiner Schriftstellerei als Farmer und Viehzüchter. Er lebte dort mit seiner zweiten Frau Charmian bis zu seinem Tod 1916. Jahrelang ließ der damals höchstbezahlte Autor der USA, Verfasser von 51 Büchern und 193 Kurzgeschichten, an seinem Wolf House bauen. Kurz vor der Fertigstellung brannte die aus schwarzen Lavablöcken und Redwoodholz errichtete Villa 1913 ab, vermutlich weil sich ein Haufen ölgetränkter Lumpen selbst entzündet hatte.

Nach dem Tod ihres Mannes ließ Charmian mit dem House of Happy Walls eine verkleinerte Version des Wolfshauses errichten, in dem sich ein Museum mit vielen Jack-London-Memorabilien befindet. In einem nahegelegenen Eichenhain fand der große Abenteurer nach einem gegen Ende durch Depressionen und Alkoholsucht geprägten Leben seine letzte Ruhestätte (Jack London Historic State Park, 2400 London Ranch Rd., Tel. 707-938-5216, www.parks.sonoma.net/JLPark.html, tgl. 9.30–17 Uhr, 8 $).

Napa Valley ► 3, D 8

Karte: S. 373

Eine halbe Autostunde weiter östlich verläuft das **Napa Valley**, fast wie eine vergrößerte Kopie des Sonoma Valley, ebenfalls grob in Nord-Süd-Richtung. Ende der 1850er-Jahre wurde vor Ort erstmals Saft aus Trauben gekeltert und vergoren. Damals ließ sich in St. Helena der preußische Einwanderer Charles Krug nieder, der 1861 mit der kommerziellen Weinproduktion zu experimentieren begann und sieben Jahre später einen Winzerbetrieb gründete. Auch Friedrich Beringer hatte Mitte des 19. Jh. seine deutsche Heimat Richtung Amerika verlassen und bis 1876 im Napa Valley ein Weingut aufgebaut. Der Wein-Boom dauerte zunächst nur bis zur Prohibition 1920 bis 1933, die den neuen Wirtschaftszweig beinahe ruinierte. Erst nach dem Zweiten Weltkrieg konnte die Weinproduktion an der nördlichen San Francisco Bay auf Dauer Fuß fassen. Heute hat das fruchtbare Traubental dank des dort gekelterten Pinot Noir, Cabernet Sauvignon, Chenin Blanc und Chardonnay einen weit über die Grenzen der USA hinausreichenden Ruf. Über 250 Winzerbetriebe kultivieren 13 000 ha Rebland, von dem sich der größte Teil nördlich von Napa ausdehnt.

Napa 8

Mit 73 000 Einwohnern ist **Napa** die Weinhauptstadt des Tals. Mitte des 19. Jh. gegründet, haben zwar zahlreiche viktorianische Häuser den Zeitenwechsel überstanden. Aber das Städtchen bezieht seine Anziehungskraft nicht aus Attraktionen und Sehenswürdigkeiten, sondern vielmehr aus seiner Reputation als weltbekannte Weinhochburg.

Infos

Napa Valley Visitor Center: 1310 Napa Town Center, Napa, CA 94559, Tel. 707-226-7459, http://napavalley.org. Man bekommt hier Coupons für Weinproben und kann kostenlos das Internet nutzen.

Übernachten

Unterkunft der Mittelklasse ► **Wine Valley Lodge:** 200 S. Coombs St., Tel. 707-224-7911, www.winevalleylodge.com. 54 große Gästezimmer mit Mikrowelle und kostenlosem Highspeed-Internetzugang. Zur Lodge gehört auch ein großer Außenpool. DZ 95–130 $.

Ordentliche Bleibe ► **Chablis Inn:** 3360 Solano Ave., Tel. 707-257-1944, www.chablisinn.com. Makellose Zimmer mit Satelliten-TV, Kaffeemaschine und Kühlschrank, zum Teil mit kleinen Küchen ausgestattet. DZ im Sommer ab 105 $, im Winter ab 85 $.

Essen & Trinken

Südeuropäisch inspiriert ► **ZuZu:** 829 Main St, Tel. 707-224-8555, www.zuzunapa.

Tipp: Weinstraßen im Napa Valley

Zwischen den Städten Napa im Süden und Calistoga im Norden führen zwei zentrale Autorouten durch die Weinberge im Napa Valley. Am **Highway 29** reiht sich ein Weingut an das nächste. Darunter sind zahlreiche, die dem Valley zu seinem Kultstatus verholfen haben wie **Robert Mondavi** in Oakville. Das ist umso erstaunlicher, als Mondavi erst 1966 gegründet wurde. Die Architektur des Hauptgebäudes erinnert mit einem gedrungenen Turm und einem weiten Bogenportal an die Bauweise der kalifornischen Missionsstationen (7801 Hwy 29, Oakville, Tel. 707-968-2001, www.robertmondaviwinery.com, Führungen und Weinproben tgl. 10–17 Uhr).

Längst mischen europäische Kellereien wie Rothschild, Chandon und Taittinger im großen Geschäft mit. Aber auch amerikanische Promis sind im Zuge von populären TV-Soap Operas wie der in den 1980er-Jahren auch im deutschen Fernsehen ausgestrahlten Serie »Falcon Crest« auf den Geschmack gekommen und haben sich eigene Weinberge zugelegt. Unter ihnen befindet sich Hollywood-Regisseur Francis Ford Coppola, der Besitzer des **Rubicon Estate** in Rutherford ist, wo »Falcon Crest« gedreht wurde. Seit 1975 verleiht Coppola der Weinproduktion neue Dynamik und machte diesen Teil des Napa Valley zu einem der besten US-Anbaugebiete der Rebsorte Cabernet Sauvignon (1991 St. Helena Hwy, Rutherford, Tel. 707-968-1161, www.rubiconestate.com, Weinproben tgl. 10–17 Uhr).

Klein, aber fein ist die Devise der **Peju Province Winery,** deren fast mittelalterlich wirkende Gebäude in einem hübschen Garten liegen, in dem moderne Skulpturen kontrastreiche Akzente zu Rosenhecken, verspielten Brunnen und hölzernen Weinfässern setzen. Das Gut spezialisiert sich auf Weine, die aus Chardonnay-, Syrah-, Merlot- und Cabernet-Sauvignon-Rebsorten gekeltert werden (8466 Hwy 29, Rutherford, Tel. 707-963-3600, www.peju.com, Weinproben tgl. 10–18 Uhr).

Zu den ältesten Weingütern im Valley zählen die von zwei Brüdern aus Mainz 1875 gegründeten **Beringer Vineyards.** Eine auf dem Gelände stehende viktorianische Villa beweist, dass das Winzergeschäft schon in den Pionierzeiten ein einträglicher Broterwerb war. Die Beringers ließen von chinesischen Arbeitern unterirdische Stollen in eine Bergflanke treiben, in denen schon damals Weinfässer wegen der ausgeglichenen Temperatur gelagert wurden (610 Airpark Blvd., St. Helena, Tel. 1-866-708-9463, www.beringer.com, Besichtigung und Weinproben tgl. 10–17 Uhr).

Parallel zum Highway 29 windet sich einige Meilen weiter östlich der **Silverado Trail** durch die Reblandschaft, in der sich zum Teil protzige Weingüter mit extra breiten Auffahrten verteilen, denen man die Lust auf Imagepflege schon von weitem ansieht. Aber es gibt auch bescheidenere Betriebe.

Ein antikisierender Säulenwald zieht die Blicke auf die **Darioush Winery,** die in einem schicken *tasting room* zum Probieren einlädt. Besitzer des Guts ist mit Darioush Khaledi ein aus dem Iran stammender Winzer, der die Weinherstellung in seiner Heimat kennenlernte, bevor die islamische Revolution diesen Geschäftszweig brachlegte (4240 Silverado Trail, Napa, Tel. 707-257-2345, www.darioush.com, Führungen nur nach Vereinbarung, Weinproben tgl. 10.30–17 Uhr).

Der Unterschied zwischen der eher hippe Kundschaft anziehenden Darioush Winery und den 1893 gegründeten **Stag's Leap Wine Cellars** könnte größer kaum sein. Bei Stag's lassen sich Gäste die guten Tropfen in traditioneller Weinkelleratmosphäre zwischen riesigen Weintanks auf der Zunge zergehen. In dem nach vergorenem Rebensaft duftenden Gebäude fühlt man sich nicht wie in einer gestylten Designerbar, sondern wie auf einem arbeitenden Weingut, das seit über 100 Jahren auf vulkanischem Boden Cabernet- und Syrah-Edelreben kultiviert (6150 Silverado Trail, Napa, Tel. 707-944-1303, http://stagsleap.com, Mo–Fr 7–18 Uhr).

Der Stadtteil Fruitvale Village in Oakland ist ein städtebauliches Vorzeigeprojekt

com, Mo–Do 11.30– 22, Fr bis 24, Sa 16–24, So 16–21 Uhr. Das Lokal hat sich auf eine amerikanisierte Art spanischer Tapas und kleine mediterrane Gerichte spezialisiert. Ab 30 $.

Einkaufen

Einkaufszentrum in der Innenstadt ▶ Napa Town Center: freundlich angelegter Einkaufs- und Restaurantkomplex mitten in der Stadt.

Für Weinfreunde ▶ Wineries of Napa Valley: 1285 Napa Town Center, 11–18 Uhr. In der Nachbarschaft des Visitor Center kann man regionale Weine probieren und ebenfalls kaufen.

Preisgünstig einkaufen ▶ Napa Premium Outlets: 629 Factory Stores Dr., www.premiumoutlets.com, Mo–Do 10–20, Fr, Sa 10–21, So 10–18 Uhr. Fabrikverkaufszentrum mit einem vielfältigen Angebot an Markenprodukten.

Aktiv

Wine-&-Diner-Touren ▶ Napa Valley Wine Train: 1275 McKinstry St., Tel. 1-800-427-4124, www.winetrain.com. Auf der Strecke zwischen Napa und St. Helena dreieinhalbstündige Mittags- und Abendtouren. Viel zu sehen bekommt man von der Gegend nicht, weil der rumpelnde Zug die meiste Zeit im Schneckentempo am Highway 29 entlangschleicht. Wer beim Essen lieber festen Boden unter den Füßen hat, sollte sein Geld besser in ein Menü in einem Restaurant investieren. Tour 2 Pers. ab ca. 200 $, Wein muss extra bezahlt werden.

Yountville 9

Optisch weniger einladend als St. Helena oder Calistoga, ist **Yountville** für Weinliebhaber doch eine empfehlenswerte Adresse, weil die Gemeinde mitten im Herzen des Reblandes liegt und sich vor Ort einige bekannte Weingüter befinden.

Übernachten

Reizende Unterkunft ▶ Maison Fleurie: 6529 Yount St., Tel. 707-944-2056, www.maisonfleurienapa.com. Die 13 Gästezimmer des reizenden B & B liegen im provenzalischen Haupthaus hinter Efeufassaden und in zwei Nebengebäuden in einem wunderschönen Garten. In jedem Zimmer wartet ein Teddy auf neue Gäste. 140–300 $.

Einmal anders übernachten ▶ Napa Valley Railway Inn: 6523 Washington St., Tel. 707-944-2000, www.napavalleyrailwayinn.com. Gäste übernachten in umgebauten Bahnwaggons, die an Komfort u. Wohnlichkeit nichts vermissen lassen. DZ 125–210 $.

Essen & Trinken

Gourmethimmel ▶ The French Laundry: 6640 Washington St., Tel. 707-944-2380, www.frenchlaundry.com, Lunch Fr–So 11–13, Dinner tgl. 17.30–21.30 Uhr, Dresscode, Reservierung obligatorisch. Das im Jahr 1900 aus Stein erbaute Cottage war früher einmal ein Bordell, dann eine Wäscherei, heute ein 3-Sterne-Nobelrestaurant im Kochimperium von Thomas Keller, der zu den besten Küchenchefs der USA zählt. Menü ca. 260 $.

Aktiv

Radtouren ▶ Napa Valley Bike Tours: 6795 Washington St., Tel. 707-251-8687, www.napavalleybiketours.com. Organisierte Ride-Wine-&-Dine-Touren und Fahrradverleih.

St. Helena

Natürlich steht auch das ruhige Städtchen **St. Helena** 10 ganz im Zeichen von Reben und

Wein. Das **Silverado Museum** jedoch beschäftigt sich mit dem Schriftsteller Robert Louis Stevenson. Der Verfasser von Welterfolgen wie »Die Schatzinsel« und »Dr. Jekyll und Mr. Hyde« verbrachte 1880 seine Flitterwochen an den Flanken des erloschenen Vulkans Mount St. Helena (s. S. 384). Das Museum widmet sich Leben und Werk von Stevenson (Library Lane, Tel. 707-963-3757, www.silveradomuseum.org, Di–Sa 12–16 Uhr, Eintritt frei).

Calistoga 11

Aus gutem Grund trägt das Landstädtchen **Calistoga** am nördlichen Ende des Napa Valley seit über 150 Jahren den Spitznamen Mud City. Nachdem schon die Indianer die heißen Quellen der Gegend genutzt hatten, ließ der Zeitungsverleger Sam Brannan 1860 mit dem **Indian Springs Hotel** einen Kurbetrieb bauen, der heute noch existiert und den ältesten Swimmingpool von Kalifornien besitzt. Auch wer nicht im Hotel logiert, kann sich im jahreszeitlich angepassten Wasser vergnügen – bei 38 °C im Winter und 32 °C im Sommer. Viele Besucher nutzen neben den Mineralbädern unterschiedliche Massagen und Schlammkuren, die von Hotels, Resorts und Spas (s. u.) angeboten werden.

Die dem vulkanischen Mount St. Helena innewohnende Energie kommt nicht nur den Kurbetrieben zustatten, sondern versorgt auch den am nördlichen Ortsrand liegenden **Old-Faithful-Geysir,** der alle 20 bis 30 Minuten eine Wasserfontäne bis zu 20 m hoch in den Himmel steigen lässt. Ein echtes Naturwunder ist der ›alte Getreue‹ indessen nicht wirklich. In den 1920er-Jahren begann eine Erdölfirma, im nördlichen Napa Valley nach Öl zu bohren. Dabei zapfte sie ein unterirdisches Reservoir an, aus dem seither heißes Wasser durch das ehemalige Bohrloch an die Erdoberfläche gedrückt wird. Auf dem Terrain steht bei Kindern ein kleiner Streichelzoo hoch im Kurs, in dem Ziegen, Schafe und putzige Lamas gehalten werden (1299 Tubbs Lane, Tel. 707-942-6463, www.oldfaithful geyser.com, im Sommer 9–18, im Winter bis 17 Uhr, Erw. 10 $, Kinder 6–12 J. 3 $).

Aktiv

Wellness ▶ **Dr. Wilkinson's Hot Spring Resort:** 1507 Lincoln Ave., Tel. 707-942-4102, www.drwilkinson.com. Schlammbad mit Gesichtsmaske, Mineralwasserwhirlpool, Dampfbad und 30-minütige Massage im Paket 129 $. **Roman Spa Hot Springs Resort:** 1300 Washington St., Tel. 1-800-914-8957, www.romanspahotsprings.com. Schlammbad, Mineralbad und 85-minütige Aromatherapiemassage im Paket 130 $. **Calistoga Spa Hot Springs:** 1006 Washington St., Tel. 866-822-5772, 707-942-6269, http://calistogaspa. com. Schlammbäder 60 $, Mineralwasserbäder 40 $, 30-minütige Massage 52 $, Dampfbad ohne Service zusätzlich 5 $.

Mount St. Helena und Robert Louis Stevenson State Park 12

Vom ehemaligen Honey-Moon-Quartier des Schriftstellers Louis Stevenson am **Mount St. Helena** ist zwar nichts mehr erhalten geblieben. Aber der ehemalige Standort des Gebäudes einer Silbermine ist im **Robert Louis Stevenson State Park** mit einem Gedenkstein markiert. Ein 8 km langer Wanderweg führt auf den Gipfel des Feuerbergs, von wo man an klaren Tagen den Panoramablick bis zum Mount Shasta genießen kann (Hwy 29, Tel. 707-942-4575, www.parks.ca.gov, tgl. Sonnenauf- bis Sonnenuntergang, Eintritt frei).

Berkeley ▶ 3, D 8

Karte: S. 373

Spürbarer als andere Universitätsstädte hat sich **Berkeley** 13 das Image der Nonkonformität erhalten. Auf dem knapp 500 ha großen **Universitätsgelände** mitten in der Stadt verteilen sich über 320 zum Teil repräsentative Gebäude – der mit einem Aussichtsdeck ausgestattete 95 m hohe Campanile von 1914, die im Tudor-Stil aus roten Ziegeln erbaute South Hall als einziges originales Gebäude aus dem Gründungsjahr der Hochschule 1873 und das patinagrüne Sather Gate, in dessen Umgebung Dritte-Welt-Gruppen, Ökobewegungen und Tibet-Sympathisanten ihre Informationsstände betreiben. Derartige Einrichtungen waren in den 1960er-Jahren noch zahlreicher, als von Berkeley Studentenunruhen ausgingen.

Das Aufbegehren entzündete sich 1964, als die Verwaltung der Universität mit einem Verbot politischer Aktivitäten auf dem Campus die damals noch junge schwarze Bürgerrechtsbewegung unterlaufen wollte. Die Studenten antworteten mit dem sogenannten Free Speech Movement, nach dem heute noch ein Café in der Moffitt Undergraduate Library benannt ist.

Die Demonstranten erzwangen damals zwar Zugeständnisse der Hochschulverwaltung, doch gab es auch die größten Massenverhaftungen in der kalifornischen Geschichte. Auf dem sehenswerten, mit Grünflächen, Bäumen und Plätzen gestalteten Campus werden das ganze Jahr über eineinhalbstündige kostenlose Besichtigungstouren angeboten (Visitor Information Center, 101 University Hall, 2200 University Ave., Tel. 510-642-5215, http://visitors.berkeley.edu/tour/general.shtml, Mo–Sa 10, So 13 Uhr).

Museen

Unter den universitären Museen widmet sich die **Lawrence Hall of Science** mit vielen interaktiven Einrichtungen naturwissenschaftlichen Themen bzw. im Planetarium spannenden Weltraumshows (Centennial Dr., Tel. 510-642-5132, www.lawrencehallofscience.org, tgl. 10–17 Uhr, Erw. 12 $, Kinder unter 19 J. 9 $).

Außer einem Skulpturengarten und einem Filmarchiv bietet das **Berkeley Art Museum** seinen Besuchern amerikanische und europäische Kunst, darunter eine spezielle Ausstellung über den deutschstämmigen Maler Hans Hoffmann (1880–1966), der in den 1930er-Jahren in Berkeley unterrichtete (2626 Bancroft Way, Tel. 510-642-0808, www.bampfa.berkeley.edu, Mi–So 11–17 Uhr, Erw. 10 $, Kinder 3–17 J. 7 $, 1. Do im Monat frei).

Oakland ► 3, D 8/9

Karte: S. 373

Der Unterschied zwischen Berkeley und seiner Nachbarstadt **Oakland** 14 ist deutlich spürbar. Mit 400 000 Einwohnern ist die Industriemetropole fast viermal so groß wie die Universitätsstadt. Oakland ist seit Jahrzehnten das wichtigste Transportzentrum der East Bay und ein bedeutender Schiffsbaustandort. Als während des Zweiten Weltkriegs die lokalen Industrien und Werften auf Hochtouren produzierten, begann sich die Bevölkerungsstruktur der Stadt durch die Zuwanderung von Zehntausenden Afro-Amerikanern aus dem Alten Süden nachhaltig zu verändern, sodass heute ca. 36 % der städtischen Bevölkerung Schwarze sind.

Berühmtester Sohn der Stadt ist Jack London. Der Schriftsteller kam zwar in San Francisco zur Welt, verbrachte aber seine Jugend in Oakland, wo er schon als 13-Jähriger in einer Konservenfabrik malochen musste. Als profitabler erwiesen sich seine nächtlichen Raubzüge in die Austernbänke der Bucht.

Jack London Square

Nach dem berühmten Autor benannte die Stadt den **Jack London Square** mit Jachthafen, modernen Geschäften und Restaurants. Zwischen den Neubauten steht ein Nachbau der Blockhütte, die Jack London während seiner Goldgräberzeit 1897 im Yukon Territory in Nordkanada bewohnte. Der nur Schritte entfernte, 1883 aus den Planken eines ehemaligen Walfängerschiffes gezimmerte **First and Last Chance Saloon** gehörte zu den vom Schriftsteller häufig frequentierten Lokalen. Der Wirt John Heinold war vom Talent seines Stammgastes so überzeugt, dass er ihm das erste Studienjahr in Berkeley finanzierte. Noch heute stillen in der urigsten Kneipe der Stadt Jack-London-Anhänger ihren Durst. Die heutige Besitzerin hat das Lokal kaum verändert und neben der Bar aus Mahagoniholz der Nachwelt auch einen dickbäuchigen Ofen, uralte Trinkgefäße, verblichene Fotografien und viele andere Memorabilien aus der guten alten Zeit erhalten.

Viktorianische Lebensart: das Winchester Mystery House in San José

San José ► 1, E 9

Winchester Mystery House

Vielen Kalifornienreisenden ist die mit ihren 930 000 Einwohnern drittgrößte Stadt des Landes nur wegen einer einzigen Sehenswürdigkeit bekannt. Ein Steinwurf vom Highway 101 entfernt liegt hinter hohen Hecken und Bäumen das **Winchester Mystery House** versteckt, das trotz zahlreicher Giebel und Türmchen von außen keinen außergewöhnlichen Eindruck macht. Sarah Winchester, die Witwe des berühmten Flintenbauers, ließ die aus 160 Räumen bestehende Riesenvilla mit Durchgängen, über 40 Treppen, unechten Kaminen und blinden Fenstern zwischen 1884 und 1922 im viktorianischen Stil erbauen. Ein Wahrsager soll ihr prophezeit haben, sie bleibe so lange am Leben, wie an ihrem Haus gezimmert und gemauert würde. Besucher können das Domizil auf unterschiedlichen Touren besichtigen (525 S. Winchester Blvd., Tel. 408-247-2101, www.winchestermysteryhouse.com, Führungen April–Okt. tgl. 9–19, sonst bis 17 Uhr, je nach Tour Erw. 25–33 $, Kinder 6–12 J. 24–30 $).

Santana Row

Dass San José mehr als das Winchester Mystery House zu bieten hat, wird schon in der unmittelbaren Nachbarschaft deutlich. Mit **Santana Row** entstand vor einigen Jahren ein völlig neuer Stadtteil, der einem europäischen Einkaufs- und Restaurantviertel ähnlicher sieht als einem amerikanischen. Zwischen Winchester Boulevard, Stevenson Creek Boulevard, Santana Row und Olsen Drive konzentrieren sich ein luxuriöses Ho-

tel, 70 Geschäfte, 20 Restaurants und fünf Spas um den zentralen Valencia Park, in dem die lokale Geschäftswelt kostenlose Veranstaltungen wie Jazzkonzerte und Modeschauen organisiert. Abends herrscht zwischen Schaufenstern und Straßenlokalen eine gelassen-elegante Atmosphäre, die im Sinne der Stadtplaner an französische Großstädte erinnert (www.santanarow.com).

Downtown

Seit amüsierbereite Städter abends nach Santana Row ziehen, hat das Stadtzentrum von San José gelitten. Ein Blickfang ist nach wie vor die 1877 eingeweihte **Cathedral Basilica of St. Joseph,** deren vier Vorgängerkirchen Erdbeben oder Großbränden zum Opfer fielen (80 S. Market St., www.stjosephcathedral.org). Neben der Kirche wurde dem ehemaligen neoromanischen **Post Office** von 1892 ein moderner Gebäudetrakt hinzugefügt, in dem das **San José Museum of Art** Malereien, Skulpturen, Zeichnungen, Drucke und neue Medieninstallationen ausstellt (110 S. Market St., Tel. 408-271-6840, www.sjmusart.org, Di–So 11–17 Uhr, 8 $).

Ebenfalls an der Plaza de Cesar Chavez, wo die Stadt 1777 von Spaniern gegründet worden war, ist das **Tech Museum of Innovation** nicht nur wegen seiner interaktiven Einrichtungen einen Besuch wert, die sich mit Wissensgebieten wie Medizintechnik, Raumfahrt, Computer und Tiefseeerforschung beschäftigen. Das Gebäude selbst bietet im Innern interessante Perspektiven und Blickwinkel etwa in eine konische Dachkonstruktion. Besucher können ihre Augen auf Farbenblindheit überprüfen, sich von einer Thermokamera fotografieren lassen und ihre Astronautentauglichkeit testen. Ein Renner bei Kindern ist ein baufälliges Haus, in dem man auf schwankendem Boden ein Erdbeben erlebt (201 S. Market St., Tel. 408-294-8324, www.thetech.org, tgl. 9–17 Uhr, Museum 10 $, IMAX-Kino 5 $).

Egyptian Museum

Außerhalb von Downtown betreibt die Bruderschaft der Rosenkreuzer im Rosicrucian Park das **Egyptian Museum,** das architektonisch durch einen antiken Tempel in Karnak beeinflusst worden sein soll. Die altägyptischen, assyrischen und babylonischen Kunstsammlungen gehören zu den besten, die im Westen der USA zu sehen sind (1664 Park Ave., Tel. 408-947-3636, www.egyptianmuseum.org, Mo–Mi 10–17, Do–So 10–20 Uhr, Erw. 9 $, Kinder 5–10 J. 5 $, angeschlossenes Planetarium Eintritt frei).

Infos

Convention & Visitors Bureau: 408 Almaden Blvd., San José, CA 95110, Tel. 408-295-9600, www.sanjose.org.

Übernachten

Eine Reihe von Motels liegt in der Nähe des Flughafens. In Downtown befinden sich große Businesshotels mit entsprechenden Preisen.

Unterkunft der Spitzenklasse ▶ Hotel Valencia Santana Row: 355 Santana Row, Tel. 408-551-0010, www.hotelvalencia-santana row.com. Das luxuriöse Haus liegt inmitten des Einkaufs- und Restaurantviertels Santana Row und bietet allen erdenklichen Komfort inklusive Spa, Pool und Fitnessraum. Nur Nichtraucher, DZ ab 359 $.

Gute Empfehlung ▶ Moorpark Hotel: 4241 Moorpark Ave., Tel. 408-864-0300, www.jdv hotels.com/moorpark. Schickes Boutique-Hotel ca. 1,5 Meilen von Santana Row, mit großen Zimmern, Restaurant und geheiztem Außenpool. DZ inklusive Frühstück ab 110 $.

Solides Motel ▶ Americas Best Value Inn: 1415 Monterey Rd., Tel. 408-993-1711, www.americasbestvalueinn.com. Standardmotel eine Meile südlich von Downtown mit gegenüberliegendem Kettenrestaurant Denny's, alle Räume mit Mikrowelle und Kühlschrank, WLAN und Frühstück inklusive. Der große Parkplatz ist auch für Wohnmobile geeignet. DZ ab 80 $.

Essen & Trinken

Viele Geschmacksrichtungen ▶ Fahrenheit Restaurant: 99 E. San Fernando St., Tel. 408-728-9031, www.fahrenheitsj.com, tgl. Lunch und Dinner. In diesem Lokal findet jeder Gast etwas Passendes, ob Seafood, Geflügel, Steaks oder Pastagerichte. 10–30 $.

Total nostalgisch ▶ Peggy Sue: 185 Park Ave., Tel. 408-294-0252, www.peggysues.com, tgl. 7–20 Uhr. Klassischer Diner im Stil der 1950er-Jahre mit Fotos und Plakaten an den Wänden und Sitzen aus rotem Leder. Bei Paul-Anka-Songs schmeckt der Hollywood-Burger oder der Porky-Pig-Hamburger besonders gut. 3–6 $.

Voll im Trend ▶ Blowfish: 355 Santana Roe, Tel. 408-345-3848, www.blowfishsushi.com, tgl. Lunch und Dinner. Hippe Lounge mit Sushi ab 5 $.

Abends & Nachts

Der neu entstandene, europäisch anmutende Stadtteil **Santana Row** bietet sich für ein breit gefächertes Amüsement nach Sonnenuntergang an (www.santanarow.com, s. S. 386).

Täglich Party ▶ Toons Nightclub: 52 E. Santa Clara St., Tel. 408-600-0014, www.too nsnightclub.com, tgl. ab 21 Uhr. Tolle Stimmung, fetzige Musik auch zum Tanzen und leckere Drinks. Jeden Di treten Live-Bands aus der Region auf.

Verkehr

Flüge: Mineta San José International Airport, Tel. 408-392-3600, www.sjc.org. Flüge in alle Teile der USA inkl. Hawaii und nach Mexiko.

Züge: Amtrak-Bahnhof, 65 Cahill St., Tel. 1-800-872-7245, www.amtrak.com. San José liegt an der Schienenstrecke des Amtrak-Zuges Coast Starlight zwischen Los Angeles und Seattle. Mit dem Caltrain-Zug kann man in ca. 90 Minuten nach San Francisco fahren (Tel. 1-800-660-4287, www.caltrain.com).

Busse: Greyhound Terminal, 70 S. Almaden Ave., Tel. 408-295-4151, www.greyhound.com. Busse in alle größeren Städte. Das Unternehmen California Shuttle Bus bietet Fahrten zu Discountpreisen nach Los Angeles an (www.cashuttlebus.com).

Fortbewegung in der Stadt

Straßenbahnen: Light Rail, Tel. 408-321-2300. Einzelfahrt 2 $.

Stadtbusse: Busse verbinden alle Stadtteile, siehe Buslinienplan unter www.vta.org/sche dules/pdf/system_map.pdf.

Silicon Valley ▶ 3, D/E 9

Bis zum Beginn der 1980er-Jahre war die Bezeichnung **Silicon Valley** in Kalifornien unbekannt. Allerdings hatten Firmen wie Hewlett-Packard, Intel, Google und Apple mit der Erfindung und Verwendung von Mikroprozessoren bereits das Tor in ein neues Hightech-Zeitalter aufgestoßen, dessen Zentrum im Santa Clara Valley westlich von San José lag. Mittlerweile hat sich für diese Gegend zwar der Name Silicon Valley eingebürgert, doch handelt es sich dabei um eine in-

Radioteleskop der Stanford University in Palo Alto

offizielle Bezeichnung, die etwa auf Landkarten nicht auftaucht. Auch sind die Grenzen des Hightech-Tales nicht genau definiert – und zu sehen gibt es dort auch nicht viel, von der Stanford University in Palo Alto einmal abgesehen.

Stanford University

Neben Harvard, MIT, Princeton und Yale eine der fünf berühmten Eliteuniversitäten der USA, nahm die **Stanford University** nach der Gründung durch den schwerreichen Eisenbahnkönig Leland Stanford 1891 den Lehrbetrieb auf, der heute vor allem in den Bereichen Informatik, Biotechnologie und Meeresforschung führend ist. Für die technische Revolution im Silicon Valley seit den 1960er-Jahren war die Hochschule von ausschlaggebender Bedeutung, weil viele Denkanstöße ihren Ursprung in den dortigen technischen Labors und akademischen Zirkeln hatten.

Bis heute hat die Universität 15 Nobelpreisträger und mehrere Pulitzerpreisträger hervorgebracht (Standford Visitor Center, 295 Galvez St., Tel. 650-723-2560, www.stanford.edu. Kostenlose Touren ab dem Memorial Auditorium tgl. 11 und 15.15 Uhr außer an Feiertagen).

Auf dem von Grünflächen, Palmenalleen und ca. 25 000 Bäumen geschmückten Campus dominieren Gebäude wie der 87 m hohe Hoover Tower mit einer Aussichtsplattform (tgl. 10–16.30 Uhr, 2 $) und die mit Mosaiken verzierte Memorial Church von 1903, die ebenso würdevolle Distanz ausstrahlt wie die neoromanischen Sandsteinarkaden um den Main Quad. Skulpturen, darunter die »Bürger von Calais« von Auguste Rodin, verwandeln das Campuszentrum in eine Open-Air-Galerie.

Teile dieser Skulpturengruppe sind auch im Rodin Sculpture Garden zu sehen, der zum **Cantor Center for Visual Arts** gehört. Dieses vor über 110 Jahren eröffnete und mittlerweile ausgebaute Museum auf dem Universitätsgelände zeigt Gemälde alter Meister, afrikanische Masken, historische Buddhafiguren aus Asien, Skulpturen von Claes Oldenburg, altägyptische Mumien und Bildhauerarbeiten aus Papua Neuguinea (Lomita Dr. & Museum Way, Tel. 650-723-4177, http://museum.stanford.edu, Mi–So 11–17, Do bis 20 Uhr, Eintritt frei).

Auf einer kleinen Felseninsel wacht das Batterie Point Lighthouse über die Küste von Crescent City

Kapitel 7

Der Norden

Der nördliche Teil des Golden State ist von der sprichwörtlichen südkalifornischen Sonnen-, Sand- und Surferkultur weit entfernt. Grund dafür sind das kühlere Klima, die niedrigeren Wassertemperaturen und die gefährliche Brandung entlang der zerklüfteten Steilküste zwischen San Francisco und der Grenze zu Oregon. Daneben prägt auch eine andere Mentalität der dort lebenden Menschen das Gesicht des Nordens. Großstädtisches, hektisches City Life existiert nicht, weil es keine großen Metropolen gibt. Modeerscheinungen und schnelllebige Trends fallen in verträumten Provinzorten, wo die Menschen an harte Arbeit und einfaches Leben gewöhnt sind, viel weniger auf nahrhaften Grund.

Die Abgelegenheit gerade der Küstenregion vermochte nicht zu verhindern, dass seit der zweiten Hälfte des 19. Jh. die Redwood-Urwälder schonungslos geplündert wurden. Der Bedarf an stabilem Bauholz in den Städten war riesig, und die Ressource Holz schien im Überfluss verfügbar. Heute sind nur noch etwa 5 % der Redwood-Wälder vorhanden, gehören aber dennoch zu den zugkräftigsten Touristenattraktionen der Region.

Östlich der nordkalifornischen Küste dehnen sich im Bergland riesige Wälder aus, über denen im Kaskadengebirge von Gletschern bedeckte Vulkane wie Mount Shasta und Lassen Peak thronen. Im Gegensatz zu diesen teils kaum erschlossenen Gebieten drang die Zivilisation im Sacramento Valley, im Gold Country und am Lake Tahoe schneller voran, weil Farmer, Goldsucher und Urlaubsplaner das wirtschaftliche Potenzial der entsprechenden Regionen zu nutzen wussten.

Auf einen Blick

Der Norden

Sehenswert

Mendocino: Die Stadt wirkt wie eine große Puppenstube und liegt spektakulär an der zerklüfteten Steilküste (s. S. 397).

13 **Redwood National Park:** Hier stehen die letzten Wälder aus Mammutbäumen unter Naturschutz (s. S. 404).

14 **Lassen Volcanic National Park:** Das Schutzgebiet umfasst brodelnde Tümpel, herrliche Bergseen und einen vergletscherten Vulkan (s. S. 418).

15 **Lake Tahoe:** Der wunderbar blaue See in der nördlichen Sierra Nevada zählt zu den populärsten Naturattraktionen im Land (s. S. 424).

Schöne Routen

Hinreißende Nordküste: Zwischen San Francisco und der Grenze zu Oregon folgt Highway No. 1 bzw. 101 der dramatischen Nordküste mit dem ehemaligen russischen Fort Ross, reizenden Ortschaften wie Mendocino und Ferndale, wildromantischen Steilküsten und den höchsten Bäumen der Erde (s. S. 394).

Straße der Giganten: Die Avenue of the Giants ist von wunderschönen Beständen uralter Mammutbäume gesäumt (s. S. 400).

Über den Sonora Pass: Landschaftlich können nur wenige Bergstrecken in der Sierra Nevada mit dem in Sonora beginnenden Highway 108 über den 2934 m hohen Gebirgskamm konkurrieren (s. S. 410)

Meine Tipps

Relaxen am Indianerfluss: Der Klamath River windet sich auf seinem Weg an die nordkalifornische Küste durch die Reservation der Yurok-Indianer. Im Dorf Klamath Glen macht die Steelhead Lodge das Ausspannen leicht (s. S. 407).

Logieren dicht unter dem Himmel: Außergewöhnliche Übernachtungsmöglichkeiten bietet die kalifornische Forstverwaltung in der Region zwischen Redding und Mount Shasta. Wer mit bescheidenem Komfort zurechtkommt, kann in Brandwachestationen unterkommen (s. S. 423).

Hikertraum Tahoe Rim Trail: Auf einem wunderbaren Fernwanderweg können ausdauernde Hiker den Lake Tahoe auf den umliegenden Bergzügen umrunden (s. S. 426).

aktiv unterwegs

Hiking am Point Reyes: Unberührte Landschaften und leere Strände (s. S. 396).

Wanderungen entlang der Avenue of Giants: Ein dichtes Wegenetz führt zu teils exzentrischen Sehenswürdigkeiten (s. S. 400).

Baden und Kajak fahren im Humboldt Redwoods S.P.: Ein Paradies für Kanuten und idyllische Badeplätze am Eel River (s. S. 405).

Als Goldwäscher am American River: Mit etwas Glück findet man Gold (s. S. 411).

Bergtour auf den Lassen Peak: Bei günstiger Witterung ein Unternehmen, das auch ›normale‹ Bergwanderer schaffen (s. S. 421).

Wintersport am Lake Tahoe: Das Heavenly Mountain Resort gehört zu den populärsten Skigebieten in der Sierra Nevada (s. S. 429).

Die Nordküste

Seelöwen- und Kormorankolonien auf winzigen Felsinseln, wie Schwalbennester an der schroffen Steilküste hängende Dörfer, Wälder mit majestätischen Riesenbäumen: In Nordkalifornien zeigt sich der Pazifiksaum fast so ungezähmt wie vor 100 Jahren – für Naturliebhaber eine traumhafte Empfehlung.

Bodega Bay ►3, C 8

Karte: rechts

Auf dünnen Beinen patrouillieren im Hafen von **Bodega Bay** **1** bei Ebbe hungrige Silberreiher und lassen das Jahr 1963 vergessen. Damals machte Thriller-Altmeister Alfred Hitchcock Hunderte von dressierten Krähen und Seemöwen zu Hauptdarstellern seines Films »Die Vögel«. Längst ist an der Bucht wieder Beschaulichkeit eingekehrt; Hektik kommt höchstens im Spätsommer auf, wenn ausnahmsweise einmal ein Kutter mit einem reichen Fang an Lachsen vom überfischten Pazifik zurückkehrt. Einige Schauplätze aus Hitchcocks Thriller existieren noch, wie etwa das Schulhaus und die Kirche – beide stehen aber nicht in Bodega Bay, sondern im Ort Bodega einige Meilen landeinwärts. Richtung Süden gelangt man zum Naturreservat **Point Reyes National Seashore** **2**, s. Aktiv unterwegs S. 396).

Die Küste bei Fort Ross
►3, B/C 7

Karte: rechts

An der rauen Küste bei **Fort Ross** **3** errichtete die Russian-American Company (RAC), die ein Jagd- und Handelsmonopol in Alaska besaß, 1812 einen geschützten Stützpunkt, der fast 30 Jahre lang russischen Jägern, Fallenstellern und Pelzhändlern als Versorgungsbasis und Warenumschlagplatz diente. Zur Blütezeit des Handels hauptsächlich mit Seeotterfellen lebten mehrere hundert Menschen in dieser Befestigung, die ihre Wehrhaftigkeit inmitten von Indianerland nie unter Beweis stellen musste, weil die russischen Bewohner mit den Ureinwohnern gute Beziehungen und Handelskontakte pflegten. 1841 entschloss sich die RAC, das Fort an Johann August Sutter (s. S. 34) zu verkaufen, weil mit der Beinahe-Ausrottung der Seeotter dem profitablen Pelzhandel die Grundlage entzogen war und sich die Landwirtschaft an der Küste als unergiebig herausgestellt hatte. Was von Fort Ross heute hinter dem von zwei Wachtürmen überragten Palisadenzaun noch zu sehen ist, sind fast ausnahmslos Rekonstruktionen. Als einziges original erhaltenes Gebäude hat das **Rotchev's House** überlebt. Die hölzerne Kapelle mit ihren zwei ungleichen Türmchen fiel 1970 einem Brand zum Opfer und wurde nach Originalplänen wieder aufgebaut (19005 Coast Hwy 1, Jenner, Tel. 707-847-3286, www.parks.ca.gov, tgl. 10–16.30 Uhr, 7 $).

Jedes Jahr im Mai strömen Besucher in das **Kruse Rhododendron State Reserve** **4**, wo sich auf einer ehemaligen Ranch auf einer Waldfläche von 130 ha außer Douglasien, Redwood-Bäumen und Farnen hauptsächlich Rhododendren mit bis zu 10 m hohen Büschen und Azaleen ausbreiten. 8 km Wanderpfade führen durch die Parklandschaft (Hwy 1 bei Meile 43 ca. 10 Meilen

Die Nordküste

aktiv unterwegs

Hiking am Point Reyes

Tour-Infos

Start: Bear Valley Visitor Center, Tel. 415-464-5100, www.nps.gov/pore, tgl. Sonnenaufgang bis Mitternacht, Eintritt frei
Länge: ca. 80 Meilen
Dauer: 3 Std. bis 1 Tag (bis Point Reyes Lighthouse ca. 45 Min. Fahrtzeit mit Auto)

Fast unberührte Landschaften, schroffe Steilküsten und menschenleere Strände, über die der raue Wind Nebelbänke treibt, kennzeichnen das 300 km² große **Point Reyes National Seashore** 2. Damit besitzt das wie ein Hammerhaikopf in den Pazifik hinein ragende Naturreservat beste Voraussetzungen für Aktivitäten unter freiem Himmel. Autostraßen gibt es nur wenige, sodass weite Teile nur zu Fuß erreichbar sind. Obwohl es sich um einen Landvorsprung und keine Insel handelt, ist er streng genommen nicht Teil des amerikanischen Festlands. Der berühmt-berüchtigte San-Andreas-Graben trennt nicht nur zwei Erdplatten voneinander, sondern separiert auch Point Reyes von Nordkalifornien. Exakt auf der parallel zum Hwy 1 verlaufenden Trennlinie liegt mit dem **Bear Valley Visitor Center** der Haupteingang zum Seashore. Wie tektonisch sensibel die Region ist, zeigt der kurze Earthquake Trail mit Erdver-

schiebung, die durch das große Erdbeben von 1906 verursacht wurden. Ein 1,3 km langer Pfad führt vom Nordende des Parkplatzes zum rekonstruierten **Coast Miwok Indian Village,** das Aufschluss über das Leben der Küstenindianer gibt. Wer eine längere Strecke wandern möchte, begibt sich beim Besucherzentrum auf den knapp 8 km langen Bear Valley Trail, der beim **Arch Rock** an der Pazifikküste endet. Vogelfreunde kommen bei **Abbotts Lagoon** auf ihre Kosten. Auf einem 2,5 km langen Wanderweg erreicht man von der Straße aus vorbei an zwei Lagunen den von Dünen bedeckten Pazifikstrand, an dem im Herbst große Zugvogelschwärme ankommen. Vorbei am Beginn des 1 km langen Wanderwegs, der zum einsamen **Kehoe Beach** führt, gelangt man an der Nordspitze des Seashore zum **Tomales Point** und zum **Tule Elk Reserve,** wo Parkdozenten von Juli bis September Besuchern Interessantes über die Hirsche erzählen können, die sich in diesem Schutzgebiet in der Brunftzeit versammeln (nur Sa, So 11–16 Uhr).

Hauptziel der meisten Point Reyes-Besucher ist das 1870 erbaute und 1970 stillgelegte **Point Reyes Lighthouse.** Am Ende der asphaltierten Straße führt vom Parkplatz ein knapp 1 km langer Fußweg zuerst zum Lighthouse Visitor Center und dann weiter zur Station der Küstenwache, die auf einer windumtosten und im Sommer häufig nebligen Felsnase an der Steilküste liegt (Do–Mo 10–16.30 Uhr). Vom **Sea Lion Overlook** lassen sich See-Elefanten beobachten. Der 2,5 km lange **Chimney Rock Trail** endet an der Spitze eines wildromantischen Landvorsprungs, der in die Drakes Bay hinein reicht und Wanderer mit wunderbaren Aussichten auf **Drake's Beach** belohnt. Der englische Seefahrer Sir Francis Drake soll dort im späten 16. Jh. nach einem schweren Sturm sein Schiff instand gesetzt haben.

nördlich von Fort Ross, Tel. 707-847-3221, www.parks.ca.gov, Eintritt frei).

Point Arena Lighthouse 5

An der Zugangsstraße zum **Point Arena Lighthouse** liegt ein Café, das mit dem Slogan wirbt: »Letztes Café vor Hawaii«. Aus der Luft gegriffen ist diese Behauptung nicht. Tatsächlich liegt kein Landpunkt der kontinentalen USA näher am pazifischen Inselparadies als Point Arena. Der heute dort in den Himmel ragende Leuchtturm war 1908 der Erste aus Stahlbeton auf US-Boden. In den tückischen Küstengewässern liegen Dutzende havarierter Schiffe auf Grund, von denen die meisten in schweren Stürmen sanken. Das Meer bietet um Point Arena neben Wracks aber noch andere Schätze: Seeigel für den japanischen Gourmet-Markt. Bei einer Führung kann man den 35 m hohen Turm besteigen und die wunderbare Aussicht genießen. Kinogängern kommt das Lighthouse vielleicht bekannt vor. Anfang der 1990er-Jahre standen dort Jamie Lee Curtis und Mel Gibson für »Forever Young« vor der Kamera (45500 Lighthouse Rd., Point Arena, Tel. 707-882-2777, www.pointarenalighthouse.com, tgl. 10–15.30 Uhr, Erw. 7,50 $, Kin. bis 12 J. 1 $).

Mendocino ► 3, B 6

Karte: S. 395

Eine noch steilere Karriere als Filmdrehort machte in den vergangenen 100 Jahren die kleine, an einer zerklüfteten Steilküste liegende Ortschaft **Mendocino** 6. Über 60 Kino- und TV-Produktionen diente sie als wildromantische Kulisse, u. a. dem 1954 gedrehten Klassiker »Jenseits von Eden« mit James Dean. Seit Jahrzehnten verteidigt Mendocino seinen Ruf als viktorianisches Schmuckstück mit hübschen Galerien, romantischen Unterkünften und überbordenden Blumengärten hinter weiß getünchten Bretterzäunen. Über manche Hausdächer ragen aus Balken gezimmerte Wassertürme hinaus, die in der Holzfällerära als Versorgungsdepots angelegt wurden. Mittlerweile hat die Ge-

Mendocino ist nicht nur für seine malerischen Häuser und Gärten bekannt

meinde den Tourismus als Einnahmequelle entdeckt und lebt nicht schlecht davon.

In der Umgebung von Mendocino liegen zwei landschaftlich ausgesprochen reizvolle Küstenabschnitte. Sowohl im **Mendocino Headlands State Park** als auch im **Jug Handle State Park** modellierte der Pazifik spektakuläre Formationen aus dem Fels, wusch Höhlen aus und schuf Buchten, die für Wanderungen in der salzigen Luft wie geschaffen sind und im Sommer bei Ebbe sogar das Baden zu einem ungefährlichen Erlebnis machen.

Infos

Ford House Visitor Center: 735 Main St., Mendocino, CA 95460, Tel. 707-937-5397, www.mendoparks.org.

Übernachten

Romantisches Haus ▶ **Maccallum House:** 45020 Albion St., Tel. 707-937-0289, www.maccallumhouse.com. Das mitten im Ort stehende Inn ist eine viktorianische Augenweide und bietet seinen Gästen hübsche Zimmer im Haupthaus, in einer umgebauten Scheune und in niedlichen Cottages inmitten eines reizenden Gartens. Zimmer und Cottages ab 180 $, Studios ab 210 $.

Refugium zum Verwöhnen ▶ **Whitegate Inn:** 499 Howard St., Tel. 707-937-4892, www.whitegateinn.com. In einem wunderschönen Garten gelegenes romantisches B & B im viktorianischen Stil. Zimmer mit antikem Mobiliar, offenem Kamin, TV und Federbetten. DZ ab 180 $.

Perfektes B & B ▶ **Glendeven Inn:** 8205 N. Hwy 1, Tel. 707-937-0083, www.glendeven.com. Idyllisch gelegenes Inn mit einem guten Restaurant und Zimmern bzw. Suiten in einem ehemaligen Farmhaus von 1867 bzw. angrenzenden Gebäuden. Elegante Einrichtung in einer Mischung aus Alt und Neu. DZ ab 180 $.

Essen & Trinken

Prima Küche ▶ **995 Restaurant:** 995 Ukiah St., Tel. 707-937-1955, www.955restaurant.com, Do–So ab 18 Uhr. Ausgezeichnete Küche, aus der saftige Steaks, frisches Seafood, erntefrische Salate und leckere Pasta kommen. 20–27 $.

Nettes Lokal ▶ **Mendocino Café:** 10451 Lansing St., Tel. 707-937-6141, tgl. 11–16 und 17–21 Uhr. Biologisch-ökologisch orientiertes Lokal mit Fisch- und Fleischgerichten. Lauschiger Garten mit kleiner Veranda und Meerblick. Hauptgericht 12–26 $.

Fort Bragg ▶ 3, B 6

Karte: S. 395
Obwohl die Ortschaft nur 7000 Einwohner zählt, ist **Fort Bragg** 7 die größte Stadt zwischen San Francisco und Eureka. Fischfang, Landwirtschaft und Holzindustrie spielen zwar immer noch eine Rolle, aber längst ist das Geschäft mit Urlaubern zum wichtigsten Wirtschaftszweig geworden. Ein Relikt aus alten Holzfällerzeiten ist der Gemeinde geblieben. Der **Skunk Train** (Skunk = Stinktier), dessen Lokomotiven früher offenbar einen üblen Gestank verbreiteten, transportiert schon lange keine Redwood-Stämme mehr aus den Wäldern an die Küste. In den Waggons sitzen heute Touristen, die sich auf der 40 Meilen langen Fahrt nach Willits Reste der Urwälder Nordkaliforniens um den malerischen Noyo River anschauen können. Am Schienenweg, der über 30 Brücken und durch zwei Tunnel führt, liegt die Haltestelle Northspur, wo man sich während eines 30-minütigen Stopps verpflegen kann (100 W. Laurel St., Tel. 707-964-6371, www.SkunkTrain.com, Erw. 47 $, Kinder 22 $, außer den regulären Fahrten gibt es Sonderzüge und mehrere Bahnfeste).

Vorbei am geschützten Noyo Harbor, in dem Fischkutter auf ihren nächsten Einsatz auf dem offenen Meer warten, gelangt man zwei Meilen südlich der Stadt zu den **Mendocino Coast Botanical Gardens.** Hauptsächlich von Mitte April bis Mitte Mai strömen Blumenliebhaber zur Rhododendronblüte hierher. In den Gärten sind mehrere Arten dieser häufig giftigen Pflanze von baumhohen Exemplaren bis zu kleinen Büschen heimisch, welche die Anlage in ein Farbenmeer verwandeln. Aber auch in anderen Jahreszeiten lohnt ein Besuch, etwa wenn im Frühsommer Kamelien und Iris blühen oder sich im Herbst Dahlien, Begonien und Fuchsien von ihrer schönsten Seite zeigen. An Tischen kann man sein mitgebrachtes Picknick mit Blick aufs Meer verzehren (18220 N. Hwy 1, Tel. 707-964-4352, www.gardenbythesea.org, März–Okt. tgl. 9–17, sonst bis 16 Uhr, Erw. 10 $, Kinder 6–12 Jahre 2 $, 13–17 J. 4 $).

Infos

Chamber of Commerce: 332 N. Main St., Fort Bragg, CA 95437, Tel.707-961-4400, www.mendocinocoast.com.

Übernachten

Gut ausgestattet ▶ Quality Inn & Suites: 400 S. Main St., Tel. 707-964-4761, www.fortbraggqualityinn.com. Großes Motel mit geräumigen Zimmern oder Suiten mit Kühlschrank, Mikrowelle und Kaffeemaschine, geheiztem Innenpool und Fitnessraum. Ein kleines Frühstück im einfachen Restaurant ist im Preis inbegriffen. DZ ab 90 $.

Preisgünstig ▶ Colombi Motel: 647 Oak St., Tel. 707-964-5773, www.colombimotel.com. Ruhig, aber angenehm zentrales Haus mit großen Wohneinheiten (z. T. mit Küche), gutes Preis-Leistungs-Verhältnis. DZ ab 60 $.

Camping ▶ Hidden Pines Campground: 18701 N. Hwy 1, Tel. 707-961-5451, http://hiddenpinesrvcampground.com. Zelt- und RV-Platz 10 Minuten zu Fuß vom Strand entfernt am südlichen Ende von Fort Bragg.

Essen & Trinken

Super Küche ▶ Mendo Bistro: 301 N. Main St., Tel. 707-964-4974, www.mendobistro.com. Von Einheimischen favorisiertes Lokal mit Pasta- und Fischgerichten. Gute Auswahl an regionalen Weinen. Ab 18 $.

Nicht nur Pizza ▶ D'Aurelio's: 438 S. Franklin St., Tel. 707-964-4227, tgl. 17–21 Uhr. Das bescheiden eingerichtete Lokal liegt unauffällig in einer kleinen Einkaufsarkade und bietet italienische Spezialitäten wie Shrimps-Pasta mit Kräutern, Lasagne und viele Pizza-Variationen. Dinner ab ca. 13 $.

Tolles Essen ▶ Taqueria Ricarda: 647 B, Oak St., Tel. 707-964-8684, Di–Fr 11–20.30, Sa ab 10, So ab 9 Uhr. Einfaches Lokal in einer Wohngegend mit ausgezeichneter mexikanischer Küche. Ca. 6–9 $.

Aktiv

Reiten ▶ Ricochet Rich Ranch: 24201 N. Hwy 1, Tel. 707-964-7669, www.horse-vacation.com. Ausritte am Beach oder im Landesinnern.

aktiv unterwegs

Wanderungen entlang der Avenue of Giants

Tour-Infos

Start: 1 Meile nördlich von Garberville
Länge: 31 Meilen ohne Abstecher
Hinweise und Karten: Humboldt Redwoods State Park, 17119 Avenue of the Giants, P. O. Box 100, Weott, CA 95571, Tel. 707-946-2409, http:// humboldtredwoods.org, April–Okt. tgl. 9–17, sonst bis 16 Uhr)

Der legendäre Hwy 1 ist in Nordkalifornien streckenweise eine nervige ›Rennstrecke‹. Nördlich von Garberville kann man sie meiden und auf die parallel verlaufende **Avenue of the Giants** 8 abbiegen. Dort fließt der Verkehr nicht nur ruhiger. Es gibt auch viele Möglichkeiten, um sich auf Waldpfaden zwischen Riesenbäumen die Beine zu vertreten und sich die zugegebenermaßen teilweise exzentrischen Sehenswürdigkeiten anzuschauen.

Eine erste Waldwanderung kann man nördlich von Phillipsville auf dem **Franklin K. Lane Grove Trail** unternehmen. Der Weg beginnt bei Meile 2,6 auf einem Parkplatz östlich der Straße und windet sich in einer ca. 700 m langen Schleife durch das Wald- und Wiesengelände. Hinter der Ortschaft Miranda beginnt der Humboldt Redwood State Park mit Beständen von riesigen Redwood-Bäumen, die an Höhe die Sequoias der Sierra Nevada noch übertreffen. An vielen Haltestellen entlang der Straße sind Wanderpfade ausgewiesen, auf denen man je nach Bedarf längere oder kürzere Touren zwischen den Baumriesen machen kann. Das gilt auch für den bei Meile 11,5 in der Nähe des Hidden Springs Beach Campground gelegenen, knapp 2 km langen **Sa-Bug-Gah-Nah-Loop,** auf dem man hauptsächlich die vielfältige Vegetation im Augenschein nehmen kann.

Der **Shrine Drive-Thru Tree** in Myers Flat lässt einem heute die Haare zu Berg stehen, weil der Baum zu einem Tunnel ausgehöhlt und dabei so geschädigt wurde, dass er heute mit Stahlseilen abgesichert werden muss. Wer will, kann mit dem Auto hindurch fahren. Einen zusätzlichen Kick verschafft manchen Autofahrern der in der Nähe liegende Drive-On Tree, ein umgestürzter Baum, der in eine befahrbare Rampe verwandelt wurde.

Nicht weit entfernt bietet sich ein Spaziergang auf dem ca. 600 m langen **Founder's Grove Nature Loop Trail** u. a. zum ehemals 110 m hohen Dyersville Giant an, der 1991 umstürzte und heute sein wahrhaft gigantisches Wurzelwerk zeigt. Nicht die Launen von Mutter Natur, sondern Holzfällersägen haben einem ca. 2500 Jahre alten Baum zugesetzt. Vor ca. 100 Jahren kürzte ihn ein Waldarbeiter bis auf einen immer noch lebenden Stumpf und richtete darin eine Wohnung ein, die heute unter dem Namen **Eternal Tree House** Touristen anzieht. Bei Pepperwood führt die Avenue of the Giants wieder auf den Highway 101 zurück.

Ferndale 9

Im Jahr 1864 von dänischen Einwanderern gegründet, ähnelt **Ferndale** einem viktorianischen Freilichtmuseum. An der Main Street gleicht keine Häuserfassade der anderen. Entlang der parallel verlaufenden Berding Street steht in der Nähe der Kirche mit dem **Gingerbread Mansion** von 1899 ein besonders hübsches ›Lebkuchenhaus‹ im viktorianischen Stil, das als B & B und am häufigsten fotografiertes Haus im Ort dient (400 Berding St.; das Anwesen wurde 2010 geschlossen; eine Wiedereröffnung ist zukünftig möglich). Ältestes viktorianisches Haus ist das in einem verwunschenen alten Garten gelegene **Shaw House Inn** (703 Main St., Tel. 707-786-9958, www.shawhouse.com, DZ inkl. Frühstück ab 125 $).

Wie der Alltag in Ferndale im 19. Jh. aussah, zeigt das **Ferndale Museum** mit Zimmern im viktorianischen Stil, einer Schmiede und landwirtschaftlichen Geräten, mit denen dänische Pioniere ihre Farmen bestellten (515 Shaw St., Tel. 707-786-4466, www.ferndale-museum.org, Feb.–Dez. Mi–Sa 11–16, So 13–16, sonst nur Di–Sa, 4 $).

Ein Kuriosum ist das **Kinetic Sculpture Museum**, das aus einer alljährlich wiederkehrenden Veranstaltung hervorging. Seit 1969 findet jeweils Ende Mai das Kinetic Sculpture Race statt, das in Arcata beginnt und nach 35 Meilen in Ferndale endet. Zur Teilnahme zugelassen sind nur selbst gefertigte, künstlerisch dekorierte und von Menschenkraft betriebene ›Maschinen‹, die während des 3-tägigen Rennens zu Lande, im Schlamm und im Wasser vorwärtskommen müssen. Wer als Erster die Ziellinie überschreitet, ist nicht notwendigerweise der Sieger. Denn die Bewertungen basieren auf einem ausgeklügelten System mit Bonus- und Strafpunkten, bei dem der Spaßfaktor nicht zu kurz kommt.

Bei vergangenen Rennen eingesetzte Fahrzeuge bilden im Museum eine ziemlich verrückte Kollektion, die das Prädikat »technisch und künstlerisch anspruchsvoll« verdient (580 Main St., Tel. 707-834-0529, Mo–So 10–17 Uhr, Eintritt frei).

Eureka ► 3, B 4

Karte: S. 395

Über 200 in der Humboldt Bay vor Anker liegende Fischkutter lassen darauf schließen, dass **Eureka** 10 auch 150 Jahre nach Beginn der Lachsfischerei immer noch ein bedeutender Fischereihafen ist. Vom Boardwalk, der als Fußgängerpromenade dem Altstadtufer entlang der größten Bucht zwischen San Francisco und Seattle folgt, hat man die Marina und den Leuchtturm auf Woodley Island und das Dorf Samoa im Blick, wo die größte Austernfarm der kalifornischen Küste Schalentiere produziert.

Der ausgeprägt maritimen Orientierung der Stadt und ihrer Wirtschaft zollt das **Humboldt Bay Maritime Museum** mit Ausstellungen Tribut, die sich mit dem Schiffsbau, Wracks, dem Leben von Leuchtturmwächtern und der Fischereigeschichte der Nordküste beschäftigen (8 Samoa Rd., Tel. 707-444-9440, www.humboldtbaymaritimemuseum.com, Di–Mi, Fr, Sa 11–16 Uhr, freiwillige Spende).

Aus einer anderen Perspektive beleuchtet das **Clarke Historical Museum** die Vergangenheit der 27 000 Einwohner zählenden Stadt. Im Flügel einer von 1912 stammenden ehemaligen Bank sind wertvolle Artefakte von Küstenindianern zu sehen, während die übrigen Ausstellungen Mobiliar, Glaswaren und Textilien aus der viktorianischen Ära Ende des 19. Jh. zeigen (Ecke 3rd/E St., Tel. 707-443-1947, www.clarkemuseum.org, Mi–Sa 11–16 Uhr, Eintritt frei).

Noch beeindruckender präsentiert sich das viktorianische Zeitalter mit architektonischen Schmuckstücken im historischen Kern der Stadt, wo Straßenlaternen im Stil des 19. Jh. und ziegelgepflasterte Gehwege zum besonderen Ambiente des Ortes beitragen. Ein Gang durch Old Town lohnt sich u. a. wegen des märchenhaften, 1886 vom Holzbaron William Carson erbauten **Carson Mansion.** In dem in Grüntönen gehaltenen Palast mit anmutigen Türmchen, Dachgauben und Balkonen befinden sich heute die Räumlichkeiten eines privaten Clubs. Der Bau besteht fast komplett aus Holz, wobei neben heimischem Redwood exotische Holzarten von den Philippinen, aus Mexiko und aus Asien verwendet wurden (143 M St.).

Infos

Humboldt County Convention & Visitors Bureau: 1034 2nd St., Eureka CA 95501, Tel. 1-800-346-3482, http://redwoods.info.

Chamber of Commerce: 2112 Broadway, Eureka, CA 95501, Tel. 707-442-3738, www.eurekachamber.com.

Übernachten

Komfort ▶ **Carter House Inn:** 301 L St., Tel. 707-444-8062, www.carterhouse.com. Romantische und luxuriöse Unterkunft in drei verschiedenen Häusern, besonders sind das Cottage von 1880 und das Carter House im Stil von 1880. Beliebt ist der Massageservice bei Kerzenlicht für Paare (190 $). Das Restaurant (s. u.) gehört zu den besten in Nordkalifornien. DZ ab 190 $, Suiten mit Kamin, Whirlpool, Küche und allem Komfort ab 310 $.

Schöner Aufenthalt ▶ **Old Town B & B Inn:** 1521 3rd St., Tel. 707-443-5235, www.bnblist.com/ca/old_town_ bnb. Zentral gelegene, hübsche Unterkunft von 1871 mit 4 Zimmern inkl. Bad und Internetzugang. DZ 130–160 $.

Viktorianisch ▶ **Eagle House:** 2nd & C St., Tel. 707-444-3344, www.eaglehouseinn.com. Gäste kommen in diesem historischen Anwesen in renovierten Nichtraucherzimmern inkl. WLAN unter. DZ ab 110 $.

Attraktiver Platz ▶ **Eureka KOA:** 4050 N. Hwy 101, Tel. 707-822-4243, www.koa.com/where/ca/05122.com. Nördlich von Eureka gelegener Campingplatz mit Stellplätzen für Zelte bzw. Campmobile und Fahrradverleih. Man kann auch Cabins und Cottages inklusive voll ausgestatteter Küche mieten.

Essen & Trinken

Ausgezeichnetes Lokal ▶ **Restaurant 301:** 301 L St., Tel. 707-444-8062, www.carterhouse.com, tgl. 18–21 Uhr. Einfallsreiche Kochkunst, serviert in eleganten Räumen. Die Weinkarte bietet eine Riesenauswahl von 2000 guten Tropfen. Das Discovery-Menü gibt es für 60 $, Hauptgänge wie Thunfisch mit Linguini in Zitronengras, Ingwer, Chili, Zitrusfrüchten für ca. 26 $.

Fabelhaft ▶ **Avalon Restaurant & Bar:** 3rd & G St., Tel. 707-445-0500, www.avaloneureka.com, Di–Sa ab 17.30 Uhr, Sa Jazz (abends). Jede Menge Vorspeisen, frische Austern, Lachs, Thunfisch, Salate, feine Desserts und eine ellenlange Weinkarte. Vegetariern mundet evtl. eine riesige Gemüseplatte. Caesar's Salad 8,50 $, Coq au Vin 20 $.

Rustikales Ambiente ▶ **Samoa Cookhouse:** 78 Cookhouse Lane, Samoa, Tel. 707-442-1659, www.samoacookhouse.net. Letzte noch in Betrieb befindliche ehemalige Verpflegungsstation für Holzfäller. An langen Tischen mit rot-weißen Tischtüchern wird ein üppiges Menü mit deftigen Gängen serviert. Ca. 12–14 $.

Einkaufen

Bio-Delikatessen ▶ **North Coast-Coop:** Ecke 4th & B St., Tel. 707-443-6027, www.northcoastco-op.com, tgl. 6–21 Uhr. Supermarkt für vegetarische und ökologisch angebaute Produkte einheimischer Farmer.

Aktiv

Hafenrundfahrten ▶ **Passagierfähre Madaket:** Abfahrt F St. & Boardwalk, Tel. 707-445-1910, www.humboldtbaymaritimemuseum.com/madaketcruises.html. 45-minütige informative Fahrten mit einem 1910 erbauten Oldtimer durch die Humboldt Bay (versch. Zeiten, Erw. 18 $, Kinder über 5 J. 10 $).

Käsereibesichtigung ▶ **Loleta Cheese Factory:** 252 Loleta Dr., Loleta, Tel. 707-733-5470, www.loletacheese.com, tgl. 9–17 Uhr. 10 Meilen südlich von Eureka können Besucher die kleine Loleta Cheese Factory besichtigen und die 38 dort hergestellten Käsesorten probieren.

Zoobesuch ▶ **Sequoia Park Zoo:** 3414 W St., Tel. 707-442-6552, www.sequoiaparkzoo.net, Ende Mai-Anfang Sept. tgl. 10–17, sonst Di–So 10–17 Uhr, Erw. 5 $, Kinder 3–12 J. 3 $). Der kleine Zoo hat neben Bären, Flamingos und Affen auch ein Aviarium und einen Streichelzoo.

Hölzerne Giganten

Thema

Nur durch das Engagement von Umweltschützern und einflussreichen Öko-Organisationen wie dem Sierra Club haben die riesigen Redwood-Bäume der kalifornischen Nordküste das Zeitalter der Äxte und Kettensägen überlebt. Noch im frühen 19. Jh. bedeckten sie den Küstenstreifen von Monterey bis nach Oregon. Heute stehen die größten verbliebenen Wälder im Redwood National Park unter Naturschutz.

Im Herbst 2006 kletterte ein Naturkundeprofessor der Humboldt State University auf einen bislang unbekannten Redwood-Baum im Nationalpark und nahm ihm seine korrekten Maße ab. Mit einer Höhe von 115,55 m erwies sich der auf den Namen Hyperion getaufte hölzerne Riese als das größte bislang entdeckte Lebewesen auf dem Planeten Erde. Exemplare mit Wipfelhöhen über 80 m sind unter der Spezies *Sequoia sempervirens* allerdings keine Seltenheit. Um den ›Weltrekordler‹ vor allzu vielen Schaulustigen zu schützen, wurde geheim gehalten, an welchem Ort genau er steht.

Mit dem Gattungsnamen *Sequoia* ehrten Wissenschaftler im 19. Jh. den Indianerhäuptling Sequoia, der 1760 in Tennessee als Sohn einer Cherokee-Indianerin und eines Einwanderers aus Deutschland geboren wurde. Er qualifizierte sich nach Ansicht der Forscher dadurch, dass er ein aus 85 Silben bestehendes Alphabet und damit eine Schriftsprache geschaffen hatte, mit welcher er die Verständigung zwischen seinen Stammesbrüdern verbesserte.

Warum Redwoods speziell an der kalifornischen Nordküste gedeihen, hat gute Gründe. Die Riesen stellen an ihre Standorte hohe Ansprüche. Aus Zapfen stammende Samen überleben am besten auf zuvor abgebrannten Flächen, auf denen sie durch abfallende Nadeln ein eigenes Humusbett schaffen können. Von ausschlaggebender Bedeutung ist daneben die Wasserversorgung. Häufige Nebel halten den Boden feucht und verhindern im Hochsommer zu hohe Lufttemperaturen.

Als parallel zum Bergbau um die Mitte des 19. Jh. in Nordkalifornien die weit profitablere Holzindustrie Fuß fasste, schienen Redwood-Riesen im Überfluss vorhanden zu sein. Sie lieferten qualitativ einen Baustoff, wie man sich ihn besser kaum vorstellen konnte. Doch schneller als gedacht verschwand ein Forst nach dem anderen, zumal von staatlicher Seite kaum Möglichkeiten bestanden, dem Kahlschlag auf privatem Grund und Boden Einhalt zu gebieten. Im frühen 20. Jh. begann sich mit der Save-the-Redwoods-League die erste Umweltschutzorganisation für die Erhaltung der Wälder einzusetzen. Die zum Teil handfest ausgetragenen Konflikte zogen sich bis in die 1970er-Jahre hin, als der Redwood National Park schon gegründet war und um zusätzliche Areale erweitert werden sollte.

Hintergrund der von den Umweltschützern wie auch von der Industrie verbissen geführten Auseinandersetzung ist die Tatsache, dass weite Teile von Nordkalifornien traditionell von der Holzindustrie leben und sich alternative Beschäftigungsmöglichkeiten kaum anbieten. Andererseits machte sich die Holzindustrie kaum die Mühe, Bäume selektiv einzuschlagen, sondern ›erntete‹ aus Kostengründen ganze Wälder, ohne einen einzigen Baum stehen zu lassen.

Arcata ► 3, B 4

Trotz ihrer nur knapp 17 000 Einwohner kann sich die 1858 als Versorgungszentrum für Bergwerke gegründete Ortschaft **Arcata** 11 Universitätsstadt nennen. An Fakultäten wie Forstwirtschaft, Fischerei und Ozeanografie der Humboldt State University ist fast die Hälfte der Einwohner als Studenten eingeschrieben, was den Charakter von Arcata nachdrücklich prägt. Das vorherrschende unkonventionelle Flair hat dem Ort den Beinamen Berkeley des Nordens eingebracht. Arcata war die erste Gemeinde in den USA, die eine Mehrheit von Vertretern der Grünen in den Stadtrat wählte, für eine Beschränkung von Kettenrestaurants votierte und das von Präsident Bush 2001 verabschiedete Anti-Terrorismusgesetz Patriot Act ablehnte, das Überwachungsmaßnahmen und heimliche Hausdurchsuchungen ohne richterliche Genehmigung möglich machte.

Am lebhaftesten zeigt sich Arcatas Gegenkultur bei den regelmäßigen Samstagsmärkten auf der Plaza im Zentrum, wo ein Denkmal an den 1901 in Buffalo ermordeten US-Präsidenten William McKinley erinnert. An einfachen Ständen werden Kunsthandwerk, Bio-Futter für Hunde, Glaskunst, Kunstblumen, psychedelische Malereien, Lavendelseifen, Batikkleidung und Flugblätter gegen die Regierungspolitik unter die Leute gebracht. Um das seelische Wohl der größtenteils alternativen Kundschaft kümmern sich Handleser und Tarotspezialisten.

13 Redwood N. P. ► 3, B 3

Karte: S. 395

Wer auf dem Highway 1 oder 101 entlang der kalifornischen Nordküste fährt, bekommt an mehreren Stellen Wälder mit mächtigen Redwood-Bäumen zu sehen. Bekanntestes Schutzgebiet für diese Art ist jedoch der **Redwood National Park,** dessen südliches Besucherzentrum bei der Ortschaft **Orick** 12 am Highway 101 liegt. Aus mehreren State Parks und öffentlichem Grund und Boden zusammengesetzt, bildet die Waldoase ein lang gezogenes Gebiet entlang der Küste bis auf die Höhe von Crescent City. Anlässlich seiner Gründung 1968 wurde der Nationalpark von der damaligen First Lady im sogenannten **Lady Bird Johnson Grove** feierlich eingeweiht. An die Stelle führt ein zwar populärer, aber nicht besonders attraktiver Wanderpfad.

Die gleiche Zufahrtsstraße, die in der Verlängerung nur für 50 Fahrzeuge pro Tag freigegeben wird, endet beim **Tall Tree Grove,** wo einige der mächtigsten Bäume der Welt versammelt sind. An vielen Stellen entlang der Nationalparkstraßen wie dem Newton B. Drury Scenic Parkway weisen Schilder auf längere oder kürzere Wanderpfade hin, die tiefer in die fantastischen Redwood-Wälder und zu Baumriesen führen, in deren Gegenwart man sich wie ein Zwerg vorkommt.

Der Redwood National Park besteht nicht nur aus Forstflächen, sondern schließt auch einsame Strände, Steilküsten und Lagunen ein, die man in Wanderstiefeln erkunden kann. Einer der schönsten Trails führt durch den **Fern Canyon,** in dem riesige Farne grüne Hohlwege bilden und eine geradezu prähistorische Atmosphäre schaffen. Auf der **Elk Prairie** beim Prairie Creek Visitor Center zeigt sich häufig eine Herde von Roosevelt-Hirschen, die sich längst an die schaulustigen Zweibeiner gewöhnt haben und zum Teil auf Wiesen direkt am Highway 101 äsen. Mehrere hundert Schwarzbären und viele unterschiedliche Vogelarten teilen sich mit ihnen den Park.

Infos

Redwood National and State Parks: 1111 Second St., Crescent City, CA 95531, Tel. 707-465-7335, www.nps.gov/redw, Eintritt frei.

Übernachten

Übernachtungsmöglichkeiten im Umkreis des Parks findet man u. a. in Crescent City und Klamath. Wer die Reise Richtung Süden fortsetzt, kommt in Arcata oder Eureka unter.

Camping ► **Jedediah Smith Campground:** Jedediah Smith Redwoods State Park, 10

aktiv unterwegs

Baden und Kajak fahren im Humboldt Redwoods S. P.

Tour-Infos

Ort: Humboldt Redwoods State Park
Infozentrum: Visitor Center, Avenue of the Giants, SR 254 zwischen Weott und Myers Flat, P.O. Box 100, Weott, Tel. 707-946-2263, April-Okt. tg. 9–17, Nov.–März 10–16 Uhr
Tagesgebühr: pro Pkw 8 $
Kajakverleih: Tsunami Surf & Sport, 445 Conger St., Garberville, Tel. 707-923-1965, www.tsunamisurfandsport.com

Der am Highway 101 gelegene **Humboldt Redwoods State Park** 12 ist hauptsächlich für seine zum Teil völlig unerschlossenen Wälder mit riesigen Redwood-Bäumen berühmt. Das Naturschutzgebiet lockt aber auch noch mit unerwarteten Attraktionen: idyllischen Bade- und Angelplätzen bzw. Flussabschnitten, auf denen Kayaksportler ihrem Hobby frönen können. Auf einer Länge von ca. 30 Meilen fließt die South Fork des Eel River durch den Park und bietet im Hochsommer an vielen Stellen Gelegenheiten zur Abkühlung. Eine Warnung vorneweg: Der Wasserstand im Fluss hängt stark von Regenfällen ab. Ziehen Gewitter auf, sollte man den Eel River unbedingt meiden, weil die Wassermassen sehr schnell und gefährlich anschwellen können. An Weihnachten 1964 stieg während eines Wintersturms der Pegel stellenweise 21 m über normal und verwüstete die ganze Gegend.

Normalerweise zeigt sich der Fluss im Hochsommer von seiner idyllischen Seite mit moderater Fließgeschwindigkeit und Wasserhöhe. Als beste **Badeplätze** für Familien gelten **Lansdale Bar, Eagle Point beim Hidden Springs Campground, Williams Grove, Garden Club Grove** und **Gould Bar,** die mit Toiletten und Picknicktischen ausgestattet sind. Die Zufahrten werden auf der Avenue of the Giants angezeigt. Strandwachen gibt es nirgends im Park. Im Spätsommer ist der Pegel zum Teil so niedrig, dass giftige blaugrüne Algen zu blühen beginnen. Die zu solchen Zeiten öffentlich gemachten Warnungen der Parkverwaltung sollte man ernst nehmen.

Kajak- und Kanusportler treffen am **Eel River** meist nur im Frühjahr auf gute Bedingungen. Man muss in dieser Jahreszeit allerdings damit rechnen, dass die starke Strömung Treibholz mit sich schwemmt, das unter Umständen zur Gefahr werden kann. Bevor man sich auf das Wasser begibt, sollte man sich im Besucherzentrum nach den augenblicklichen Verhältnissen erkundigen.

Wer Lachse und Forellen **angeln** will und mindestens 16 Jahre alt ist, benötigt eine für das jeweilige Kalenderjahr gültige Lizenz. Ein solches Permit kann man sich online besorgen (www.dfg.ca.gov/licensing/forms/forms.html) oder im nächstgelegenen Büro in Eureka kaufen (Sales Office, 619 Second St., Eureka, Tel. 707-445-6493, Mo–Fr 8–16.30 Uhr). Fische darf man zwar fangen, muss sie aber wieder in die Freiheit entlassen.

Meilen östlich von Crescent City am Hwy 199, Reservierung Tel. 1-800-444-7275, 35 $; **Mill Creek Campground:** Del Norte Coast Redwoods State Park, 7 Meilen südlich von Crescent City am Hwy 101, Reservierung Tel. 1-800-444-7275, 35 $. **Elk Prairie Campground:** Prairie Creek Redwoods State Park, 6 Meilen nördlich von Orick am Newton B. Drury Scenic Parkway, Reservierung Tel. 1-800-444-7275, 35 $. **Gold Bluffs Beach Campground:** Prairie Creek Redwoods State Park, 10 Meilen nördlich von Orick am der Davison Road, keine Reservierung, keine *hook-ups,* 35 $.

Klamath 13

Das heute mit Tankstelle, Markt, Campingplatz und Motel ausgestattete Dorf **Klamath** wurde an einem neuen Standort errichtet, nachdem 1964 eine Überschwemmung den alten Ort völlig zerstört hatte. Am Klamath River entlang führt Route 169 in das 3 Meilen entfernte Klamath Glen in der Yurok Indian Reservation. Das Indianergebiet erstreckt sich ca. 40 Meilen landeinwärts am Fluss entlang in einem ca. eine Meile breiten Landstreifen. Die Strecke bietet idyllische Blicke auf den Fluss mit seinen bewaldeten Ufern. Klamath Glen bildet eine Ferienkolonie, deren soziales Zentrum die Steelhead Lodge ist. Ein Bodenmosaik im Lokal, das sich um den Tresen aus Rotholz biegt, zeigt den Klamath River mit seinen kleinen Ortschaften.

Übernachten

Fast wie zu Hause ▶ Rhodes End B & B: 115 Trobitz Rd., Klamath Glen, Tel. 707-482-1654, http://www.rhodes-end.com. Entspannende Unterkunft mit 3 hübschen Gästezimmern, Frühstück inklusive, DZ 105–135 $.

Mitten im Nirgendwo ▶ Raven Wood: 151 Klamath Blvd., Tel. 707-482-5911, www.ravenwoodmotel.com. Ruhiges Motel mit Atmosphäre. Zimmer und geräumige Suiten mit Küche für bis zu 6 Pers. Im Aufenthaltsraum sind Kühlschrank und Mikrowelle mitzubenutzen. DZ 58 $, Suiten 105 $.

Im Reich der Riesenbäume

Tipp: Relaxen am Indianerfluss

Klamath Glen am Klamath River bildet eine himmlische Ruhe ausstrahlende Ferienkolonie, deren soziales Zentrum die **Steelhead Lodge** ist. Ein Bodenmosaik im Lokal zeigt den Klamath River mit seinen kleinen Ortschaften. Im Saloon ist es Tradition, dass die Gäste Centstücke in Dollarnoten wickeln, mit einem Pin durchstechen und mit Schwung an die Decke des Lokals werfen. Einmal im Jahr werden die Geldscheine eingesammelt und für einen guten Zweck gespendet, wie beispielsweise für soziale und medizinische Versorgungseinrichtungen in den umliegenden Ortschaften. Zum Motel gehört neben einem Campingplatz ein voll eingerichtetes Blockhaus, das man für 120 $ pro Nacht mieten kann, die übrigen Motelzimmer mit Küche kosten 65 $. Im Freien werden auf dem BBQ-Grill herzhafte Spare Ribs, Ribeye-Steaks und Red Snapper gegrillt. Im Restaurant gibt es BBQ vom Holzofengrill. 750 g Steak für 2 Pers. und Nachtisch 40 $, Spare Ribs 17 $ (330 Terwer Riffle Rd., Tel. 707-482-8145, http://steelheadlodgeklamath.com).

Camping ▶ Klamath Camper Corral: 18151 Hwy 101, Tel. 707-482-5741, www.campercorral.net. Idyllisch gelegener, gepflegter Platz für RV und Zelte, abends Campfeuer; Gemeinschaftsküche und beheizter Außenpool.

Crescent City ▶ 3, B 2

Karte: S. 395

Nördlichste Küstenstadt Kaliforniens vor der Oregon-Grenze ist mit dem 7000 Einwohner großen **Crescent City** 14 eine Ortschaft, die bis heute blieb, was sie schon vor Jahrzehnten war – ein relativ isolierter Außenposten. Der Durchgangsverkehr zwischen Seattle und San Francisco rauscht auf dem außerhalb verlaufenden Highway 101 vorbei, während der Ort selbst als Fischereihafen und als

Etappenziel für Urlauber eine Rolle spielt. Viel zu sehen gibt es in Crescent City allerdings nicht. Auch das Ortsbild kann mit anderen Küstengemeinden seit dem Jahr 1964 nicht mehr konkurrieren. Damals erschütterte ein extrem starkes Erdbeben den Prince William Sound in Alaska und löste einen Tsunami aus, der Stunden später die Küste erreichte und 29 Straßenblocks mit über 300 Gebäuden im Kern der Stadt zerstörte. Da eine Flutwarnung rechtzeitig eingetroffen war, konnten die meisten Einwohner rechtzeitig evakuiert werden. Elf Menschen starben.

Was Crescent City an interessanter Architektur nicht bieten kann, macht es durch Postkartenansichten der Küste wett. Der **Pebble Beach Drive** führt direkt an der Wasserkante entlang, vorbei an großen und kleinen, zum Teil recht düster wirkenden Felszacken in der Brandung, die von der ständigen Grabarbeit des Pazifiks zeugen. Neben zerzausten Baumkronen demonstrieren auch riesige, am Strand aufgehäufte Treibholzberge und Hügel von ausgerissenem Seegras den immerwährenden Kampf der Naturgewalten. Am südlichen Ende der Panoramastraße ziert das 1856 in Betrieb genommene und 1953 auf automatischen Betrieb umgestellte hübsche **Battery Point Lighthouse** eine winzige Insel, die vom Festland nur bei Ebbe über eine schmale Landbrücke erreichbar ist. Der Leuchtturm leitet mit seinem Lichtstrahl zwar nach wie vor Schiffe um die gefährlichen Gewässer, dient aber auch als nautisches Museum (Anfang April–Sept. Mi–So 10–16 Uhr, Führungen Erw. 3 $, Kin. 1 $).

Südlich von Crescent City biegt die Enderts Beach Road zum 2 Meilen entfernten **Crescent Beach Overlook** ab. Der Aussichtspunkt liegt wie eine Felskanzel hoch über der Steilküste und gibt den Blick frei sowohl nach Süden auf den zerklüfteten Pazifiksaum als auch nach Norden auf den sandigen Crescent Beach und Crescent City im Hintergrund. Er ist eine hervorragende Stelle, um Grauwale auf ihrer Reise von den arktischen Gewässern in die warmen Meeresregionen der Baja California zu beobachten, wo sie ihre Kälber zur Welt bringen. Sie schwimmen mit einem Tempo von 3 Meilen pro Stunde zwischen November und Dezember in südlicher Richtung und von Januar bis April in nördlicher Richtung. In der Nähe beginnen zwei Wanderpfade Der Overlook liegt am Wanderpfad Last Chance Trail, nördlichster Abschnitt des California Coastal Trails.

Jedediah Smith Redwoods State Park 15

Nördlichster Teil des Redwood National Park ist der nach dem ersten Trapper in dieser Gegend benannte **Jedediah Smith Redwoods State Park** östlich von Crescent City. In diesem knapp 4000 ha großen Gebiet stehen 19 einzelne Wäldchen mit Redwood-Bäumen unter Schutz. Vom Parkeingang am Highway 101 windet sich die ehemalige Postkutschenroute Howland Hill Road durch eine Galerie imposanter Riesenbäume zur **Stout Grove**, wo der Stout Tree mit 104 m Höhe bei einem Durchmesser von knapp 5 m alle anderen Bäume in den Schatten stellt.

Infos

Del Norte County Chamber Of Commerce: 1001 Front St., Crescent City, Tel. 1-800-343-8300, http://www.northerncalifornia.net.

Übernachten

Sehr ländlich ▶ **Coastal River Farmhouse:** 8 Meilen nördlich in Fort Dick, 7500 Bailey Rd., Tel. 707-954-5640, www.coastalriverfarmhouse.com. Hübsches, ruhig gelegenes Farmhaus aus dem Jahr 1907 mit TV und komplett eingerichteter Gemeinschaftsküche. Für bis zu 6 Personen 110 $.

Leider in Straßennähe ▶ **Curly Redwood Lodge:** 701 Hwy 101 S., Tel. 707-464-2137, www.curlyredwoodlodge.com. Aus dem Holz eines einzigen Redwood-Baumes gebautes Motel mit Standardzimmern, Inneneinrichtung mit schön gemasertem Holz. DZ im Sommer ab 65, im Winter ab 55 $.

Camping ▶ **Crescent City Redwoods KOA:** 4241 Hwy 101 North, Tel. 707-464-5744, www.crescentcitykoa.com. Campingplatz mit Fahrradverleih inmitten der Redwoods, auch Cabins).

Nördliche Bergregion

Nordkaliforniens berühmtes Schaustück mag die wildromantische Küste sein. Aber auch in der weniger bekannten nördlichen Bergregion verstecken sich beeindruckende Landschaften und Attraktionen. Sie liegen zwar abseits der großen Touristenrouten, sind deshalb aber nicht weniger sehenswert – von der Wiege des kalifornischen Goldrausches bis zu den majestätischen Vulkankegeln des Kaskadengebirges.

Gold Country ▸ 3, E/F 7/8

Sozusagen über Nacht brach in Kalifornien am 24. Januar 1848 ein neues Zeitalter an. Beim Bau einer Sägemühle entdeckte der für Johann August Sutter (s. S. 34) arbeitende James Marshall in Coloma am Ufer des American River in einem ausgehobenen Graben glitzernde Körnchen. Ein genauer Blick ließ keine Zweifel offen: Es handelte sich um Gold. Die zunächst geheim gehaltene Sensation verbreitete sich in den folgenden Wochen wie ein Lauffeuer und löste den kalifornischen Goldrausch aus; zugleich veränderte sie die politische und demografische Landkarte des amerikanischen Westens von Grund auf.

In der Geschichte der USA gab es keinen anderen Tag, an dem eine einzige Nachricht eine solche Massenbewegung auslöste wie am 5. Dezember 1848 eine Erklärung des amerikanischen Präsidenten. James Polk präsentierte den staunenden Abgeordneten im US-Kongress einen Beutel voller Goldklumpen, die im American River in Coloma gefunden worden waren. Die Meldung verbreitete sich wie ein Lauffeuer und setzte einen gewaltigen Strom von Glücksrittern in die kalifornischen Goldfelder in Gang. Bereits zweieinhalb Jahre nach Marshalls Entdeckung wurde die bis dahin unter mexikanischer Verwaltung stehende Provinz Alta California 1850 unter dem Namen Kalifornien als 31. Mitglied in den Kreis der US-Bundesstaaten aufgenommen. Zehn Jahre später näherte sich die Einwohnerzahl des Golden State bereits der 400 000-Marke. Spuren des Goldrausches, der diese bahnbrechenden Veränderungen einleitete, sind an der westlichen Flanke der Sierra Nevada heute noch im sogenannten Gold Country sichtbar, wo die damals entstandenen Goldgräbercamps zu respektablen Ortschaften heranwuchsen, zu Geisterstädten verfielen oder von den Landkarten ganz verschwanden. Grob in Nord-Süd-Richtung verlaufend, bildet **Highway 49** in dieser friedlichen Landschaft quasi die Goldader, an der sich die Schauplätze des Goldrausches wie Perlen einer Kette aneinanderreihen (www.historichwy49.com).

Sonora

Im 4000-Seelen-Städtchen **Sonora** ließen sich zu Beginn des Goldrausches Bergleute aus dem mexikanischen Sonora nieder und gaben ihrer neuen Heimat diesen Namen. Wie stumme Zeugen einer glänzenden Vergangenheit stehen im Bradford Street Park ausgediente Bergbauausrüstungen wie eine Maschine, mit der man goldhaltiges Erz zerkleinerte. Auch das im ehemaligen Gefängnis untergebrachte **Tuolomne County Museum** erinnert mit historischen Fotografien, Waffen und Goldfunden an Kaliforniens glanzvolles Zeitalter (158 W. Bradford Ave., Tel. 209-532-1317, www.tchistory.org, unterschiedliche Öffnungszeiten). Unter den historischen Gebäuden der Stadt befindet sich das außerhalb am Jackass Hill wieder aufgebaute Blockhaus von Bret Harte und Mark Twain, in dem der Schriftsteller 1864 an seinem ersten Werk »Der berühmte Springfrosch von Calaveras County« arbeitete.

Früher wurde Sonora die Königin der südlichen Minen genannt. Trotz dieser Reputation waren unter den Einwohnern offenbar viele zwielichtige Gestalten. Vielleicht hatte Regisseur Fred Zinnemann dies vor Augen, als er sich 1952 für den Ort als Kulisse des später zum Klassiker gewordenen Western »Zwölf Uhr mittags« mit Gary Cooper und Grace Kelly entschied. Nach den im Film gezeigten Häuserzeilen sucht man heute vergebens. Ein Großbrand vernichtete 1966 die meisten alten Bauten.

Columbia

Nördlicher Nachbar von Sonora ist das nur halb so große **Columbia,** wo zu Boomzeiten innerhalb von 20 Jahren Gold im Wert von über 90 Mio. $ gefördert wurde. Ein Dutzend Straßenblocks im historischen Zentrum wurden als State Historic Park so restauriert, dass man sich in diesem mit Geschäften, Boutiquen, Restaurants und Saloons ausgestatteten Freilichtmuseum einen lebhaften Eindruck von der Vergangenheit verschaffen kann (Tel. 209-588-9128, www.columbiacalifornia.com, April–Mitte Okt. tgl. 10–17 Uhr, Eintritt frei).

Sonora-Pass

Landschaftlich können nur wenige Bergstrecken in der Sierra Nevada mit dem in Sonora beginnenden Highway 108 konkurrieren, der über den 2934 m hohen **Sonora-Pass** Richtung Bridgeport an die Ostflanke des Gebirges führt. Auf der Westseite des zweithöchsten Passes der Sierra zieht sich die im Winter gesperrte Straße durch Wälder mit mächtigen Ponderosakiefern, die mit jedem Höhenmeter lichter werden. Jenseits der Passhöhe, auf welcher der Fernwanderweg Pacific Crest Trail verläuft, sorgt der Regenschatten für eine viel kargere Vegetation. Da die Straße auf einigen Abschnitten eng und steil ist, sollte man sie mit Campmobilen nicht befahren.

Angels Camp

Einmal im Jahr platzt die kleine Ortschaft **Angels Camp** aus allen Nähten. Jeweils im Mai findet das **Jumping Frog Jubilee** statt, das an Mark Twains Erzählung (s. o.) erinnert und zu dem Tausende Besucher anreisen. Bei diesem Wettkampf treten so genannte Frog Jockeys mit ihren Fröschen an und versuchen, die Tiere zu möglichst großen Sprüngen zu animieren. Champions schaffen ca. 7 m.

Placerville ► 3, F 7

Durch schattige Eichenwälder gelangt man nach **Placerville,** die mit fast 10 000 Einwohnern größte Ortschaft am Mother Lode Highway, wie Highway 49 auch genannt wird. Während der Goldschürferzeiten gehörte es zu den wildesten Siedlungen und machte als ›Justizzentrum‹ seinem Beinamen Hangtown dadurch alle Ehre, dass Desperados in der Regel schonungslos abgeurteilt wurden. Im Ort kreuzten sich eine Postkutschenlinie, die Route der Postroute Pony Express und wichtige Telegrafenverbindungen und trugen zur Bedeutung von Placerville bei.

Wer heute das Flair der Vergangenheit aufspüren will, spaziert durch den hübschen Ortskern, in dem keine Hausfassade der anderen gleicht. Oder besucht das **El Dorado County Historical Museum,** wo ein Pionier-Camp mit einem Laden, Eisenbahn- und Holzfällergerät und eine historische Postkutsche vergangene Zeiten wieder aufleben lassen (104 Placerville Dr., Tel. 530-621-5865, http://co.el-dorado.ca.us/museum, Mi, Sa 10–16, So 14–16 Uhr).

Auch der nördlich der Stadt liegende **Gold Bug Park** konserviert die lokale Bergbaugeschichte mit Maschinen, Geräten und einer richtigen Goldmine, in deren engen Stollen Guides den Gästen demonstrieren, wie früher Gold aus den Erzadern gemeißelt wurde (2635 Goldbug Lane, Tel. 530-642-5207, www.goldbugpark.org, Parkzeiten Anfang

aktiv unterwegs

Als Goldwäscher am American River

Tour-Infos

Start: Gold Discovery Museum im Marshall Gold Discovery State Historic Park in Coloma
Anmeldung und Information: Gold Discovery Museum & Visitor Center, 310 Back St., Tel. 530-622-3470, www.parks.ca.gov, tgl. 10-16, im Winter bis 15 Uhr
Gebühren: Parkeintritt 8 $, Parken 6 $
Kurse: Im Sommer Sa, So 10–15 Uhr

In Coloma am American River betreten Besucher historischen Boden. Ein gewisser **James W. Marshall,** der eine einfache **Holzhütte** bewohnte, entdeckte am 24. Januar 1848 zufällig Gold, als er das Fundament für eine heute rekonstruierte **Sägemühle** aushob. Wer glaubt, dass die edelmetallenen Zeiten längst vorüber sind, irrt. Noch immer findet man Gold im Flussbett – etwas Glück und Geduld vorausgesetzt.

Wo und wie wäscht man Gold? Starthilfe gibt das **Gold Discovery Museum & Visitor Center,** wo man Goldwaschpfannen bzw. Broschüren für Anfänger bekommt. Anschaulich schildert ein Vier-Minuten-Video, wie man zum Glücksritter wird. An Wochenenden kann man sich von Parkrangern zeigen lassen, wie die Goldsuche funktioniert. Einzig erlaubte Arbeitsstätte am Fluss ist das über die **Mount Murphy Bridge** erreichbare Ostufer des **American River.** Außer Goldpfannen darf man dort keine Ausrüstungsgegenstände benutzen.

Man sucht sich auf einem seichten Flussabschnitt eine Stelle, an der sich mit der Pfanne Sand und loses Geröll aufnehmen lässt, beseitigt größere Steine und schwingt die gefüllte Pfanne im Wasser mit rotierenden Bewegungen, damit schwerere Goldkrümel absinken und sich letztlich auf dem Boden der Pfanne sammeln können. Wer erst einmal eine Trainingsstunde auf dem Trockenen absolvieren will, hat dazu bei **Bekeart's Gun Shop** Gelegenheit, wo man gegen eine Gebühr von 7 $ an langen Holzrinnen hinter dem Haus üben kann. Hat man bei der Goldsuche kein Glück, will die Lieben zuhause aber trotzdem mit einem glitzernden Körnchen Edelmetall überraschen, bleibt nur noch eine Möglichkeit: der Kauf. Mini-Nuggets werden in den meisten Geschäften in Coloma angeboten.

Wer an einem nicht-materiellen Souvenir interessiert ist, kann sich in einer kleinen Kirche auf romantische Weise trauen lassen (www.coloma.com/visitor/weddings.php).

April–Ende Okt. tgl. 10–16, sonst Sa, So 12–16 Uhr, Erw. 5 $, Kinder 3–9 J. 2 $).

Infos

El Dorado County Chamber of Commerce: 542 Main St., Placerville, CA 95667, Tel. 530-621-5885, www.eldoradocounty.org.

Übernachten

Traumhaftes B & B ▶ **Bella Vista B & B:** 581 Cold Springs Rd., Tel. 530-622-3456, www.bellavistainc.net. Edel mit Antiquitäten eingerichtete Villa mit gepflegten Suiten, die über moderne Badezimmereinrichtungen, WLAN, Satelliten-TV und zum Teil Küchen verfügen, Frühstück inkl. Ab 169 $.

Gepflegtes Haus ▶ **The Seasons:** 2934 Bedford Ave., Tel. 530-626-4420, www.theseasons.net. B & B in einem Haus von 1859 mit umlaufender Terrasse. Antikes Mobiliar und zahlreiche Kunstwerke verleihen der Unterkunft ein wohnliches Flair. Zum Haupthaus gehören zwei Cottages. 100–165 $.

Einkaufen

Schöner wohnen ▶ **Sierrra Country Home:** 398 Main St., Tel. 530-344-0660, www.sierracountryhome.com. Lampenschirme mit Grizzlymotiven, pelzige Bettüberwürfe, Dekorationen im Westernstil und was der Blockhüttenbesitzer sonst für ein gemütliches Heim benötigt. Mo–Sa 9–18 Uhr.

Coloma ▶ 3, F 7

Das mitten in der Provinz liegende Coloma macht mit seiner Ghosttown-Atmosphäre auf heutige Besucher nicht den Eindruck, als hätte es durch die Goldfunde 1848 die Geschicke Kaliforniens und sogar der USA verändert. Auf dem historischen Grund und Boden am Ufer des American River dehnt sich der **Marshall Gold Discovery State Historic Park** aus, der aus einem Musem und einem winzigen Dorf besteht. Ein Denkmal erinnert an James Marshall, der durch die zufällige Entdeckung von Gold in die Geschichtsbücher einging.

Auburn ▶ 3, F 7

Besser als andere ehemalige Goldsuchercamps hat Auburn den Übergang von der Zeltsiedlung zur modernen Stadt in den Griff bekommen. Vielleicht hing dies mit der verkehrsgünstigen Lage direkt an der Interstate 80 zusammen, die zu den wichtigsten Ost-West-Verbindungen über die Sierra Nevada gehört. Nur einige Schritte von der dröhnenden Schnellstraße entfernt, erinnert in Old Town die überdimensionale Skulptur eines Goldsuchers an alte Zeiten. Gebäude aus Holz und rotbraunen Ziegeln, darunter ein Feuerwehrhaus von 1893 mit Turm, Souvenirläden, Restaurants und Kneipen machen den alten Kern von Auburn sehenswert. Die neue Stadt, die am neoklassizistischen Courthouse von 1898 vorbei die Berghänge hinaufwucherte, ist heute mit fast 13 000 Einwohnern der größte Ort im Gold Country.

Wer, mit einer Eisenpfanne ausgestattet, an einem Bach selbst als Goldsucher aktiv werden möchte, hat dazu im **Gold Country Museum** Gelegenheit, wo die unterschiedlichen Methoden der Goldgewinnung erklärt und ausgediente Bergbaugerätschaften ausgestellt werden (1273 High St., Tel. 530-889-6500, keine Website, Di–So 11–16 Uhr, Eintritt frei). Die eng mit dem Goldrausch verbundene Geschichte der Region dokumentiert das **Placer County Museum** im Courthouse, beschäftigt sich anhand mehrerer hundert Exponate aber auch mit der indianischen Urbevölkerung (101 Maple St., Tel. 530-889-6500, www.placer.ca.gov, tgl. 10–16 Uhr, Eintritt frei).

Übernachten

Nostalgisch ▶ **Powers Mansion Inn:** 195 Harrison Ave., Tel. 530-305-5052, www.powersmansioninn.com. Großes viktorianisches Anwesen vom Ende des 19. Jh. mit 15 dekorativ eingerichteten Zimmern. DZ ab 140 $.

Große Zimmer ▶ **Best Western Golden Key:** 13450 Lincoln Way, Tel. 530-885-8611, http://bestwesterncalifornia.com/hotels/best-western-golden-key. 68 Zimmer großes Motel in einer Parkanlage außerhalb des Zentrums. Die Zimmer sind sauber und wohnlich eingerichtet, inkl. Frühstück. DZ ca. 100 $.

Essen & Trinken

Schmackhafte Küche ▶ **Awful Annie's:** 160 Sacramento St., Tel. 530-888-9857, http://awfulannies1.homestead.com, tgl. 8–15 Uhr, Dinner Do–Sa 17–20.30 Uhr. Manche Gerichte haben einen hawaiianischen Einschlag. Unter den Süßspeisen ist der Bread Pudding mit Brandysauce der Renner. Ab ca. 8 $.

Einkaufen

Frisch aus dem Obstgarten ▶ **Ikedas:** 13500 Lincoln Way, Tel. 530-885-4243, www.ikedas.com. Mandeln, Nüsse, Erdbeeren, Äpfel, Pflaumen oder Pfirsiche, alles was rund um Auburn wächst, wird frisch angeboten.

Grass Valley ▶ 3, F 6

Empire Mine State Historic Park

Der kalifornische Goldrausch war bereits in vollem Gang, als die 11 000 Einwohner zählende Gemeinde Mitte des 19. Jh. gegründet wurde. Ihre Anonymität legte sie schnell ab, als die Empire Mine die Produktion aufnahm und sich im Laufe der Zeit als größte und ergiebigste Goldmine Kaliforniens herausstellte. Zwischen 1850 und der Schließung 1956 förderten die Kumpel einen Riesenschatz von schätzungsweise 170 t Gold. Längst dient der **Empire Mine State Historic Park** mit alten Handwerksschuppen, Lagerhallen, Maschinen, Erzloren, verrosteten Eisenteilen und einem originalen Schacht nur mehr als Touristenattraktion. In Zukunft soll eine Untertagebahn wiedereingesetzt werden, mit der Besucher in das riesige Stollennetz von ca. 600 km Länge einfahren können.

Auf dem Gelände steht in einer bewaldeten Parkanlage mit dem **Bourn Cottage** der Wohnsitz des früheren Minenbesitzers William Bourn. Das an einem idyllischen Teich mit Brunnen gelegene märchenhafte Anwesen beweist, dass der Hausbesitzer nicht nur über ein riesiges Vermögen, sondern auch über Geschmack verfügte (10791 E. Empire St., Tel. 530-273-8522, www.empiremine.org, Juli–Sept. 9–18 Uhr, sonst kürzer, Erw. 5 $, Kinder 6–16 J. 1 $).

Mining Museum

Um Bergbaumemorabilien geht es im **North Star Power House,** das eine erlesene Sammlung von Gerätschaften besitzt. Star der Ausstellungen ist der drei Stockwerke hohe Vorgänger eines Turbinenrades, der zur Produktion von Strom durch Wasserkraft verwendet wurde (Mill St., Tel. 530-273-4255, keine Website, Mai–Mitte Okt. tgl. 10–16 Uhr, Eintritt nach eigenem Ermessen).

Lola Montez und Lotta Cabtree

In der Goldrauschära war Grass Valley so bekannt, dass es sogar Berühmtheiten in die Bergwildnis zog, unter ihnen die irische Tänzerin **Lola Montez,** auch bekannt als ehemalige Geliebte des Bayernkönigs Ludwig I. In einer Nachbildung ihres Wohnhauses, das sie 1853 kaufte, ist das **Tourismusbüro** untergebracht (248 Mill St., Tel. 530-273-4667, www.grassvalleychamber.com). In der Nachbarschaft hat das **Lotta Crabtree House** den Zeitenwechsel überdauert. In dem heute privaten Anwesen brachte Lola Montez der damals 6-jährigen Lotta Crabtree, die später ein gefeierter Bühnenstar werden sollte, die ersten Tanzschritte bei (238 Mill St.).

Nevada City ▶ 3, F 6

Mit hübschen viktorianischen Häusern, Ziegelfassaden und historischen Straßenlaternen gehört Nevada City zu den am besten erhaltenen Gold-Rush-Städten. Über 90 Gebäude im Ortskern stehen unter Denkmalschutz, darunter mit dem 1865 eröffneten **Old Nevada Theatre** die älteste Bühne Kaliforniens (www.nevadatheatre.com).

Der Eindruck drängt sich auf, dass die Gemeinde das Ende des Bergbaubooms besser verschmerzte als andere und im Touristengeschäft einen lohnenden Ersatz fand. In den meisten anderen Goldgräberorten war *hard rock mining* die probate Methode zur Goldgewinnung, d. h. der gewachsene Fels wurde aufgebrochen und zerkleinert. In Nevada City hingegen setzte sich das sogenannte *placer mining* durch, bei dem loser Sand und Gestein gewaschen und gesiebt wird. Schon bald erwies sich die hydraulische Goldsuche als profitabler, bei der mit unter hohem Druck stehendem Wasser ganze Bergrücken abgetragen wurden. Als die Bergbauzeit zu Ende ging, war Gold im Wert von über 400 Mio. $ gefördert worden.

Railraod und Firehouse Museum

Verlässliche Transportwege waren für bergbauliche Aktivitäten und Personentransport im 19. Jh. von größter Bedeutung. Die Nevada-County-Schmalspurbahn verkehrte 66 Jahre lang auf dem 22 Meilen langen Schienenweg von Nevada City über Grass Valley bis nach Colfax an der heutigen I-80, von wo Anschluss an das weiterführende Eisenbahnnetz bestand. Im Zuge der Schließung der letzten Minen stellte die Bahn 1942 ihren Betrieb ein.

Im **Nevada County Narrow Gauge Railroad Museum** zeigt man alte Loks, Waggons und Bahnausrüstungen (5 Kidder Court, Tel. 530-470-0902, www.ncngrrmuseum.org, Mai–Okt. Fr–Di 10–16, Nov.–April Sa, So 10–16 Uhr, Eintritt frei).

Am häufigsten fotografiertes Gebäude im Ort ist das **Firehouse No. 1 Museum,** ein 1861 in Betrieb genommenes Feuerwehrhaus, das Anfang des 20. Jh. mit einer viktorianischen Fassade samt Balkon und Türmchen ausgestattet wurde. Neben indianischen Exponaten und Teilen zweier früher vor Ort stehender chinesischer Tempel sind Alltagsgegenstände aus der Vergangenheit ausgestellt (214 Main St., Tel. 530-265-5468, im Sommer Fr, Sa 12–15, Okt.–Mai geschl.).

Infos

Chamber of Commerce: 132 Main St., Nevada City, CA 95959, Tel. 530-265-5468, http://nevadacountyhistory.org/FirehouseMuseum.aspx, Di–So 12–16 Uhr).

Übernachten

Historisches Ambiente ▶ Red Castle Inn: 109 Prospect St., Tel. 530-265-5135, www.redcastleinn.com. Viergeschossiges historisches Gebäude mit Garten, im Stil des 19. Jh. eingerichtete Gästezimmer. 120–170 $.

Logieren im Grünen ▶ Harmony Ridge Lodge: 18883 East Hwy 20, Tel. 530-478-0615, http://harmonyridgelodge.com. Wohnlich eingerichtete Gästezimmer in einem außerhalb der Ortschaft gelegenen Anwesen. So–Do ab 135 $, Sa, So ab 150 $.

Charmant und gemütlich ▶ Outside Inn: 575 E. Broad St., Tel. 530-265-2233, www.outsideinn.com. Beliebt bei Radlern und Wan-

Viktorianische Gebäude verleihen Nevada City ein romantisches Flair

derern, mit kleinem Pool und zentral gelegen. Jedes Zimmer ist individuell eingerichtet, das gemütliche Cottage verfügt sogar über eine Küche. Die Besitzer können Wandertipps geben. DZ ab 80 $.

Camping am Wasser ▶ **Scotts Flat Lake Campground:** 5 Meilen östlich von Nevada City abseits Hwy 20, Tel. 530-265-5302, www.scottsflatlake.net. Gelände für Campmobile mit Toiletten, warmen Duschen, Picknicktischen und Strand zum Baden.

Essen & Trinken

Authentische Küche ▶ **Las Katarinas:** 311 Broad St., Tel. 530-478-0275, www.laskatarinas.com, So–Do 11–21, Fr, Sa 11–22 Uhr. Das freundliche Personal serviert die ganze Bandbreite mexikanischer Gerichte, auch vegetarische Küche. Ab ca. 8 $.

Sacramento Valley

▶ D/E 4–7

Der nördlich der Hauptstadt Sacramento liegende Teil des Central Valley dehnt sich bis in das 87 000 Einwohner große Redding aus und ist als Sacramento Valley bekannt. Die Region leitet ihren Namen vom Sacramento River ab, dem längsten Fluss Kaliforniens. Er entspringt in der Mount-Shasta-Region und mündet nach 384 Meilen im Sacramento Delta. Auf seinem Weg leistet er Schwerstarbeit, weil er riesige Ländereien bewässern muss, auf denen Reis, Weizen, Oliven, Obst, Mais, Futterklee, Tomaten und Gemüse angebaut werden. Früher waren diese Agrarflächen einmal größtenteils von Auwäldern bestanden, von denen heute nur noch ungefähr 5 % übrig geblieben sind.

Redding ► 3, D 4

Zwei Autostunden nördlich von Sacramento gilt Redding nach Yuma in Arizona als sonnenreichste Stadt der USA. Bis in den späten September klettern die Temperaturen nicht selten auf fast 40 °C im Schatten – für viele Einheimische Grund genug, Abkühlung in der höher gelegenen Bergwelt oder an den zahlreichen Seen zu suchen. Der Shasta Lake wird an heißen Wochenenden ebenso zum viel besuchten Ziel wie der McArthur Burney Falls Memorial State Park, in dem das aus einer eiskalten Quelle stammende Wasser der 40 m hohen Burney Falls über Basaltklippen stürzt und in den Lake Britton fließt.

Sundial Bridge

Redding spielt im nordkalifornischen Binnenland vor allem als Verkehrsknotenpunkt und Versorgungszentrum eine Rolle. Touristisch erfährt es seit 2004 wegen der Eröffnung der 213 m langen **Sundial Bridge** über den Sacramento River mehr Aufmerksamkeit. Das vom international renommierten spanischen Architekten Santiago Calatrava entworfene Bauwerk zieht viele Besucher an, die sich für die futuristische Glas- und Stahlkonstruktion interessieren. Das gilt hauptsächlich für den 66 m hohen, um 4 Grad geneigten Pylon, an dem die Fußgängerbrücke mit 14 Stahlkabeln verankert ist und der mit seinem Schattenwurf die größte Sonnenuhr der Welt bildet.

Turtle Bay Exploration Park

Die Sundial Bridge steht im 120 ha großen **Turtle Bay Exploration Park,** zu dem ein Amphitheater und eine Konzerthalle gehören. Im Turtle Bay Museum sind insbesondere auch jene Ausstellungen interessant, die sich mit den Wintu-Indianern beschäftigen, die vor Ankunft der weißen Pioniere zu Beginn des 19. Jh. im Sacramento Valley lebten. Kinder begeistert das Aviarium mit Hunderten bunter Schmetterlinge (1335 Arboretum Dr., Tel. 530-243-8850, www.turtlebay.org, tgl. 9–17 Uhr, im Winter Mo, Di geschl., Erw. 14 $, Kinder 4–12 J. 10 $).

Infos

Convention & Visitor's Bureau: 777 Auditorium Drive, Redding, CA 96001, Tel. 530-225-4100, www.visitredding.com.

California Welcome Center: 10 Meilen südlich von Redding an der I-5, Exit Anderson. Informationen über ganz Kalifornien.

Übernachten

Zahlreiche preisgünstige Motels liegen entlang der I-5 bzw. am Hilltop Drive.

Mit allem drum und dran ► **Best Western Hilltop Inn:** 2300 Hilltop Drive, Tel. 530-221-6100, www.thehilltopinn.com. Komfortables Haus mit Pool, Sauna sowie Restaurant. DZ 130–149 $.

Freundliche Unterkunft ► **Tiffany House:** 1510 Barbara Rd., Tel. 530-244-3225, www.tiffanyhousebb.com. Gemütliches, in einem Wohngebiet liegendes B & B mit 3 Zimmern und einem Cottage mit Whirlpool. DZ 125–170 $.

Camping ► **Premier RV Park:** 280 Boulder Dr., Tel. 530-246-0101, www.premierrvresorts.com. Komfortabler Campingplatz mit Pool beim WaterWorks Park.

Essen & Trinken

Nichts für Vegetarier ► **Jack's Grill:** 1743 California St., Tel. 530-241-9705, www.jacksgrillredding.com, Mo–Sa 17–23 Uhr. Lebhaftes Lokal, das allerdings eher einer Trinkhalle ähnelt. Die vor allem von Einheimischen frequentierte Bar hat wesentlichen Anteil daran. Steakliebhaber träumen von den deftigen Fleischspeisen, die preiswert auf den Tisch kommen. Steak 11–26 $.

Die Sundial Bridge in Redding: Wallfahrtsort für Liebhaber moderner Architektur

Einkaufen

Toller Konsumkomplex ▶ Mount Shasta Mall: Dana Dr., www.mtshastamall.com, Mo–Sa 10–21, So 11–18 Uhr. Große Kaufhäuser wie Macy's, Sears und JC Penney.

Abends & Nachts

Spielcasino ▶ Win-River Casino: Indianisches Spielkasino 6 Meilen südlich der Stadt am Hwy 273 (2100 Redding Rancheria Rd., Tel. 530-243-3377, www.win-river.com).

Aktiv

Radfahren ▶ Redding Sports Ltd: 950 Hilltop Dr., Tel. 530-221-7333, www.reddingsportsltd.net. Radverleih für Touren beispielsweise am Sacramento River entlang (www.traillink.com/trail/sacramento-river-trail-(redding).aspx).

Spaß im Wasser ▶ WaterWorksPark: 151 N. Boulder Dr., www.waterworkspark.com, unterschiedliche Öffnungszeiten. Badespaß mit Strömungskanälen, Wasserfällen und diversen Wasserrutschen, Erw. 19 $, Kinder ab 3 J. 15 $.

Termine

Redding Rodeo: Mai. Großes Rodeo mit vielen Wettbewerben (www.redding rodeo.com).

Silent Film Fest: Okt. Seit 2006 stattfindendes Filmfestival (www.shastaartscouncil.org).

Verkehr

Bahn: Amtrak Station, 1620 Yuba St., Tel 1-800-872-7245, www.amtrak.com. Redding wird vom Coast Starlight bedient, der zwischen Los Angeles und Seattle pendelt.

Bus: Greyhound Bus Lines Terminal, Ecke Butte/Pine Sts., Tel. 530-241-2070, www.greyhound.com.

Whiskeytown Lake und Shasta Lake ▶ 3, D 4

Aus dem zentralen Bergland von Nordkalifornien fließen außer dem Sacramento River viele Flüsse und Bäche talwärts, deren Wasser schon seit Jahrzehnten in Stauseen aufgefangen und zwecks Bewässerung ins Central Valley weitergeleitet wird. Mit dem Bau der Reservoirs entstanden aber nicht nur gigantische Wasserspeicher, sondern auch Wasserkraftwerke und attraktive Freizeitziele.

Nordwestlich von Redding breitet sich am Highway 299 der **Whiskeytown Lake** aus. Ein 1963 eingeweihter Damm staut das Wasser des Trinity River zu einem See mit Marinas, Picknick- und Campingplätzen, Badestränden und versteckten Buchten. Längst haben Urlauber das Gewässer als Freizeitgebiet entdeckt und feiern an manchen Abschnitten des 60 km langen Ufers wie bei Oak Bottom im Hochsommer ausgelassene Strandfeste.

Ein zweiter Stausee dehnt sich im Norden von Redding direkt an der I-5 hinter einem 183 m hohen Damm aus. Der seit 1945 aufgestaute **Shasta Lake** gilt mit einer 365 Meilen (584 km) langen Uferlinie als größtes künstliches Gewässer in Kalifornien. Zahlreiche Unterkunftsmöglichkeiten, zehn Bootsanlegestellen, ca. zwei Dutzend Campingplätze, teilweise direkt an der Wasserkante, Hunderte Buchten, Anglerplätze, Wasserskibasen und Wanderpfade machen ihn zu einem populären Naherholungsziel.

Märchenhafte Unterwelt

Beim Exit O'Brien von der I-5 weisen Schilder den Weg von der Ausfahrt zu jener Stelle, an der eine Fähre Besucher über den See bringt. Von dort aus wird die letzte Wegstrecke zu den **Shasta Lake Caverns** im Bus zurückgelegt. Bevor das aufgestaute Gewässer den Zugang zu den Kalksteinhöhlen mit Stalaktiten und Stalagmiten erleichterte, war das Naturwunder Wanderern vorbehalten, die einen langen Anmarsch nicht scheuten. Die das ganze Jahr über 15 °C kühle, märchenhafte Unterwelt ist durch Pfade gut erschlossen und ausgeleuchtet, sodass man die prächtigen, etwa 1 Mio. Jahre alten Tropfsteinformationen im Cathedral Room und den anderen sieben Höhlenräumen betrachten kann (20359 Shasta Caverns Rd., Lakehead, CA 96051, Tel. 530-238-2341, www.lakeshastacaverns.com, Ende Mai–Anfang Sept. halbstdl. 9–16, April, Mai und Sept. halbstdl. 9–16, April, Mai und Sept. 9–15, Okt.–März 10, 12 u. 14 Uhr, Erw. 22 $, Kin. 3–15 J. 13 $).

14 Lassen Volcanic National Park ► 3, E 4

Im Osten von Redding beginnt im Bergland mit dem sogenannten Volcanic Legacy Scenic Byway eine Panoramastraße, die mehrere Feuerberge im Westen der USA miteinander verbindet (www.volcaniclegacybyway.org). Am Beginn der Route liegt am südlichen Ende der Cascade Range der 420 km² große Lassen Volcanic National Park mit dem 3187 m hohen Lassen Peak. 1921 begab sich der von ganzjährigen Schnee- und Eisfeldern bedeckte Vulkan nach aufregenden Jahren sozusagen in den vorläufigen Ruhestand. Ohne Vorankündigung war er im Mai 1914 ausgebrochen. Statistiker zählten in den folgenden sieben Jahren 289 Eruptionen unterschiedlicher Stärke. Lava und Vulkanasche zogen auch außerhalb des Parks liegende Gebiete in Mitleidenschaft.

Blubbernde Schlammkessel sind nur eine der vielen Attraktionen des Naturparks

Von Süden führt Highway 89 in den Park und erreicht mit **Sulphur Works** ein Thermalgebiet, das mit Fumarolen, blubbernden Schlammkesseln und nach Schwefelwasserstoff riechenden Erdlöchern Aufschluss über das aktive Innenleben der vulkanischen Region gibt. Um den 2429 m hohen Diamond Peak herum führt die Parkstraße am kleinen Emerald Lake vorbei auf einen Parkplatz, von dem aus man zu Fuß in einer halben Stunde das bekannteste Thermalgebiet des Parks erreichen kann. **Bumpass Hell** ist eine Senke mit blubbernden Schlammlöchern und gelben Schwefelablagerungen. Auf hölzernen Stegen können Besucher mitten durch diese unheimliche Teufelsküche spazieren.

Lake Helen und Lassen Peak

Am **Lake Helen** herrscht wieder eine alpine Bilderbuchszenerie. Noch im Frühsommer schwimmen Eisflächen auf dem türkisgrünen Gewässer, in dem sich der kegelförmige **Lassen Peak** spiegelt, mit 3187 m die höchste Erhebung innerhalb der Parkgrenzen. Östlich des Lassen Peak schlägt die Parkstraße einen großen Bogen um den 2652 m hohen Reading Peak und erreicht auf knapp 2100 m Höhe den inmitten einer reizvollen Wiesenlandschaft gelegenen Summit Lake mit zwei Campingplätzen am Nord- bzw. Südufer.

Manzanita Lake

Würde man unterwegs keine Stopps einlegen, könnte man auf der 35 Meilen langen Parkstraße (Hwy 89) in ca. einer Stunde den nördlichen Parkeingang erreichen. Der dort liegende von Wäldern eingerahmte **Manzanita Lake** gibt eine Postkartenansicht ab, wenn am Abend die letzten Sonnenstrahlen auf die mächtige Gipfelregion des Lassen Peak fallen und sich der Berg auf der Seeoberfläche spiegelt. Das in der Nähe liegende **Loomis Museum** ist nach B. F. Loomis benannt. Er hielt viele Eruptionen des Vulkans zwischen 1914 und 1915 auf Fotografien fest, die in den Ausstellungen neben seiner originalen Fotoausrüstung zu sehen sind. Das Museum dient auch als Besucherzentrum (Tel. 530-595-3399, Mai–Sept. tgl. 9–17 Uhr, sonst geschlossen).

Übernachten

Abgeschiedenes Refugium ▶ Drakesbad Guest Ranch: Tel. 530-529-1512, www.drakesbad.com, Anfang Juni–Mitte Okt. Die über 110 Jahre alte Ranch liegt abseits der Parkstraße im Warner Valley auf ca. 1700 m Höhe und bietet Reitausflüge an. Gäste schlafen in einfachen Zimmern ohne Elektrizität. DZ inkl. 3 Mahlzeiten ab ca. 280 $.

Einfache Ausstattung ▶ Lassen Mineral Lodge: Hwy 36 E., P. O. Box 160, Mineral, CA 96063, 9 Meilen südlich der südlichen Parkgrenze, Tel. 530-595-4422, www.minerallodge.com. Einfaches Motel mit Restaurant und Zimmern ohne TV u. Telefon. DZ ab 75 $.

Camping ▶ Butte Lake: 17 Meilen von der Old Station entfernter Platz mit Picknicktischen, Feuerstellen, bärensicheren Aufbewahrungen, Toiletten und Trinkwasser, 16 $. Außer diesem Campingplatz gibt es im Nationalpark noch 8 weitere.

Aktiv

Hiking ▶ Bumpass Hell Trail: Beginn des Wegs zu dieser thermischen Hexenküche beim Bumpass-Hell-Parkplatz an der Durchgangsstraße, hin und zurück 5 km. Insgesamt gibt es im Park 240 km Wanderwege.

Mount Shasta ▶ 3, D 3

Was der kalifornische Nordosten an urbanen Ballungsräumen nicht bietet, macht er durch Naturschönheiten wett: Wasserfälle, wilde Gebirgsflüsse, natürliche und aufgestaute Seen, undurchdringliche Wälder, Ranch-Landschaften und die majestätischen Berge der Cascade Range wie der 4317 m hohe Mount Shasta. Schon aus der Entfernung hebt sich der von fünf Gletschern bedeckte zweithöchste Vulkan der USA vom Horizont ab. 1786 rumorte es zum letzten Mal in seinem Innern, weshalb er von Wissenschaftlern als schlafend bezeichnet wird. Sehr tief scheint dieser Schlaf jedoch nicht zu sein. Im Kraterinnern blubbern heiße Schwefelquellen, die dem Naturkundler John Muir und seinem Bergpartner 1875 das Leben retteten. Während der Besteigung gerieten die beiden in einen Schneesturm und konnten sich vor dem Erfrieren nur dadurch retten, dass sie sich in heißen Schlamm eingruben.

Für Autotouristen hat der moderne Straßenbau die Annäherung an den Mount Shasta einfach gemacht. Der bestens ausgebaute **Everitt Memorial Highway** steigt 13 Meilen durch Wiesen und Wälder bis hinauf zum 2440 m hoch gelegenen Parkplatz bei Panther Meadow, wo nur noch wenige Bäume wachsen. Dort beginnen mehrere Wanderwege, u. a. der Pfad zum Gipfel.

Warum sich um den ebenmäßigen Kegel des Mount Shasta seit langem Geschichten von mysteriösen Urbewohnern, unterirdischen Kolonien, riesigen Energiefeldern und UFO-Landeplätzen ranken, ist unklar. Den Ursprung dafür mögen Indianer gelegt haben, die den Gipfel als Wohnsitz des großen Geistes Skell betrachten. Ende des 19. Jh. veröffentlichte ein gewisser Frederick Oliver einen Roman unter dem Titel »A Dweller on Two Planets« (Ein Bewohner zweier Planeten), in dem Oliver von riesigen Hallen im Innern des Berges erzählt, die von Nachfahren Überlebender des legendären Kontinents Atlantis abstammen. Tatsache ist, dass der vom amerikanischen Dichter Joaquin Miller als »einsam wie Gott und weiß wie der Wintermond« beschriebene Mount Shasta seit Jahrzehnten Mystiker und Esoteriker, New-Age-Anhänger und Öko-Freaks geradezu magisch anzieht.

Mount Shasta City

Kein Wunder, dass die 3500 Einwohner große Ortschaft **Mount Shasta City** am Fuß des Vulkans den Beinamen ›Sedona des Nordens‹ trägt (Sedona in Arizona ist das bekannteste mystische und spirituelle Zentrum der USA). Auf den ersten Blick macht das Städtchen als

aktiv unterwegs

Bergtour auf den Lassen Peak

Tour-Infos

Start: Der Lassen Peak Trail zum Gipfel des Vulkans beginnt bei Meile 22 auf einem Parkplatz an der zentralen Parkstraße.
Länge: Weg zum Gipfel ca. 3,5 km
Dauer: Hin und zurück ca. 4–5 Std. Der Weg ist steil und für Ungeübte anstrengend.
Höhenunterschied: Einstieg auf 2591 m, bis zum Gipfel auf 3187 m ca. 600 m
Beste Jahreszeit: Juni bis Oktober
Information: Lassen Volcanic National Park, P.O. Box 100, Mineral, CA 96063, Tel. 530-595-4480, www.nps.gov/lavo. Das Kohm Yahmahnee Visitor Center am südlichen Parkeingang ist ganzjährig geöffnet. Nicht nur im Winter kann die zentrale Parkstraße temporär geschlossen sein (10 $/Pkw).

Die Besteigung des **Lassen Peak** (3187 m) ist bei günstiger Witterung ein sportliches Unternehmen, das auch ›normale‹ Bergwanderer schaffen können. Allerdings ist der Trail, der gegenwärtig instandgesetzt wird, fast überall steil. Der erste Abschnitt führt über eher sandigen Untergrund, ehe man hauptsächlich durch steiniges Gelände bergan steigt, um schließlich unterhalb des Kraterrandes in die Felszone zu kommen. Vor allem in höheren Lagen zahlen sich in Anbetracht von zum Teil scharfkantigem Geröll stabile Wanderstiefel aus.

Markierungen und mehrere Sitzbänke stehen am Trail, der an einigen Stellen, wo man vom Weg abkommen könnte, von Steinbarrieren gesäumt ist. Der Kraterrand mit dem Gipfelpunkt lässt mit erkalteten Lavaformationen Rückschlüsse auf die vulkanische Entstehungsgeschichte des Lassen Peak zu. Bereits während des Aufstiegs kann man die fantastische Rundumsicht auf die benachbarte Bergwelt genießen. Nicht weit von der höchsten Erhebung entfernt erreicht man das erste Schneefeld. Dann erkennt man über ein bei den Eruptionen von 1914 und 1915 verwüstetes Gebiet hinweg am nördlichen Horizont den weißen, etwa 120 km entfernten Kegel des 4317 m hohen Mount Shasta. Unterhalb des Gipfels glitzert im Krater des Vulkans ein blauer See, der selbst im Hochsommer teilweise eine Eisschicht trägt und daran erinnert, dass man wärmende Kleidung bei sich haben sollte. Wer noch über Zeit und Kondition verfügt, kann auf einem ausgetretenen Trampelpfad bis an das Ufer des Kratersees absteigen. Die Eisflächen zu betreten, ist gefährlich.

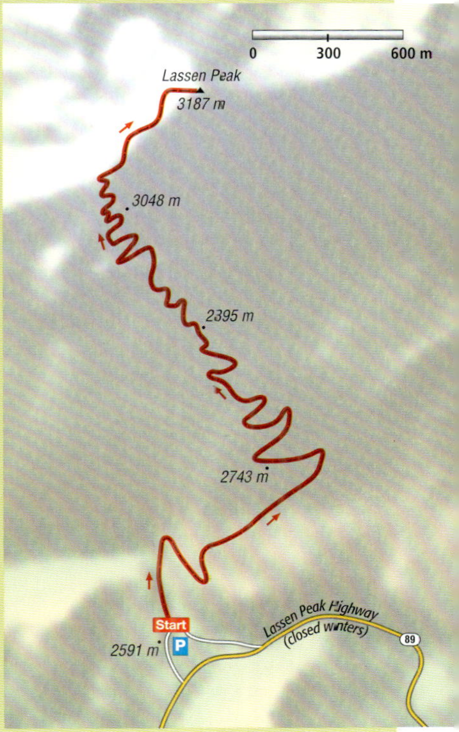

keinen außergewöhnlichen Eindruck. Im Zentrum um den Mount Shasta Boulevard sind die Straßen von kleinen Modeboutiquen, hübschen Cafés, Restaurants und Kunstgalerien gesäumt, die zum Teil in putzigen viktorianischen Häusern untergebracht sind. Darunter sind aber auch zahlreiche Einrichtungen, die spirituelle Erleuchtung, psychedelische Malereien, Verjüngungsseminare, Meditationskurse, rituelle Reinigungen, Naturheilmethoden und Führungen zu übernatürlichen Kraftzentren anbieten.

Infos

Mount Shasta Visitors Bureau: 300 Pine Street, Mt. Shasta CA 96067, Tel. 530-926-4865, www.mtshastachamber.com.

Übernachten

Schönes, altes Haus ▶ **McCloud Hotel:** 408 Main St., Mc Cloud, Tel. 530-964-2822, www.mccloudhotel.com. Wunderschöne Räume und luxuriöse Suiten mit Whirlpool, Balkon und bester Sicht auf Mount Shasta in einem historischen Hotel von 1915. Ohne TV und Telefon, im Preis inbegriffen ist ein üppiges Frühstück. DZ 120–215 $.

Spirituell durch und durch ▶ **ShasTao:** 3609 N. Old State Rd., Tel. 530-918-8420, www.shastao.com. Eine besondere Erfahrung: alternatives, winziges B & B, von esoterisch orientierten Philosophieprofessoren geführt; nur etwas für Vegetarier. DZ 175 $.

Völlig entspannt ▶ **Dream Inn:** 326 Chestnut St., Tel. 530-926-1536, www.dreaminnmtshastacity.com. Hübsches B & B inmitten der Stadt mit grandiosen Blick auf den Mount Shasta, Suite auch mit Küche. DZ 110–160 $.

Reizvoller Platz ▶ **Mount Shasta KOA:** 900 N. Mountain Shasta Blvd., Tel. 530-926-4029, www.mtshastakoa.com, ganzjährig geöffnet. 120 Stellplätze, kleiner Pool und Cabins für bis zu 6 Pers. mit Blick auf den Mount Shasta.

Essen & Trinken

Leckeres aus Fernost ▶ **Vivify:** 531 Chestnut St., Tel. 530-926-1345, www.vivifyshasta.com, Do–Sa 11.30–14, 18–21 Uhr. Das Lokal bietet die Gelegenheit, eine japanische Küche kennenzulernen, die sich nicht nur auf Sushi beschränkt. 9–17 $.

Kreative Küche ▶ **Lily's:** 1013 S. Mount Shasta Blvd., Tel. 530-926-3372, www.lilysrestaurant.com, tgl. 7.30– 22 Uhr. Der Favorit der Einheimischen serviert frische Fisch- und Fleischgerichte, mexikanische und italienische Spezialitäten und knackige Salate in gemütlicher Atmosphäre. Besonders beliebt ist der Brunch am Wochenende. Ab 8 $.

Aktiv

Bergsteigen ▶ **Mount-Shasta-Besteigung:** Auf den Gipfel führen 17 ausgewiesene Routen, von denen die Avalanche Gulch Route die populärste ist. Wer über einer Höhe von 10 000 Fuß (3048 m) klettert, benötigt ein drei Tage lang gültiges Summit Pass & Wilderness Permit (15 $), kann man sich selbst an der Mt. Shasta Ranger Station ausstellen.

Wintersport ▶ Es gibt **21 Abfahrtspisten** mit 2 Sesselliften an der Südflanke des Vulkans, Höhenunterschied 335 m, auch Snowmobilfahren (www.skipark.com).

Nostalgieeisenbahnfahrten ▶ **ShastaSunset Dinner Train:** 328 Main St., McCloud, Tel. 530-964-2142 www.shastasunset.com, Abfahrt tgl. 18 Uhr (Reservierung erforderlich). Ein Muss für Nostalgiker und Eisenbahnfans. Die 3-stündige Fahrt in einem restaurierten Waggon von 1916 bietet herrliche Ausblicke. Das viergängige Menü kostet 98 $/Pers. **Shasta Sunset Excursion Train:** 328 Main St., McCloud, Tel. 530-964-2142 www.shastasunset.com, im Sommer Do–Sa 15.45 Uhr. Einstündige Diesellokfahrten mit Blick auf die Bergkulisse, Erw. 12 $, Kinder bis 12 J. 8 $.

Kajak und Rafting ▶ **River Dancers:** 302 Terry Lynn Ave., Tel. 530-926-3517, http://riverdancers.com. Kajak- und Raftingtouren, wenn gewünscht inklusive Yoga-Kurs.

Einkaufen

Öko-Mekka ▶ **Berryvale Grocery:** 305 S. Mt. Shasta Blvd., Tel. 530-926-1576, Mo–Sa 8.30–19.30, So 10–18 Uhr. Naturkostladen mit frischem Obst und Gemüse aus ökologischem Anbau, Theke mit frisch gepressten Säften, Sandwiches und kleinem Café.

Tipp: Logieren dicht unter dem Himmel

Wer die Einsamkeit liebt und Hüttenzauber der besonderen Art sucht, wird im **Shasta-Trinity National Forest** im Zentrum von Nordkalifornien garantiert fündig. Seit geraumer Zeit bietet die Verwaltung der riesigen Waldgebiete ehemalige Stationen von Brandwachen als Übernachtungsquartiere an. Solche *lookouts* gibt es noch an zahlreichen Stellen, doch sind die meisten von ihnen längst nicht mehr von Leuten besetzt, die nach Waldbränden Ausschau halten, weil mittlerweile moderne Technik diese Funktion übernommen hat. Will man in einem solchen *lookout* übernachten, muss man sich neben der Einsamkeit auch mit der ›Komfortferne‹ dieser Quartiere arrangieren. Eine komplette Campingausrüstung sowie Verpflegung müssen Logisgäste selbst mitbringen, denn außer Tisch, Stühlen und Feldbetten für vier Personen gibt es nichts. Die Mindestmietdauer beträgt drei Tage, das Mindestalter von Mietern 18 Jahre. Die Saison dauert normalerweise von Juli bis Oktober, auf Hochlagen zum Teil auch kürzer. Für 4 Pers. beläuft sich die Miete auf ca. 35 $.

Little Mount Hoffman Lookout: Östlich von Mount Shasta gelegen, bietet die größtenteils aus Glas bestehende Station auf 2230 m Höhe eine fantastische Sicht auf die umgebende Berglandschaft mit Mount Shasta, Mount Lassen und Mount McLoughlin (Tel. 530-964-2184, www.recreation.gov/campgroundDetails.do?contractCode=NRSO&parkId=75303).

Hirz Mountain Lookout: Die am Whiskeytown Lake liegende Station wurde auf einem 7 m hohen Stahlturm eingerichtet. Vom Parkplatz aus muss man die Ausrüstung noch ungefähr 400 m weit tragen. Am Ziel belohnt ein 360-Grad-Ausblick die Mühe. Für die 10 Meilen lange Anfahrt ist ein Allradfahrzeug zu empfehlen (Tel. 530-275-1589 oder www.recreation.gov).

Girard Ridge Lookout: Der 1931 gebaute Turm mit Satteldach liegt auf der Höhe von Dunsmuir südlich von Mount Shasta und bietet eine grandiose Panoramaaussicht auf den Vulkan und die Castle Crags (Tel. 530-964-2184, www.recreation.gov/camping/Girard_Ridge_Lookout_Ca/r/campgroundDetails.do?contractCode=NRSO&parkId=75268).

Blick auf den Mount Shasta, den geheimnisvollen Riesen in Nordkalifornien

15 Lake Tahoe ►3, G 6/7

Auf der Grenze zwischen Kalifornien und Nevada in der 1900 m hohen Sierra Nevada gelegen, gilt Lake Tahoe schon lange als landschaftliches Juwel und touristische Hauptattraktion im Golden State. Hätte die moderne Entwicklung um das blaue Wunder nicht schon im 19. Jh. unumkehrbare Tatsachen geschaffen, hätte der See längst den Status eines Nationalparks verdient.

Das blaue Wunder

Karte: S. 428

Kalifornien teilt sich den auf allen Seiten von Bergzügen umgebene See im Verhältnis zwei Drittel zu einem Drittel mit dem Nachbarstaat Nevada. Mit 497 km^2 ist er etwas kleiner als der Bodensee, an seiner Tiefe von 500 m gemessen aber der zweittiefste See der USA nach dem Crater Lake in Oregon. Einen legendären Ruf genießt das Gewässer aber weder wegen Größe noch Tiefe, sondern wegen seiner außergewöhnlichen kobaltblauen Farbe. Gegenstände sind selbst noch in 60 m Tiefe zu erkennen. Grund dafür ist das kristallklare, von Schwebstoffen weitgehend freie Wasser, in dem eindringendes Sonnenlicht erst in großer Tiefe reflektiert wird.

Nach neuesten Untersuchungen droht der Wassertransparenz allerdings Gefahr. Wissenschaftler fanden heraus, dass die Wassertemperatur im See während der vergangenen 30 Jahre zwar nur um weniger als 1 °C zugenommen hat. Hält ein solcher Trend aber an, könnte dies zur vermehrten Algenbildung beitragen und den See am Ende sein bekanntestes Prädikat kosten. Die Ursache für eine solche Entwicklung sehen Forscher in der globalen Erwärmung, die nicht nur den See selbst, sondern auch seine Umgebung in Mitleidenschaft zieht.

In jüngster Vergangenheit trugen in der Region schneeärmere Winter zur Trockenheit bei, die wiederum wie im südlichen Kalifornien schon im Frühsommer zu Waldbränden führte. Dass Lake Tahoe selbst im tiefsten Winter nicht zufriert, hat nichts mit dem Klimawandel zu tun, sondern liegt am ständig vom Seegrund aufsteigenden 7 °C warmen Wasser.

Lake Tahoe, dessen Name in der Sprache der Washoe-Indianer ›großes Wasser‹ bedeutet, entstand im Gegensatz zu anderen Bergseen der Sierra nicht durch die Hobelkraft eiszeitlicher Gletscher, sondern als Becken zwischen tektonischen Gebirgsauffaltungen. Vor 150 Mio. Jahren hob sich im Osten die Carson Range, während im Westen der Hauptkamm der Sierra Nevada aufgeworfen wurde.

Zwischen diesen beiden Rücken bildete sich die Tahoe-Senke heraus. Vulkanische Aktivitäten schlossen die Kuhle im Norden und Süden ab, ehe sich Niederschläge über lange Zeiträume ansammelten. Wahrscheinlich waren der Pionier John Fremont, sein Führer Kit Carson und der deutschstämmige Kartograf Karl Preuss die ersten Weißen, die 1844 zu den um das See-Ufer lebenden Washoe-Indianern vordrangen. Etwa 30 Jahre später kamen die ersten Touristen. Mittlerweile hat sich Lake Tahoe zum bedeutendsten Urlauberziel in der gesamten Sierra Nevada herausgebildet. Diese Karriere verdankt er nicht nur seiner idyllischen Lage, sondern auch 275 Sonnentagen im Jahr.

South Lake Tahoe und Stateline ►3, G 7

Karte: S. 428

Als touristisches Epizentrum am See zollt das am Südufer liegende Städtchen **South Lake Tahoe** **1** mit 24 000 Einwohnern längst seiner rapiden Entwicklung Tribut. An Sommerwochenenden quält sich der Verkehr im Stop-&-Go-Rhythmus an einem gigantischen Angebot an Hotels, Motels, B&B-Unterkünften und Freizeitvergnügungen jedweder Art vorbei. Große Anziehungskraft besitzt der Ort aber nicht nur wegen seiner reizvollen Lage am südlichen Seeufer und der vielfältigen Freizeitmöglichkeiten. South Lake Tahoe ist mit der Nachbargemeinde **Stateline** in Nevada längst verwachsen, und jenseits der Staatsgrenze ist im Gegensatz zu Kalifornien das Glücksspiel nicht nur erlaubt, sondern der wichtigste Wirtschaftsfaktor. Kaum hat man Stateline betreten, sorgen in der Welt der Gamblingpaläste blinkende Neonreklamen und großspurige Jackpot-Versprechungen rund um die Uhr für Stimmung.

Tahoe Queen

Reizt in Stateline Tag und Nacht das Amüsement, nehmen in South Lake Tahoe Rundfahrten mit dem Schaufelraddampfer **Tahoe Queen** einen der vordersten Plätze auf der touristischen Beliebtheitsskala ein. Das gesamte Jahr über steuert der 1983 am Mississippi gebaute Oldtimer zu Dixieland-Musik auf einer 2,5-stündigen Seetour die traumhafte **Emerald Bay** (s. S. 426) am kalifornischen Ufer an (Tahoe Queen Cruises, Ski Run Marina, Tel. 775-589-4906 oder 888-838-8923, www.zephyrcove.com/cruises.aspx, verschiedene Zeiten, Erw. 39 $, Kinder 3–11 J. 15 $).

Tallac Historic Estates

Außerhalb der Stadt liegen an einem von Rotzedern und Fichten bestandenen Uferabschnitt die **Tallac Historic Estates.** Reiche Unternehmer ließen sich auf diesem idyllischen Flecken seit Ende des 19. Jh. im Blockhausstil Sommerresidenzen errichten wie Valhalla, Pop Estate mit einem Arboretum samt künstlichen Teichen und schmalen Wasserläufen und das zum Baldwin Estate gehörende McGonagle House aus halbierten Baumstämmen. Im Baldwin Museum sind u. a. Ausstellungen über die Kultur der Washoe-Indianer zu sehen (Hwy 89, Tel. 530-541-4975, www.virtualtahoe.com/Community/TahoeTallac/TallacHistoricSite.html, Mai–Anfang Juni nur Sa, So 10–16.30 Uhr, Juni–Sept. tgl.).

Skigebiet Heavenly Mountain

Nicht nur im Sommer ist Lake Tahoe ein populäres Urlauberziel. Die Heavenly-Valley-Seilbahn bringt Wintersportler in der kalten Jahreszeit vom Ufer in ein über dem Ort liegendes Skigebiet am **Heavenly Mountain,** das zu den größten der USA zählt. Dutzende von Pisten zum Teil mit Höhendifferenzen von 1000 m werden von insgesamt 30 Sessellifts bedient.

Wenn die Natur nicht für ausreichend Schnee sorgt, hilft ein Hightech-System mit künstlicher weißer Pracht nach (Heavenly Mountain Resort, Ecke Wildwood & Saddle St., Tel. 775-586-7000, www.skiheavenly.com, Saison Mitte Nov.–Mitte April).

Infos

Lake Tahoe Visitors Authority/Visitor Center: 3066 Lake Tahoe Blvd., South Lake Tahoe, CA 96150, Tel. 530-544-5050, www.tahoesouth.com.

Übernachten

Zum Ausspannen ► **Fireside Lodge:** 515 Emerald Bay Rd., Tel. 530-544-5515, www.tahoefiresidelodge.com. Im modernen Blockhausstil eingerichtetes B & B mit Suiten, z. T. mit offenem Kamin und Küche. DZ 120–200 $.

Prima Wahl ► **Best Western Timber Cove Lodge:** 3411 Lake Tahoe Blvd., Tel. 530-541-6722, www.timbercovetahoe.com. Angenehme, in Strandnähe gelegene Unterkunft mit 260 Zimmern, Restaurant, Fitnessstudio und Pool. DZ ab 91 $.

Auch mit Cabins ► **Camp Richardson Campground:** Hwy 89, Jameson Beach Rd.,

Tipp: Hikertraum Tahoe Rim Trail

Wer das »blaue Wunder« der kalifornischen Sierra Nevada, den Lake Tahoe, genauer kennenlernen will, macht sich am besten mit dem Auto auf die 72 Meilen lange Fahrt rund um den See. In der Hochsaison ist es ratsam, eine solche Tour wegen der Verkehrsdichte nicht am Wochenende, sondern an einem Wochentag zu unternehmen. Seit der **Rim Trail** fertiggestellt ist, kann man die Runde auch auf Schusters Rappen absolvieren. Wer sich die Gesamtdistanz von 165 Meilen (260 km) nicht zutraut, kann kürzere Tagesetappen auswählen. Dass die Wanderstrecke mehr als doppelt so lang ist wie die Autotour, liegt daran, dass der Hiking Trail nicht am Ufer, sondern auf den umliegenden Höhenzügen verläuft. Manche Abschnitte dürfen auch mit dem Mountainbike befahren werden (www.tahoerimtrail.org).

Tel. 530-541-1801, www.camprichardson.com. Große Anlage mit Stromanschlüssen für Campmobile und Plätzen für Zelte.

Am See ▶ **Campground by the Lake:** 1150 Rufus Allen Blvd., Tel. 530-542-6056, www.recreationintahoe.com. Von der Stadt verwalteter, gut ausgestatteter Platz.

Essen & Trinken

Spitzenlokal ▶ **Evan's:** 536 Emerald Bay Rd., Tel. 530-542-1990, www.evanstahoe.com, nur Dinner. Eines der führenden Restaurants vor Ort mit hervorragenden Gerichten wie gegrilltem Rinderfilet mit Foie-gras-Butter (32 $) oder Lammrücken in Haselnusskruste mit Schwarzer-Johannisbeeren-Sauce (33 $).

Für das romantische Dinner zu zweit ▶ **Café Fiore:** 1169 Ski Run Blvd., Tel. 530-541-2908, www.cafefiore.com, nur Dinner. Romantisches Plätzchen mit nur 7 Tischen für ein stimmungsvolles Abendessen bei Kerzenschein mit italienischen Spezialitäten. Ab 16 $.

Abends & Nachts

Abendunterhaltung ▶ **Vex:** Harrah's Lake Tahoe Casino, Hwy 50 in Stateline (NV), Tel. 775-586-6705, www.harrahslaketahoe.com, tgl. ab 20 Uhr. Nachtclub mit Live-Entertainment und Musik.

Nachtschwärmer-Paradies ▶ **BLU Nightclub:** Wer Spaß am Tanzen und Feiern hat, trifft sich mit Gleichgesinnten in diesem Nachtcub bei Live-Musik und einem eindrucksvollen Angebot an Drinks und Cocktails (55 Hwy 50, Stateline, www.montbleuresort.com, tgl. ab 22 Uhr).

Aktiv

Strampelnd unterwegs ▶ **Radtouren:** Informationen über Radwege in und um South Lake Tahoe sowie über Geschäfte, in denen man Räder ausleihen kann, findet man unter der Internetadresse www.tahoesbest.com/Biking.

Paddelsport ▶ **Kayak Tahoe:** 3411 Lake Tahoe Blvd., Timber Cove Marina, Tel. 530-544-2011, www.kayaktahoe.com. In diesem Shop können Kajaks für individuelle Touren auf dem Lake Tahoe gemietet werden.

Verkehr

Bahn: Der nächstgelegene Zugbahnhof befindet sich in Truckee, Tel. 1-800-872-7245, www.amtrak.com.

Bus: Greyhound Bus Lines, 10065 Donner Pass Rd., www.greyhound.com.

Emerald Bay ▶ 3, G 7

Karte: S. 428

Über 60 in den Lake Tahoe mündende Gebirgsflüsse und Bäche verhindern, dass nicht einmal im Hochsommer die Badetemperaturen an den zahlreichen Uferstränden über 20 °C steigen. Trotzdem herrscht in der warmen Jahreszeit hauptsächlich am kalifornischen Ufer Hochbetrieb, wo neben reizvollen Stränden wie dem Baker Beach vor allem die malerische **Emerald Bay** 2 Besucher anzieht. Dieser Seeabschnitt war vor 20 000 Jahren von mächtigen Eisschichten bedeckt,

South Lake Tahoe hat sich zu einem Hotspot für Freizeitaktivitäten entwickelt

die mit dem Ende der Eiszeit in Täler abflossen und dabei als Resultat ihrer Schürfarbeit diese lang gezogene Bucht zurückließen.

Ein 1,5 km langer Wanderweg führt vom Parkplatz an der Hauptstraße nach **Vikingsholm,** einem 38 Zimmer großen Prachtbau aus Granit und handbearbeitetem Holz im Stil eines skandinavischen Schlosses. Die aus Norwegen stammende Millionärin Lora J. Knight, die u. a. den Transatlantikflug von Charles Lindbergh finanzierte, ließ sich diese Residenz 1929 an einer Stelle bauen, die sie offenbar an eine skandinavische Fjordlandschaft erinnerte. Nach ihrem Tod übernahm 1953 der State Park Service das Anwesen und öffnete es der Öffentlichkeit (Tel. 530-525-9530, Führungen tgl. 10.30–16.30 Uhr, Ende Mai–Ende Sept., www.vikingsholm.com, Erw. 5 $, Kinder 6–17 J. 3 $).

Tahoe City ► 3, G 6

Karte: S. 428

Einer der ältesten Häfen am Seeufer mit der Marina Mall in einem historischen Holzgebäude bildet im 6000-Seelen-Ort **Tahoe City** 3 zusammen mit der Kings Beach Plaza das belebte Zentrum. Ältestes Haus im Ort ist die **Watson Cabin,** die ein gewisser Robert Watson 1909 als Hochzeitsgeschenk für seinen Sohn bauen ließ. Kostümierte Führer erzählen Besuchern interessante Details über die hübsche Blockhütte und das Leben um die Wende vom 19. zum 20. Jh. am Lake Tahoe (560 N. Lake Blvd., Tel. 530-583-8717, www.northtahoemuseums.org, Ende Mai–Anfang Sept. Do–Mo 10–17 Uhr, Erw. 3 $, Senioren ab 65 J. 2 $).

Ähnlich historisch ausgerichtet ist das rekonstruierte **Gatekeeper's Museum,** in dem historische Fotografien, indianische Artefakte, alte Landkarten und Kostüme zu sehen sind, die einen Eindruck vom Leben in Tahoe City vor über 100 Jahren vermitteln (130 W. Lake Blvd.,Tel. 530-583-1762, www.northtahoemuseums.org, tgl. außer Di 10–17, Okt.– April nur Sa, So 11–15 Uhr, Erw. 5 $, Senioren an 65 J. 4 $).

Rafting auf dem Truckee River

Ein beliebter Familiensport ist im Hochsommer River Rafting auf dem **Truckee River.** Gemächlich lässt man sich in Gummibooten oder aufgepumpten Lkw-Reifen den Fluss hinabtreiben, der aus Truckee kommend

Highway 89 folgt und bei Tahoe City in den See mündet (Raftverleih und Transport: Mountain Air Sports, Tel. 530-583-RAFT, www.truckeeriverrafting.com; Truckee River Raft Co., Tel. 530-583-0123, www.truckee riverraft.com).

Squaw Valley 4

Ungefähr 6 Meilen außerhalb, erreichbar auf Highway 89, liegt mit **Squaw Valley** der Austragungsort der Olympischen Winterspiele 1960. Per Gondelbahn können sich Besucher bequem in die Höhe transportieren lassen, von wo man einen wunderbaren Blick auf den Ort und den Lake Tahoe genießt. In der Nähe führt der Fernwanderweg Pacific Crest Trail vorbei (www.squaw.com).

Infos

Tahoe City Visitors Information Center: 380 N. Lake Blvd., Tahoe City, CA 96145, Tel. 530-581-6900, www.gotahoenorth.com.

Übernachten

Sehr schön rustikal ▶ **Cottage Inn at Lake Tahoe:** 1690 W. Lake Blvd., Tel. 530-581-4073, www.thecottageinn.com. Schindelgedeckte, gemütlich eingerichtete B & B-Cottages im Blockhausstil mit Schlaf- und Wohnzimmer, Kühlschrank, TV u. Kamin. Ab 160 $.

Stimmungsvoll ▶ **River Ranch Lodge:** Hwy 89 & Alpine Meadows Rd., Tel. 530-583-4264, www.riverranchlodge.com. Am Ufer des Truckee River gelegene Lodge mit 19 Zimmern und Restaurant. Bei der Unterkunft enden viele der Raftingtouren. DZ 80–180 $.

Preisgünstig ▶ **Americas Best Value Inn:** 455 N. Lake Blvd., Tel. 530-583-3766, www.americasbestvalueinn.com. Nichtrauchermotel mit Pool, Zimmer mit Kaffeemaschine, Kühlschrank und Mikrowelle. DZ ab 80 $.

Truckee 5

Manche älteren Gebäude mit typischen Scheinfassaden verleihen dem 13 000 Einwohner großen **Truckee** noch heute Westernatmosphäre. Offenbar war von der Ortschaft auch Charlie Chaplin angetan, der dort 1925 mit »Goldrausch« einen Klassiker über die Goldgräberzeiten in Alaska drehte. Ende der 1860er-Jahre dampften via Truckee die ersten Loks über das Gebirge. Seit damals hat die Bergpassage ihre verkehrsinfrastrukturelle Bedeutung sogar noch ausgebaut, weil auch mit der Interstate 80 eine der wichtigsten Ost-West-Verbindungen über Truckee führt. In den nationalen Temperaturtabellen überregionaler Zeitungen taucht das Städtchen fast regelmäßig als kältester Ort auf dem zusammenhängenden Staatsgebiet der

aktiv unterwegs

Wintersport am Lake Tahoe

Tour-Infos

Start: Heavenly Mountain Resort im Heavenly Village, 3860 Saddle Road, South Lake Tahoe, Tel. 775-586-7000, 1-800-432-8365, www.skiheavenly.com
Lifttickets: Am günstigsten sind Online-Tickets: Tagespass Erw. 78 $, Senioren ab 65 J. und Kinder 13–18 J. 72 $, Kinder 5–15 J. 45 $ (www.skiheavenly.com/plan-your-trip/lift-tickets/lift-tickets-explorer.aspx). Vor Ort liegen die Preise 18 % höher.
Pistenöffnungszeiten: Sa, So 8.30–16, Mo–Fr 9–16 Uhr
Skisaison: Dez. bis Ende April
Ausrüstung: Verleih und Reparatur: The North Face, 4118 Lake Tahoe Blvd., Tel. 530-544-9062 – The Boardinghouse, 4118 Lake Tahoe Blvd., Tel. 530-542-5228.
Online-Informationen: www.skilaketahoe.com, www.skiheavenly.com
Skireisenangebote: www.faszinationski.de, www.wingert.de
Helikopter-Rundflug: HeliTahoe: 1901 Airport Rd., Ste 106, Tel. 530-544-2211, www.helitahoe.com, ab 70 $.
Karte: links

Knapp 20 km² groß und auf Höhenlagen zwischen 1900 und 3040 m in der Sierra Nevada gelegen, gehört das **Heavenly Mountain Resort** am Südende des Lake Tahoe zu den populärsten Skigebieten auf kalifornischem Boden. Es reicht über die Grenze ins benachbarte Nevada hinein und lockt u. a. mit jährlich 600–1300 cm Schnee und einer atemberaubenden Landschaft. Ausgangspunkte sind die beiden Ortschaften **South Lake Tahoe** auf kalifornischer Seite und **Stateline** (s. S. 425) in Nevada.

Anhänger des weißen Sports können auf 94 markierten **Pisten aller Schwierigkeitsgrade** ihr Können beweisen und bei Abfahrten Höhendifferenzen von bis über 1000 m auskosten. Die längste Abfahrt misst 8 km. Über zwei Dutzend unterschiedliche Liftanlagen bzw. Förderbändern, an denen sich in der Regel keine großen Warteschlangen bilden, bedienen das Gebiet. 20 % der Pisten eignen sich für Anfänger, leicht bzw. anspruchsvoller sind 45 bzw. 30 %, während 5 % als schwer ausgewiesen sind.

Die **Heavenly's Ski/Ride School** bietet für jene, die noch nicht sicher auf Skiern oder Snowboards stehen, unterschiedliche Kurse an (Heavenly's Ski/Ride School, Tel. 1-800-587-4430). Sucht man ein alternatives Schneevergnügen, kann man ein **Snowbike** ausleihen (Rent a Ski Bike, tgl. 11–16 Uhr, 2 Std. kosten 45 $).

Außer Pistenabenteuern gibt es in Heavenly viele andere Möglichkeiten von Outdoor-Aktivitäten, die den Aufenthalt am Lake Tahoe unvergesslich machen. Wer von der guten alten Zeit träumt, kann mit altmodischen **Pferdeschlitten,** eingehüllt in wärmende Decken, eine halbstündige Ausfahrt unternehmen (Borges Sleigh Rides, Tel. 775-588-2953, www.sleighride.com/sleigh.html, tgl. 10–16.45 Uhr, Erw. 20 $, Kinder 10 $). Sportlicher geht es bei geführten einstündigen **Touren mit Schneemobilen** zu (Lake Tahoe Adventures Snowmobiling, Tel. 530-577-2940). Ein besonderes Erlebnis ist ein **Helikopterflug** über das Pistengelände, die umgebende Wildnis und den blauen Lake Tahoe.

Bis in den späteren Abend kann man im Village auf einer **Eislauffläche** unter freiem Himmel zu musikalischer Untermalung Figuren drehen. Mit den 8-Personen-Kabinen der teueren **Lake Tahoe Gondola** geht es in 10 Min. über einen 3,8 km langen Anstieg bis zur Bergstation auf 2780 m (Tel. 775-586-7000, tgl. 10–16 Uhr, nach 15 Uhr im Winter an der Bergstation kein Ausstieg mehr, Erw. 32 $, Kin. 13–18 J. 28 $, Kin. 5–12 J. 21 $).

USA auf. Im Oktober 1846 wurde ein verfrüht einsetzender Winter der sogenannten Donner Party zum Verhängnis. Eine Gruppe von 87 Pionieren blieb im Schnee stecken und konnte erst im Februar 1847 gerettet werden. Mehrere Mitglieder des Konvois verhungerten. Am Ostufer des Donner Lake erinnert der Name Donner Memorial State Park an die Tragödie (www.truckee.com).

Das Nevada-Ufer ► 3, G 6

Incline Village 6

Am Nordende des Lake Tahoe beginnt bei Crystal Bay das Nevada-Ufer des Sees. Erster größerer Ort ist **Incline Village,** das sich als ganzjährig geöffnetes Freizeitparadies einen Namen machte. In der warmen Jahreszeit bietet der See mit seinen wunderschönen Ufern und dem Hinterland Gelegenheit zum Wandern und Radfahren.

Sand Harbor State Park 7

Auch Theaterliebhaber kommen auf ihre Kosten, wenn im Juli/August im **Sand Harbor State Park** auf einer Bühne direkt am Wasser das viel beachtete Lake Tahoe Shakespeare Festival veranstaltet wird (www.laketahoeshakespeare.com). Der Park zählt zu den schönsten Uferplätzen. Hunderte abgerundeter Granitfelsen liegen wie helle Riesenmurmeln im smaragdgrünen Wasser. In der kalten Jahreszeit ziehen Diamond Peak und Mount Rose Wintersportler an. Selbst das Nachtleben kommt am Nordufer nicht zu kurz. In Crystal Bay gibt es mehrere Kasinos. Das Cal Neva Casino hatte Anfang der 1960er-Jahre mit Frank Sinatra einen prominenten Besitzer (www.calnevaresort.com).

Infos

Incline Village Visitor Information Center: 969 Tahoe Blvd., Incline Village, NV 89451, Tel. 775-832-1606, www.gotahoenorth.com.

Übernachten

Fünf-Sterne-Haus ► **Hyatt Regency:** 111 Country Club Dr., Tel. 775-832-1234, http://laketahoe.hyatt.com. Luxuriöses Hotel im Stil einer rustikalen Lodge mit großer Poolanlage, Spa, Kasino, mehreren Restaurants und modernen, komfortablen Zimmern bzw. Suiten. DZ im Durchschnitt 350 $.

Zephyr Cove 8

In den Pinienwäldern am südlichen Nevada-Ufer versteckt sich mit **Zephyr Cove** ein kleines Freizeitparadies, in dem man Boote mieten, segeln, reiten und sich im Winter auf ein Snowmobil schwingen kann. Vor Ort legen die Mississippidampfer **M. S. Dixie II.** und **Tahoe Queen** zu Fahrten in die malerische

Unberührte Natur am Lake Tahoe

Emerald Bay und zu Dinnertouren auf dem See ab (Tel. 775-589-4906, www.zephyrcove.com).

Übernachten

Sehr empfehlenswert ▶ Zephyr Cove Resort: 760 Hwy 50, Tel. 775-589-4906, www.zephyrcove.com. Gäste übernachten in Cabins bzw. Cottages unterschiedlicher Größe und Ausstattung. Klimaanlage, TV, Küche und Kamin sind Standard. 2 Personen 149–170 $.

Camping ▶ Nevada Beach Campground: Elks Point Rd., Tel. 1-877-444-6777, www.fs.fed.us/r5/ltbmu/recreation/camping/nvbeach.shtml. Bewaldeter Platz am See mit Toiletten, aber ohne Duschen. **Zephyr Cove RV Park & Campground:** s. links, Zephyr Cove Resort. Schön gelegener Platz am See für Campmobile und Zelte.

Essen & Trinken

Ansprechende Küche ▶ Bistro Danielle: 605 Hwy 50, Tel. 775-586-1070, http://bistrodanielle.yolasite.com, tgl. ab 16 Uhr. Die abwechslungsreiche Küche verdient wegen ihrer ausgezeichneten Qualität ein hohes Lob. Hauptgericht ca. 16–25 $.

Register

Der Haupteintrag ist **fett** hervorgehoben.

Register

Der Haupteintrag ist **fett** hervorgehoben.

Der Haupteintrag ist **fett** hervorgehoben.

Register

Der Haupteintrag ist **fett** hervorgehoben.

Auf waghalsiger Erkundungstour: Braunbärjunges auf einem Baum in ungefähr 9 m Höhe nahe Tahoe City

Abbildungsnachweis/Impressum

Abbildungsnachweis

Bilderberg/Avenue Images, Hamburg: S. 67 (Blickle); 216 re., 256/257 (Zielske)

Catch the Day: Manfred Braunger, Freiburg: S. 3 o., 3 u., 4 u., 7 u., 8 o., 9 u., 9 M., 17, 25, 35, 39, 63, 76, 87, 104, 113, 117, 137, 147, 148/149, 154, 157, 163, 183, 207, 220, 222, 228, 236/237, 266 re., 284, 294/295, 302, 304, 312, 314/315, 344, 390, 398, 406, 414/415, 427

DuMont Bildarchiv, Ostfildern: S. 2 o., 3 M., 5 M., 8 u., 20/21, 64, 134, 178 (2 x), 192/193, 198/199, 214, 224/225, 244, 266 li., 276, 280, 297, 311, 338, 341 li., 371, 378/379, 386/387, 418/419 (Heeb)

f1online, Frankfurt/M.: S. 9 o., 328/329 (AGE/Carter)

Getty Images, München: S. 5 o., 213 (Axilrod); 174 (Biggs) ; 114 (Davis); 392 re., 423 (Elk); 216 li., 240 (Epperson); 47 (Graham); 1 M., 353, Umschlagrückseite u. (Hanson); 250/251(Kearney); 1 li., 44 (Renck)

Huber, Garmisch-Partenkirchen: S. 106 li., 118/119 (Carassale)

Laif, Köln: S. 88 (Aurora), 7 M.; 368/369 (Grandedam); 417 (Heeb); 1 re., Umschlagrückseite o., 10/11, 208/209, 247, 264 (hemis.fr); 123 (Hoa Qui); 95 (Modrow); 5 u., 268/269, 382/383, 389, 439 (New York Times); 49 (Perkovic); 81 (Piepenburg); 176, 360 (Renault/ hemis/fr.); 4 o., 168/169 (Sasse); 318 (UPI)

Look Bildagentur, München: S. 102/103, 336/337 (age fotostock); 340 re., 346 (Dressler); 13 (Engel & Gielen);
2 u., 56/57, 91 (Holler); 70/71 (Richter)

Mauritius Images, Mittenwald: S. 7 o., 306 li., 321, 334/335, 340 li., 362/363 (age); 106 re., 160 (Aurora Photos); 191 (Russel); 50/51 (SuperStock)

Naturbildarchiv Harald Mielke, Sachsenried: S. 6 u., 323

Plainpicture, Hamburg: Titelbild (DesignPics)

Reise- und Naturfotografie Roland Gerth, Thal (CH): S. 6 o., 33, 286/287, 306 re., 332/333, 392, li., 430/431

Kartografie

DuMont Reisekartografie, Fürstenfeldbruck

Umschlagfoto

Titelbild: Golden Gate Bridge, San Francisco

Über den Autor: Manfred Braunger ist Reisejournalist und Fotograf. Als Student machte er seine erste große USA-Rundreise, kreuz und quer durch das Land der ›unbegrenzten Möglichkeiten‹ – und kam seither nicht mehr los von Amerika. Im DuMont Reiseverlag veröffentlichte er neben verschiedenen Reiseführern über die USA das Reise-Taschenbuch »Elsass«.

Lektorat: Henriette Volz, Lioba Waleczek

Hinweis: Autor und Verlag haben alle Informationen mit größtmöglicher Sorgfalt geprüft. Gleichwohl sind Fehler nicht vollständig auszuschließen. Alle Angaben erfolgen ohne Gewähr. Bitte schreiben Sie uns! Über Ihre Rückmeldung zum Buch und über Verbesserungsvorschläge freuen sich Autor und Verlag:

DuMont Reiseverlag, Postfach 3151, 73751 Ostfildern, E-Mail: info@dumontreise.de

1. Auflage 2011

Grafisches Konzept: Groschwitz, Hamburg
Printed in Germany